图书在版编目（CIP）数据

丹阳年鉴. 2021/丹阳市史志办公室编. —北京：方志出版社，2021.12

ISBN 978—7—5144—4992—1

Ⅰ.①丹… Ⅱ.①丹… Ⅲ.①丹阳—2021—年鉴 Ⅳ.①Z525.34

中国版本图书馆CIP数据核字(2021)第254670号

丹阳年鉴(2021)

编　　者:丹阳市史志办公室

责任编辑:李静

出 版 者:方志出版社

地址　北京市朝阳区潘家园东里9号(国家方志馆4层)

邮编　100021

网址　http://www.zgfzcb.cn

发　　行:方志出版社图书经销中心

电话　(010)67110500

经　　销:各地新华书店

印　　刷:丹阳日报印务有限公司

开　　本:889×1194　1/16

印　　张:31.5

字　　数:899千字

版　　次:2021年12月第1版　2021年12月第1次印刷

印　　数:0001～1500册

ISBN 978-7-5144-4992-1　　定价:300.00元(精装)

丹阳年鉴

(2021)

（总第 23 卷）

丹阳市史志办公室　　编

方　志　出　版　社

编　辑　说　明

一、本年鉴以马克思列宁主义、毛泽东思想、邓小平理论、“三个代表”重要思想、科学发展观、习近平新时代中国特色社会主义思想为指导，坚持辩证唯物主义和历史唯物主义的立场、观点和方法。旨在全面、客观地反映2020年丹阳市政治、经济、文化、社会、自然等方面的基本面貌、发展状况，系统、翔实地记载各行各业取得的新进展、新成就、新经验，出现的新矛盾、新问题以及新探索、新做法，为日常工作和学习提供帮助，为改革开放和现代化建设提供借鉴。编写本年鉴记载丹阳经济社会发展的主要情况，力争为机关、团体、厂矿、企事业单位及社会各界了解、认识、推介丹阳提供全面、准确、权威的信息资料，也为编纂各类史书积累史料。

二、本年鉴设特载、专记、大事要闻、大事记、丹阳概况、中共丹阳市委员会、丹阳市人民代表大会、丹阳市人民政府、政协丹阳市委员会、中共丹阳市纪委 市监委、民主党派、群众团体、军事 法治、农业农村工作、制造业 现代服务业、经科贸活动及信息、综合管理、生态环境保护、城乡建设和管理、交通 邮政 通信、财政 税务、金融融资上市、国内贸易、经济贸易与技术合作、科技 气象、教育、文化 融媒体、卫生健康、社会生活、镇区概况、荣誉、附录类目。

三、本年鉴采用分类编纂法，全书分类目、分目和条目3个层次。部分分目下增设次分目，采用楷体字，并在标题前后加“·”以示区别。条目为记叙实体，其标题均用黑体字并加“【】”。《丹阳年鉴（2021）》设32个类目、170个分目、69个次分目、1204个条目。

四、本年鉴所用文稿、图照、表格等资料由各部门、单位和各镇区提供，单位负责人审阅，事实与数据均经有关部门核实。在条目、图片、表格后用楷体括署供稿人姓名或供稿单位名称。图片和表格按前后顺序分别统一排序。统计数据以统计部门提供为主，部分由行业或主管部门提供，因统计口径不同，或有差别。计量单位采用国家标准，少量一次文献或特例保留原文用法。

五、本年鉴卷首设中文目录，卷末设主题分析索引。对组织机构及单位采用习惯简称，并在书前配有组织机构简称全称对照表。全书所有信息均可通过目录、索引、书眉等检索。

六、本年鉴标点、数字、计量单位使用国标，少量特例保留习惯用法。

《丹阳年鉴（2021）》编审人员

主　　编　丁　灏　王　强

副 主 编　朱银忠　夏炳忠

责任编校　（按姓氏笔画为序）

尹宏蔚　孙晓霞　夷朝霞　余　婷

陈春芳

特约编辑　（按姓氏笔画为序）

万仁松　王文韬　毛文泽　朱栋栋

汤　雯　李苏涵　束利伟　吴　艳

邹学伟　张晶晶　陈　炀　陈　静

周辉平　赵凌云　胡志杰　袁军辉

谢军杰　谢艳英

编　　务　周　俊　潘建平

《丹阳年鉴(2021)》供稿单位分管领导名单

（按姓氏笔画为序）

丁叶俊	丁丽萍	丁晓霞	丁家军	丁　彬	马俊杰	王正芳	王正荣
王　平	王贞娟	王先中	王国云	王晨积	王崧青	王　斌	王　焱
韦　婕	邓宜放	石永生	卢坚峰	卢建平	田国亮	史仁忠	邢建红
朱万东	朱伟民	朱　江	朱晓燕	朱银忠	刘　栋	闫小鹏	江小慧
孙玉林	孙　伟	贡　晖	严红霞	严晓芳	杜雅琴	李文勤	李　伟
李建平	李　晨	李舒雅	李　瑞	杨　军	杨祥大	束红益	束国生
吴东卫	吴　军	吴　洁	何　凯	邹丽伟	冷春燕	张玉梅	张东华
张志明	张珍花	张　晔	张　峰	张雪芬	张瑛杰	张　慧	陆　俊
陈夕方	陈玉娟	陈守祥	陈志国	陈志明	陈胜华	陈洪阳	陈莉萍
陈　静	林书根	林攀峰	周宇静	周菊云	赵立国	赵亚明	赵志俊
赵　俊	荆晨辉	胡云华	胡　伟	段世雄	贺红霞	秦叶红	秦兰萍
秦晓峰	袁二明	袁小平	袁伟中	聂　晴	夏　军	夏建新	顾建卫
钱卫东	钱文彦	钱红霞	徐东方	徐　杰	唐亦军	唐建明	浦锦勇
黄　勇	曹金辉	常　青	眭晓骏	眭　强	梁家鹏	彭虎勰	蒋小平
蒋志明	蒋　萍	蒋新兰	蒋　磊	傅小霞	舒金俊	童　敏	谢　舒
虞爱军	腾红斌	臧玉金	熊新燕	樊国强	潘建新	戴新铭	

《丹阳年鉴(2021)》供稿单位编辑人员名单

（按姓氏笔画为序）

丁　伟	丁向阳	丁　禄	万仁松	马云燕	王文韬	王国民	王　佳
王佩佩	王星玥	王剑沁	王晓建	王　琦	王　晴	王　焱	韦建军
毛卫华	毛文泽	毛叶飞	毛红艳	仇昇平	孔雪咏	邓舒婷	艾建文
石玉琴	石　印	占少志	史玉华	史亚晶	吕政艳	吕露茜	朱丹华
朱君芬	朱栋栋	朱　翔	朱嘉阳	华元成	刘　力	江志伟	汤利杰
汤　倩	汤　雯	许　卫	孙　旭	孙钧慧	孙唯一	孙　颖	孙燕霞
花　卉	李　月	李　汀	李信华	李晓君	李彬彬	杨建军	杨　超
杨　慨	束利伟	束雷华	吴云平	吴　艳	吴　寒	何丹兰	邹学伟
邹倩钰	邹　涛	邹　培	冷珊珊	闵伟航	汪志涵	张　邱	张建平
张建新	张孟然	张　栋	张　洋	张荷英	张家麟	张　娟	张晶晶
张　蔚	陈大卫	陈卫丽	陈　羽	陈　炀	陈　欣	陈　彬	陈　斌
陈　睿	陈　燕	周玄究	周建中	周　俊	周梦韵	孟　莹	赵国栋
赵凌云	赵　斐	荆晨辉	胡志杰	郦秋萍	钟　鸣	施晓青	姜　豪
袁军辉	夏　松	夏　琼	徐　昕	殷　汉	郭良玉	郭　诚	郭　翠
唐　红	曹小燕	曹美茹	眭龙辉	章宁康	彭忆严	蒋　黎	景银山
童振鹏	谢军杰	谢艳英	詹　钺	裔黎敏	臧　静	魏红军	

《丹阳年鉴》有关机构和单位简称全称对照表

简称	全称	简称	全称
市委	中国共产党丹阳市委员会	市经发局	丹阳市经济发展局
市人大常委会	丹阳市人民代表大会常务委员会	市人社局	丹阳市人力资源和社会保障局
市政府	丹阳市人民政府	市住建局	丹阳市住房和城乡建设局
市政协	中国人民政治协商会议 丹阳市委员会	市人行	中国人民银行丹阳市支行
市委办	中国共产党丹阳市委员会办公室	市农发行	中国农业发展银行丹阳市支行
市政府办	丹阳市人民政府办公室	市工行	中国工商银行丹阳市支行
市人大常委会办	丹阳市人民代表大会 常务委员会办公室	市农行	中国农业银行丹阳市支行
市政协办	中国人民政治协商会议 丹阳市委员会办公室	市中行	中国银行丹阳支行
市纪委	中国共产党丹阳市纪律检查委员会	市建行	中国建设银行丹阳市支行
市监委	丹阳市监察委员会	市交行	交通银行丹阳支行
市政法委	中国共产党丹阳市委政法委员会	市农商行	丹阳市农村商业银行
市机关工委	中国共产党丹阳市委员会市级 机关工作委员会	市邮储银行	中国邮政储蓄银行丹阳市支行
市卫健委	市卫生健康委员会	市人保公司	中国人民保险股份公司 丹阳市支公司
省丹中	江苏省丹阳中学	市寿保公司	中国人寿保险股份公司 丹阳市支公司
市三中	丹阳市第三中学	市太保财险公司	中国太平洋财产保险公司 丹阳市支公司
市五中	丹阳市第五中学	市太保寿险公司	中国太平洋人寿保险公司 丹阳市支公司
市六中	丹阳市第六中学	市医保中心	丹阳市职工医疗保险管理中心
市八中	丹阳市第八中学	大亚科技	大亚科技集团有限公司
市九中	丹阳市第九中学	恒宝股份	恒宝股份有限公司
市实中	丹阳市实验中学	恒神股份	江苏恒神纤维材料有限公司
市职中	丹阳市职业中等专业学校	沃得集团	江苏沃得机电集团有限公司
市华南学校	丹阳市华南实验学校	天工集团	江苏天工集团有限公司
市实小	丹阳市实验小学	鱼跃医疗	江苏鱼跃医疗设备股份有限公司
云阳一小	丹阳市云阳第一中心小学	飞达集团	江苏飞达控股集团有限公司
市市场监管局	镇江市丹阳市市场监督管理局	万新光学	江苏万新光学有限公司

丹阳市地图

丹阳市自然资源和规划局制

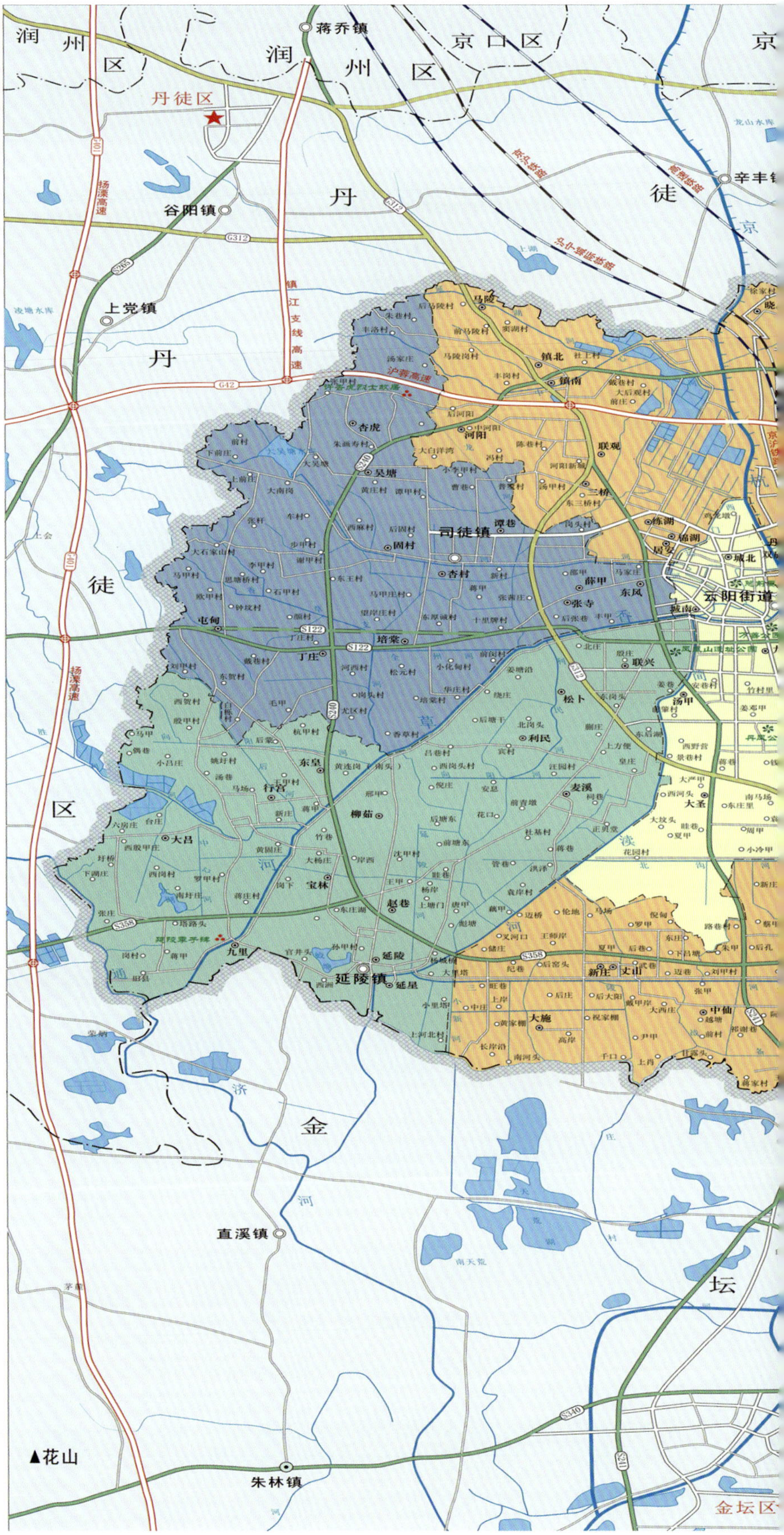

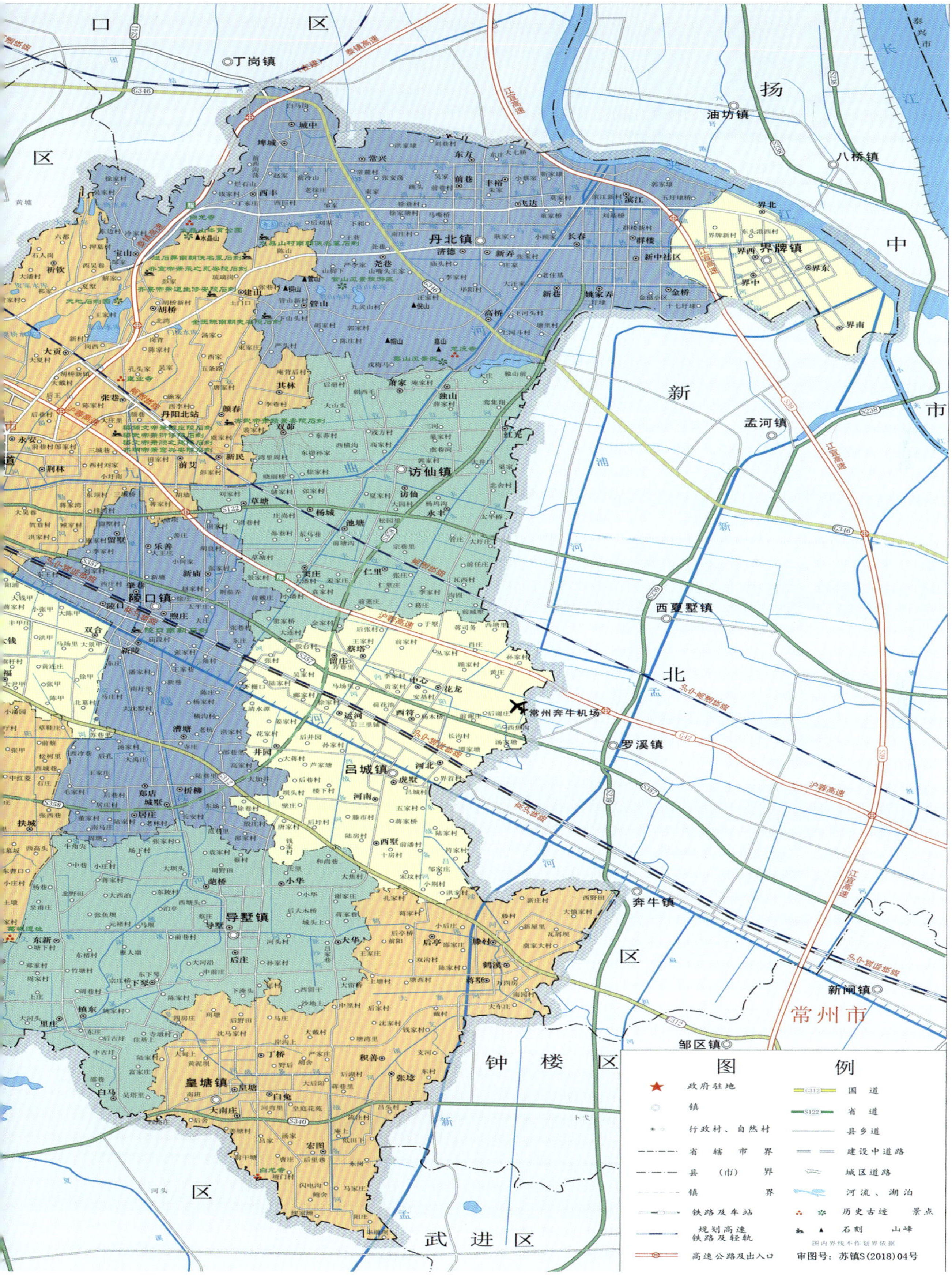
丁岗镇
油坊镇
八桥镇
界牌镇
丹北镇
新桥
孟河镇
访仙镇
陵口镇
延陵镇
吕城镇
导墅镇
皇塘镇
西夏墅镇
罗溪镇
奔牛镇
新闸镇
邹区镇
常州奔牛机场
丹阳北站
常州市
钟 楼 区
武 进 区
图 例
政府驻地
镇
行政村、自然村
省 辖 市 界
县 (市) 界
镇 界
铁路及车站
规划高速铁路及轻轨
高速公路及出入口
国 道
省 道
县乡道
建设中道路
城区道路
河流、湖泊
历史古迹 景点
石刻 山峰
图内界线不作划界依据
审图号：苏镇S(2018)04号

丹阳市城区图
图例
政府驻地
镇
行政村、自然村
省辖市界
县（市）界
镇界
铁路及车站
规划高速铁路及轻轨
高速公路及出入口
国道
省道
县乡道
建设中道路
城区道路
河流、湖泊
历史古迹 景点
石刻 山峰
图内界线不作划界依据
审图号：苏镇S(2018)04号

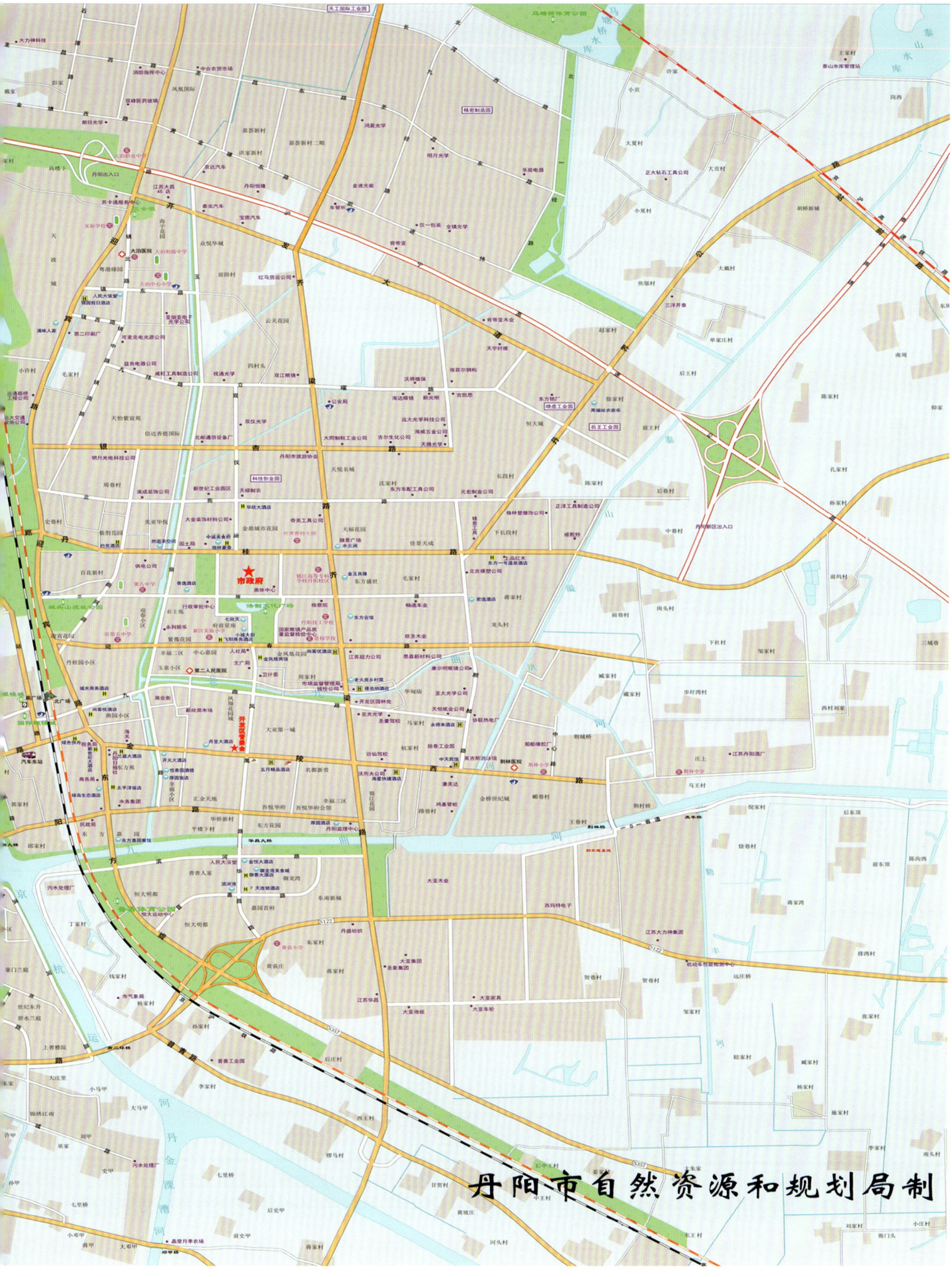
市政府
开发区管委会
丹阳市自然资源和规划局制

丹阳市国民经济

地区生产总值（亿元）

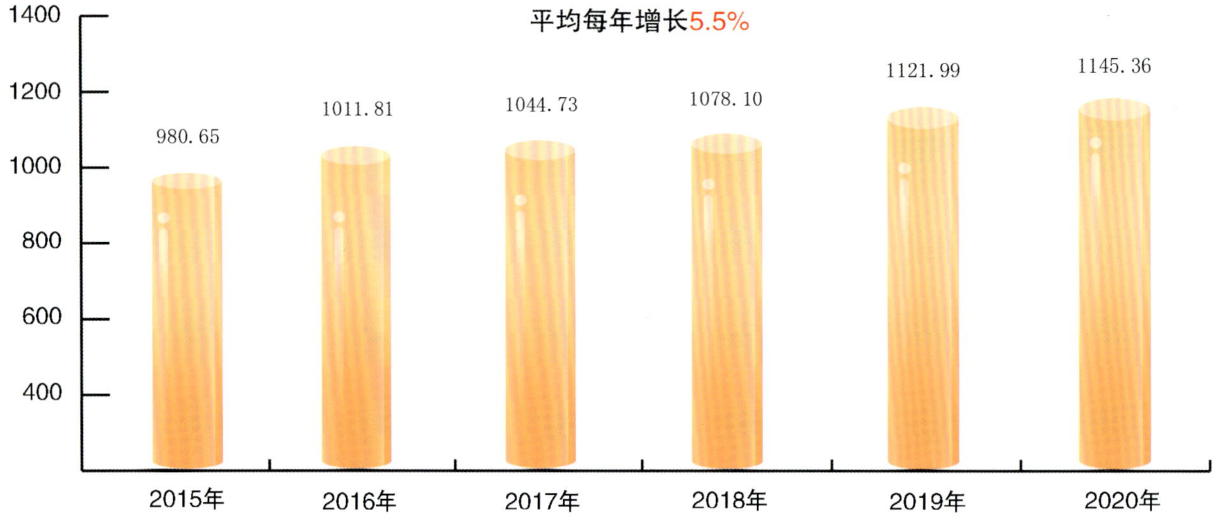

人均GDP（元）

平均每年增长5.4%

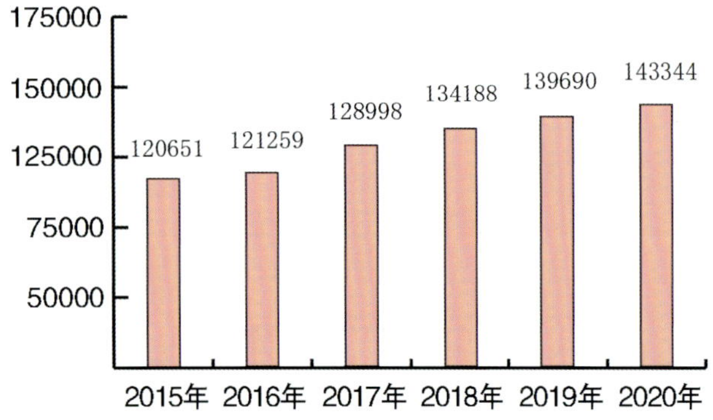

一般公共预算收入（亿元）

平均每年增长-0.9%

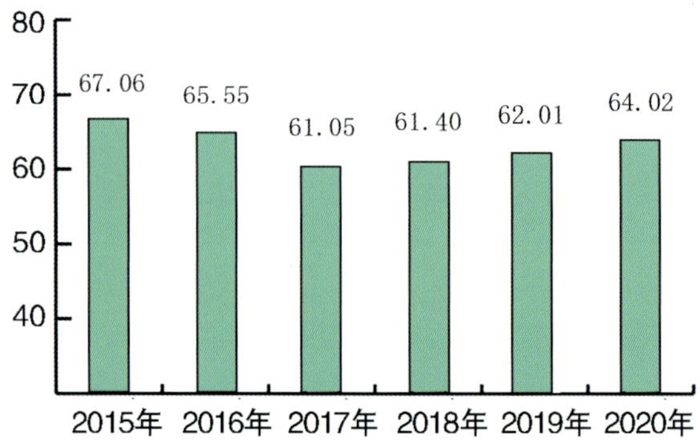

主要指标动态图

金融机构年末存款余额（亿元）

平均每年增长11%

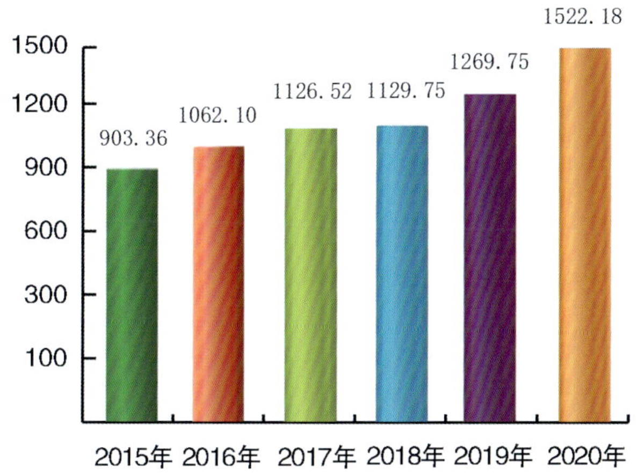

金融机构年末贷款余额（亿元）

平均每年增长8.3%

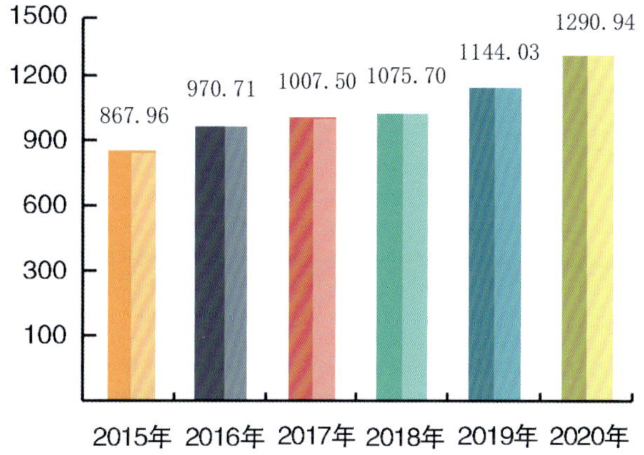

城镇居民人均可支配收入（元）

平均每年增长7.1%

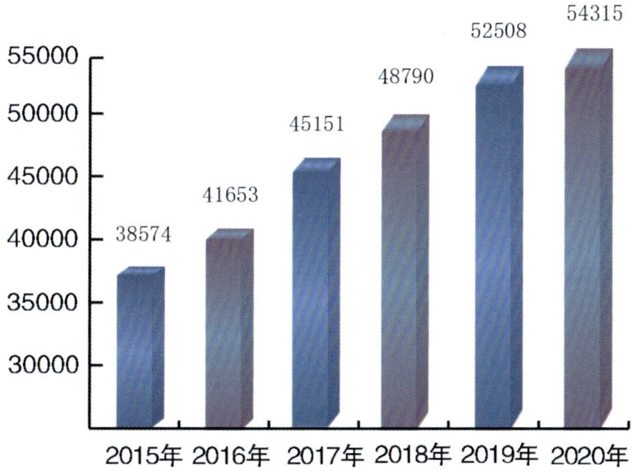

农村居民人均可支配收入（元）

平均每年增长8.2%

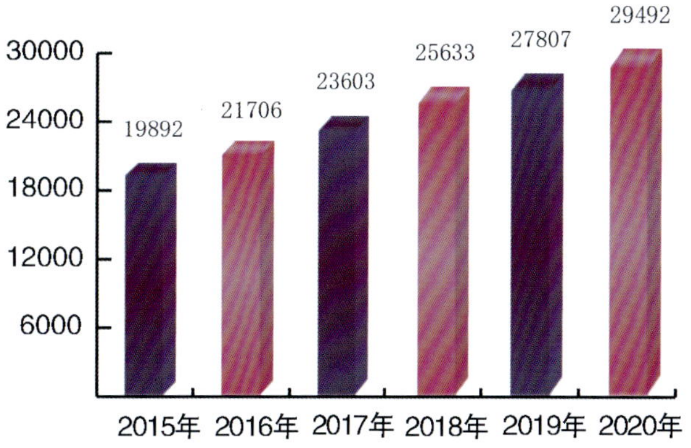

2020年12月30日，中国共产党丹阳市第十三届委员会第十次全体会议在会展中心召开

2021年1月13日，丹阳市第十七届人民代表大会第五次会议在会展中心召开

2021年1月12日，中国人民政治协商会议丹阳市第十五届委员会第五次会议在会展中心召开

丹阳经济开发区

2020年10月23日，省委宣传部副部长赵金松（右二）调研开发区“思享空间”建设

2020年2月10日，丹阳市长黄万荣调研开发区企业复工情况

2020年5月30日，镇江市委书记马明龙（中）带领乡村振兴观摩团到开发区参观

2020年11月18日，镇江市委书记马明龙调研指导开发区“思享空间”

丹阳经济开发区成立于1992年，1993年升格为省级经济开发区。全区总面积178平方公里，辖20个行政村、19个社区。年末总户数46413户，总人口135632人。丹阳经济开发区建有生命科学产业园、日本（丹阳）汽车零部件产业园、精密制造产业园、航天航空产业园、高新技术创业园等特色产业园区，是丹阳重要的对外开放窗口、主要的工业经济集聚区。2020年，全区完成地区生产总值319.06亿元，比上年增长3%，一般公共财政预算收入19.04亿元，工业应税销售387亿元,规模以上工业投入23.11亿元，规模以上工业增加值89.93亿元，实际利用外资8136万美元。在2019年省级经济开发区科学发展综合考核中，丹阳经济开发区综合实力列全省同等级开发区第八位。日本（丹阳）汽车零部件产业园获评省级国际合作园区。

2020年4月23日，开发区新兴产业发展引导基金与苏州海杨创投公司签订丹阳深海投资基金协议

2020年11月26日，开发区与山西运城风陵渡开发区签订战略合作协议

2020年12月19日，开发区马相伯中学举行新建迁址开工奠基仪式

2020年10月29日，开发区举办保险业赋能丹阳汽配产业高质量转型发展合作签约仪式

2020年10月17日，开发区举办“畅游宜居美丽乡村·共享健康美好生活”广场舞大赛

开发区沪蓉高速出入口景观绿化工程

供稿：杨超

江苏省丹阳高新

2020年3月，“科技小巨人”上海聚建网络科技运营总部项目落户高新区

2020年12月，高新区圆满完成44个村（社区）党组织换届选举

江苏省丹阳高新技术产业开发区创建于2013年，2018年9月获省政府批复设立，重点建设区域面积49平方公里，辖16个行政村、23个社区居委会，总人口约20.85万人。2020年，丹阳高新区实现地区生产总值209.7亿元，比上年增长5%。一般公共预算税收收入7.93亿元，比上年增长3%。在全省2019年度国家和省级高新区综合评价排名上升7位，列第27位；在30家省级高新区综合评价排名上升5位，列第10位。丹阳高新区坚持“以产兴城、以城聚产、产城融合”的发展理念，着力打造“宜居、宜业、宜创、宜学”的南部新城。中医院移址新建，高新区实验小学、幼儿园，吕叔湘中学新建项目全力推进，建成后，高新区的整体品质和承载能力将进一步提升。

2020年10月，竹林路、产业路竣工通车

技术产业开发区

2020年7月，高新区实验小学、幼儿园项目开工建设

2020年6月，江苏视客研发中心电商基地项目开工建设

2020年11月，“推进垃圾分类　打造美丽云阳”文艺汇演

2020年8月，围墙革命—高新区主题墙绘活动

2020年，国省干道沿线整治

供稿：邹涛

丹阳市司徒镇

2020年4月8日，市委书记黄春年（左）调研司徒镇

司徒镇位于丹阳市西郊，是全国知名的“眼镜之乡”。司徒镇为江苏省首批20个行政管理体制改革试点镇之一。镇域面积91.73平方公里，辖10个行政村、1个社区、1个居委会，年末总人口45405人。司徒镇交通、区位优势明显，沪蓉高速、312国道、122省道、丹西公路穿境而过，附近有沪蓉高速（丹阳西）入口和扬溧高速入口。2020年，全镇完成地区生产总值57.56亿元，比上年增长4.2%；一般公共预算收入2.5亿元；规模以上工业总产值62.04亿元，比上年增长8.3%；工业应税销售83.35亿元，比上年增长12.22%；实际利用外资1201.4万美元。司徒镇拥有中国最大的树脂镜片生产企业江苏万新光学眼镜有限公司、中国最大的隐形眼镜企业海昌隐形眼镜有限公司、中国网络销售出口成品眼镜排名第一企业江苏淘镜有限公司。建有丹阳唯一的江苏省级现代农业示范园区。2020年度获国家级卫生镇、丹阳市高质量发展综合考核一等奖、全市乡村振兴农业高质高效发展奖、丹阳市文明城市长效管理考核一等奖、农业保险工作考核一等奖、市“四好农村路”高质量发展工作先进集体、科协科普工作先进集体、安全生产先进集体、统战工作先进集体、征兵工作先进集体、食品安全工作先进集体、宣传思想工作先进集体、组织工作创先争优先进集体、打好污染防治攻坚战先进单位、网格化治理及法治创建信访工作先进集体等荣誉。

眼镜产业园区全貌

2020年10月28日，丹阳市眼镜电商产业园项目签约仪式

2020年5月28日，司徒镇第十七届人民代表大会第八次会议

2020年9月24日，贵州省桐梓县驻丹服务站揭牌仪式

2020年7月11日，第二届“杏虎仙桃”采摘节

中国（丹阳）眼镜产业创业园

供稿：邹倩钰

丹阳市延陵镇

2020年12月18日，水利部副部长陆桂华（左三）调研九里生态清洁小流域建设工作

2020年9月15日，慰问全国抗击疫情先进个人赵俊霞

延陵镇位于丹阳市西南部，与镇江丹徒区、常州金坛区接壤，属省级茅山革命老区，是丹阳四大古镇之一。全镇总面积116平方公里、耕地面积0.43万公顷、水面面积0.23万公顷，总人口8.1万人，辖13个行政村、2个社区。延陵历史文化底蕴深厚，境内有6000多年历史的凤凰山遗址、国家AAA级九里风景区，拥有国家级、省级“非遗”保护项目2个。区域内交通便捷，沪蓉、扬溧两条高速公路和312国道、241省道、122省道、丹茅路、丹西路、丹宝路等交通干道交汇贯通。2020年，全年实现地区生产总值46.92亿元，一般公共预算税收收入1.38亿元，工业总产值52.19亿元，农村居民人均可支配收入25039元，国家级卫生镇通过国家评估验收，九里风景区获评国家AAA级旅游风景区。

2020年12月24日，举办项目集中开工仪式

2020年3月24日，推进殡葬改革、整治人居环境现场会

2020年5月21日，开展防汛应急抢险演练

2020年9月3日，举办“味稻小镇 飘香延陵”首届稻米文化节

2020年9月29日，举办季子文化旅游节

供稿：汤利杰

丹阳市导墅镇

2020年4月，市委常委、常务副市长赵立群调研导墅镇经济工作

2020年4月，镇党委书记王啸带队检查疫情防控工作

导墅镇位于丹阳市东南部，是鹤溪河畔的千年古镇，中国孔子学会前会长匡亚明故里。该镇水路交通发达，古鹤溪河穿越全境，镇域内有312国道、340省道及6号路等公路连通四方。全镇总面积80.5平方公里，辖11个行政村，年末总人口4.7万人。2020年实现地区生产总值36.88亿元；一般公共预算收入1.298亿元；工业应税销售收入40.1亿元，比上年增长4.4%；规模以上固定资产投资5.77亿元，比上年增长37.7%；农村居民人均可支配收入2.63万元，比上年增长5.4%。先后获中国家纺名镇、国家卫生乡镇、江苏省省级健康镇、江苏省最美乡村健身公园、镇江市信访工作“四无”镇等荣誉。

2020年5月，市委副书记赵志强调研导墅镇乡村振兴工作

2020年6月，市委常委、常务副市长赵立群检查导墅镇安全生产工作

2020年6月，江苏贝斯特新型建材有限公司开工

2020年8月28日，黄埝桥通车

2020年9月28日，开展迎“双节”活动

党建引领人居环境整治

导墅镇集成管理指挥中心

美丽宜居村庄小塘西

导墅镇体育小公园

志愿者活动

供稿：符渝

丹阳市陵口镇

2020年2月12日，市委书记黄春年到陵口调研疫情防控工作和企业复工情况

2020年4月28日至29日，陵口镇召开第十九届人民代表大会第七次会议

2020年3月19日，陵口镇全体党政领导、机关干部以及志愿者在滨河路义务植树

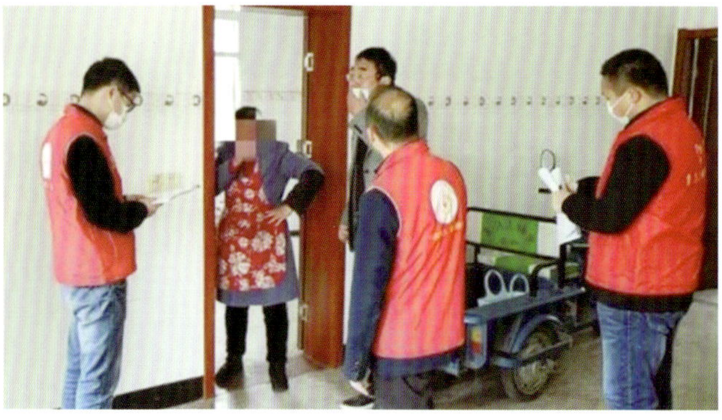

2020年3月15日，陵口镇召开“手拉手”精准扶贫志愿者工作会，就动态精准扶困志愿活动做工作部署

2020年10月13日，市委常委、政法委书记刘宏程、副市长王强等到陵口开展节后复工安全生产检查

陵口镇位于丹阳市东南部，交通便捷，区位优势突出，312国道、122省道、京沪铁路、沪宁高速、京杭大运河穿境而过。全镇总面积64.5平方公里，集镇面积3平方公里，耕地面积3945公顷，全镇辖12个行政村、2个居委会，年末总人口41308人。先后荣获“中国生态经济强镇”“江苏省环境优美乡镇”“江苏省文明乡镇”“镇江市卫生镇”“镇江市教育现代化先进镇”“镇江市电子商务示范镇”“镇江市法治工作先进单位”“江苏省文明镇”“江苏省卫生镇”“消费者最青睐的运河名镇”“省级生态文明建设示范乡镇”等荣誉称号。

2020年12月17日，陵口镇开“甜媳妇·美丽庭院”观摩表彰会，会上共命名表彰了200户“甜媳妇·美丽庭院”示范户

供稿：陈睿

丹阳市珥陵镇

2020年10月31日，镇江市委常委，常务副市长郭建（前右）调研镇江丹和醋业有限公司

2020年11月20日，市委书记黄春年（左二）带队到珥陵调研乡村旅游

珥陵镇位于丹阳市南郊，是丹阳市四大古镇之一，312国道、233国道(原241省道)、丹西公路和丹金溧漕河穿境而过。区域总面积83.66平方公里、耕地面积4896公顷、集镇面积3.5平方公里。辖10个行政村、1个社区居委会，年末总户数17089户、总人口47583人。2020年，全镇地区生产总值25.5亿元，工业应税销售收入30.5亿元，完成一般公共预算收入5188万元，城乡居民人均可支配收入26317元。工业应税销售、固定资产投资等主要指标比上年增长12%以上，规模以上工业总产值增幅近20%。丹凤工业园等18个重点项目竣工投产率达88.9%。珥陵镇获第三批江苏省生态文明建设示范乡镇、镇江市高标准农田建设示范镇、2020年度镇江市信访工作“四无”镇、丹阳市稳定类重点工作考核一等奖、丹阳市高质量发展综合考核二等奖等荣誉。

珥陵镇项目集中开工暨丹凤工业园开工仪式

镇江市兴教助学协会珥陵分会成立大会

珥陵镇安全生产专项督导暨新冠肺炎疫情管控工作部署推进会

珥陵镇比学赶超争先进位大会

供稿：孟莹

丹阳市皇塘镇

2020年9月，市委书记黄春年（右二）调研皇塘镇人大工作

2020年5月11日，政府办公楼搬迁，党委书记陆云飞（右一）、镇长邵翔（左一）为新政府办公地点揭牌搬迁

皇塘镇位于丹阳市东南部，是一座具有2700多年历史的古镇，总面积80.54平方公里，下辖11个村2个社区，户籍人口48313人，常驻人口57058人。现有各类企业1000余家，规模工业企业42家，亿元工业企业10家。2020年，实现地区生产总值66.1亿元，一般公共预算收入14384万元，工业应税销售134.2亿元，规上工业总产值113.88亿元，固定资产投资9.09亿元。近几年，皇塘镇先后获国家卫生镇、全国重点镇、中国家纺名镇、中国民间文化艺术之乡、全国小城镇发展与改革综合试点镇、江苏省创新型试点乡镇、江苏电子商务示范镇、江苏省健康镇等荣誉。

2020年7月，市政协主席团到皇塘调研新孟河延伸拓浚工程皇塘段

2020年5月30日，镇江观摩团考察皇塘镇乡村振兴

2020年5月，安全生产大起底工作动员部署会

皇塘镇守好丹阳南大门，确保全镇无人感染。2020年2月下旬，312国道卡口疫情防控检查点撤除前合影

2020年11月12日，机构改革完成，省委编办到皇塘镇调研“三整合”工作

2020年6月30日，全市产业项目集中开工仪式皇塘分会场项目开工

2020年10月，丹阳农民丰收节开幕式在皇塘镇南翔生态园举办

镇江级文明村皇塘镇丁桥村开展人居环境整治，成效显著

供稿：刘力

丹阳市吕城镇

2020年10月，市委书记黄春年（右一）带队进行公共空间治理现场会

2020年2月，爱心企业家为一线抗疫捐款

吕城镇地处丹阳市东南部，因三国时东吴大将吕蒙在此屯兵筑城而得名，距今1700多年历史。京杭大运河、沪宁城际铁路、沪蓉高速公路穿境而过，常州机场坐落境内，形成全市独有的立体化交通体系。全镇总面积68平方公里，辖11个行政村、249个自然村、2个社区居委会。2020年完成地区生产总值38.55亿元，比上年增长3.2%；完成一般公共预算收入1.239亿元，比上年增长0.98%；完成规模工业总产值41.88亿元，比上年增长6.3%；全面完成制造业投资5.57亿元，完成全年目标的107.1%；完成工业应税销售52.74亿元，比上年增长4.41%；工业用电量3.74亿千瓦时，增长3.39%。新增规模以上企业3家，全镇规上企业总计达66家，销售超1亿元企业8家。全年重点项目共14个，总投资12.09亿元，其中镇江市级重点项目4个，丹阳市级重点项目4个，镇级重点项目6个，储备在谈项目38个。成功举办丹阳市东部园区2020年度招商推介会，签订无锡新昶、苏州奥利得、常州威佑智能、无锡康斯达机械等意向性协议项目4个。合金行业龙头企业图南合金在疫情影响下逆势而上，2020年成为全市唯一在深交所创业板成功上市的企业。由省发改委规划设计的粮油加工贸易集中区被列为首批江苏省省级农产品加工集中区，有国家级6万吨食用油储备库以及大型粮食码头、省级粮食储备库各1座。吕城镇是全国千强镇、国家级生态乡镇、江苏省文明镇、江苏省重点中心镇、江苏省创新型乡镇、江苏省特色文化镇。

疫情防控工作

2020年9月5日，丹阳市教育局局长张文华(右一)与镇党委书记曹俊(左一)为"养正教育基金"成立揭牌

2020年6月30日，丹阳市企业强市“三集中”活动月吕城镇项目集中开工

吕城镇太极拳文体活动

大运河“四改三”安置房建设

供稿：丁禄

丹阳市访仙镇

2020年2月，市委书记黄春年（中）调研企业疫情防控

访仙镇位于丹阳市东部，距丹阳主城区15公里，南邻吕城镇、北接丹北镇，西面分别与陵口镇、开发区为邻，东与常州市新北区接壤，面积74平方公里。访仙镇交通区位优势明显，122省道横贯全镇，距沪宁高速丹阳东互通6.4公里；距常州机场10.5公里，距京沪高铁丹阳北站6.7公里。

访仙镇历史悠久，具有深厚的历史文化底蕴，是丹阳市“四大古镇”之一。镇内有名的文物古迹有萧氏宗祠、窦庄庙、近月轩惨案旧址、汤通庆故居等。改革开放以来，访仙镇形成了以汽车零部件、光学镜片、医药包装、纺织织造、红木工艺、精密制造等为主的工业体系，有规模以上企业38家，其中销售超亿元的6家，省高新技术企业11家。

2020年，完成地区生产总值32.04亿元，比上年增长4.8%；完成一般公共预算收入9760万元，比上年增长2.8%；实现工业应税销售55.8亿元，比上年增长18.4%。

2020年7月，市委书记黄春年（右一）调研访仙镇项目推进情况

市委副书记赵志强（左一）调研访仙镇农业项目复产

2020年2月，市委书记黄春年到访仙镇调研疫情防控

2020年6月，项目集中开工

2020年4月，志愿者助力人居环境整治

2020年2月，爱心企业捐赠防疫物资

供稿：张洋

丹 阳 市 丹 北 镇

2020年12月8日，省人大常委会副主任、党组副书记陈震宁（左图中）到天工国际调研产业发展情况，镇江市领导马明龙、陈可可,丹阳市领导黄春年等陪同调研

丹北镇总面积115.62平方公里，下辖2个居委会、20个行政村，户籍人口7.7万人，常住人口近18万人，是全国百强镇、全国重点镇、全国文明镇，也是丹阳发展的“三大板块”之一。2020年，全镇实现生产总值230.28亿元，工业应税销售485.54亿元，规模以上工业总产值完成384.11亿元，工业用电量28.02亿千瓦时，一般公共预算收入10.23亿元，实际利用外资8203万美元，农民人均可支配收入36396元。

丹北区位优势明显。东临丹阳市界牌镇和常州市，北依长江，西接丹阳经济开发区，南与丹阳市访仙镇接壤，北接镇江新区，与扬中市隔江相望。交通便利发达，346国道、122省道、常泰高速、镇丹高速穿镇而过且均有出入口，距京沪高铁丹阳北站和常州机场车程均15-20分钟，拥有年吞吐量5000万吨的长江飞达港口。

丹北产业特色鲜明。丹北素有“汽车零部件之乡”“五金工具之乡”“新型机械之乡”三个特色产业之乡的美称。全镇有各类企业近3000家，上市企业5家，规上企业143家，个体工商户12000余家。

丹北社会民生兴旺。近年先后建成或更新了上游路、胡高路、中心西路、育才路、中冶东路、沃得大道、中心大街等一批重点道路，“四纵四横”大交通格局已初步形成。丹北新桥幼儿园、后巷实验幼儿园、建山幼儿园、丹北实验初中等一批已建或在建学校陆续投入使用，教育资源日趋均衡。

2020年9月17日，省委编办副主任张学才（左三）带队到丹阳市调研行政体制改革情况

2020年5月2日，市委书记黄春年（左二）到丹北镇尧巷村、西丰村、济德村、姚家弄村调研农村人居环境整治工作

2020年9月12日，市委书记黄春年（中）督导丹北镇安全生产及环保整治工作。市委常委、丹北镇党委书记杭春云，市政协副主席魏国荣参加

2020年4月17日，镇江军分区司令员杜新（中）带队到丹北镇，对人武工作进行专题调研

2020年6月5日，丹北镇扫黑除恶画展

2020年1月14日，丹阳市“五下乡”集中服务暨第二届“文化庙会”活动

2020年12月11日，丹北镇第六届送文艺进村系列活动

供稿：朱嘉阳

丹阳市界牌镇

2020年7月13日，市委书记黄春年（左二）视察新孟河枢纽工程

2020年6月12日，市委书记黄春年（左一）视察镇安全生产

2020年7月20日，镇江市副市长、市公安局党委书记、局长王文生（右二）检查指导防汛工作

界牌镇位于丹阳市东北部，东北与扬中市隔江相望,南与常州市交界，西与丹北镇接壤。界牌镇交通发达,122省道、滨江公路、常泰高速穿境而过。全镇总面积23.63平方公里，辖5个社区居委会,年末户籍人口21783人。全镇以汽车整车制造及汽摩配件、新材料、路灯等为支柱产业,有汽摩配件企业400家,与国内30多家大中型企业进行联合配套，形成较强的生产规模和能力。2020年完成地区生产总值58.45亿元，比上年增长3.8%，完成规模工业总产值65.77亿元，比上年增长7.5%。一般公共预算收入完成1.67亿元，比上年增长1%。制造业投资全年完成6.03亿元，固定资产投资完成7.98亿元，高技术制造投资占比达54.2%，列全市第一，新增规模企业17家，界牌镇先后被评为全国农村教育综合改革先进镇、全国小城镇建设试点镇、江苏省新型示范小城镇、江苏省环境与经济协调发展示范镇、江苏省农村现代化示范镇、省级文明镇、镇江市首富镇、全国千强镇。

2020年11月12日，市委副书记赵志强（中）带领农业农村局、水利局等部门来调研

2020年11月25日，界牌镇第十四次人民代表大会第八次会议

供稿：王兴

丹阳市界牌镇界东社区

界牌镇界东社区位于丹阳市东部，紧邻长江，与扬中市隔江相望，距丹阳市35公里、常州机场40公里，面积6.32平方公里，由原红灯、安乐、安民三个村合并而成，有34个村民小组，1275户农户，人口4919人。村内有企业405家，其中，规模以上企业19家。界东社区党委有党员193人，下设16个党支部。2020年底，界东社区集体经济收入283万元，农民人均收入49909元。界东社区在镇党委、政府的坚强领导下认真贯彻党的十九大会议精神，团结全社区党员干部和人民群众，创新思路谋发展，使本社区的各个方面呈现崭新的局面，村级经济稳步发展、村容村貌焕然一新，村庄安定团结、文明和谐。

界东社区先后获得先进党组织、镇江市市级民主法制村、人口和计划生育星级示范村、综治和平安建设工作先进集体，2014-2019年连续被评为文明社区。

2020年7月，学党史活动——参观中国工农红军第十四军纪念馆

社区干部慰问困难群众

东江假日酒店

界东社区党群服务中心

122省道横跨社区

供稿：张杰

丹阳市练湖生态新区

练湖生态新区整体鸟瞰图

练湖生态新区位于丹阳市西北部，区位交通优势突出，沪蓉高速、241省道、京杭大运河穿境而过。练湖生态新区规划总面积39.18平方公里，东至大运河,南至新河,西至丹西公路,北至丹徒界。

中国·丹阳生命科学产业园

南京师范大学中北学院南门

沪蓉高速河阳出口

练湖新城

省丹中迁址新建概念图

供稿：吴伟平

丹阳经济开发区双庙社区居委会

2020年1月7日，社区党员大会

2020年4月22日，“我是党员我带头”农村人居环境整治党员志愿服务

丹阳经济开发区双庙社区地处丹阳新老城区结合部，2004年10月由原城头山居委会和双庙行政村合并建立。其区域位于京杭大运河以东，中山路以北，晓墟河以西，北二环路以南。辖区总面积1.7平方公里，丹阳火车站、中国（丹阳）国际眼镜城、东方皮革商城均坐落在辖区内，商贸集中，交通便捷。2020年底，户籍人口6974余人，党员250人，常住人口约12000余人，居民小组20个。双庙社区两委班子本着“以人为本、服务居民、服务单位”的原则和“与社区居民共创成功”的理念，紧紧围绕社区和谐建设开展各项工作。双庙社区先后荣获江苏省卫生村、丹阳市文明社区、镇江市文明社区等荣誉。

双庙群乐艺术团走进皮革城

疫情防控

丹桂园南区垃圾分类宣传

走进嘉兴南湖，追寻红色之源

供稿：聂萍

丹阳经济开发区永安社区居委会

社区领导到企业进行安全生产检查

2020年12月26日，中国共产党开发区永安社区党员大会

永安社区位于丹阳经济开发区中部，由原永安、陈家、后王三村合并而成，下辖12个自然村、24个村民小组、两个住宅小区，全社区户籍人口4100人，占地5平方公里，耕地53.3公顷。社区内有企业140家，其中，规模以上企业16家。永安社区党委有党员157人，下辖4个党支部。社区办公楼面积1398平方米，党员活动室面积200平方米。永安社区先后获得镇江市村民自治示范社区、丹阳市计划生育先进社区、“五有五好”关工委创建活动先进集体等荣誉。

2020年5月12日，落实企业安全生产主体责任“春风行动”电视会议

2020年6月23日，社区组织人员端午节到敬老院慰问老人

社区组织党员红色之旅

2020年2月6日，社区组织人员在卡口发放抗疫物资

供稿：王嫡

丹阳经济开发区河阳村

2021年2月6日，慰问关心老书记，弘扬尊老传统

2021年3月3日，河阳村关工委与河阳学校联合开展“红心向党”学雷锋活动

丹阳经济开发区河阳村位于丹阳市西北部丘陵地带，与开发区三桥村、镇南村、镇北村，司徒镇谭巷村、杏虎村相邻。沪蓉高速公路和241省道横贯境内。全村有7个自然村、28个村民小组、625农户，常住人口2057人，区划面积4.6平方公里。河阳村以农业生产为主，村经济发展薄弱，经过丹阳市委办公室几年的持续帮扶，河阳村从单纯的种植粮食作物逐步向特色农业发展，形成了黄桃、脆冠梨等精品果树特色项目，增强了造血功能，村整体经济实力有所提升。2018年村内建档立卡户全部脱贫，河阳村摘除贫困村帽子。

2021年2月4日，表彰慰问河阳村冯村“五好家庭”进行

推进果农产品绿色申报

村委组织党员参观新四军黄桥战役纪念馆

供稿：余聪 吴小娜

丹阳经济开发区荆林村

疫情期间，村党委书记胡佳平巡查卡口

2020年12月26日，荆林村党员大会

开发区荆林村位于开发区东部，距离丹阳市约4公里，地理位置和交通十分优越。该村2010年11月由原云阳镇荆村桥、永兴、三城三个行政村合并而成。全村户籍人口约6800人，常住人口约14000人，区域面积约8.8平方公里，耕地面积约333.33公顷。辖26个自然村、55个村民小组，建档立卡户7户，低保户3户，五保户7人（散养5人、集中2人），村干部13人（其中两委干部10人），组级干部28人，其他工作人员8人，党员250名，党委下设7个支部，辖区大小企业约175家、商户134家、餐饮53家。党群服务中心建筑面积1700平方米，室外活动场地2000平方米，村全年固定集体收入约96万元左右。2016年、2017年、2018年三年分别被开发区管理委员会和开发区工作委员会评为“六强”先进基层党组织，2019年荆林村“两新”组织联合党支部被丹阳市委党建工作领导小组评为“四星”先进党支部。

2021年3月26日，村委会组织开展消防安全宣传活动

“七・一”期间对困难党员进行慰问

关爱女性健康，免费组织“两癌”筛查

组织党员到淮安周恩来纪念馆参观学习

供稿：王樱

丹阳经济开发区晓星村

2020年3月30日，村委党建助推乡村振兴农村人居环境整治工作会议

村委会

丹阳经济开发区晓星村位于丹阳城北郊，是丹阳的北大门，占地面积3.2平方公里，地形以丘陵为主，由原新丰村和原晓星村合并组建成晓星村，下辖五个党支部，党员总数共计105名。辖区内有6个村民小组，现有居住户数510户，在册户籍人口1754人，常住人口 2100人。新丰车站战斗旧址就位于我村辖区内的黄泥坝村（当时新丰车站处），地处京杭运河与沪宁铁路的交叉点，为水陆交通枢纽地。2020年我村被评为江苏省民主法治示范村，并且连年被评为丹阳市文明村、镇江市文明村及江苏省文明村，丹阳市卫生村、江苏省农民体育工作先进村、江苏省关心下一代工作先进集体、江苏省关心下一代工作五有五好村，优秀党员志愿者服务队、老区建设扶贫开发先进单位，被丹阳市委组织部评为丹阳市基层党组织建设工作示范村，被丹阳市妇联评为丹阳市“平安家庭”创建活动示范村，被丹阳经济开发区工委评为“五好”先进基层党组织、综合治理先进村、先进党组织、双创双清工作先进村、计划生育星级示范村，荣获开发区村（居）综合管理考核一等奖等荣誉称号。

村委组织人员进行抗疫防疫

社区组织人员开展环境整治工作

村党委“不忘初心，牢记使命”主题教育活动

慰问村里的老人

供稿：蒋杰

丹阳市云阳街道九房村

2021年3月30日，村党委书记景腊敏陪同市政协主席沈岳方（右二）一行调研村庄人居环境建设

2020年1月31日，村委会组织志愿者防控疫情

九房村新时代文明实践广场

丹金综合市场

九房村位于丹阳市区南郊，东临丹金漕河，南靠迈村村、汤甲村，西邻城南村，北接石城村，122省道、丹金公路穿行政村而过，辖区内有振新路、庆丰路、竹林路、孙甲路和云九路，村城相通，村村相连，户户相接，交通十分便捷。村域面积3.53平方公里，全村有11个自然村，22个村民小组，总户数1396户，在册人口3328人，党员193人。2020年，村级集体经济收入200多万元，村民人均可支配收入3.5万余元。

近年来，九房村以“盘活资产、环境整治、文明建设”为切入点，打造“经济明星村”，擦亮“幸福底色”，培育“文明新风”，出现了“繁荣昌盛、村民乐居、配套先进、街巷干净、停车有序”的喜人变化，探索出乡村振兴的一些新办法。九房村先后获评全国农村集体财务管理规范化示范村、江苏省文明村、江苏省卫生村、江苏省级创业型村、镇江市文明村、丹阳市先进基层党组织等荣誉。

村党群服务中心

村委会外景

供稿：景志鑫

丹阳市云阳街道城北村

2020年4月8日，云阳街道党工委书记蔡飞（右二）察看城北运输站环境整治工作

2021年2月2日，市领导慰问村见义勇为者

云阳街道城北村位于丹阳市区北郊，全村总面积1.5平方公里，总户数504户，人口1045人，11个村民小组。2个党支部，51名党员。

村集体经济发展良好，有城北集贸市场和丹凤城北村运输站两大支柱性经济企业。城北集贸市场水果批发是丹阳最大的水果批发区，市场每年创收300多万元。丹凤城北运输站800米沿线已成为全市的第一大码头，经济效益稳步提高。集贸市场上缴村220万元，村级综合经济实力不断增强，固定资产、村可用财力每年递增，在云阳街道行政村中排名前列。

2018年完成城北村集体资产股份制改革，2020年底，所有村民已经享受分红。每年坚持做好农村医疗保险工作，保险费用每年上调，全部由集体承担。村环境整治日常保洁承包，废品垃圾清运，道路、下水设施，维修新建等费用，全部由村承担。

“七一”期间组织全体党员参观红色基地

结对如意慈善慰问一户多残家庭

供稿：杭妹霞

丹阳市延陵镇九里村

省级历史文化名村——延陵镇九里村，位于延陵镇的西南部，与丹徒、金坛、句容交界，是中国杰出的德者、贤者、智者、仁者——吴季札的故里。新建制的九里村由九里村、旧县村、五星村组成，总面积10.4平方公里，辖11个自然村，33个村民小组，1822户5687人。近几年来，九里村党委、村委会加快三个文明建设，取得了显著成绩。结合季子庙风景区的规划建设，自然历史文化风貌和古村落、古建筑得到有效保护，村容村貌整洁优美，具有鲜明的文化特色。先后获“中国传统村落”“全国农业旅游示范点”“江苏省最具有魅力休闲乡村”“江苏省星级乡村旅游区”“江苏省观光农业园”“江苏省水美乡村”“新农村建设示范村”“江苏省文明村”等荣誉。连续十年被评为“镇江市文明村”“丹阳市文明村”“镇江市社会主义新农村建设先进村”，被丹阳市委评为“丹阳市先进基层党组织”“丹阳市五星先进党支部”“丹阳市基层党组织建设示范点”等荣誉。

道德讲堂

庆祝建国70周年“月满中秋夜 九里聚团圆”活动

全国农业旅游示范点

江苏省星级乡村旅游区（点）

吴公季札祭祀典礼

党群服务中心

供稿：郦友良

丹阳市陵口镇折柳村

2020年9月28日，村党支部书记王新娣（右一）陪同农业专家赵亚夫（左二）到村合作社指导镇江市生态循环试点项目

组织党员学习党史

月季花卉生产基地

干净整洁的村居环境

折柳村位于陵口镇东南部古越渎河畔，2005年由原来的折柳、高家、加井三个行政村合并而成，全村共有21个自然村，36个村民小组，村民1308户，总人口3527人，党员146人。村域面积约5.2平方公里，耕地面积262.8公顷。折柳村先后获江苏省卫生村、丹阳市“五好”先进基层党组织等荣誉。

折柳村以党建引领社建，创办柳旺土地股份专业合作社，种植稻鸭富硒米。合作社成立于2011年，注册资金38.5万元，入社成员50名，现有农机库房1500平方米，新型农机设备15台，冷库50立方米。共流转土地54.67公顷，主要种植稻鸭共作模式精品水稻、栽种景观苗木、开发生态桃园、培育经济型花卉等。2017年，在获得省级扶持村级集体经济发展项目后，合作社以稻鸭共作模式种植高效水稻，2018年扩大种植规模至8公顷，上缴村利润20万元。2019年，合作社向绿色方向转化，种植稻鸭富硒米。引进项目，购买加工大米生产线和冷藏库。对大米进行绿色认证，注册“柳旺”“折柳村”两个品牌，实行线上线下同步销售，获得2019年度江苏省“十家农民合作社十个畅销产品品牌”、第五届江苏百姓品米节优质大米金奖。通过各类项目建设，折柳村从负债26万元，发展到资产800多万元，村级集体经济收入80万元以上。

折柳村积极推荐新时代文明实践站建设，成立折柳村志愿服务小队、折柳村党员志愿服务小队、折柳村关爱儿童志愿服务小队、折柳村折柳中学志愿服务小队4支志愿服务队伍，开展形式多样、丰富多彩的志愿活动。

折柳村党群服务中心

供稿：王新娣

丹阳市丹北镇飞达村

2021年2月8日，村两委干部慰问困难群众

飞达村党委主题党日活动—参观总前委红色基地

飞达村民居

飞达广场

飞达村位于丹阳市丹北镇，经过两次合并，由原三星、曙光、高士桥、童永、童兴、北魏6个村组成，现有自然村42个，村域面积7.3平方公里，耕地面积200公顷，总人口5800人，外来人口10000余人，总户数1571户。全村60岁以上老人每人每年发放900元，农民享受基本生活保障。2020年，全村集体经济收入123余万元，补贴村民合作医疗近100万元，发放尊老金近149万元、村民口粮款近840万元。全村有以飞达集团为龙头的各类企业200多家，年销售超150亿元。近年来，飞达村先后获评为中国最美村镇、江苏省法制示范村、江苏省生态村、镇江市文明村等荣誉称号。2017年名村影响力排行榜第59位。

飞达新农村

供稿：范亚星

丹阳市丹北镇前巷村

组织朱熹文化研究会活动

2020年11月1日，组织村民参加体育活动

前巷村坐落于丹阳市丹北镇的中部，由原前巷村、五星村和徐巷村三村合并而成，占地面积5.32平方公里，1050余户，人口4100余人，党员158名。村内拥有世界工模具钢前三强的上市公司——天工集团，有年产值超亿元的企业6家，超5000万元的企业20余家，企业总数超过90家，形成了村企共建、以工促农、以工惠农的发展模式。80%的前巷村民进入村内企业就业，村民人均年收入达5.47万元。

2020年全村实现工业总产值138亿元，村级收入1085万余元。先后被评为全国文明村、中国美丽乡村全国妇联基层组织示范村、江苏省文明村、镇江市文明村、丹阳市六强党组织、丹阳市诚信示范村。

村舞蹈队在天工广场排练

志愿者到敬老院慰问

组织老人游览泰州

前巷村别墅区

全村远眺

供稿：王少英

丹阳眼镜风尚小镇

2020年9月21日，省政协副主席姚晓东调研眼镜小镇

2020年9月29日，丹阳眼镜小镇项目签约仪式

2020年3月19日，市委副书记赵志强（左二）带队调研丹阳眼镜小镇项目

2020年6月1日，丹阳眼镜小镇产业策划方案座谈会

丹阳眼镜风尚小镇是江苏省首批特色小镇之一，规划面积约3.27平方公里，东至玉泉路，南至九曲河，西至京杭大运河，北至北二环路。眼镜小镇位于丹阳老城与新城之间，区位优势明显，交通便捷发达。以沪宁城际铁路为中轴线，东侧0.27平方公里为站前商务区，西侧1.09平方公里为产业核心区。

丹阳眼镜小镇项目总投资约80亿元，定位“产业核—商旅核”双核驱动，规划“产、旅、居”三大功能板块，打造视光总部大厦、高端商务酒店、视光主题商街、科技BLOCK、视光科技会馆、少儿视光中心、专业眼科医院、眼镜验配示范点、钢铁厂主题公园、小镇客厅、科技住宅等项目。到“十四五”末，力争把眼镜小镇打造成全周期体验、全域化旅游、全方位升级的国际眼镜双创基地和城市品质提升新地标，把眼镜小镇打造成功能完备、独具特色的城市客厅和丹阳城市发展新的经济增长极。

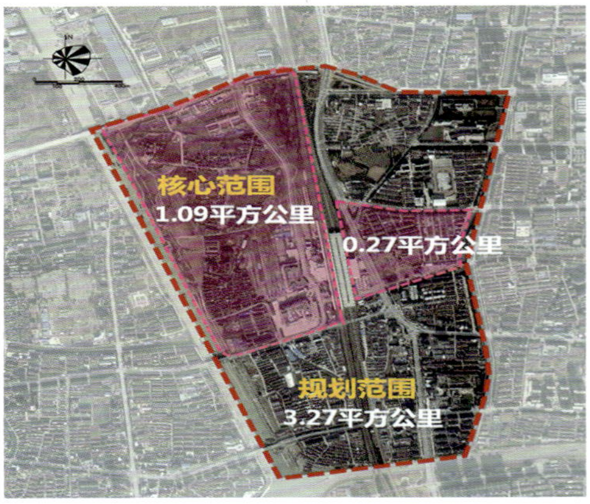

3.27平方公里规划图

丹阳眼镜风尚小镇效果图

供稿：王铸

目 录

特 载

专 记

大事要闻

大　事　记

丹阳概况

中共丹阳市委员会

丹阳市人民代表大会

丹阳市人民政府

政协丹阳市委员会

中共丹阳市纪委　市监委

民主党派

群众团体

法治　军事

农业农村工作

制造业 现代服务业

经科贸活动及信息

综合管理

生态环境保护

城乡建设和管理

科技 气象

交通 邮政 通信

财政 税务

金融 融资上市

国内贸易

经济贸易与技术合作

教　育

文化 融媒体

卫生健康

社会生活

镇区概况

荣 誉

附 录

索 引

报 告

领跑新征程 争得新荣光
全力书写“十四五”新丹阳建设精彩篇章

——在中共丹阳市委十三届十次全会上的报告（摘要）

中共丹阳市委书记 黄春年

（2020 年 12 月 30 日）

这次全会的主要任务是，高举习近平新时代中国特色社会主义思想伟大旗帜，深入贯彻党的十九大、十九届二中、三中、四中、五中全会、中央经济工作会议和习近平总书记视察江苏重要讲话指示精神，认真落实省委十三届九次全会、镇江市委七届十二次全会要求，总结“十三五”及今年工作，谋划部署“十四五”及明年任务，审议市委关于制定国民经济和社会发展第十四个五年规划和二〇三五年远景目标的《建议》。

一、聚力转型提质，不断积蓄高质量发展磅礴力量

今年以来，在中央、省委和镇江市委的正确领导下，市委团结带领广大干部群众，认真贯彻落实上级各项决策部署，做好“六稳”工作，落实“六保”任务，合力攻坚、积极进取，疫情防控取得阶段性胜利，经济社会发展保持稳中有进的良好局面。

1. 经济运行企稳向好。预计实现 GDP1180 亿元，增长 5%；一般公共预算收入 64 亿元，增长 3%；工业应税销售收入、工业固定资产投资位居镇江前列，实际利用外资同比增长 61.1%。狠抓产业强市，全年新签约、新开工亿元以上项目分别为 62 个、70 个。省级重点项目国药智能康复医疗器械产业基地完成投资 6.5 亿元，万洋、标龙等智能制造产业园稳步推进，全市上下大抓项目、紧张快干的势头日益强劲。盘活闲置低效用地 3622 亩，土地资源利用效率稳步提高。强化政银企对接，制造业贷款余额 395.7 亿元，较年初增加

24.6 亿元。图南合金成功上市，同力日升机械顺利过会，上交所服务资本市场镇江基地落户丹阳。持续严打恶意逃废债等非法金融行为，省级金融生态县排名大幅进位。

2. 发展动力持续增强。以改革优化资源配置，以创新点燃发展引擎，加快新旧动能转换步伐。成立市产业转型升级促进中心，探索实施“链长制”，统筹推进全市产业转型发展。创新驱动成效明显，成功举办“中国·丹阳碳纤维及复合材料产业链创新发展论坛”，高新技术企业新增入库数位列镇江第一，国家科技型中小企业入库数位列全省第七，4 家企业入选“2020 江苏民营企业制造业 100 强”。扎实开展“招才引智”，5 人入选省“双创”计划，13 人入选镇江“金山英才”计划，高质量发展的人才基石更加牢固。深化“放管服”改革，出台《丹阳市优化营商环境实施方案》，创新“一窗受理”新模式，审批服务质效不断提升。积极推进基层审批服务执法力量改革，构建简约高效的基层管理体制，基层创新发展活力持续增强。

3. 城乡面貌显著改善。坚持精明增长、有机更新，推动城乡融合发展。S122 拓宽改造全面完成、云阳大桥重建稳步推进、华南桥改造竣工通车，城市“主动脉”“内循环”接续打通。眼镜风尚小镇项目正式启动，练湖生态新区建设加紧谋划，城市品质提升驶入“快车道”。狠抓精细化管理，城区市容市貌、国省干道沿线环境稳步改善，全国文明城市通过复检。有序推进生活垃圾分类“三定一督”新模式①，高标准完成 18 个达标小区建设。深入开展“万企联万村·共走振兴路”行动，村企联建覆盖率 88.4%。加快农业现代化发展，新增三资投农项目 18 个，绿色优质农产品比重位列镇江第一。深化农村改革，农村产权交易市场省级监测评价位列苏南县市第一。扎实推进农村人居环境整治，探索建立“1＋N＋5”治理机制②，引导群众参与共建共治共享，在镇江率先全面完成整治任务。坚决打赢污染防治攻坚战，中央环保督察“回头看”交办信访件在镇江率先完成整改销号，环境信访同比下降 44.1%。扎实推进河长制，8 个重点考核断面全部达标，全市优良天数比例 81.8%，位列镇江第一，生态环境质量稳步提升。

4. 民生福祉不断增进。坚持人民至上，积极呼应民声、办好实事。科学应对新冠肺炎疫情，做到提前部署、率先落实、快速控制，筑牢外防输入、内防扩散的“铜墙铁壁”。11 名白衣战士驰援湖北，涌现出以全国抗疫先进个人赵俊霞为代表的一大批模范典型。聚焦支出型贫困，创新开展“高水平小康·丹阳在行动”系列活动，政府主导、社会参与的爱心帮扶蔚然成风。深化殡葬改革，散坟整治工作获省政府通报表彰。深入实施就业优先战略，城镇新增就业 14336 人，城镇登记失业率控制在 2.3%以内。扩大优质教育资源供给，省丹中、吕叔湘中学、马相伯中学等工程有序推进。力推“三领工程”③“县管校聘”和“集团化办学”改革，“双一流”高校录取人数实现新突破。健全公共卫生服务体系，人民医院综合大楼即将交付使用，中医院异地新建工程正式动工。牢牢稳住“米袋子”“菜篮子”，生猪恢复生产任务顺利完成。深入开展安全生产“大起底”专项整治，关停企业 487 家、整改企业 6881 家。深化平安丹阳、法治丹阳建设，网格化社会治理、扫黑除恶专项斗争纵深推进，全市公众安全感、法治满意度持续提升。

5. 党的建设全面从严。践行新时代党的建设总要求，认真落实管党治党主体责任，党建引领不断强化。深入学习贯彻党的十九届五中全会精神，严格落实意识形态工作责任制，扎实开展“勤学习、深调研、真检视、善落实”活动。深化精神文明建设，有序推进新时代文明实践活动，社会文明程度持续提升。强化基层组织和干部队伍建设，推进村（社区）“两委”换届。选派 76 名退出领导岗位干部担任“乡村振兴领航员”，相关做法获中组部宣传推广。持之以恒抓作风，以“效能革命年”为主线，集中整治形式主义、官僚主义突出问题，开展“十佳服务品牌”创建，推进“四亮四评”活动④，服务效能不断提升。严格落实全面从严治党“两个责任”，深化“三治理一挂牌”专项行动，开展“廉洁丹阳·清风行动”，实现市委巡察全覆盖，政治生态持续向好。

今年取得的成绩，既得益于全市上下的团结拼搏、辛勤付出，也离不开“十三五”时期的久久为功、持续奋斗。五年来，我们把经济发展作为第一要务，以“咬定青山不放松”的恒心韧劲，围绕项目转、盯着项目干，特色产业持续转型，集聚态势充分彰显，工业应税销售收入突破1500亿元，高新技术企业数等指标位列镇江第一，一大批省、市重点项目落地生根，主板上市企业数量实现翻番。五年来，我们把安全稳定作为基本前提，以“踏平坎坷成大道”的勇气毅力，知难不畏难、吃苦不言苦，破圈解链重塑金融生态，重点攻坚化解风险矛盾，用党员干部的“负重前行”，换来了广大百姓的“岁月静好”。五年来，我们把群众期盼作为不懈追求，以“一枝一叶总关情”的为民情怀，心系百姓事、拿出惠民举，南、北二环交通枢纽等重点工程畅通了城市动脉，“263”“116”等专项行动擦亮了生态底色，文教卫体等各项事业齐头并进，城市发展更有温度、群众生活更加美好。五年来，我们把党建引领作为根本遵循，以“弄潮儿向涛头立”的万丈豪情，胸怀担当志、付诸实干行，锲而不舍、动真碰硬，抓铁有痕、踏石留印，干事担当成为全市上下的主旋律和最强音。各镇（区、街道）以奔跑之姿强化比学赶超，各职能部门以奋进之势推动破局前行，形成了埋头苦干、劲足实干的生动局面。在此，我代表市委，向全体共产党员和全市人民，向广大企业家、老领导老同志、各民主党派、无党派人士、人民团体、驻丹部队，向所有积极参与、关心支持丹阳发展的同志们、朋友们，表示衷心的感谢和崇高的敬意！

二、精准把握形势，科学描绘“十四五”时期宏伟蓝图

历史的画卷波澜壮阔，未来的图景更加可期。我们必须深刻把握“十四五”时期的宏观形势、发展走势，改革攻坚、务实苦干，奋力干出激情奔跑的新丹阳。

“十四五”是全面现代化建设的起步期，我们要立足新发展阶段，扎实起跑、强势开局，迈入现代化建设的新轨道。“十四五”时期是我国全面建成小康社会之后，乘势而上开启全面建设社会主义现代化国家新征程的第一个五年。外部形势错综复杂，世界百年未有之大变局加速演变，不稳定不确定因素明显增多。党的十九届五中全会锚定了2035年远景目标，对“十四五”时期我国发展作出系统谋划和战略部署。我们要以党的十九届五中全会精神和习近平总书记视察江苏重要指示精神为指引，主动对标“争当表率、争做示范、走在前列”的新要求，深刻把握发展阶段之变，对“十四五”时期丹阳发展进行前瞻思考、系统谋划、整体推进，坚定信心、奋发作为，在现代化建设的新赛道上铆劲起跑、俯身冲刺，干出不负时代的新业绩。

“十四五”是全速冲出转型关口的窗口期，我们要贯彻新发展理念，加速转型、聚力攻坚，争当高质量发展的排头兵。当前，丹阳产业布局碎片化、资源利用低效化、县域治理粗放化等问题尚未根本解决，仍处于广泛深刻的经济社会转型期。“十三五”期间，我们抓重点、破难点，全市推动转型的共识更加统一、加快转型的基础不断夯实、制约发展的瓶颈有效破解，思维理念更新、发展方式转变到了“前进一步柳暗花明，后退一步山重水复”的关键阶段。全市上下必须坚决贯彻新发展理念，持之以恒推动转型升级、更大力度突破痛点堵点，举全市之力、求全局之效，在高质量发展的新体系中对标找差、奋勇前行，闯出脱胎换骨的新境界。

“十四五”是全力重塑丹阳荣光的关键期，我们要融入新发展格局，顺势而为、抢育先机，跑出大步伐赶超的加速度。改革开放以来，一代又一代丹阳人艰苦创业、勇争一流，铸就了辉煌岁月、干出了历史荣光。但近年来，深受转型所累的丹阳，在向苏南对标、与强者比拼的竞赛中缺了些办法、少了些闯劲，正经受“不进则退、慢进也是退”的严峻挑战。放眼“十四五”，丹阳面临主动对接“一带一路”、全面融入长三角区域一体化等多重战略机遇，拥有发展大局稳中向好、重大项目蓄势待发等崛起优势。我们必须乘势而上、借势而为，融入宁镇扬、对接苏锡常、面向长三角，在“双循环”格局中锻造关键链条、打造关键支撑，加快追赶、全速超越，争得丹阳发展的新荣光。

综合以上分析，“十四五”时期经济社会发展的指导思想是：坚持以习近平新时代中国特色社会主义思想为指导，全面贯彻党的十九大和十九届二中、三中、四中、五中全会精神及习近平总书记视察江苏重要讲话精神，立足新发展阶段、贯彻新发展理念、构建新发展格局，以推动高质量发展为主题，以改革创新为根本动力，以满足人民群众日益增长的美好生活需要为根本目的，继续做好“六稳”工作，落实“六保”任务，加快建设具有丹阳特色的现代化经济体系，推进治理体系和治理能力现代化，打造智造名城、运河明珠，全力书写“十四五”新丹阳建设精彩篇章。

智造名城——就是要顺应一体化融合大势，把握高质量发展大局，深挖先进制造发展潜力，厚植实体经济发展根基，坚持立破并举、先立后破，质效并重、以智取胜，全市域统筹、全链条提升，把丹阳打造成沪宁线上产业协同强节点、智能制造新高地。

运河明珠——就是要回应发展对城市载体的呼唤、群众对美好生活的向往，遵循丹阳一湖一河一夹江、水系通畅润全城的内生肌理，更新经营理念、尊重历史文化，用好绣花功夫、完善服务功能，把丹阳建设成水韵江南宜居地、创新创业幸福城。

围绕以上定位，全市上下必须坚守发展第一要务、转型第一主线，甩开膀子加速跑、撸起袖子加油干，以“人人奔跑”领跑新征程，用“样样争先”争得新荣光。

领跑新征程，争得新荣光，我们必须全力摆脱粗放低效的困境，构建现代产业体系，建设质效并重的产业基地。坚持产业强市、强化创新引领，推动产业链、创新链、人才链多链融合，空间规划、产业规划、载体规划多规合一，安全发展、绿色发展、高效发展有机统一。“三区三园”支撑作用充分彰显，大健康、新材料、高端装备制造等优势产业支柱作用充分发挥，现代农业、服务业占比不断优化，以制造业为主体、一二三产深度融合的现代产业体系基本形成。力争到2025年，工业应税销售、一般公共预算收入分别突破2500亿元、100亿元；主板上市企业突破20个，初步建成沪宁线上具有区域影响力的特色产业基地。

领跑新征程，争得新荣光，我们必须加快走出被动滞后的局面，提升现代服务功能，建设内外兼修的江南水乡。树立片区开发思维，推动城市发展方式由城市建设向城市经营、城市经济转变，形成点上突破与全域提升有机融合、外在形象与内涵品质相得益彰、城市发展与乡村振兴相互促进的城乡发展新格局，把美丽丹阳建设的文章写在大地上。力争到2025年，城市现代感、时尚感明显增强，乡村舒适度、宜居度全面提升，眼镜风尚小镇成为功能完备、独具特色的城市客厅，练湖生态新区呈现湖光潋滟、产城融合的崭新图景，全力把丹阳打造成大运河畔底蕴深厚、生态宜居的现代城市新典范。

领跑新征程，争得新荣光，我们必须精准补齐供给不足的短板，创造现代品质生活，建设民生共享的幸福家园。践行以人民为中心的发展思想，对照“八个更”[⑤]的标准，着力解决人民群众最关心最直接最现实的问题，确保每年民生支出不低于一般公共预算支出的80%。推动教育、医疗等民生资源供给更均衡、配置更高效，社会保障体系覆盖更全面、层次更丰富，守望相助、人人向善成为丹阳新的城市特质。力争到2025年，人民生活水平基本达到中等发达国家标准，学有优教、病有良医、老有颐养的美好愿景成为现实，群众获得感、幸福感显著增强。

领跑新征程，争得新荣光，我们必须坚决打破过时僵化的束缚，增强现代治理能力，建设活力彰显的善治高地。强化问题导向、聚焦痛点堵点，着力补齐“制约活力动力释放的市场环境短板”“影响治理效能提升的体制机制短板”，进一步树牢共建共治共享理念，厘清政府与市场、政府与社会的关系，在法治化轨道上推动治理体系和治理能力现代化建设。力争到2025年，市场配置资源效率明显提升、体制机制活力充分释放，法治满意度、营商便利度排名位列长三角第一方阵，务实高效的治理体系、公平法治的发展环境成为丹阳的核心竞争力。

三、狠抓工作落实，全力推动现代化建设扎实起步

2021年是“十四五”规划的开局之年，承前启后，继往开来，影响重大。全市上下要紧紧围绕市委工作部署，以“开局就是冲刺、奋战就是决战”的昂扬姿态，深入推进产业强市、美丽丹阳、民生改善三大任务，全力推动现代化建设扎实起步。明年预期目标是：地区生产总值增长7.5%，固定资产投资增长12%，一般公共预算收入增长8%，城乡居民收入增长与经济增长同步。重点做到“五个聚焦”。

1. 聚焦转型升级，丰富产业强市内涵。围绕强链、延链、补链，实施“链长制”产业链培育体系，推进产业基础高级化、产业链现代化，加快构建以先进制造业为主体的现代产业集群。产业发展再提效。做实转型升级大文章，把握产业数字化发展趋势，持续开展“企业上云”，更大力度推动传统产业智能化改造，建设一批智慧工厂、数字车间。重点发展大健康、新材料、高端装备制造等主导产业，构建地标型产业集群。持续丰富产业结构，引导企业由“制造＋产品”向“制造＋产品＋服务”转变。引进培育供应链管理、研发设计、企业管理咨询等新模式、新业态，促进生产性服务业与制造业良性互动、融合发展。项目引建再提速。把科技创新能力、人口导入能力、产业带动能力等作为衡量标准，全力在招大引强、招新引优上实现新突破。针对产业链供应链关键环节、短缺环节、薄弱环节进行嵌入式招商，增强产业链韧性。主动拜访行业头部企业，着力引进“链主”型、旗舰型项目。建立全周期服务机制，紧盯“六大关键节点”⑥，加强统筹管理、调度会办，缩短项目建设周期。园区打造再提质。按照“打基础、抓建设、见成效”三年计划，举全市之力建设“三区三园”。创新管理体制，编制、优化园区各类规划，引进专业化、市场化建设运营团队，推动全市各类资源向园区倾斜，以新“九通一平”⑦提升竞争力和承载力。坚持“标杆企业引领＋产业链垂直整合”，集聚上下游企业，培育特色产业集群。强化集约高效绿色发展，围绕低效出清、增量调优，深入推进砸笼换绿、腾笼换鸟、开笼引凤，整合提升乡镇工业集中区，打造园区发展2.0版。要素保障再提标。以各镇（区、街道）为主体，持续抓好闲置资源盘活，深挖在手资源利用潜力、变现能力。以企业需求为导向，探索“标准地”等新模式，优化土地供给。健全“政银企”合作机制，深化诚信体系建设，畅通金融服务实体经济渠道。更大力度打击恶意逃废债等非法金融行为，建立健全协同防控机制，提升信用风险管理水平，推动金融生态持续向好。灵活开展资本运作，发挥产业基金作用，撬动更多社会资本助力产业发展。引导本土企业与外资、国资、上市公司开展战略合作、并购重组，强化企业上市全程帮扶，加大企业上市推进力度，持续做强资本市场“丹阳板块”。

2. 聚焦激发活力，厚植改革创新优势。坚持目标导向、注重顶层设计，以改革的思维、开放的胸怀、创新的举措，努力实现更高质量、更高效益的发展。加快改革突破。实施区镇联动，提升开发区、高新区、丹北镇战略位势，以重点园区建设和产业协同为抓手，发挥主轴作用，带动各板块融合发展。进一步健全市场化法治化国际化营商环境，持续深化“放管服”改革，简化市场准入、投资建设领域审批流程，释放改革红利。优化降成本、外贸便利化等措施，加强对小微企业的政策、金融支持，加大环境保护、安全生产、依法纳税、依法用地等领域综合执法力度，营造健康有序、公平公正的市场竞争环境。坚持开放引领。顺应“双循环”发展新格局，建立健全高水平对外开放政策保障机制，持续拓展开放空间、丰富开放内涵。落实稳外资、稳外贸系列举措，力争实现全年实际利用外资2.3亿美元。用好各类综保平台，积极引进外资新项目，培育外贸新业态。鼓励大中型企业积极参与国际产能

合作、开展境外技术并购、扩大国际营销网络，有效规避贸易壁垒。强化创新驱动。加强与高校院所协同创新，推动高校院所优势学科与我市主导产业、新兴产业对接，帮助企业开展关键领域重大科技攻关。提升技术创新公共平台运行质态，充分发挥江苏（丹阳）高性能合金材料研究院、北航（丹阳）研究院等新型研发机构的技术引领作用，打造创新产业链，促进高科技服务业赋能智能制造、新材料研发。提升企业创新意识和创新能力，加快“小升高”步伐，培育一批科技小巨人、瞪羚和独角兽企业⑧。坚持产才融合和“高精尖缺”需求牵引，构建高水平服务载体，吸引高技能人才、培育乡土人才、壮大产业工人队伍，形成立体化、多层次人才体系。完善知识产权创造、运用、保护全流程管理机制，实施侵权惩罚性赔偿措施，促进创新要素有序流动、高效配置。加大科技创新投入，建立健全科技创新市场化投入机制，支持金融机构通过业务创新，实现与企业发展协同共进。

3. 聚焦提升能级，持续优化城市品质。坚持精心规划、精致建设、精细管理，不断提升城市承载力和竞争力。完善城市功能。充分发挥规划的战略引领和刚性控制作用，衔接“十四五”发展规划，编制国土空间总体规划，积极推进多规合一。稳步实施丹金高速、S358、云阳大桥等品质工程，提升“四好农村路”建设水平，构建“内聚成核、外联成网”的综合交通体系。加快城市有机更新，持续开展片区改造、老旧小区提升等工程。运用市场化手段，大力推进眼镜风尚小镇、练湖生态新区建设，不断提升城市功能品质。强化精细管理。构建多元参与、高效运转、快速处置的“大城管”格局，统筹抓好海绵城市、绿色社区、生活垃圾分类等工作。加强沿街商铺、农贸市场等重点区域联动执法，开展 G312、S241、迎宾路、南二环等主干道沿线环境整治，实施城镇污水处理提质增效“333”行动⑨，打好精细管理组合拳。用好“智慧丹阳”建设成果，强化信息共享、动态感知，实现城市运行“一网统管”。狠抓文明城市常态长效治理，弘扬社会文明新风，提高市民文明素质。优化生态环境。坚决打好“蓝天、碧水、净土”三大保卫战，全力整改突出问题。开展大气污染治理项目联合督查，做好挥发性有机物企业集群整治，强化重污染天气应急管控措施；把修复长江生态环境摆在压倒性位置，持续推进夹江片区水污染治理、水生态修复和长江禁捕，狠抓“四源齐控”⑩，加快排口整治和黑臭水体治理，确保重点断面水质达标；实施土壤环境治理与修复，严厉打击随意倾倒工业固废行为。大力提升环境执法水平，探索生态环境保护补偿和损害赔偿机制，形成激励与约束两端发力的生态治理体系。

4. 聚焦“三农”发展，全面推进乡村振兴。坚持农业农村优先发展，全面实施乡村振兴战略，率先开启基本实现农业农村现代化新征程。完善乡村产业体系。科学编制“十四五”农业农村现代化规划，为“三农”发展画好蓝图、提供指引。做好重要农产品稳产保供工作，加快完善地产农产品“内循环”体系，确保国家粮食储备库顺利开工。围绕优质粮油、花卉苗木、应时鲜果等特色优势产业，完善标准体系，加强质量监管，打造安全放心的“金字招牌”。大力发展乡村旅游、休闲康养、电子商务等现代服务业，丰富乡村经济业态，拓展农民增收渠道，培育乡村发展新动能。用好村企联建硬抓手，建立农业农村重大项目库，全面拓展工商资本反哺农村的通道。以重点农业园区为依托，完善体制机制，放大集聚示范效应，辐射带动乡村产业全面提升。实施乡村建设行动。高质量推进农村控制性详规全覆盖，因地制宜、按需编制实用性村庄规划。建设美丽镇村，聚焦“一镇一环线、一线一风景”，打造景美丹东、镜彩丹西重点线路，连起乡村产业链、串起美丽风景线。建立多元投入机制，推动农村环境管护常态长效。加快补齐农村基础设施短板，实施污水管网、农村道路提档升级工程，全面提升公共服务均等化水平。统筹推进农村集体经营性建设用地入市试点、乡村公共空间治理，规范农村宅基地审批管理。注重典型引路，总结试点成果，抓好农村改革试验区成果推广。构建长效脱贫机制。严格落实“四个不摘”[11]要求，保持现有帮扶政策、资金支持、帮扶力量总体稳定，突出做好茅山革命老区振兴发展。充分发挥“万善丹阳”APP作用，让支出型贫困家庭更有获得感。加快调整扶贫工作重心和方式，注重提升基层干部治贫能力，推动扶贫政策多效合一，探索实现高质量脱贫与全面推进乡村振兴有效衔接。

5. 聚焦民生改善，提高群众幸福指数。始终坚持以人民为中心，着力抓重点、补短板、强弱项，不断把民生实事落到实处。完善社会保障体系。更大力度实施就业优先政策，突出抓好高校毕业生、失业人员等重点群体就业。加速释放创业政策红利，全面提升孵化培育能力。继续实施全民参保计划，重点推进低收入困难群体等特殊人群参保续保工作，逐步提高全市社会保障水平。深化医保支付方式改革，优化医保经办服务，完善城乡居民大病保险制度，有效解决群众后顾之忧。提升公共服务水平。优化教育资源布局，加快省丹中、吕叔湘中学等教育领域重点工程进度。深入开展“三领工程”“集团化办学”等工作，探索校长职级制改革，推动教育优质发展。健全公共卫生应急管理体系，毫不放松抓好疫情防控各项工作，用“防得住”保障“放得开”。全面推进健康丹阳建设，加快建设中医院、血站等基础设施，切实提高医疗服务质量。深入实施医养结合改革，开展养老机构长效管理，做好残疾人服务工作，构建社会大救助体系，兜住兜牢民生底线。普及全民健身运动，规划建设香草河绿色生态廊道，推动“10分钟体育健身圈”向农村延伸。加快南朝陵墓石刻申遗步伐，统筹推进大运河文化带建设，完善图书馆、博物馆等文化设施，提升文化软实力。构建安全稳定环境。牢牢把握“两个不放松”要求，坚决扛起安全生产政治责任，压实企业主体责任，形成齐抓共管良好局面。狠抓“大起底”长效管理，坚决完成好“三年大灶”目标任务，做好重点领域突出问题整改，强化应急指挥体系建设，把本质安全水平提升到一个新高度。夯实食品药品安全监管基础，守护百姓“舌尖上的安全”。完成“六清”行动[12]任务，推动扫黑除恶长效常治。完善风险防控“四项机制”，健全现代化社会治安防控体系，严厉打击违法犯罪行为，不断增强人民群众安全感。积极发挥“三官一律”[13]作用，以村民议事小组为突破口，构建“三治融合”新局面。完善矛盾纠纷多元化解机制，办好初信初访，精准化解积案，有效防止问题矛盾积累上行。深入学习贯彻习近平法治思想，统筹推进平安丹阳、法治丹阳建设，启动实施“八五”普法，坚持依法决策，提高依法行政能力，切实维护和谐稳定发展环境。

四、坚持从严从实，持续激发干事创业激情活力

站在“十四五”开局的新起点，我们必须把党的建设作为战胜一切艰难险阻的重要法宝，不断增强政治领导力、思想引领力、群众战斗力、社会号召力，在领跑新征程、争得新荣光的伟大实践中勇担新使命、展现新作为、彰显新气象。

1. 锤炼忠诚之心，永葆政治本色。对党绝对忠诚是根本政治要求。要全面贯彻习近平新时代中国特色社会主义思想，努力做到知其然、知其所以然、知其所以必然，进一步增强“四个意识”、坚定“四个自信”、做到“两个维护”，坚决贯彻落实党中央决策部署，确保在任何风浪挑战面前都能把稳方向、心明眼亮。紧紧围绕庆祝中国共产党成立100周年，扎实开展“1＋N”系列活动[14]，选树先进典型、讲好先进故事、激励争先创优。突出干部选拔、党员发展的政治标准，严把政治关口，优先选用政治意识强、政治素养高的忠诚干部，让旗帜鲜明“讲政治、顾大局”成为行动自觉。依托新时代文明实践等载体，发挥党校主阵地作用，强化政治理论专题培训，引导广大党员干部做政治上的明白人、事业上的担当者、业务上的排头兵。增强政治敏锐性和鉴别力，严格落实意识形态工作责任制，紧抓学校、网络、宗教等关键领域，牢牢占据思想引领制高点。全力支持和保证人大、政协依法行使职权，坚持大统战工作格局，不断凝心聚力、凝神聚气，绘好丹阳发展最大“同心圆”。

2. 夯实执政之基，建强战斗堡垒。党的基层组织是党全部工作和战斗力的基础。要严明换届纪律，端正换届风气，“一盘棋”推进市镇村三级换届。以提升组织力为重点，大力实施“五聚焦五落实”三年行动计划⑮，推动基层党组织全面进步、全面过硬。做好换届“后半篇”文章，深化基层服务型党组织建设，推进党支部、党小组标准化规范化，确保各项工作落到基层、实到支部。尊重首创、鼓励探索，引导基层打造更多党建品牌，开创更多丹阳模式。坚持减负增效与赋权扩能相结合，推动更多管理权限和社会资源下放到基层，充分发挥基层党组织在助推产业强市、美丽丹阳、民生改善等重大任务落实中的先锋作用。突出典型引领，培树一批基础扎实、敢于攻坚的堡垒支部，一批政治过硬、敢打硬仗的先锋党员，一批勇于担当、能征善战的“头雁”书记，为丹阳高质量发展提供坚强组织保证。

3. 下好务实之功，锻造过硬作风。新征程新作为，关键在干部。要始终坚持“四个铁一般”标准，进一步鲜明实干担当导向，在基层一线近距离了解识别干部，真正把想干事、能干事、干成事的干部选拔出来、使用起来。聚焦专业化、年轻化、法治化要求，强化“七种能力”教育培训，切实提高干部应对复杂局面、棘手问题的能力，用硬脊梁、铁肩膀扛起干事创业的重担。充分发挥高质量发展考核“指挥棒”作用，推动指标体系、方法流程、结果运用协同发力，考准考实干部工作实绩，摒弃投机取巧的“滑头官”，警醒碌碌无为的“平庸官”，让默默耕耘的奋斗者出彩、勤勉尽责的老实人占先。深化“三项机制”实践运用，建立改革创新风险备案制度，为勇于开拓、敢于担当的“探路人”撑腰，向迎难而上、率先垂范的“先行者”致敬，让优秀者优先、吃苦者吃香、有为者有位。突出“效能深化年”主题，聚焦产业强市，开展“啄木鸟”行动⑯，加速打通“中梗阻”，把新丹阳建设的美好蓝图转化为生动实践。

4. 常照清廉之镜，筑牢拒腐防线。政治生态的绿水青山就是经济发展的金山银山。要种好全面从严治党责任田，锲而不舍落实中央八项规定精神、省市委十项规定，重点整治形式主义、官僚主义突出问题，坚持“四责协同”⑰，一以贯之建设廉洁丹阳。深刻把握党风廉政建设规律，长期坚守“严”的主基调，扎实开展新一轮市委巡察，深化政治监督，突出标本兼治，让监督利剑无所不至，让顽瘴痼疾无所遁形。巩固提升“清风行动”“三治理一挂牌”等工作成效，细化运用监督执纪“四种形态”，一体推进不敢腐、不能腐、不想腐。紧盯政府投资类项目、行政审批、行业清源等重点领域，动真碰硬、敢抓敢管，严肃查处群众身边的腐败问题和不正之风。推进政商关系亲而有度、清而有为，完善正面、负面“两张清单”，划出“安全区”“禁止区”，守住底线、主动作为，为全市发展增添活力。把“关键少数”作为管理监督的重中之重，常态化开展警示教育，引导党员干部自觉建立健康的生活圈、朋友圈，筑牢自律防火墙，永葆清廉真本色，真正把惩治的威慑力、制度的约束力、教育的感染力有机统一，持续巩固发展风清气正的良好政治生态。

名词解释：

①“三定一督”新模式：指对住宅小区实行“定时、定点、定人督导”的垃圾分类管理。

②“1＋N＋5”治理机制：即一名党员干部联系若干农户，做好“包卫生、包秩序、包绿化、包整洁、包设施”的门前“五包”工作。

③“三领工程”：教海领航名师培育工程，主要面向特级教师后备人才；学科领军人才培育工程，主要面向高中学科骨干教师；学校领雁人才培育工程，主要面向青年后备干部。

④“四亮四评”活动：“四亮”即亮工作身份、亮岗位职责、亮办事流程、亮服务承诺；“四评”即单位自评、窗口互评、群众广评、工作综评。

⑤八个更：更好的教育、更稳定的工作、更满意的收入、更可靠的社会保障、更高水平的医疗卫生服务、更舒适的居住条件、更优美

的环境、更丰富的精神文化生活。

⑥六大关键节点：项目立项、土地供给、施工许可、结构封顶、设备安装、列入统计。

⑦新“九通一平”：信息通、市场通、法规通、配套通、物流通、资金通、人才通、技术通、服务通和面向新经济的平台。

⑧“瞪羚企业”和“独角兽企业”：“瞪羚企业”指创业后跨过死亡谷，以科技创新或商业模式创新为支撑进入高成长期的中小企业。“独角兽企业”是投资行业尤其是风险投资业的术语，一般指成立时间不超过10年、估值超过10亿美元的未上市创业公司。

⑨“333”行动：以“三消除”“三整治”“三提升”为主要内容的城镇污水处理提质增效、精准攻坚行动。“三消除”即消除县城建成区黑臭水体、污水直排口、污水管网空白区；“三整治”即整治工业企业排水、“小散乱”排水、阳台和单位庭院排水；“三提升”即提升城镇污水处理综合能力、新建污水管网质量管控水平、污水管网检测修复和养护管理水平。

⑩四源齐控：工业、农业、生活、航运污染四个源头管控。

⑪“四个不摘”：摘帽不摘责任、摘帽不摘政策、摘帽不摘帮扶、摘帽不摘监管。

⑫“六清”行动：线索清仓、逃犯清零、案件清结、伞网清除、黑财清底、行业清源。

⑬“三官一律”：法官、检察官、警官、律师。

⑭“1＋N”系列活动：“1”即开展一次大型联合庆祝晚会，“N”即组织机关各部门开展大合唱、诗歌朗诵、红色征文、集体宣誓等形式多样的庆祝活动。

⑮“五聚焦五落实”三年行动计划：即聚焦基本组织、基本队伍、基本活动、基本制度、基本保障，把党的全面领导、党的坚强力量、党的号召要求、党的纪律规矩、党的关心服务落实到基层。

⑯“啄木鸟”行动：依托“观察员”队伍，通过明察暗访、百企走访、督办护航、季度评议、通报曝光等举措，狠抓服务产业单位和科室的正风肃纪活动。

⑰“四责协同”：强化党委主体责任、党委书记第一责任、班子成员“一岗双责”和纪委监督责任，激励各责任主体在管党治党中协同发力，形成同频共振效果。

政府工作报告

——在市第十七届人民代表大会第五次会议上的报告（摘要）

丹阳市代市长　王成明

（2021年1月13日）

2020年和“十三五”工作回顾

过去的一年，极不平凡、极具挑战。我们认真贯彻落实市委决策部署，紧扣“发展”“民生”两大主题，扎实做好“六稳”“六保”工作，统筹推进疫情防控和经济社会发展，在全力奔跑中较好完成了市十七届人大四次会议确定的目标任务。实现GDP1180亿元（预计数，下同），增长5%；一般公共预算收入64.02亿元，增长3.24%；固定资产投资190亿元，增长7%；城乡居民人均可支配收入5.4万元、2.9万元。

过去的一年，尤为不易的是，广大干群众志成城，夺得了疫情防控阶段性胜利。筑起“大数据＋网格化＋铁脚板”严密防线。11名白衣战士逆行出征、驰援湖北。4人荣获省级以上表彰，鱼跃等企业多次获国务院充分肯定，在抗疫大考中贡献了丹阳力量。

过去的一年，尤为振奋的是，全市上下奋力拼搏，跑出了产业强市加速度。开展“三集中”活动，新签约亿元以上项目62个，58个总投资221亿元的项目集中开工。省重大项目国药智能康复医疗器械产业基地完成投资6.5亿元，万洋、标龙等一批项目加快推进，制造业投资同比增长25%，外贸工作获省政府表彰，在比学赶超中彰显了丹阳作为。

过去的一年，尤为可喜的是，各级各层万众一心，交出了“三大攻坚战”合格答卷。重拳打击恶意逃废债，铁腕打赢污染防治战，创新开展“高水平小康·丹阳在行动”。省级金融生态县排名提升30位，生态环境工作获省政府表彰，脱贫攻坚成果更加巩固，在披荆斩棘中展现了丹阳形象。

一、坚持质效并举，在转型升级中积蓄发展动能

产业转型持续加快。提升企业能级，认定高新技术企业114家，新增国家级专精特新“小巨人”企业2家。天工获省长质量奖，与沃得、大亚同列“中国制造业民营企业500强”。加快动能转换，新材料、高端装备制造、生命健康产业销售分别增长14.8%、13.7%、25.3%，战略性新兴产业产值比重提升11.7个百分点。促进“两业融合”，新增省级工业设计中心2家，诺得物流跻身“中国民营物流企业50强”。推动“两化融合”，建成5G基站1840个，新增省级示范智能车间7个，获评省五星级“上云企业”3家。

创新活力不断激发。建强创新载体，新增省级研发机构5个，高新技术创新园获评国家优秀科技企业孵化器，开发区创成省级国际合作园区。用好科技金融产品，为38家企业提供低息贷款2.3亿元。加快创新人才集聚，引进国家级人才3人，入选省“双创”计划5人。推进产学研合作，成功举办“中国·丹阳碳纤维及复合材料产业链创新发展论坛”，高新区获批省产学研产业协同创新基地。优化知识产权服务，全市万人发明专利量20.9件，知识产权工作获省政府表彰。

纾困惠企成效明显。出台惠企政策20条，减税降费11.8亿元，兑现奖补资金3.8亿元。举办金融支持高质量发展活动，签约总额105亿元。用好综合金融服务平台，帮助1438家小微企业解决资金需求54亿元。完善支持企业上市政策，图南合金成功上市，同力日升机械顺利过会，上交所资本市场服务镇江基地落户丹阳。开展“四送到企”活动，建立“24小时不打烊”云招聘模式。强化土地要素供给，盘活闲置低效用地3622亩，完成增减挂钩项目2636亩、占补项目1248亩。

二、坚持城乡统筹，在共建共治中改善人居环境

建管水平全面提升。启动国土空间总体规划编制，完成12个片区控制性详规编制。华南桥、三七站桥、黄埝桥竣工通车，S122改造全面完成，云阳大桥、华阳桥等重建工程顺利推进。整治国省县道沿线环境500公里，打造景观节点36个，路域环境全面提升。完成G233珥陵段路灯亮化工程，优化公交线路23条，新增新能源公交车65辆，居民出行更加便捷。眼镜风尚小镇项目正式启动，练湖生态新区建设加紧谋划，西门大街片区改造有序推进。实施金宛新村、丹桂园南区等老旧小区改造，完成城中村改造1948套、危房改造81户，群众生活更加舒心。建立生活垃圾分类“三定一督”新模式①，建成可回收物分拣中心，皇塘镇完成全镇域垃圾分类试点工作，全市生活垃圾和城市餐厨垃圾无害化处理率100%。

乡村振兴步伐加快。持续开展“四清一治一改”②，新建农村无害化卫生户厕17749座，建成农村生态河道7条，创成美丽宜居村庄50个、省级特色田园乡村8个，2816个自然村完成环境整治任务。上新河延陵段堤防加固工程顺利竣工，新孟河延伸拓浚工程丹阳段全省率先通水验收。提档升级农村公路8.5公里，县道大中修11.3公里。建成高标准农田1.6万亩，绿色优质农产品比重列镇江第一，全面完成生猪存栏、出栏任务。整治散坟28万余穴，殡葬综合改革工作获省政府表彰。获评国家电子商务进农村综合示范县，农村产权交易市场省级监测评价列苏南县市第一。

生态保护扎实有力。中央环保督察“回头看”交办信访件在镇江率先完成整改销号，环境信访同比下降44.1%。深化长江生态保护行动，落实长江流域禁捕退捕任务，完成长江三角塘段江滩生态修复工程。清淤整治简渎河及城北分洪道城区段，完成104个村庄生活污水治理任务，新建城乡污水管网23公里，沃特、石城污水处理厂三期扩建工程投入运行，8个国省考断面全部达标。严厉打击固体废物环境违法行为，全面整治预拌混凝土搅拌站。扎实开展“守护丹阳蓝·春雷行动”，全市空气优良天数比例81.8%，列镇江第一。完成造林面积6700亩，修复湿地面积988亩，建成国家森林乡村4个、省绿美村庄4个。

三、坚持人民至上，在办好实事中增进民生福祉

惠民实事落细落实。5大类18个人大票决民生实事项目加快推进，全年民生支出76.2亿元，占一般公共预算支出80.2%。中医院异地新建工程正式动工，人民医院综合大楼交付使用。启动南朝帝陵石刻申遗工作。成立丹阳市关爱退役军人协会。省丹中、吕叔湘中学、马相伯中学、丹北实验中学等工程有序推进，建成4所幼儿园，建立18个教育集团，区域教育更加优质均衡。12人录取清华、北大，17人进入全省文理科前100名，教育品质不断攀升。

保障水平持续提升。落实各类社会救助补助资金1.2亿元，低保标准提升至790元/人·月。千方百计稳定就业，新增城镇就业14336人、农村劳动力转移就业2080人，城镇登记失业率控制在2.3%以内。全力支持创业兴业，发放创业贷款5014万元，扶持创业1363人，带动就业7500人。全面执行药品集中带量招采，实现长三角异地就医门诊直接结算。稳步推进医养结合，提升养老机构安全水平和服务质量，新增护理型床位100张。

社会大局安全稳定。以铁的决心开展安全生产“大起底”，关停企业487家、整改企业6881家。落实“四个最严”要求，创成省级食品安全示范市。开展非标三、四轮电动助动车（封闭式）和变型拖拉机专项整治行动，封闭国省干道中分带开口159处，道路交通事故死亡人数和运输车辆道路交通事故死亡人数实现“双下降”。构建矛盾纠纷多元化解机制，调解矛盾纠纷10458件，成功率99.6%。深入开展“一战两整治”[③]专项行动，纵深推进扫黑除恶专项斗争，平安丹阳、法治丹阳建设成效明显。

四、坚持务实清廉，在优化作风中增强治理能力

依法行政不断深化。自觉接受市人大及其常委会法律监督和工作监督，主动接受市政协民主监督，办理人大代表议案建议146件、政协提案198件，满意及基本满意率100%。深入推进法治政府建设，举办首届政府部门“一把手”法治能力提升班，行政机关负责人出庭率100%。不断提高政务公开水平，政府门户网站及时发布各类信息9000余条，充分保障群众知情权、参与权和监督权。

服务效能不断提升。深化审批制度改革，完成58项行政许可服务事项划转，实施“多测合一”“交地即发证”等改革举措。创新“一窗受理”模式，完善“12345”服务热线“全访评”制度，推动“不见面审批”向基层末梢延伸。稳步实施基层审批服务执法力量改革，着力激发基层治理活力。推进统计规范化建设，优质高效完成第七次全国人口普查。

作风建设不断加强。严格落实中央八项规定精神和省、市委有关规定，大力整治形式主义、官僚主义突出问题，文件、会议数量进一步压降。牢固树立过“紧日子”思想，市直部门一般性支出和“三公经费”分别压减20%、30%。认真落实债务化解方案，地方债务风险平稳可控。加强政府投资类工程项目管理，严把政府工程廉洁关，完成政府投资审计130项。扎实开展“廉洁丹阳·清风行动”，营造风清气正良好氛围。

与此同时，档案、气象、史志、供销、民族宗教、对台事务、港澳、侨务、国防动员等工作取得新成绩，妇女儿童、慈善救助、对口支援、机关事务、残疾人和关心下一代等事业取得新进展。

五年来，我们持续推进产业强市、创新驱动。工业应税销售收入突破 1500 亿元，主板上市企业数量实现翻番。获批国家级外贸转型升级基地 3 家，对外投资额较“十二五”末增长 85%。认定国家级科技企业孵化器 2 家，荣获国家科技进步二等奖 6 项，高新技术企业数量实现翻两番。“经济强”的发展基础不断夯实。

五年来，我们持续推进群众增收、民生改善。城乡居民收入增幅高于经济增速，年均分别增长 7%、7.8%。本外币住户存款余额 828.8 亿元，较“十二五”末增长 317.7 亿元。入围全国最具幸福感候选城市。“百姓富”的幸福指数逐年提升。

五年来，我们持续推进生态优先、绿色发展。完成片区征收 14.2 万平方米，改造老旧小区、城中村 305.7 万平方米，建成美丽宜居村庄 116 个。获评全国首批“四好农村路”示范县，镇丹高速、S357、S122、南北二环交通枢纽等重点工程竣工通车。“263”“116”专项行动强势开展。“环境美”的生态底色愈发靓丽。

五年来，我们持续推进文化建设、风尚引领。入选全国首批新时代文明实践中心试点市，蝉联全国文明城市荣誉称号，通过全国卫生城市复审，举办丹阳首届半程马拉松，丹剧登上国家新年戏曲晚会，南师大中北学院整体迁至丹阳办学。“社会文明程度高”的丰富内涵日益彰显。

“十四五”时期的奋斗目标

“十四五”时期是丹阳全面现代化建设的起步期，是全速冲出转型关口的攻坚期，也是全力重塑丹阳荣光的窗口期。“十四五”奋斗目标是：到 2025 年，GDP 达 1800 亿元，一般公共预算收入突破 100 亿元，固定资产投资达 350 亿元，努力把丹阳打造成智造名城、运河明珠，全力书写“十四五”新丹阳建设精彩篇章。

——产业实力迈向更高层次。坚持产业强市，强化创新驱动，聚焦现代化产业体系建设，大力发展先进制造业，协同发展现代服务业和高效农业，促进产业链、创新链、人才链、资金链多链融合，推动经济运行更加稳健、产业布局更加优化、创新能力显著提升。力争到 2025 年，工业应税销售达 2500 亿元，规上工业企业、主板上市企业分别突破 1100 家、20 家，初步建成沪宁线上具有区域影响力的特色产业基地。

——城乡环境展现更新面貌。坚持精明增长、内涵发展理念，树立系统谋划、片区开发思维，统筹推进城市发展和乡村振兴，协调推进有机更新和生态修复。力争到 2025 年，“内聚成核、外联成网”现代综合交通体系基本建成，眼镜风尚小镇、练湖生态新区现代化气息更加浓厚，全力打造大运河畔底蕴深厚、生态宜居的现代城市新典范。

——民生改善取得更多成果。把人民对美好生活的向往作为奋斗目标，确保每年民生投入不低于一般公共预算支出的 80%，推动城乡居民人均可支配收入与经济发展同步增长。力争到 2025 年，社会保障体系更加完善，公共服务体系更加健全，人民生活水平基本达到中等发达国家标准。

——社会治理实现更大进步。深入推进重点领域和关键环节改革，进一步厘清政府与市场、政府与社会的边界。树牢共建共治共享理念，推动社会治理体系和治理能力现代化。力争到 2025 年，市场配置资源效率明显提升，体制机制活力充分释放，法治满意度、营商便利度排名位列长三角第一方阵。

2021 年主要工作安排

2021 年是“十四五”开局之年，五年看头年，开局是关键。我们将坚持以人民为中心的发展思想，认真践行新发展理念，紧扣高质量发展要求，贯彻落实市委十三届十次全会精神，深入推进产业强市、美丽丹阳、民生改善三大任务，全力推动现代化建设扎实起步，实现“十四五”良好开局。

今年经济社会发展的主要预期目标是：GDP增长7.5%，固定资产投资增长10%，一般公共预算收入增长5%以上，城乡居民人均可支配收入稳步增长，全面完成生态环保约束性指标任务。

重点做好五个方面工作：

一、坚定不移谋发展，干出产业强市新业绩

坚持把发展着力点放在实体经济上，推进产业基础高级化、产业链现代化，提高经济质量效益和核心竞争力。

提升产业层次。实施“链长制”产业链培育体系，“一链一策”推动强链延链补链拓链。重点聚焦大健康产业，发挥鱼跃、国药等龙头企业作用，加快集聚金宇生物、兰卫检验等上下游企业，形成新的增长极和爆发点。重点做强新材料产业，借助资本市场力量，全力抢占碳纤维、新型复合材料、高温合金领域制高点。重点发展高端装备制造业，专注细分领域，打造更多专精特新“小巨人”。加快传统产业转型升级，鼓励汽车零部件、眼镜、五金工具、大家居等产业进行数字化、智能化、品牌化创造提升，新增6家智能车间，打造一批星级“上云企业”和工业互联网标杆工厂。深化“两业”融合，引导优势企业向科技研发、咨询设计、系统集成等领域拓展，促进生产性服务业规模化、特色化发展，培育一批新领军企业。

扩大有效投入。抢抓长三角一体化等国家战略机遇，紧盯重点区域，聚焦产业链条，开拓乡贤资源，打好重大产业项目招引攻坚战。大力提升招商队伍能力素质，培养打造一批懂产业、思维活、善谈判的招商劲旅，加强与专业化、市场化招商机构合作，力争招引30亿元以上项目3个、亿元以上项目63个。落实项目“全生命周期”管理服务机制，优化代办帮办服务，让项目建设每个环节都按下“快进键”。破解土地要素瓶颈，探索“产业定制地”供地模式，大力盘活闲置低效土地，确保完成低效用地再开发1500亩、存量土地盘活4000亩。健全市领导挂钩推进机制，完善月度推进、季度观摩、半年督查考核制度，全力推进176个亿元以上重点产业项目建设，推动项目早开工、早竣工、早达产。

强化园区支撑。按照“打基础、抓建设、见成效”三年计划，更高标准推进“三区三园”建设。围绕新“九通一平”[④]，加快完善园区基础设施，筑巢引凤，提升重大项目承载能力。深化园区体制机制创新，加大与国内一流专业化公司合作力度，积极探索园区建设运营新模式。完善全市“一盘棋”考核评价体系，推动项目向园区集聚。深化镇区联动、以区带园、组团发展，持续推进镇（村）“低小散”工业集中区改造整合，全面提升资源配置效率。加快万洋、标龙、力合等新型载体建设，打造集聚集约发展新平台。

二、坚定不移促创新，争创区域竞争新优势

坚持以系统化思维谋划改革、推进创新，充分激发市场主体活力和发展内生动力，打造高质量发展的强劲引擎。

提升创新能力。培育壮大创新主体，认定高新技术企业100家以上、科技型中小企业200家以上，不断壮大科技企业创新矩阵。促进创新要素向企业集中，支持以市场化方式招引高校院所来丹设立研发服务机构、技术转移中心，新增省级研发机构3个以上。支持龙头企业牵头组建创新联合体，加快建设鱼跃—霍尼韦尔、北理工生命科学联合创新中心。完善科技创新服务体系，优化各类科技公共服务、产业公共创新平台，引导建设一批具有鲜明特色和影响力的科技企业孵化器、众创空间集群。激发人才创新活力，深入实施“丹凤朝阳”人才计划，完善柔性引才机制和人才服务体系，力争引进各类高层次人才60名。加大知识产权服务管理力度，让“无形资产”发挥更大价值。

释放改革动力。以敬民之心行减政之道，下大力气优化营商环境。深化“放管服”改革，积极推行“告知承诺制”“拿地即开工”“线上协同服务”“区域评估”等改革举措，不断提升服务质效。加大环境保护、安全生产、税费缴纳、项目用地等领域综合执法力度，营造公平公正、健康有序的市场竞争环境。推进国有企业改革和财税体制改革，着力提升财政管理效能。积极融入“双循环”，主动对接“一带一路”，加快跨境电商业务发展，更高水平拓展开放空间。

激发企业活力。深入实施“企业家精神师承计划”，引导企业专注实业、深耕主业，增强企业竞争力和社会责任感。鼓励企业打造百年老店，实施质量强企战略，支持企业争创省长质量奖，推动企业质量管理体系提档升级。帮助企业拓宽融资渠道，加快明月镜片、沃得农机等企业上市步伐，持续壮大资本市场“丹阳板块”。深化政银企合作，常态化搭建融资对接平台，推进“园区保”“政银担”等模式落地，引入更多“金融活水”浇灌实体经济。

三、坚定不移优环境，描绘美丽丹阳新画卷

深入推进以人为核心的新型城镇化，全面实施乡村振兴战略，充分展现内涵品质之美、田园风光之美、生态绿色之美。

推动城市更新。严肃规划刚性，高质量完成国土空间规划编制，加快推进控制性详规全覆盖，构建高品质国土空间格局。有序实施丹金高速、S358、云阳大桥、东方红桥、尹公桥等重点工程，持续完善外联内畅的交通格局。加快眼镜风尚小镇建设，推进小镇客厅、视光商业街等产业项目，打造内外兼修的“城市客厅”。市场化推进练湖生态新区建设，稳步实施西门大街片区改造，彰显文化底蕴，留住城市记忆。强化城市精细管理，推进新市口立面品质提升，加快老旧小区改造，实施大运河西侧沿岸景观工程。建设飞灰填埋场，扩大生活垃圾分类试点范围。加快“智慧丹阳”建设，优化城市道路智慧照明管理系统。巩固文明城市创建成果，提升道路沿线、农贸市场、户外广告整治成效，用“绣花功夫”精雕城市容貌，让人民群众生活得更加舒心、安心。

推进乡村振兴。按照“六个有”⑤要求，建立村庄环境常态长效管护机制，不断巩固农村人居环境整治成果。完善农村基础设施，打造景美丹东、镜彩丹西重点线路，提档升级农村公路 7.9 公里，改造乡村危桥 3 座，维修县道桥梁 16 座。加强农田水利建设，推进通济河丹阳段整治，实施太平港闸站拆除重建和独山小流域治理工程，全力消除防汛安全隐患。高质量编制镇村布局规划和实用性村庄规划，建成美丽宜居村庄 80 个、省级特色田园乡村 4 个。大力推进高标准农田建设，扎实做好重要农产品稳产保供，启动建设国家粮食储备库，成立农业融资担保公司。以产业吸引资源、留住人才，加快三产融合，鼓励发展农村电商、乡村旅游、休闲观光等新模式、新业态，打造一批省级休闲观光农业精品村、创意农园村。做精做特重点农业园区和农产品加工集中区，提升集聚带动水平。积极开展农村集体经营性建设用地入市试点，深化乡村公共空间治理，有效激发乡村内生动力。规范农村宅基地审批和建房管理，推广农村改革试验区成果，着力放大典型示范效应。

厚植生态基底。把涉及群众切身利益的环境保护工作放在重要位置，持续打好污染防治攻坚战。落实“共抓大保护、不搞大开发”要求，深入推进长江禁捕退捕工作，推动长江环境质量持续改善。扎实开展城镇污水处理提质增效精准攻坚“333”行动⑥，新建城乡污水管网 20 公里。强化农业面源污染防控，有序推进养殖池塘生态化改造。加快土壤环境治理修复，强化危险废物监管，严厉打击非法倾倒工业固废行为。加强细颗粒物和臭氧协同控制，实施工业炉窑综合治理，推进乡镇微型空气自动监测站点建设，持续改善大气环境质量。探索生态环境保护新模式，倡导简约适度、绿色低碳的生活方式，促进人与自然和谐共生。

四、坚定不移补短板，展现民生改善新作为

牢记为民发展初心，用心用情解决人民群众的“急难愁盼”，以真作为赢得群众满意，用实举措提升幸福指数。

增加镇村收入。收入是民生之源。坚持税源导向，全力招引新项目。统筹综合治税，在零散税收上求突破。创新乡贤经济，积极吸引外来税源。把握适度有效，提高土地开发收益。千方百计抓收入，全力以赴节支出，力争镇（区）级收入全面实现两位数快增长。摸清盘活镇村资产，因地制宜发展物业经济。依托能人大户，促进土地资源集聚发展。深入开展“万企联万村·共走振兴路”等活动，全面促进村级收入增长。

夯实民生保障。就业是民生之本。完善创业担保贷款政策，做大做强创业载体，加大职业技能培训力度，开展就业技能培训5100人，新增高技能人才1200人，培育本土技师人才100人，城镇登记失业率控制在3%以内。健全完善社保体系，建立常态化扩面征缴机制。加大基本生活保障和社会救助力度，切实“兜”住最困难群体，“保”住最基本生活。严格落实“四不摘”[7]要求，深入开展“万善丹阳”帮扶行动，推动脱贫攻坚与乡村振兴有效衔接。

建设健康丹阳。慎终如始防控疫情，严格落实“五个不放松”，严实细致抓好“人物同防”工作，织牢织密“外防输入、内防反弹”疫情防控网络，完善应急处置措施。开展15大专项行动，争创国家健康城市。健全公共卫生应急管理体系，加强突发事件监测预警和风险评估，提升紧急医学救援能力。加快中医院、血站（含院前急救中心）、司徒卫生院等工程建设，扩大家庭医生工作室覆盖面，持续优化医疗资源布局，构建分级诊疗服务体系。

优化公共服务。加快省丹中、吕叔湘中学等重点工程建设，深化“县管校聘”“三领工程”[8]“集团化办学”等工作，提升教育现代化水平。深入实施医养结合改革，推动敬老院公建民营，增强社区居家养老服务能力，不断扩大养老服务供给，新增护理型床位200张。加快南朝帝陵石刻申遗步伐，建设图书馆、博物馆，打造更多文化品牌，满足群众精神文化需求。完善三级全民健身场地设施体系，建设体育健康促进服务中心。优化殡葬设施布局，提升文明殡葬水平。

为政之道，民生为本。今年，我们继续聚焦社会关注、群众关切的热点问题，在前期广泛征求意见、充分研究论证的基础上，梳理形成了18个重点民生实事项目提交大会票决。对于通过的民生实事项目，市政府将以高度负责的态度，扎实有力的举措，按照确定的要求，有序抓好推进，切实造福于民。

五、坚定不移防风险，构建和谐稳定新局面

牢固树立红线意识和底线思维，统筹好发展和安全，确保人民安居乐业、社会安定有序。

守牢安全底线。紧扣“两个不放松”和“务必整出成效”总要求，认真整改国务院、省市督导组督导“回头看”交办问题，切实提升本质安全水平。按照“1+2+8”总体框架要求，持续开展安全生产专项整治，有效巩固“大起底”工作成果。严厉打击安全生产违法犯罪行为，构建“一处失信、处处受限”信用惩戒体系。立足常态长效，加快应急管理信息化建设，提升安全生产治理现代化水平。压紧压实安全生产责任，紧密衔接好“小灶”“大灶”，推动全市安全生产形势持续稳定向好。

提升治理效能。深化平安丹阳建设，完成“六清”[9]行动任务，推动扫黑除恶长效常治。健全现代化社会治安防控体系，增设智能识别监控点位6000个，实现市域监控全覆盖。攻坚重点领域信访矛盾，提升初信初访办理质效，把矛盾纠纷消除在萌芽状态，努力减存量、控增量。完善“大数据+网格化+铁脚板”治理机制，常态化开展“三官一律”[10]进网格工作。创新社会治理，发挥社区社会组织基层治理作用。深化基层审批服务执法力量改革，建设一体化集成管理指挥平台，构建市镇协同运行机制。强化食品药品安全监管，守护群众“舌尖上的安全”。

防范化解风险。强化红线底线意识，严格落实债务化解方案，拓宽资金渠道，降低融资成本，压降债务规模，禁止违规举债，确保风险可控；持续压缩一般性支出，厉行勤俭节约，杜绝超越财力安排支出，用政府“紧日子”换人民群众“好日子”；加快平台公司市场化、实体化转型，全面盘活存量资产，提高企业活力和效率；完善精准监管和协同监管机制，深入开展“打逃扫非”行动，加快“僵尸企业”出清，推进兼并重组和担保圈风险防范，守牢不发生系统性金融风险的底线。争创省金融生态优秀县（市）。

加强政府自身建设

各位代表，打铁还需自身硬。新的一年，我们将把市委决策部署贯彻落实到政府工作的各个方面，奋进新征程，展现新作为，全力打造人民满意的服务型政府。

一是坚持目标导向，强化执行能力。牢固树立“想一流、争第一”的拼抢意识，全力营造勇于突破、敢于超越的工作氛围，切实树起“大的样子”，体现“强的担当”，努力在高质量发展中“舞龙头、树标杆”。紧盯重点工作、重点指标、重点项目，逐一逐项有序落实。用好“三项机制”，准确把握“三个区分开来”要求，为担当者担当、为干事者撑腰，形成以发展为重、以担当为荣、以奋斗为乐的发展环境。

二是坚持问题导向，提升服务效能。把“用户思维、客户体验”理念融入政府治理和服务全链条，更多地从群众角度、基层层面想问题、办事情、抓落实，多把麻烦留给政府，多把方便送给群众，不断提高群众对政府服务的感受度和体验度。加快知识更新，提高专业能力，努力成为服务群众、解决矛盾的行家里手。注重收集社情民意，畅通民意诉求渠道，办好“行风热线”栏目，强化“12345”服务，全力解决群众反映的热点难点问题。坚持和完善暖企惠民大走访大调研、项目挂钩“三解三促”制度，把工作重心下沉到一线，把问题矛盾解决在基层，让政府工作更接地气。

三是坚持结果导向，恪守清正廉洁。充分发挥考核“指挥棒”作用，强化督查跟踪问效，不搞花拳绣腿，不做表面文章，营造考核注重实绩、工作重在平时导向。启动实施“八五”普法，坚持市政府常务会议学法制度，严格执行“三重一大”决策机制，坚持以法治思维、法治方式推动工作。自觉接受人大法律监督、政协民主监督，高质高效办好人大代表建议、议案和政协委员提案，切实提升办结率。严格落实中央八项规定精神，严防“四风”问题反弹。切实履行“一岗双责”，加强行政监督和审计监督，突出国资国企经营、项目工程建设、平台融资化债、公共资金使用、用工用人等重点领域的规范运行和全程监管，营造务实担当、风清气正的干事环境。

名词解释：

①“三定一督”新模式：对住宅小区实行“定时、定点、定人督导”的垃圾分类管理。

②“四清一治一改”：“四清”即清理农村生活垃圾、清理村内塘沟、清理畜禽养殖粪污等农业生产废弃物、清除无保护价值的残垣断壁；“一治”即加大乡村公共空间治理；“一改”即改变影响农村人居环境的不良习惯。

③“一战两整治”：“一战”即信访矛盾化解攻坚战；“两整治”即越级进京访和城乡建设领域信访问题专项整治。

④新“九通一平”：信息通、市场通、法规通、配套通、物流通、资金通、人才通、技术通、服务通和面向新经济的平台。

⑤“六个有”：有制度、有标准、有队伍、有经费、有督查、有问责。

⑥“333”行动：以“三消除”“三整治”“三提升”为主要内容的城镇污水处理提质增效、精准攻坚行动。“三消除”即消除县城建成区黑臭水体、污水直排口、污水管网空白区；“三整治”即整治工业企业排水、“小散乱”排水、阳台和单位庭院排水；“三提升”即提升城镇污水处理综合能力、新建污水管网质量管控水平、污水管网检测修复和养护管理水平。

⑦“四不摘”：摘帽不摘责任、摘帽不摘政策、摘帽不摘帮扶、摘帽不摘监管。

⑧“三领工程”：教海领航名师培育工程，主要面向特级教师后备人才；学科领军人才培育工程，主要面向高中学科骨干教师；学校领雁人才培育工程，主要面向青年后备干部。

⑨“六清”：线索清仓、逃犯清零、案件清结、伞网清除、黑财清底、行业清源。

⑩“三官一律”：法官、检察官、警官、律师。

丹阳市新冠肺炎疫情防控工作综述

2020 年，面对新冠肺炎疫情，丹阳市层层压实主体责任，精准施策、科学防治，织牢织密疫情防控网络，取得防疫新胜利。赵俊霞、王志坚分别被授予全国、全省抗击新冠肺炎疫情先进个人。

疫情突发期，第一时间成立疫情防控工作指挥部，组建市级专家组，发挥统筹协调、业务指导职能，科学制定防控工作方案和应急预案，构建联防联控工作体系。及时发现 4 名确诊病例，排查出密接 44 人，全市未出现聚集性疫情和院内感染事件。组织 4 批 12 名专业医护人员驰援湖北、北京。设置发热门诊 6 家、医学隔离观察病床 45 张。

疫情成效巩固期，推进全市复工复产复学工作，指导企业复产 2652 家，督导公共场所复工 1678 家，指导学校及各类培训机构复学 315 家。全市累计建成新冠病毒核酸检测实验室 6 家。120 院前急救中心高效转运新冠肺炎可疑对象 238 人次，高效处置 2 起境外输入疫情和 3 起涉疫货品突发事件。累计集中隔离观察入境人员和中高风险地区人员 1286 人。

疫情常态化防控期，严格落实外防输入、内防反弹和“人物同防”各项措施，全面加强入院人员管理、预检分诊、发热门诊运行、医院感染控制、预约诊疗等医疗机构常态化疫情防控措施。设立 22 个核酸采样点，实现“愿检尽检”人群核酸检测服务。抽样检测重点场所和冷链食品样本 3788 份，检测各类人员 24.6 万余人次。

丹阳市调整疫情防控措施，做好“外防输入，内防反弹”各项工作。

一、强化落实地方政府责任

及时调整完善疫情防控指挥机构日常运作机制，新增进口冷链食品防控组，共计“一办十一组”，严格落实 24 小时值班制度，并实行指挥部集中办公，进一步顺畅指挥体系。出台《关于印发丹阳市新冠肺炎疫情秋冬季防控工作方案的通知》《关于印发丹阳市重点人群新型冠状病毒疫苗接种实施方案的通知》《关于印发丹阳市新冠肺炎疫情防控应急预案（试行）的通知》《丹阳市新冠疫情全员核酸检测预案》《关于进一步做好冬春季疫情防控工作的通知》《关于进一步做好春节期间疫情防控工作严防疫情发生和传播的通知》等多份方案和应急预案，落实不同场景、不同情形疫情防控应对实操指南。

二、强化重点人群管控

严格执行“五有一网格”防控举措，按照“五包一”的要求，督促各镇区组织人员到户、到人，做好假期返乡人员、外来人员（特别是从事进口冷链食品相关工作返乡人员、来自中高风险地区人员、入境人员）等重点人群的信息登记、摸排、上报和日常健康监测工作。对入境人员管理、中高风险地区来丹返丹人员管理、冷链食品从业人员风险监测严格按照规范，落实管理措施。

三、强化境外输入“人物同防”监测

落实集中监管仓管理。印发《丹阳市进口冷链食品集中监管仓运行方案》《丹阳市进口冷链食品疫情处置预案》。抽调人员成立丹阳市进口冷链食品集中监管仓工作组，在江苏中合新农农产品市场有限公司设立进口冷链食品集中监管仓库，12 月 21 日正常运行。做好进口货物抽检消杀工作。下发《关于转发了江苏省进口货物（冷链食品除外）新冠病毒检测及个人防护指引的通知》，集中学习《关于印发进口高风险非冷链集装箱货物检测和预防性消毒的工作方案》，按照文件要求开展进口非冷链集装箱货物的消杀和抽检，督促企业做好安全防护，同时对相关人员开展核酸检测，确保各项措施落实到位。

四、严格落实重点机构防控措施

聚焦学校和教育培训机构、两站一场一码头、封闭式文化休闲场所、养老机构、福利机构以及监管场所等重点机构，落实疫情防控的相关制度和措施，严防聚集性疫情发生。同时，积极开展冬春季爱国卫生运动，提升环境卫生质量，助力常态化疫情防控工作。

五、提升应急处置能力

各医疗机构均开展不同形式的院内应急演练；市级层面开展局部小范围疫情应急处置演练，使各单位进一步明确职责、分工和处置流程。按照国家卫健委冬季防控重要医疗物资储备工作新要求，医用防护物资、消杀物资、核酸检测试剂、检测试管等重要医疗物资储备到位。抽调精干力量，组建数量充足、素质过硬的流调、检测、消杀、心理咨询 4 支系统内疫情处置预备队伍，共计 247 人，并定期加强培训与演练。丹阳市共有疾控中心、人民医院、中医院、妇幼保健院、三院及云阳医院 6 家机构可全面开展核酸检测工作，核酸检测每日可达到 2500 人份。

六、开展疫苗接种服务

制定《丹阳市重点人群新冠疫苗接种实施方案》《丹阳市新冠疫苗接种异常反应医疗救治工作方案》，指定丹凤、荆林、练湖、横塘 4 家社区卫生服务中心为丹阳市重点人群新冠病毒疫苗接种定点单位，加强接种点规范建设，组织开展医务人员接种和异常反应处置培训。至 2020 年底，首批次疫苗接种对象接种 1577 针次。　（吴　艳）

图 1　2020 年，中共丹阳市市委书记黄春年（左三）考察丹阳经济开发区农贸市场疫情防控情况　（史志办）

丹阳市国民经济和社会发展“十三五”执行情况回顾

“十三五”时期，丹阳市坚持以习近平新时代中国特色社会主义思想为指导，深入贯彻党的十九大、十九届二中三中四中五中全会精神和习近平总书记重要指示要求，全面落实中央、江苏省和镇江市决策部署，以全面建成小康社会为发展主线，坚持稳中求进的工作总基

调，深入贯彻五大新发展理念，统筹凸显全面高质量发展要求，发展、稳定、民生三大事业齐头并进，在“强富美高”新丹阳建设征程中迈出坚实的步伐，体现丹阳精神，展示丹阳作风。

一、经济强，爬坡过坎迈上新台阶

经济发展质效稳步提升。全市经济在“十三五”期间保持稳定增长，主要经济指标企稳向好，2020年全市工业应税销售突破1500亿元。三次产业结构进一步优化，服务业增加值占地区生产总值比重稳步提高。“十三五”期间被评为“长三角最强中国制造”县市，创成省级出口农产品示范区，获批国家级外贸转型升级（五金工具）基地，司徒、珥陵、吕城入选全国首批农村创业创新园区，珥陵入围国家农业产业强镇示范建设。境内主板上市企业数量实现翻一番，新增4家境内主板上市企业，总计境内主板上市企业8家。

创新驱动发展成果显著。“十三五”期间全市高新技术企业增加142家，现有高新技术企业数占镇江总数的30.2%，位列镇江第一。丹阳高新区获批省级高新区，经济开发区科创园和高新区创新园先后被认定为国家级科技企业孵化器，获批苏南国家自主创新示范区高性能合金材料科技成果转化示范区。上交所资本市场服务镇江基地落户丹阳。建成中国科学技术成果评价（丹阳）服务中心，成立全国服务标准化技术委员会眼镜验配服务分技术委员会和全国汽车标准化技术委员会仪表分技术委员会，设立中国科技金融（丹阳）创新基地；获得五项国家科技进步二等奖，一项国家科技发明二等奖。“丹凤朝阳”人才计划有序推进，“十三五”期间引进国家级人才23人。知识产权工作被省委、省政府督查激励，5家企业获评国家知识产权示范企业，8家企业的12件专利获得中国优秀发明专利奖。

二、百姓富，安居乐业拥抱新生活

居民生活福祉日益提升。“十三五”期间居民收入保持增长，消费水平随之稳步提升。建成国际眼镜城二期、金鹰天地、吾悦广场、八佰伴等一批城市综合体，形成居民消费新商圈。创成省级食品安全示范市，建成三级食品安全保障体系。养老事业加快推进，入选首批省级居家和社区养老服务创新示范（县）市。医疗服务体系不断完善，省级示范卫生院实现全覆盖，镇（区、街道）医疗保障服务中心全面建成，顺利接入长三角跨省异地就医门诊直接结算平台。教育事业取得新成就，创成全国中小学责任督学挂牌督导创新市，获国家义务教育质量监测“县级优秀组织奖”；创成全国农村职业教育和成人教育示范县，获批全国青少年校园足球试点县；实施“县管校聘”改革，省丹中入选省高品质示范高中首批建设名单。南师大中北学院丹阳校区正式启用，现有师生12000余人。脱贫攻坚精准有效，全市77个经济薄弱村全部达标，3144户建档立卡户全部脱贫。

城乡基础设施不断完善。路网布局持续优化，对外强化互联互通，对内构建快速骨干路网。镇丹高速通车，北二环路改造、人民大桥、麻巷门桥重建、357省道、南二环互通、九曲河风光带改造等一批重点城建项目顺利竣工。创成“四好农村路”省级示范县，农村公路累计提档升级165公里。公共交通增至404辆车、76条线路，推广使用“丹阳交通行”APP。城市有机更新稳步推进，完成东风片区改造，加速推进西门片区改造，老旧小区改造有序开展，东观庄等一批城中村、城郊结合部的环境问题得到彻底整治。提升城区河道沿岸绿化景观，新建一批亲水步道、生态绿道等慢行系统。

三、环境美，青山绿水展开新天地

生态文明建设成效明显。实施“绿水、活水、亲水”行动，完成内城河水生态修复，治理黑臭水体824条。累计新增绿地面积118.9公顷，创成全国绿化模范市。全面推进河长制、断面长制，2020年8个重点考核断面全部达标。划定大气强化管控区和重点管控区范围，对工业废气排放、扬尘、油烟等落实管控措施，2020年优良天数比例提升到81.8%。完成全市部分小区和镇区垃圾分类，生活垃圾焚烧发电与餐厨垃圾协同处理项目建成运营。开展长江大保护执法会战，推进长江干流岸线利用项目清理整治，完成13.33公顷长江沿岸生态景观防护林建设。开展挥发性有机物专项执法、酸洗行业整治等行动，关停并转化工及涂料生产企业200余家。

乡村环境持续优化。三陵河流域防洪除涝等农村水利工程高标准完成，创成国家节水型社会达标县市。延陵村农家书屋被授予“全国示范农家书屋”。高新区迈村获中国最美村镇宜居奖。创成“四好农村路”省级示范县，“镜彩农路·丹凤朝阳”获评全省首批农路特色品牌。创成国家级卫生镇2个、省级绿美乡村5个，完成35个市级美丽宜居村庄建设任务，农村人居环境整治工作获省政府通报激励。

四、社会文明程度高，共享共治进入新境界

新时代文明实践成果丰硕。“十三五”期间开展“建精美丹阳城、做文明丹阳人”行动，成为江苏省首批列入新时代文明实践中心全国试点的8个县（市）之一。打造“四级纵轴、五大平台、一支队伍”，构建新时代文明实践线上中心（智慧云平台）。以全国第二、全省第一的优异成绩创成全国文明城市，并顺利通过全国文明城市复审。开展“高水平小康·丹阳在行动”，启动万善丹阳APP。建成启用丹阳大数据中心，中国丹阳国际眼镜城创成首批江苏省诚信示范街区。各项文体活动助力新时代文明实践，成功举办丹阳首届半程马拉松等赛事，丹剧成功登上全国新年戏曲晚会。

依法治市全面有序推进。“十三五”期间每年设定法治政府建设工作要点，落实党政主要负责人推进法治政府建设第一负责人职责；自觉接受市人大的法律监督和市政协的民主监督，承办人大代表议案和政协提案满意率达到100%。建立领导干部集中学法制度，调整市政府法律顾问组成人员，设立市政府法律咨询专家库，加强与国内知名律师事务所的合作，落实法治政府建设年度工作报告制度。

安全稳定基石更加稳固。落实安全生产工作责任制，全面开展安全生产“大起底”和违法违规“小化工”排查整治，关停企业487家、整改企业6881家。积极化解企业担保圈风险，严打恶意逃废债行为，纵深推进扫黑除恶专项斗争。社会矛盾纠纷源头治理得到进一步完善，立体化治安防控体系建设得到进一步推进，连续15年被评为江苏省平安市。信访维稳工作取得实效，市网格化信息联动中心投入运行，镇（区、街道）网格化服务中心建设全面完成。（朱栋栋）

图2　357省道互通立交　（史志办）

图3　中国丹阳眼镜城　（史志办）

领导调研

【娄勤俭线上调研新孟河界牌枢纽工程】 2020年7月9日，江苏省委书记娄勤俭调研全省水利工作，在省水利厅与新孟河界牌枢纽工程进行现场连线，听取工程建设情况汇报。丹阳市动用直播车、无人机等设备，全景展现新孟河工程新貌。娄勤俭在连线中向新孟河界牌枢纽工程建设者们表示慰问。他希望工作人员继续努力，严把工程质量，确保安全施工，建设精品工程。

新孟河延伸拓浚工程是国家172项节水供水重大水利工程之一。该工程主要是为太湖及沿线流域改善水环境、提高防洪标准和水资源配置水平，河道总长116.47公里，批准的概算总投资134.6亿元，是江苏省有史以来单项投资规模最大的水利工程，涉及丹阳市的工程主要为界牌水利枢纽和界牌、皇塘两镇境内的河道开挖，其中，界牌水利枢纽是新孟河连通长江的口门控制，投资6.5亿元，主要包括设计流量每秒300立方米的泵站、设计流量每秒745立方米的节制闸以及船闸等建筑物。河道工程于2018年12月正式开工，2020年6月30日通过通水验收，丹阳市成为全省率先实现河道全线通水的县市，从正式开工到全线贯通历时18个月。新孟河丹阳外围水系调整工程自2016年7月项目启动以来，承建单位丹阳市水利局精心组织谋划，抽调精干力量，科学组织施工，创新引入“代建制”管理和“第三方安全生产监督评估”等模式，有效提升建设管理和安全管理水平，确保工程建设顺利推进和高水平、高质量完成。（史志办）

【马秋林调研丹阳防疫物资生产】 2020年2月2日，江苏省副省长马秋林带领省工信厅、省政府办公厅等相关人员到丹阳，调研鱼跃医疗集团公司疫情防控物资生产及组织情况。在鱼跃医疗疫情防控作战指挥中心平台，集团董事长吴光明详细汇报防疫物资生产情况。鱼跃医疗与疫情防控有关的产品有影像类、检测诊断类、呼吸治疗类以及感控消毒类共4大类12个类别100多个型号。集团向武汉等全国疫情防控区域提供DR、移动DR、CT共50余台，各类感控消毒产品1000余吨，体温监测与呼吸治疗类产品300余万台。（史志办）

【赵世勇到丹阳调研】 2020年2月26日，江苏省副省长赵世勇到丹阳调研农业、疫情防控、稳产保供和水利建设工作。“菜篮子”产品稳产保供是疫情防控的一项重要工作。赵世勇到江苏省丹阳现代农业产业示范园，通过视频画面查看康乐农牧公司的养殖基地，了解企业生猪生产和销售等情况。康乐农牧公司是华东地区最大的种猪生产企业，承担镇江地区

60%的生猪保供储备任务和元旦、春节等重大节日的生猪保供储备任务，存栏种猪1.36万头、苗猪2.1万头、育肥猪1.2万头。康乐农牧公司运用低碳循环农业模式，实现养殖污染物“零”排放。在新孟河延伸拓浚工程现场，赵世勇了解工程建设和推进情况。新孟河延伸拓浚工程是国务院确定的172项重大水利工程之一。其中，界牌水利枢纽工程作为新孟河工程的“龙头”项目，要求在5月底前具备应急调水条件。主河道工程累计完成土方开挖653万立方米，完成形象进度约88%。（史志办）

【杨岳调研丹阳企业复工复产】 2020年3月3日，江苏省委常委、省委统战部部长杨岳调研丹阳市部分民营企业和台资企业复工复产工作，在民营企业江苏鱼跃医疗设备股份有限公司，杨岳一行到该公司疫情防控作战指挥中心，了解企业防疫物资生产供应情况，察看企业实验室和生产车间，并与企业负责人进行深入交流。在台资企业海昌隐形眼镜有限公司，他了解企业复工进度和上下游配套企业生产情况。（史志办）

【陈震宁带领全国人大代表视察丹阳】 十三届全国人大三次会议召开前，2020年5月8日，江苏省人大常委会副主任陈震宁、副省长马秋林带领省直单位全国人大代表团到丹阳开展集中视察活动。在天工国际有限公司，代表们视察粉末冶金生产线项目。该条粉末冶金生产线由天工国际在2018年投资建设，为中国首条粉末冶金生产线，于2019年11月正式建成投产，设计年产粉末冶金产品2000吨。天工国际是中国唯一实现全产业链、全品种特种新材料生产的企业，形成从矿业、新材料生产到精密切削刀具制造一体化的科研、生产、销售、服务体系。产品被广泛应用于航空、汽车、海洋、高速列车、石油化工以及机械加工等不同领域产品，产品畅销欧美等世界近百个国家和地区。在江苏鱼跃医疗设备股份有限公司，代表们听取企业自疫情防控以来生产的相关情况汇报。鱼跃医疗成立于1998年，是中国最大的医疗器械产业集群，旗下拥有鱼跃医疗、万东医疗2家上市公司和意大利百胜医疗集团、德国曼吉世有限公司、美国美诺医疗集团、上海医疗器械集团等80多家分子公司，产品覆盖医学影像、医用耗材、家用医疗、手术器械、美好生活、互联网医疗等六大板块，拥有医疗器械注册证1200多张，产品规格近万个。鱼跃客户遍及110多个国家和地区，主要产品制氧机、雾化器、血压计、数字X光机、轮椅车、听诊器连续十多年国内市场占有率第一，制氧机连续10年全球产销量第一。（史志办）

【黄莉新到丹阳调研】 2020年5月13日，江苏省政协主席黄莉新带队到丹阳市，专题调研疾控中心、鱼跃医疗集团和云阳药业集团。黄莉新一行到市疾控中心，了解疾控中心的组织架构、科室职能及疫情以来的相关工作，参观疾控发展展示中心、微生物检验科和PCR实验室。自新冠肺炎疫情发生以来，市疾控中心迅速部署、全面动员、周密安排，流调、采样、检测、消杀多措并举，累计报告确诊病例4例，排查管控密切接触者117例，采送样检测5600多人次，消毒4.68万平方米，为打好全市疫情防控阻击战，保障企业、学校复工复课发挥积极作用。在鱼跃医疗集团，黄莉新参观产品展示中心、疫情防控指挥中心和实验室，了解疫情以来相关医疗产品的研发与销售情况。黄莉新一行还调研江苏云阳集团药业有限公司。（史志办）

【周继业到丹阳调研】 2020年8月19日，江苏省政协副主席周继业一行到丹阳市调研，围绕“化工行业安全生产专项整治落实情况”开展专题民主监督。调研组视察位于皇塘镇的助剂化工厂。助剂化工厂是一家专业从事PVC塑料助剂研发、生产、销售和服务于一体的高新技术企业。该公司2015年列入镇江市7家化工重点监测点企业之一，2018年通过安全标准化二级企业省级评审。在安全生产方面，助剂化工厂近两年累计投入1.1亿元用于安全环保升级改造，从严从实抓好隐患整改，完善安

全、环保、生产制度与流程。调研组的专家从生产装置安放、柴油罐放置区域、警示标志上墙等方面提出整改意见和建议。（史志办）

【姚晓东到丹阳调研】 2020年9月21日，江苏省政协副主席姚晓东带队到丹阳，调研指导“有事好商量”协商议事室建设及工作推进情况，并参加围绕“加快孵化丹阳眼镜电商产业园”议题召开的协商议事会议。在开发区和高新区“有事好商量”协商议事室，姚晓东一行察看现场，听取平台建设相关情况的介绍，了解“有事好商量”协商议事活动开展相关案例的具体情况。在丹阳眼镜风尚小镇“有事好商量”协商议事室，协商议事室成员、利益相关方代表以及经发局、商务局、审批局等职能部门代表，围绕“加快孵化丹阳眼镜电商产业园”议题进行协商讨论。在全程参与此次协商议事会议后，姚晓东指出，人民政协作为专门协商机构，积极推进“有事好商量”协商议事平台建设，是服务中心工作、推进经济社会发展的有益助力。他点赞围绕“加快孵化丹阳眼镜电商产业园”开展的协商议事有效率、有效益，真正体现出高质量，选题精准，抓住有利时机，抓住丹阳区域经济的特点和互联网经济催生的新需求，对丹阳眼镜企业乃至全省相关产业有借鉴意义；政协委员深入一线调研、掌握实情动态，以充分的调研成效为推进议题成功协商提供保障；广泛联系各方、积极发挥优势，通过议题涉及各方的充分交流，凝聚推动丹阳眼镜电商产业园建设的共识。他希望进一步促进此次“有事好商量”协商议事成果实效转化，切实推进丹阳眼镜电商产业园建设、推动丹阳眼镜产业更好发展。（史志办）

【陈震宁调研丹阳特钢材料产业链】 为落实省领导挂钩联系优势产业链制度要求，2020年12月8日，江苏省人大常委会副主任、党组副书记陈震宁率江苏省特钢材料产业链工作专班到丹阳调研。陈震宁一行走访天工国际有限公司。在召开的省特钢材料产业链工作专班座谈会上，天工国际有限公司负责人介绍产业链发展动向和企业经营业绩等情况。省工作专班成员、省相关部门负责人对有关事项进行回应。（史志办）

【魏国强调研丹阳碳材料产业链】 2020年12月9日，江苏省人大常委会副主任、省总工会主席魏国强率省先进碳材料产业链工作专班到丹阳调研。在江苏恒神股份有限公司魏国强一行走访产品展示厅，考察企业生产车间，听取碳化工艺流程介绍，了解企业生产经营状况。在座谈会上，工作专班听取江苏恒神股份有限公司、江苏天奈科技股份公司、江苏兆鋆新材料股份公司负责人关于推进碳材料产业链发展的意见和建议。省工作专班成员、省相关部门负责人与企业负责人进行交流。（史志办）

【陆桂华调研丹阳生态清洁小流域建设】 2020年12月18日，水利部副部长陆桂华带队到丹阳市调研九里生态清洁小流域建设情况，陆桂华一行实地调研九里生态清洁小流域，详细了解工程投入使用情况。九里生态清洁小流域位于延陵镇九里村，近年来，随着丹阳市新农村建设和农村人居环境整治的持续推进，该流域面貌得到较大改善。九里村结合九里风景区建设，形成集生态旅游、农事体验、休闲度假为一体的农业综合旅游观光景区。丹阳市以水源保护为核心，控制水土流失和恢复河道天然景观为重点，加强河道及上流水土流失治理、实现源头防护的治理思路，对九里小流域实施生态清洁小流域综合治理，提升村容村貌，提高流域生态质量和环境品位，促进流域内经济发展，推动生态旅游产业发展。（魏红军）

【马明龙到丹阳调研】 2020年3月31日，镇江市委书记马明龙带队到丹阳调研，马明龙到市新时代文明实践中心，参观百姓名嘴孵化室、金山讲习所理论讲堂等，听取“一云四屏”介绍，观看线上中心指挥演示，了解新时代文明实践中心建设情况。召开座谈会，听取丹阳市相关情况汇报。（史志办）

【马明龙调研丹阳企业】 2020年9月22日，

镇江市委书记马明龙率领相关部门负责人调研丹阳企业，在天工国际有限公司，马明龙了解企业检测和生产设备及生产工艺特别是研发情况。在江苏飞达集团企业生产车间，他察看了解生产和产能情况，鼓励企业坚定信心，围绕产业链加强合作，蹄疾步稳推动实现健康发展。在江苏仅一联合智造有限公司，他了解企业生产研发情况，肯定企业精益求精的工匠精神。（史志办）

【马明龙到丹阳宣讲中共十九届五中全会精神】 2020年11月18日，镇江市委书记马明龙到丹阳，专题宣讲党的十九届五中全会精神，指导丹阳市领导干部深入领会全会精神，贯彻落实全会部署。马明龙从深刻认识中国进入新发展阶段的重大意义、有利条件、重要特征；准确把握2035年远景目标和“十四五”时期我国发展的指导方针、主要目标、重点任务；牢牢把握构建新发展格局的战略构想和重要着力点；坚持党的全面领导，动员各方面力量为实现“十四五”规划和2035年远景目标而团结奋斗四个方面，对党的十九届五中全会精神进行系统深入、全面准确的阐释解读。宣讲结束后，马明龙到丹阳开发区与干部群众代表就学习贯彻党的十九届五中全会精神进行互动交流，对大家关心的问题作出解答阐释。（史志办）

【徐曙海到丹阳调研】 为贯彻落实《中国共产党支部工作条例（试行）》和党委（党组）书记带头建立党支部工作联系点的有关要求，2020年11月12日，镇江市委副书记、市长徐曙海赴党支部工作联系点延陵镇东皇村开展走访调研，参加党支部座谈会议，了解掌握各项工作开展情况。徐曙海到东皇村农机专业合作社，了解合作社运营管理情况。东皇村党总支书记束和平介绍，东皇村是镇江市生态保育区，是纯农业村。该村围绕“村民增收、农业增效”主题开展系列“自选动作”并取得成效。在东皇村种植基地，徐曙海察看100公顷恒顺米业糯稻种植基地，该村通过“村集体＋合作社＋土地流转＋农户”的模式，发展优质稻米等特色产业，不仅成功摘掉贫困帽，还走出一条现代农业发展的致富之路，合作社和恒顺合作签订“订单农业”，促进该村农业增效和村民增收。徐曙海听取延陵镇党委、东皇村党支部以及党员代表有关情况介绍和意见建议。（史志办）

友好往来

【邳州市考察丹阳文明城市创建工作】 2020年4月27日，江苏省邳州市创建文明城市考察组一行22人到丹阳，就文明城市创建及新时代文明实践中心建设工作进行考察学习。邳州考察组参观丹阳市规划展示馆和新时代文明实践中心，在“文明使者”语音机器人的引导和讲解下，参观百姓名嘴孵化室、金山讲习所理论讲堂，听取“一云四屏”介绍，观看线上中心指挥演示。了解丹阳的城市概况、历史文化、规划前景等内容。在开发区高楼社区新时代文明实践站，邳州考察组了解实践站志愿活动开展情况。高楼社区新时代文明实践站有志愿者300多人，每年开展各项活动100余场次。实践站将打造社区新时代文明实践广场和社区文化宣传阵地，将集中展示其核心理念、组织结构、服务项目、服务标准及服务成果。在丹金农贸市场，考察组考察农贸市场管理，查看快检室，浏览消费者投诉登记表。座谈会上，双方就文明城市测评体系等进行详细交流。（史志办）

【宿迁市宿豫区考察团考察丹阳】 2020年4月28日，宿迁市宿豫区委宣传部副部长、区社科联主席池华祥带队到丹阳学习考察新时代文明实践中心建设及文明城市长效管理情况。考察团先后到访仙镇红光村鸾集翔自然村、曲阿街道新时代文明实践所以及市新时代文明实践中心，通过参观、听取介绍、互动交流等方式实地了解丹阳市新时代文明实践中心建设及文明城市长效管理方面的先进做法。（史志办）

【滨海县考察丹阳新时代文明实践中心建设】 2020年4月29日，江苏滨海县委宣传部副部长、文明办主任刘向阳带队到丹阳，学习考察丹阳市新时代文明实践中心建设情况。考察团先后到开发区高楼社区新时代文明实践站、曲阿街道新时代文明实践所以及市新时代文明实践中心，通过参观、听取介绍、互动交流等方式实地了解丹阳市在新时代文明实践中心、所、站建设方面的经验做法及机制体制建设、志愿服务队伍建设、服务平台建设等内容。

（史志办）

【日本驻沪领事访问丹阳】 2020年5月22日，日本驻上海总领事馆经济领事和仁一紘一行到丹阳访问，对开发区日产园管理模式丹阳市营商环境进行考察。上海总领事馆覆盖领区为上海、江苏、安徽、江西，是日本政企在海外开展业务的主流团体，有工作人员60余人。此次访问考察，旨在了解丹阳产业发展、招商引资需求情况，以便组织和推介相关有合作意向的日本企业家与丹阳对接考察、洽谈合作。一直以来，中日两国的民间交流十分密切，具有良好的经济和感情基础，尤其在疫情期间，日本率先向中国伸出援助之手，丹阳人民十分感动。为表达感谢之情，丹阳市日本（丹阳）汽车零部件产业园向日本东京都江户川区政府、茨城县坂东市政府和茨城县八千代町政府捐赠1.8万只口罩，援助日本抗击疫情。和仁一紘还参观丹阳国际眼镜城、中国眼镜博物馆，考察仅一公司、华燕公司、奇一科技公司、旭铃公司，并与日产园部分企业进行交流，进一步了解投资环境和产业配套能力。

（史志办）

【日本驻沪副总领事访问丹阳】 2020年6月24日，日本驻沪总领馆副总领事福田高幹带队到丹阳，了解日资企业复工复产整体情况。赵立群介绍丹阳市交通区位优势、历史文化、人才招引特点等。表示中日两国在经济、文化等多方面一直往来密切，希望能与日本驻沪总领馆建立长期往来合作关系，以日本（丹阳）汽车零部件产业园为起点，持续加大两地企业互动交流，为推动双方关系发展做出贡献。

（史志办）

【南京市玄武区代表团考察丹阳】 2020年6月9日，南京市玄武区区委书记闵一峰带领党政代表团参观考察鱼跃集团，考察团参观鱼跃集团产品展示中心、疫情防控指挥中心、实验室等，了解公司产品、销售、研发等相关情况。鱼跃专注医疗22年，以呼吸治疗解决方案、慢病监测、影像诊断及治疗、感染控制及治疗、生命信息与支持、眼科及视力保健、耐用器械及耗材7大板块构建大健康生态圈，建立起一个全面覆盖医疗器械领域的专业服务平台，成为多元化医疗器械集团。 （史志办）

【富平县代表团到丹阳考察交流】 2020年6月11日，陕西省富平县县长张海乾带队到丹阳，考察交流两地经济社会发展情况，共商协作发展大计。会上，市经发局负责人介绍丹阳市开展东西部协作工作情况。2020年，丹阳市积极推动两地人才交流交往，选派6名农技人才、6名医务人员到富平县开展交流学习；通过举办专项招聘会、定单式培训等形式，吸纳西部劳动力到丹阳就业，建立常态化用工需求衔接平台。富丹产业园各项工作有序进行，富丹产业园落地亿元以上协作项目6个，完成各类投资逾10亿元。两地深入开展镇、村、企业帮扶对接，丹阳市有3个镇、9个村、18家企业、7家医院、16所学校与富平县开展结对帮扶，落实乡镇财政援助资金118万元、社会帮扶资金48万元。12日，富平县党政考察团，参观考察市恒神股份有限公司和沪耀食品有限公司，共商对口协作事项。 （史志办）

【临海市政协考察丹阳眼镜产业】 2020年7月9日，浙江省临海市政协主席张招金一行到丹阳市，就眼镜产业发展进行考察学习和交流。张招金一行参观丹阳国际眼镜城和中国眼镜博物馆，考察海昌隐形眼镜和康美达光学两家企业，听取丹阳眼镜小镇和司徒眼镜产业园介绍，了解丹阳市眼镜产业发展情况。座谈会上，魏国荣介绍丹阳市眼镜产业概况，双方就眼镜行业未来的发展方向进行探讨。两地政协希望能进一步加强合作，交流探讨眼镜产业发

展方向。（史志办）

【张家港市政协考察丹阳】 2020年7月16日，江苏省张家港市政协主席黄雪元带队到丹阳市，就“有事好商量”协商议事平台建设开展专题调研，在曲阿街道“有事好商量”协商议事室，考察组一行实地查看场地设施及建设运行情况，询问协商议题确定、协商组织架构、参与协商主体、协商活动流程、协商成果运用等情况。丹阳市政协曲阿街道联络委紧扣经济社会高质量发展主题，积极选好协商议题，推动“有事好商量”协商议事活动成为常态，聚焦本地党政关注的要事、民生改善的实事、社会治理的难事，注重选择切口小、与群众切身利益密切相关的议题开展协商议事，努力让协商更贴近群众、更接地气。考察组一行到丹阳国际眼镜城，了解眼镜市场的发展过程以及诚信党建等特色工作，参观中国眼镜博物馆。（史志办）

【丰县人大考察丹阳人大工作】 2020年7月23日，徐州市丰县人大常委会主任杜亚峰到丹阳市考察人大代表履职情况，杜亚峰一行先后考察曲阿街道高楼社区人大代表联络工作站和丹北镇飞达村人大代表联络工作站，了解丹阳市人大代表联络工作站建设情况和运作模式。考察组听取情况介绍，了解代表联络站功能设置、制度建设、活动计划、履职档案等情况，翻阅人大代表开展履职活动的相关资料。座谈会上，双方就各自人大代表履职的优势和特色展开交流。杜亚峰希望两地人大系统多开展交流学习，共同提高。（史志办）

【灌云县调研组考察丹阳】 为加快推进全省“万企联万村共走振兴路”行动落地落实，2020年7月30日，连云港市灌云县委副书记谭树林带领调研组到丹阳市考察，并召开灌云县——丹阳市“万企联万村共走振兴路”村企联建对接交流会。组织实施“万企联万村共走振兴路”行动，是省委、省政府的一项重大部署和系统工程，旨在坚持以工补农、以城带乡，充分发挥市场“无形之手”的作用，引导生产要素向农业农村流动，推动农业农村高质量发展，努力探索走出一条具有江苏特点的乡村振兴和农业农村现代化道路。谭树林一行参观江苏华洪药业科技有限公司和丹阳市沪耀粮油食品有限公司，了解企业原料储备、生产经营、产品开发、产品销售、品牌建设以及发展历程等情况，并给予高度评价。座谈会上，双方介绍各自的地理区位、产业发展的现状和优势，并针对“万企联万村共走振兴路”行动进行深入交流与探讨。（史志办）

【上海市政协到丹阳调研】 2020年8月14日，上海市政协副主席、党组副书记方惠萍到丹阳，围绕“加快推进长三角红色旅游一体化发展”开展专题调研。调研组一行先后参观上海战役总前委旧址纪念馆、华东财经委旧址，了解丹阳市红色旅游发展的主要做法与经验。总前委旧址是邓小平、陈毅等老一辈无产阶级革命家指挥解放、接管上海的前线总指挥部。调研组一行重温上海解放的历程。（史志办）

【钦州市考察丹阳农村人居环境】 2020年9月4日，广西钦州市人大常委会主任覃天卫一行到丹阳，实地考察访仙镇草塘村、红光村鸾集翔自然村和独山村大庄自然村农村人居环境，调研组到丹阳市访仙镇草塘村，考察该村生活污水治理及村容村貌情况，着重询问村庄长效管理等相关工作。在访仙镇红光村鸾集翔自然村，调研组了解该村家风家训建设、志愿者服务、文明银行、传统文化弘扬等方面工作。调研组表示，鸾集翔自然村以“家文化”为抓手，大力推进精神文明建设，引导村民自觉树立文明新风尚，值得他们学习，钦州将汲取相关经验，在当地“美丽村屯”建设中加以学习借鉴。在访仙镇独山村大庄自然村，调研组了解该村美丽宜居村、宕口修复等相关工作。（史志办）

【广东高科技产业商会到丹阳考察】 2020年9月4日，广东省政协常委、广东高科技产业商会会长王理宗率队到丹阳，开展为期两天的考察。丹阳市和广东高科技产业商会签订战略合作协议。广东高科技产业商会成立于1999年，是由广东省及港澳地区企业组成的中国第一家高科技领域的商会组织，拥有会员企业6000多家，涵盖高科技、金融、文化、电子、通信、光电一体化、新能源、新材料、精细化工、生物医药等产业。考察团20余名精英企业负责人，集中参观市规划展示馆、中国眼镜城和眼镜博物馆，实地考察鱼跃集团，走进柳茹村、九里季子庙感受民俗文化等。（史志办）

【马来西亚驻沪总领事参观丹阳】 2020年10月16日，马来西亚驻沪总领事馆总领事丘世豪带领相关领事及部分马来西亚企业负责人到丹阳参观访问。丹阳市市长黄万荣欢迎丘世豪一行到访，并介绍丹阳市经济社会概况。（史志办）

【山西省政协到丹阳调研全民健身工作】 2020年10月16日，山西省政协副主席李青山率队到丹阳调研全民健身工作。李青山一行先后到丹北镇群楼村健身广场和飞达村文体活动中心，了解全民健身工作开展情况。丹阳市坚持“体育强市”战略不动摇，精心实施“六边工程”，完善公共体育服务体系，提升群众体育发展水平和服务能力，全民健身内涵不断丰富。共建有体育公园55个、全民健身精品工程125个、全民健身点781个、室外健身路径1076条，人均拥有公共体育设施面积2.65平方米。体育健身设施提档升级，体育健身活动多样，体育健身环境不断完善。（史志办）

【池州代表团考察丹阳企业】 2020年10月27日，安徽省池州市委书记方正率领党政代表团到丹阳考察，期望相互借鉴发展经验，共同推动高质量发展。代表团一行到江苏鱼跃医疗设备股份有限公司考察，参观大数据中心、产品展厅和检测中心，企业的产品种类、市场占有率和智能制造水平给代表团留下深刻印象。代表团还考察丹阳市香海琴枫浪漫庄园和镇江新区大路镇东岳村。（史志办）

【平湖市人大代表团考察丹阳】 2020年11月9日，浙江省平湖市人大常委会党组书记、主任胡水良一行到丹阳，就人大常委会行使人事任免权、人大常委会述职评议实施情况、代表建议督办工作方案实施情况等开展考察交流。胡水良一行重点听取丹阳市人大常委会行使人事任免权和人大常委会述职评议等实施情况和代表建议督办工作方案实施情况。为进一步促进市人民代表大会及其常务委员会选举或者任命的市政府、法院、检察院等国家机关工作人员牢固树立民主意识、法律意识和公仆意识，丹阳市十六届人大常委会第十六次会议审议通过《丹阳市人民代表大会常务委员会述职评议办法》，述职人员在市人大常委会上作口头述职或书面述职，出席会议的市人大常委会组成人员以无记名投票方式对述职人员履职情况进行民主测评，考察团还考察曲阿街道高楼社区人大代表联络工作站。（史志办）

【平顶山市委书记带队考察丹北镇】 2020年12月1日，河南平顶山市委书记周斌带队到丹阳市丹北镇考察招商，座谈会上，周斌一行与丹阳市5家汽车零部件企业负责人就产业合作、原料采购、合作共赢等进行探讨。杭春云介绍丹北镇的三大优势产业和强势企业，座谈结束后，周斌一行还实地考察江苏林泉汽车装饰件有限公司和江苏迅驰车业有限公司。（史志办）

【丹阳组团拜访苏州无锡重点客商】 2020年7月13—14日，丹阳市委副书记、副市长许根林带领开发区、司徒镇、导墅镇、皇塘镇及相关部门负责人，到苏州、无锡两地拜访重点客商，深入挖掘可落地大项目，为丹阳加快产业强市步伐、实现产业“跑起来”积极蓄能。在本次考察中，考察组利用苏州清华校友会的核心优质资源，围绕丹阳产业强市和发展方向，重点拜访新材料、精密制造及5G工业互联网等领域的中衡设计集团、博世汽车部件、斯莱克精密、朗新科技股份、中电海康集团、中电二公司、能讯高能半导体、十一科技等头部企业。在考察中许根林介绍丹阳区位优势、发展现状、产业特点等情况，与企业家就企业发展、产业互补及投资意向等进行交流，企业家委员家们对到丹阳投资表达出强烈的信心和期望。（史志办）

【丹阳到深圳等地考察招商】 2020年7月22日，丹阳市委书记黄春年带队到深圳、佛山、东莞等地开展为期5天的考察招商活动。当天，参观考察深圳达实智能股份有限公司，在达实大厦智慧应用和达实智慧医疗展厅参观体验，黄春年一行了解达实智能的公司定位、服务内容及技术和商业模式。

23日，市委书记黄春年带队到深圳市南山区参观考察梦网科技公司和三诺电子公司，就智慧园区、智慧医疗等课题与企业交流，黄春年一行参观梦网科技公司企业展厅，了解企业发展战略、定位、富媒体通信业务以及梦网科技在云通信领域中的领先优势，并听取智慧园区综合管理系统的介绍。在三诺电子公司，黄春年一行参观智慧生活创想馆、工业设计中心等，体验三诺各种AI智能屏音箱、智慧终端、智慧教育等场景化智能产品和健康防护产品。

24日，黄春年带队到佛山市顺德区，考察调研村级工业园区改造情况，拜访位于顺德区北滘镇的美的集团，黄春年一行先后到顺德区华腾工业城和万洋众创城项目现场，感受顺德村级工业园区改造取得的成效。黄春年一行还到位于顺德区北滘镇的美的集团，参观企业展厅和美的历史馆，感受美的集团如何通过科技创新、工业设计推动传统产业转型升级。美的深圳投资公司与丹阳市部分科技型企业有前期交流和对接，就企业资本运作、风险投资等方面达成意向性合作。通过本次深圳招商活动的对接，丹阳市将在智能小家电代工、智能物流、工业4.0转型升级方面与美的集团开展进一步的交流和合作。（史志办）

【党政代表团考察桐庐萧山溧阳】 2020年10月21日，丹阳市委书记黄春年率党政代表团到浙江省杭州市桐庐县、萧山区和江苏省常州市溧阳市三地开展为期三天的考察学习，21日下午，丹阳市代表团到桐庐县城市规划展示中心，了解有关桐庐县城乡建设的各个阶段、经济社会建设成果、发展成就及科学规划、桐庐的发展布局与未来蓝图等。在该县白云村，代表团参观白云间休闲旅游度假区游客集散中心。白云村按照“宜业、宜居、宜文、宜游”的目标，加快旅游配套服务功能和特色旅游产品的打造，形成“一带五区多点”的空间功能结构，通过展现浓郁的乡村风情、乡野文化，形成集现代科技、休闲旅游、文化创意于一体的“白云间休闲旅游度假区”。代表团深入白云村郑城，考察“厚院部落”经典民宿产业。在富春江镇代表团参观了解社会治理综合服务中心，对中心的一站式业务办理和细节服务给予好评。

22日，丹阳市党政代表团考察浙江省杭州市萧山区，主要学习萧山在特色乡村建设、区域精细化管理等方面的先进经验，代表团到萧山区河上镇众联村，考察学习“五和众联、三治融合”经验做法。

23日，丹阳市党政代表团考察常州溧阳市，学习溧阳旅游产业、乡村振兴等方面先进模式和经验，代表团考察溧阳市别桥镇塘马村特色田园村庄。其乡村振兴学堂、我家自留地、“农家书屋”咖啡屋以及塘马战斗广场等有乡土气息和红色文化所特有的风情风貌。（史志办）

图4　2020年10月23日，丹阳市委书记黄春年（右二）在溧阳塘马村参观村庄特产展示（曾丽萍）

要　闻

·重点工程·

【概况】 2020年，丹阳市共有市级政府投资项目35个，年度计划投资12.07亿元，2020年底累计完成年度投资12.19亿元，完成年度计划投资100.99%，竣工项目9个。（谢艳英）

【丹阳市中医院迁建项目】 丹阳市中医院迁建项目位于城区偏南，用地范围东至锦绣路，南至庆丰路，西至丹金路，北至九珑苑小区，占地面积52246平方米，建筑面积10.73万平方米，总投资约8.76亿元。项目2021年1月进场搭建临时设施，预计2023年12月竣工。（谢艳英）

【云阳大桥建设工程】 云阳大桥工程为原址重建，起点位于云阳路与丹凤北路交叉口处，终点位于云阳路与东方路交叉处，路线全长1300米，项目总投资约2.2亿元。该工程路线平纵拟合现状云阳路，桥梁总长440米，最大纵坡为3.47%，主桥跨径110米斜靠式系杆拱，引桥跨径30米预应力混凝土连续箱梁。实施桥梁东西两侧路段的行车道拓宽工程和景观亮化工程。工程2020年2月封桥施工。（谢艳英）

【江苏省丹阳高级中学迁址新建项目】 江苏省丹阳高级中学迁址新建项目位于练湖度假区北三环以南、新区大道以东、组团次干路北和滨湖路以西围合而成的区域，占地面积约17.5公顷，建筑面积约152689平方米，总投资约8.53亿元。建设工程主要包括教学楼、信息技术楼、综合楼、图书馆、食堂、讲堂、宿舍楼、体育馆、看台、其他（开闭所）、泵房及地下车库及配套附属工程。该项目2020年12月开工建设，预计2021年完成主体建设，2023年完工。建成可容纳26轨78个班的高中生学习，对于该校创建省品质示范高中、优化全市教育布局具有重要意义。（谢艳英）

【吕叔湘中学迁址新建项目】 吕叔湘中学迁址新建项目位于高新区田园路以南、创业路以东，总建筑面积113454.65平方米，总投资约5.96亿元。建设工程主要包括行政楼、主楼、教学楼、实验楼、艺术中心、更始园、云阳书院、食堂、宿舍、体育馆、运动场看台、地下建筑、景观绿化、给排水等附属工程。项目2020年12月开工建设。（谢艳英）

【丹阳高新区实验小学、实验幼儿园项目】 丹阳高新区实验小学、实验幼儿园项目选址位于庆丰路南侧、伊甸园路西侧、高新区人才公寓北侧地块，规划总用地面积约7.83公顷，总建筑面积69126.85平方米，其中，小学建筑面积48764.84平方米，幼儿园建筑面积10822.55平方米，风雨操场及合班教室建筑面积9539.46平方米，项目总投资约35372万元。（谢艳英）

【华南桥重建工程】 华南桥重建工程桥梁全长约50米，宽约40米，桥面铺装采用沥青混凝土，工程总投资约3272万元。工程2020年6月开工建设，12月竣工通车。（谢艳英）

·经济转型产业升级·

【概况】 2020年，丹阳市贯彻落实中央和省、市决策部署，一手抓疫情防控，一手抓复工复产，全面落实“六稳”“六保”任务要求，出台《关于推动全市工业企业在疫情防控期间有序复工的通知》《应对新冠肺炎疫情支持企业共渡难关保障经济平稳运行的政策意见》及实施细则等文件，指导企业复工复产，支持企业共渡难关。科学编制“十四五”规划，四套班子领导、各镇（区、街道）党政主要领导和相关部门主要负责人，通过网上问卷调查、网络征集意见等方式提出产业发展、城市建设、民生保障等方面的意见建议。探索实施产业链“链长制”，制定《丹阳市实施产业链“链长制”工作意见》，确立大健康、新材料、眼镜及视光学等7条重点产业链。持续推进化工整治，针对21家化工生产企业制定“一企一策”处置意见，根据关闭退出、易地迁建、停产整顿、整治提升四种类型分类处置，精准管理，淘汰低端低效产能，“关闭退出”企业7家、“搬迁重组”企业1家、“停产整改”企业12家。开展全市涉钢企业现场核查，严防“地条钢”死灰复燃和新增钢铁产能。节能降耗完成预期目标，推进全市各镇（区、街道）及龙江钢铁、长丰纸业、飞达重工等重点用煤企业减煤，2020年全市非电行业（含自备电厂）规模以上工业企业煤炭消费量33万吨。（朱栋栋）

【产业升级】 2020年，丹阳市加大产业扶持力度，进一步落实《关于进一步促进实体经济发展的若干意见》要求，72个符合条件的企业和项目共兑现奖补资金2111.98万元，提升对丹阳市智能型制造、服务型制造、绿色型制造、两化融合提升等产业项目。2019年总部经济政策兑现奖励资金634.62万元。推进重点产业项目建设，国药智能康复医疗器械、上海电气重装基地2个省级重点项目开工建设，其中国药项目完成投资6.5亿元；42个镇江市级重点项目完成投资89.3亿元，超额完成投资目标；166个丹阳市级重点产业类项目有序推进。推进产业智能化发展，新增鱼跃医疗、天工爱和特钢等7家省级示范智能车间，新增丹盛纺织等8个市级示范智能车间。推进产业信息化发展，丹阳高新技术创新园被评为2020年度江苏省小型微型企业创业创新示范基地，56家企业通过省星级上云认定，其中五星上云企业3家。诺得物流建成全省首个物流行业标识解析二级节点，丹毛纺织、鱼跃医疗获评省工业互联网标杆企业。全年新建5G基站1840个，签约6家5G＋工业互联网应用示范项目。推进产业绿色化发展，成功培育山宝集团、富新电子科技等5家企业入选镇江市级绿色制造体系建设示范单位。推进产业融合式发展，新增远燕医疗、冈田精机2家企业省级工业设计中心，“鱼跃YH－830双水平呼吸机大屏款”获评“2020紫金奖工业设计大赛”铜奖，琦瑞机械获省生产性服务业领军企业。（李 潇）

【园区建设】 2020年是丹阳市“三区三园”建设的开局之年，各项重点工作有序推进，完成对原14个省级以下工业园区的整合提升，其中撤销4个园区，保留2个园区，整合6个园区，提升2个园区，将约513.33公顷空间指标从其他撤销工业园区中调入“三区三园”，重点保障“三园”的基础设施和重大项目建设用地。鼓励社会资本以“区中园”“园中园”模式参与园区开发建设，丹北万洋众创城、陵口标龙产业园开工建设，高新区力合产业园加快办理建设手续，中新丹阳练湖新区合作项目编制空间规划和产业规划。推动各板块工业集中区通过“腾笼换鸟”“增减挂钩”等方式盘活闲置、低效资产，2020年共盘活闲置低效用地241.47公顷，完成增减挂钩项目175.73公顷、占补项目83.2公顷。（朱栋栋）

·精准扶贫攻坚·

【概况】 2020年，丹阳市认真贯彻省、市扶贫工作相关要求，坚持把问题排查整改作为提升脱贫攻坚质量的主抓手，着力解决脱贫攻坚存在的突出问题和薄弱环节，确保如期高质量打赢脱贫攻坚战。各镇（区、街道）高度重视、狠抓落实，帮扶部门深化联动、群策群力，“第一书记”甘于奉献、尽心履职。至年底，丹阳市77个经济薄弱村年集体经济收入达到或超过80万元，达标率100%。3144户建档立卡户5688人年人均收入达到或超过8000元，达标率100%。各村因地制宜开展产业扶贫，67个经济薄弱村落实111个扶贫项目，所有项目完工，其中产生收益的项目84个。落

实省、市、县三级财政奖补资金 8022 万元，产生收益 696.5 万元，助推经济薄弱村村级收入稳步增长。（谢艳英）

【特色扶贫】 丹阳市开展脱贫攻坚“回头看”，全面掌握各项扶贫政策、防止返贫机制落实情况和经济薄弱村稳定脱贫摘帽及建档立卡低收入人口稳定脱贫情况，查找影响脱贫质量和稳定脱贫的薄弱环节和问题，并结合疫情影响，分类梳理问题不足，针对性制定整改清单。各镇（区、街道）全面落实脱贫攻坚“回头看”工作，所有排查出的问题 5 月 20 日前落实整改到位。聘请第三方开展专项检查。委托 2 家会计师事务所，对各镇区 2016 年至 2019 年脱贫建档立卡户的收入来源及构成、“两不愁三保障”政策落实情况进行专项抽查；对已达标经济薄弱村的收入来源及构成进行专项核查；对省、市级扶贫项目进行专项核查。发现问题 35 条，所有问题整改到位。建立落实防返贫机制。对 2019 年底家庭人均收入在 6000—8500 元的低收入户进行全面摸排，共摸排出“两类人员”80 户、158 人（其中脱贫不稳定户 77 户、150 人，边缘户 3 户、8 人）。积极跟踪帮扶政策落实、后续帮扶需求、家庭收支变化情况，制定“一户一策”进行有效帮扶，确保“两类人员”稳定脱贫。大力实施消费扶贫。利用“丹阳特产馆”进行农产品展示销售，实现“本土＋对口支援＋网络多元化”销售，有效提升跨地域、跨行业供给。组织开展产销对接，动员党政机关、统一战线、行业协会商会等力量购买扶贫农产品。组织经济薄弱村在镇江市进行农产品展销。开展消费扶贫主题宣传活动，利用广播电台、小程序进行直播带货。（谢艳英）

【决战脱贫攻坚决胜全面小康推进会】 2020 年 10 月 15 日，丹阳市召开决战脱贫攻坚决胜全面小康推进会。会议通报全市脱贫攻坚工作情况。市委书记黄春年强调，精准脱贫贵在长管长效，要把握好重点攻坚和长效帮扶的关系，把握好社会保障和临时救助的关系，把握好分配机制和公平正义的关系，进一步建立健全制度保障，圆满完成时代赋予的光荣使命，努力交出脱贫攻坚的满意答卷。（谢艳英）

【“一对一”精准帮扶】 2020 年，丹阳市针对摸排的“脱贫不稳户”和“边缘户”两类人员需求进行精准扶贫。丹阳市在完成新一轮脱贫攻坚目标任务后，2020 年围绕开展“高水平小康·丹阳在行动”活动，启动脱贫攻坚“回头看”工作，及时发现可能影响脱贫质量和稳定脱贫的薄弱环节和问题，加大对重点工作的排查和整改力度，进一步促进丹阳市经济薄弱村和建档立卡低收入人口全面高质量稳定脱贫。在脱贫人口“回头看”工作中，掌握脱贫人口稳定达标情况，加强对“不稳定脱贫户”（脱贫人均收入低于 8500 元的建档立卡户）和“边缘户”（收入略高于 6000 元未纳入建档立卡范围的边缘人口）两类人员的动态监测，做好“两不愁三保障”政策情况的再落实。市扶贫办统计，全市摸排的“脱贫不稳户”和“边缘户”有 102 户 199 人。通过开展“两摸底”工作，掌握人口基数，能够全面了解帮扶政策落实情况、后续帮扶需求情况、家庭收支变化情况，分析脱贫稳定性，有利于加强防止返贫监测，建立“一对一”精准帮扶机制，进而动员社会各界力量进行有效帮扶。（沈诺亚）

【“三会”助力扶贫工作】 2020 年，丹阳市老区开发促进会、扶贫基金会、扶贫开发协会（简称“三会”）把实施消费扶贫作为精准扶贫、精准脱贫的一项重要举措，通过政府组织搭建平台，搞好服务促进消费扶贫。2019 年，丹阳市在眼镜市场内成立“丹阳特产馆”，馆内展售丹阳市 77 个经济薄弱村的农特产品，以及对口支援扶贫的陕西富平县 20 多种农特产品，实行“本土＋对口支援＋网络多元化”销售模式，提升跨地域、跨行业供给，推动乡村旅游消费扶贫提质增效；激发社会各界广泛参与消费扶贫，开展多种形式的农产品产销对接活动；在新冠肺炎疫情暴发期间，市“三会”帮助嘉贤米业公司、碧云天公司、银天禽业合作社借贷省扶贫基金会项目资金，助力企业稳产促销。（沈诺亚）

·文明城市创建·

【概况】 2020年，丹阳市继续推进文明城市创建，健全高位协调和点评机制。完善创建文明城市领导小组及现场指挥部组员构成，设立创建指挥部办公室和9个专项小组；制定《市领导挂钩创建全国文明城市重点工作项目表》，开展丹阳市深化全国文明城市创建“百日攻坚”集中行动，实行市、镇（区）两级领导挂钩联系文明创建工作，着力解决共性和突出问题。制定工作要点，细化分解任务，2020年4月8日，召开全市精神文明建设工作推进会，出台《2020年丹阳市建设更高水平全国文明城市工作要点》，镇（区）部门签署精神文明建设目标管理责任状。紧紧围绕中心工作，把新一轮全国文明城市创建作为提升市民文明素质、城市文明程度、城市文化品位、群众生活质量、决胜全面小康、决战脱贫攻坚的重要抓手，明确重点序时，实行挂图作战。制定《2020年丹阳市全国文明城市建设重点工作安排表》，以各单位为纵轴，以月度为横轴，各镇各部门倒排序时，挂图作战，针对重点难点问题逐一销号；设置群众热线，回应民生关切。健全全民参与、共建共享创建机制，畅通市民反映问题渠道，充分发挥社会监督作用，在全市各社区、各村设置文明城市长效管理问题媒体曝光热线电话，及时受理创建文明城市工作中与群众生活密切的民生问题，并及时将办理结果进行反馈。（孙　琴）

【部署文明城市复查迎检工作】 2018—2020年度新一轮全国文明城市测评工作启动。2020年7月17日，丹阳市召开全国文明城市复查迎检工作推进会，动员全市以“跑起来”的工作状态，冲刺全国文明城市“二连冠”，着力提升文明城市长效治理水平。会议指出，全市要以“等不起”的紧迫感、“慢不得”的危机感、“坐不住”的责任感，着眼常态长效，掀起创建高潮，全力以赴做好迎检工作。各镇（区、街道）、各部门要以务求必胜的信心冲刺创建，全面进入迎检备战状态，最大限度调动全域力量主动参与文明城市建设；以问题整改的成效冲刺创建，紧扣复查迎检新要求，坚持问题导向，针对目前存在的问题举一反三，补齐短板，确保各项措施落到实处、取得实效；以高效协同的机制冲刺创建，强化“一盘棋”思想，建立群众参与机制，营造“人人关心创建、人人参与创建、人人是志愿者”的氛围。会议指出，创建文明城市永远在路上，没有“休止符”，全市上下要迅速统一思想，高标准做好迎检工作，树立起文明城市创建的新标杆；迅速落实迎检任务，用最高的标准审视、检查、发现和解决创建工作中的不足；迅速汇聚力量，以更好的状态、更实的作风、更有效的举措，通力协作、密切配合，严格考核，坚决打赢迎检攻坚战。（孙　琴）

【黄万荣调研文明城市长效管理工作】 2020年7月22日，丹阳市市长黄万荣带领市府办、文明办、城市管理局、市场监管局、公安局、融媒体中心等部门负责人调研文明城市长效管理工作。黄万荣查看百家兴市场、金润发超市和云阳新村小区，就背街小巷整治、车辆停放、摊贩规范经营等情况进行调研。（孙　琴）

·新时代文明实践建设·

【概况】 丹阳市作为全国试点城市之一，率先开展新时代文明实践试点工作。为打通新时代宣传群众、凝聚群众、关心群众、服务群众的“最后一米”，积极打造“智慧云平台”，畅通“四级纵轴、五大平台”运行架构，探索出富有地方特色的“丹阳样板”，新时代文明实践工作特征鲜明，示范带动作用凸显。科学规范管理志愿工作。在全面规范阵地建设的基础上，不断深化志愿者招募、注册管理、业务培训等工作。全市组建498支由市、镇、村三级主要负责人任队长，在职党员、退休干部、退休教师、典型模范、乡贤乡杰共同参与的志愿服务队伍。通过成立志愿服务培训孵化中心、制定完善志愿服务奖励办法等系列举措，让志愿者有归属感、荣誉感，“理想曲阿”理论宣讲志愿服务项目获江苏省第五届志愿服务展示交流会铜奖。志愿服务高效开展。新冠肺炎疫情期间，召开社会公益组织及志愿服务团体座谈会，以市级文明实践中心、12个镇级文明实践所、192个行政村（社区）文明实践站和1000多个实践岗为载体，开展群防群治、联防联控，充分发挥文明实践的作用，利用志愿队伍的力量。“万善丹阳·让爱连接”2020丹阳市第三届“12·7”新时代文明实践日活动，表彰新时代文明实践先进典型，展示志愿队伍和志愿者风采；“2020大运河文化保护志愿者日”系列活动，共同点亮运河之光，为保护运河水、传承运河文化贡献力量。打造特色品牌。通过聚焦“理论宣讲、教育服务、文化服务、科技和科普服务、健身体育服务”五大模块，深挖本地历史、人文等特色资源，从乡村振兴方面入手，创新打造出“体育大篷车”“文化庙会”“丹心向党”等特色实践品牌，并探索实施“五星工程”，推动志愿服务有效开展。

（陈　哲）

【结合“文化庙会”“五下乡”开展新时代文明实践活动】 2020年1月14日，丹阳市“文化庙会”活动与“五下乡”首次合并，结合丹阳市新时代文明实践活动开展。在丹北镇东方村组织开展文化科技卫生法律金融“五下乡”集中示范活动现场，市新时代文明实践中心为东方村的村民现场开展“文明理论”“文体文艺”“科技科普”“卫生健康”“宪法法律”“资源服务”志愿服务。30多个部门单位及志愿服务组织，推出近50个项目现场服务，发放各类政策宣传资料2000多份，现场书写、赠送春联600余副。

（陈　哲）

【“最美系列”典型选树活动】 2020年4月，丹阳市开展“最美村（社区）工作者”评选表彰活动，授予郭琦等33人丹阳市“最美村（社区）工作者”称号。2020年11月，开展丹阳市“优秀志愿者”推荐评选活动，授予250人丹阳市“优秀志愿者”称号。2020年5月，开展丹阳市“最美青年”评选表彰活动，授予10人丹阳市“最美青年”称号、10人“最美青年”提名奖。2020年7月，开展丹阳市“最美退役军人”评选表彰活动，授予王涛洪等10人丹阳市“最美退役军人”称号、孙本军等10人“最美退役军人”提名奖。

（陈　哲）

【庆祝新中国成立71周年主题活动】 为庆祝中华人民共和国成立71周年，营造庄严喜庆、文明和谐的节庆氛围，激励全市人民弘扬时代新风、争做时代新人，2020年9月11日，丹阳市开展“红旗飘飘照我心　文明实践爱国行”——庆祝新中国成立71周年主题“升国旗、唱国歌、庆国庆”活动。各学校对在校学生进行一次国旗、国歌、国徽基本知识教育。新民路、城河路、中山路等主干道路两侧升挂国旗、悬挂庆国庆标语。全市机关和企事业单位、村民（居民）委员会，在国庆前夕举行“升国旗唱国歌”仪式。

（陈　哲）

【丹阳市第三届新时代文明实践日活动】 2020年12月7日，以“万善之城让爱连接”为主题的丹阳市第三届新时代文明实践日活动在市新时代文明实践中心举行。市四套班子分管领导出席活动，一批文明家庭、优秀志愿者、学雷锋典型等先进个人、先进单位接受表彰；40余个2020年度志愿服务项目在现场集中展示；2020年度全市文明创建、文明实践、

志愿服务、全民阅读等工作，以图片展的形式在现场展出。 （陈　哲）

【“线上”公共文化服务】 2020年4月，丹阳市开展“乡村文艺播种计划”，推出广场舞、书画、朗诵等“云课堂”，通过市文化馆线上平台开展多个艺术门类的教学培训；举办2020年全市“艺起来”网络才艺大赛，时间跨度从4月到11月，每月组织一项艺术门类的比赛，为参与“乡村文艺播种计划”的文艺骨干提供展示才艺的平台，通过朗诵、戏曲、舞蹈、摄影等艺术门类，集中反映疫情发生以来丹阳市广大干部群众逆境前行、恪尽职守、迎难而上的感人故事和场面；在文化馆线上平台开设“云文化·艺起来”网络公益课堂，每月推出一期网络艺术课程，并在翼网、丹阳发布等平台同步推出，让市民足不出户享受文化大餐。 （邹　晴）

【常态化文化服务】 2020年，丹阳市启动“奋进小康路·幸福丹阳人”全市基层文艺巡演，举办第五届“南腔北调”方言小戏小品大赛，组织开展优秀传统文化传承暨“乡村文艺播种计划”成果展示展演活动，展示丹阳市在小康社会建设过程中取得的成就，展现人民群众积极向上的精神面貌。在全市城乡组织开展5大类80余项文化活动，举办各类文艺培训活动281场次，培训人数25000人次，通过各种活动的开展，丰富全市群众文化生活，有效提升群众文艺骨干、团队的能力水平，给文艺爱好者提供学习培训和施展才华的空间。 （邹　晴）

【中华优秀传统文化传承成果展演】 2020年12月19日，丹阳市与江苏第二师范学院联合举办第三届戏曲艺术展演活动，活动汇聚运河江苏流域的8个戏曲剧种，戏曲名家和中小学生同台演绎。本次成果展演以运河为引线，戏曲传承为主题，云集运河沿岸各剧种的名家名段，彰显吴韵汉风的地方特色，将传统文化在全社会尤其是在“小中青”群体中，传承好发扬好。2020年，继续实施“丹剧进校园”，在学校组织开展以丹剧为主要剧种的戏曲表演、社团培训等活动，让戏曲教育成为学校的艺术教育特色。 （邹　晴）

【网络安全和信息化教育基地建设】 2020年，丹阳市启动网络安全教育实践基地建设，基地由丹阳市委网信办、丹阳市教育局、中国电信丹阳分公司共同建设，包含网络安全讲堂、青少年科普教育、“5G+VR”智慧体验等项目。基地主要面向前往未成年人社会实践基地（原少阳中学）的中小学生，通过播放网络安全事件警示片、互动体验及现场演示等方式，让中小学生了解互联网、智能手机、二维码等各种日常生活工作中存在的网络安全隐患问题，提升全市中小学生的网络安全防范意识和防护技能。 （李凯文）

·环境综合整治·

【概况】 2020年，丹阳市以建设美丽丹阳、提升市民生态环境获得感为导向，抓好长江大保护，推进突出环境问题整改，打好污染防治攻坚战，生态环境工作取得积极进展。年度优良天数比例达81.9%，$PM_{2.5}$浓度每立方米36.2微克，空气质量在镇江排名第一；3个国考、5个省考断面和2个饮用水源断面全部达标，重点考核断面水质优Ⅲ类比例达100%，水环境质量创“十三五”以来最好水平，连续三年获得区域补偿资金。市委市政府对全市年度污染防治攻坚任务作出战略部署，各地各部门紧密联动、合力攻坚，全面完成镇江市政府下达的43项量化指标任务。全市中央环保督察“回头看”交办的28批次74件信访件、省环保督察交办的156件信访件和镇江市交办的47件突出环境问题全部见底清零，环境信访量

实现三年连降。（姜　豪）

【环境整治措施及成效】　2020年，丹阳市非电行业规模以上工业企业煤炭消费量比2016年减少22万吨，超额完成减煤目标任务；关闭退出化工企业32家，城镇人口密集区危化品企业清零；新增污水处理能力每日5万立方米，污泥无害化处置率达100%；完成农村生活污水治理399个，实现行政村全覆盖；内河码头建设含油污水接收设施29套，免费接收靠港内河船舶垃圾、生活污水；农药和化肥使用量分别较2015年降低26.36%、9.15%，农膜回收率达85.12%；完成全市重点行业企业用地土壤污染状况调查，污染地块安全利用率达100%；新增生活垃圾处置能力每年30万吨、危险废物处置每年1.5万吨，固废处置能力大幅提升；“建设项目环保服务超市”活动成功举办，3个“绿岛”项目被列入全省首批试点，丹阳绿色发展的新动能不断释放。认真落实河（湖）长制、断面长制，出台《河流水质波动调查工作制度（试行）》，持续推进重点断面稳定达标。优化《丹阳市重污染天气应急管控流程》，修编《秋冬季重污染天气大气污染物应急减排管控清单》，精准落实大气应急管控工作；完成全市4蒸吨以上天然气锅炉低氮改造、兴联热电超低排放改造、大亚人造板4台导热油炉改天然气和主旋风废气治理设施技改等重点治气工程；全面强化VOCs重点企业集群管控，丹北45家和界牌36家企业完成“一企一策”编制。扎实推进土壤治理，614家重点行业企业用地土壤污染基础信息调查及质控工作全部完成；14家关闭企业地块、4家在产企业地块土壤和地下水样品检测工作顺利进行；光大公司日处理1000吨生活垃圾80吨餐厨垃圾的焚烧发电项目、博耐特一般工业污泥综合利用技改项目正式投入运行，弘成公司每年2.4万吨危废焚烧处置扩建项目进入点火调试阶段，全市提升固废处置能力大幅提升。保持环境执法高压态势，责令整改企业112家，查封企业24家，下达环境违法行为处罚告知书129份。（姜　豪）

【农村人居环境整治】　2020年，丹阳市通过制定规章、会议推进、攻坚整治、长效管护等措施，持续开展农村环境整治，全市人居环境有了明显改善，取得阶段性成效。2020年4月24日，丹阳市委书记黄春年主持召开市委常委会扩大会议，讨论《中共丹阳市委农村工作领导小组工作规则》《中共丹阳市委农村工作领导小组成员单位职责》《关于抓好“三农”领域重点工作确保高水平全面建成小康社会的意见》，听取全市农村人居环境整治工作情况的汇报，强调围绕时间节点强势推进，立足长效持续深化，转变思路主动转型，通过党员干部带头、群众积极参与等办法，强化资金、组织、制度保障，迅速掀起农村人居环境整治工作“春季攻势”。8月1日，市委常委会扩大会议再次听取农村人居环境整治工作情况汇报，强调在长效管护上持续发力，持续提升基层治理能力水平，建立健全长效管护机制，确保完成农村人居环境整治目标任务，提升农村人居环境。“五一”期间，丹阳市领导还分组带队深入各镇，专题调研农村人居环境整治和安全生产工作。（姜　豪）

•乡村振兴•

【概况】　2020年，丹阳市全面加强党对“三农”工作的领导，大力实施乡村振兴战略，坚持农业农村优先发展，各项工作扎实推进，成效显著。制定出台《中共丹阳市委农村工作领导小组工作规则》，明确例会、请示报告、通报、督查和考核等五项工作机制。建立成员单位联络员制，定期组织召开联络员会议研究协调相关工作。制定《市委农村工作领导小组成员单位职责分工》，构建职责清晰、分工明确、合力推进的工作格局。实施党建引领乡村振兴专项行动，建立农业农村重点工作“三个一”推进机制。围绕农村人居环境整治、脱贫攻坚、“三治理一挂牌”、“万企联万村”等重点任务，坚持每月召开市委督查调度会、政府专题推进会和每季度市主要领导召开交流汇报会。科学编制《丹阳市乡村振兴战略实施规划》（2019—2022 年），明确目标任务，细化实化政策措施。在脱贫攻坚、稳产增效、农民增收、民生福祉改善、乡村治理提升等方面取得新的进展。（王　庭）

【党建引领乡村振兴专项行动推进会】 2020 年 6 月 10 日，丹阳市召开农村工作领导小组会议暨党建引领乡村振兴专项行动推进会，研究“三农”重点工作，推动农村人居环境长效管护。市委书记黄春年强调，向资源整合要效益、向制度建设要成果、向综合改革要动力、向机制创新要出路，全力推动农村与城市同步“跑起来”，为夺取“双胜利”、实现高水平全面小康做出新的更大贡献。他指出，2020 年是农村人居环境整治三年行动计划的最后一年，要在巩固成效、建章立制上下狠功夫，通过持续加压、主动作为、创新举措等方式，实现环境整治长管长效，特别在农村公共空间治理上，要持续开展落后产能清理整治、积极探索“三块地”改革政策、着力凸显中心集镇虹吸效应，释放农村发展活力潜力，让群众享受到实实在在的幸福感、获得感。（马雨秋）

【黄春年调研乡村振兴工作】 2020 年 10 月 20 日，丹阳市委书记黄春年带队专题调研乡村振兴工作，考察乡村产业项目、农业农村重大基础设施建设项目、重要农产品企业，了解农村人居环境整治、村庄环境长效管理、特色田园乡村打造、乡村公共空间治理等工作推进情况。调研中，黄春年强调，要立足实际，坚持规划引领，探索乡村振兴的丹阳路径。

在开发区建山村黄连山自然村，黄春年察看村容村貌，听村史村情介绍。2013 年，黄连山村列入江苏省村庄规划建设“示范村”计划，先后投入建设资金 680 多万元，完成村庄出入口景观、道路建设、墙面出新、绿化等工程，村庄面貌焕然一新。黄春年建议进一步优化道路沿线的绿化设置，做好登山步道规划，保护好山体自然资源。

在开发区绿岸高效循环农业项目现场，黄春年要求企业严把项目规划、建设关，高标准加以推进，确保工程质量。同时，要有效控制污染，做好废气处理工作，保护生态环境。

黄春年还察看访仙镇红光村鸾集翔自然村施工现场，听取特色田园乡村建设的情况介绍；察看吕城镇公共空间治理大运河点位，了解吕城镇在乡村公共空间试点工作上的经验和做法；实地调研开发区肯帝亚黑科技新材料项目和丹北镇生活垃圾焚烧发电与餐厨垃圾协同处置项目。（王　庭）

【实行“乡村振兴领航员”工作机制】 在实施乡村振兴战略中，丹阳市大胆创新，探索“乡村振兴领航员”工作机制。从 2019 年开始，丹阳市牢牢把握乡村振兴的总目标，以人才振兴为引领，积极探索制度创新，先期选派一批干部到村担任“乡村振兴领航员”。一年来的实践中，各“领航员”充分发挥专业特长、创业热情以及资源整合等方面的优势，干出了组织认可、基层需要、群众点赞的扎实业绩。2020 年，丹阳市出台《关于聘任优秀退出领导岗位党员干部赴村担任“乡村振兴领航员”的实施办法》，在 77 名“村第一书记”、10 名“乡村振兴领航员”的基础上，继续选派 66 名“领航员”，实现全市 145 个行政村、8 个涉农社区全覆盖，为全面推动乡村振兴注入更大动力。

推动乡村振兴是一项系统性工程，“领航员”发扬敢闯敢试、敢为人先的精神，务实抓实、苦干实干；市镇村三级强化联动配合，凝聚领航乡村振兴的强大合力；组织部门当好

"贴心人"，履行好直接管理责任；派出单位当好"娘家人"，履行好跟踪管理责任；镇村两级当好"当家人"，履行好管理配合责任，凝聚乡村振兴的更大推力。（王　庭）

年度荣誉

【丹阳获"国家电子商务进农村综合示范县"】 2020年7月10日，商务部公布第一批"国家电子商务进农村综合示范县"名单，丹阳市成功入选示范县行列。丹阳市将电子商务产业定位为区域经济转型跨越的"蓝光产业"，并出台一系列文件，成立电子商务产业发展领导小组和电子商务进农村工作领导小组，以示范创建为抓手，结合乡村振兴和农村扶贫，推进电子商务进农村，推动电子商务发展，促进农村脱贫和农民增收。全市有省级电商示范镇3个、省级电商示范村7个、国家级电商示范企业1个、省级电商示范企业4个、省级电商示范基地1个、省农村电商十强镇1个、省乡镇电商特色产业园（街）区3个。（史志办）

【丹阳通过国家卫生城市复审】 2020年8月14日，全国爱国卫生运动委员会公布，丹阳市通过复审，被重新确认为国家卫生城市，司徒镇被重新确认为国家卫生乡镇。依据《全国爱卫会关于2019年国家卫生城市（区）和国家卫生乡镇（县城）复审结果的通报》，全国爱卫办根据《国家卫生城市评审与管理办法》和《全国爱卫会关于做好下放国家卫生乡镇（县城）评审工作的指导意见（试行）》的有关规定，组织专家对2019年进入复审程序的国家卫生城市（区）进行评审，对各地上报的国家卫生乡镇（县城）复审结果进行抽查。按照暗访和评审结果，重新确认包括丹阳市在内的50个城市（区）为国家卫生城市（区），重新确认包括丹阳市司徒镇在内的971个乡镇（县城）为国家卫生乡镇（县城）。通报指出，包括丹阳市在内的10个城市（区）在巩固国家卫生城市工作方面成效显著，在复审中成绩突出，予以通报表扬。丹阳市于2008年获国家卫生城市称号，在此后的2013年和2016年，两次通过国家复审。丹阳市聚焦群众关心关切，大力整治不文明行为，着力打造有文明社会秩序的城市，通过文明劝导、批评教育、媒体曝光等手段集中整治非机动车、行人闯红灯等不文明行为，市区交通秩序不断改善。全市机关干部职工分批次在城区各主要路口轮值当志愿者，维持道路干净整洁；慈善组织和爱心人士不计酬劳，积极帮助果农寻找销售出路；各级党员干部、志愿者下沉基层，以"新时代文明实践中心（所、站）"建设为抓手，发挥所长，当好群众的热心人、暖心人、贴心人，完善志愿服务机制，文明之花遍地绽放，不断提升群众的获得感、幸福感。（史志办）

【丹阳上榜"中国工业百强县"榜单】 2020年11月13日，由中国信息通信研究院主办的中国县域工业经济发展论坛公布《中国工业百强县（市）、百强区发展报告》揭晓2020年中国工业百强县（市）榜单。丹阳位列全国第19位，江苏第7名。（史志办）

【丹北镇上榜"2019中国百强镇"】 2020年9月8日，《中国乡镇综合竞争力报告（2019）》发布2019中国百强乡镇名单，丹阳市丹北镇跻身全国百强。报告由竞争力智库、中国信息协会信息化发展研究院和北京中新城市规划设计研究院等机构8日在京联合发布。丹北镇是全国重点镇、全国文明镇，也是丹阳市发展的"三大板块"之一。区位优势明显、产业特色鲜明，有"汽车零部件之乡""五金工具之乡""新型机械之乡"三个特色产业之乡的美称，是全球最大的高速工具钢和工具麻花钻生产基地，亚洲最大的农特机械、园林机械生产基地，全国汽车零部件生产基地。全镇有各类企业近 3000 家，上市企业 5 家，规模以上企业 143 家，个体工商户 6800 余家。2019 年，全年纳税达亿元以上企业 3 家、超 5000 万元企业 6 家、超 1000 万元企业 16 家。（史志办）

【6 家企业上榜江苏民营企业 200 强榜单】 2020 年 9 月 21 日，江苏民营企业百强发布会在南京举行，丹阳市天工集团有限公司、沃得机电集团有限公司、大亚科技集团有限公司、飞达控股集团有限公司、龙江钢铁有限公司、肯帝亚集团有限公司 6 家企业入围 2020 江苏民营企业 200 强，分别列榜单第 41 位、50 位、92 位、148 位、164 位、168 位。天工集团有限公司、沃得机电集团有限公司、飞达控股集团有限公司入围 2020 江苏民营企业制造业 100 强。此次江苏最新民营企业百强名单由省工商联发布，本次榜单范围从百强扩大到 200 强，入围门槛超过 42 亿元。从营收情况看，全省有 11 家企业营业收入突破千亿元，比上年增加 1 家。在纳税就业方面，纳税额超过 10 亿元的企业 40 家，员工人数超过 1 万人的企业 65 家。（史志办）

【赵俊霞获全国抗击新冠肺炎疫情先进个人】 2020 年 9 月 8 日，全国抗疫表彰大会在北京人民大会堂举行。丹阳市延陵镇卫生院护士长赵俊霞作为受表彰对象到北京参会，被党中央、国务院、中央军委授予“全国抗击新冠肺炎疫情先进个人”。赵俊霞表示，作为一名基层医务工作者，在做好常态化疫情防控的同时，将不断提升业务技能，丰富临床经验，大力弘扬战疫中展现的“中国精神、中国力量、中国担当”。2 月 4 日，在延陵镇卫生院召开的进驻丹阳市新冠肺炎密切接触者隔离点的院委扩大会议上，赵俊霞率先报名，主动请缨上一线。之后的 3 个月，赵俊霞在医学隔离观察点接收观察人员 106 人。其间，赵俊霞未曾休息一天，每天工作 12 小时以上，她秉承崇尚的医者仁心和无私奉献的家国情怀，默默守护着全市人民群众的生命安全。（史志办）

【11 名援鄂医务工作者获“丹阳市五一劳动奖章”】 为表彰先进，弘扬抗疫精神，丹阳市总工会决定授予徐树平、孙科、李鑫、蒋亚根、张小辉、谭寅巍、张菲菲、赵娟、庄珍、虞海燕、冷惠阳 11 名援鄂医务工作者“丹阳市五一劳动奖章”荣誉。2020 年 9 月 30 日，市总工会上门慰问奖章获得者，送上奖章、证书和慰问金，并致以节日的问候。全市 11 名“白衣战士”义无反顾驰援湖北，圆满完成各项救援救治护理任务，为全国抗疫斗争做出重要贡献，为丹阳赢得荣誉，是全市职工的楷模。市总工会倡议，全市职工要以他们为榜样，立足岗位、奋发进取，为全市发展跑出“加速度”贡献智慧力量。（史志办）

【汤龙保获全国“敬老爱老助老模范人物”称号】 2020 年 12 月，国家卫生健康委、全国老龄办联合发布《关于表彰 2020 年全国“敬老文明号”和全国“敬老爱老助老模范人物”的决定》，决定授予 1287 个集体全国“敬老文明号”称号，授予 1977 人全国“敬老爱老助老模范人物”称号。镇江万新光学集团汤龙保获全国“敬老爱老助老模范人物”称号。镇江万新光学集团董事长汤龙保多年来一直不忘家乡发展，不忘社会的支持，积极与司徒镇谭巷村党委开展结对共建，一次性捐资 50 万元为谭巷村改建大会堂，改善老年人娱乐活动场所。2017 年，捐资 80 余万元，重建大坟村老年活动中心，解决村民红白喜事场所问题；举办“红色之旅”视光万里行活动，为当地老年人与贫困学生捐赠价值 200 万元的眼镜产品；常态化开展党员志愿服务，在汶川地震、玉树地震、盐城阜宁龙卷风等重大自然灾害时，汤龙保带领党员志愿者服务队远赴重灾区，为灾区的师生免费验光配镜万余副，累计发动党员职工捐款 100 余万元。（史志办）

【徐升贵获全国先进个体工商户】 2020年，丹阳眼镜城商户徐升贵获全国先进个体工商户荣誉。徐升贵出生于浙江台州，1989年到丹阳眼镜市场，从摆摊卖眼镜开始，逐步创立上海驰豪光学有限公司、丹阳市驰豪眼镜销售部，业务不断发展壮大。30多年来，徐升贵秉承“诚信质量服务，铸造品牌之店”的经营理念，赢得众多客户的信赖。徐升贵与韩国Aps公司合作，成为国内第一家生产无框切边眼镜的企业，注册的驰豪、圣路易斯眼镜架商标获“中国消费者放心产品荣誉品牌”称号，肖邦品牌获“中国眼镜年度上榜品牌”，驰豪眼镜也成为“最具成长性镜架民族品牌”。 （罗 玲）

【王良弼获“全国关心下一代工作先进个人”】 2020年11月，纪念中国关心下一代工作委员会成立30周年暨全国关心下一代工作表彰大会在北京召开，中国关工委、中央文明办联合表彰593个先进集体和1907名先进个人，丹阳市“五老”代表王良弼被授予“全国关心下一代工作先进工作者”称号。97岁的王良弼是教育工作者，离休后继续从事关心下一代工作，带头组建毛家社区校外教育辅导站，义务辅导学生。30年来，辅导站共无偿服务学生2000多人，并带动周边离退休教师80多人，不定期开展教育书画展、假期校外辅导、社区宣传等活动，先后获教育部、镇江市、丹阳市关心下一代工作相关荣誉。 （史志办）

【汪待发获评“镇江市十大杰出青年”】 由共青团镇江市委员会、镇江市青年联合会联合主办的第十三届“镇江市十大杰出青年”评选活动结果2020年4月揭晓，10名在本职岗位和服务社会中取得突出成绩的优秀青年代表获第十三届“镇江市十大杰出青年”称号，丹阳市汪待发成功入选。汪待发是丹阳慧创医疗设备有限公司董事长、北京航空航天大学长聘副教授。他曾主持国家自然科学基金2项，参与国家自然科学基金两岸合作、国家科技支撑计划、国家重点研发计划、“863”计划多项，曾获江苏省“双创计划”人才、镇江市“金山英才计划”、丹阳市“丹凤朝阳”人才、北京航空航天大学青年拔尖人才等荣誉。汪待发经过十余年的科研攻关，研究开发近红外脑功能成像创新方法和技术，在清华大学、北京宣武医院、上海华山医院、上海新华医院、香港理工大学等60余家单位示范应用，并得到一致好评。汪待发以课题负责人、子课题负责人的身份，承担国家重点研发计划2项、国家重大科研仪器研制项目1项、国家自然科学基金面上项目等课题，发表20余篇SCI论文，申请/授权国家发明专利10余项。 （史志办）

【7人入选镇江市有突出贡献中青年专家名单】 2020年9月22日，镇江市政府发文公布2020年镇江市40名有突出贡献中青年专家名单，丹阳市有恒神股份有限公司王怡敏、市实验学校许明、大亚人造板集团有限公司陈秀兰、赵氏二胡有限公司赵军、诺得物流股份有限公司赵惠丹、市人民医院徐树平、江苏丹毛纺织股份有限公司符爱芬7人入选，入选人数创历年新高。镇江市有突出贡献中青年专家每两年选拔一次，评选以近3年来取得的专业技术业绩、成果和贡献为主要依据，采用自下而上、逐级推荐、公证评审的办法，重点选拔镇江市范围内在一线工作岗位上取得突出业绩的专业技术人才、高技能人才和乡土人才。（史志办）

【2人获“镇江市年度十佳农民”】 2020年11月19日，在2020年度镇江市“十佳”农民评选活动中，丹阳市茅建俊、吴霖刚两位参选者获评。茅建俊、吴霖刚两位参评者以创新实干、“三带”引领的精神和执着信念，报效家乡的情怀得到专家和大众评委的认可，获评镇江市2020年度“十佳”农民，将获得镇江市财政、科技、人社等部门的重点扶持。

（史志办）

大事记

栏目编辑 余 婷

1 月

1 日，丹阳市举行仪式欢迎参加由中宣部、文化和旅游部主办的 2020 年新年戏曲晚会的丹剧团演员返回。

3 日，中国人民政治协商会议丹阳市第十五届委员会第四次会议开幕。会议总结市政协第十五届委员会三次会议以来的工作，研究部署 2020 年政协主要工作任务。

△镇江军分区副司令员张惠峰率工作组一行到丹阳，对党管武装工作进行现场考核。

4 日，丹阳市第十七届人民代表大会第四次会议第一次全体会议召开。丹阳市市长黄万荣代表市人民政府向大会作工作报告。

6 日，丹阳市第十七届人大四次会议闭幕。大会表决通过《关于丹阳市人民政府工作报告的决议》《关于丹阳市 2019 年国民经济和社会发展计划执行情况及 2020 年国民经济和社会发展计划的决议》《丹阳市人大常委会工作报告》《丹阳市人民法院工作报告》《丹阳市人民检察院工作报告》。

7 日，122 省道丹阳拓宽改造段实现试通车。道路采用一级公路双向四车道标准，道路宽 26 米，项目总投资 4 亿元。

△丹阳市召开森林防灭火工作暨专项整治行动部署会，总结 2018—2019 年度森林防灭火工作情况，部署落实 2020 年春季森林防灭火工作。

9 日，共青团丹阳市委召开十八届三次全委（扩大）会议，总结 2019 年工作，部署 2020 年任务。

10 日，江苏省文化和旅游厅第十一督导组对丹阳市文化和旅游领域进行安全检查。

△丹阳市消防救援大队举行挂牌仪式，标志消防救援队伍建设走向正规化、专业化、职业化。

16 日，丹阳市第 20 家银行业金融机构——紫金农商银行丹阳市支行正式开业。

是月，丹阳市 35 个村庄建成市级美丽宜居村庄。

是月，丹阳市恒宝股份有限公司、鱼跃医疗设备股份有限公司、诺得物流有限公司 3 家企业入选江苏省先进制造业和现代服务业深度融合试点名单。

是月，丹阳市完成苏南首笔农村产权线上交易项目，成为全省首笔在镇级产权交易服务中心完成线上交易的项目。

2 月

2 日，江苏省副省长马秋林带领省工信厅、省政府办公厅等人员到鱼跃医疗设备股份有限公司，调研企业疫情防控物资生产及组织情况。

△丹阳市召开新型冠状病毒疫情防控工作会议，对前阶段工作进行总结，分析研判当前疫情防控形势，并对下阶段防控工作进行部署。

△丹阳市3名重症医学科护士加入江苏省第三批支援湖北医疗队。

4日，由江苏省劳模、鱼跃集团董事长吴光明捐赠的100台医用制氧机、10台医用呼吸机送往湖北武汉抗疫一线。

11日，丹阳市委书记黄春年带队走访慰问丹阳市银行业金融机构，实地调研各银行疫情防控、复工复产和支持本地企业发展等情况。

13日，镇江市委副书记、组织部部长李健走访调研丹阳市部分龙头企业疫情防控与复工复产情况，指导企业筑牢疫情防控防线，稳步有序推进复工复产。

15日，丹阳市委书记黄春年主持召开市委常委会扩大会议，学习中央及省市各级领导关于疫情防控的指示批示和讲话精神，研究部署新冠肺炎疫情防控。

△江苏省安全生产第十一督导组副组长陈玉峰带队到丹阳，检查安全生产工作。

26日，江苏副省长赵世勇到丹阳，调研农业疫情防控、稳产保供和水利建设工作。

△丹阳市市长黄万荣主持召开市政府第四十四次常务会议，听取新冠肺炎疫情防控工作、安全生产督导迎检工作、2020年人大建议和政协提案等情况汇报。

3 月

1日，丹阳市人力资源和社会保障局举办2020年“春风行动”手机直播招聘会丹北镇专场。

2日，江苏省安全生产第十一督导组到丹阳，开展为期3天督导工作。

3日，江苏省委常委、省委统战部部长杨岳调研丹阳市部分民营企业和台资企业复工复产工作。

4日，镇江市政协主席李国忠带队到丹阳，走访调研企业复工复产工作。

5日，丹阳市卫生健康委员会和市融媒体中心面向社会公开征集对《丹阳市民卫生10条》的意见。

10日，丹阳市政府召开党组学习会，学习习近平总书记关于意识形态工作和安全生产工作重要论述。

16日，丹阳市召开专题会议，听取“高水平小康丹阳在行动”活动筹备情况以及市委办公室挂钩联系村组工作实施情况。

17日，丹阳市召开专题会议，向江苏省安全生产督导组第二组汇报化工行业专项整治工作情况以及危化物品后续处置情况。

19日，融创中国执行董事、执行总裁兼上海区域集团总裁田强一行到丹阳调研，并就合作事宜与高新区进行交流对接。

23日，丹阳市召开2020年市级政府投资项目暨廉洁工程建设推进会，动员全市上下抓好疫情防控各项工作，加快政府投资项目建设。

30日，云阳大桥主体的系杆和拱肋部分正式开始拆除。

△江苏省食品安全委员会召开全体（扩大）电视电话会议，丹阳市成为第四批省级食品安全示范城市。

是月，国家市场监管总局发布公告，全国汽车标准化技术委员会仪表分技术委员会落户丹阳。

是月，国家林业和草原局发布第二批国家

森林乡村名单，丹北镇西丰村和访仙镇草塘村入选。

是月，丹阳市花王生态工程股份有限公司商标被国家知识产权局认定为“中国驰名商标”。

4　月

1 日，丹阳市召开扫黑除恶专项斗争工作会议，总结全市扫黑除恶专项斗争情况，研究部署 2020 年专项斗争工作。

2 日，丹阳市委市政府召开会议，对优秀纳税企业进行表彰并宣读《关于表彰 2019 年度全市优秀纳税企业的决定》。

△鱼跃集团收到国务院应对新冠肺炎疫情联防联控机制（医疗物资保障组）感谢信。

3 日，丹阳市召开高质量发展考核总结暨效能革命年动员大会，鼓舞全市党员干部以先进为榜样，坚决打赢高水平全面建成小康社会决胜仗。

8 日，丹阳市召开精神文明建设工作推进会，总结 2019 年工作，明确 2020 年工作任务。

9 日，丹阳市召开全市农村工作暨农村人居环境整治现场观摩推进会。

10 日，丹阳市召开安全生产暨消防安全工作会议，确保安全生产形势持续平稳向好。

12 日，丹阳市第一批援鄂医护人员完成救治任务返回，丹阳市举行简短而隆重欢迎仪式。

△江苏省民政厅副厅长王小华一行到丹阳，调研殡葬整治工作。

14 日，中国化学建设投资集团公司副总经理吴新荣带队到丹阳，参观考察文旅产业，并就有关文旅项目投资进行对接。

16 日，丹阳市举办“助力发展共赢未来”金融支持高质量发展对接会，镇江市委书记马明龙出席会议并讲话。

17 日，镇江市委副书记、组织部部长李健一行到丹阳，开展实地调研，就农村脱贫攻坚和村庄人居环境整治工作召开座谈会。

20 日，丹阳市首单农村土地流转履约保证保险在高新区天元村落地，标志丹阳市成功引入土地流转风险管理。

23 日，开发区举行“诚信携手，融合共赢”政银企对接会暨金融街揭幕仪式。

是月，《丹阳工商业与工商界名人》发行。

是月，丹阳市政府发布《关于公布 2020 年度丹阳市政府重大行政决策事项目录的通知》，编制《丹阳市国土空间总体规划（2020—2035）》、丹阳市商业网点布局规划、丹阳市殡葬设施布局规划。

5　月

6 日，丹阳市人居环境整治工作推进会召开，围绕全面完成所有自然村整治行动进行再部署。

8 日，江苏省人大常委会副主任陈震宁、副省长马秋林带领省直单位全国人大代表团到丹阳，开展集中视察活动。

11 日，国务院安全生产专项整治第二督导组对丹阳进行督导，丹阳市市长黄万荣作安全生产专项整治工作情况汇报。

13 日，江苏省政协主席黄莉新带队到丹阳，专题调研疾控中心、鱼跃医疗设备股份有限公司和云阳集团药业有限公司。

19 日，丹阳市举行简短仪式，欢送全国人大代表、天工国际董事局主席朱小坤参加第十三届全国人大三次会议。

20 日，丹阳市举办“高水平小康·丹阳在行动”动员会暨“万善丹阳”APP 启动仪式，打造共建共治共享的社会治理格局。

22 日，日本驻上海总领事馆经济领事和仁一紘一行到丹阳，对丹阳市开发区日产园管理模式和丹阳市营商环境进行实地考察。

24 日，丹阳市委书记黄春年专题听取小散乱污综合整治执法法律保障情况汇报，对小散乱污整治中存在问题进行梳理。

△江苏标龙（丹阳）智能制造产业园与陵口镇政府举行签约仪式。

28 日，江苏（丹阳）万洋众创城在丹北镇举行开工仪式，项目投资近 30 亿元，总体规划用地 465 亩，预计引进超 200 家中小企业，提供 5000 个就业岗位。

是月，新孟河延伸拓浚工程重要环节界牌水利枢纽工程主体完工。

是月，“2020 年中国钢铁行业品牌榜”发布，天工国际有限公司获“2020 年中国优特钢市场优秀品牌”，品牌影响力位居第一位。

是月，江苏省第十九届“陆羽杯”名特茶评比活动，丹阳市建林茶场选送的镇江金山翠芽获特等奖。

6 月

3 日，中国建筑装饰集团有限公司与丹阳市签订战略合作框架协议，明确双方开展战略合作。

12 日，丹阳市委书记黄春年专题听取“质态提升年”“效能革命年”“制度优化年”落实推进情况。

△江苏省安全生产专项整治第十一督导组组长、省交通运输厅原党组书记刘广忠带队到丹阳，督导安全生产工作。

15 日，丹阳市农村基层党组织暨村组干部队伍建设座谈会召开。

18 日，镇江市人大代表到丹阳，专题视察“蓝天碧水净土”工程。

22 日，丹阳市新冠肺炎疫情防控工作指挥部全体会议召开，听取疫情防控各工作组情况汇报，分析研判当前形势，安排部署当前形势下持续抓好常态化疫情防控各项工作。

24 日，日本驻沪总领馆副总领事福田高幹带队到丹阳，了解日资企业复工复产情况。

26 日，江苏标龙（丹阳）智能制造产业园在陵口镇举行开工奠基仪式。

是月，丹阳市两个省级标准化试点项目通过江苏省市场监督管理局组织的专家组评估验收。分别是江苏奇一科技有限公司承担的高性能热塑复合材料制备高新技术自主创新标准化试点和江苏堂皇集团承担的家纺行业客户服务标准化试点。

是月，江苏美境投资有限公司高性能铝合金构件生产线项目正式签约落户丹阳市开发区。

7 月

9 日，江苏省委书记娄勤俭在省水利厅与新孟河界牌枢纽工程进行现场连线上听取工程建设情况汇报。

△丹阳市第五届临书展在丹阳市新时代文明实践中心开幕。

10 日，镇江市人大常委会副主任陈琳一行到丹阳检查“一法一条例”（《中华人民共和国安全生产法》和《江苏省安全生产条例》）落实情况。

11 日，2020 年丹阳市名特优农产品展示展销会暨第二届“杏虎仙桃”采摘节在司徒镇杏虎村举行。

13 日，镇江市委书记马明龙到丹阳宣讲安全生产。

15 日，丹阳农商银行“善农行动”启动仪式暨新零售平台上线发布会在吕城镇中心村举行。

16 日，丹阳市委书记黄春年带队到访仙镇和丹北镇，专题调研农村人居环境、二级沟整治、农村污水管网建设情况及区域环境综合整治工作。

18 日，丹阳市高新区实验小学、幼儿园开工奠基。

20 日，镇江市副市长、公安局局长王文生带队到丹阳，调研指导防汛工作。

21 日，丹阳市开发区与金宇生物技术股份有限公司、国药集团融资租赁有限公司共同签订金宇（丹阳）生物医药基地三方合作协议。

△由丹阳市人力资源和社会保障局主办、江苏省丹阳中等专业学校承办的 2020 年丹阳市电工职业技能竞赛在丹阳举行。

22 日，丹阳市委书记黄春年带队到深圳市、佛山市、东莞市等地开展考察招商活动。

23 日，丹阳市图南合金股份有限公司在深圳证券交易所创业板上市。

25 日，丹阳市召开文物保护暨申遗工作动员会，推进丹阳南朝帝陵和石刻文化申遗工作。

27 日，丹阳市举行第二届“最美退役军人”发布仪式，对评选出的 10 名优秀退役军人进行集中表彰。

30 日，丹阳市举行“万企联万村共走振兴路”行动推进会暨首批企村联建签约活动。

是月，丹阳市入选商务部公布的第一批“国家电子商务进农村综合示范县”名单。

是月，国家知识产权局公布第二十一届中国专利奖获奖名单，丹祈纺织有限公司“玉米生物基纤维皮感休闲面料的制备方法”、江苏乐能电池股份有限公司“一种铝箔预涂纳米导电碳底涂液的配置及其涂敷的方法”、大亚科技股份有限公司“一种超低甲醛释放量刨花板的制备工艺”获中国专利奖优秀奖。

8 月

4 日，丹阳市委书记黄春年主持召开丹阳市委全面依法治市委员会第二次会议，总结分析丹阳市法治建设工作，研究部署下一阶段任务。

5 日，丹阳市委召开十三届九次全会，以习近平新时代中国特色社会主义思想为指导，学习贯彻党的十九大、十九届二中、三中、四中全会和省委、镇江市委全会精神。

7 日，丹阳市召开农村人居环境整治工作推进会。

△镇江市人大常委会常务副主任裔玉乾到丹阳，调研人大工作。

△丹阳市青年商会召开第三次会员大会，选举产生第三届理事会。

10 日，丹阳市召开江苏省第十二、十三批“科技镇长团”丹阳团轮换工作会议。

△丹阳市召开第七次全国人口普查动员会议，对人口普查各项准备工作进行动员部署。

14 日，全国爱国卫生运动委员会公布，丹阳市被重新确认为国家卫生城市，司徒镇被重新确认为国家卫生乡镇。

19 日，江苏省政协副主席周继业一行到丹阳，围绕“化工行业安全生产专项整治落实情况”开展专题民主监督。

△丹阳市召开安委会全体成员扩大会议，贯彻落实国家、省、市安全生产会议精神，推动安全生产专项整治工作。

21 日，江苏省住房和城乡建设厅二级巡视员杨洪海带队的验收组一行到丹阳调研，并召开镇江市特色田园乡村省级验收座谈会。

△由江苏省侨联主办，镇江和丹阳市侨联承办的“追梦中华·好暖江苏”侨界人士“看镇江、进丹阳”活动在丹阳举行。

25 日，中凯路演学院丹阳高新区路演中心揭牌仪式暨首届项目资本对接会在丹阳市高新技术创新园举行。

26 日，中国人民银行南京分行党委书记、行长郭新明一行到丹阳，开展“金融支持再发力助企纾困谱新篇”党委理论学习联学会。

27 日，丹阳市十七届人大常委会第二十五次会议召开，听取 2020 年上半年政情通报，通过有关人事任免事项，表决相关工作报告。

28 日，民进江苏省委专职副主委、民进安全生产专项民主监督领导小组副组长朱毅民一行到丹阳，开展安全生产专项民主监督工作调研活动。

9 月

2 日，丹阳市委召开 2020 年市政协重点提案督办会，制定《支持民营企业改革发展的若干意见》。

8 日，延陵镇卫生院赵俊霞被党中央、国务院、中央军委授予“全国抗击新冠肺炎疫情先进个人”。

△《中国乡镇综合竞争力报告 2019》发布 2019 年中国百强乡镇名单，丹阳市丹北镇跻身全国百强。

16 日，工信部中小企业局副局长叶定达带队到丹阳，开展汽车零部件行业中小企业调研，并与丹阳市相关重点企业进行座谈。

21 日，江苏省政协副主席姚晓东带队到丹阳，调研指导“有事好商量”协商议事室建设情况。

22 日，镇江市委书记马明龙率领相关部门负责人到丹阳调研，强调各地各相关部门要进一步优化营商环境。

27 日，丹阳市江苏天工工具有限公司获 2020 年江苏省省长质量奖，成为镇江市唯一获此奖项企业。

28 日，镇江市委统战部组织各民主党派、工商联和无党派人士到丹阳，就“建言‘十四五’共谋新发展”专题开展联合考察调研。

△中国移动与常诚车业江苏有限公司 5G 智造项目启动，双方共同打造国内首个汽车零部件、汽车饰件、灯具领域行业级工业互联网平台。

29 日，2020 年延陵镇季子文化旅游节开幕。

△镇江市人大调研组到丹阳，考察省级现代农业产业园建设情况。

30 日，丹阳市举行烈士纪念日公祭活动。

是月，丹阳市恒神股份有限公司王怡敏等 7 人入选 2020 年镇江市有突出贡献中青年专家名单。

是月，丹阳市天工集团有限公司、沃得机电集团有限公司、大亚科技集团有限公司、飞达控股集团有限公司、龙江钢铁有限公司、肯帝亚集团有限公司 6 家企业入围 2020 江苏民营企业 200 强。

是月，《丹阳谱牒诗词选粹》首发式暨志愿活动在丹阳市新时代文明实践中心举行。

10 月

6 日，2020 丹阳农民丰收节、第四届“南翔”火龙果节、第七届“世外源”帐篷旅游文化节、“十三五”农业人才创新创业成果暨农副产品展销会在皇塘镇南翔生态园举行。

10 日，丹阳市市委全面深化改革委员会第六次会议召开，通报 2020 年改革任务推进情况和镇江市考核事项推进情况，听取相关改革任务推进情况，审议相关文件。

15 日，丹阳市召开“10・17”全国扶贫日活动暨决战脱贫攻坚决胜全面小康推进会。

16 日，马来西亚驻沪总领事馆总领事丘世豪带领相关领事及部分马来西亚企业负责人到丹阳参观访问。

20 日，丹阳市委书记黄春年带队专题调研乡村振兴工作。

21 日，丹阳市委书记黄春年率党政代表团到浙江省桐庐县、萧山区以及江苏省溧阳市三地开展考察学习。

△江苏省政府教育督导委员会派驻专家组到丹阳，就丹阳市政府 2019 年度履行教育职责情况、2020 年相关重点工作推进落实情况等进行实地督导考评。

28 日，上交所资本市场服务镇江基地落户丹阳。

29 日，丹阳市政府分别与人保财险江苏分公司、平安保险江苏分公司、邦邦汽服、金融壹账通签订战略合作协议。

30 日，丹阳市召开“双招双引”暨园区产才融合工作推进会。

31 日，镇江市召开乡村振兴暨“万企联万村共走振兴路”行动现场观摩推进会。

是月，全国汽车标准化技术委员会第四届仪表分技术委员会（SAC/TC114/SC8）秘书处在江苏新通达电子科技股份有限公司成立。

11 月

3 日，丹阳市收听收看全国疫情防控工作电视电话会议。

6 日，2020 第二届镇江国际工业装备博览会在丹阳市开幕，300 多家国内外制造企业参加展览。

7 日，2020 年丹阳市暨丹北镇全民终身学习活动周启动仪式在丹北镇飞达村举行。

9 日，中国农科院农业资源与农业区划研究所专家组一行到丹阳，就国家长江中下游农业综合实验站项目进行交流座谈。

12 日，镇江市委副书记、市长徐曙海到党支部工作联系点延陵镇东皇村开展走访调研。

13 日，中国信息通信研究院主办的中国县域工业经济发展论坛公布《中国工业百强县（市）、百强区发展报告》，丹阳市位列全国第 19 位、江苏省第 7 名。

16 日，丹阳市举办功能树脂材料高价值专利培育项目启动仪式。

17 日，2020 年丹阳市优秀美术作品展在丹阳市新时代文明实践文化基地开幕。

18 日，镇江市委书记马明龙到丹阳，专题宣讲党的十九届五中全会精神。

△镇江市委副书记、统战部部长巩海滨带领相关证券公司负责人和证券行业专家到鱼跃集团调研。

20 日，江苏省首条新建绿色低碳示范高速公路——泰镇高速公路镇江新区至丹阳段，顺利通过竣工验收，标志镇丹高速项目工程圆满结束。

25 日，江苏省委宣讲团成员、省民政厅党组书记、厅长吕德明到丹阳，宣讲党的十九届五中全会精神。

△“创翼丹阳智胜未来”2020 年丹阳市第五届青年创业大赛暨丹阳市人社局与南京师范大学中北学院战略启动仪式举行。

27 日，由中国化学纤维工业协会、江苏省生产力促进中心及丹阳市人民政府共同主办的中国丹阳碳纤维及复合材料产业链创新发展论坛暨 2020 年中国化学纤维工业协会碳纤维分会年会在丹阳市举行。

30 日，丹阳市投资拍摄电影《彩云深处》获中国国际儿童电影展大奖。

是月，丹阳市 53 家企业 257 名人员报名参加第三届中国国际进口博览会。

是月，中央文明办公布第六届全国文明城

市入选城市名单和复查确认保留荣誉称号的前五届全国文明城市名单，丹阳市进榜。

是月，江苏省市场监督管理局官网发布《关于2020年度省级诚信计量示范单位认定结果的公示》，丹阳市8家单位进榜。

12　月

2日，丹阳市委全面深化改革委员会办公室召开第五次例会，盘点对账全面深化改革工作。

△丹阳沃特污水处理厂三期（扩建）工程正式通水，新建2万吨/日污水处置装置基本建成。

△第六届江苏省中小学生自我保护情景剧大赛省级决赛在丹阳市融媒体中心演播大厅举行。

4日，丹阳市召开村（社区）“两委”换届工作推进会。

8日，江苏省人大常委会副主任、党组副书记陈震宁率省特钢材料产业链工作专班到丹阳调研。

9日，江苏省人大常委会副主任、省总工会主席魏国强率省先进碳材料产业链工作专班到丹阳调研。

10日，丹阳公安向人民报告暨第五届“丹阳最美警察”颁奖典礼在丹阳市融媒体中举行。

△江苏省市场监督管理局副局长、党组成员王越率队到丹阳，调研检查进口冷链食品监管工作。

11日，丹阳市召开金融工作高质量发展推进会，分析当前经济金融形势，部署下阶段金融工作。

12日，“传中华文化承曲阿文脉”丹阳市中华优秀传统文化传承工程暨“文艺播种计划”成果展演活动在丹凤公园举行。

15日，丹阳市举办东部园区2020年招商推介会，首次正式对外发布招商信息。

17日，丹阳市举行兰卫（丹阳）医学检验中心项目签约仪式，项目总投资预计5亿元。

△丹阳市举办2020年食用菌产业创新发展研讨会暨李玉院士工作站成立十周年庆典。

18日，丹阳市举行省丹中、吕叔湘中学、马相伯中学（含幼儿园）、中医院迁址新建4个教育卫生重点民生项目集中开工仪式。

△水利部副部长陆桂华带队到丹阳，调研九里生态清洁小流域建设情况。

19日，“2020镇江大运河文化保护志愿者日”系列活动启动仪式在丹阳举行。

28日，华南桥拆除重建全面完工，实现全线开放通车。

30日，丹阳市委召开十三届十次全会，市委书记黄春年代表市委常委会作《领跑新征程争得新荣光全力书写“十四五”新丹阳建设精彩篇章》报告，并就《中共丹阳市委关于制定国民经济和社会发展第十四个五年规划和二〇三五年远景目标的建议（草案）》向全会作说明。

是月，江苏省住房和城乡建设厅公布第三批江苏省传统村落公示名单，丹阳市经济开发区建山村黄连山、经济开发区建山村陈山、经济开发区建山村前刘家3个自然村入围。

是月，江苏省医疗保障局第二督查组到丹阳，实地督查中医院药品（医用耗材）阳光采购及医保支付方式改革工作。

是月，丹阳市丹凤公园凤凰山遗址公园环线入选“2020江苏省最美跑步线路”。

是月，丹阳市奥体中心被江苏省全民健身运动会组委会授予“百家优秀场馆”称号。

丹 阳 概 况

栏目编辑 孙晓霞

自 然 地 理

【位置、面积】 丹阳市地处长江下游南岸，江苏省南部，北纬 31°44′—32°09′，东经 119°24′—119°54′，南北长 44 公里，东西宽 32.5 公里。东邻常州武进区，南与常州金坛区接壤，西北与镇江丹徒区交界，东北与扬中市隔江相望。全市总面积 1047 平方公里，其中陆地面积 850 平方公里，占总面积的 81.2%；水域面积 196.8 平方公里，占总面积的 18.8%。

（史志办）

【地貌】 丹阳市地势西北高、东南低，有低山丘陵和平原，以平原为主。西部和北部是宁镇丘陵余脉的低山丘陵岗地，其地形较为复杂，低山、丘陵、岗地、平原和洼地交替分布。低山群中最高峰为水晶山，主峰海拔 166 米。东部和南部属太湖平原湖西部，地形低平，一般在海拔 7 米左右。 （史志办）

【资源】 土地资源：在全市陆地面积中，平原 612 平方公里，占陆地的 72%；低山丘陵岗地 238 平方公里，占 28%。全市耕地面积 5.13 万公顷，其中基本农田 4.25 万公顷。

水资源：（1）地表水。全市有河道 118 条，长 610 公里，其中以京杭运河、九曲河、丹金溧漕河为主脉，沟通全市水系，形成全市水系网络，为水资源的蓄、引、提、调、排发挥巨大作用。另有在册小水库 8 座，大小塘、泊 1 万余个。（2）过境水。水资源丰富，北可引长江水，西和西南有句容、丹徒的客水。可利用过境水主要是长江水，沿江有主要引排涵闸 5 座，引排流量 482 立方米/秒，每年可引水 5 亿立方米—7 亿立方米。（3）地下水。根据《江苏省地下水超采区划分方案》，丹阳市地下水多为岩溶水，可开采量为 624 万立方米/年，地下水化学类型为 $H_{CO_3} \cdot Ca \cdot Mg$ 型水，矿化度一般为 0.5—1.0 克/升，出水温度 45℃—48℃，pH 值 7.2 左右，为具有一定医疗价值的温泉水。

矿产资源：主要集中在北部低山丘陵区。金属矿种主要有铁、锰、方铅，但质低量少。非金属矿种主要有石英、陶土、泥炭、煤炭、砾石、斧劈石、奇石、白云质灰岩和石灰岩，其中斧劈石和奇石质量优良，蕴藏量达亿万吨。

（史志办）

【气象】 2020 年的基本气候特点是：气温显著偏高，降水、日照正常。年平均气温 17.2℃，比常年偏高 1.5℃。年极端最高气温为 38.1℃，出现在 8 月 16 日；年极端最低气温 −7.3℃，出现在 12 月 31 日。

冬季（2019 年 12 月—2020 年 2 月）平均气温 7.0℃，比常年偏高 2.8℃。春季（3—5 月）平均气温 16.8℃，比常年偏高 2.2℃。夏季（6—8 月）平均气温 27.3℃，比常年偏高

0.8℃。≥35℃的高温日数16天，是历年平均值的1.8倍。秋季（9－11月）平均气温18.5℃，比常年偏高1.2℃。

2020年终霜日为2月19日，初霜日为12月4日，无霜期288天，比常年多70天。

年降水量1158.8毫米，比常年偏多75.2毫米，偏多7%，属正常年份。具体分布如下：冬季降水量1847.7毫米，比常年多49.9毫米，偏多37%，属偏多级。春季降水量190.9毫米，比常年少59.0毫米，偏少24%，属偏少级。夏季降水量635.4毫米，比常年多125.0毫米，偏多24%，属偏多级。秋季降水量192.9毫米，比常年多4.4毫米，偏多2%，属正常级。

全年降水日数（日降水≥0.1毫米）为136天，比常年多20天。降水日数最多的月份是7月，为21天，降水日数最少的月份是4月和12月，为6天。最长连续降水日数为10天，为6月12—21日，降水量178.0毫米；最长连续无降水日数为16天，为11月2—17日。一日最大降水量为94.0毫米，出现在6月15日。6月10日入梅，7月21日出梅，梅雨日数为42天，梅雨量为508.9毫米，比常年偏多104%。

全年日照总时数为1685.0小时，比常年少132.4小时，偏少7%。冬季日照时数325.1小时，比常年少54.2小时，偏少14%，属正常级。春季日照时数557.5小时，比常年多84.7小时，偏多18%，属正常级。夏季日照时数355.9小时，比常年少148.5小时，偏少29%，属偏少级。秋季日照时数451.6小时，比常年少9.3小时，偏少2%，属正常级。

全年以偏东风占主导，其风向频率为14%。10分钟平均最大风速为10.3米/秒，风向西到西北风，出现在6月12日；瞬时极大风速为22.8米/秒，风向北风，出现在4月12日。全年大风日数3天，比常年少2天。全年大雾日数25天，比常年少17天。（孔雪咏）

2020年丹阳地区主要气候资料四季比较表

表1

季节		冬季			春季			夏季			秋季		
要素/月份		12	1	2	3	4	5	6	7	8	9	10	11
气温(℃)	20年逐月	7.5	5.4	8.1	12.2	15.3	22.8	25.9	25.7	30.4	24.4	17.7	13.5
	历年逐月	5.1	2.8	4.8	8.9	14.7	20.3	24.4	27.8	27.2	23.1	17.7	11.2
	比较	2.4	2.6	3.3	3.3	0.6	2.5	1.5	−2.1	3.2	1.3	0.0	2.3
	20年季平均	—	—	7.0	—	—	16.8	—	—	27.3	—	—	18.5
	常年季平均	—	—	4.2	—	—	14.6	—	—	26.5	—	—	17.3
	比较	—	—	2.8	—	—	2.2	—	—	0.8	—	—	1.2
降水(毫米)	20年逐月	61.3	81.2	42.2	92.2	63.4	35.3	310.0	250.6	74.8	63.9	50.7	78.3
	历年逐月	31.3	50.4	53.1	83.8	77.1	89.0	178.7	200.3	131.4	74.2	59.0	55.3
	比较	30.0	30.8	- 10.9	8.4	- 13.7	- 53.7	131.3	50.3	- 56.6	- 10.3	- 8.3	23.0
	20年季合计	—	—	184.7	—	—	190.9	—	—	635.4	—	—	192.9
	常年季合计	—	—	134.8	—	—	249.9	—	—	510.4	—	—	188.5
	比较	—	—	49.9	—	—	- 59.0	—	—	125.0	—	—	4.4

续表 1

季节		冬季			春季			夏季			秋季		
日照（小时）	20 年逐月	145.4	47.3	132.4	167.4	216.5	173.6	99.1	48.8	208.0	173.3	158.5	119.8
	历年逐月	138.7	124.4	116.2	135.3	157.9	179.6	140.9	178.7	184.8	159.4	157.6	143.9
	比较	6.7	-77.1	16.2	32.1	58.6	-6.0	-41.8	-129.9	23.2	13.9	0.9	-24.1
	20 年季合计	—	—	325.1	—	—	557.5	—	—	355.9	—	—	451.6
	常年季合计	—	—	379.3	—	—	472.8	—	—	504.4	—	—	460.9
	比较	—	—	-54.2	—	—	84.7	—	—	-148.5	—	—	-9.3

（孔雪咏）

2020 年丹阳地区主要气候资料统计表

表 2

要素/月份		1	2	3	4	5	6	7	8	9	10	11	12	全年	常年极值	比较
气温（℃）	平均气温	5.4	8.1	12.2	15.3	22.8	25.9	25.7	30.4	24.4	17.7	13.5	5.0	17.2	15.7	1.5
	极端最高	14.0	23.6	28.1	33.4	34.8	34.9	34.2	38.1	35.1	28.6	28.6	15.6	38.1	39.3	-1.2
	极端最低	-1.1	-1.1	0.6	5.8	14.0	19.5	20.5	23.5	17.3	7.1	2.8	-7.3	-7.3	-12.6	5.3
	≥35.0℃日数	—	—	—	—	—	—	—	15	1	—	—	—	16	8.8	7.2
	≤-5.0℃日数	—	—	—	—	—	—	—	—	—	—	—	2	2	8.5	-6.5
降水（毫米）	总降水量	81.2	42.2	92.2	63.4	35.3	310.0	250.6	74.8	63.9	50.7	78.3	16.2	1158.8	1083.6	75.2
	一日最大	21.0	8.9	44.8	45.1	14.8	94.0	52.2	32.9	22.1	18.7	25.3	8.3	94.0	279.4	-185.4
	≥0.1 毫米日数	17	10	12	6	8	18	21	9	9	9	11	6	136	116	20
	≥25.0 毫米日数	—	—	1	1	—	4	3	1	—	—	1	—	11	12	-1
	≥50.0 毫米日数	—	—	—	—	—	1	1	—	—	—	—	—	2	3	-1
	梅雨量	—	—	—	—	—	293.8	215.1	—	—	—	—	—	508.9	249.0	259.9

续表 2

要素/月份		1	2	3	4	5	6	7	8	9	10	11	12	全年	常年极值	比较
其他	日照时数	47.3	132.4	167.4	216.5	173.6	99.1	48.8	208.0	173.3	158.5	119.8	140.3	1685.0	1817.4	-132.4
	大风日数	—	—	—	1	—	1	—	—	—	—	—	1	3	5	-2
	雷暴日数	—	—	—	—	—	—	—	—	—	—	—	—	不观测	30	—
	大雾日数	7	2	1	4	1	2	4	—	—	—	1	3	25	42	-17

（孔雪咏）

历史文化

【建置沿革】　丹阳历史悠久，文化源远流长。新石器时代，丹阳境内就有人类活动。丹阳建置始于战国时期，初为云阳邑。公元前 221 年，秦始皇一统天下，实行郡县制，改云阳邑，置云阳县，不久又更名为曲阿县。新莽始建国元年（9）改曲阿县为风美县。东汉初复名曲阿县。吴嘉禾三年（234）改曲阿县为云阳县。晋太康二年（281）复名曲阿县。唐天宝元年（742）改润州为丹阳郡、曲阿县为丹阳县，丹阳县属丹阳郡。唐乾元元年（758）改丹阳郡为润州，丹阳县属润州。宋属镇江府。元属镇江路。明、清属镇江府。民国初属江苏金陵道。民国 16 年（1927）直属江苏省。1949 年 4 月 23 日，丹阳全境解放，属镇江专区。1958 年 9 月改镇江专区为常州专区，丹阳县属常州专区。1959 年 9 月又改常州专区为镇江专区。1983 年实行市管县后，丹阳县属镇江市。1987 年 12 月，丹阳撤县设市，仍由镇江市管辖。　（史志办）

【民族、方言】　民族。丹阳向为汉民族居住地区，元朝以后，始有少数民族迁入丹阳定居，改革开放以后，少数民族人口在丹阳定居增多。至 2020 年，丹阳有少数民族 30 个、常住人口 2435 人、流动人口 4025 人，各镇（区、街道）都有分布。分布在丹阳的少数民族有满族、回族、锡伯族、藏族、彝族、哈尼族、傣族、傈僳族、拉祜族、阿昌族、怒族、独龙族、苗族、布依族、侗族、水族、仡佬族、壮族、毛南族、土家族、黎族、白族、景颇族、瑶族、佤族、朝鲜族、畲族、土族、仫佬族、蒙古族。

方言。丹阳方言介于吴方言和下江官话之间，有“吴头楚尾”之称。其复杂性表现在两个方面：一是市内各地方言分歧较大，有“四门八音”之说；二是方言归属难定，以城关话为代表，它在语音、词汇、语法诸方面既有吴语特征，又有许多官话痕迹。丹阳方言复杂性的形成，还有其地理与历史的原因。丹阳位于北方方言和吴方言两大方言区的交汇处，两大方言对丹阳方言都有影响。丹阳现在所管辖的乡镇，历史上有的曾属常州府，有的曾属镇江府，这也造成市内各地方言的差异。不仅各乡镇之间语言差别很大，有的乡镇内部也有不同程度的语言差异，有的地方甚至隔村就有差异。根据各地方言的特点，丹阳方言至少可以分为县城类、吕城类、河阳类、埤城与后巷类 4 类。从总体上说，丹阳方言属吴方言区太湖片常州小片。　（史志办）

【文化与文物】　丹阳有 6000 年的人类生活

史。历史上人才荟萃，三国东吴的韦昭，南朝齐梁的萧道成、萧衍、萧统、萧纲、萧子显，唐代的皇甫冉、皇甫曾、许浑、张潮，宋代的吴淑、蔡肇、高述，明清时的姜绍书、吉梦熊等，他们分别以政治、文学、史学、书画等名垂史册。近现代，则有教育家马相伯、语法泰斗马建忠（马氏兄弟），还有美术教育家吕凤子、佛学家吕澂、语言学家吕叔湘（美称“吕氏三杰”）、文学家束纫秋、史学家唐邦治、孔学家匡亚明，以及彭炎、束沛德、梅朵、尚丁等，他们均对中国文化做出了贡献。丹阳的民间文化艺术亦丰富多彩，民歌民谣、民间传说、曲艺戏剧等，为人民群众喜闻乐见、广为流传。具有地方特色的丹剧，就是取自特色民间曲艺“啷当”，成为优秀稀有的地方剧种。

丹阳境内文物众多，有“江南文物之邦”之美称。南朝陵墓石刻、葛城遗址等 11 处被列为全国重点文物保护单位，唐朝“延陵季子碑”、江南第一梵钟——唐中和铜钟、上海战役总前委旧址、新四军江南指挥部旧址等 10 处被列为省级文物保护单位，近月轩惨案原址、新丰战斗旧址等 10 处被列为镇江市级文物保护单位，还有玉乳泉井、沈家桥等 90 处市级文物保护单位。其他还有古文化遗址多处，并从中发掘出大量历史文物，其中有马家浜文化遗物——腰沿釜、良渚文化遗物——黑陶弧腹罐、新石器时代晚期遗物——黑陶宽把盖杯、湖熟文化遗物——鬲、西周青铜凤纹尊等。（张　益）

区划人口、城市性质

【区划与人口】 2020 年，丹阳市辖 10 个镇、2 个街道，共 145 个行政村、77 个居民委员会。总人口 799031 人（男性 393903 人、女性 405128 人），其中城镇人口 434834 人、乡村人口 364197 人。全年出生人口 5004 人，人口出生率 6.3‰；死亡人口 7227 人，人口死亡率 9‰；人口自然增长率－2.7‰。（史志办）

【城市定位】 丹阳依江傍河，具备长江沿线经济开放开发带发展经济所必要的港口、交通、能源、水利、用地及城市依托等基本条件。1987 年，经国务院批准，丹阳被列为沿海对外开放城市，属上海经济开发区。1996 年，经省政府批准，城市定为沪宁线上的现代化工贸城市。“十三五”规划提出发展定位为：产业特色鲜明的工贸名城、充满活力的创新城市、宜居宜业的江南水乡。2020 年，城区面积 154.22 平方公里，城区人口 31.7 万人。改革开放以来，丹阳城市建设取得辉煌业绩，先后获得“全国卫生城市”“全国环境综合整治优秀城市”“国家生态市”“国家环保模范城市”“首批全国县级文明城市提名城市”“全国文明城市”等荣誉。（史志办）

【市徽、市树、市花、市歌及丹阳精神】 1991 年，丹阳市第十一届人民代表大会常务委员会第九次会议决定，丹阳市市徽为“天禄”、市树为银杏树、市花为桂花。2012 年，确定丹阳城市形象歌曲《花开别样红》。2013 年，丹阳市征集选定丹阳精神“至诚，至精；创新，图强”。（史志办）

基础设施

【交通】 丹阳交通发达，便捷的铁路、公路、水路、航空，初步构筑丹阳现代化立体交通格局和得天独厚的交通优势。

铁路：沪宁铁路、沪宁城际铁路、京沪高速铁路穿境而过，年发送旅客 210.9 万人次，其中，沪宁铁路年发送旅客 16.7 万人次、沪宁城际铁路年发送旅客 171.8 万人次、京沪高速铁路年发送旅客 22.4 万人次。

公路：过境主要有沪蓉高速公路，江宜高

速公路，312 国道，241、122、338、340 省道线及丹阳市的市镇公路、镇村公路，构成丹阳与外地、市区与乡镇、乡镇与乡村间更为密集的公路网络。市区设有汽车东站、客运中心两个等级客运站和数十个货运企业，城市公交遍及城乡，交通运输更为快捷便利，全年完成公路客运量 562 万人次，公路货运量 1294 万吨。

水路、航空：京杭大运河与丹金溧漕河、九曲河及部分支线航道，构成丹阳的水运网络。苏南运河丹阳段 29.33 公里，达国家三级航道标准，能常年通过 1000 吨级船队，年船舶流量达 28.8 万艘次。丹阳市区至外贸港——大港 30 公里，距坐落在该市境内的常州机场 30 公里，距南京禄口机场 100 公里。

（邹学伟）

【邮政通信】 2020 年，丹阳市投递线路总长 4450 公里，建有与全国联网运行的邮政储蓄“绿卡”系统及电子对账系统、特快专递全国联网查询系统、报刊发行全省联网要数系统、商业信函自动处理系统等。全市有 35 个城乡邮政网点，经营业务种类有邮政储蓄业务、信函、包裹、报刊、特快专递、集邮、物流配送、电子汇兑、代理保险、电子商务等。

全市拥有固定电话用户 12.14 万户，移动互联网用户 118 万个，网络电视数 25.3 万户。电信宽带城域网具相当规模，主干光纤通达全市乡镇，千兆光纤网络实现全市范围接入服务，可满足各种用户的联网要求。

移动电话用户 104.08 万户，互联网宽带接入用户数 41.65 万户。GSM 数字移动电话网络不仅实现丹阳境内无缝覆盖，还与全国 31 个省、自治区、直辖市和世界 123 个国家及地区 221 个运营公司开通自动漫游业务。（施晓青）

【电力】 2020 年，丹阳市有 35 千伏及以上公用变电所 42 座，其中 500 千伏变电所 1 座、220 千伏变电所 8 座、110 千伏变电所 28 座、35 千伏变电所 5 座，总容量达 773.35 万千伏安。2020 年，全社会用电量 87.83 亿千瓦时，调度最高用电负荷 167.09 万千瓦，光伏项目并网装机容量 13.21 兆瓦。2020 年，兴联热电有限公司完成发电量 7832.05 万千瓦时，供气量 29.17 万吨。

（史志办）

图 5　丹阳兴联热电有限公司电力设备

（姜艳红）

【服务】 丹阳交通便捷，环境优美，市场繁荣，生活方便，适宜居住生活。城区有 1 所普通高校（南京师范大学中北学院）、4 所省四星高级中学，形成高、中、小、幼合理配套，基础教育、职业教育、学历教育、成人教育的多层次义务教育及国民教育体系；有医疗卫生计生机构 260 个，有大型超市、商场 10 余家，中国（丹阳）国际眼镜城坐落城区，小市场、农贸市场遍布社区；银行、保险机构众多，门类齐全，服务便捷；有星级酒店 6 家。（史志办）

中共丹阳市委员会

栏目编辑　袁朝霞

市委领导分工

黄春年，市委书记，主持市委全面工作，联系市人大常委会、市政协工作。

黄万荣（1—10月），市委副书记、市长，主持市政府全面工作。牵头协调开发区及东部地区园区建设事宜。（10—12月）市长，主持市政府全面工作。牵头协调开发区及东部地区园区建设事宜。

王成明（12月—），市委副书记、副市长、代理市长，主持市政府全面工作。牵头协调开发区及东部地区园区建设事宜。

赵志强，市委副书记，协助书记负责市委日常工作、党建工作、深化改革工作，负责农业农村、作风效能、科学技术、扶贫、史志、档案工作，分管市委办（改革办、研究室、机要局、保密局、密码管理局、档案局、合作交流中心）、市委市级机关工委、市委党校、市史志办、市档案馆、市科协。牵头协调现代农业产业示范园区建设事宜。

许根林（4—6月），市委副书记（挂职）。（6月—），市委副书记、副市长（挂职），负责企业运行、科技、统计、大数据、南北园区共建、援陕、对外合作方面工作。分管市科技局、统计局、练湖生态新区管理委员会（水晶山旅游度假区管理委员会）、大数据管理局。联系市科协、国家统计局丹阳调查队。

赵立群，市委常委、常务副市长，负责市政府常务工作。牵头协调练湖、眼镜小镇园区建设事宜。

金夕龙，市委常委、宣传部部长，主持市委宣传部工作，负责意识形态、宣传思想、精神文明建设、网络安全和信息化、教育、卫生和健康、文体广电和旅游工作，分管市委教育工委、市文联、红十字会、融媒体中心、丹阳日报社。

石捷，市委常委、组织部部长，主持市委组织部工作，负责组织、干部、人才、老干部、考核、编制、公务员管理工作，分管市委编办、市委老干部局、市总工会、团市委、市妇联、市关工委。

薛军民，市委常委、统战部部长，主持市委统战部工作，负责统战、民宗、侨务、对台、工商联工作，分管市侨联、市工商联，协调联系民主党派和无党派代表人士。

方明，市委常委、纪委书记、监委主任，主持市纪律检查委员会、市监察委员会工作，负责纪检、监察、巡视巡察、党风廉政建设工作，分管市委巡察办。

杭春云，市委常委、丹北镇党委书记，主持丹北镇党委全面工作，牵头协调滨江装备制造产业园区建设事宜。

杨连波，市委常委、人武部政委，负责市人武部工作，负责人民武装、国防动员、民兵预备役、军民共建、人民防空和联系驻丹部队工作。

周东明（1—6 月），市委常委、政法委书记，主持市委政法委工作，负责政法、维稳、公安、检察、法院、司法、信访、民政、双拥、退役军人、残联、慈善和工业经济工作，牵头重大项目建设协调事宜。

刘宏程（9 月—），市委常委、政法委书记，主持市委政法委工作，负责政法、维稳、公安、检察、法院、司法、信访、民政、双拥、退役军人、残联和慈善工作。（谢艳英）

重要会议、活动和政策

【市委十三届九次全会】 2020 年 8 月 5 日，中共丹阳市委召开十三届九次全会，会议以习近平新时代中国特色社会主义思想为指导，学习贯彻党的十九大、十九届二中、三中、四中全会和省委、镇江市委全会精神，总结上半年工作，部署下半年任务，动员全市上下矢志转型、奋勇争先，以加速跑的状态全面夺取疫情防控和经济社会发展“双胜利”。市委书记黄春年代表市委常委会作《矢志转型奋勇争先以加速跑的状态全面夺取“双胜利”》的报告。全会审议通过《中国共产党丹阳市第十三届委员会第九次全体会议决议》。（谢艳英）

【市委十三届十次全会】 2020 年 12 月 30 日，丹阳市召开市委十三届十次全会。会议以习近平新时代中国特色社会主义思想为指导，深入贯彻党的十九大，十九届二中、三中、四中、五中全会，中央经济工作会议和习近平总书记视察江苏重要讲话指示精神，认真落实省委十三届九次全会、镇江市委七届十二次全会要求，总结“十三五”及 2020 年工作，谋划部署“十四五”及 2021 年任务，动员全市上下进一步坚定信心、真抓实干，领跑新征程、争得新荣光，全力书写“十四五”新丹阳建设精彩篇章。

市委书记黄春年代表市委常委会作《领跑新征程争得新荣光全力书写“十四五”新丹阳建设精彩篇章》报告，并就《中共丹阳市委关于制定国民经济和社会发展第十四个五年规划和二〇三五年远景目标的建议（草案）》向全会作说明。

市委副书记、代市长王成明就贯彻落实全会精神以及做好当前工作作出部署。全会审议通过《中共丹阳市委关于制定国民经济和社会发展第十四个五年规划和 2035 年远景目标的建议》《中国共产党丹阳市第十三届委员会第十次全体会议决议》。界牌镇、皇塘镇、吕城镇、陵口镇、农业农村局、交通运输局 6 家单位负责人作交流发言。（谢艳英）

【抓全面从严治党述职会议】 2020 年 1 月 7 日，2019 年度抓全面从严治党述职会议召开，专题听取各镇（区、街道）党（工）委和部分直属党（工）委书记抓基层党建、落实意识形态工作责任制和全面从严治党主体责任述职。

（谢艳英）

【新型冠状病毒疫情防控工作会议】 2020 年 2 月 2 日，丹阳市召开新型冠状病毒疫情防控工作会议。会议要求，疫情防控指挥部要进一步强化指挥的专业性、精准性和系统性，各级各部门要强化刚性执行；要持续打好后勤保障攻坚战，把优质医疗物资配置到疫情防控第一线，发挥全社会力量保障物资供应；要未雨绸缪，做好长期作战的医疗配置保障工作；要把规章制度的强制性和入情入理的人情味有机结合，协调社会各类群体共同打赢疫情防控阻击战。市长黄万荣主持会议，并提出具体要求。副市长刘宏程传达镇江疫情防控指挥部视频调度会议精神，对下一步工作作出细致部署。（谢艳英）

【研究企业复工和安全生产专题会议】 2020 年 2 月 6 日，丹阳市召开研究企业复工和安全生产专题会议，与会领导、各镇（区、街道）和相关部门就企业疫情防控和复工复产相关事项和要求进行深入讨论。会议要求，企业在复工复产时要严格落实企业疫情防控主体责任，严格按照《关于印发镇江市工业企业新型冠状病毒感染的肺炎疫情防控指南的通知》，落实检疫查验和健康保护措施。（谢艳英）

【优秀纳税企业座谈会】 2020 年 4 月 2 日，丹阳市优秀纳税企业座谈会召开，会上，市长黄万荣宣读《关于表彰 2019 年度全市优秀纳税企业的决定》，市领导分批对企业进行颁奖。（谢艳英）

【安全生产“大起底”暨违法违规小化工专项整治会议】 2020 年 5 月 25 日，丹阳市安全生产“大起底”暨违法违规小化工专项整治会议召开。此次全市安全生产“大起底”排查整治以村（片、社区）为单位，利用 3 个月的时间对辖区所有生产经营场所进行全覆盖、起底式篦查。（谢艳英）

【“高水平小康·丹阳在行动”动员会暨“万善丹阳”APP 启动仪式】 2020 年 5 月 20 日，“高水平小康·丹阳在行动”动员会暨“万善丹阳”APP 启动仪式在丹阳市融媒体中心举行。会上，黄春年、金夕龙与乡贤、企业家、志愿者代表共同点击触摸屏，正式启动“万善丹阳”APP 上线运行。与会人员观看纪录短片《小康路上》，工作人员介绍“万善丹阳”APP 的功能和操作流程。（谢艳英）

【农村工作领导小组会议暨党建引领乡村振兴专项行动推进会】 2020 年 6 月 10 日，丹阳市召开农村工作领导小组会议暨党建引领乡村振兴专项行动推进会。会议通报农业农村重点目标任务完成情况，并对决战决胜全面小康“三农”领域重点任务和下阶段农村人居环境整治工作进行部署。农村人居环境整治各牵头部门及各镇（区、街道）负责人递交责任状；党建引领乡村振兴专项办、农业农村局、城管局、卫健委、皇塘镇、吕城镇负责人进行交流发言。（谢艳英）

【市委全面深化改革委员会第六次会议】 2020 年 10 月 10 日，丹阳市委书记黄春年主持召开市委全面深化改革委员会第六次会议，传达学习中央和省、市委深改委最新会议精神，通报 2020 年改革任务推进情况和镇江市考核事项推进情况，听取相关改革任务推进情况，审议相关文件。会议传达学习中央和省、市委深改委最新会议精神；通报 2020 年改革任务推进情况和镇江市考核事项推进情况；听取“高水平小康·丹阳在行动”、健全公共卫生应急管理体系、基层整合审批服务执法力量等相关改革任务的推进情况；审议《丹阳市“属地管理”主体责任和配合责任清单动态管理办法（试行）》《丹阳市市级部门向镇（街道）交办事项准入制度（试行）》《关于促进工商联所属商会改革和发展的实施方案》《丹阳市构建承包土地流转风险防范机制改革试验实施方案》《丹阳市科技公共服务平台管理与绩效评估办法》等相关文件。（谢艳英）

组织工作

【概况】 丹阳市共有基层党组织 2876 个，其中党委 216 个、党总支 115 个、党支部 2545 个。共有党员 54426 名，其中乡镇、行政村党员 35111 名，街道、社区（居委会）党员 7082 名。“两新”组织党组织单独组建率、工作覆盖率、党建工作指导员覆盖率均达到 100%。2020 年，丹阳市以习近平新时代中国特色社会主义思想为指导，深入贯彻党的十九届四中、五中全会及习总书记视察江苏重要讲话精神，认真落实全国、省、市组织部长会议专项部署，紧紧围绕省委组织部“把握规律、巩固提升、创新突破、健全完善、建强队伍”总体思路以及市委“坚定不移强发展、全力而为优民生”主题要求，矢志转型、奋勇争先，推动各项工作取得较好成绩。全面选派“乡村振兴领航员”，该工作获中组部《组工信息》及《新华日报》头版刊发；“两新”组织党务工作相关做法在全国推广；开展新提拔任职干部跟踪问效，其做法获《组织人事报》专版宣传；全市入选省“双创”人才计划5人、镇江“金山英才”顶尖人才计划2人；围绕“政治体检”，牵头制作全省党员教育重点制片系列微动漫，获省委组织部认可。市委组织部门比学赶超、开拓进取，积极主动履职，有效发挥作用，奋力推动新时代党的组织路线在丹阳落地生根，为坚决打赢高水平全面建成小康社会决胜仗提供坚强组织保障。（万仁松）

【建立“不忘初心、牢记使命”制度】 2020年，丹阳市委组织部紧扣“守初心、担使命，找差距、抓落实”总要求，围绕“六个高质量”发展要求和“发展”“稳定”两大主题，拓展主题教育中的好经验好做法，在全市各级党组织和全体党员干部中开展“勤学习、深调研、真检视、善落实”活动。深化“五事联动”主题党日活动，对标先进地区学经验，推动党员干部既学经济、学业务，也学政治、学党务。健全完善市领导挂钩联系制度，建立“一人一重点、领办解难题”长效机制，推动全市600多名党员领导干部深入一线、查找短板不足，扎扎实实解决一批问题。建立专项整治长效机制，深化“三项机制”，着力巩固和维护风清气正的政治生态。（尹鹏程）

【组织党员干部开展疫情防控】 2020年，丹阳市委组织部第一时间下发倡议书，动员全市2600余个基层支部、5万余名党员参与疫情防控，划拨党费124万元专项支持基层疫情防治工作。同步跟进关爱干部的务实举措以及在疫情防控一线了解识别干部工作，制定出台《丹阳市激励关爱党员干部坚决打赢疫情防控阻击战十项举措》《鼓励激励干部担当作为十项配套措施》，细化标准情形，完善具体措施。组建3个工作组，深入全市各条线、各领域精准识别干部，提拔重用干部4名，各单位提拔中层干部19名。在防疫一线发现、考验入党积极分子，确定积极分子43人、发展党员7人。（毛伟杰）

【全市村（社区）“两委”换届】 2020年，丹阳市按照“一稳三好”（平稳有序、换出领航担当好班子、风清气正好生态、争先奔跑好局面）要求谋划、部署、实施全市202个村（社区）换届，细化制定换届实施方案、“两推一选”（党员推荐、群众推荐，党内选举）工作方案，印发换届工作指导手册，开展村（社区）“两委”换届骨干培训15场2534人次，挂钩联系、分片督导50余次，确保换届程序规范、推进有序。严格人选把关，对照“五选”［提名为村（社区）“两委”换届候选人应具备五个方面的基本条件：（1）政治素质好，严格遵守政治纪律和政治规矩，坚决贯彻执行党在农村、城市社区的路线方针政策。（2）发展能力好，能够适应乡村振兴战略和城市化发展需要，有见识、有头脑、有闯劲，能够积极有效推动发展、开展基层治理。（3）组织领导好，懂管理、善协调，作风民主、办事公道，能够带领党员群众完成各项目标任务。（4）服务群众好，对群众有感情，热心为群众办实事好事，善做群众工作。（5）作风品行好，为人正派、品行端正，严于律己、遵纪守法，敢于担当，自身形象好］“十不选”［存在以下情形之一的，不能提名为村（社区）“两委”换届候选人：（1）政治觉悟不高，“四个意识”不牢，“四个自信”不强，“两个维护”不够自觉的。（2）组织观念不强，不守政治纪律和政治规矩，法治意识淡薄的。（3）受过刑事处罚、存在“村霸”和涉黑涉恶问题、参加邪教和非法宗教活动的。（4）受到撤销党内职务及以上党纪处分、撤职及以上政务处分（处分），或者涉嫌严重违纪违法正在接受立案审查调查的。（5）不担当不作为，缺乏斗争精神，近3年有考核不称职或被评为不合格党员的。（6）有严重危害集体利益和群众合法权益行为的。（7）有严重损害生态环境、严重失信等行为尚未整改的。（8）非法组织参与集体上访，影响社会稳定的。（9）廉洁自律有问题、道德品行不良、群众普遍反映不好的。（10）以暴力、威胁、贿赂、欺骗等手段破坏或妨碍选举的〕要求开展联审联查，选优配强 1634 名“两委”干部。换届后，村党组织书记、村委会主任“一肩挑”能挑必挑、应挑尽挑，村（社区）“两委”委员平均年龄比上届减少 7 岁，大专及以上学历占比比上届提高 28.8 个百分点，从源头提高村（社区）“两委”班子整体功能。（周宇亮）

【推行村党组织书记专职化】 2020 年，丹阳市委组织部出台“1+4”相关文件，落实县乡共管要求，建立市镇两级联动的等级薪酬体系、教育培训体系、考核评价体系，将全市村书记全部纳入专职化管理体系，打破职业发展瓶颈。举办“专职村书记论坛”，组织 6 名村书记代表交流发言，邀请 4 位专家学者授课，搭建互助互学、共同提高的学习平台。（周宇亮）

【选派“乡村振兴领航员”】 2020 年 5 月 9 日，丹阳市召开“乡村振兴领航员”部署推进会暨村书记论坛，推进“党建领航乡村振兴”工程，部署“乡村振兴领航员”工作，加强农业农村人才队伍建设，提升新时代党全面领导农村工作的能力和水平。从 2019 年开始，丹阳市把握乡村振兴的总目标，以人才振兴为引领，探索制度创新，先期选派一批干部到村担任“乡村振兴领航员”。实践中，“领航员”充分发挥专业特长、创业热情以及资源整合等方面的优势，得到组织认可、基层需要和群众点赞。2020 年，丹阳市在向全市派出 77 名“第一书记”、10 名“乡村振兴领航员”的基础上，继续选派 66 名“领航员”，实现全市 145 个行政村、8 个涉农社区全覆盖。丹阳市还出台《关于聘任优秀退出领导岗位党员干部赴村担任“乡村振兴领航员”的实施办法》，举办“乡村振兴领航员”“第一书记”、村（社区）党组织书记培训班。组织“领航员”紧盯脱贫攻坚、农村人居环境整治、乡村振兴等重点工作，因地制宜推动河阳村黄桃种植、中仙村省道广告牌、积善村电商包装物流等 103 个特色项目有序落地，成功调处责任田、宅基地等邻里纠纷 230 余起。（周宇亮　谢艳英）

【开展党建助推农村人居环境整治专项行动】 2020 年，丹阳市围绕“四清一治一改”（清理农村生活垃圾、村内沟塘、农业废弃物、破败房，治理乡村公共空间，改变不良生活习惯），深化“我是党员我先上”系列活动，召集在村“党员义工”2000 余名，认领公共地块“党员责任区”900 余块。抽调 12 名熟悉农村工作的优秀干部担任督查组组长，配齐督查力量，每周定期调度推进，推动全市 2816 个自然村分三批按时完成村庄环境整治任务，12 个镇（区、街道）顺利通过镇江市督查销号。（周宇亮）

【“两新”组织党务工作者专业化】 2020 年，丹阳市在全省首批试点“两新”（新经济组织和新社会组织）组织党务工作者专业化建设，紧扣选拔任用、资质认证、考核评价等关键环节，形成以资质认证为核心、“五专五确保”（进入有专属渠道，确保选得优；履职有专业能力，确保干得好；资质有专项认证，确保定得准；实绩有专门考核，确保管得严；待遇有专职保障，确保留得住）为主要内容的“两新”组织党务工作者专业化建设体系。坚持“双向选择”原则，采取内选、下派、选聘、招聘等方式多渠道选配党务工作者，评定高级党务工作者 10 名、中级 35 名、初级 95 名，发放津贴 39.6 万元。举办全市“两新”组织党务工作者示范培训班，带动基层党（工）委开展集中轮训 1100 多人次，提升领航能力。（朱鹏飞）

【打造精品课件】 2020 年，丹阳市结合万企联万村生动实践，拍摄《丹阳市：村企联建稻花香里说丰年》专题片，在江苏卫视《领航新时代》一线写真栏目播出，成为全省首家报道万企联万村工作案例的县（市、区）。积极组织开展“党课开讲啦”活动，拍摄制作4集《青春的选择》系列微党课，获得第十五届全省党员教育作品观摩交流活动三等奖，并上报中组部参赛。牵头策划制作2020年度全省党员教育重点制片项目《画准干部政治像——江苏干部“政治体检”的创新实践》系列微动漫，推广江苏干部“政治体检”的创新实践。（陆一洲）

【干部教育培训】 2020年，丹阳市聚焦关键岗位关键干部，分层分类办好主体班，以“高水平小康·丹阳在行动”为主题举办第三期乡科级领导干部能力建设研修班；以“奋勇争先加速跑，青年干部勇担当”为主题举办第十五期中青年干部培训班；举办第三、第四期乡村振兴专题培训班和城市社区党组织书记培训班；以提高政治觉悟、管理水平和党建能力为重点，开展非公企业党组织书记培训班活动。举办园区建设与产业集群发展、新生代企业家高质量发展等契合丹阳发展的专题班次，引导和帮助学员丰富岗位知识、提升业务能力、培育专业精神。完成上级调训170余人次，举办各类培训班次19个，培训干部2100余人次，为高水平全面建成小康社会提供坚强思想政治保证和人才智力支持。（白　笛）

【年轻干部培养】 2020年，丹阳市开展“五类人员”综合比选，择优遴选170名优秀年轻干部进入新一轮年轻干部人才库。全面推动“立体挂职”，选派74名干部到市委巡察、乡村振兴、污染防治、信访维稳等各条线“蹲苗”锻炼。深入培养识别，注重在急难险重任务中督查评估，疫情防控期间选派50名年轻干部支援一线，实时记录160余条抗疫实绩信息纳入成长档案。搭建展示平台，组织年轻干部参加高质量发展主题培训，持续开展年轻干部“青年论坛”。（金　磊）

【探索开展新提拔干部跟踪问效】 2020年，丹阳市制定下发《关于建立新提拔任职干部跟踪问效评估机制的意见》，分2批对49名新提拔任职满半年的干部开展跟踪问效。由新提拔干部对提拔以来履职情况进行书面述职，开展干部群众个别访谈428人次，发放适岗测评表1780份。结合考察材料、实绩档案等资料，全面了解掌握新提拔任职干部政治立场、工作状态、履职成效、群众口碑等情况。进行适岗评价、综合研判，评估新提拔干部人岗相适度、选人用人精准度和干部群众满意度，加强新提拔干部跟踪培养管理。（陈一飞）

【公务员管理考核】 2020年，丹阳市统筹做好各层级公务员进出流转工作，通过公开考录、选调、军转安置、调任、选任等形式吸纳公务员（参公工作人员）120余人。突出公务员能力素质培养，以初任培训、公务员职业道德及能力建设培训为重点，实现公务员培训全覆盖。加快年轻公务员成长，选派12名新录用公务员到镇（区、街道）、村（社区）挂职锻炼。加强公务员管理信息系统建设，全年采集、更新信息40余项10000余条，高质量完成公务员统计、工资统计工作。深入贯彻《江苏省公务员考核实施办法》，用活用好平时考核、专项考核、年度考核，考准考实公务员德才表现。（杜晓红）

【人才招引】 2020年，丹阳市聚焦产业强市，先后到深圳、北京、上海等先进地区，以及中南大学、中国科学技术大学、中科院合肥物质科学研究院等高等院校开展30余场科技人才专项对接，引进国家级人才4人。积极组织申报上级人才计划，18人成功入选省、市两级人才计划。全年争取上级资金3140余万元，创历史新高。（顾　君）

【强化“双招双引”实施办法】 2020年，丹阳市印发《关于进一步强化“双招双引”的实施办法》，建立联动机制，明确奖励办法。召开全市“双招双引”暨园区产才融合工作推进会，进一步明确原则方向、细化具体分工，确保招才引智与招商引资同频共振、一体推进。联合举办“双招双引”政策培训班，开展人才、招商、科技政策宣讲，提升招引队伍专业技能。（顾　君）

【健全高质量考核体系】　2020 年，丹阳市充分发挥考核“指挥棒”“方向标”作用，推动年底考核向平时考核的延伸、考绩向增效的递进、“出结果”到“要效果”的转变。推行“综合＋重点＋争先领跑”，以省、市对丹阳考核“规定动作”＋市委市政府决策部署“自选动作”指标体系设置思路，引导各单位“做什么”“怎么做”，确保“考大事、考实事、考硬事”。推行“标准＋差异”，根据镇（区、街道）经济体量、部门业务特点等，在指标设置、权重分配上适度差异化。健全指标常态化调度机制，探索考核信息化平台建设，做到“每月监测、季度研判、半年总结、常态调度”，确保“考准、考深、考细”。（尹鹏程）

【农村基层党组织暨村组干部队伍建设座谈会】　2020 年 6 月 15 日，丹阳市委书记黄春年主持召开农村基层党组织暨村组干部队伍建设座谈会，就进一步推动全面从严治党向农村基层延伸，切实加强村组干部队伍建设集思广益、建言献策。与会的各镇党委书记、分管副书记、组织委员和村书记代表围绕农村基层党组织和村组干部队伍面临的人员老化、村级集体经济发展乏力、后备人才储备不足、党群干群关系弱化、村组自治空间挤占、村组干部培养教育、村级财务规范等问题进行原因剖析，并提出合理化建议。市委副书记赵志强，市委常委、组织部长石捷分别从建设村组干部队伍、强化村组规范化运行、注重村“两委”干部培训的连续性和系统性，提前谋划、平稳做好村“两委”换届工作等方面提出建议。（周宇亮）

【基层“三整合”改革】　2020 年 7 月 6 日，丹阳市召开全市推进基层整合审批服务执法力量改革工作动员部署会，全面启动乡镇（街道）赋权工作，加快形成“集中高效审批、强化监管服务、综合行政执法”的“三整合”基层治理改革。2019 年以来，中央、省委、市委要求乡镇（街道）全面复制推广经济发达镇“加强党的全面领导、审批服务一窗口、综合执法一队伍、基层治理一网格、指挥调度一中心”为主要内容的“1＋4”改革模式。前期，丹阳市经过多轮调研论证、反复征求意见，形成《关于推进基层整合审批服务执法力量的实施方案（讨论稿）》。6 月 24 日，市委常委会会议专门听取市委编办关于《关于推进基层整合审批服务执法力量的实施方案》起草情况的汇报，集体审议通过这一基层改革纲领性文件。《关于推进基层整合审批服务执法力量的实施方案》分为总体要求、主要任务和组织实施 3 个部分，明确 9 个方面的 20 项工作任务。核心内容归纳为：突出党建引领，加强党的全面领导；突出重心下移，科学精准赋权赋能；突出集成管理，优化完善网格治理和指挥调度体系；突出简约高效，统筹设置基层组织架构，整合重组乡镇（街道）职能机构，（云阳街道和曲阿街道职能机构数不超过 7 个，司徒、丹北、皇塘镇设置 9 个职能机构，其他 7 个镇设置 8 个职能机构）；突出优化协同，扎实推动管理服务下沉。

市委书记黄春年指出，乡镇（街道）是党和政府联系群众、服务群众的重要桥梁，推进基层整合审批服务执法力量，对实施乡村振兴战略、促进城乡融合发展、构建简约高效的基层管理体制具有重要意义。对于基层“三整合”改革工作，黄春年强调，丹阳市当前正处于爬坡过坎的关键时期，推动基层整合审批服务执法力量改革工作意义重大，全市上下要全面抓落实、创造性地抓落实、协同抓落实，推动体制机制创新和干部的服务监管能力同步提升，以高度的责任感和紧迫感，凝聚合力，不折不扣完成改革任务，为深入推动丹阳市高质量发展、决胜高水平全面建成小康社会作出贡献。

（周宇亮）

编 制 工 作

【概况】 2020年，丹阳市推进各类行政体制改革，健全机构编制管理体系，配置机构编制执政资源。印发各镇“三定”（定内设机构、定部门职能、定行政职数）规定。下沉市城管执法大队46名一线执法在编人员到各镇街，开展基层人员培训1755人次。通过园区和街道相对分设的方式，制订高新区、云阳街道和开发区、曲阿街道“三定”草案，理顺园区和街道的关系，促进园区对周边乡镇的辐射带动作用。（编　办）

【机构改革】 2020年，丹阳市委深化党政机构改革，完成市行政审批局、市自然资源和市规划局、市经济发展局、市政法委等部门的内设机构（事业单位）调整完善工作。按照“1＋4”（加强党的全面领导，审批服务一窗口、综合执法一队伍、基层治理一网格、指挥调度一中心）基层治理模式，推进基层整合审批服务执法力量改革，完善基层管理体制，提升基层便民服务水平。整合基层行政、事业机构和人员编制资源，在各镇（街道）统筹设置7—9个职能机构，组建基层行政审批局、综合行政执法局和集成管理指挥中心，增核140名乡镇街道行政编制。开展市级经济社会管理权限下放工作，根据基层需求赋予丹北镇、皇塘镇282项权限、其他镇街224项权限，做到“按需下放、量身定做”。出台《丹阳市“属地管理”主体责任和配合责任清单》，明确清单动态管理办法和职责准入制度，防止以“属地管理”名义向基层“甩锅”推卸、转嫁责任，减轻基层负担。深化综合行政执法体制改革，完成市场监管综合执法大队和文化市场综合执法大队的组建和升格，市级层面按领域形成5支综合执法队伍、各镇街按地域形成1支综合执法队伍，形成市镇两级综合行政执法体制。开展事业单位分类改革，完善行政职能剥离后的事业单位职责界定，优化部分科级事业单位内设机构，规范事业单位登记管理。（编　办）

【机构编制管理】 2020年，丹阳市统筹开展机构编制管理，在总编制不增加的情况下，收回部分事业单位长期未使用编制64名，跨部门分别用于增加教育、疾控、统计、文化执法等事业单位的编制配备。开展事业单位规范管理，完成工业资产管理中心、商贸资产管理中心、固定资产投资审计中心等单位的名称规范和职责界定等工作，出台市档案馆“三定”，明确市机关事务管理中心、市自然资源监察大队的职责范围，促进事业单位科学规范履职。开展科级以上领导职数预审工作，申请重点园区、领域机构升格，全年成功获批1家正处级开发区管理机构、1家副处级高新区管理机构、5家副科级事业单位。配合做好全市编外用工管理工作，开展机关事业单位编外用工管理情况调查，重新核定编外用工限额，拟订《丹阳市机关事业单位编外用工限额管理细则》加强和规范编外用工管理，控制编外用工规模，提高编外用工使用效率。（编　办）

宣 传 工 作

·综　述·

【概况】 2020年，丹阳市充分发挥主流媒体“稳定器”的作用，统筹抓好疫情防控和经济社会发展。围绕“战疫情、促复工、稳经济”进行主题宣传，引导群众主动参与疫情防控。以深入学习贯彻习近平新时代中国特色社会主义思想，全面学习贯彻党的十九大、十九届五中全会精神为主线，抓牢抓实意识形态工作，巩固壮大主流思想舆论，繁荣发展文化文艺事业，优质高效深化“两中心一平台”（即新时代文明实践中心、融媒体中心，“学习强国”平台）建设，增强“四个意识”、坚定“四个自信”、做到“两个维护”，用实际成效为打好高水平全面建成小康社会决胜仗提供思想保障和精神力量。围绕全面建成小康社会、高质量发展、扫黑除恶、农村环境整治、乡村振兴、安全生产等主题，加强外宣工作，在中央级新闻用稿 31 篇、省级新闻用稿 284 篇，近 400 篇优秀稿件登上“学习强国”平台、交汇点、凤凰网等媒体平台，其中学习强国优质用稿 300 篇（国家平台用稿 23 篇）。创作完成《火花似蒲公英绽放》，举办第七届“书香丹阳”阅读节启动仪式。珥陵镇珥城村农家书屋被评为省五星级示范农家书屋。（谢军杰）

【理论研究活动】　2020 年，丹阳市在县处级领导干部中开展“对标对表新思想，开拓‘强富美高’新镇江实践新境界”专题读书调研活动，以市委理论学习中心组为主要载体，组织有关领导干部积极参与专题读书调研活动，撰写调研报告，推动党员领导干部强化理论武装，深化调查研究，持续深入地解放思想、统一思想，与新思想对标找差，从新思想寻策问道。承担省社科联市县专项调研课题“乡镇电影院建设问题与对策”。丹阳市印发《2020 年全市党委（党组）理论学习中心组专题学习计划》，指导各级理论学习中心组学习。市委理论学习中心组围绕习近平新时代中国特色社会主义思想、疫情防控、安全生产工作、十九届五中全会精神等内容全年学习 13 次。（钱　超）

【基层党员冬训】　根据《关于认真组织开展 2019—2020 年度基层党员冬训工作的意见》，丹阳市围绕“推动习近平新时代中国特色社会主义思想深入人心”“学习贯彻党的十九届四中全会精神”等 6 个专题开展基层党员冬训。为确保新冠肺炎疫情防控期间顺利开展基层党员冬训工作，市委宣传部制作 2019—2020 年度基层党员冬训在线课程，各镇（区、街道）各单位认真制订学习计划，合理安排学习方式，组织开展在线课程学习活动，于 4 月底前完成。丹阳市获评 2019 年度全省基层党员冬训工作示范县（市、区），《变冬训“上课铃”为服务“集结号”》被评选为 2019 年度江苏省冬训工作创新项目。（钱　超）

【省委宣讲团宣讲十九届五中全会精神】　按照江苏省委安排部署，2020 年 11 月 25 日，江苏省委宣讲团成员，省民政厅党组书记、厅长吕德明到丹阳市作党的十九届五中全会精神专场宣讲报告会。吕德明紧扣党的十九届五中全会主题，从“深刻认识我国进入新发展阶段的重大意义、有利条件和重要特征”“准确把握 2035 年远景目标和‘十四五’时期我国发展的指导方针、主要目标、重点任务”“牢牢把握构建新发展格局的战略构想和重要着力点”“坚持党的全面领导，动员各方面力量为实现‘十四五’规划和 2035 年远景目标而团结奋斗”四个方面，系统阐释党的十九届五中全会的重大意义、精神内涵和关键举措。整场报告深入浅出、内涵丰富，既有理论上的分析解读，又有实践上的深入阐释和工作要求，具有很强的启发性、指导性和教育意义。（钱　超）

【“长三角媒体看丹阳”采风活动】　2020 年 11 月 26—27 日，“长三角媒体看丹阳”大型采风活动在丹阳举行。丹阳市委副书记、副市长许根林向媒体代表授旗，丹阳市委书记黄春年和《杭州日报》传媒有限公司总经理助理吴缪亮共同为“长三角融媒丹阳采风基地”揭牌。新华社及《解放日报》《新华日报》《浙江日报》《安徽日报》等 32 家中央和省级主流媒体的记者到丹阳，通过实地考察、现场交流访谈等形式，访企业、走乡村、进社区，零距离感受产业兴、生态美、乡风淳的“小康丹阳”。（王理丽）

·精神文明建设·

【概况】　2020 年，丹阳市深入贯彻落实中央、省、市精神文明部署要求，努力建设有温度的人文之地、有显示度的文明之地、有感受度的精神家园，顺利完成各项工作任务。积极应对大战大考，成功蝉联全国文明城市。助力新冠疫情防控，文明健康取得阶段性胜利。广泛树立道德楷模，精神文明创建成果丰硕。全面推行志愿之城，新时代文明实践走深走实。深化德育活动推进，推进未成年人思想道德建设。

（孙　琴）

【助力打赢疫情防控阻击战】 2020年，丹阳市充分发挥精神文明建设工作密切联系群众的独特优势，组织“抗疫”主题志愿服务活动。开展“六关爱”抗疫志愿服务情暖行动，参与“大爱护航同心战‘疫’”主题志愿服务活动，建立“一对一”联系服务方式，精准对接需求，及时有效为医护人员、一线抗疫工作者、隔离人员、弱势群体、中小学生提供生活关爱、人文保障、心理舒压、鼓劲聚能等；动员各类创建主体积极参与“抗疫”工作。动员各级文明系列单位和文明家庭，履行社会责任，保障疫情防控物资和人员需要；拍摄“道德典型致敬‘白衣天使’”微视频，发掘疫情防控斗争中涌现出的先进典型，组织评选“丹阳好人”、组织参评“镇江好人”“江苏好人”，陵口镇党委书记荆东根、陵口派出所孙福生获评抗疫江苏好人；广泛开展防疫公益宣传。创作推出“文明健康　有你有我”系列主题公益广告，制定新时代文明倡导丹“6”条，即：文明出行“丹6条”、绿色生活“丹6条”行为规范“丹6条”、文明旅游“丹6条”、文明上网“丹6条”、移风易俗“丹6条”、诚信经营“丹6条”。运用户外公益广告、乡村大喇叭、H5页面等载体形式，编发倡议书、公开信、顺口溜、防控手册等宣传资料，普及健康意识、防病意识，明确责任单位，做好省市文明办、市疫情防控指挥部下达的公益宣传工作，引导文明镇（村）、社区、单位、校园在村路口、小区宣传栏、窗口大厅、食堂、公交站台、走廊过道、路名牌等刊登宣传。（孙　琴）

【打造“万善之城”工作品牌】 2020年，丹阳市精神文明创建活动做到群众身边、群众心里，推动升级改造“志愿者精神展示馆”、评选2020年度优秀志愿服务组织（社区）、开展“我为文明城市创建服务一小时志愿服务”活动，在大运河畔建成丹阳好（名）人长廊，建好用好好人广场、好人公园、好人宣德馆、好人工作室，建设第4批标准型善行义举榜24组、第3批“道德新风·文明进万家”示范楼道24个、评选丹阳市第三届文明家庭15户，各镇（区）、文明单位开设主题类“道德讲堂”，号召干群学“抗疫”模范、扶贫先锋、诚信典型等各类身边人物。（孙　琴）

【选树道德模范典型】 2020年，丹阳市积极开展文明系列评选活动，组织评选丹阳市2017—2019年文明行业、文明村镇、文明社区、文明单位、文明校园创建，共产生丹阳文明行业10个、文明镇6个、文明村113个、文明社区45个、文明单位207个。访仙镇红光村获得全国文明村荣誉称号，丹阳市税务局获得全国文明单位荣誉称号。公民道德建设持续深化，荆东根、孙福生、瞿美玲当选“江苏好人”，徐楠轩当选江苏省“最美抗疫职工”。全年评选产生“镇江好人”4名、“微美人物”6名、镇江市优秀志愿者3人。（孙　琴）

【精神文明建设工作推进会】 2020年4月8日，丹阳市召开精神文明建设工作推进会。与会人员观看“文明城市长效管理督查片”，城管局、交通运输局、公安局、住建局、访仙镇作交流发言，相关部门和镇区签订《2020年度新时代文明实践工作目标管理责任状》《2020年度精神文明建设目标管理责任状》，对2019年度文明城市长效管理工作中成绩突出先进集体予以表彰。会议通过视频方式召开，各镇（区、街道）在分会场集中收听收看会议。

（谢艳英　孙　琴）

·新闻出版和电影管理工作·

【概况】 2020年，丹阳市加强新闻出版和电影行业管理服务，助推行业发展，推进全民阅读，营造良好氛围，开展扫黄打非，维护市场秩序。开展“双随机、一公开”（在监管过程中随机抽取检查对象，随机选派执法检查人员，抽查情况及查处结果及时向社会公开）检查，组织开展全市新闻出版和电影行业管理工作会议暨安全生产和消防安全培训，增强经营者守法经营意识，引导行业健康有序安全发展。加强阅读服务设施建设，初步形成覆盖城乡的市、镇（区）、村（社区）三级全民阅读服务网络。开展“带一本好书回家过年”、第七届“书香丹阳”阅读节启动仪式、江苏书展分展场等活动 10 余场，指导 12 个镇（区、街道）开展全民阅读推广活动，开展全民阅读集中宣传，全市阅读氛围愈加浓厚。开展“扫黄打非”进基层规范化标准化示范点建设、“绿书签行动”系列宣传和“正道”“新风”集中行动。

（眭　杰）

【全民阅读春风行动】　2020 年 1 月 10 日，丹阳市委宣传部、丹阳市新时代文明实践中心办公室、丹阳市全民阅读办等部门在丹阳城际站、丹阳北站同步开展“文明实践阅读阅美——带一本好书回家过年”文化惠民活动，向候车返乡的务工人员免费发放图书、杂志和春联礼包。2 场活动累计发放文学、法律、健康知识、教育等方面书籍 2000 册、福袋 800 份，书签、围裙等礼品若干，总价值 6 万余元。

（眭　杰）

【第七届“书香丹阳”阅读节启动】　2020 年 4 月 23 日，第七届“书香丹阳”阅读节启动仪式在丹阳市正则小学举办，丹阳市全民阅读活动领导小组成员单位分管领导、各镇（区、街道）宣传委员和消防、学校、机关、家庭、企业、社区代表 200 余人参加活动。活动现场，发布 52 项“书香丹阳”建设实施项目，涵盖教育、文化、农业、民政、卫生等行业，向获评“省五星级示范农家书屋”的珥陵镇珥城村农家书屋赠送价值 3 万元的图书，南京师范大学教育科学学院副教授魏峰开办题为《悦读：为了优雅的人生与美好的教育》专题讲座。

（眭　杰）

【“我是讲书人”活动】　2020 年 12 月，丹阳市委宣传部、丹阳市新时代文明实践中心办公室、丹阳市全民阅读办、共青团丹阳市委、丹阳市总工会联合举办第二届“我是讲书人”活动。活动历时 2 周，经过 3 场初赛，从近百名选手中选出 12 位优秀讲书人，在决赛中向广大书友推荐涵盖哲学、政治、经济、心灵成长、家庭教育等方面的 12 本优秀书籍，评选出一等奖、二等奖、三等奖各 1 名，参与奖 9 名。

（眭　杰）

【文化单位服务监管】　2020 年，丹阳市新设立印刷企业 4 家、出版物发行单位 54 家、电影院 3 家，注销印刷企业 11 家、书店 17 家，变更各类单位 9 家。全市 246 家印刷企业和 122 家出版物发行单位按时完成年度核验等新闻出版统计上报工作。开展版权知识宣传，完成一般作品登记 452 件。市新闻出版局指导皇塘镇、吕城镇完成乡镇影院建设任务，完成农村电影公益放映年度场次任务，皇塘镇蓝海影城完成转型升级试点任务，协调消防等部门对全市 12 家影院开展消防安全、疫情防控等专项检查，发现并整改问题隐患 30 余处。开展“双随机、一公开”检查，结合文明城市复检等开展专项检查，检查印刷发行企业 130 余家。组织开展全市新闻出版和电影行业管理工作会议暨安全生产和消防安全培训。江苏朝阳印务有限公司成功申报江苏省新闻出版发展专项资金。

（眭　杰）

【全民阅读】　2020 年，丹阳市加强阅读服务体系建设，建成三星级以上农家书屋 104 个，珥城村农家书屋被评为省五星级示范农家书屋，新培育丹北悦书坊等阅读新空间 6 个，初步形成覆盖城乡的市、镇（区）、村（社区）三级全民阅读服务网络。扎实开展全民阅读活动，开展“带一本好书回家过年”、第七届“书香丹阳”阅读节启动仪式等活动9场，向市民赠送书籍5000余册、书卡300余张、礼包1000余份。市电台开设“阅读时间”栏目，民政局等单位开展阅读关爱等活动600余场。市“扫黄打非”办公室联合云扬书城、新华书店开展为期12天的“绿书签”优惠购书活动，指导新华书店完成江苏书展分展场任务；举办农家书屋阅读示范推广活动，督促指导12个镇（区、街道）开展全民阅读推广活动，各镇（区、街道）结合新时代文明实践开展新型冠状病毒防护知识讲座等各类阅读活动750余场；开展全民阅读宣传，推进“江苏省农家书屋”微信公众号注册使用。在全市12个镇区张贴全民阅读宣传海报600张，发放调查问卷2万张，发送全民阅读公益短信110万条次，通过应急广播、电视滚动字幕、电视开机广告、户外大屏、“丹阳发布”等微信公众号开展集中宣传，结合公益电影、影院映前播放全民阅读宣传片，“学习强国”平台专题报道4篇，各类报道百余篇。（眭　杰）

【“扫黄打非”】　2020年，丹阳市加强基层站点建设，实现“扫黄打非”进基层规范化标准化示范点全覆盖，其中省级示范点2个、镇江市级示范点4个，云阳街道中山路社区申报省级“扫黄打非”进基层示范点。开展“绿书签行动”系列宣传活动，开设网络护苗小课堂，在“扫黄打非”基层站点、校园、书店张贴海报，结合全民阅读活动宣传“绿书签行动”。开展网上网下执法巡察，对全市所有镇区，33所学校周边出版物市场进行暗访检查，检查商户59家。开展“正道”“新风”集中行动，检查印刷企业、出版物发行单位、电影放映单位200余家次，收缴非法出版物145册，删除网络非法信息936条，取缔关闭网站1个，核处省扫黄打非办交办线索1起，办理“扫黄打非”案件4件。（眭　杰）

统 战 工 作

【概况】　2020年，丹阳市以习近平新时代中国特色社会主义思想为指引，认真贯彻落实中央、省委、市委关于统战工作的决策部署，真抓实干，积极进取，统一战线各项工作成效显著。发动全市统一战线成员和统战干部，开展抗击疫情系列活动，捐款捐物540.3万元。对民营企业、港澳台侨资企业摸排梳理，落实有关政策，助推民营企业复工复产。开展各类主题教育活动，举办十九届四中、五中全会精神讲座和党外人士培训班、基层统战干部能力提升班，深入学习和宣传贯彻习近平总书记关于加强和改进统一战线工作的重要论述。召开全市统战工作领导小组会议，将统战工作纳入年终高质量目标考核，与各镇（区、街道）签订责任状，制定《镇（区、街道）统战工作清单》《宗教工作责任清单》。调整市委统一战线工作领导小组、民族宗教工作领导小组、对台工作领导小组。印发《中共丹阳市委统一战线工作领导小组工作规则》《中共丹阳市委统一战线工作领导小组成员单位职责分工》，明确领导小组成员单位职责。配齐镇（区、街道）统战委员，建成智慧统战云平台，制定《民主党派、知联会、新联会工作积分奖励细则及资金使用管理办法》，落实市委常委与党外代表人士联谊交友制度、市政府部门与民主党派和无党派人士对口联系工作制度。制定完善民主党派、知联会和新联会《工作积分奖励办法》《经费使用管理暂行规定》，制定完善《丹阳市党外代表人士管理办法》《丹阳市党外代表人士综合评价体系》，探索建立党外代表人士履职管理新模式。开展“一党派一品牌”社会服务活动，连续10年开展“同心驿站”社会服务活动，开展2次社会服务。协助做好“盟员之家”“致公之家”“微侨家”建设，做好农工党换届工作。出台《关于构建新型政商关系的意见》，列出政商交往“正负两张清单”。在产业商会设立“纳税人之家”。建立领导挂钩行业商协会机制，定期走访调研商协会，解决实际困难。做好民营经济人士综合评价工作。出台《关于促进工商联所属商会改革和发展的实施方案》，开展“四好商会”创建活动。组建上海市丹阳商会。组织南京市丹阳商会、苏州市镇江商会与司徒镇杏虎村开展结对帮扶签约。组织部门和镇区开展经贸招商、文化交流、人才招引等活动。（王文韬）

图6 2020年11月11日，丹阳市召开丹阳归国留学人员座谈会暨丹阳市欧美同学会（丹阳市留学人员联谊会）成立大会（王文韬）

【全市统战工作会议】 2020年4月1日，丹阳市召开全市统战工作会议，总结2019年工作，部署2020年工作。会议指出，2019年，全市统一战线围绕庆祝新中国成立70周年，开展“不忘初心、牢记使命”主题教育，积极参与新时代文明实践活动，统一战线团结奋斗的共同思想政治基础更加巩固。（王文韬）

【建立乡贤库】 2020年，为进一步繁荣乡贤文化，铺就乡贤“回归、回乡、回报”之路，中共丹阳市委常委会把建立丹阳乡贤库作为10项重点工作之一，成立丹阳市乡贤库筹备工作领导小组，市委书记黄春年为第一组长、市长黄万荣为组长，市委统战部牵头主抓，市委、市政府各部门、镇（区、街道）参与，开展丹阳乡贤库的创建工作。市委统战部充分发挥组织优势、渠道优势、平台优势，广泛动员、积极摸排、多轮筛选，至12月底，丹阳在外乡贤库全面建成。乡贤库囊括全市17个相关部门，12个镇（区、街道），以及各类商（协）会、社会组织提供丹阳在外乡贤1370人，主要分为政治、经济、军事、科技、教育、文化、医卫、司法8个大类。1370名在外乡贤中，国内乡贤1308人，主要集中在北京、上海、广州、深圳、南京、苏州等地；海外乡贤62人，主要分布在美国、英国、澳大利亚、加拿大、日本、新加坡、荷兰等地。乡贤库的建设为广大乡贤投身家乡经济社会发展提供渠道，为丹阳市联系在外优质乡贤资源，助力家乡经济社会高质量发展提供基础性保障。（王文韬）

【打造智慧统战云平台】 2020年，丹阳市委统战部改革创新统一战线信息化工作模式，打造丹阳智慧统战云平台，构建起“大网络、大统战”的统一战线工作新格局。统战信息实行全方位覆盖。平台将丹阳的12类统战对象、统战团体、宗教活动场所及与统战工作相关的基础信息全部纳入，实现统战信息全要素管理。统战服务采用大数据分析。系统的最大亮点是“一云多屏”，社会大众可以通过电视端了解统战工作；统战对象可通过手机端进行民主监督、参政议政、学习提升和联谊交友；管理员可通过后台系统进行无纸化办公及统战大数据分析。统战工作“一站式”方案。系统以云计算、大数据、物联网、移动互联网、智慧城市信息技术为支撑，打通统战工作线上线下流程，以统战工作数据在线、服务在线、反馈在线全链条管理模式，实现集宣传、学习、服务、互动等功能为一体的“线上大统战格局”。（王文韬）

【新时代企业家精神传承师徒座谈会】 2020年5月，丹阳市在江苏肯帝亚木业有限公司举办新时代企业家精神传承师徒座谈会，深入贯彻落实镇江市新时代企业家精神师承计划，加大新老企业家的交流力度，传承和弘扬优秀企业家精神。镇江市政协副主席、工商联主席卢道富，江苏肯帝亚木业有限公司董事长郦海星，各民主党派人士、无党派人士出席座谈会。此次“师徒座谈会”是镇江市新时代企业家精神师承计划的具体行动，把新老企业家传、帮、带落到实处。更好发挥优秀企业家的引领作用，带动年轻一代企业家综合素质全面提升，全力推动经济社会高质量发展。（王文韬）

【新媒体人士同心社成立】 2020年7月2日，丹阳市新媒体人士同心社成立大会在市会展中心举行。会议审议通过《丹阳市新媒体人士同心社章程》《丹阳市新媒体人士同心社选举办法》，选举产生新媒体人士同心社理事会成员、社长、副社长、秘书长、监事长等。丹阳市委常委、统战部部长薛军民对同心社提出要求，丹阳市新媒体人士同心社是党联系广大新媒体人士的纽带，同心社将努力引导广大新媒体人士加强政治理论学习，用习近平新时代中国特色社会主义思想武装头脑，增强“四个意识”、坚定“四个自信”、做到“两个维护”，让广大新媒体人士紧密团结在党的周围。（王文韬）

【走访上海丹阳乡贤】 2020年10月17日，丹阳市委统战部对上海丹阳乡贤人士开展走访活动，丹阳市市长黄万荣参加走访活动并与部分上海丹阳乡贤人士进行交流座谈，70多位上海各行业各领域丹阳乡贤人士代表参加座谈会，与会代表就自身企业建设情况、对家乡经济发展的意见建议、积极支持帮助家乡经济社会发展、返乡就业创业设想等进行交流发言。（王文韬）

【重阳敬老活动】 2020年10月25日，由丹阳市委统战部主办，丹阳市各民主党派、知联会和新联会等单位联合承办“关爱父母、老有所依、爱满夕阳”重阳敬老活动在司徒镇丁庄村举行。活动为村民们提供医疗、法律、农业技术、金融安全、心理健康、医保政策等各类咨询服务，现场发放药品、专业书籍等，营造“尊老为德、敬老为善”的良好社会风尚，进一步展示丹阳市广大统一战线成员风貌，提升丁庄村民的幸福感和获得感。（王文韬）

图7　2020年10月25日，丹阳市委统战部在司徒镇丁庄村举办重阳节敬老活动（王文韬）

【建立民营经济统战工作协调机制】 2020年11月17日，丹阳市民营经济统战工作协调机制第一次会议召开，标志着丹阳市民营经济统战工作协调机制建立。会上，丹阳市委常委、统战部部长薛军民宣布“五送五助”（送服务，助发展；送政策，助落地；送科技，助创新；送法律，助诚信；送保障、助亲清）民营企业服务月活动启动，28家协调机制成员单位分管领导，各镇（区、街道）党（工）委统战委员，市委统战部、市工商联全体机关干部及市工商联所属商（协）会会长、秘书长出席会议。（王文韬）

【新的社会阶层人士眼镜智汇社成立】 2020年12月16日，丹阳市新的社会阶层人士眼镜智汇社成立大会在丹阳市国际眼镜城举行。会议听取《丹阳市新的社会阶层人士眼镜智汇社筹建工作报告》，表决审议通过《丹阳市新的社会阶层人士眼镜智汇社章程（草案）》《丹阳市新的社会阶层人士眼镜智汇社选举办法（草案）》，召开丹阳市新的社会阶层人士眼镜智汇

社理事会一届一次会议，选举产生理事会和领导班子。　（王文韬）

图 8　2020 年 12 月 16 日，丹阳市召开新的社会阶层人士眼镜智汇社成立大会　（王文韬）

·民族宗教工作·

【概况】　2020 年，丹阳市积极开展民族团结进步模范创建活动，解决少数民族群众实际困难。落实民贸企业政策回头看，推进民品生产贷款贴息的落实；推进清真食品补贴发放，实现全市回族等 10 个少数民族人口清真食品补贴全覆盖；做好丹阳市第六中学新疆班服务管理工作，抓好少数民族学生的思想道德和法制教育，严格把好学校食品卫生关。丹阳市第六中学被江苏省政府评为民族团结进步模范集体。以丹阳市凤美社区为依托，开展“红石榴家园”建设。召开全市民族宗教工作领导小组会议，研究全市民族宗教工作。创新“互联网＋宗教”方法，利用统战云平台实现管理和服务。创新完成《宗教规范管理 12345》，首创《关于规范宗教活动场所、民间信仰场所相关事项管理的暂行办法》，破解“松、散、弱”问题。推行财务管理“四统一五不变”，连续 4 年联合会计事务所对各宗教场所开展财务审计。出台《丹阳市宗教场所安全专项整治方案》，引入第三方检查，共检查出安全隐患 382 条，整改率 100%。制定《关于宗教法律法规知识宣传的方案》，在访仙镇 11 个行政村开展宗教法规宣传试点。开展基层宗教防范邪教专题讲座、反邪教电影展播和新时代文明实践活动，在宗教活动场所开辟专栏，加大反邪教宣传。出台《关于加强和改进丹阳市宗教团体建设意见》，抓好宗教团体职能建设。　（王文韬）

【国家安全宣传教育活动】　2020 年 4 月 15 日是第 5 个全民国家安全教育日。丹阳市民族宗教领域围绕“坚持总体国家安全观，着力防范重大风险”主题开展宣传，通过微信群向教职人员和信教群众发送宣传信息，在宗教活动场所悬挂横幅、展板等 16 余幅，通过电子显示屏循环播放宣传标语，提高教职人员和信教群众国家安全意识，增强教职人员和信教群众国家安全责任。　（王文韬）

【宗教活动场所安全工作培训班】　2020 年 8 月 25—26 日，丹阳市举办宗教活动场所安全工作“五个一”（开展一次集中理论宣讲，开展一次集中警示教育，开展一次集中应急演练，开展一次集中社会宣传，开展一次集中安全培训）活动培训班，丹阳市委常委、统战部部长薛军民作动员讲话。全市 5 大教宗教团体和全市所有宗教活动场所负责人 70 余人参加培训。培训班通过理论宣讲、警示教育、应急演练、社会宣传和安全培训，培养一支讲安全、懂法规、会宣传、能应急的宗教教职人员队伍，为丹阳宗教活动场所安全打好基础。培训班邀请丹阳市应急管理局、市消防大队、赛福特安评公司专家就安全知识、安全管理、疏散逃生常识等作讲解，观看安全警示教育片，在海会寺进行应急疏散演练。　（王文韬）

【实施宗教活动场所和民间信仰场所规范化管理】　2020 年 8 月，丹阳市对标宗教事务管理规范化、正规化要求，根据基层宗教治理面临的新情况、新特点，经过调查研究，充分征求各镇（区、街道）和宗教团体意见，出台《关于规范宗教活动场所、民间信仰场所相关事项管理的暂行办法》。该“办法”共4章18条，主要针对宗教活动场所和民间信仰场所日常管理中的薄弱环节和监管“盲区”，从财务管理、安全管理、建设管理、分类管理4个方面进行明确和规范，为各个场所进行规范化、正规化和精细化管理提供依据，为各镇（区、街道）进行宗教活动场所和民间信仰场所管理提供基本抓手。（王文韬）

【少数民族工作】 2020年，丹阳市以强化少数民族流动人口服务保障为重点，突出抓好少数民族服务体系建设，不断提高新时代民族工作水平，维护和发展民族团结的良好局面。搭建少数民族服务网络。以民族团结进步模范创建活动为契机，以民族工作示范社区建设为载体，在社区、学校、企业等打造少数民族服务阵地，形成多层次全覆盖的社会化管理服务网络，推动民族政策和民族团结宣传走进基层。打造少数民族团结样板。积极抓好丹阳市第六中学新疆班学生的管理教育，丹阳市第六中学被江苏省政府评为民族团结进步模范集体；充分发挥财政贴息资金和补助资金的引导作用，民贸企业通泰纺织每年享受贷款贴息30余万元；指导省民族工作示范社区——凤美社区高标准开展双向服务，妥善解决少数民族群众的生活困难，拉近少数民族群众与社区的距离。把握少数民族工作重点。为妥善解决丹阳市少数民族群体子女入学问题，丹阳市民宗局主动与教育部门对接协调，为10名少数民族打工人员解决子女入学问题。8月，为1名严重烧伤的少数民族群众积极争取慈善救助资金3万余元。（王文韬）

【民族宗教工作领导小组会议】 2020年11月17日，丹阳市召开全市民族宗教工作领导小组会议。丹阳市委常委、统战部部长薛军民，丹阳市委统战部中层以上领导，市民族宗教工作成员单位分管领导，各宗教团体负责人，各镇（区、街道）统战委员参加会议。会议对2020年民族宗教工作进行总结，对下一阶段宗教场所正规化管理、“平安夜”“圣诞节”安保和疫情防控3项重点工作进行部署，提出具体要求。（王文韬）

•对台工作•

【概况】 2020年，丹阳市以习近平新时代中国特色社会主义理论为指导，认真贯彻中央和省委、市委对台工作的部署要求，把对台工作大局和服务丹阳中心工作紧密结合，努力开创全市对台工作新局面。严格落实境外输入型疫情防控工作要求，严把入口关、坚守生命线，确保涉外疫情零案例。围绕全市重点台企的复工复产情况进行深入走访调研，指导企业员工疫情防控工作，保障丹阳市台企经营生产回到正轨。在端午节、中秋节、元旦等节假日期间对台商台胞台属进行走访慰问；积极打造新的对台活动平台阵地，举办各类联谊活动，进一步增进同胞情谊。重视台湾青年工作，突出“提供信息、协调关系、排忧解难”，提升台胞归属感和认同感。坚持将解读惠台政策作为一项长期工作，广泛宣传惠台政策信息，鼓励台企挂牌上市。（王文韬）

【台商协会座谈联谊活动】 2020年7月17日，丹阳市台商协会举行年中座谈联谊活动。丹阳市消防大队工作人员围绕涉企消防安全重大问题和注意事项进行深入讲解，提高丹阳台企对消防安全的重视程度，并现场解答台商提出的消防安全问题。各台商围绕上半年疫情影响和企业经营状况开展交流沟通，进一步坚定企业发展信心。（王文韬）

【“台青驿站”活动基地挂牌】 2020年8月5日，丹阳市台办与江苏新视客光电科技有限公司共同在“然逅·茶空间”举行“台青驿站”活动基地挂牌仪式。“然逅·茶空间”是集茶道品鉴、读书交流、古琴插花欣赏等活动于一体的现代茶室，成立“台青驿站”活动基地是为适应新时代台湾青年休闲交流和活动需求，为台青工作以及海外统战工作提供工作阵地。

（王文韬）

图 9　2020 年 8 月 5 日，丹阳首家“台青驿站”活动基地正式挂牌　　（王文韬）

【镇台学子夏令营活动】　2020 年 8 月 2 日，镇江市台办、丹阳市台办联合举办“镇青春，少年行”镇台学子夏令营活动。40 余名在镇江就读的台湾籍学生和镇江籍学生代表，在丹阳市丹凤实验小学举行夏令营活动。活动参观传统民俗文化馆，学生们对传统生活器具和手工艺品开展讨论交流，参加包括传统泥塑制作、剪纸、软笔书法、儿童画等多个兴趣班。通过活动让学生深入了解传统文化和民俗风情，拓展实业，增长见识。（王文韬）

【青年联谊会】　2020 年 8 月 22 日，“齐梁雅韵・七夕月映千年”青年联谊会活动在丹阳市水中仙东方会馆举行。丹阳台协组织台企单身青年和全市机关企事业单位青年相聚一堂，共度周末。针对丹阳部分台资企业中青年存在“交友难”“婚恋难”等问题，丹阳台协组织此次青年交友联谊活动，为广大台企青年朋友提供一个相互认识、发展友谊、收获爱情的平台。（王文韬）

・侨务工作・

【概况】　2020 年，丹阳市认真贯彻落实市委十三届八次全会，省、市侨联全委会议精神，工作有序推进，各项工作取得阶段性的成绩。召开市侨联五届九次全委会议，集中学习习近平新时代中国特色社会主义思想、习近平关于侨务工作重要论述，学习贯彻中国侨联、省市侨联全委会议精神，增进全市侨界的政治认同、实践认同和情感认同，增强全市侨界推动高质量发展的信心和定力。开展春节侨界走访慰问活动，广泛宣传市委十三届八次全会精神，使全市重点侨界代表人士对全市经济社会发展情况和市侨联工作有进一步了解。发动全市侨界人士积极参与抗击疫情斗争。指导涉侨社团扎实开展联谊活动，帮助企业应对疫情造成的冲击，加快会员企业转型升级步伐。开展《中华人民共和国归侨侨眷公益保护法》颁布实施 30 周年纪念和侨界视察活动。积极践行涉侨纠纷多元化解机制，积极维护涉侨合法权益。进一步优化侨联委员结构，增补侨联委员 1 名、兼职副主席 1 名，聘请侨联顾问 3 名。将党建工作与侨务工作相结合，进一步激发党员意识，发挥党员的先锋模范作用。市侨联结合农村人居环境整治进行志愿服务活动，投入资金 1.5 万元，在第三党支部所在地司徒镇尤区村完成“排水沟渠整治”为民实事共建项目。侨企丹阳龙江钢铁有限公司向丹阳市新冠疫情防控工作指挥部捐赠 200 万元。丹阳市侨办认真落实执行《江苏省“三侨考生”身份认定暂行办法》，按最新政策规定落实好办理和答复三侨考生认定工作，落实解决台商子女在丹阳的升学和考试加分问题。（王文韬）

【市侨联五届十次全委会议】　2020 年 11 月 27 日，丹阳市侨联召开五届十次全委会议。会议集中学习党的十九届五中全会精神，增补市侨联委员3名、副主席2名、秘书长1名。市委常委、统战部部长薛军民出席会议并讲话。薛军民肯定市侨联取得的成绩，并从近期重点工作安排及明年工作谋划两个方面提出要求和建议。市委组织部及市侨办有关领导参加会议。

（王文韬）

【政（侨）企对接联谊活动】 2020年6月12日，丹阳市委统战部、丹阳市侨联组织全市涉侨重点企业举行政（侨）企对接联谊活动。邀请镇江市侨联、科技局、商务局等部门领导，就涉侨政策、科技人才政策和对外投资政策等进行专题解读，与会涉侨企业负责人分别针对各自企业生产经营特点开展咨询提问。活动为涉侨企业与政府职能部门面对面搭起交流沟通平台，拉近政（侨）企距离。 （王文韬）

机关党建工作

【概况】 2020年，丹阳市级机关工委贯彻落实习近平新时代中国特色社会主义思想，围绕市委十三届八次全会、全市效能革命动员大会和全市组工会议部署，以党的政治建设为统领，以提升组织力为重点，以模范机关创建和“效能革命年”系列活动为抓手，聚焦“围绕中心、建设队伍、服务群众”核心任务，推动机关党建、作风效能建设和业务工作深融互促。召开机关党建工作片会1次，梳理重点党建工作任务清单15项；全年有2个党总支、16党支部进行换届选举，支部“三会一课”制度规范有序，“五事联动”主题党日活动不断深化，19个支部获评优秀案例；成立机关党委8个、党支部5个、党小组116个；获评2019年度“四星”支部11个，指导2个支部机关特色党建活动阵地建设。 （束利伟）

【政治建设】 2020年，丹阳市级机关工委聚焦“两个维护”，突出政治机关属性，把旗帜鲜明讲政治的要求贯穿到机关党建工作、作风效能建设全过程。学习贯彻习近平新时代中国特色社会主义思想，巩固深化“不忘初心、牢记使命”主题教育，推动学习宣传贯彻习近平新时代中国特色社会主义思想往深里走、往实里走、往心里走。深化理论武装，丰富初心学院教学内容，增设《疫情下的中国制度优势》等精品课程。组织机关党员干部开展教育培训，提升党员干部队伍素质，增强政治上的敏锐性和鉴别力。注重在贯彻市委决策部署、完成急难险重任务中淬炼党员政治能力。疫情防控期间，组织机关党员干部千余人分三批次下沉到60个村（社区）参与疫情防控志愿服务。

（束利伟）

【效能革命年活动】 2020年，丹阳市以“效能革命年”为主线，聚焦重点工作，优化服务提质效。疫情防控初期，市级机关工委及时发出《关于在疫情防控战中凸显过硬作风的通知》。抽调22名作风效能观察员到防疫一线，对机关干部参与社区防控情况进行明察和暗访，对畏难怕苦、敷衍应付的人员进行批评教育，对冲锋在前、主动担当的先进事迹，推荐到“学习强国”“江苏大走访”“镇江先锋”“丹阳党建”等媒体进行广泛宣传。3月下旬，针对经济发展局、应急管理局、住建局、自然资源和规划局、生态环境局5家涉企部门，开展“服务项目提效能”专项行动。组织5家单位共370余名中层以上机关干部，分别对44名单位领导干部、130个职能科室进行问卷、测评和调查工作；抽调40名观察员，抽取12个镇区近3年来有新投资项目的100家企业进行“百企问政”走访，共收集汇总涉及5家单位意见建议28条。发出《关于在服务窗口中开展“四亮四评”活动的通知》，梳理明确46家服务窗口参与“四亮四评”（亮工作身份、亮岗位职责、亮办事流程、亮服务承诺，单位自评、窗口互评、群众广评、工作综评）活动，将评选成绩纳入年底优质效能服务窗口评选和高质量发展考核，从制度层面不断引导全市窗口服务更加文明规范、快捷高效。制定《开展作风效能问题“自查自纠”活动的通知》《深入查找和解决“中梗阻”问题不断优化发展环境》等文件，要求各单位围绕履职不力、作风不实、效能不高、纪律不严等5方面问题，形成本单位“作风效能问题清单”，并明确整改措施和时效，限期销号整改。出台《作风效能观察员“点单制”明察暗访制度》，共抽调50名观察员，完成城管局等38家单位申请的“点单”暗访，查纠反馈34起违反工作纪律问题。完成3次常规暗访，抽调48名观察员，组成24个暗访组，对全市73家市级机关和镇区单位进行暗访，发现违反工作纪律问题59件，通报全市，并向涉及问题单位发放交办函，督促核查处理。开展2020年度作风效能“十佳服务品牌”创建活动，引导各单位围绕机关作风效能建设，总结提炼好的经验做法，逐步形成特点鲜明、实效明显、口碑良好、影响广泛的服务品牌。从75家单位上报的品牌中初步筛选出“20强”，以现场评审会的形式选出“十佳品牌”。（束利伟）

巡察工作

【概况】　2020年，丹阳市委巡察工作坚持以习近平总书记关于巡视工作重要讲话、指示精神以及巡视工作方针为根本遵循，把“两个维护”作为根本政治任务，围绕“三个聚焦”监督重点，坚定不移深化政治巡察。全年共组织开展3轮巡察，对29家市级机关部门和3个镇所辖34个村（社区）党组织开展巡察，对2家单位党组织开展巡察“回头看”，共发现问题429个，推动立行立改问题34个，提出巡察建议117条，移交问题线索39条，向市委、市政府提交专题报告14份。（陈　羽）

【巡察全覆盖】　2020年，丹阳市十三届市委组织完成11轮巡察，实现对市委管辖的72个党组织巡察全覆盖。巡察中坚持政治巡察不动摇，扎实开展政治监督，从“三大问题”（党的领导弱化、党的建设缺失、全面从严治党不力）到“六围绕一加强”（围绕党的政治建设、党的思想建设、党的组织建设、党的作风建设、党的纪律建设和夺取反腐败斗争压倒性胜利6个方面，开展巡视巡察监督，同时加强对巡视巡察整改情况的监督检查），再到“三个聚焦”（聚焦基层贯彻落实党的路线方针政策和党中央决策部署情况；聚焦群众身边腐败问题和不正之风；聚焦基层党组织软弱涣散、组织力欠缺问题），不断聚焦监督重点、改进监督方式、提升监督质效，助推丹阳市高质量发展。11轮巡察共发现问题2505个，推动落实整改2254个，巡察反馈满1年整改率为98.4%，建章立制1012条，挽回损失2148.3万元；移交问题线索258条，推动立案查处94件，运用第一种形态处置114件，给予党纪政务处分121人。（陈　羽）

图10　2020年11月19日，丹阳市十三届市委第十一轮巡察工作动员部署会召开（陈　羽）

【巡察整改】　2020年，丹阳市委强化对巡察整改工作的组织领导，集中交办整改事项，压实各相关整改主体责任，高位推动巡察整改。被巡察党组织把抓整改融入日常工作、融入全面从严治党、融入班子队伍建设，以实际行动践行“两个维护”；分管市领导履行全面从严治党“一岗双责”，既管业务，也抓分管部门巡察整改工作，以实际担当推动各项工作转型升级；相关职能部门对主管行业突出问题牵头整改，完善制度，深化标本兼治，以实际成效增强基层治理能力和水平，市委集中交办问题71个、重点整改事项6个，推动解决自然资源和规划局下属单位和企业监管、融媒体中心财务管理、农村组务公开等方面存在的突出问题。

（陈　羽）

【巡察“回头看”】　2020年，丹阳市委巡察工作认真贯彻落实上级巡视巡察部署要求，在第九轮巡察中对2家单位党组织开展巡察“回头看”，重点围绕被巡察党组织整改责任落实、问题整改效果、长效机制建立等开展监督检查，既看整改落实情况，严防老问题反弹，又查找发现新问题，通过再发现、再震慑、再整改，督促被巡察党组织将问题改到位、改彻底，打破侥幸过关心态，把严的主基调长期坚持下去。巡察“回头看”共发现被巡察党组织存在整改工作不严不实等问题36个、发现并移交问题线索8条。（陈　羽）

党校工作

【概况】　2020年，丹阳市委党校始终坚持党校姓党原则，紧紧围绕市委市政府工作大局和党校全年工作计划，扎实开展各项工作，持续打造服务型党校，为推动丹阳市高质量发展做出应有贡献。全年举办全市第三期乡科级领导干部“新时代新担当新作为”能力建设研修班、第十五期中青年干部培训班等7期主体班次，共培训党员、干部682人次，得到组织部门和参训学员好评；举办专题班6期，共培训干部771名；承接外培班5次，服务学员238人；提供会议场地租赁43场次，服务5820人次。组织常规试讲、红色课堂试讲、十九届五中全会精神试讲以及镇江党校系统赛课试讲等39场试讲，通过试讲的成熟专题共15个；受新冠疫情影响，外出宣讲场次有所减少，赴基层单位宣讲81场次；组织6名教师参加镇江党校系统青年教师赛课，获一等奖1名、二等奖2名、三等奖1名；组织参加市委组织部、团市委组织的“青年论坛”演讲比赛，1人获二等奖。积极开展科研调研活动，发表学术论文25篇；紧紧围绕市委领导和人民群众密切关注的热点难点问题开展调研，申报并立项省社科联课题1项、省委党校课题3项、镇江市社科联社科应用研究课题3项、大运河文化带建设课题1项、镇江党校2020年课题9项、市政法委课题1项、市委联合调研课题及市政协课题4项、镇江市委宣传部课题6项、校级课题12项；向市领导和重要部门呈送《观察思考》5期，其中3篇获得市领导批示；市委内刊《丹阳研究》和市政府内刊《政务参考》共刊发教师调研文章6篇；成功举办高水平全面建成小康社会理论研讨会；组织参与镇江市委党校关于十九届五中全会理论研讨征文活动，获一等奖1名、二等奖2名、三等奖2名；与市委办合作成立“智库”，13名教科研人员参与联合调研。加强青年教师队伍建设，组织教师参加镇江骨干教师业务培训，到北京学习党的十九届五中全会精神；充分利用新时代文明实践中心、现场教学、送教到基层等平台，开展理论宣讲。多措并举推进作风效能建设走向深入，印发《关于开展“效能革命年”活动的实施方案》，召开作风效能建设推进会，成立校内作风效能建设督查小组，常态化开展督查、通报，不断完善相关制度，实现作风效能建设规范化、长效化。（冷珊珊）

【省委党校到丹阳党校考察调研】　2020年11月19日，江苏省委党校二级巡视员、学员处处长王启发一行到丹阳市委党校，就《中国共产党党校（行政学院）工作条例》贯彻落实情况开展专题调研。镇江市委党校副校长姚海荣、丹阳市委党校常务副校长贺建涛陪同调研。调研组一行实地察看丹阳国际眼镜城特色产业教学基地、总前委旧址党性教育基地，座谈听取工作汇报。（冷珊珊）

【“江苏高水平全面建成小康社会”理论研讨会】 2020 年 10 月 23 日，丹阳市委党校召开“江苏高水平全面建成小康社会”理论研讨会，全体教师积极参加，并结合丹阳实际，从不同角度阐述自己的观点。副校长虞伟指出，2020 年是全面建成小康社会的收官之年，是实现第一个百年奋斗目标的决胜之年，也是脱贫攻坚战的达标之年，在这个时间节点，市委党校以理论研讨会的方式向全面建成小康社会所取得的成就献礼，意义重大。同时，他希望在建党 100 周年之时，党校教师能够用更加优秀的成果来为党庆生。（冷珊珊）

图 11　2020 年 10 月 23 日，丹阳市委党校召开“江苏高水平全面建成小康社会”理论研讨会（冷珊珊）

史 志 工 作

【概况】 2020 年，丹阳市史志工作围绕市委、市政府工作中心，坚持本职工作和疫情防控两手抓，以“资政、存史、育人”为根本任务，履行史志工作职责，完成党史、地方志的宣传、挖掘、编纂各项工作计划。启动《丹阳乡贤》和《高水平全面建成小康社会丹阳实践录》的编纂工作；做好《丹阳工商业与工商界名人》发行工作；有序推进《丹阳年鉴》《中共丹阳党史（三卷本）》编纂工作；充分发挥革命陈列馆宣传教育平台作用，全年共接待各类参观团体达 75 批次；围绕抗击疫情举办“全民战疫——丹阳市抗击疫情大型纪实摄影展”；通过“六进”活动宣传党史国史地方史；开展送《丹阳工商业与工商界名人》到乡镇、村、机关、学校活动，共送 200 余册；送全民“战”疫大型纪实摄影展进乡镇巡展。（周　俊）

【启动《丹阳乡贤》编纂工作】 按照市委主要领导“地方志要主动为社会发展服务”的指示要求，2020 年，丹阳市启动《丹阳乡贤》编纂工作，至年底，完成《丹阳乡贤》编纂大纲的制定。大纲分四章，预计全书 80 万—100 万字，初选入书乡贤 770 人。该书将全面、系统地介绍丹阳历史上，特别是新中国成立以来，为丹阳“四个文明”建设做出贡献的贤人名士，以其爱国爱乡的情结激发丹阳人民建设美好丹阳的热情，为丹阳经济和社会发展作贡献。（周　俊）

【编纂《高水平全面建成小康社会丹阳实践录》】 2020 年，丹阳市启动《高水平全面建成小康社会丹阳实践录》编纂工作。该书由中共丹阳市委、丹阳市人民政府主编，丹阳市委组织部、丹阳市史志办承编，客观记录丹阳在高水平全面建设小康社会中涌现的先进事迹、典型人物、经验做法，激励和鞭策全市干部群众为全面建成社会主义现代化强国勇担当、敢作为。本书内容上溯到 20 世纪 90 年代，下限为 2019 年，部分内容延伸至 2020 年，设 9 章 40 目。已组织 8 人编纂团队，完成大纲编写，

年底完成资料收集、资料长篇工作。（周　俊）

【举办“全民战疫”大型图片展】 2020年7月1日，由中共丹阳市委宣传部、丹阳市史志办、丹阳市档案馆联合主办的《全民战疫》大型摄影图片展在丹阳革命陈列馆正式开展，丹阳市委、市政府各部门、镇（区、街道）干部及市民群众参加观看。该图片展分4个部分，35块展板，共展示抗疫图片600余幅。再现了全市上下万众一心、众志成城、共克时艰的抗疫场景，影响面广、反响热烈，提振了全民抗疫的必胜信心。图片展为期2个月，全市共5000余人观展。（周　俊）

图12　2020年7月1日，“全民战疫”大型纪实图片展在丹阳革命陈列馆开展

（周　俊）

【《丹阳年鉴（2020）》出版发行】 2020年11月，《丹阳年鉴（2020）》由凤凰出版社正式出版。全书全面、客观地反映2019年丹阳市政治、经济、文化、社会、自然等方面的基本面貌、发展状况，系统、翔实地记载各行各业取得的新进展、新成就、新经验，出现的新矛盾、新问题以及新探索、新做法。全书共92.5万字，采用分类编纂法，设35个类目、151个分目、77个次分目、1217个条目，并配备图照、表格，为机关、团体、厂矿、企事业单位及社会各界了解、认识、推介丹阳提供全面、准确、权威的信息资料，也为编纂各类史书积累史料。（周　俊）

【《丹阳工商业与工商界名人》发行】 2020年，《丹阳工商业与工商界名人》由江苏人民出版社出版发行，该书全面记载1840—2016年丹阳工商业发展历程。丹阳市委书记黄春年担任编纂委员会主任并以“传承丹阳百年工商魂砥砺前行追梦新时代”为题为该书作序。《丹阳工商业与工商界名人》全书共605页、82.2万字，由大事记、专志、附录3部分组成。专志分设晚清与民国工商业的兴衰、新中国成立后工商业的发展、1992年以来工商业的昌盛、工商界名人4个章节，记载丹阳工商业所取得的成绩以及工商界企业家所作出的贡献。其中，“工商界名人”共收录丹阳自民国时期到2016年间的71名创业者的“致富经”，其中民国实业家7人、全国乡镇企业家9人、江苏省乡镇企业家14人、产业精英41人。《丹阳工商业与工商界名人》由市委、市政府牵头编著，全书从拟定方案到着手编纂，历时近3年时间。（周　俊）

档案工作

【概况】 2020年，丹阳市开创档案工作科学发展新局面。接收原练湖农场劳资档案460卷（合4600件）、2019年度全市婚姻档案9479件、土地确权档案703300件。馆藏各类档案总量2122450件。扫描数量298127页，总计890万页，占馆藏总量的91%。查档接待1532人次，调阅档案2300余件，为群众免费打印复印档案8000余页。征集魏氏、施氏、林氏、姜氏、储氏等新修续修家谱及老谱扫描件119册。向社会各界发布征集疫情档案公告，共征集反映丹阳人民抗疫、援鄂医护人员珍贵照片152张、小视频6段。编纂出版《丹阳姓氏寻

踪》第六辑、《镇江朱氏研究文集》第三辑。市档案馆获“全省档案宣传工作三等奖”，连续 14 年被评为丹阳市“党建工作先进党组织”。 （张孟然）

【档案规范化建设】 为持续推进档案规范化建设，2020 年，丹阳市坚持党管档案原则，以推动档案事业高质量为目标，积极推进体制机制创新，将档案工作纳入全市机关和镇（区、街道）高质量发展考核内容，用考评启动机关档案工作提档升级机制。积极配合市委办部署，认真做好业务指导、信息化指导及软件维护，积极指导等级复查和星级申报单位档案工作。先后 2 次开展现场观摩和经验交流会，学习先进单位做法和经验，解读《机关档案管理规定》，以上率下，形成示范引领。 （张孟然）

【推进全程便民查档】 为全面推进全程便民查档工作，2020 年，丹阳市档案馆协同市委办（市档案局）对丹阳市 6 个镇区、街道开展远程便民查档工作调研。详细了解各地档案室查档场所、人员配置、网络建设等现状，以及便民服务工作开展情况。针对前期试点乡镇所发现的问题，与各地分管领导和档案工作人员现场沟通交流，逐条梳理分析。抓住乡镇设立审批中心机遇，在全市 10 个乡镇便民服务中心开设查档窗口，并在其余镇区稳步推进。 （张孟然）

【档案宣传活动】 2020 年，丹阳市档案馆积极开展宣传活动。5 月 28 日，档案馆与教育局合作，开展“档案见证小康路”征文比赛，收到征文 113 篇，分小学、初中和高中 3 个组别，评出获奖征文 40 篇。6 月 8 日，联合全市主流媒体和网站，围绕“档案见证小康路、聚焦扶贫决胜期”主题，利用档案中的老照片、老物件制作反映小康路上城市发展、社会变迁的抖音视频，营造宣传氛围。在《丹阳日报》刊登专版，介绍档案工作并发布公告面向社会各界征集抗击新冠肺炎疫情防控工作档案资料。以电视新闻报道方式播出“6·9 档案日”活动内容。开展“我们共同的记忆——走进档案馆”丹阳帮手机直播，带网友云上参观档案馆，回顾丹阳历史，传播档案知识、档案文化，直播吸引 7000 余人次参与观看，扩大档案工作影响力。6 月，举办“档案见证小康路、聚焦扶贫决胜期——1122 镇江脱贫工程档案见证”主题展，组织机关工作人员观看展览。开设每周一期《档案之声》广播栏目，普及档案知识，邀请基层档案员录制档案公益宣传广播。 （张孟然）

图 13 2020 年 6 月 12 日，丹阳市举办“档案见证小康路、聚焦扶贫决胜期”档案主题展 （张孟然）

老干部工作

【概况】 2020 年，丹阳市离休干部总数 104 人。其中，机关单位离休干部 37 人，事业单位离休干部 39 人，企业单位离休干部 28 人，抗日战争时期 15 人，解放战争时期 89 人，另有条线直管的离休干部 9 人，易地安置的代管离休干部 3 人，原四套班子老领导 48 人。建有 104 个离退休干部党支部。

老干部工作紧紧围绕“让党让放心，让老干部满意”工作目标，统筹推进“疫情防控和老干部工作”两大任务。全面落实加强离退休干部政治建设的文件精神，引导老干部旗帜鲜明讲政治；举办全市老干部理论学习培训班、十九届五中全会精神宣讲报告会，组织收看“离退休干部工作”网上专题报告会，推动银发宣讲团进基层开展“流动送学”，宣讲中央全会、抗美援朝、抗疫精神，传播党的新思想等。组织全市老干部支部书记到丹徒世业洲重走习近平总书记视察路线，感悟新思想的实践力量；开展“畅谈奔小康、共话建党史、助力加速跑”等主题党日活动180余场次，12个支部活动入选镇江百佳优秀案例。完成3年创建计划目标，实现全市99个支部达标建设“全覆盖”，创成省级示范支部1个、镇江级示范15个、丹阳级示范25个。强化组织设置创新，通过推行在职党支部与离退休干部党支部“1+1”并行设置模式，在政法委、史志办等9个单位建立建制性党支部，推进老干部党支部“应建尽建”“全面覆盖”，获评江苏省离退休干部党建创新案例。投入300余万元，按照“一个宽敞明亮的学习阵地、一套规范的老干部工作制度、一面红色党建展示墙、一件配套的电教设施、一支奉献作为的志愿队伍”标准打造政治生活室，实现政治生活室“全覆盖”。建立86个网上党支部，通过线上线下相结合开展活动；指导24个支部按期完成换届工作，新选出支委72人。（张建平）

【“银发生辉”工程】 2020年，丹阳市深化“银发生辉”工程，按照组织化管理、项目化运作、品牌化发展、长效化推行的思路，组织6支志愿服务队，推进“理论宣讲、春风化雨”“文艺宣传、弘扬风尚”“科技下乡、振兴乡村”“法润万家、助力治理”“医疗科普、健康惠民”“老少牵手、护航成长”6大行动，培育打造“银耀曲阿”志愿服务品牌。全年开展志愿服务活动500余场，得到社会各界肯定。“镇江好人”姜听听生前捐善款、身后献遗体，把大爱留在人间的事迹在《中国老年报》刊登。徐腊虎等10位老干部获镇江正能量先锋称号；离休干部王良弼、陵口镇银发树人志愿服务分队、吕叔湘中学“结对助学，圆梦成长”和冷金华团队“乡土文化保护”志愿项目获镇江市“最美系列”志愿服务优秀奖项。（张建平）

【老干部活动中心启用】 2020年10月24日，丹阳市老干部活动中心投入使用。该中心投资2300万元，建筑面积4238平方米，设有图书阅览室、棋牌室等13个功能场所，是集政治学习、健身娱乐等6大功能为一体的多功能老干部活动阵地。按照“政治、文化、服务”3大中心建设要求，建立政治生活中心，打造党建教育阵地，全年18批次离退休干部前往中心接受党性教育，12个社团非建制党支部和10个机关党支部进入中心开展组织生活。（张建平）

【老干部服务管理】 2020年，丹阳市全面做好疫情常态化的离休干部服务工作，建立“1+10”联系制度，包干服务离休干部，以上门、电话、微信等多种方式，为老干部提供亲情化、精准化服务。全面做好走访慰问工作，做到“日常访”与“节日访”相结合，对118位离休干部普遍进行1次以上的上门走访。在高温暑期、抗战胜利日、抗美援朝胜利70周年，市老干部局领导带队上门对老干部进行走访慰问。全面提升“三有一落实”（有就医绿色通道、有签约家庭医生、有医疗特困帮扶机制，落实好离休干部提高享受医疗待遇政策）工作，督促医院、护理院在落实好防控措施；发挥绿色通道作用，对离休干部陪护人员、家属和亲人从优照顾，对定点医院和签约服务团队加大考核力度，确保离休干部看病就医优质高效。（张建平）

丹阳市人民代表大会

栏目编辑 陈春芳

市人大常委会领导分工

李忠法，市人大常委会党组书记、主任，分管市人大常委会办公室工作。

马耿良，市人大常委会党组副书记、副主任，分管市人大常委会财政经济工作委员会、老干部工作。

周爱仙，市人大常委会党组成员、副主任，分管市人大常委会法制委员会、监察和司法工作委员会工作。

符红海，市人大常委会党组副书记，分管市人大常委会人事代表联络工作委员会工作。

韩静慧，市人大常委会副主任，分管市人大常委会社会建设委员会、教育科学文化卫生工作委员会工作。

蔡国璐，市人大常委会党组成员，分管市人大常委会农业和农村工作委员会工作。

束瑞成，市人大常委会党组成员，7 月份开始分管市人大常委会环境资源城乡建设工作委员会、信访工作。

陈龙，市人大常委会党组成员，11 月份任市人大常委会党组成员。 （丁晓霞 钟 鸣）

综 述

【概况】 2020 年，丹阳市人大常委会突出“发展”和“民生”两大主题，共举行常委会会议 7 次、主任会议 12 次，听取和审议“一府一委两院”专项工作报告 18 项，作出决议、决定 6 项，开展执法检查 4 次、视察调研活动 45 次，有力推进全市经济社会发展和民主法治建设。

市委专题召开人大工作会议并出台指导性文件，全年向市委请示报告 10 次；开展疫情防控活动，累计捐款捐物 800 余万元，参与企业复工复产，收集有关复工复产建议 120 余条；抓住精准扶贫建议办理情况，开展人大代表活动，代表主动认领贫困户 150 余户；开展《中华人民共和国安全生产法》《中华人民共和国安全生产条例》执法检查，推进重要建议办理；围绕“十四五”规划，提出合理化建议 160 余条；行使重大事项决定权，对 6 个重大事项依法作出决议决定，全年依法任免国家机关工作人员 59 人次。开展上半年经济社会发展情况政情通报，主任会议视察重点产业类项目推进，组织代表视察练湖生态新区情况；围绕“十三五”规划目标完成情况，加强对年度国民经济和社会发展计划及财政预算执行的监督，听取和审议财政预算执行审计工作和审计问题整改报告，专题审议市国有资产管理情况；开展《中华人民共和国土壤污染防治法》执法检查，组织代表视察长江丹阳段保护工作、生活垃圾焚烧发电厂项目；专题审议省级现代农业示范园区建设情况，听取农村二级沟长效管护工作，开展《中华人民共和国农产品质量安全法》执法检查；开展《中华人民共和国中医药法》执法检查，视察养老机构食品安全和殡葬改革工作。

审议公共文化服务体系建设情况，视察体育工作。突出专项评议，持续开展“依法行政、公正司法”专项评议，对5个部门进行述职评议，组织22名员额法官、员额检察官述职；开展执法检查6次，配合上级人大立法调研5次，提出立法建议20余条；对“知识产权专项资金管理办法”等8件规范性文件进行备案审查。全年共处理群众来信来访35件次，依法化解矛盾、维护社会稳定；全年邀请专家教授培训各级人大代表725人次；全市391名各级人大代表到31个选民接待点接待选民；评选出先进代表小组6个、优秀代表小组组长10名、优秀人大代表32名、优秀代表建议13件；代表小组开展活动53次；组织21名镇江市人大代表报告履职情况，各镇（街道）组织74名市人大代表、181名镇人大代表述职；十七届人大四次会议期间146件议案建议全部办理完毕，代表满意和基本满意率100%，解决率59.7%，其中重要建议解决率100%。

在市镇协同联动中彰显人大活力。开展市镇两级政府民生实事项目人大代表票决制，建立“年初问选题、年中问进度、年底问效果”工作链；推动镇（街道）环境报告制度，工作经验得到镇江人大领导批示肯定，国家和省、市各级媒体广泛宣传；形成调研成果38篇，全年在国家和省市媒体网站刊稿220余篇，其中被国家级媒体录用18篇，丹阳人大工作影响力不断扩大。（丁晓霞　钟　鸣）

【黄春年专题调研全市人大工作】 2020年9月28日，丹阳市委书记黄春年专题调研全市人大工作。黄春年通过现场查看代表履职资料、听取代表意见、督办重点建议，进一步深入了解全市人大工作情况。（丁晓霞　钟　鸣）

图14　2020年9月28日，市委书记黄春年(右二)专题调研全市人大工作

（丁晓霞　钟　鸣）

重要会议和活动

【市十七届人大四次会议】 丹阳市十七届人大四次会议于2020年1月3—6日在市会展中心召开。会议审议并通过《丹阳市人民政府工作报告》《丹阳市2019年国民经济和社会发展计划执行情况及2020年国民经济和社会发展计划的报告》《审查和批准丹阳市2019年财政预算执行情况和2020年财政预算的报告》《丹阳市人大常委会工作报告》《丹阳市人民法院工作报告》《丹阳市人民检察院工作报告》。大会选举方明为市监察委员会主任，王国华、石文辉、朱梦盼、金艳为市人大常委会委员。对民生实事候选项目进行票决，确定5大类18个项目为2020年市政府民生实事项目。（丁晓霞　钟　鸣）

图15　2020年1月3—6日，丹阳市十七届人民代表大会第四次会议在市会展中心举行

（丁晓霞　钟　鸣）

【市人大常委会第四十四次主任会议】 2020年8月20日，丹阳市十七届人大常委会召开第四十四次主任会议。会议听取市政府关于2020年重点产业类项目推进、水利基础设施长效管护等工作情况的汇报，并先后至市开发区和陵口镇集中视察国药智能康复医疗器械基地项目、同力电梯驱动总成项目、朗佑汽车零部件项目、江苏标龙（丹阳）智能制造产业园项目、皮鞋工业园二期项目建设现场等，全面了解和掌握全市重点产业项目建设情况。

（丁晓霞 钟 鸣）

【政情通报会】 2020年8月27日，丹阳市十七届人大常委会第二十五次会议召开。市长黄万荣通报2020年上半年政情。6位市人大代表围绕各自调研课题，就加速产业转型升级、推动丹南两镇加速发展、提升东部园区发展质态、压实企业主体责任、加快推进民生实事项目、深化人居环境整治等主题作专题发言，黄万荣针对代表发言逐一回应。会议还通过有关人事任免事项，表决相关工作报告，听取和审议市政府关于公共文化服务体系建设、省级现代农业示范园区建设情况的报告，组织员额法官、员额检察官述职评议。

（丁晓霞 钟 鸣）

【专项评议大会】 2020年10月27日，丹阳市人大常委会召开依法行政、公正司法专项评议大会，对市人民检察院、财政局、文体广电和旅游局、水利局、城管局5个部门进行现场专项评议，推动部门履职尽责、担当作为。自7月开始，市人大即对该5个部门进行为期3个月的检查，内容包括换届以来依法行政公正司法情况、执行和落实市委市政府重大决策和重要工作情况、贯彻落实市人大及其常委会的决议决定和审议意见情况等，推动法治丹阳建设再上新台阶。5家被评议单位主要负责人先后就依法行政、公正司法进行述职，市人大常委会各专项评议小组作评议报告，市人大常委会组成人员和部分市人大代表共72人进行现场票决，当场公布票决结果。

（丁晓霞 钟 鸣）

图16 2020年10月27日，丹阳市人大常委会召开依法行政、公正司法专项评议大会 （丁晓霞 钟 鸣）

【镇江市环境报告工作推进会在丹阳召开】 2020年11月6日，镇江市镇（街道）人大听取政府年度环境报告工作推进会在丹阳召开，总结丹阳市试点经验，向镇江全市推开。在乡镇建立环境报告制度，是江苏省推动人大依法监督责任由县级人大向乡镇人大传递与下沉，压实乡镇主动承担生态建设和环保责任的一项创新举措。丹阳市人大常委会将专题调研、专项审议、专题询问、专项评议等多种方式结合运用，实现环境报告制度向乡镇人大延伸，并积极探索镇年中人代会和镇人大主席团会议听取环保专项工作报告两种模式，丰富乡镇开展环境监督工作的选项。会议认为，丹阳的试点工作站位高、目标明、措施实、效果好，形成一套可以总结推广的工作机制，值得镇江全市基层人大学习借鉴。会议要求各辖市（区）紧扣“因地制宜，正确有效”，根据各地实际情况，审慎地选择实践模式，明确正确的监督方向，提升监督实效，推动年度环境报告制度在镇（街道）人

大全面铺开、取得成效。　（丁晓霞　钟　鸣）

图 17　2020 年 11 月 6 日，镇江市镇（街道）人大听取政府年度环境报告工作推进会在丹阳召开　（丁晓霞　钟　鸣）

【开展人大代表接待选民日活动】　为进一步密切人大代表与选民的联系，完善人大代表联系人民群众制度，畅通人大代表听取和反映人民群众意见的渠道，2020 年 11 月 15 日，丹阳市人大开展各级人大代表接待选民日活动，围绕“助力‘三高一争’——听民意、访民情、解民忧”主题，收集人民群众对经济社会发展和民主法治建设的意见、要求及普遍关心的热点、难点问题。全市共设 31 个选民接待点，4 名省人大代表、61 名镇江市人大代表、245 名丹阳市人大代表和 81 名镇人大代表参加接待选民日活动，接待选民 652 人，收集选民所提意见和反映的问题 182 条，现场重点解答问题 434 条。　（丁晓霞　钟　鸣）

【市委人大工作会议】　2020 年 11 月 10 日，丹阳市市委人大工作会议在市会展中心召开。会议主要学习领会习近平总书记关于坚持和完善人民代表大会制度的重要思想，贯彻落实省委、镇江市委人大工作会议精神，研究部署新时代全市人大工作。丹北镇、市法院、市检察院、市经发局、导墅镇等单位相关负责人在会上作交流发言。　（丁晓霞　钟　鸣）

图 18　2020 年 11 月 10 日，市委召开人大工作会议　（丁晓霞　钟　鸣）

2020 年丹阳市人大常委会会议一览表

表 3

会议名称及时间	主要议题
市十七届人大常委会第二十一次会议（2 月 27 日）	学习中央、省市委关于新冠肺炎疫情防控和经济社会发展工作的相关会议精神；听取市政府关于疫情防控、企业恢复生产情况的汇报；审议通过市人大常委会 2020 年工作要点；审阅通过丹阳市人民代表大会社会建设委员会工作职责
市十七届人大常委会第二十二次会议（4 月 27 日）	有关人事任免事项；听取和审议市政府关于法治政府建设情况的报告；听取市政府关于全市企业国有资产（含市属参股、控股金融企业）管理情况的报告；审阅市政府关于市国有资产管理情况的报告

续表 3

会议名称及时间	主要议题
市十七届人大常委会第二十三次会议（6 月 16 日）	有关人事任免事项；审查和批准 2019 年度市本级财政决算草案；听取和审议市政府关于 2019 年度环境状况和环境目标完成情况的报告；听取市政府关于 2019—2020 年突出环境问题整改情况的报告；听取和审议“依法行政、公正司法”专项评议方案；听取和审议员额法官、员额检察官述职评议方案；有关人大代表辞职和补选事项
市十七届人大常委会第二十四次会议（8 月 17 日）	有关人事辞职事项；有关市人大代表辞职事项
市十七届人大常委会第二十五会议（8 月 27 日）	2020 年上半年政情通报；有关人事任免事项；表决相关工作报告；听取和审议市政府关于公共文化服务体系建设情况的报告；听取和审议市政府关于省级现代农业示范园区建设情况的报告；组织员额法官、员额检察官述职评议
市十七届人大常委会第二十六次会议（10 月 17 日）	有关人事任免事项；听取和审议市法院关于少年家事审判工作情况的报告；听取和审议市政府关于 2019 年度财政预算执行及其他财政收支审计问题整改情况的报告；听取和审议市政府关于调整 2020 年民生实事项目的报告；组织镇江市人大代表述职评议；审阅员额法官、员额检察官述职评议意见整改情况的报告；有关市人大常委会组成人员辞职事项
市十七届人大常委会第二十七次会议（12 月 28 日）	听取和审议市政府关于调整丹阳市 2020 年财政预算的议案；听取和审议市十七届人大四次会议代表建议办理情况报告；听取市政府关于“十四五”规划纲要及专项规划编制情况（草案）的报告；听取市政府关于 2020 年民生实事项目实施情况和 2021 年民生实事初步候选项目情况的报告；审议决定召开市十七届人大五次会议的有关事项；有关人事任免事项；有关镇江市人大代表补选事项；听取和审议关于评选和表彰先进市人大代表小组、优秀市人大代表小组组长、优秀市人大代表、优秀建议的意见；讨论通过提交市十七届人大五次会议审议的市人大常委会工作报告；有关辞职事项；审阅“依法行政、公正司法”专项评议意见整改情况的报告

（丁晓霞　钟　鸣）

2020 年丹阳市人大常委会主任会议一览表

表 4

会议名称及时间	主要议题
市十七届人大常委会第三十七次主任会议（1 月 20 日）	讨论市人大常委会 2020 年工作要点

续表 4

会议名称及时间	主要议题
市十七届人大常委会第三十八次主任会议（2 月 28 日）	学习中央及省市委关于疫情防控工作的指示批示及会议精神；听取市政府关于疫情防控、企业恢复生产情况的汇报；讨论市人大常委会 2020 年工作要点；围绕“疫情防控、发展经济”，结合分管工作或本职工作，讨论研究人大如何进一步积极作为，助推全年经济社会发展目标任务的完成
市十七届人大常委会第三十九次主任会议（3 月 20 日）	听取市政府关于扫黑除恶工作情况的汇报；听取市政府关于医保工作情况的汇报；听取市政府关于市十七届人大四次会议重要建议办理工作方案；讨论《镇（街道）人大工作考核细则（草案）》； 讨论《市人大代表建议办理工作考核细则（草案）》
市十七届人大常委会第四十次主任会议（4 月 20 日）	听取市政府关于 2020 年民生实事项目推进情况的汇报；讨论关于人大代表联系监督市政府民生实事项目的实施方案；讨论市十七届人大四次会议重要建议督办工作方案
市十七届人大常委会第四十一次主任会议（5 月 20 日）	听取市政府关于加快推进城市慢行交通系统建设情况的汇报；听取市税务局全市税收征管（突出涉房涉土税收）情况的汇报；讨论员额法官、员额检察官述职评议方案
市十七届人大常委会第四十二次主任会议（6 月 16 日）	听取市政府关于“巩固提升精准扶贫工作成效”重要建议办理情况的汇报；听取市政府关于退役士官移交安置工作情况的汇报；讨论 2020 年专项评议实施方案；讨论镇江市人大代表述职评议方案
市十七届人大常委会第四十三次主任会议（7 月 20 日）	听取市政府关于“进一步完善行政决策机制提高依法行政水平促进基层治理能力现代化”重要建议办理情况的汇报；讨论 8 月份政情通报会方案
市十七届人大常委会第四十四次主任会议（8 月 20 日）	听取市政府关于“十三五”重点产业类项目推进情况的汇报；听取市政府关于水利基础设施长效管护工作情况的汇报；讨论政情通报会上代表专题发言

续表 4

会议名称及时间	主要议题
市十七届人大常委会第四十五次主任会议（9 月 21 日）	听取市政府关于债务化解情况的汇报；听取市政府关于“十四五”规划编制情况以及 2020 年民生实事项目调整情况的汇报；听取市政府关于“加强‘三区三园’建设力度，提升大项目承载力”重要建议办理情况的汇报；讨论“四评”方案
市十七届人大常委会第四十六次主任会议（10 月 19 日）	听取市政府“关于加快我市传统产业转型升级推动高质量发展”重要建议办理情况的汇报；听取市委政法委关于社会治理网格化管理情况的介绍；讨论《关于镇人民代表大会听取镇政府年度环境状况和环境目标完成情况报告的指导意见》；研究 2020 年代表接待选民日活动实施方案；讨论《关于新时代人大工作和建设的意见》（代拟稿）；讨论专项评议述职报告和评议报告材料
市十七届人大常委会第四十七次主任会议（11 月 20 日）	听取市政府关于“充分发挥破产企业处置协调联动机制作用加快破产案件审判工作”重要建议办理情况的汇报；听取市政府关于“关于夯实安全生产基础构建完善的安全生产监管体系”重要建议办理情况
市十七届人大常委会第四十八次主任会议（12 月 18 日）	听取市政府关于 2020 年国民经济和社会发展计划执行及 2021 年计划编制情况的汇报；听取市政府关于 2020 年市本级财政预算执行和 2021 年预算编制情况的汇报；听取市政府关于 2021 年民生实事候选项目情况的报告；讨论通过关于 2021 年组织市人大代表活动的意见；讨论市十七届人大五次会议的有关事项；讨论市人大常委会工作报告

（丁晓霞　钟　鸣）

代表议案建议办理

【概况】 2020 年，丹阳市十七届人大常委会四次会议期间，收到代表建议 133 件，代表 10 人以上联名提出后作为建议办理的议案 13 件，合计 146 件，分别交 41 个单位承办并在规定时间内办理完毕，办复率 100%。代表建议所提问题已经解决或基本解决的（即 A 类）83 件；正在解决或列入计划逐步解决的（即 B 类）56 件；受条件限制或与现行政策不符，暂时不能解决或列为工作参考的（即 C 类）7 件。代表对建议办理情况表示满意的 95 件，占 65.1%；基本满意的 51 件，占 34.9%。市十七届人大四次会议期间，研究确定重要建议 6 件，由分管副市长领衔办理，落实责任，加强对办理工作的领导和组织协调。10 月，市政府召开重要建议办理工作专题会议，推进落实重要建议办理工作。市人大主任会议分别听取重要建议办理情况，有效推进建议办理工作。

（丁晓霞　钟　鸣）

图 19 2020 年 7 月 8 日，市人大督办重要建议办理情况 （丁晓霞 钟 鸣）

【充分发挥破产企业处置协调联动机制作用，加快破产案件审判工作的建议】 该建议由周爱仙等 3 名代表在市十七届人大四次会议上联名提出。建议主要内容：用好用活企业破产处置协调联动机制，重平衡各方利益，审慎协调保护好各方利益，强化破产审判队伍专业化建设。该建议被列入重要建议后，市法院高度重视，相关部门和镇（街道）政府协同办理。市委市政府将企业破产处置纳入重点工作考核，明确由法院负责考核，确保府院联动机制正常运转。建立健全破产财产处置与招商对接机制，有效解决破产企业财产处置难、重整投资人招募难问题。市法院、检察院和税务局形成进一步加强涉税信息共享及税费征管协作机制会议纪要，建立信息共享机制、工作联络制度、税费征管协作机制和检察监督机制，提高工作联络效率，为破产案件的高效审理提供帮助。 （丁晓霞 钟 鸣）

【加快丹阳市传统产业转型升级推动高质量发展的议案】 该议案由赵毛毛等 12 名代表在市十七届人大四次会议上联名提出。议案主要内容：实施智能制造、创新制造、服务型制造、优质制造、集群制造、绿色制造工程，实施企业家素质提升培训专项计划及实施制造业高端技术人才、管理人才的引进和培育计划。该议案被列入重要建议后，市经发局召开座谈会，提出建议代表、办理部门与督办部门三者面对面进行交流共谋发展之路，加大全市科技成果转化激励机制，整合各类产业扶持资金，把前期引领、中期补助重点转向后期成果转化奖励，以国家、省、市级制造业创新中心为支点，聚焦丹阳市传统产业的特点和分类，搭建中小企业关键共性技术研发和转化平台，进一步通过税收优惠、研发费用税前加计扣除等措施来引导企业增加基础研究投入，“拉长”全市十大产业链条，共同打造高质量发展“加速跑”的营商环境。 （丁晓霞 钟 鸣）

【加强“三区三园”建设力度提升大项目承载力的议案】 该议案由陈银仙等 10 名代表在市十七届人大四次会议上联名提出。议案主要内容：组织体制上建议在市级层面设立实体化的专门机构来抓园区建设，结合新一轮国土空间规划调整，合理规划好项目特别是大项目承载区，激励各镇区将优质大项目向“三区三园”集聚。该议案被列入重要建议后，市经发局受领办理任务，坚持把建议办理工作作为履行部门职责、接受社会监督、改进提升工作的一项重要任务来抓，取得积极进展。明确以三年为限，按照“第一年打基础，第二年抓建设，第三年见成效”的工作模式，分阶段推进相关工作。全年围绕体制创新、规划引领、政策完善三方面做基础性工作，园区“四位一体”组织架构、重点园区产业规划、概念性规划与控制性详规、环评等基础性工作有序推进。园区考核办法正在研究，并计划列入全市高质量发展考核体系。

（丁晓霞 钟 鸣）

【夯实安全生产基础构建完善的安全生产监督体系的建议】 该建议由吴锁军等 2 名代表在市十七届人大四次会议上联名提出。建议主要内容：进一步提高党政领导对安全生产重视程度，完善各部门安全生产监管职责，完善全市监管网格，加大安全生产教育培训，提升信息化水平。该建议被列入重要建议后，市应急管理局明确分管局长、职能科室具体负责承办。依据政策法规，制定出台《企业安全管理“十个一”工作实施方案》，拟定《丹阳市企业安全生产积分制管理暂行办法》，拟依据积分，将企业确定为绿、黄、红、黑四个等级，在土地供给、金融授信、政策优惠、企业负责人个人信用等方面实行差别化政策，倒逼企业落实安全生产主体责任。组织实施粉尘涉爆、有限空间、小化工等专项整治，靶向精准，成效明显，在全社会形成安全生产监管高压态势。

（丁晓霞 钟 鸣）

【进一步完善行政决策机制提高依法行政水平促进基层治理能力现代化的建议】 该建议由黄勇等3名代表在市十七届人大四次会议上联名提出。建议主要内容：提高领导干部的法治意识，加强对法治政府任务完成情况的督查，充分发挥政府法律顾问的作用，加强行政机关内部法制队伍建设。该建议被列入重要建议后，市司法局认真制定办理工作方案和任务事项清单，积极主动与市人大人代联委、提建议代表面商，全面梳理丹阳市《法治政府建设实施纲要（2015—2020年）实施方案》的执行落实情况，摸清当前全市法治政府建设中存在的主要问题，针对建议内容制定详细的《办理工作方案》和《建议办理任务清单》，出台全市党委（党组）中心组学法计划法律法规建议目录，举办全市法制干部培训班，对各镇（区、街道）和市级执法部门法制骨干进行专题培训。组织开展法治政府建设“补短板、强弱项”专项活动，召开全市政府法律顾问工作推进会，明确建立政府法律顾问红黑榜制度，将法律顾问开展工作情况纳入法治政府建设绩效考核。联合市委组织部、市委编办、各行政执法单位推进各行政机关内部法制机构和法制干部队伍建设，为法治政府建设提供保障。

（丁晓霞 钟 鸣）

【巩固提升精准扶贫工作成果的建议】 该建议由蔡小红等3名代表在市十七届人大四次会议上联名提出。建议主要内容：人员不能撤、责任不能减、要求不能降、经费不能少，切实建立长效机制，巩固提升精准扶贫工作成果。该建议被列入重要建议后，相关部门广泛调动各种积极因素，有效整合各种资源，通过精准识别，低保、五保应保尽保，对于建档立卡户给予有效保障和帮扶。提高医保、养老保险补助标准，对于贫困群体给予适当政策优惠，提高应对风险能力。综合慈善组织、健康扶贫补充保险、民间慈善组织等多种机制，强化对特殊困难群体的救助和帮扶力度，有机融合多种机制提升扶贫工作成效。

（丁晓霞 钟 鸣）

图20 2020年5月14日，丹阳市人大召开重要建议办理工作见面会

（丁晓霞 钟 鸣）

市政府领导分工

黄万荣（1—11月），市长，主持市政府全面工作。

王成明（12月—），副市长，代市长，主持市政府全面工作。

许根林（5月—），副市长，负责企业运行、科技、统计、大数据、南北园区共建、援陕、对外合作方面工作。分管市科技局、统计局、练湖生态新区管理委员会（水晶山旅游度假区管理委员会）、大数据管理局。联系市科协、国家统计局丹阳调查队。

赵立群，副市长，负责市政府常务工作。负责发展改革、重大项目建设、粮食和物资储备、财政、国资监管、审计、应急管理、政务公开、统计、税务、金融、机关事务管理方面工作。分管市政府办公室（外事办公室、大数据管理局）、经济发展局（粮食和物资储备局）、财政局（国有资产监督管理办公室）、审计局、机关事务管理中心、统计局、地方金融监督管理局（金融办）、练湖度假区管理委员会（水晶山旅游度假区管理委员会）、丹投集团。联系市税务局、人民银行丹阳市支行、镇江银保监分局丹阳办事处、金融机构驻丹分支机构、国家统计局丹阳调查队、合作交流中心。

贺云华，副市长，负责水利、农业农村、扶贫、气象、档案、残疾人事业、供销、乡村旅游、南北挂钩、对外合作、妇女儿童方面工作。分管市水利局、农业农村局（扶贫办）、供销合作总社。联系市气象局、史志办、档案馆、慈善总会、侨联、残联、老促会、总工会、团市委、妇联。

符卫国（1—6月），副市长，负责自然资源、林业、住房和城乡建设、人防、地震、城管、交通运输、水务、铁路方面工作。分管市自然资源和规划局（林业局）、住房和城乡建设局（人防办、地震局）、城市管理局（综合行政执法局）、交通运输局、房屋征收服务中心、镇江住房公积金管理中心丹阳分中心、水务集团。联系市民族宗教事务局、丹阳火车站、丹阳高铁北站、丹阳城际站。

刘宏程（1—5月），副市长，负责科技、教育、文化、广播电视、旅游、文物、体育、卫生健康、人口计划生育、医药卫生体制改革、老龄事业、医疗保障方面工作。分管市科技局、教育局、市政府教育督导室、文体广电和旅游局、卫生健康委员会、医疗保障局。联系市科协、文联、广电集团、丹阳日报社、江苏有线丹阳分公司、红十字会、驻丹高校。

刘钢（1—11月），副市长，协助副市长赵立群做好分管条线工作。

黄俊杰，副市长，负责生态环境、民政、社区建设、市场监督管理、药品监督管理、检验检测、邮电通讯方面工作。分管市环保局、民政局、退役军人事务局、市场监督管理局

（知识产权局）、检验检测中心、眼镜小镇建设发展有限公司。协管市应急管理局。联系人武部、消防救援大队、邮政管理局、邮政公司、中国移动丹阳分公司、中国电信丹阳分公司、中国联通丹阳分公司。

孙桂林，副市长，负责公安、司法、信访方面工作。主持市公安局全面工作。分管市司法局、信访局。联系武警丹阳中队。

杨文军，副市长，负责商务、口岸、项目招引、园区建设、人力资源、社会保障、行政审批、政务服务管理、公共资源交易方面工作。分管市商务局、人力资源和社会保障局、行政审批局（政务服务管理办公室）、公共资源交易中心、商贸资产经营管理总公司、工业资产经营管理总公司。协管市经济发展局。联系市工商联、丹阳供电公司、丹阳烟草公司、丹阳盐业公司、石油经营部、镇江海关丹阳办事处。

束克之（8月—），副市长，负责开发区全面工作。

谢正宝（8月—），副市长，负责自然资源、林业、交通运输、城市管理、城市运营、住房和城乡建设、人防、地震、消防、水务、铁路方面工作。分管市自然资源和规划局（林业局）、交通运输局、城市管理局（综合行政执法局）、住房和城乡建设局（人防办、地震局）、房屋征收服务中心、镇江住房公积金管理中心丹阳分中心、水务集团，协管市应急管理局、丹投集团。联系丹阳火车站、丹阳高铁北站、丹阳城际站、民族宗教事务局、消防救援大队。

王强，副市长，负责科技镇长团工作，协管科技、知识产权工作。

李培博，（12月—），副市长，协助副市长赵立群做好分管条线工作。（管丹峰）

重要会议和重要事项

【市政府常务会议】 2020年，丹阳市政府常务会议召开15次，主要议题是听取有关部门专题汇报，研究决定相关事宜，形成会议纪要15期。

第1次会议于2020年1月15日召开。会议听取安全生产专项整治各工作组工作开展情况汇报，听取2019年全市扫黑除恶工作开展情况和2020年工作打算汇报，研究《关于非居民管道天然气冬供价格调整的请示》，研究2019年12月份物回政策退税资金有关事项。

第2次会议于2020年2月26日召开。与会人员学习《中华人民共和国土地管理法》（2019年修订版），听取丹阳市新冠肺炎疫情防控工作情况汇报，听取省、镇江市安全生产督导工作相关情况汇报，审议《关于申请对新冠肺炎疫情期间水费收取实行减收的请示》《关于云阳大桥建设工程重新组价的请示》，研究《2019年度“丹凤朝阳”顶尖人才计划推荐人选情况》《2020年1月份物回政策退税资金有关事项》，听取2020年人大建议和政协提案情况汇报。

第3次会议于2020年3月26日召开。会议听取1季度信访工作情况汇报审议《丹阳市乡村振兴战略规（2019—2022）》，审议《关于继续推进丹阳市村庄生活污水治理工程的请示》，听取第七届丹阳市市长质量奖评审情况，研究《关于疫情期间对丹阳市支持循环经济发展政策进行调整的建议》，研究丹阳市农业保险承保机构招投标方案。

第4次会议于2020年4月29日召开。与会人员学习《中华人民共和国公司法》，听取1季度安全生产工作情况汇报，审议《丹阳市安委会成员单位安全生产工作职责任务清单》《关于丹北镇行政管理体制改革中权力下放的请示》《关于丹阳市公共自行车停止运行的请示》《关于批准实施〈丹阳城区及通往乡镇道路沿线大型户外广告设施设置规划（2020—2030）〉的请示》，研究G1907地块有关事项，审议《丹阳市人民政府关于授权市财政局（国资办）对市属国有企业履行出资人职责的通知》《关于授权丹阳投资集团公司董事会行使部分重大事项决定权的通知》《关于调整镇（区）招标采购工作的实施意见》《关于非居民用管道天然气提前执行淡季价格政策的请示》，研究2020年3月份物回政策退税资金有关事项。研究丹阳市政府领导工作分工调整有关事项。

第5次会议于2020年5月26日召开。会议听取扫黑除恶工作情况汇报，听取“5·15陵口爆燃事件”初步调查报告，研究全市违法违规“小化工”专项整治工作，审议《非标三、四轮电动助动车（封闭式）综合治理工作方案》《2020年丹阳市深化“放管服”改革工作要点》《关于设立江苏兴投新能源股权投资基金方案》《丹投集团参与大力神供应链合作方案》，审议《关于优化用地管理提高使用效率的实施意见》《关于对总部经济政策进行补充完善的意见》，研究镇江市“金山英才”顶尖人才计划推荐申报事项、2020年4月份物回政策退税资金有关事项、政府隐性债务化解工作，审议《关于授权丹阳投资集团公司董事会行使部分重大事项决定权的通知》。

第6次会议于2020年6月19日召开。与会人员学习《最高人民法院关于审理行政协议案件若干问题的规定》，审议《关于丹阳市“雪亮工程”、升级版“技防城”项目新增建设内容的请示》《关于开展市新建商品房预售资金第三方托管工作的通知》《丹阳市铁路职工家属区“三供一业”移交和维修改造方案》，研究2020年5月份物回政策退税资金有关事项。

第7次会议于2020年7月11日召开。与会人员学习《中华人民共和国统计法》、习近平总书记关于统计工作的重要讲话和指示批示精神以及中办、国办《关于深化统计管理体制改革提高统计数据真实性的意见》《统计违纪违法责任人处分处理建议办法》《防范和惩治统计造假、弄虚作假督察工作规定》，研究全市扫黑除恶专项斗争工作，听取上半年全市信访工作情况汇报、全市安全生产“大起底”工作进展情况汇报、上半年全市生态环境工作情况汇报、上半年全市政府债务化解工作情况汇报、上半年全市经济运行情况汇报，审议《关于提高丹阳市低保、特困人员、困境儿童以及困难残疾人员保障标准的请示》《丹阳市人民政府与南京师范大学合作办学协议》《关于调整省丹中迁址新建工程投资匡算的请示》《关于增加江苏省丹阳高级中学老校区维修改造与文化建设专项经费的请示》《眼镜小镇与社会资本合作开发实施方案》《丹阳市长江禁捕退捕工作实施方案》《关于新桥、后巷污水处理厂二期扩建项目由原来BOT运营模式转变EPC+O运营模式的请示》，研究2020年6月份物回政策退税资金有关事项。

第8次会议于2020年8月12日召开。与会人员学习《中华人民共和国村民委员会组织法》《江苏省村民委员会选举办法》，审议《丹阳市安全生产专项整治三年行动工作方案》《关于赋予皇塘镇人民政府等十个镇街相关经济社会管理权限的请示》《丹阳市工程建设项目审批制度改革实施方案》《丹阳市2020—2022年城市生活垃圾分类和治理工作实施方案》《关于进一步支持企业上市挂牌的政策意见》《关于申请皇塘镇扶贫项目变更的请示》《关于新增65辆新能源公交车的请示》《关于拨付“非标三、四轮电动助动车（封闭式）”综合治理车辆回收经费的请示》《关于调整丹阳市公安局警体训练馆及大数据指挥服务中心设计方案及总投资的请示》，研究《关于延长丹阳市疫情期间循环经济政策期限的建议》《关于调整支持网络货运企业发展政策的建议》，研究2020年7月份物回政策退税资金有关事项。

第9次会议于2020年8月31日召开。会议研究丹阳市产业项目用地履约保证金免收条件和程序，审议《丹阳市打击非法转移、倾倒、处置固废环境违法行为专项整治行动工作方案》《丹阳市工业厂房经营和分割销售管理暂行办法》，听取丹阳市2020年度房屋征收政策修订情况汇报，审议《关于规范丹阳市机关事业单位住房公积金、住房租金补贴基数的实施方案》《丹阳市知识产权专项资金管理办法》；研究市政府部分领导分工调整事项。

第10次会议于2020年9月29日召开。会议传达学习中央、省有关安全生产会议精神，审议《安全生产“大起底”攻坚克难整治方案》，听取《人大代表建议办理情况汇报》，审议《丹阳市农村集体经营性建设用地入市管理办法（试行）》《丹阳市农村集体经营性建设用地使用权抵押贷款管理办法（试行）》《丹阳市农村集体经营性建设用地入市净收益管理办法（试行）》《丹阳市农村集体经营性建设用地入市土地增值收益调节金征收和使用办法（试行）》《练湖生态新区智慧绿色交通一期工程采用投资人＋EPC 模式实施方案》《关于组建南北共建省级创新试点园区运营公司的请示》，研究 8 月份、9 月份物回政策退税资金有关事项。

第 11 次会议于 2020 年 10 月 24 日召开。与会人员学习《中华人民共和国预算法实施条例》，研究全市扫黑除恶专项斗争工作，审议《关于平台公司债权清收处置中有关问题的指导意见》《关于促进丹阳市重大产业项目建设的实施意见》《丹阳市大数据共享交换平台建设方案》《丹阳市政府信息化项目管理暂行办法》《关于工业厂房开发和分割销售管理的指导意见》《关于公布丹阳市人民政府重大行政决策事项标准的通知》，听取三季度全市安全生产工作情况汇报、三季度全市信访工作情况汇报、三季度全市生态环境保护工作情况汇报、全市第七次全国人口普查工作开展情况汇报。

第 12 次会议于 2020 年 11 月 16 日召开。会议审议《全市化工企业消防手续办理中历史遗留问题的工作方案》，审议《2020 年优秀纳税企业金质纪念章采购方案》《关于明确丹阳丹耀光学有限公司、江苏海德莱特汽车部件有限公司为丹阳市上市挂牌重点后备企业的请示》《关于增加丹阳市新一轮村庄生活污水治理项目工程量的请示》《关于延长〈丹阳市排水许可管理办法〉有效期的请示》《关于延长〈全市污水管网建设资金分级承担方案〉期限的请示》《丹阳市佳禾园艺中心苗木搬迁方案》，研究 10 月份物回政策退税资金有关事项。

第 13 次会议于 2020 年 12 月 1 日召开。会议传达学习习近平总书记在江苏视察时的重要讲话指示精神，审议《丹阳市实施产业链“链长制”工作意见》，研究丹阳市“十四五”中心粮库和骨干粮库建设项目有关事项、丹投集团与江苏省港口集团集装箱有限公司合作成立新公司对陵口码头进行运营的有关事宜、《关于受让江苏丹阳保得村镇银行有限责任公司民营股权的方案》，审议《丹阳市市属国有企业重大事项管理办法》《丹阳市党政机关办公用房管理办法》《丹阳市党政机关公务用车管理办法》，研究 11 月份物回政策退税资金有关事项。第 14 次会议于 2020 年 12 月 19 日召开。与会人员学习《中华人民共和国反不正当竞争法》等法律法规，审议《关于新孟河延伸拓浚工程镇江市境内工程配套资金的请示》，研究丹阳市天颐片区排涝工程恢复施工有关事项，审议《丹阳市危险化学品使用安全专项治理行动工作方案》《关于对丹阳市支持网络货运企业发展政策进行调整的建议》《关于将丹阳市循环经济发展政策进行调整的建议》《关于将江苏科技大学征兵工作调整至丹阳市兵役机关归口管理的请示》，研究当前相关重点工作。

第 15 次会议于 2020 年 12 月 23 日召开。会议审议《关于授权丹投集团等四家政府平台公司投资江苏天工工具有限公司的请示》，听取关于调整丹阳市 2020 年财政预算有关指标的汇报。（管丹峰）

【市政府专题会议】　2020 年，丹阳市政府专题会议共召开 107 次，形成会议纪要 107 期。会议主要内容是研究协调教育相关事项；丹凤大酒店等上市地块土地办证相关事宜；荣城国际 C 地块和万善上院项目提取商品房预销售监管资金事项；丹阳市农民资金互助合作社涉税事项；云阳大桥拆除重建前期准备工作；天坤集团农民工工资支付有关问题；丹柴动力有限公司职工有关信访事项；推进丹阳市营业执照并联审批改革；京杭大运河南段西侧、丹凤北路北延景观绿化工程相关事宜；协调供电公司老城区房产搬迁相关事宜；大运河整治协调会；2020 年度城镇污水处理系统配套管网一期工程监理招标相关事宜；建筑装潢垃圾临时堆放点相关事宜；花王片区企业收储搬迁等相关事宜；西门布厂片区动迁工作相关事宜；加强政府投资工程项目税收征管相关事宜；支持建筑施工企业加快发展相关事宜；苏南运河（丹阳段）河长制工作；国省道和县道沿线环境综合整治；358省道建设涉及集体土地房屋拆迁包干标准；姜家园路南侧地块土地收购相关事宜；丹阳市生活垃圾临时填埋场整治工程相关事宜；瑞美福集团紧密型银行债权人委员会延期；江苏众鑫交通器材有限公司贷款相关事项；协调天悦名城小区有关事项；明确全市安全生产“大起底”排查整治相关工作；加快推进丹阳经济开发区东部园区建设；推进丹阳市重点环境问题整改和太湖治理重点工程建设；推进全市公共空间治理工作；推进皮革商城生产加工场所整治工作；加快推进国药智能医疗康复器械项目开工建设；“嘉多福超市”违规营业相关事宜；加强对眼镜小镇核心区规划管控；全市商业银行综合考评工作；加快实施练湖项目企业搬迁工作；全市安全生产“大起底”排查整治工作；东风片区企业房屋搬迁补偿相关事宜；伊甸园路塌陷路段维修相关事宜；成立江苏丹阳大运河文化带市场化建设运营主体；统筹安排丹阳市2019年省以上现代农业发展专项资金；大运河吕城段水质自动监测站取水口改造工程；协调丹阳市农民资金互助合作社有关事项；推进练湖生态新区开发建设；上练湖湿地生态修复工程方案评审会；协调天地石刻园有关事项；明确丹阳市部分行政事业单位物业管理相关事项；全市安全生产“大起底”排查整治工作；推进丹阳市养老机构企业法人登记并联审批改革；加快解决拆迁安置不动产登记所涉历史遗留问题；推进“三无”船舶专项整治工作；港华燃气有限公司土地收储相关事宜；丹阳眼镜风尚小镇核心区房屋动迁相关事项；苏南运河（丹阳段）河长制工作；江苏兴投新源股权投资基金有关事项；2020年度10年到期残疾人换证工作；“丹阳·紫金快贷”项目有关事项；丹阳市2020年市级政府投资项目；加快推进供电公司老城区房产搬迁相关事宜；丹阳市油气输送管道隐患整治协调会；丹阳兴联热电有限公司银行账户解封事项；野生动物退补工作相关事宜；全市预拌混凝土搅拌站专项整治工作相关事宜；阜阳路西延项目和西门大街片区改造项目动迁工作；省丹中、吕叔湘中学迁建工程；荣城国际项目相关事宜；补助教师伙食费和工会经费相关事宜；火车站站前广场交通优化提升方案相关事宜；城区河道水质有关事项；助剂化工厂有关事项；黑臭水体治理工程建设推进；非法金融活动专项整治工作；铁路部门“三供一业”（供水、供电、供暖和物业）分离移交相关事项；丹阳眼镜小镇项目房屋搬迁资金拨付相关事项；保得银行重组有关事项；陵口镇云河湾安置小区有关事项；华夏银行有关事项；眼镜小镇项目中职工占房相关事项；界牌新村四期二标、三标建设有关问题；东部园区债券资金相关事项；花王、东风等地块土地挂牌上市有关事项；瑞美福集团紧密型银行债权人委员会有关事项；国网丹阳市供电公司供电所房产手续办理相关事宜；住宅专项维修资金调存相关事项协调；花王等地块上市有关事项；建立中合新农进口冷链食品监管仓有关事项；曲园小区南侧地块相关事宜；市民广场人防停车库租赁事宜；落实新固废法，进一步打击固废非法倾倒；协调兴业银行有关事项。（管丹峰）

【政府投资项目暨廉洁工程建设推进会】 2020年3月23日，丹阳市召开2020年市级政府投资项目暨廉洁工程建设推进会，动员全市加快政府投资项目建设。丹阳市2020年度市级政府投资项目排定35个，计划总投资36.03亿元，2020年度计划投资13.27亿元。项目类别分4大类，其中，教育资源改善和学校基础设施提升类项目，主要包括省丹中迁址新建、吕叔湘中学迁址新建、开发区新建初中、高新区新建实验小学和幼儿园等；道路提档升级和循环交通打造类项目，主要包括县道大中修、普善首末站、农村公路提档升级等；安全隐患消除和桥梁改造类项目，主要包括云阳大桥重建、华南桥重建、农村危桥改造等；污水处理和生态环境修复类项目，主要包括城镇污水处理设施配套污水管网工程、新桥污水处理厂二期扩建工程、长江三角塘段生态修复工程等。

（管丹峰）

【公布 2020 年度市政府重大行政决策事项】 2020 年 4 月，丹阳市政府发布《关于公布 2020 年度丹阳市政府重大行政决策事项目录的通知》，《丹阳市国土空间总体规划（2020—2035)》编制、丹阳市商业网点布局规划、丹阳市殡葬设施布局规划等 5 个项目被确定为丹阳市 2020 年度市政府重大行政决策事项。

2019 年 11 月，丹阳市印发《关于报送 2020 年度重大决策建议项目的通知》，面向全市各镇（区、街道)、各部门征集重大行政决策建议项目，共收到建议项目 13 个。丹阳市相关部门开展专项调研，对各项目基本情况、预计完成的时间节点、项目在推进过程中可能存在的问题和困难进行核实。在完成对所有申报项目的全面评估，并结合项目必要性、可行性、成熟度等因素，经市委市政府同意后，确定编制《丹阳市国土空间总体规划（2020—2035)》、丹阳市商业网点布局规划、丹阳市殡葬设施布局规划和关于调整 2020 年度市区住房保障有关标准的通知以及修订《丹阳市国有土地上房屋征收与补偿办法》《丹阳市国有土地上房屋征收中有关补偿和补助、奖励标准》《丹阳市国有土地上房屋征收中企业补偿安置办法》5 个项目为丹阳市 2020 年度政府重大行政决策事项。

（管丹峰）

【“万善丹阳”APP 上线运行】 2020 年 5 月 21 日，丹阳市举办“高水平小康·丹阳在行动”动员会暨“万善丹阳”APP 启动仪式，市四套班子相关领导参加活动。近年来，丹阳市各类社会公益组织蓬勃发展，广大企业家及社会各界爱心人士，累计捐赠公益事业资金 3.34 亿元，帮扶 16 万人次，形成良好的示范效应，培植肥沃的慈善土壤。“万善丹阳”APP 成功上线，在丹阳市动态贫困户和社会帮扶力量之间架起沟通桥梁。对于动态贫困户，村民小组精准摸排需要帮扶对象及需求，汇总上报至行政村；志愿者根据行政村提供的数据再次进村入户摸排核实，报镇（区、街道）审核后将数据录入“万善丹阳”APP；各帮扶主体通过登陆 APP，确定拟帮扶对象，与志愿者联系，认领开展帮扶。

（管丹峰）

信访工作

【概况】 2020 年，丹阳市坚决落实市委、市政府的决策部署，围绕“全力去存降增，着力提质增效，努力争先进位”的工作目标，充分畅通信、网、电等渠道及时受理群众信访问题，扎实开展信访矛盾化解、信访秩序维护、信访机制建设等各项工作，切实维护好信访环境，为推动经济发展“跑起来”护航助力。

（夏　琼）

【信访工作专项整治】 2020 年，丹阳市开展信访矛盾化解攻坚战，开展越级进京访和城乡建设领域信访问题专项整治。围绕“去存减增、提质防变”的目标，推动信访矛盾化解工作取得成效。市包案领导定期预约接访下访，并与责任单位一起完善化解措施。各责任单位落实“‘1+3’包干负责”和“一人一策一专班”要求，细致制定方案措施，扎实开展化解工作。市信访局积极牵头会商会办，强化督查考核，及时通报各单位的工作情况，压实信访工作责任，推动涉访重点案件的化解。

（夏　琼）

【信访工作】 2020 年，丹阳市做好重大活动期间信访稳定工作，以最高标准、最严要求抓好信访维稳各项措施落实，细致开展信访矛盾排查化解、积案攻坚，选派精干人员驻京值守，积极做好路地联勤、警信联动，压实工作责任。

（夏 琼）

【信访宣传】 2020年，丹阳市深入推行信访“1539”工作法（每天做到日日清，每周5天做到周周明，每月30天做到月调度，每季度90天做到季清零）和“三挂一攀”（信访积案挂图作战、重点案件挂牌督办、领导干部挂证接访，攀亲结对）工作机制，通过上门回访、预约下访等多种形式，强化源头化解工作，拉近与信访群众的距离，守好“第一道防线”，推动“事心双解”。对阳光信访系统智能平台进行再升级，充分畅通网络平台及时化解涉疫信访矛盾，助力企业复产复工，并依托“丹阳信访”微信公众号，加强健康科普知识宣传和有关政策措施解读。积极开展“践行新思想，担当新作为”主题宣传教育活动，通过演讲比赛和主题征文等活动，宣扬基层信访工作者事迹，展现基层信访工作者为民服务的良好形象，增强信访工作者的职业自豪感，营造公众理解、信任和支持信访工作的良好社会氛围。

（夏 琼）

【信访规范化建设】 2020年，丹阳市加大业务培训和传帮带工作力度，通过现场教学、视频培训、走访调研等多种方式，进一步细化业务流程、处理依据、业绩评定等标准化体系，切实以标准化为牵引，促进信访工作规范化建设。在国家和省视频培训教学的基础上，先后组织信访工作专题推进会5次、业务培训会3次、走访调研3次，有效规范信访业务办理的各个环节。进一步完善规范“受理、告知、询问、答复、回访”综合评价体系，坚持受理过程“比准度”、告知回复“比速度”、调查询问“比细致度”、结果答复“比精确度”、定期回访“比满意度”，并对信访事项的告知、办理、答复和报告等各个环节严格把关，有效减少矛盾激化上行。在完善镇（区、街道）信访工作联席会议机制建设的基础上，落实“市党政领导信访联系点包案制度”和“局领导挂钩帮带制度”，有效加强对镇（区、街道）信访工作的指导帮带。全市信访事项及时受理率、按期办结率均达到100%，满意度参评率在99%以上、满意率90%以上。信访总量实现“四年连降”，初信初访问题一次性化解率提升到90%以上。

（夏 琼）

人事工作

【概况】 2020年，丹阳市人事工作坚持稳中求进工作总基调，坚持新发展理念，坚持以人民为中心的发展思想，紧盯高质量发展要求，积极推进“丹凤朝阳”和“金山英才”人才计划，新建省博士后创新实践基地1家，新招录博士后3人，入选省博士后科研资助计划2人，入选国家面上资助项目1人。建立全省首批“G42+”民营企业人才人事综合改革示范基地1家。取得国家职业资格证书5046人，新增高技能人才1283人，每万人劳动力中高技能人才数达到920人，高技能人才总量持续增长。

（朱君芬）

【推进人才工作】 2020年，丹阳市着力推进重点人才队伍建设，入选江苏省乡土人才“三带”行动计划培养对象19人，入选镇江市优秀乡土人才培养对象16人，入选2020年度镇江市有突出贡献中青年专家7人，人数创历年新高。继续做好大学生就业创业服务工作，在丹阳人才网开通“高校专区”，动态发布全国高校春季网络招聘信息。组织“驻镇高校毕业生春季云招聘”、南京林业大学云招聘等线上招聘会。开展2020年“才聚丹阳，乘风破浪”系列校园引才活动，组织135家次企业到21所省内外高校开展校园招聘，收到简历3000余份，达成初步就业意向600余人。启动“乘风破浪‘码’上行动”毕业生一对一精准帮扶专项行动，开发并推广高校毕业生就业信息码，利用数字化手段对毕业生就业情况进行区分和统计，及时掌握持红码的就业困难的学生情况，使就业推荐工作更加精准。举办“创翼丹阳智胜未来”2020年丹阳市第五届青年创业大赛，涌现出一批优秀项目和创业人才，为创业者提供机会和平台。与南京师范大学中北学院联合启动“情系中北——就在丹阳”系列就业创业促进活动，做好校地对接，服务本地高校学生。（朱君芬）

【人事管理】　2020年，丹阳市有序开展事业单位公开招聘，组织教育、卫生、部分事业单位以及编外用工招考，共录用420人。强化事业单位人事管理，全年办理事业人员调动手续85人，办理解除聘用合同人员105人，办理各类岗位变更1100余人次，组织对2019年度全市14221名事业单位工作人员进行年度考核，其中优秀2156名、合格11650名、基本合格17名、不合格10名、未定等次388名。进一步规范丹阳市机关事业单位编外用工管理工作，建立全市机关事业单位编外用工人员7600余人信息库。全系统依法行政、规划统计、信访维稳、法治综治、信息宣传等各项工作得到统筹推进。（朱君芬）

行政审批工作

【概况】　2020年，丹阳市紧紧围绕深化“放管服”改革和营造最优营商环境主线，以提速增效、惠民便企为宗旨，打造丹阳政务服务品牌和行政审批的“丹阳速度”，推进各项改革。全年新增外资43户（其中含分支机构20户），比上年增长53.57%，新增注册资本82128.4万美元，比上年增长1074.80%；新办内资企业5198个，新增注册资本265亿元。公安出入境窗口办理护照3977件；车辆购置税窗口办理车购税1.57万件，纳税1.65亿元；政务大厅办理16.5万余件，日均办结611件，全程不见面审批业务项1388项，不见面率100%。（王　晴）

图21　2020年5月7日，丹阳市行政审批局在高新区举办业务专题培训（王　晴）

【“一窗受理”审批事项】　2020年，丹阳市持续推进“简政放权、放管结合、优化服务”改革，减少审批环节和事项，简化和规范审批流程。创新“一窗受理”新模式，实行“前台综合受理、后台分类审批、审批限时办结、统一窗口出件”模式。在市场准入、投资建设、社会事务等3个领域分类实现“一窗受理”。利用数字化平台、大数据等手段，持续优化审批流程、压缩审批时限、减少审批材料。依托江苏省企业开办“全链通”（涉企事项的网上集成办理平台，实现企业设立登记、刻制公章、涉税事项办理、银行预约开户等企业开办事项的全链条通办）平台，进一步简化企业开办流程，规范公章刻制服务，实现新开办企业设立登记、公章刻制、银行开户、申领发票4个环节分别在2小时内完成。（王　晴）

【工程建设项目审批制度改革】　2020年，丹阳市围绕江苏省委、省政府的要求，推进丹阳市工程建设项目审批制度改革，市行政审批局与市住建局共同开发工改平台系统。起草丹阳市工程建设项目审批制度改革实施方案和

"模拟预审、拿地即开工"实施方案。对工程领域阶段所有审批环节进行简化和优化、减少申报材料、实行数据资料共享，所有事项全部在网上申报，只需提交6种材料。全年共办理项目立项备案617件；防空地下室审批项目总计143件；办理建筑施工许可183件。 （王　晴）

【全市一体化在线政务服务平台建设】 2020年，丹阳市统筹推进全市一体化在线政务服务平台建设。充分发挥"互联网＋政务服务"优势，实现政务服务事项"应上网尽上网"，行政审批局牵头开展丹阳市一体化在线政务服务平台建设工作。平台主体功能达到设计需求要求并上线运行，全市43个部门2725项审批事项入库并完成标准化事项清单的维护，各部门网上办事受理渠道全面打通，推进平台向基层延伸。一体化在线政务服务平台的上线，归集政府部门政务数据，实现政务信息共享，为办事群众足不出户"网上办"提供后台系统支撑。 （王　晴）

【"12345"政府热线服务】 2020年，丹阳市"12345"政府热线受理市民来电13.7万余件，日均377件，比上年增长33.03%，其中，受理国务院"互联网＋督查"平台市民诉求30件，省市平台市民诉求1352件，网站、微信、电话渠道受理市民诉求136645件。疫情期间单日来电量最高量达1092件，实现3方通话1次性成功率达到100%，其中前台直接办结10.33万件，即办率达到74.82%；派送工单3.47万件，办结率达98.75%，回访市民满意率达98.12%。收到群众感谢类来电、信件及锦旗1000余件。 （王　晴）

机关事务管理

【概况】 2020年，丹阳市以"精细管理、精准服务、精美品质"为总抓手，推动机关事务改革发展，推进全市企事业单位公务用车制度改革，开展办公用房管理和节能管理。在镇江地区率先开启党政机关公务出行绿色环保新模式，全市"以租代购"新能源汽车17辆，年节约运行经费约30万元。启用事业单位公务用车管理平台，事业单位保留公务用车全部纳入公车管理"全省一张网"，实现省、市、县三级互通，有效配置公车资源。在全市党政机关开展落实节俭制度，严控机关运行成本工作，推动机关带头厉行节约、反对浪费，控成本、讲绩效、提效能。倡导并推进节约型机关创建工作，全市首批共34家单位创建省级节约型机关，引领带动全市公共机构节约型机关建设工作。强化机关事务管理制度建设，积极调研起草《丹阳市党政机关办公用房管理办法》和《丹阳市党政机关公务用车管理办法》，利用市督查平台和作风效能考核机制，强化全市党政机关事务工作的集中统一管理。

（张　奕）

【服务全市疫情防控】 2020年1月26日，丹阳市机关事务管理中心成立疫情防控工作领导小组，研究部署防控指挥部后勤保障和行政中心防控工作。会同市疾控中心起草《丹阳市党政机关、事业单位新冠肺炎疫情防控指导方案》和《丹阳市行政中心疫情防控工作方案》，指导全市党政机关和事业单位开展防控工作。统筹调配车辆资源，联系租车平台，调配30辆新能源汽车无偿提供给卫生健康委员会、市场监管管理局等防控任务繁重部门应急使用，保障防控工作的安全。 （张　奕）

【后勤保障工作】 2020年，丹阳市机关事务管理中心做好后勤服务工作，完成各类会议保障2000余次。接待机关干部用餐33万余人次。公车保障3500余次，服务总时长25680小时，服务总里程30万公里。完成各类维修1800余次，完成率100%。安全培训及演练200余人次，安全检查18批次，发现问题及隐患20个，处理率100%。查验登记外来办事人员5200余人次，处置接待信访230余批次。开展入驻单位满意度调查，入驻单位总体满意率 99.7%。

（张 奕）

图 22 2020 年 10 月 16 日，镇江机关事务管理局到丹阳市调研公车管理情况

（毛羽辉）

外 事 工 作

【概况】 2020 年，丹阳市坚持以习近平新时代中国特色社会主义思想为指导，在疫情常态化背景下开展外事工作，围绕统筹疫情防控与经济社会发展大局，推进涉外疫情防控工作，助力企业复工复产。全年，共办理因公出国（境）手续 7 批 10 人次；审核外国人来华签证通知函电 4 批 5 人次；接待日本、马来西亚、澳门等 6 批 56 人次；办理 APEC 商务卡 3 批 4 人次。

（花 卉）

【镇江市与纳米比亚鲸湾港经贸交流暨 APEC 卡推介会】 2020 年 5 月 26 日，镇江市与纳米比亚鲸湾港经贸交流暨 APEC 卡推介会在丹阳市召开。镇江著名侨领、纳米比亚中国和平统一促进会会长陈庆平、镇江外办主任魏弘扬与丹阳市企业家代表面对面交流。丹阳市友协会长徐国庆、外办主任张雪芬参加会议。陈庆平介绍纳米比亚鲸湾港的投资环境，并鼓励镇江企业“走出去”，在纳米比亚和非洲开拓市场。镇江市国际交流中心副总经理张锋向与会人员推介 APEC 商务卡。

（花 卉）

图 23 2020 年 5 月 26 日，镇江市与纳米比亚鲸湾港经贸交流暨 APEC 卡推介会在丹阳市召开

（花 卉）

【马来西亚驻沪总领事访问丹阳】 2020 年 10 月 16 日，马来西亚驻沪总领事丘世豪一行 7 人到丹阳市参观访问，丹阳市市长黄万荣对丘世豪一行表示欢迎，并介绍丹阳的历史文化、区位优势、产业发展、城市建设等方面的情况。他希望马来西亚以既有项目和在丹阳企业家为桥梁，加强与丹阳市交流合作。丘世豪表示，作为东盟率先同中国建立外交关系的国家，马来西亚与中国的人文交流和经济合作友好而深入，近年来与丹阳合作交流局面良好，期待未来双方能进一步搭建沟通桥梁，实现多领域全方位的深度协作。

（花 卉）

图 24 2020 年 10 月 16 日，马来西亚驻沪总领事丘世豪（左三）到丹阳市参观访问

（花 卉）

应急管理

【概况】 2020年，丹阳市围绕安全生产专项整治工作目标要求，以国务院和省、市督导组督导检查反馈意见整改落实为契机，坚持问题导向、目标导向、结果导向，举一反三，全面抓好安全生产工作。市委市政府成立以主要领导为组长的工作领导小组，建立由市各分管领导负总责，行业主管部门一把手为第一责任人的责任体系。先后20余次召开市委常委会、市政府常务会议以及全市性安全生产工作会议，研究部署专项整治行动。全市35个专项整治小组，定期召开行业领域整治推进会，解决疑难问题、历史问题，完善安全监管机制，在全市30个行业领域，开展安全生产集中整治。针对省督导组提出的非标电动车、现代物流、九小场所、城中村等安全监管薄弱领域，牵头部门研究增补5个专项整治方案。制定全市安全生产专项整治三年工作总方案，并形成市三年行动计划“1+2+8”总体框架。派驻8个安全生产督导组，集中检查督查18个部门和12个镇区，印发工作简报40余期，对涉及200余条重大（一般）安全隐患发出督办通知，检查企业和单位600余家。全年共发生生产安全事故7起，死亡8人，分别比上年降低36.4%、27.3%。 （应急管理局）

【隐患整改】 2020年，丹阳市致力安全问题隐患整改攻坚，主动梳理各级督导交办的相关问题，形成国务院集中督导、常驻督导、回头看督导以及省市巡查督导320条隐患和问题清单，市专治办对所有隐患和问题及时交办，至年底，完成整改320条，整改率100%。在加强国务院、省市督导问题和隐患整改的同时，全市各行业各领域全面深入开展安全生产专项整治，全市35个行业专项整治组共检查企业15692家，发现一般隐患17968条，整改一般隐患16974条，安全生产共事前处罚立案409起，处罚金额510.62万余元。同时，针对典型问题举一反三，全面排查。对督导组发现的2家化工企业重大隐患，立即对全市其它保留化工监测点企业停产整顿，邀请省级专家开展全面排查。对丹北电镀园区45家使用危化品的电镀企业开展为期2个月的停产整顿，集中治理；对督导组发现的粉尘涉爆安全隐患突出问题，对全市89家粉尘涉爆企业“逐一过堂”，邀请国家级专家制定整改标准，集中消除静电喷涂、汽配等行业存在的粉尘涉爆隐患；对督导组发现的宏福物流非法加油加气典型问题，在全市50家物流企业开展全面排查。对中小企业消防安全不合规、隐患突出问题，在陵口镇推行智慧消防系统，实现火灾防控从“被动应对”向“主动预防”转变。 （应急管理局）

【安全生产“大起底”暨违法违规“小化工”专项整治】 为扎实推进安全生产专项整治，进一步落实安全生产“三个责任”，切实摸清底数，2020年6月始，丹阳市全面开展全市安全生产“大起底”暨违法违规“小化工”专项整治。以“取缔一批小散乱企业，关停一批存在重大安全隐患的违法违规企业，整治一批突出隐患问题，进一步规范生产经营行为”为目标，对全市范围内所有生产经营场所进行全覆盖、起底式的篦查。全市12个镇（区、街道）组成462个检查组，以村（组）为单位，共检查生产经营单位15173家，实施关停487家，停产整改324家，限期整改6557家。按照“边排查边整治，确保隐患见底、措施到底、整治彻底”的工作要求，认真梳理在排查中遇到的具体问题清单，共梳理出面上共性问题11条、个性具体问题15条、制度建设清单9条、违法违规“小化工”问题清单22条，并根据梳理出来的问题进行原因分析，制定7个问题短板攻坚克难整治方案，明确挂钩市领导推进整改。

（应急管理局）

【安全生产体制机制建设】 2020年，丹阳市坚持边整边改边立制，确保安全生产专项整治工作取得实实在在的效果。党政领导责任方面，出台《丹阳市党政领导干部安全生产责任制规定实施办法》，明确党政领导干部的安全生产职责，制定《市安委会成员单位履行安全生产工作责任考核评价指标》，对安全生产考核内容按照“有目标、有任务、有措施、有数字”要求，进行细化量化，倒逼各级领导干部重视安全生产工作，把安全生产工作放在突出位置。属地部门监管责任方面，根据全市经济产业结构和特点，建立健全安全生产五级网格监管体系，出台《建立健全安全生产网格化监管实施意见》《丹阳市村（片、社区）安全生产、环境保护工作领导机构及职责规定》，实现安全监管全覆盖。制定《丹阳市安全生产综合监管部门联动实施办法（试行）》和《丹阳市安委会全体成员单位安全生产工作职责清单》，进一步明确各安全会成员单位安全生产工作职责，有效解决综合监管中多个部门职责交叉、职能不明的问题。企业主体责任方面，坚持从企业主体责任落实最关键、最末端、最薄弱环节入手，全面压紧压实企业的主体责任。出台《丹阳市企业安全管理“十个一”工作实施方案》，推动企业安全管理“十个一”建设，推动企业主体责任落实，夯实安全生产基础，提升企业安全管理水平及员工安全素质。（应急管理局）

·消防救援·

【概况】 2020年，丹阳市消防救援大队认真贯彻落实各级党委政府关于消防安全工作的系列部署，以国务院对江苏省安全生产专项整治“开小灶”为契机，紧扣“两个不放松”和“务必整出成效”总要求，坚持问题导向，聚焦防控风险、着力补齐短板、狠抓任务落地，深入开展消防安全专项整治，完成全国“两会”、十九届五中全会、第三届进博会等重大活动消防安保任务，全市消防安全形势保持总体平稳。“疫情防控”和“防汛抗洪”期间，全体消防指战员坚决听从号令，停止探亲休假，及时归建回队，为定点医院、隔离观察点和涉疫企业排查消防安全隐患，全面受理社会单位和广大群众涉及人员转送、物资转运、洗消杀毒等各项求助。2020年，丹阳市消防指挥中心共接警出动582起，出动车辆1319车次，出动警力5268人次，抢救疏散被困人员112人次，全市发生火灾166起，比上年降低15.3%。市消防救援大队获江苏省消防救援总队“十佳消防救援大队”“消防执法先进单位”“调查研究工作先进基层单位”荣誉。1人被江苏省消防救援总队记三等功，2人被江苏省消防救援总队评为“优秀党务工作者”。

（张　蔚）

图25　2020年1月17日，丹阳市消防救援大队召开“向人民报告、请人民评议、让人民满意”测评会　（张　蔚）

【消防救援大队成立】 2020年1月13日，丹阳市消防救援大队举行挂牌仪式，标志着全市消防事业进入崭新篇章，向加快推进消防救援队伍正规化、专业化、职业化建设迈出关键步伐。市领导赵立群、黄俊杰出席活动，共同为“丹阳市消防救援大队”揭牌。改革转制一年来，丹阳市消防救援大队坚持以习近平新时代中国特色社会主义思想为指导，以习近平总书记授旗训词精神为引领，紧紧围绕上级重大决策部署，紧跟改革进程、紧贴队伍实际、紧盯主责主业，找准坐标定位，主动作为、乘势而上、奋力前行，队伍的改革决心信念更加坚定、精神面貌更加充沛、火灾防控措施更加有力、攻坚打赢能力更加突出，圆满完成以新中国成立 70 周年为重点的系列重大安保任务，持续保持火灾形势和队伍管理高度安全稳定。（张　蔚）

【社会面火灾防控】　2020 年，丹阳市消防救援大队围绕重点任务，对照国务院及省市安全生产督导组交办反馈的“四个清单”，科学研判消防安全形势，紧盯全市 13 类重点场所及 10 类消防安全突出问题，部署开展火灾防控专项整治、打通生命通道、高层建筑、群租房和“九小场所”等综合治理等工作，深入排查整治各类隐患，严肃查处各类消防违法行为，全年督改火灾隐患 1283 处，责令“三停”单位 10 家，查封场所 24 处，罚款 47.08 万元，行政拘留 3 人，3 家重大火灾隐患单位完成整改销案。多部门联合指导各类场所施划“生命通道”标志标线 1800 余处，设置警示标牌 650 余处，出水检测高层住宅建筑室内消火栓最不利点供水压力 120 余处。（张　蔚）

图 26　2020 年 10 月 30 日，丹阳市消防救援大队联合公安派出所开展群租房消防安全检查　（张　蔚）

【消防安全】　2020 年，丹阳市消防救援大队积极推动党委政府常态化落实消防工作会议、领导带队检查、政府牵头考核和重大火灾隐患督办“四项机制”，强化政府领导责任。推进消防安全委员会实体化运转，9 月底，市、镇（区、街道）两级消防安全委员会全部完成调整。联合市教育、住建、公安、应急、民政、文体旅等部门广泛开展校外培训机构、学校、物业管理住宅小区、人员密集场所、群租房、“三合一”、九小场所、养老机构等行业领域消防隐患排查。对全市涉化企业、熔喷布、租赁场所、群租房、“三合一”、九小场所专项整治及各类安全生产综合整治给予消防安全检查业务培训和技术支持。深化重点单位、火灾高危单位消防安全标准化管理，发动社会单位深入开展火灾隐患自查自纠，推动社会单位落实主体责任。全年先后指导乡镇、行业部门消防工作 40 余次，指导公安派出所消防监督、培训教育工作 80 余次，向行业部门发送执法工作建议函 40 余份，组织约谈镇（区、街道）、行业部门相关人员 90 人，约谈重点单位消防安全责任人、管理人 280 人。（张　蔚）

图 27　2020 年 4 月 3 日，丹阳市消防救援大队、丹阳市住建局物管办在锦尚名都小区召开打通“生命通道”现场推进会　（张　蔚）

【消防技防设施建设】　2020 年，丹阳市消防救援大队持续推动社区和重点单位微型消防站实体化运行，强化动态管理，织密网格协防。推动 113 家二级消防安全重点单位落实“1234＋N”消防安全管理机制（“1234＋N”：“一完善”，完善消防安全制度和操作规程，“二确定”，确定消防安全责任人和管理人、确定消防安全重点部位，“三规范”，规范灭火和应急救援预案、消防档案、消防安全标识，“四落实”，落实防火巡查、检查，落实消防设施、器材定期检验、维修，落实消防演练，落实员工教育培训，“N 推进”，推进落实其他消防安全职责），深化消防安全标准化管理。陵口镇、界牌镇针对产业特点和公共基础消防设施薄弱的现状，推广运用“智慧用电系统”“火灾智能报警系统”，建立覆盖全镇中小型企业的镇级火灾防控中心，得到国务院、省安全生产督导组认可，镇江市委书记马明龙专门批示肯定。（张　蔚）

2020 年丹阳市火灾综合情况表

表 5

项目		火灾综合情况			
		起数（件）	所占比例（%）	死亡人数（人）	受伤人数（人）
	合计	166	100	0	1
一季度	小计	20	12.4	0	0
	一月	16	9.6	0	0
	二月	1	0.6	0	0
	三月	3	1.8	0	0
二季度	小计	51	30.7	0	0
	四月	22	13.3	0	0
	五月	14	8.4	0	0
	六月	15	9.0	0	0
三季度	小计	46	27.7	0	1
	七月	11	6.6	0	0
	八月	20	12.4	0	1
	九月	15	9.0	0	0
四季度	小计	49	29.5	0	0
	十月	9	18.4	0	0
	十一月	16	9.6	0	0
	十二月	24	14.5	0	0

说明：数据统计自 2020 年 1 月 1 日至 2020 年 12 月 31 日　　（张　蔚）

政协丹阳市委员会

栏目编辑 夷朝霞

市政协领导分工

沈岳方，主席，主持全面工作，主管干部人事工作，党组工作。

钱留梅，副主席，分管提案委员会。

魏国荣，副主席，分管经济科技委员会。

谭国祥，副主席，分管城乡建设委员会。

陈建红，副主席，兼管教卫文史委员会。

夏炜，副主席，负责与民主党派、工商联以及在丹阳的省、镇江市政协委员的联系。分管委员工作办公室、委员培训工作。

薛惠民，党组成员、社会法制海外联络委员会主任，分管社会法制海外联络委员会。

徐国庆，党组成员，分管市政协机关党建工作、老干部工作、机关财务审批工作。（陈玉娟）

重要会议

【市政协十五届四次会议】 2020年1月3—6日，丹阳市政协十五届四次会议召开。丹阳市委书记黄春年作重要讲话，市政协主席沈岳方作《市政协十五届常务委员会工作报告》，市政协副主席陈建红作《市政协十五届常务委员会关于提案工作情况的报告》；列席市十七届人大四次会议，听取《政府工作报告》，审阅其他专题报告；重点选择“‘放管服’改革中，在‘放’的同时要加大监管力度”“把优势做强、把短板补齐，高质量建设现代农业园区助力乡村振兴”“传承创新、整体推进、积极构建大运河文化带‘丹阳样本’”“盘活闲置资源、推进美丽乡村建设”“对接东部产业转移，促进丹阳市产业升级”“提高中介服务市场化水平”“发挥企业主体作用，多措并举招用人才”“推动阵地建设，丰富老年文体活动”8个课题，组织委员进行大会发言；进行大会选举；听取并通过市政协十五届四次会议提案审查委员会《关于政协丹阳市第十五届委员会第四次会议提案预审查情况的报告》；通过《中国人民政治协商会议丹阳市第十五届委员会第四次会议决议》。（陈玉娟）

图28 2020年1月3—6日，丹阳市政协十五届四次会议在会展中心召开（陈玉娟）

2020 年丹阳市政协常委会议一览表

表 6

会议名称	主要内容
十五届十五次常委会议（3 月 12 日）	决定撤销郦佳扬政协丹阳市第十五届委员会委员资格；审议通过《市政协 2020 年工作要点》和主要工作安排。市政协领导沈岳方、钱留梅、魏国荣、谭国祥、陈建红、夏炜、薛惠民出席会议
十五届十六次常委会议（5 月 28 日）	民主监督法院、检察院工作；研究有关工作；围绕“补齐民生短板、提升城市品质”主题开展专题协商。市政协领导沈岳方、钱留梅、魏国荣、谭国祥、陈建红、薛惠民、徐国庆出席会议。副市长刘宏程应邀出席会议
十五届十七次常委会议（8 月 25 日）	围绕“策应长三角一体化发展战略”开展专题协商议政。听取市政府关于 2020 年上半年全市经济社会发展情况的通报；听取市政府关于市政协十五届四次会议以来提案办理工作情况的通报；听取 2020 年上半年全市财政运行情况汇报；审议通过撤销陆斌政协丹阳市第十五届委员会委员资格的决定。市政协领导沈岳方、钱留梅、魏国荣、谭国祥、陈建红、夏炜、薛惠民、徐国庆及秘书长李彩虹出席会议。市领导黄万荣、杨文军应邀出席会议
十五届十八次常委会议（11 月 5 日）	审议通过撤销汤明亮政协丹阳市第十五届委员会委员资格的决定。市政协领导沈岳方、钱留梅、魏国荣、谭国祥、陈建红、徐国庆及秘书长李彩虹出席会议

（陈玉娟）

2020 年丹阳市政协主席会议一览表

表 7

会议名称	主要内容
十五届三十九次主席会议（1 月 17 日）	专题研究讨论市政协 2020 年工作计划
十五届四十次主席会议（2 月 28 日）	审议《市政协 2020 年工作要点》；研究决定政协委员“新时代文明实践——垃圾分类从我做起”主题活动意见；审议通过提案审查报告、2020 年市领导督办重点提案工作方案、市党政领导和政协领导 2020 年督办重点提案安排；研究决定召开市政协十五届十五次常委会有关事宜
十五届四十一次主席会议（3 月 25 日）	围绕疫情防控后丹阳市支持中小企业发展政策的落实情况进行专题民主监督
十五届四十二次主席会议（4 月 23 日）	专题视察调研丹北镇经济社会发展情况

续表 7

会议名称	主要内容
十五届四十三次主席会议（5 月 25 日）	围绕安全生产专项整治工作推进情况进行专题民主监督
十五届四十四次主席会议（6 月 24 日）	围绕“乡村振兴战略的实施”进行专题协商议政
十五届四十五次主席会议（7 月 7 日）	专题视察调研皇塘镇经济社会发展情况
十五届四十六次主席会议（9 月 2 日）	重点提案办理协商——打通支持民营经济发展“28 条”意见贯彻落实最后一公里
十五届四十七次主席会议（9 月 25 日）	听取丹阳市“十三五”规划执行情况及“十四五”规划编制情况的汇报
十五届四十八次主席会议（10 月 30 日）	听取全市和珥陵镇脱贫攻坚工作情况以及高水平全面建成小康社会情况的汇报
十五届四十九次主席会议（11 月 18 日）	视察丹阳市重点工程和重大项目
十五届五十次主席会议（12 月 28 日）	讨论审议《市政协常务委员会工作报告》《市政协常务委员会提案工作报告》；研究召开市政协十五届五次会议有关事项；研究决定召开市政协十五届十九次常委会有关事项；研究确定 2020 年提案重点承办单位评议方案；研究决定 2019—2020 年度政协工作各类先进表彰有关事项；协商增补市政协委员；协商市政协有关人事任免

（陈玉娟）

重要活动

【督促委员企业落实疫情防控措施】 2020 年 1 月 11—12 日，丹阳市政协领导分组看望丹阳市政协委员企业家，全面了解和掌握 48 家委员企业复工复产前后疫情防控和安全生产工作情况，听取和收集委员企业复工复产中遇到的困难及建议，并督促委员企业全力支持配合党委、政府做好疫情防控和安全生产工作。11 日，市政协主席沈岳方到云阳街道，走访 6 家政协委员企业，了解企业复工复产和疫情防控措施落实情况。市政协领导钱留梅、魏国荣、谭国祥、陈建红、夏炜、薛惠民分别带队到其余 11 个镇（区），了解委员企业复工复产和疫情防控措施落实情况。（陈玉娟）

图 29 2020 年 1 月 11—12 日，丹阳市政协领导分组看望丹阳市政协委员企业家（陈玉娟）

【“不忘初心、牢记使命”主题教育总结大会】 2020 年 1 月 20 日，丹阳市政协召开“不忘初心、牢记使命”主题教育总结大会，全面总结主题教育取得的成效和经验，对进一步巩固拓展主题教育成果，加强不忘初心、牢记使命制度建设作出部署。丹阳市政协主席沈岳方代表丹阳市政协党组班子作总结。主题教育开展以来，市政协按照市委“不忘初心、牢记使命”主题教育决策部署，按照“守初心、担使命，找差距、抓落实”的总要求，以习近平新时代中国特色社会主义思想为主线，坚持把学习教育、调查研究、检视问题、整改落实贯穿始终，组织全体党员干部推动主题教育走深走实，参政议政守初心、履职尽责担使命。通过学习，广大党员干部在政治上、思想上、党性上、能力上得到提升。（陈玉娟）

图 30 2020 年 1 月 20 日，丹阳市政协召开“不忘初心、牢记使命”主题教育总结大会（陈玉娟）

【慰问援鄂医护人员家庭】 2020 年 2 月 18 日，丹阳市政协领导沈岳方、魏国荣带领市政协经科委工业组、农业组和财贸组组长及副组长到 3 名赴鄂支援的医护人员冷惠阳、李鑫、徐树平家中慰问。沈岳方询问家属的家庭、工作、生活状况和需要解决的问题。疫情防控中，丹阳市白衣天使英勇无畏、挺身而出，奔赴湖北参加疫情防治，用行动诠释自己的职责和使命。为援鄂医护人员解除后顾之忧，让他们安心投入到前线“战斗”，市政协城区 11 个委员活动小组分别与丹阳市赴鄂医护人员的家庭建立结对帮扶关系，制订具体的帮扶计划，每个组别委员帮扶 1 户家庭，妥善解决援鄂医护人员家属在家庭、生活或工作中遇到的困难问题。（陈玉娟）

图 31 2020 年 2 月 18 日，丹阳市政协领导看望慰问援鄂医护人员家庭（陈玉娟）

【督导皇塘镇安全生产专项整治工作】 2020 年 2 月 27 日，丹阳市政协主席沈岳方带领消防、应急管理等部门负责人和相关专家到皇塘镇，对该镇安全生产专项整治进行督导巡查。沈岳方到江苏爱伦家纺有限公司和江苏堂皇集团有限公司，深入企业生产车间，了解企业日常安全管理、安全制度落实、安全关键环节把控等情况。皇塘镇把 402 家生产企业监管等级分为红色、橙色、黄色、蓝色，为红色、橙色企业专门聘请专业公司专家每季度进行一次隐患检查和一次整改复查。针对全镇 355 家复工

复产企业，皇塘镇分类对红色、橙色、黄色、蓝色四类企业开展不同程度的安全生产隐患大检查、大督查。（陈玉娟）

【重点工作协商交流会】 2020 年 3 月 11 日，丹阳市政府、市政协召开 2020 年重点工作协商交流会，进一步促进政协与政府工作同步合拍、协同推进。与会的市政府副市长和市政协副主席结合各自分管工作，分别交流 2020 年的重点工作。（陈玉娟）

图 32 2020 年 3 月 11 日，丹阳市政府、市政协召开 2020 年重点工作协商交流会（陈玉娟）

【调研眼镜小镇建设】 2020 年 3 月 30 日，丹阳市政协领导沈岳方、钱留梅、魏国荣、谭国祥、夏炜、薛惠民一行调研眼镜小镇建设情况，并就小镇建设提建议、谈想法。座谈会上，相关负责人介绍丹阳市眼镜小镇建设进展情况及与社会资本合作开发实施方案。规划建设中的眼镜小镇位于沪宁线丹阳站片区，总占地 3.3 平方公里。小镇公司将通过公开招标方式，招引社会资本方参与小镇片区一级整理工作。（陈玉娟）

【委员主题活动动员大会】 2020 年 4 月 13 日，丹阳市政协召开 2020 年委员主题活动动员大会，总结 2019 年“新时代文明实践——政协委员在行动”主题活动，部署 2020 年“新时代文明实践——垃圾分类从我做起”主题活动。2020 年，市政协在全体委员中开展“新时代文明实践——垃圾分类从我做起”主题活动，引导委员以实际行动为推进生态丹阳建设多做贡献，并带动和影响全体市民共建绿色家园。从 2020 年 3 月开始到 11 月底基本结束和阶段性总结期间，市政协以委员活动小组为单位开展专题动员活动，组织委员开展视察调研等专题问政活动，组织委员走进社区开展志愿宣传活动，激励委员立足岗位、主动作为，力求使活动经常化。（陈玉娟）

图 33 2020 年 4 月 13 日，丹阳市政协召开 2020 年委员主题活动动员大会（陈玉娟）

【学习传达全国两会精神】 2020 年 6 月 3 日，丹阳市政协召开专题会议，学习传达全国两会精神。市政协全体机关干部学习习近平在中央政治局第二十次集体学习时的讲话、全国政协十三届三次会议政治决议、全国政协主席汪洋在全国政协十三届三次会议闭幕会上的讲话。（陈玉娟）

【扫黑除恶专项斗争民主生活会】 2020 年 6 月 9 日，丹阳市政协党组召开扫黑除恶专项斗争民主生活会。会上，市政协领导党组书记、主席沈岳方代表市政协党组班子作对照检查。开展扫黑除恶专项斗争以来，市政协党组聚焦主题，深入学习习近平总书记关于扫黑除恶专项斗争系列重要指示精神。（陈玉娟）

【政协老干部情况通报会】 2020 年 7 月 14

日，丹阳市政协组织历届政协老领导召开老干部情况通报会，通报上半年市政协工作，听取老干部意见，明确下半年工作重点。2020 年以来，市政协全面落实市委十三届八次全会决策部署，牢牢把握团结和民主两大主题，在建言资政和凝聚共识上双向发力，积极助力疫情防控，组织机关干部参与志愿服务工作，走访委员企业，了解掌握企业复工复产前后疫情防控和安全生产工作情况，召开市政协十五届四十一次主席会议，与市政府专题协商新冠肺炎疫情防控后支持中小企业发展政策的落实情况，推动惠企政策的落地生效。上半年，组织各党派、界别委员开展宽领域、多层次、全方位的视察调研，并举行专题协商会。聚焦重点监督推进，发挥委员主体作用，开展主体活动，做好提案工作，创新建立市领导领衔督办重点提案制度，开展提案重点督办，推进“有事好商量”协商议事室建设工作，推进政协协商与基层协商的有效衔接。会前，市政协老干部们参观吕城镇大荆村的人居环境整治工作和江苏丹毛纺织股份有限公司的转型升级发展情况。

（陈玉娟）

图 34　2020 年 7 月 14 日，丹阳市政协组织召开老干部情况通报会　　（陈玉娟）

【“有事好商量”协商议事工作推进会】　2020 年 8 月 7 日，丹阳市政协召开“有事好商量”协商议事工作推进会。着力推进“有事好商量”协商议事室建设，加快形成“有事多商量、遇事多商量、做事多商量”的良好氛围。与会人员现场观摩皇塘镇、云阳街道、云阳街道白云街社区、司徒镇、曲阿街道、曲阿街道史巷社区 6 个“有事好商量”协商议事室示范点，观看“有事好商量”协商议事工作短片，丹北镇、教育局、吕城镇河北村相关负责人作交流发言。2020 年，市政协把推进政协协商与基层协商有效衔接，将建设“有事好商量”协商议事室作为一项重要工作来抓，起草完成《推进政协协商与基层协商有效衔接的实施意见》提交市委批准执行，多次召开会议进行专题研究部署。截至 8 月，丹阳市“有事好商量”建成示范点 17 个。（陈玉娟）

图 35　2020 年 8 月 7 日，丹阳市政协召开“有事好商量”协商议事工作推进会

（陈玉娟）

【政协委员培训班】　为帮助政协委员更深入、更全面、更科学地理解“有事好商量”协商议事工作的目的和意义，准确把握具体做法，发挥主体作用把该项工作推向深入，2020 年 9 月 9 日，丹阳市政协举办专题培训，此次培训特邀镇江市“有事好商量”协商议事室建设推进工作小组成员、办公室主任谢荣洲作专题讲座。作为镇江市全面推进“有事好商量”协商议事工作的组织者、推动者之一，谢荣洲放眼全局、立足实际，以生动活泼接地气的语言，从“为什么要开展‘有事好商量’协商议事工作”“政协委员如何开展‘有事好商量’协商议事工作”两方面开讲，既有理论的高度、又有实践的深度。（陈玉娟）

图 36 2020 年 9 月 9 日，丹阳市政协举办专题培训 （陈玉娟）

【政协委员助力解决幼儿“入园难”】 2020 年 9 月 16 日，丹阳部分教育界政协委员到教师发展中心“有事好商量”协商议事室，围绕议题“天瑞宸小区配套幼儿园在首期开发时同步建成”开展的协商议事达成共识。在“有事好商量”协商议事会议现场，政协委员张秋兰代表议题提出人陈述议题观点。利益相关方代表、家长代表以及教育局、自然资源和规划局、住建局等职能部门代表围绕“开发区 2 所幼儿园目前状况及困难需求”“幼儿就近入园难”“班额过大存安全隐患”“学前教育资源不足、分布不均”等方面说问题、谈想法、提建议。最终达成共识，明确天瑞宸小区配套幼儿园需与首期建设的居民住宅区同步交付使用。

（陈玉娟）

图 37 2020 年 9 月 21 日，江苏省政协副主席姚晓东（左三）到丹阳调研“有事好商量”协商议事工作推进情况 （陈玉娟）

政治协商、民主监督和参政议政

【全体会议整体协商】 2020 年 1 月 5 日，丹阳市政协十五届四次会议举行第三次全体会议，进行大会发言，与市委、市政府进行大会协商，为市委、市政府提供决策参考。重点选择“‘放管服’改革中，在‘放’的同时要加大监管力度”“把优势做强，把短板补齐，高质量建设现代农业园区助力乡村振兴”“传承创新，整体推进，积极构建大运河文化带‘丹阳样本’”“盘活闲置资源，推进美丽乡村建设”“对接东部产业转移，促进丹阳市产业升级”“提高中介服务市场化水平”“发挥企业主体作用，多措并举招用人才”“推动阵地建设，丰富老年文体活动”8 个课题，组织委员进行大会发言。市长黄万荣高度肯定各位政协委员的建言，并分别就 8 个发言进行一一点评和回应，对政府如何采纳委员建言予以说明。 （陈玉娟）

【建言资政】 2020 年，丹阳市政协为聚焦长远发展建言资政。市政协常委会议围绕“策应长三角一体化发展战略”开展专题协商，提出加快构建现代化综合交通运输体系、加强科技人才与长三角一体化的战略对接等五个方面 39 条建议。主席会议专题听取市“十三五”规划执行情况及“十四五”规划编制情况。市政协立足眼镜产业长远发展，分析当前眼镜产业存在问题、面临挑战，形成《未来十年，丹阳眼镜路在何方——关于大力推动丹阳眼镜产业转型升级的建议案》报送市委、市政府。市政府主要领导作出批示，相关部门及时制定《丹阳市眼镜产业扶持政策实施细则》。市委、市政府主要领导就产业发展中的电镀、材料两个重点环节进行跟踪专办。 （陈玉娟）

【建言献策】 2020 年，丹阳市政协为聚焦城乡建设建言献策。主席会议从发展富民产业、农村人居环境整治、提升农村基层治理效能、加强农村社会保障等方面建言献策，助力乡村振兴战略的实施。其中，健全农村人居环境整治长效管护机制、加强网格员业务培训、提高低保标准等建议得到有效落实。为推进政协协商向基层延伸，主席会议专题视察调研丹北镇、皇塘镇经济社会发展情况，为推动两镇经济社会高质量发展出谋划策。为策应市重点工程建设，主席会议就云阳大桥、华南桥、上善雅苑幼儿园和开发区新建小学等项目开展视察推进。 (陈玉娟)

【建言支招】 2020 年，丹阳市政协为聚焦民生改善建言支招。常委会议以“补齐民生短板、提升城市品质”为主课题，围绕医共体改革、教育规划布局、老龄事业发展等子课题协商建言，助力群众“急难愁盼”问题的解决。安全生产事关人民群众切身利益，市政协派出 6 位委办主任参与全市安全生产专项整治工作督查，主席会议就全市安全生产专项整治工作推进情况开展民主监督。围绕脱贫成果的巩固、全面建成小康社会目标的实现开展协商式监督，推动丹阳市全面小康质量更高、成色更足。在全体委员中开展“高水平小康·政协委员在行动”主题活动，组织委员针对因病因残因意外造成支出型贫困的特困家庭，开展助医、助学、助残、家居微改善等方面的帮扶。全年，有 167 名政协委员参与结对帮扶贫困户 69 户，捐款 17.16 万元。 (陈玉娟)

【高质量协商议事】 2020 年，丹阳市政协围绕“加快孵化丹阳眼镜电商产业园”“天瑞宸小区配套幼儿园在首期开发时同步建成”“小区充电车棚建设”“建设社区居家养老综合服务中心”“农厕改造后续管护”等议题，依托“百姓家门口”的协商平台，开展两轮计 79 场协商议事活动，一批关乎群众切身利益的民生问题得到及时解决，增强群众的获得感、幸福感和安全感。协商议事工作得到上级政协的充分肯定，“加快孵化丹阳眼镜电商产业园”协商议事活动案例被省政协收录进典型案例选编。 (陈玉娟)

【反映社情民意】 为充分利用“有事好商量”协商议事室，广泛收集社情民意，及时反映民声民情，为市委、市政府准确把握舆情、妥善解决矛盾提供决策参考。2020 年，丹阳市政协共编发社情民意信息 9 期，内容涉及燃气安全、医院陪护工队伍建设和规范管理、重视“因案致贫”现象等民生民意各方面。其中，《关于及早谋划“新基建”领域产业扶持政策的建议》《关于停用“镇丹高速”叫法的建议》《“地摊经济”发展亟待规范》等信息得到市委书记黄春年的批示肯定，有力地推动相关工作的开展。 (陈玉娟)

【完善提案工作机制】 2020 年，为重点抓好“积极提案、精准立案、务实办案、强化督案”等关键环节，推动提案质量和办理质量双提升。丹阳市政协深化提案督办，通过“提案集中督办月”“不满意”提案二次办理和民主评议提案办理等，促进提案办理落地落实。建立市领导领衔督办重点提案制度，市委、市政府主要领导及市政府其他领导分别围绕《打通支持民营经济发展“28 条”意见贯彻落实最后一公里》《“放管服”改革中在“放”的同时要加大监管力度》等 9 件重点提案开展督办，发挥示范效应，推动提案的高质量办理和建议的高效率落实。十五届四次全会以来，198 件提案均得到有效办复，满意率和基本满意率达到 100%。 (陈玉娟)

中共丹阳市纪委 市监委

栏目编辑 陈春芳

重要会议

【市纪委十三届五次全会】 2020年4月26日，丹阳市纪委十三届五次全会召开。会议学习贯彻习近平总书记在中央纪委四次全会上的重要讲话和中央、省、市纪委全会精神，审议并通过方明代表市纪委常委会所作的《扎实推动纪检监察工作高质量发展为高水平全面建成小康社会提供坚强纪律保障》工作报告。

（艾建文）

图38 2020年4月26日，丹阳市第十三届纪律检查委员会第五次全会在市会展中心召开 （艾建文）

【“不忘初心、牢记使命”主题教育总结暨派驻机构年度述职会议】 2020年1月17日，丹阳市纪委监委召开“不忘初心、牢记使命”主题教育总结暨派驻机构年度述职会议。委机关、派驻机构、市委巡察机构全体干部及市委第二指导组成员等参加会议。市委常委、市纪委书记、市监委主任方明总结“不忘初心、牢记使命”主题教育成果经验，要求纪检干部深刻领会习近平总书记重要讲话精神，筑牢守初心担使命的思想自觉；认真总结成果，增强找差距抓落实的行动自觉；深化主题教育成果，推动纪检监察工作高质量发展走在前列。11位派驻机构纪检监察组组长进行年度述职，方明充分肯定2019年派驻监督工作取得的突出成绩，对开展好2020年的派驻监督工作提出提高政治站位，强化政治监督；完善制度规范，提升监督质效；完善自身建设，打造派驻铁军三点意见。 （艾建文）

图39 2020年1月17日，丹阳市纪委监委召开“不忘初心、牢记使命”主题教育总结暨派驻机构年度述职会议 （艾建文）

【“打铁必须自身硬”专项行动部署会】 2020年5月14日，丹阳市纪委监委召开2020年全市纪检监察系统“打铁必须自身硬”专项行动部署会，深入学习贯彻习近平总书记关于加强纪检监察队伍建设重要论述和省、市纪委监委“打铁必须自身硬”专项行动部署推进会议精神，对2020年专项行动重点任务进行再动员、再部署。市纪委监委领导班子成员，市纪委监委机关、派驻机构，市委巡察机构，各镇（区、街道）纪（工）委全体干部参加会议。全体纪检监察干部集中观看2019年作风效能建设掠影专题片。 （艾建文）

图40 2020年5月14日，丹阳市纪委监委召开“打铁必须自身硬”专项行动部署会 （艾建文）

【丹阳市纪检监察工作推进会】 2020年7月9日，丹阳市召开全市纪检监察工作推进会。会议传达学习江苏省委常委、省纪委书记、省监委代理主任王常松调研镇江的讲话精神，回顾总结上半年工作，谋划下半年工作思路。各科室汇报上半年工作情况和下半年工作打算，剖析存在不足，制定改进举措，分管领导做点评。 （艾建文）

【“廉洁丹阳·清风行动”动员部署会】 为深刻吸取“5·13”扫黑除恶系列案件教训，一以贯之、坚定不移推进全面从严治党，努力建设廉洁丹阳，2020年9月11日，丹阳市召开“廉洁丹阳·清风行动”动员部署会议。 （艾建文）

图41 2020年9月11日，丹阳市纪委监委召开“廉洁丹阳·清风行动”动员部署会 （艾建文）

【全市领导干部警示教育大会】 2020年11月2日，丹阳市召开全市领导干部警示教育大会，用身边人教育身边人、用身边事影响身边事，以案说法，从身边案例吸取教训，反思不足，推动丹阳政治生态、发展环境实现根本性转变。市四套班子领导、全市副科级以上干部参加会议。与会人员集中观看警示教育片《黑恶背后的“保护伞”》。 （艾建文）

图42 2020年11月2日，丹阳市召开全市领导干部警示教育大会 （艾建文）

【十三届市委第十一轮巡察工作动员会】 2020年11月19日，丹阳市召开十三届市委第十一轮巡察工作动员部署会议。会议以习近平新时代中国特色社会主义思想，特别是习近平关于巡视工作重要论述为引领，认真贯彻落实江苏省委第十轮巡视暨对巡察工作指导督导动员部署会、镇江市委第十二轮巡察动员部署会

和十三届丹阳市委九次全会精神，对十三届市委第十一轮巡察进行动员部署。（艾建文）

图 43　2020 年 11 月 19 日，丹阳市召开十三届市委第十一轮巡察工作动员部署会（艾建文）

【市委第十轮巡察整改事项集中交办会】 2020 年 12 月 3 日，丹阳市召开市委第十轮巡察整改事项集中交办会。8 月至 9 月，市委巡察组分别对皇塘镇、延陵镇、导墅镇所辖 34 个村（社区）党组织及市自然资源和规划局、融媒体中心 2 家单位党组织开展巡察。市委巡察办负责人在会上通报第十轮巡察情况。市委书记黄春年分别向分管市领导、被巡察党组织和相关职能部门交办整改事项。导墅镇、自然资源和规划局就做好巡察整改工作作表态发言。（艾建文）

图 44　2020 年 12 月 3 日，丹阳市召开市委第十轮巡察整改事项集中交办会（艾建文）

【丹阳市纪检监察工作务虚会】 2020 年 12 月 15 日，丹阳市纪委监委召开全市纪检监察系统务虚会，总结交流全年工作，谋划下一年工作思路举措，推动纪检监察工作高质量发展。委机关各室负责人结合各自分管工作逐一发言，认真总结年度工作，客观分析当前工作存在不足和短板，汇报下一年工作谋划方案。委领导班子成员结合调研课题，对当前纪委监委工作提出意见和建议，明确工作理念、突破口、攻坚克难方法，更好推动全市纪检监察工作高质量发展。（艾建文）

图 45　2020 年 12 月 15 日，丹阳市纪委监委召开全市纪检监察系统务虚会（艾建文）

践行“两个维护”

【概况】 2020 年，丹阳市纪委监委坚决践行“两个维护”，始终旗帜鲜明讲政治，自觉在思想上政治上行动上同以习近平总书记为核心的党中央保持高度一致，坚持将政治思维贯穿业务工作始终，不断擦亮政治机关的政治底色。（艾建文）

【突出政治引领】 2020 年，丹阳市纪委监委工作中坚持突出政治引领。把握政治机关定位，把学习贯彻习近平新时代中国特色社会主义思想作为首要政治任务，利用市纪委常委会、理论学习中心组等载体，开展专题学习 16 次，不断增进政治、思想、理论、情感认同，

研究贯彻落实举措。坚持上级纪委和市委对纪检监察工作的领导，及时请示报告重大事项，获各级主要领导批示12次。（艾建文）

【强化政治监督】 2020年，丹阳市纪委监委持续把强化政治监督作为全年工作重点。推动政治监督具体化、常态化，围绕疫情防控、“六稳”“六保”、违建别墅、农村乱占耕地建房、村（社区）“两委”换届等实施专项监督，全年共开展监督检查2600余次，发现问题620余个。面对突发疫情，全市各纪检监察组织闻令而动，构建“353”（设立监督检查、调查问责和综合协调3个小组，明确5个方面重点，提出不给防控一线增加负担、不能分散一线同志精力、不能增加新的感染风险的“三不”要求）督导体系，既当“战斗员”，又当“监督员”，全力保障“双胜利”，为全市率先复工复产做重要贡献。（艾建文）

【优化政治生态】 2020年，丹阳市纪委监委不断优化政治生态，精准运用“四种形态”（第一种，党内关系要正常化批评和自我批评要经常开展，让咬耳扯袖、红脸出汗成为常态；第二种，党纪轻处分和组织处理要成为大多数；第三种，对严重违纪的重处分、作出重大职务调整应当是少数；第四种，严重违纪涉嫌违法立案审查的只能是极少数）处理748人次，其中第一至第四种形态占比分别为59.6%、31.4%、3.1%、5.9%，前两种形态占比为91%，切实管住了“大多数”形态问题。精准施治影响政治生态的顽固问题，开展“廉洁丹阳·清风行动”，85个党组织上报整改方案，2.6万余名党员干部签订“承诺表”，240人按照“三清”要求主动退缴违纪违法所得110余万元，通报违规收受烟酒票典型案例23起，相关做法获省、市纪委肯定。把好选人用人关，实施党风廉政意见回复7687人次，对196人提出不宜或暂缓使用建议。对5名在工作中敢于担当负责干部实施容错纠错，对受处分干部开展常态化回访教育，激发党员干部干事创业热情。（艾建文）

履行监督职责

【概况】 2020年，丹阳市纪委监委坚持把监督融入日常、做在经常，在定位上向监督聚焦，责任向监督压实，力量向监督倾斜，更加突出重点，创新方式方法，推动监督质效稳步提升。（艾建文）

【压紧压实“两个责任”】 2020年，丹阳市纪委监委协助市委制定“两个责任”清单，向分管市领导提供“廉情信息”18条，采集履责记实信息6.4万条，对2个党组织和52名领导干部实施责任追究，请党委主要负责人谈话占比提高至75.5%，推动“两个责任”贯通协同、一体发力，在压紧压实“两个责任”上持续发力。（艾建文）

【拓展监督路径】 2020年，丹阳市纪委监委发挥派驻机构“探头”作用，在监督路径上不断拓展方法。各派驻纪检监察组开展专项检查309次，立案65件，比上年增长242%；列席党风廉政建设专题会24次，主动约谈183人次，“嵌入式”监督力度更大、实效更强；依托污染防治、债务化解等信息平台，加大线上抽查和线下核查力度，对126条预警信息跟踪督办，助力防范风险隐患，全年债务化解进度达111.77%，超额完成年度任务；制定政府投资项目廉洁纪律“十不准”要求，对35个年度计划投资13.28亿元的重点项目开展监督，助力打造“廉洁工程”。（艾建文）

【提高巡察监督质效】 2020年，在对29家市级机关部门、34个村（社区）党组织开展常规巡察，对2家单位开展“回头看”中，丹阳市纪委监委发现突出问题495个，移交问题线索47条，形成专题报告13份，推动了规范基层社工队伍建设、住建系统行政处罚等工作。同时，实行巡察整改事项集中交办机制，压实被巡察党组织整改主体责任，推动问题整改623个，相关做法获“学习强国”报道推介。巡察监督质效获有效提高。（艾建文）

正风肃纪　惩治腐败

【概况】 2020年，丹阳市纪委监委高标准落实中央八项规定及其实施细则精神，坚决防止产生“疲劳综合征”，做到越往后执纪越严。全年查处违反中央八项规定精神问题76起114人，通报曝光典型问题14批次45起，查处问题数和问责人数比上年分别增长145%和178%，全市“三公”经费支出比上年降低32.6%。

2020年，全市各纪检监察组织共接收检举控告类信访举报309件次，全年立案358件，比上年增长16.2%，其中乡科级领导干部案件32件，采取留置措施12人，移送检察机关7人，挽回经济损失892.9万元。在高压震慑和政策感召下，2人主动投案自首。1起案件入选“全省二十佳精品案例”。强化以案促改，注重把办案与堵塞制度漏洞、强化监督监管结合，制发纪检监察建议11份，推动相关地区和部门完善制度18项。系统梳理涉黑涉恶腐败和“保护伞”案件，向市公安局发出监察建议，指出在案件办理、干部管理等方面存在的风险隐患，推动建设重点权力在线监管平台。深入剖析金融领域腐败典型案例，向市委递交专题报告，助推源头防范治理。统筹协调涉案遗留工程矛盾化解，推动资金结算、土地指标等问题处置到位。协助市委召开全市领导干部警示教育大会，制作警示教育片《黑恶背后的“保护伞”》，分层分类组织观看，强化以案示警。创新教育载体，开展纪检监察摄影故事大赛，制作廉政教育“说说”视频课件，原创丹剧《假戏真做》获全省廉洁文化实践探索优秀成果奖。加大宣传力度，在中央、省、市主流媒体录用稿件232篇，讲好丹阳“反腐故事”。（艾建文）

【加大整治形式主义官僚主义力度】 2020年，丹阳市纪委监委加大整治形式主义官僚主义力度。完善“曝光、点评、督办”工作机制，严肃查处只表态不落实、执法监管流于形式、服务群众推诿扯皮等突出问题27个，处理48人。加强对基层减负落实情况监督检查，推动解决文山会海、督察检查考核过多过频等问题，市级文件、会议数分别减少16.1%和19.2%，市级层面督察事项比上年降低10%。（艾建文）

【精准推进专项整治】 2020年，丹阳市纪委监委精准推进各专项整治。开展“公车私用”“私车公养”专项治理，全市63家单位完成自查自纠；开展违规公款旅游专项整治，查处违规公款旅游问题5起9人，通报曝光典型问题1批2起；深化公职人员参与非法金融和违规借贷活动专项整治，加大分析研判和再核查力度，处理15人，给予党纪处分2人；牵头在4家单位试点开展领导干部违规参与近亲属经营性活动专项整治，15名市管干部上报备案近亲属经营企业情况。（艾建文）

维护民生民利

【概况】 2020年，丹阳市纪委监委坚持以人民为中心的根本政治立场，紧盯“基层微腐”维护民生民利，落实为基层减负各项规定，不断厚植党执政的政治基础和群众基础。全年，查处群众身边腐败和作风问题131起210人，给予党纪政务处分98人，通报曝光典型问题3

批 10 起。（艾建文）

【保障脱贫攻坚】 2020 年，丹阳市纪委监委深化运用“阳光扶贫”监管系统，推动全市脱贫攻坚圆满收官，全面小康指数位列百强县第 29 位。开展脱贫结果“回头看”和“四不摘”政策落实“大起底”，压实工作责任，下发通报 2 期，查处扶贫领域腐败和作风问题 7 起 11 人；开展建档立卡户因病支出保障专项治理，实施医疗再救助 412 人次，补偿金额 98.3 万元。（艾建文）

【全力配合“打伞破网”行动】 2020 年，为推动涉黑涉恶问题线索清仓见底，深挖彻查涉及管建军黑社会性质组织案件，丹阳市纪委监委细致稳妥做好配合取证、问题核查等工作。立案查处涉黑涉恶腐败和“保护伞”问题 50 人，其中乡科级干部 19 人，采取留置措施 3 人，移送检察机关 2 人，取得良好政治效果、纪法效果和社会效果。（艾建文）

【夯实基层治理】 2020 年，丹阳市纪委监委加快推进 11 项“小微权力”项目化运行，强化派出监察员办公室作用，把“监督哨”设到群众身边，坚决纠治侵占农村集体“三资”、乱收费乱摊派等问题，各派出监察员办公室处置问题线索 98 件，立案 66 件，比上年增长 407%，涉及农村人员信访件数比上年降低 30.7%，基层治理工作得到有效夯实。（艾建文）

干部队伍建设

【概况】 2020 年，丹阳市纪委监委严格落实“把队伍建强、让干部过硬”要求，坚持业务、队伍两手抓，在强化政治品格、提升履职能力、严格监督管理上下功夫，打造忠诚干净担当、敢于善于斗争的纪检监察干部队伍。（艾建文）

【加强政治建设】 2020 年，丹阳市纪委监委持续实施“打铁必须自身硬”专项行动，推进“学恩来精神、守初心使命”专题教育活动，组织志愿者服务队参与疫情防控、文明城市迎检等工作，着力涵养心性、砥砺党性、磨练品性。高标准推进委机关党的建设，严格落实“三会一课”等制度，推动党建与业务深度融合。对 123 名村（社区）纪委书记候选人逐个审核把关，确保队伍纯洁。（艾建文）

【提升履职能力】 2020 年，丹阳市纪委监委提升履职能力，开展“补短板、强弱项、提质效”学习调研活动，在调研分析中摸实情，在学习总结中定方向，形成专项治理、精准问责等 8 个方面调研成果。落实全员培训要求，实施系统化业务培训、实战化以案代训、专业化岗位练兵、常态化上派下挂，全年开展各类培训 21 场次，参训纪检监察干部 358 人次。（艾建文）

【严格监督管理】 2020 年，丹阳市纪委监委持续严格自身监督管理。在全系统推进作风建设专项教育，开展纪检监察机关作风建设情况问卷调查活动，针对 8 类问题制定 28 项措施，逐一推动整改。将制度要求嵌入工作流程，建立健全线索分析会商、月度办公会、工作秘密分级管理等 8 项制度。坚持刀刃向内，对反映纪检监察干部的 5 件信访举报开展调查核实，提醒谈话 2 人，严防“灯下黑”。（艾建文）

民盟丹阳委员会

【概况】 2020 年，民盟丹阳委员会有盟员 160 名，新增盟员 8 名。委员会深入开展“不忘合作初心，继续携手前进”主题教育活动。举办“党的十九届五中全会精神”学习教育和《中华人民共和国民法典》宣讲活动。加强与外地民盟组织交流，组织盟员到南京江宁区“党派之家”考察学习。分别与南京、淮安、南通、常州等外地民盟开展工作交流，委员会参加“2020 全省县（市、区）盟务工作研讨会”，主委贺云华作《发挥民盟优势，助力“有事好商量”》交流发言。丁斌的微视频《追寻》获江苏省统战部“助力小康，奋斗有我”二等奖，虞强的社情民意《我省眼镜产业发展面临的问题亟待解决》获江苏省政协优秀社情民意。《打造水韵古城，推进全域旅游的建议》被市政协评为 2019－2020 年度优秀集体提案。在市政协十五届五次会议上，谢春华作《传承创新，整体推进，积极构建大运河文化带“丹阳样本”》交流发言。在江苏省第十一届教育论坛活动中，有 2 篇论文分别获二等奖和三等奖。在国家级、省级、市级媒体录用报道 119 篇。盟员贺云华、虞强、丁斌分别获得民盟江苏省委 2019－2020 年度组织建设工作先进个人、反映信息工作先进个人、社会服务工作先进个人，盟员胡云萍获得“2020 年度镇江市优秀人大代表”称号，盟员丁洪良获“江苏省青少年科技创新大赛一等奖”，盟员张宏鹏被评为“镇江市劳动模范”，盟员刘云兰被评为“镇江市拔尖创新人才培养先进个人”，盟员赵军被评为“镇江市有突出贡献中青年专家”，盟员贺玲花被江苏省人社厅聘请为第一届全国职业技能大赛江苏选拔赛 CAD 机械设计（国赛精选）项目裁判长和集训教练，被评为“全国技能大赛优秀指导教师”。委员会被镇江民盟授予“优秀基层组织”“组织工作先进集体”“优秀组织奖”。

（束红娣）

图 46 2020 年 11 月 8 日，民盟丹阳委员会到南京江宁区“党派之家”参观学习

（束红娣）

【民盟社会服务】 2020 年，民盟丹阳委员会积极响应上级号召，组织盟员为疫情防控捐款 20679 元。盟员王琦等在抗疫一线工作，盟员丁斌、徐松华、孙国武等主动担当抗疫志愿

者，并捐献物资。王彬彬拍摄的锡剧视频《战疫情》在网上发布。徐田田利用丹阳教师发展中心平台组织录制 571 节线上教学直播资源。民盟中医院支部获江苏省民盟抗击新冠肺炎疫情先进集体，王琦获江苏省民盟抗击新冠肺炎疫情先进个人。民盟委员会走访慰问“同心工程”丁庄村结对贫困户韦建平家庭和老盟员。人民医院支部、中医院支部分别在丁庄村、海慧寺、司徒镇敬老院等地开展义诊活动。文化支部开展直播带货助农和慰问贫困户活动。三中支部开展“尊老敬老，爱老帮老”为主题的社区志愿服务活动。孙国武被评为“2020 年丹阳市优秀志愿者”。民盟委员会充分发挥教育届盟员的人才优势，助力教育，王龙和第二次参加援疆，梅双丹成为援疆教师。（束红娣）

民建丹阳基层委员会

【概况】 2020 年，民建丹阳基层委员会有会员 98 名，新增会员 4 名。民建丹阳市基层委员会以习近平新时代中国特色社会主义思想为指引，全面加强自身建设，不断强化政治共识，充分发挥自身优势，切实履行参政党职能，各项工作取得新成绩。征文《推进基层组织建设，打造丹阳民建品牌》被民建省委评为优秀作品；会员眭小燕的《加强社会诚信建设，开创信用管理新局面》获市统战课题调研评比二等奖；会员张昊的《民主党派在意识形态领域发挥正向作用问题研究》获市统战课题调研评比第 4 名，会员吴文俊获“中国梦・劳动美”江苏省职工书法美术作品预选赛二等奖并入围国家展。会员丁丽琴获“民建江苏省委优秀会员”称号；会员殷农的书法作品入选 2020 年镇江书法作品双年展；会员王芬的 7 幅摄影作品被“学习强国”平台录用。（贡　雯）

【民建培训学习】 2020 年，民建丹阳基层委员会以思想建设为引领，着力提升政治素养。6 月 13 日，委员会通过开展全员培训和领导班子成员培训的方式，邀请市委十九大精神讲师团成员、市委党校高级讲师朱利霞对党的十九大和十九届四中、五中全会精神进行系统阐释和深入解读。组织全体会员积极参加丹阳市委统战部的培训学习；组织新会员参加镇江市委员会的新会员培训活动等。为进一步深入学习领会习近平新时代中国特色社会主义思想，深入开展“不忘合作初心，继续携手前行”主题实践活动，民建委员会分别于 9 月、11 月组织会员到爱国主义教育基地溧水“红色李巷”、周恩来故居、黄桥战役纪念馆参观学习。（贡　雯）

【民建履行职责】 2020 年，民建丹阳基层委员会以参政议政为重点，认真履行参政党职责，会员参政议政、建言献策的能力和水平得到提升。6 月，委员会根据政协专题协商工作安排，以“打造一流园区载体，承接优质产业转移”为专题，到相关单位进行调研，并形成调研材料在政协组织的专题协商会议上作交流发言。11 月，民建委员会带领调研组，到昆山千灯镇居民小区垃圾分类现场和千灯镇再生资源分拣中心，实地了解社区垃圾分类的开展、投放点的设置、居民的参与程度、创新宣传方式等情况，并进行座谈交流。12 月，民建委员会组织骨干会员与丹阳市交通运输局开展对口联系调研活动。会员实地察看京杭大运河水运情况，并召开座谈交流会。会员了解交运局 2020 年工作情况、发展情况以及存在的困难，对交通运输事业发展提出见解和意见。

（贡　雯）

【民建社会服务】 2020 年，民建丹阳基层委员会以社会服务为平台，积极展示党派风采。2 月，民建委员会组织会员为抗击疫情捐款 21200 元。会员企业、会员单位积极组织参与抗击疫情活动，捐款捐物 90 余万元。民建丹阳市基层委员会获省民建“抗击新冠肺炎疫情先进集体”；会员丁夕方获省民建“抗疫先进个人”荣誉。3 月，丹阳民建一支部主委吕铁勤和延陵镇大吕村村委会及果农探讨“消费扶贫”“线上销售”等应急办法。7 月 17 日，第二届大吕村富硒蜜梨采摘节举办，丹阳民建齐梁义工服务平台打通线上销售渠道，帮助果农售出滞销水果约2吨。委员会依托齐梁义工社会服务平台开展“关爱全市失独家庭启动仪式暨为老人筹集生日蛋糕”“组织失独家庭春游”等一系列活动，支持“同心工程”建设，组织力量参与市委统战部的丁庄村“同心驿站”社会服务活动。蒋海华等会员开展捐资助学、扶贫济困等献爱心活动。（贡　雯）

图47　2020年1月16日，民建协同丹阳市书法家协会走进延陵大吕村开展送春联活动（贡　雯）

民进丹阳基层委员会

【概况】 2020年，民进丹阳基层委员会下辖教育一支部、教育二支部、文化支部、卫生支部、综合支部5个支部，有会员68人，其中镇江市政协委员2人、丹阳市人大常委1人、丹阳市政协委员15人（副主席1人、常委3人）。2020年，丹阳民进主动作为，积极履职。丹阳民进医卫界会员投入所在单位抗疫一线；教育界会员开通“空中课堂”，确保“停课不停教，防疫不误学”；文化界会员以抗“疫”精神和事迹为创作源泉，凝聚起众志成城共克时艰的强大正能量；其他会员走村入户，共筑群防群治严密防线。会员们以不同的方式、不同的渠道为抗疫捐款、捐物，为抗击疫情贡献力量。深入开展“不忘合作初心，继续携手前进”主题教育活动，组织会员学习中共十九届四中、五中全会精神和习近平总书记在党外人士座谈会上的重要讲话精神，统一思想，凝聚共识；开展庆祝中国民主促进会成立75周年系列活动，举办书画展，召开庆祝民进成立75周年座谈会；“虚拟机关”建设成效进一步凸显，宣传工作取得较大成绩，推送信息报道15篇，江苏民进微信公众号推送2篇，民进中央网站录用2篇。组织会员深入调研，完成《丹阳空间规划的合理利用与开发》《练湖生态新区建设》调研报告。在市政协十五届四次全会上，提交党派集体提案6件，个人提案20件，副主委王婷代表基层委员会作《盘活闲置资源，推进美丽乡村建设》的政协大会发言。2篇民进集体提案和3篇个人提案获丹阳市政协2019－2020年度优秀提案，1篇社情民意获丹阳市政协2019－2020年度优秀社情民意。持续打造“春联万家”“丹阳民进心理大讲堂”“同心工程——丁庄行”社会服务品牌。“惊鸟出林——林洁写生作品展”在镇江市美术馆开展，作品《欢乐课间》《春花正妩》入选中国美术家协会主办的画展。会员曹淑芳、马锋、王婷、徐健、徐海飞、王永生获丹阳市政协2019－2020年度优秀政协委员；会员陈赛姣被评为镇江市“匠人匠心好青年”；会员徐健被丹阳市委统战部评为统战工作先进个人，被丹阳市教育局评为学前教育先进个人。（陈建红）

【调研美丽乡村建设】 2020年9月13日，民进丹阳基层委员会组织会员到句容市茅山镇考察调研。会员考察丁庄万亩葡萄专业合作联社葡萄种植统一品种育苗、统一技术指导、统一供药供肥、统一质量标准、统一品牌销售形成特色化、专业化、规模化、标准化生产和丁庄村村庄建设、乡村文化建设、特色生态农业、农产品展示及乡村旅游设施。（陈建红）

【庆祝中国民主促进会成立75周年琴扇展】 2020年10月23日，镇江、扬州两地民进组织庆祝中国民主促进会成立75周年琴扇展在丹阳美术馆开展。民进镇江市委会副主委、丹阳市政协副主席陈建红，扬州市委会副主委帅潇参加开幕式。镇江、扬州两地民进艺术家创作

60 幅扇画，与 15 床古琴同台展出。琴扇展讴歌祖国取得的成就，庆祝民进组织成立 75 周年。（陈建红）

图 48　2020 年 10 月 23 日，镇江、扬州两地民进组织庆祝中国民主促进会成立 75 周年琴扇展在丹阳举办　（陈建红）

【庆祝中国民主促进会成立 75 周年座谈会】 2020 年 12 月 13 日，民进丹阳基层委员会在民进会员之家召开庆祝中国民主促进会成立 75 周年座谈会。与会者观看《中国民主促进会成立 75 周年》宣传片，学习民进中央主席蔡达峰在民进中央庆祝中国民主促进会成立 75 周年座谈会上的讲话，回顾民进成立 75 周年来的光辉历程。通过庆祝民进成立 75 周年的会史教育活动，传承民进先辈的革命精神和高尚品质，学习贯彻中共十九届五中全会精神，凝聚强大政治共识和合力，创新思维，开拓进取，为丹阳高质量发展贡献民进人的才智和力量。（陈建红）

农工党丹阳基层委员会

【概况】 农工党丹阳基层委员会下辖 4 个支部，共有党员 94 人，其中镇江市人大代表和政协委员各 1 人，丹阳市人大代表 1 人、丹阳市政协委员 12 人，具有中高级职称知识分子占 70%以上。2020 年，农工党丹阳基层委员会立足自身特点，积极发挥医药卫生界别优势，投身新冠疫情防控，为保障全市人民身体健康和生命安全做贡献，朱彩燕受到农工江苏省委抗疫通报表彰，谢丰羽、王锁华、马莉等获得农工镇江市委抗疫先进个人表彰。增强党派与市卫健委的对口协商实效，农工党丹阳基层委员会参与调研卫健委的医联体建设、中医药设施建设、人才队伍建设等重点工作，有效发挥“人才库”和“智囊团”的优势，积极建言献策，帮助卫健委解决难点和热点问题，实现全市卫生医疗事业的提质增效。农工党员积极参政议政，撰写提案 16 件、党派集体提案 3 件、社情民意 2 篇、人大代表议案 5 件。其中《关于进一步加强丹阳市疾病预防控制体系建设的建议》《坚持严管共治确保食品安全的建议》等被评为年度优秀提案。基层委员会认真开展党派工作，被农工镇江市委会评为“先进基层组织”，张忻、顾兴伟等 14 名党员被农工镇江市委会评为“优秀党员”，被丹阳市委统战部评为“先进集体”。（夏　炜）

【庆祝中国农工民主党成立 90 周年系列活动】 为庆祝中国农工民主党成立 90 周年，引导农工党党员发扬优良革命传统，激励党员在新时代有新担当、新作为，2020 年 8 月 8—9 日，农工党丹阳基层委员会组织党员到常州、苏州等地农工党党史教育基地参观学习。9 月，主委张卫星到各支部作题为《中国农工民主党的历史道路》的专题党课。10 月，各支部分批学习农工中央主席陈竺在农工党中央十六届十次中常会上的讲话精神。党员通过系列活动，进一步加深对中国共产党革命史、农工党革命史、农工党同中国共产党亲密合作史的了解。（夏　炜）

【农工党丹阳市基层委员会三届一次党员大会】 2020 年 12 月 12 日，农工党丹阳基层委员会第三次党员大会在丹阳新世纪大酒店召开。会议听取周国林作的农工党丹阳基层委员换届筹备工作报告。会议通过张卫星代表农工党丹阳基层委员会第二届委员会所作的工作报告。会议认为，第二届委员会紧紧依靠广大党员，围绕中心，服务大局，不断加强自身建设，积极履行参政议政、民主监督、政治协商，取得良好成绩。报告提出的今后工作设想和建议切实可行，新一届委员会应认真组织推进落实。大会选举产生以夏炜为主任委员，谢丰羽、张忻为副主任委员的新一届领导班子，基层委员会所属支部大会期间完成换届工作。会议认真学习中共丹阳市委领导、农工镇江市委领导的讲话，会议要求全体党员认真贯彻落实领导讲话精神，开创农工党丹阳基层委员会工作新局面，为推进市现代化建设再立新功。（夏　炜）

致公党丹阳总支

【概况】　2020 年，致公党丹阳总支新增党员 3 人，共有党员 38 人，下设 3 支部。致公党丹阳总支坚持以习近平新时代中国特色社会主义思想和中共十九大精神为指引，紧扣政治协商、参政议政、民主监督的新要求新任务，积极投身新冠疫情防控，着力推进工作创新、提高履职实效和自身建设水平，各项工作取得进展。完成调研报告 6 篇，提交提案议案 8 篇，报送宣传稿件 13 篇、社情民意信息 13 篇。其中郭蓓的《关于信用服务金融市场健康发展的建议》被致公党中央合并转化为全国“两会”集体提案，方莹、张建涛的 2 篇调研报告获市委统战部二等奖。建成并运营丹阳致公之家，承办致公党镇江市委员会“致公之家”建设现场推进会、省侨联“追梦中华，好暖江苏”侨界人士“看镇江进丹阳”活动。积极响应疫情防控倡议，党员认捐 240 只医用护目镜，捐款 13290 元。总支获评致公党江苏省委抗击新冠疫情先进集体。（崔桂玲）

图 49　2020 年 11 月 20 日，致公党中央宣传干部培训班学员到丹阳开展短视频摄录现场教学（崔桂玲）

【丹阳“致公之家”建成运营】　2020 年 8 月，丹阳“致公之家”在吟春碧芽公司建成运营，探索实现“侨海、侨联、侨办”三侨联动，为广大致公党党员和侨界人士提供活动阵地、精神家园。8 月 21 日，在丹阳“致公之家”承办致公党镇江市委“致公之家”建设现场推进会和江苏省侨联“追梦中华，好暖江苏”侨界人士“看镇江，进丹阳”活动，与会人员对丹阳“致公之家”的建设理念和效果表示认可。（崔桂玲）

九三学社丹阳基层委员会

【概况】　2020 年，九三学社丹阳基层委员会新增会员 5 人，共有会员 85 人，下设 5 个基层支部。九三学社丹阳基层委员会积极参政议政，14 名政协委员共提出丹阳政协提案 29 件、镇江政协提案 4 件，全部提案得到满意或基本满意的答复。委员会被社省委评为江苏省参政议政先进集体，多名社员被评为镇江优秀社员。委员会坚持民主监督，多名社员被聘为行风监督员，对相关单位的行风进行评议和监督。上报社省委和各级统战部门社情民意信息 30 多篇，多数被采用。向市政府报告劣质熔喷布生产在全市蔓延的动态，获得高度重视，市政府紧急部署专项整治。委员会把社会服务和疫情防控相结合，针对年初疫情突发态势，社员多方筹措口罩、消毒酒精、防护眼镜、额温枪等抗疫物资，价值 15 万元，捐赠给市中医院、丹凤社区医院、珥陵镇政府、市红十字会。委员会决定救助助学对象毛玉婕至大学毕业，社员共同捐赠所需学费。（段建强）

【调研医共体建设】　2020 年，市委市政府专门制定文件打造全市紧密型医共体。九三学社丹阳基层委员会围绕丹阳市医共体建设，4 月 10 日，九三医共体调研组到江阴市调研医共体建设，并于 4 月 18 日，邀请延陵、吕城、访仙等乡镇卫生院院长召开医院院长座谈会，完成《建设紧密型医共体，提升人民群众满意度》的调研课题，在政协主席会议上专题发言。（段建强）

群众团体

栏目编辑 孙晓霞

丹阳市总工会

【概况】 2020年，丹阳市有基层工会1100余家，工会会员13.3万余人，比上年新增工会257家，新发展会员3万余人。市总工会坚持服务大局、服务职工，围绕市委各项决策部署，在应对新冠疫情和经济社会发展“双胜利”中发挥作用。为应对新冠疫情，组织采购价值12.64万元的防疫物资，发放给防疫一线工作人员、困难职工等；走访慰问与防疫有关的企业和人员，发放慰问金47.6万元。通过工会微信公众号、网站等平台宣传普及防疫知识，邮寄《疫情防控常用法律知识50问》读本1000册，做好疫情防控普法宣传。为有效降低新冠疫情对实体经济的影响，对全市符合条件的1299家小微企业返还工会经费530万元，返还率达100%。聚焦产业强市战略，建立新时代丹阳产业工人队伍建设改革联席会议制度，并出台《实施方案》和《责任分工方案》，明确产改试点单位，推动产改责任单位制定出台相关制度。围绕职工素质提升，举办重点工程、卫生系统、安全生产劳动和技能竞赛5场，参与职工3000余人次。开展“送培训进基层”，为22家企业提供菜单式上门培训，培训职工6000余人。实施“职工学历能力提升”项目，在籍学员193人。评选表彰全国、镇江市、丹阳市级劳模124名，宣传劳模先进事迹，弘扬劳模精神。推进劳动保护主题活动，督促各级工会发挥劳动保护监督检查作用，协助企业做好安全生产，参与企业457家。开展“送安全培训进企业”活动，分级、分层、分类对全市企业班组长进行安全知识轮训，参训5000余人次。聚力脱贫攻坚，助推困难职工解困脱困，注重常态化、长效化、制度化帮扶，将困难职工、苦脏累险一线职工纳入“夏季三送”、重大节日慰问对象，全年为困难职工发放慰问补助金150余万元。开展劳模先进与困难职工结对帮扶活动，促成49名劳模结对62名建档困难职工开展“点对点”帮扶，实施帮扶举措53项，累计帮扶金额10万余元。落实全市35名特困职工市内免费乘坐公交、旅游景点免门票的优惠待遇。落实《丹阳市慈善公益帮扶困难劳模、困难职工实施办法》，将全市困难劳模、困难职工、特困职工纳入市总与慈善总会联合帮扶范围。助力乡村振兴，号召各级工会在采购职工福利、举办工会活动等方面向劳模、经济薄弱村、困难职工生产的农产品倾斜，助推本地农产品上线镇工会平台推广销售。强化基层基础，开展工会组建和会员入会“百日竞赛”，分组对建会工作进行实地指导，编印工会宣传手册。部署开展工会组织和会员实名制信息采集，759个工会10.2万名会员完成实名登记。推进职工服务阵地建设，开展非公企业食堂、宿舍星级评定，以评星为契机，推动参评企业优化职工生活阵地，52家企业摘星。开展丹阳“职工书屋示范点”培育活动，5家书屋被成功命名。创建模范职工之家，创成丹阳、镇江级模范职工之家50余个。开展职工普惠活动，举办全市职工书画、摄影作品大赛，开展“网聚职工正能量　劳动绽放新风采”职工文化系列活动，举办书法、绘画、摄影大赛，收到各类作品400余份；组织职工冬泳邀请赛，50余人次参加。组织开展“我为单位献一策”金点子征集评比活动，征集金点子60余条，评选出“二十佳”金点子。面向苦脏累险一线职工、镇江丹阳两级劳模先进、疫情防控人员、税务系统先进工作者，开展四批次职工疗休养活动，188人参加。推进镇工惠平台会员注册激活工作，激活职工会员4700人。（周梦韵）

【筹建户外劳动者“爱心驿站”】　2019年起，丹阳市总工会联合爱心企事业窗口单位、个体商铺在全市范围内共同筹建31个户外劳动者爱心驿站。2020年，31家户外劳动者爱心驿站投入使用。户外劳动者“爱心驿站”内设桌椅、饮水机、医药箱、手机充电设备、微波炉等设施，方便户外劳动者冬季取暖、夏季避暑、临时休息，并提供热饭饮水、无线上网、应急救治、雨天借伞等便民服务。丹阳市总工会统一驿站标识，统一管理规定，悬挂管理制度，安排专人管理，做到站点设置合理，管理运行规范，让户外劳动者感受到城市的温度和社会的关怀。丹阳市总工会以群体为单位，分批次开展主题性宣传推广活动及公益关爱活动。相继开展疫情专项慰问，“粽香四溢　情暖端午”爱心驿站端午节慰问，“月满中秋　阖家团圆”慰问，“温情汇聚　爱心传递”爱心驿站公益活动，“爱护环境从我做起”和“温情在奔跑——走近幸福生活奋斗者外卖小哥”等活动，提高全社会对户外工作者的关注。（周梦韵）

图50　2020年，户外劳动者爱心驿站投入使用（周梦韵）

【举办首届安全生产和劳动保护技能大赛】　2020年8月10日，由丹阳市总工会、丹阳市应急管理局联合举办的“丹阳市‘大亚杯’安全生产和劳动保护技能竞赛”决赛在融媒体中心演播大厅举行，全市基层工会的34支代表队参加比赛，税务局、开发区、丹化集团、司徒镇、财政局、皇塘镇6支代表队进入决赛。决赛经过必答题、抢答题、论述题和风险题四轮角逐，丹化集团代表队以总分第一的成绩获一等奖，并代表丹阳市参加镇江市首届安全生产和劳动保护技能竞赛，获一等奖。（周梦韵）

图51　2020年8月10日，“丹阳市‘大亚杯’安全生产和劳动保护技能竞赛”决赛在融媒体中心举行（周梦韵）

【新时代丹阳产业工人队伍建设改革工作推进会】 2020年8月25日，新时代丹阳产业工人队伍建设改革工作推进会在丹阳市会展中心召开，市领导石捷、蔡国璐出席会议。市总工会党组书记、市产改联席会议办公室主任盛建国介绍全市产改工作推进情况，并就《新时代丹阳产业工人队伍建设改革实施方案》作动员部署。全市自成立新时代丹阳产业工人队伍建设改革联席会议以来，确定上报丹阳开发区、国网丹阳供电分公司、大赛璐公司等不同类型的单位为镇江市产改试点培育单位，确定2个乡镇、7家企业、1家行业工会作为市级试点单位，确定6个部门为试点部门，充分发挥改革试点先行先试、示范引领作用，为全市高质量发展夯实产业工人队伍保障。开发区、供电公司在会上作交流发言。市产改联席会议召集人，市委常委、组织部部长石捷强调，全市上下要紧紧抓住产改试点这一契机，注重素质提升，聚焦职工所盼，激励广大职工在产业强市的征程中发挥好主力军作用；把维护职工权益摆在“头版头条”，强化示范引领；大力培养“定制工人”“丹阳工匠”，满足产业发展多样化；确保每项工作有人管、有人干，每个目标能落地、能兑现。（周梦韵）

图52 2020年8月25日，新时代丹阳产业工人队伍建设改革工作推进会在丹阳市会展中心召开（周梦韵）

共青团丹阳市委

【概况】 2020年，丹阳市新发展团员1650人，比上年增长3.1%。至年底，全市共2万余名团员。共青团丹阳市委组织开展“青年大学习”网上主题团课，参与青年78万人次。建成1家省级“青年学习社”、2家镇江市级“青年学习社”、1条镇江市级“青年学习社”线路。组织各级团队开展十九届五中全会精神宣讲会75场，参与学习的青少年5万余名。组织全市35所小学开展入队仪式。做大做强“青春丹阳”微信公众号，聚拢新媒体粉丝4万余人，全年累计推送公众号文章275篇。开展典型选树活动，推出1名“全国优秀少先队员”、3家“江苏省十佳（优秀）中学中职学校共青团组织”、101名“江苏好少年”、9名“江苏省最美中学（职）生”。围绕垃圾分类等主题创作漫画2篇，公益动画《垃圾分类，创造优良人居环境》登上“学习强国”平台推广宣传。承办团省委江苏青商企业“市县行”走进丹阳活动，60余名青商企业家与村集体达成合作意向，促成25个村企项目签约。开展“青绘乡村”行动，组织青年走进乡村开展主题墙画绘制活动。将网红经济引入农村，探索出团团直播带货模式，直播带货3场次、推介农产品47种、交易额10余万元。支持青年创新创业，全年累计为43名创业青年发放创业贷款1087万元。深入开展青年文明号、青年岗位能手、青年安全生产示范岗等“青”字号品牌争创工作。开展青年安全生产示范岗“千岗走百企”活动，提高青年职工安全生产意识和水平。开展“青年论坛”和青年干部风采大赛，开展“春风送岗”青年专场线上招聘活动，为待业青年提供工作岗位；开展就业见习计划，为涉农专业大学生提供21个农业见习岗位。推出13期线上“心理陪护课堂”，累计观看人数5万余人、接听咨询电话96条、线下一对一心理健康辅导21次。启动“希望书桌，为爱启航”困境青少年关爱计划，募集社会善款30余万元，为100名困境儿童赠送爱心书桌、椅子、台灯。启动“希望工程·圆梦行动”，发放助学金38万元，帮助60名家庭贫困学生实现大学梦想。“青年之家”云平台乡镇（街道）入驻率100%。全年发布312场活动，转发5850次，服务青年7000余人次。召开丹阳市青年联合会第四届委员会第一次、第二次全体会议，135名青年代表参会，共商丹阳青年“十四五”中长期发展。青年工作联席会议组织团干部开展“走非公企业　听青年心声”集中服务日活动12场。新建非公企业团组织450家。打造“新农菁英”训练营，开设电商直播、实用技能等专题培训12场1000余人次。

2020年，团市委获江苏省共青团工作先进单位、镇江市共青团工作先进单位。成功承办江苏青商企业“市县行”走进丹阳、第六届江苏省中小学自我保护情景剧大赛等活动。“书香润丹阳·经典沐少年”“烽燧计划”青少年权益守护行动分别获省“10100”创新创优工程二等奖。团市委获江苏省希望工程“圆梦行动”先进集体奖、江苏希望工程“圆梦行动”15周年优秀组织奖。（张　娟）

【团组织建设】　2020年，共青团丹阳市委坚持把政治标准放在首位，突出抓好“团队衔接”，实施“双积双评”积分入团制度。全年新发展团员1650个，比上年增长3.1%。学校集中开展团员教育活动90次，强化团员档案管理，做到一人一档，“学社衔接”率100%，确保团组织关系随人走，随岗转。团干部培训班培训220余人，推进基层团干部逢训必考、“持证上岗”制度和新任团干部管理“111”制度（一周内由上级团委对新任团干部进行任前谈话；一个月内对新任团干部开展党团基础知识测试；一个季度内听取新任团干部工作汇报）。实施《团支部工作条例》、团支部工作清单制度，面向6类不同领域团支部，分别明确工作职责。发放一批《团支部工作纪实薄》，做到一个团支部一本记事簿。团支部整顿规范、星级评定全面完成，定岗定责定人掌握“智慧团建”操作流程，全年维护完善团组织信息1500家，维护完善团员信息23804个。（张　娟）

【团干部培训班】　2020年8月20—21日，2020年度丹阳市团干部培训班在丹阳开发区科创园举办。各镇（区、街道）团（工）委书记、各中学中职团委书记、各村（社区）团支部书记、“两新”组织团组织书记及团市委机关全体人员220余人参加培训。本次培训班为期两天。培训班上表彰“青年大学习”先进集体和公安局团委、导墅镇团委、华南实验学校团委、第八中学团委、江苏省丹阳中等专业学校团委。团市委书记朱梦盼带领学习市委十三届九次全会精神，部署下半年工作，并对新时期丹阳的团干部提出要求。省委党校经济学教研部副主任、教授孙耀武作《习近平新时代中国特色社会主义经济思想》授课，苏州大学政治与公共管理学院副院长、教授黄建洪作《新时代干部执行力优化》授课，江苏省中共党史学会理事蔡宗溢教授作《无声的较量——新时代意识形态斗争辨析》授课。（张　娟）

图53　2020年8月20日，2020年度丹阳市团干部培训班在丹阳开发区科创园开班（张　娟）

【省中小学生自我保护情景剧决赛】　2020年12月3日，“珍爱生命　安全自护”第六届江苏省中小学生自我保护情景剧大赛省级决赛在丹阳举办。全省 26 所中小学参加此次比赛。团省委权益部部长徐行，镇江团市委书记陈秋明，丹阳市委常委、组织部部长石捷等出席活动。大赛分中学组、小学组两个半场进行，通过中小学生自编自导自演情景剧的形式，引导广大青少年学习自护知识、掌握自护技能、增强安全防范意识、提升自护自救互救能力。建湖县城南实验初中、相城实验中学教育集团、南京市江宁开发区学校、丹阳市匡亚明小学获一等奖，9 支队伍获二等奖，13 支队伍获三等奖。（张　娟）

图 54　2020 年 12 月 3 日，“珍爱生命・安全自护”第六届江苏省中小学生自我保护情景剧大赛省级决赛在丹阳举办（张　娟）

【江苏青商企业“市县行”走进丹阳】 2020 年 12 月 11 日，“青春四进　建功乡村”江苏青商企业“市县行”走进丹阳。活动中，丹阳市向与会人员推介丹阳投资环境；花王生态工程股份有限公司与延陵镇联兴村、江苏超力电器有限公司与访仙镇红光村等 8 个镇江市青商企业村企联建典型项目集中开工；江苏超力电器有限公司相关负责人作联建项目分享；表彰 2020 年度镇江市“农村青年致富带头人”，为首批“镇江市团团直播间”授牌；为结对美丽乡村的“青绘乡村”大学生志愿服务队授旗；为镇江市青年职业农民培训学院成立揭牌。与会的江苏青商企业代表参观海昌隐形眼镜有限公司、江苏美乐车圈有限公司、江苏鱼跃医疗设备有限公司等部分重点企业和特色产业园区。（张　娟）

图 55　2020 年 12 月 11 日，“青春四进　建功乡村”江苏青商企业“市县行”走进丹阳在丹阳市举行（张　娟）

【第六期青年论坛暨青年风采大赛】 2020 年 12 月 23 日，由丹阳市委组织部、团市委联合主办的第六期青年论坛暨“奋进‘十四五’青春正当时”丹阳市青年风采大赛在南京师范大学中北学院举行。经过前期的初赛，全市镇（区、街道）、机关企事业单位 15 名选手进入决赛。通过自我展示和即兴考核两个环节，评委对参赛选手的展示进行评分，评出一等奖 2 名、二等奖 5 名、三等奖 8 名。此次青年论坛是为全市广大青年干部提供一个交流收获、展现风采的平台，提高全市年轻干部的综合素质和解决实际问题的能力，营造想干事、能干事、干成事的氛围。（张　娟）

图 56　2020 年 12 月 23 日，丹阳市第六期青年论坛暨“奋进‘十四五’青春正当时”丹阳市青年风采大赛在南京师范大学中北学院举行（张　娟）

丹阳市妇联

【概况】 2020年，丹阳市妇联以制度优化年为切入口，出台《丹阳市妇联执委履职规则》。纪念“三八”国际妇女节110周年，开展“最美巾帼奋斗者”云发布，对10名女性典型及巾帼示范岗进行专栏宣传。举办“丹阳市留下最美‘印记’援鄂医疗队手模采集仪式”，为11名援鄂“白衣战士”留下紫砂手模。全年培树各类优秀女性、最美家庭、“美丽庭院”示范户等典型300余个。丹阳市妇联选送的“用爱行动 法治护航”志愿服务项目被列入《江苏省优秀志愿服务项目汇编》。针对不同妇女群体需求，举办各级各类公益培训班40余期，培训妇女3000余人次。培育省市级“妇”字号巾帼基地6家，带动300余名妇女实现家门口就业。实施“田”字号巾帼系列活动，全市开展“云上好品 巾帼带货”助企惠农公益直播、“田妈妈”田间课堂培训、“甜媳妇·美丽庭院”创建评选等活动20余场，多方位助力乡村振兴。

深化“巾帼建功”活动，全年创成江苏省级巾帼文明岗2个、丹阳市级巾帼文明岗36个。常态化开展“最美家庭”寻访活动，3户家庭获江苏省“最美家庭”荣誉，17户家庭获镇江市“最美家庭”，6户家庭获评镇江市“书香家庭”。在“5·15”国际家庭日开展“我的家风故事”网络征集展示活动，网络投票参与者6.3万人次。举办镇江市家庭教育公益行巡讲活动24场，依托专业团队、家教专家普及科学家教知识，提升全市家庭教育工作水平。排查较为突出的婚姻家庭矛盾纠纷43起，接待来信来访来电51件，结案率100%。丹阳市创成江苏省级标准化家事调解社区工作室1个，镇江市级标准化家事调解社区工作室2个。“织爱行动·益童助她”项目三年来累计为困境儿童募集善款120.6万元，帮扶慰问“两癌”贫困妇女、困境儿童1062人。为400名未成年人送“远离伤害 守护成长”安全知识讲座。爱心企业为丹阳市练湖中心小学捐赠价值10万元的安全防护书包和交通安全小黄帽。紧抓村（社区）“两委”换届契机，落实女性进村“两委”指标。将妇女微家建设高水平融入新时代文明实践工作，全年累计开展微家活动148场，开发区高楼社区三色妇女微家、皇塘镇白兔电商妇女微家建成镇江市“新时代文明实践妇女微家示范点”。以实施“基层妇联领头雁培训计划”为突破口，创新干部培训形式，举办全市妇女干部培训班、乡镇新任妇联主席跟班培训、幸福微讲堂等培训，培训各级妇女干部200余人次。（张荷英）

【巾帼文明岗和贫困家庭妇女“岗家”结对助困】 2020年4月28日，丹阳市农业农村局3个江苏省级巾帼文明岗与丹阳市14名农村贫困“两癌”妇女开展“岗家”结对活动。3个省级巾帼文明岗为每户结对家庭提供石榴树、桔子树等树苗和果蔬种植技术书籍，以赠果苗、送技术、带销果实的方式实现助困对象从“输血”到“造血”的爱心接力。（张荷英）

【“我的家风故事”网络征集评选】 2020年，丹阳市妇联联合市新时代文明实践中心、市委宣传部、市文明办在微信公众号开展“我的家风故事”网络征集评选活动，收集社会各界家风作品300余篇。“5·15”国际家庭日，主办单位对20篇优秀家风作品进行网络展示投票，评选出10个“我的家风故事”优胜奖。该活动吸引6.3万人在线参与投票，进一步弘扬家庭美德，传承优良家风，是社会主义核心价值观的家庭体现。（张荷英）

【出台《丹阳市妇联执委履职规则》】 2020年6月24日，为加强和规范丹阳市妇联第十六届执委履职工作，提高执委履职能力和水平，更好发挥执委在引领、服务、联系妇女中的作用，丹阳市妇联制定并印发《丹阳市妇联执委履职规则（试行）》。通过《规则》出台，切实解决部分妇联执委职责不清、凝聚力不强、对执委身份认识不清、认同度不高等问题，实现执委人人心中有目标、肩头有责任、手里有办法，真正让执委“动”起来，让履职“实”起来。

（张荷英）

【第四期中国妇女社会地位调查】 2020年7月1日，丹阳市妇联启动第四期中国妇女社会地位调查工作（十年一次）。开发区双庙社区、云阳街道万善园社区、司徒镇吴塘村、导墅镇后庄村、访仙镇红光村5个村（社区）和75户家庭被抽中参与问卷调查。经过为期一个月的走访问卷，8月10日，本次调查工作完成，为妇联组织开展工作提供科学依据。（张荷英）

【全市妇女干部培训班】 2020年10月13—15日，丹阳市妇联联合市委党校举办为期三天的全市妇女干部培训班，全市城区妇委会主任、巾帼建功成员单位联络员、各镇（区、街道）妇联主席及丹阳市妇联机关干部51人参加培训。理论教学安排形势与应对、《中华人民共和国民法典》解读、《江苏省家庭教育促进条例》解读、心理调适四个方面的课程，现场教学组织学员赴金坛区参观学习东城街道华胜社区的家庭成长空间、妇女议事会、江苏省级巾帼电商基地及仙姑村的美丽乡村建设，提升全市妇女干部的理论素养和业务工作能力。

（张荷英）

【丹阳市巾帼家政服务员培训班】 2020年11月6—12日，丹阳市妇联、丹阳市妇联姐妹服务中心、好苏嫂丹阳巾帼店联合举办巾帼家政服务员培训，全市各镇（区、街道）的50名妇女参加培训。本次培训班精心安排家政保洁、烹饪、产妇照顾、新生儿生活照顾等多项课程，通过理论加实操的方式，帮助学员系统掌握家政服务的各项技能。为确保教学成效，培训班结束前对学员开展理论测试，总成绩合格的学员发放结业证书，成绩优异的学员由丹阳市妇联姐妹服务中心优先推荐上岗就业。通过开展劳动力转移就业培训，拓宽妇女创业就业渠道，满足广大市民日益增长的家政服务需要。（张荷英）

【全市城镇妇女“巾帼建功”活动会议】 2020年12月10日，丹阳市召开全市城镇妇女“巾帼建功”活动会议。市“巾帼建功”活动领导小组组长、市委常委、市政府常务副市长赵立群出席会议。会议表彰2019—2020年46个江苏省、镇江市、丹阳市巾帼文明岗，并对10个省、市级巾帼文明岗进行现场授牌；丹阳市公安局出入境管理大队、丹阳市人民医院急诊科、丹阳市嘉城园林工程有限公司设计科3个巾帼文明岗作交流发言。（张荷英）

丹阳市科协

【概况】 丹阳市科协围绕《丹阳市科协系统深化改革实施方案》和《丹阳市科协关于加强基层组织建设“四加一”工作实施方案》，丰富“四服务一加强”（“四”是指中心卫生院院长、中小学校长、农技推广部门负责人和企业技术负责人；“一”是指上级科协对下级科协的指导）工作内涵，深化治理结构和治理方式改革。宣传“大众创业万众创新”优秀科技人物以及科协深化改革、重点工作、重大活动、创新举措。推荐青年科技奖候选人2人；推荐江苏恒神集团顾红星博士为江苏省青年科技人才托举工程候选人；推荐2020年镇江市创新争先成绩突出科技团队1个和科技人物3人。加快“丹阳科技工作者之家”网上科协平台建设，开展网上“建家交友”活动；引导科技工作者依法维护合法权益，使科协组织成为“科技工作者之友”“科技工作者之家”。农产品电商协会建设线上“丹农优品APP销售平台”，上线企业50家、产品300多个。组织6家企业参加智能制造暨第二届柔性机械电子产业化国际论坛；会同丹阳市眼视光研究学会在上海举办儿童少年视觉健康及近视防控技术交流研讨会；丹阳市眼视光学会关于青少年视力筛查、建档、跟踪及治疗改善建议被市政府采纳，列入2021年政府实施项目。配合江苏省金属学会实施省会合作项目，完成江苏电炉炼钢协同创新中心中期验收；2020年新增企业科协工作站14家。加入中国科协“绿平台”网上服务；深入部分企业开展科技信息应用和推广服务。积极实施《科学素质纲要》，印发2020年度工作要点，下发《丹阳市2020年度全民科学素质行动计划》。打造“农民博导王金和工作室”“草菇大王姜建新工作室”，组织参加全国（江苏）农民科学素质网络知识竞答等活动。推进科普信息化建设，提升科学传播能力。加强电子科普栏建设，推进科普大屏工作。组织各类科普活动，培植各类科普示范基地。推荐丹阳市珥陵镇积庆村申报镇江市科普惠农服务站，推荐丹阳市水晶山民俗文化展览馆、司徒镇吴塘村申报镇江市全民科学素质教育基地。丹阳市社区科普大学各分校开展教学活动，实施社区科普益民计划，创建江苏省、镇江市级科普益民服务站，通过各类活动提高居民科学文化素质。组织科技志愿服务，开展科普进社区、农村和学校，发放科普书籍、杂志、报纸。（郭良玉）

【优秀论文和“建言献策”课题评选活动】 2020年4月，由市科协牵头开展2020年丹阳市优秀科技论文评选活动，活动征集论文219篇，经初评、终评与公示后，全市评出获奖优秀科技论文36篇，其中一等奖4篇、二等奖12篇、三等奖20篇。参加镇江市科协征集2020年“建言献策”研究课题，推荐7个课题，其中，管飞翔的“丹阳市新型农机经营主体培育助推乡村振兴战略实施”和黄勇的“5G在工业机器视觉检测及精益生产研究”获优秀奖。

（郭良玉）

【第三十二届科普宣传周活动】 2020年8月24日，丹阳市“全国科技活动周”暨第32届科普宣传周活动在吴塘实验学校举行开幕式。开展“书香丹阳 阅动科普”文明实践读书活动，对6家市级科普馆授牌，向8家单位赠送科普书籍，开展第二届“江南生物”杯“诗词里的科学”知识竞赛。（郭良玉）

图57 丹阳市第32届科普宣传周开幕式现场（郭良玉）

【“诗词里的科学”知识竞赛活动】 2020年9月23日，丹阳市科协在丹阳市规划展示馆举办“全国科普日”暨“诗词里的科学”知识竞赛活动。科普讲座《诗词中的植物学》，邀请中国科学院植物研究所（南京中山植物园）园艺科普中心副主任李梅博士，举办科普大讲堂，并组织人员参加2020年全国农民科学素质网络知识竞赛活动。（郭良玉）

丹阳市文联

【概况】 2020年，丹阳市文联有10个文艺家协会，分别是作家协会、书法家协会、美术家协会、摄影家协会、民间文艺家协会、戏剧曲艺家协会、吕凤子学术研究会、音乐家协会、舞蹈家协会、诗词楹联学会；有4个镇级文联和1个部门文联，分别是开发区文联、吕城镇文联、丹北镇文联、珥陵镇文联和公安文联。协会拥有会员数3100多人。丹阳市文联组织创作，培育人才，推动全市文艺工作健康发展。年初，市文联发出《抗击疫情，文艺志愿者行动起来》的倡议，以多种文艺形式创作抗疫文艺作品，在文联微信公众号“文艺丹阳”

上展出，累计展出12期。抗疫文艺作品被《丹阳日报》《镇江日报》等媒体先后报道10多次，“学习强国”平台录用4篇。组织参加云阳医院援鄂医护人员先进事迹报告会，书协、美协向抗疫英雄赠送书画作品。市文艺志愿服务队组织“七彩教育”第二课堂，在学生中开展爱国主义教育，鼓励全体师生参与驰援湖北募捐活动。举办丹阳市首届楹联书法作品展、第十一届百名书法家义务写春联走进司徒、“送文艺下基层”走进延陵东皇村、第五届临书展、文化创意设计大赛、《丹阳谱牒诗词选粹》首发式暨志愿活动、吕存师生乱针绣作品展、2020庆祝建国71周年美术作品展、丹阳市优秀美术作品展等活动，促进文艺活动志愿服务常态化、精品化的实践。联合市文明办、开发区管委会、总工会等部门举办“推动移风易俗、弘扬文明新风”主题征文活动、水环境摄影大赛、全市职工书法美术摄影展等活动，营造文艺氛围。编辑出版《齐梁文艺》杂志，建设“丹阳文艺网”“文艺丹阳”公众号，展示全市文艺战线取得的成果，辑录一批青年文艺家的作品，发挥文艺之家、文学沙龙等文艺阵地的优势作用。实施第三期文艺新秀培养工程，组织文艺新秀赴安徽桐城创作采风，不断提高创作水平。配合市委宣传部组织开展“钟山”全国著名作家和青年作家丹阳采风活动。市文联获2020年“镇江市文联系统先进集体”荣誉。（孙唯一）

【开展基层文艺调研】 2020年9月11日，丹阳市文联赴谭巷村开展基层文艺调研。调研组对谭巷村新时代文明实践站进行实地调研，了解该村的历史、现状和特色。座谈会上，市文联调研组认真听取谭巷村在文艺团体建设、活动开展和文艺志愿服务工作的情况介绍，对该村文艺工作总体情况给予认可。调研组表示，谭巷村历史文化深厚，自然环境优美，要深入挖掘、突出重点，创作推出脍炙人口、易于传唱的文艺作品，用生动活泼的文艺形式提升谭巷村知名度和影响力，助推乡村振兴工作。调研组给谭巷村赠送《丹阳读本》等书籍。（孙唯一）

图58 2020年9月11日，丹阳市文联在谭巷村开展基层文艺调研（孙唯一）

残联

【概况】 2020年，丹阳市着力巩固残疾人脱贫攻坚成果，提升残疾人基本公共服务水平，深化残联改革，确保高水平建成小康社会和“十三五”规划圆满收官。巩固脱贫成果。开展残疾人“三进三查”工作，集中走访全市1168个建档立卡及低收入残疾人家庭，围绕政策保障情况进行排查，对排查出的856条问题逐一整改到位；帮扶困难残疾人327名，帮扶资金18万元；继续推动“两项补贴”提标扩面，对540名新申请护理补贴人员开展生活自理能力评估，372名符合条件人员及时享受护理补贴。推进残疾人就（创）业工程。为369名就业困难残疾人提供就业帮扶，扶持15名残疾人自主创业，为141名残疾人开展盲人按摩、电商、辅助性就业及创业等培训；建设“残疾人之家”15个，为600名残疾人提供日间照料服务，吸收66名残疾人在“残疾人之家”进行辅助性就业，实现城镇有就业意愿的青壮年残疾人就业率达100%，农村有就业能力和就业意愿的青壮年残疾人转移就业率达

88.43%。开展文化扶贫活动。为1950户贫困残疾人家庭免费安装4K高清机顶盒，捐赠300台高清液晶电视机。推进精准康复服务工程。完成贫困白内障患者手术58例，配发家电辅具740件，适配辅助器具1689件，免费安装假肢8例、矫形鞋18双，对101名0—6岁残疾儿童、3名7—14岁残疾儿童进行抢救性康复，对全市30户低收入残疾人家庭进行家庭无障碍改造，对1082名精神残疾患者进行服药救助，建成2家省级“康复体育示范点”，精准康复服务率、辅具适配率达100%。推进残联改革。出台《丹阳市残联改革实施方案》，对照6大方面19项任务，落实改革措施，完成改革任务。成立残疾人文体展能中心、残疾人图书馆、书画室，开展残疾人文化周、健身周活动，组织各类文体培训、比赛，丰富残疾人文体活动。（景银山）

【获全省残联系统先进集体】 丹阳市残联聚焦残疾人脱贫攻坚，精准施策，确保1111名建档立卡贫困残疾人全部脱贫，加快残疾人全面小康进程；聚力残疾人事业高质量发展，开展残疾人就（创）业圆梦工程，残疾人就业率稳定在93%以上，“残疾人之家”实现镇村全覆盖，有效满足残疾人托养服务和辅助性就业需求；打造精准康复服务体系，精准康复服务率达100%，辅助适配率达100%；聚优建成智慧残联公共服务平台，提升管理和服务效能；“‘1231’残疾人公共服务平台”和“残疾人辅助性就业调配中心——授之羽”项目分别在2018年度、2019年度全省残联系统评比中，连续两年获“创新创优示范项目”奖。2020年被省人社厅、省残联评为2015年以来全省残联系统先进集体。（景银山）

【助力复工复产】 2020年，丹阳市残联在新冠疫情期间明确“越是非常时期越要服务好残疾人”的工作理念，全体动员、勇当先锋，最大程度减轻疫情对残疾人生产生活的影响。在新冠疫情防控的关键时刻，分批到开发区镇北村、马陵村及云阳镇天誉苑开展社区疫情防控工作。联合爱心企业，积极帮助复工复产的残疾人及企业解决防疫物资的准备、场所消毒、通勤保障等实际困难；运用网络加强就业服务，鼓励用人单位利用互联网进行残疾人就业供需对接；举办残疾人就业线上线下专场招聘会，帮助就业困难残疾人就业；帮助残疾群众销售因疫情原因滞销的农产品、帮助康复机构开通网上训练课堂，保障残疾儿童“停学不停课”。在学校复学之前，与社会助残公益组织联合向特殊教育学校捐赠3000个口罩、150份学习用品、75公斤消毒液。（景银山）

【“集善乐业”消费助残】 2020年，为帮助残疾人解困脱贫、安居乐业，市残联实施“集善乐业”消费助残项目，与机关、企业、爱心人士等社会力量进行合作，采取以“以购代捐”“以买代帮”的方式精准对接残疾人，通过网络平台，消除中间差价，帮助解决实际困难。项目实施以来，参与帮扶的机构、组织、爱心人士不断增加，30个企业组织、1500名志愿者、10000余人次爱心人士，帮助残疾人销售各类产品达100万余元，直接受益残疾人130余人，残疾人种养殖户收益快速增长，辐射、带动180名生活困难残疾人从事农副产品的生产、加工。该项目通过提供劳务、技术培训等服务，不断增强残疾人的信心，让更多的贫困残疾人实现自身价值。（景银山）

【残疾人健身周】 2020年8月，丹阳市残联围绕“康复健身，促进健康”的主题，开展丰富多彩的残疾人健身周活动。活动期间，通过多种方式宣传残疾人健身周活动主题、目的、意义。全市12个镇（区、街道）也以各种形式进行宣传，有效提升“残疾人健身周”的活动知晓度。健身周期间，市残疾人艺体展能中心每天上午举办轮椅舞蹈及轮椅太极表演，并通过“智慧残联”服务平台向广大残疾人展示，轮椅太极表演登上“学习强国”平台。健身周期间组织残疾人葫芦丝、象棋、旱地冰壶培训，举办肢残人掼蛋、盲人跳绳、聋人篮球等比赛。肢残人掼蛋、盲人跳绳参加镇江市比

赛获一等奖，残疾人旱地冰壶首次代表镇江市参加全省比赛获第四名。（景银山）

红十字会

【概况】 2020年，面对新冠肺炎疫情，丹阳市红十字会围绕联防联控工作机制，发出《关于接收社会捐赠的公告》，及时公布捐赠账号、热线电话、捐赠方式等信息，开通捐赠二维码和网银等业务，在民政“慈善中国”上公布募捐方案。至5月1日，丹阳市红十字会接收疫情捐赠款413笔，累计金额756.04万元，支出756.04万元，使用率达100％，接收捐赠物资12批，价值42.8万元，全部发放至防疫一线。物资接收、发放遵循日结日清原则，做好疫情期间捐赠款物的接收调配，助力丹阳市疫情防控工作。与陕西省富平县红十字会对接，签订合作协议，对筛选出67户困难群众和困难学生发放救助金，完成苏陕协作帮扶任务。4月底，开通丹阳市红十字会微信公众号。5月8日，举办“助力疫情防控，红十字救在身边”主题日活动，市领导以及200名志愿者参加活动。成立应急救护师资、养老照护、造血干细胞捐献、无偿献血4支红十字志愿服务队。2020年，丹阳市红十字会与丹凤温馨园签订红十字养老照护志愿服务合作协议，共同开展养老照护志愿服务。全年举办养老照护知识普及10场，累计普及人数502人，志愿服务入户51户。丹阳市采集造血干细胞血样179份，推动无偿献血和造血干细胞捐献工作。12月底，出台《丹阳市红十字会改革方案》，成立丹阳市红十字会党支部。（王　琦）

【红十字博爱家园建设】 2020年，丹阳市红十字会分别在云阳街道白云街社区和延陵镇滨河社区新建博爱家园，提供人道服务，参与社区治理。“关爱精神残疾者”博爱项目在云阳街道社区综合服务中心博爱家园连续开展四年。丹阳市红十字会对符合条件的30户精神残疾困难家庭进行帮扶，派有专业的精神科医师上门开展精神抚慰、用药指导等医疗服务。丹阳市红十字会给予精神残疾困难家庭一定的经济补助。（王　琦）

【红十字博爱送万家活动】 2020年1月，丹阳市红十字会自筹资金4万余元，购买大米、食用油等物资，与江苏省红十字会下发物资一并发放到云阳街道社区、老年公寓、陵口敬老院、救助站等单位，将温暖送至弱势群体和困难群众。与陵口镇政府开展“手拉手”动态精准帮扶项目，筹集资金33.6万元，向镇内60户困难户发放救助金。10月，丹阳市红十字会出资2万余元，向延陵镇205位80岁以上的老人和爱馨养老服务中心55位老人发放月饼。与延陵镇政府、如意慈善公益组织联合开展重阳节慰问活动，向415对金婚老人和13位抗美援朝退伍老兵发放7万余元慰问物资。（王　琦）

【红十字应急救护培训】 2020年，丹阳市红十字会开展应急救护培训。推进应急救护培训基地建设，在云阳街道白云社区建设丹阳市第一个应急救护培训基地。普及应急救护知识和技能培训，持续开展应急救护培训进企业、进机关、进社区、进乡镇、进学校活动，尝试网上授课方式，通过多方协作全年完成初级救护员培训1105人，普及性培训12724人。（王　琦）

【红十字青少年工作】 2020年5月8日，丹阳市红十字会组织中小学校开展主题班会、校车演练、征文比赛、疫情防控讲座等活动，宣传“人道、博爱、奉献”的红十字精神。组织全市7所学校11000名学生参加红十字总会抗击新冠肺炎疫情暨红十字应急救护知识竞赛活动，助力疫情防控，增强青少年自救互救意识。江苏省级示范校练湖中心小学组织四年级新生举行红十字新会员入会仪式。8月，丹阳市红十字会指导组建南京师范大学中北学院红十字会，开展和实施“博爱青春”项目志愿服务活动。（王　琦）

市归侨侨眷联合会

【概况】 2020年，丹阳市归侨侨眷联合会认真贯彻落实市委十三届八次全会和省、市侨联全委会议精神，按时序完成各项工作。成功召开市侨联五届九次、十次全委会议。第一时间向全市侨界发出抗疫倡议，全市侨界群众和海外侨胞积极响应贡献力量。成立开发区侨界联合会，全市侨联基层组织达2个。开展“微侨家”示范点活动，组织插花、茶艺、民族乐器等培训活动5场次，参与成员近200人次，申报第二批“微侨家”示范点。指导涉侨社团开展联谊活动和政（侨）企对接交流活动，组织部分会员企业到外市学习考察侨企转型升级先进理念和涉侨社团组织建设。开展《中华人民共和国归侨侨眷权益保护法》颁布实施30周年纪念活动。联合高新区侨联在侨务资源相对集中的社区进行侨法宣传巡回展。与司法局联合举行自媒体侨法宣传月活动。承办省侨联侨界代表人士“看镇江进丹阳”活动。践行涉侨纠纷多元化解机制，积极维护侨益，为侨眷丰建强解决拖欠工资4万余元。加强全委会建设，增补侨联委员3名，兼职副主席1名，聘请侨联顾问3名、开通市侨联微信公众号。结合农村人居环境整治进行志愿服务活动。

（张家麟）

图59　2020年12月12日，江苏省丹阳经济开发区召开侨界联合会成立大会

（张家麟）

【政（侨）企对接联谊】 2020年6月12日，丹阳市委统战部、丹阳市侨联组织全市重点涉侨企业举行政（侨）企对接联谊活动。镇江市侨联副主席黄蓓，镇江市科技局副局长肖晨帆，丹阳市委常委、统战部部长薛军民，丹阳市政协副主席夏炜及重点侨企江苏福荣制衣有限公司、丹阳龙江钢铁有限公司等有关人士参加活动。活动就涉侨政策、科技人才政策和对外投资政策等进行解读，与会涉侨企业负责人针对企业生产经营特点开展咨询提问。活动为涉侨企业与政府职能部门搭起面对面交流沟通平台，拉近政（侨）企距离。

（张家麟）

图60　丹阳市涉侨企业政（侨）企对接联谊活动现场

（张家麟）

【“看镇江进丹阳”活动】 2020年8月21日，由江苏省侨联主办，镇江市侨联、丹阳市侨联承办，丹阳高新区侨联和江苏吟春碧芽股份有限公司协办的“追梦中华·好暖江苏”侨界人士“看镇江进丹阳”活动在丹阳举行。镇江市近百名侨界人士参观丹阳鱼跃集团、江苏吟春碧芽茶叶研究所、丹阳眼镜博物馆，走进丹阳高新区乡村振兴示范点——大钱甲自然村，了解丹阳经济发展情况，感受丹阳乡村振兴活力。

（张家麟）

工　商　联

【概况】 2020年，丹阳市工商联有会员总数

1900余人，有行业商会和异地商会15个。市工商联坚持“政治建会、团结立会、服务兴会、改革强会”总要求，在民营经济领域理想信念教育、代表人士队伍建设、服务高质量发展、推动所属商会改革、积极参与新时代民营经济统战工作等方面开展工作，有效促进市民营经济“两个健康”发展。始终把政治建会摆在首位，牢牢把握新时代工商联新使命，加强对民营经济人士的政治引领和教育引导工作，引导民营经济人士坚定不移听党话，跟党走。市汽车零部件商会、老兵企业家商会、旅游户外装备商会成立联合党支部，商会有党组织8个，各商会设有党建指导员（兼任统战工作联络员），推动商会党的组织和工作“两个覆盖”以及统战工作向商会组织有效覆盖，商会党组织活力不断加强。实施“新时代企业家精神师承计划”，遴选4名优秀企业家与13名年轻企业家结对，努力实现事业新老交接和有序传承，教育引导年轻一代企业家。建立45周岁以下企业家数据库，组织青年企业家代表参观学习优秀企业文化；指导成立丹阳市电子商务商会，推动丹阳传统产业与互联网线上线下深度融合，形成民营企业发展新增长点。面对新冠疫情，市工商联倡议商协会和会员企业积极投身抗疫斗争，捐赠防疫物资260余万元。完成《丹阳市超硬材料工具产业发展运行及安全生产调研分析》《眼镜商会危固废处置状况调研分析》《关于丹北镇钻头行业开展环境整治情况调研及建议》和部分产业“十四五”发展规划编制等方面调研报告，为市委市政府科学决策提供参考。出台《关于促进工商联所属商会改革和发展的实施方案》，对商会政治建设、班子建设、内部管理、服务能力建设等提出明确要求，进一步夯实工商联组织基础和工作依托。制定《丹阳市工商联“四好”商会标准化建设实施方案》，推进商会建设水平不断提升。在工商联以及商协会广泛宣传《构建“亲清”新型政商关系，镇江试行政商交往“正面清单”》，畅通企业诉求渠道，健全政企沟通协商制度，合力打造“亲清”政商关系。在全市范围内组织开展“送服务，助发展；送政策，助落地；送科技，助创新；送法律，助诚信；送保障，助亲清”等“五送五助”活动。积极筹建上海市丹阳商会，为在沪丹阳籍企业家搭建干事创业、互助共进的有效平台，建立上海、丹阳两地经济合作的桥梁纽带。2020年，丹阳市工商联被评为《中华工商时报》“构筑非公经济舆论阵地”先进单位、江苏省工商联“民营企业调查点工作”先进单位。（汤　雯）

图61　2020年5月26日，江苏省委统战部、省工商联有关负责人调研佩尔集团

（汤　雯）

【市工商联（商会）十二届四次执委（扩大）会议】 2020年7月29日，丹阳市工商联（商会）十二届四次执委（扩大）会在丹阳市会展中心召开。大会对2019年度全市工商联系统先进集体和先进个人进行表彰。全市工商联（商会）执委、各商协会会长及秘书长、各镇（区）统战委员共90余人参加会议。会议传达学习习近平在企业家座谈会上的讲话精神及省市委有关会议精神，总结2019年工作，部署2020年下半年任务，替补增补工商联十二届执委会委员。丹阳市委常委、统战部部长薛军民出席会议，丹阳市委统战部副部长、工商联党组书记刘绛昊主持会议，丹阳市工商联

主席谢丰羽作《聚焦“两个健康”聚力产业强市，为高水平全面建成小康社会贡献力量》工作报告。报告从思想政治教育、疫情防控贡献、服务民营经济发展、商会改革创新、参政议政能力和工商联自身建设六个方面总结回顾2019年以来的工作。丹阳市工商联副主席、市老兵企业家商会会长眭越江作《担当实干求创新，凝心聚力促发展》述职报告。薛军民在肯定市工商联取得成绩的同时，希望全市民营企业和各商协会要在工商联带领下凝聚广泛共识，绘好转型发展的“同心圆”；发挥职能优势，跑出产业强市的“加速度”；履行社会责任，争当服务大局的“助推器”；强化自身建设，展现担当作为的“精气神”。

（汤　雯）

图62　2020年7月29日，丹阳市工商联十二届四次执委（扩大）会议在市会展中心召开　（汤　雯）

【丹阳新时代企业家精神师承计划】　2020年8月14日，丹阳新时代企业家精神师承计划推进会在丹阳年轻态眼镜有限公司举行。4位青年企业家就新冠疫情给企业带来的困境和问题向师傅请教，万新光学集团董事长汤龙保对企业详细分析做出一厂一策的指导意见，并表示要多沟通常交流。就企业产品库存积压等问题时，汤龙保表示将带领专业工作人员深入企业考察，调研详情，帮助解决问题。“师徒推进会”是镇江市“新时代企业家精神师承计划”工作会的进一步贯彻落实，通过推进会，真正把新老企业家传、帮、带落到实处，力争树标杆、出经验、树典范。通过“新时代企业家精神师承计划”的实施，进一步弘扬企业家精神，更好地发挥优秀企业家的引领作用，为推动丹阳经济社会高质量发展贡献新老企业家的力量。4位徒弟表示要以师傅汤龙保为榜样，传承师父的艰苦创业精神，弘扬师父的优良作风，以“坚持、认真、创新、诚信”为准则，争做新时代优秀企业家。　（汤　雯）

图63　2020年8月14日，丹阳市召开新时代企业家精神师承计划推进会

（汤　雯）

【推动产业高质量发展座谈会】　为进一步支持民营企业发展，构建亲清政商关系，打造一流营商环境，密切政企联系，推动产业强市，2020年9月9日，推动高质量发展座谈会召开。会前，黄万荣走访市眼镜商会、汽车零部件商会、皮革鞋业商会、超硬材料工具商会和旅游户外装备商会办公场所，对商会秘书处进行慰问。在座谈会上，各商协会负责人围绕推动产业高质量发展，有针对性地介绍商会工作及行业发展实际，并对会员企业生产经营中存在的热点难点问题畅所欲言。黄万荣指出，目前的宏观经济形势依然严峻，企业发展面临着诸多挑战，希望各商协会认清形势，做到知己知彼、把握主动、

争夺先机。（汤　雯）

图 64　2020 年 9 月 9 日，丹阳市召开推动高质量发展座谈会（汤　雯）

【护航民企发展检察开放日活动】 为深入学习贯彻习近平总书记关于民营经济重要讲话和指示精神，为民营经济发展提供优质检察产品和法治保障，根据最高检、全国工商联《关于共同举办服务“六稳”“六保”护航民企发展检察开放日活动的通知》要求，2020 年 10 月 22 日，丹阳市检察院、丹阳工商联共同举行服务“六稳”“六保”护航民企发展检察开放日活动。全体人员参观丹阳市涉企涉众经济犯罪风险防范中心、办案中心、“12309”检察服务中心等办公办案场所。（汤　雯）

图 65　2020 年 10 月 22 日，丹阳市检察院、丹阳市工商联共同举行服务民企活动（汤　雯）

【工商联举办公益讲座】 为认真贯彻落实全国、省、市民营经济统战工作会议精神，促进丹阳民营经济高质量发展，推动企业转型升级和创新发展，2020 年 12 月 10 日，丹阳市工商联举办《企业管理机制创新与阿米巴经营模式》公益讲座。市工商联所属商协会 80 多家会员企业报名参加，南德管理咨询公司管理创新首席顾问田双良从企业管理机制的创新、阿米巴量化经营真解、动力机制之经营机制、运行机制之经营会计几个方面作讲解，受到企业家欢迎。本次讲座是市工商联“五送五助”民企服务月活动主题之一，通过教育培训，进一步提升企业管理水平，提振发展信心。（汤　雯）

图 66　2020 年 12 月 10 日，丹阳市工商联举办“企业管理机制创新与阿米巴经营模式”公益讲座（汤　雯）

【南京市丹阳商会到丹阳研学游】 2020 年 8 月 29—30 日，南京市丹阳商会一行 50 人到丹阳开展返乡历史文化研学游，沿着南朝陵墓石刻和先秦文化两大主线，进行丹阳历史文化深度探寻游。29 日，南京大学教授张学峰带队到胡桥北狮子湾，参观齐宣帝萧承之永安陵石刻，参观胡桥仙塘湾的齐景帝萧道生修安陵石刻。30 日，南京市丹阳商会参观埤城境内吴国铸铜遗址和 1400 多件出土瓷器文物。参观司徒狮子山土墩墓、珥陵葛城遗址、延陵季子庙

与九里墩土墩墓等地。（汤　雯）

【丹阳欧美同学会成立】 2020年11月11日，丹阳市召开归国留学人员座谈会暨欧美同学会成立大会，市委常委、统战部部长薛军民参加活动。会议审议通过《丹阳市欧美同学会（丹阳市留学人员联谊会）章程（草案）》和《丹阳市欧美同学会（丹阳市留学人员联谊会）大会选举办法（草案）》，选举产生了第一届会长、副会长和秘书长，江苏唯益换热器有限公司总经理韩维哲当选为会长。协会有会员37名。（汤　雯）

·丹阳市眼镜商会·

【概况】 2020年，丹阳市眼镜商会充分发挥行业商会服务功能、平台优势、桥梁作用，新增会员企业13家，会员总数289个，主要分布在开发区和司徒镇。眼镜行业销售额90.53亿元，同比增长6.01%，入库税收6.32亿元，同比增长17.39%。2020年，丹阳市眼镜进出口总值4.64亿美元，同比增长4.6%，占丹阳市外贸进出口总值14.95%。其中眼镜出口4.29亿美元，同比增长4.2%，占丹阳市出口总值15.29%，眼镜进口0.35亿美元，同比增长9.56%，占丹阳市进口总值12.12%。丹阳市眼镜产业被认定为“国家级外贸转型升级基地”，通过“国家级眼镜生产基地”考核验收，丹阳市眼镜商会团体标准《非球面树脂镜片》被评为江苏省优秀团体标准。市眼镜商会被国家、江苏省评为“四好”商会，被镇江市民政局评为AAAA级社团组织，获评“2019年镇江市劳动关系领域组织示范单位”、丹阳市“人才工作站”。丹阳市眼镜商会配合商务局举办外贸政策班；联手北京连恩咨询公司举办“精益链”运营模式案例分析会；邀请镇江开悟咨询培训机构举办现代企业《王牌执行力实训》活动；协同民安消防学校与汽配、超硬、皮革、户外用品5家商会联动举行“企业消防安全生产培训班”，全年举办各类培训15场，受训人员超过500人次；与南京师范大学中北学院举行面向2021应届毕业生人才招聘会，吸引高端人才200余人。（袁红锦）

【创新服务方式】 2020年，根据产业发展新变化，丹阳市眼镜商会组建丹阳眼镜知识产权运营公司，举行股东认购大会；举办在校大学生自媒体知识大赛，联手市场监管局举行江苏省镜片企业标准“行业领跑者”新闻发布会，江苏明月光电科技有限公司、江苏瑞尔光学有限公司2公司获得“行业领跑者”称号，启动丹阳市眼镜产业电商产业园签约仪式，推动互联网电商交易；承办“丹阳市眼镜产业专利开发与产学研”对接活动。（袁红锦）

【组织慈善捐款】 2020年，丹阳市眼镜商会组织慈善捐款、奉献爱心活动，向疫情重灾区、贫困大学生、孤寡老人捐款总额25万元，并通过丹阳红十字会向湖北黄冈疫情重灾区捐赠防护镜近4万副、捐款10万元；组织全国爱眼日主题活动，推动“六一”儿童节“特殊时期不一样的‘六一’”等系列宣传活动，捐资6.2万元在陕西富平县建立第二个“丹阳眼镜爱心图书角”，青委会电商分会向南京师范大学中北学院捐赠护目镜600副、医用口罩2000只、消毒液0.5吨，青委会丹青助学社结对资助贫困学生8人。（袁红锦）

·丹阳市汽车零部件商会·

【概况】 2020年，丹阳市汽车零部件商会围绕市委、市政府“做强第一产业、做大第一板块”的发展目标，将主要工作放在联络政府、平台服务和疫情防控等方面。在全国汽车产业下滑形势下，丹阳市汽车零部件行业主要指标逆势增长。商会有会员企业112家，应税销售228.1亿元，同比增长7.11%，增幅高于全市3.37个百分点，完成出口销售19.2亿元，纳税总额8.2亿元，获得拨款项目14项，拨款总额430.80万元，占比20.4%。江苏林泉汽车装饰件有限公司获"市长质量奖"。在全市94家"优秀纳税企业"中，汽车零部件企业占15席，丹阳新泉汽车零部件有限公司被评为2020年度中国汽车零部件企业"双百强"。江苏超力电器有限公司、丹阳新泉汽车零部件有限公司、江苏新通达电器有限公司被评为全国百家汽车零部件企业优秀供应商。8月，丹阳市汽车零部件商会联合党支部成立，商会获评全国"四好"商会。向全国发行《丹阳汽车零部件》双月刊4期2000余份，覆盖全国20多个省份和地区，通过微信公众号推送讯息，向外界展现丹阳汽车零部件产业运行发展情况，及时收集发布国际国内汽车时讯。商会组织会员企业共同建立"纳税人之家"平台，助推构建亲清税企关系，促进企业健康发展。17家会员企业为陕西省富平县筹措13.9万元扶贫款，为支持苏陕对口协作做贡献。

（张　雷）

【发挥政企桥梁纽带作用】　2020年，丹阳市汽车零部件商会积极主动做好政府"帮手"，发挥政企之间桥梁和纽带作用。组织会员企业参加重点外贸企业座谈会、镇江市商会协会负责人座谈会、丹阳市汽车零部件产业专题座谈会、江苏省人社厅调研座谈活动、丹阳市推动产业高质量发展座谈会等。为配合市政府安全生产大起底行动，商会调研走访企业，找出汽配行业具有共性的安全隐患项，上报市政府；联合5家行业商协会举办消防安全知识培训，以讲座、现场观摩等多种方式，提升企业消防安全意识，为打造安全稳定的生产环境提供坚实的保障。商会与商务、税务、海关等部门加强联络，增加沟通交流频次，改每季度一次为每月一次。商会工作站对丹阳市汽车零部件产业进出口数据情况的统计发布和中汽协同步，做到每月更新，并实时录入丹阳市汽车零部件产业数据库。

（张　雷）

【服务会员企业】　2020年，丹阳市汽车零部件商会为会员提供全方位服务。组织横向交流，积极引导企业参加镇江市与纳米比亚鲸湾港经贸交流暨APEC卡推介会、第二届中国镇江国际工业装备博览会交流活动。送培训进企业，在疫情防控常态化的新形势下，商会与战略合作伙伴开悟企业管理咨询公司组织开展"送培训进企业"系列活动。拓宽企业销售渠道。商会积极组织丹阳市汽车零部件企业参加保险业赋能丹阳汽配产业高质量转型发展合作签约仪式，帮助企业寻找集中采购平台，拓宽丹阳市汽配企业产品销售渠道，进一步优化汽车后市场生态。做好人才服务。积极组织14家汽车零部件企业，走进中北学院开展"服务发展促就业"专场招聘会。协助企业维权。商会针对丹阳市汽配企业遇到的长期违约、扣押货款、单方面违约等问题，积极与镇江市中级人民法院联络，支持会员企业采取法律手段保障自身利益。

（张　雷）

·丹阳市超硬材料工具商会·

【概况】　2020年，丹阳市超硬材料工具商会共有会员企业100余家，涵盖丹阳市锯片产业中的所有骨干企业。丹阳是中国四大锯片生产基地之一，产量占全国锯片总量的三分之一，产品出口占全国锯片出口总量的50%以上。超硬材料工具完成销售约82.7亿元，增长6.98%，完成税收3.2亿元，同比有所降低，外贸出口完成5亿美元以上，增长2.68%，其中自营出口2.3亿美元、外贸代理2.7亿美元，尤其是圆锯片出口增幅高达28.7%。商会组织

10余家骨干企业参与国家超硬材料分会在常州举办的“中国国际金刚石大会”。（张建林）

【服务超硬材料工具行业】 2020年，丹阳市超硬材料工具商会加强服务行业建设，协同丹北镇建立五金工具行业协会，城乡联动、资源共享、融合发展；协同举办2020年第二届中国镇江国际工业装备博览会；配合市商务局举办2020年外贸政策、应对国际贸易摩擦培训活动；联合市汽配、眼镜、皮革及户外装备商会与民安消防安全学校，举办“企业安全生产实训”，受训人员超过260人；到南京师范大学中北学院，开展2021届毕业生秋季招聘会；完成商务部及省商务厅对2019年国家外贸转型升级基地年度考核验收，争取外贸扶持资金200余万元，7家工具企业获得支持；高质量开展省级进出口公平贸易季度预警分析，形成专项分析报告；同时配合商务、财政走进企业，征询意见、掌握诉求，积极帮助外贸工具企业了解政策、争取支持，确保项目申报的成功率；协调解决会员企业，在产品检测、融资担保、厂房租赁、产品出口、环保、安全督查等疑难问题及纠纷。2020年，商会通过“江苏省四好商会”考评，被市委统战部、市工商联授予统战工作先进集体、工商联工作先进集体，通过社会组织等级评估，被评为AAA级社会组织。（张建林）

【扩大区域品牌】 为提升和扩大丹阳工具在海内外的影响力，2020年，丹阳市超硬材料工具商会与中国五金工具商会、中国五金制品协会、浙江义乌五金工具协会、上海对外贸易促进会以及知名度较高的上海大陆工具、博骥展览公司加深合作、多向互动。同年8月，在中国五金交电化工商业协会举办的第34届中国上海国际五金博览会上，开辟中国丹阳超硬材料工具专业展区，展区面积达到1500平方米。（张建林）

图67 2020年8月12日，丹阳市超硬材料工具商会参加上海国际五金展

（张建林）

•丹阳市皮革鞋业商会•

【概况】 2020年，丹阳市皮革鞋业商会有会员企业150家，全行业年产皮鞋5000万双，销售40多亿元。商会组织和带领会员企业同心协力，抗击疫情，迅速复工复产，把损失降到最低限度，采取积极举措，优化营商环境，推动产业持续发展。规模企业保持正常业态，蒂莉爽足鞋业、开鑫苹果鞋业、华翔鞋业公司等企业产销呈上升趋势。商会组织企业捐款捐物，为抗击疫情捐款60多万元。商会开展安全环保整治，督促指导鞋企安装智能消防设施。东方皮革商城进行规范整治，将小作坊鞋企个体户全部清理出市场。

（林书云）

【推动产业持续发展】 2020年，面对新冠疫情的冲击，丹阳皮革鞋业商会采取积极措施，强化协同合作，营造良好氛围，推动鞋业持续发展。陵口皮鞋产业园二期工程有14家鞋企年初开工建设，部分安装调试设备，年底，部分厂家搬入新厂区，进一步提升陵口片区制鞋产业的集聚效应和产业规模。商会为完善皮革鞋业产业链创新职能、提升产品档次、调整产品结构提供家门口优质服务。加强与域外鞋企交流合作。福建兴业皮革、徐州南海皮厂、江西隆华皮厂前后到丹阳举办新产品发布会，开拓市场寻求合作，广东制鞋设备优质供应联盟商访问丹阳商会，走访企业，推介先进设备。8月，商会组织企业到苏州吴江日和缝制设备有限公司参观考察。（林书云）

【鞋企调结构拓渠道】 2020年，丹阳市部分鞋企到温州开设档口，充分利用温州鞋都产业链完善、信息灵便、客商云集的优势，广泛接触商户，努力争夺订单，采集最新潮的鞋类信息，做到快速响应，设计生产出适销对路的好产品，提升丹阳产品的美誉度，增强产品核心竞争力。企业积极主动与电子商务寻求对接合作，部分鞋企与广州、武汉、太原的电商公司建立良好合作关系，并取得较好业绩。部分鞋企入驻浙江桐乡，为抖音直播、快手带货提供资源。本地电商理事单位丹阳满之春鞋服有限公司深耕电子商务，业绩突出。（林书云）

·丹阳市老兵企业家商会·

【概况】 丹阳市老兵企业家商会有会员企业102家，主要分布在上海市、无锡市、常州市、苏州市、丹阳市，会员企业涉及眼镜、汽配、工具、餐饮、家纺、房地产等行业。2020年，商会妥善处理某会员企业纠纷，为某会员租赁种植用地协调政策优惠。开展“银企对接、普惠金融”活动，为会员企业提供融资服务。商会将每年的2月17日定为尊崇参战功臣日，常态化开展特困老兵慰问活动，全年慰问特困老兵42人，赠慰问金7万元。组织会员企业参观学习有关企业，接受“检察开放日”教育。开展捐赠活动。水中仙国际酒店集团累计对口捐赠16万元，优立光学捐赠西藏江孜县8所学校镜片2074副，价值50万元。商会会员向市红十字会捐款12.30万元。商会被评为江苏省“四好”商会、丹阳市十佳社会组织。2020年，水中仙国际酒店集团获江苏省退役军人就业创业示范基地称号，江苏金厨邦厨具有限公司董事长王祥获镇江市“诚信标兵”，江苏华宇钢带有限公司董事长郑志伟获江苏省模范退役军人称号，丹阳市大圣机械有限公司董事长仲伟栋被评为丹阳市2020年度十佳退役军人，江苏圣伯服饰有限公司董事长周忠阳获镇江市退役军人“微党课”比赛二等奖。（周建平）

【成立关爱退役军人协会】 丹阳市有退役军人和优抚对象近4万人，有部分退役军人因病致贫等原因造成生活困难。为帮扶部分特殊困难退役军人，褒扬奖励优秀退役军人，让困难老兵感受到温暖和关爱，2020年9月，市老兵企业家商会在市退役军人事务局主导下，以商会会员为基础，成立丹阳市关爱退役军人协会。协会将成为展示退役军人风采的重要窗口和帮扶退役军人的温馨家园。现场有7位企业家进行捐赠。（周建平）

【部分老兵功臣座谈】 为营造崇尚军人、崇尚老兵、崇尚功臣、崇尚军属的浓厚氛围，营造企业开展“学习功臣、宣传功臣、厚爱功臣、服务功臣”活动的良好局面，2020年4月，丹阳市老兵企业家商会邀请10余位丹阳籍对越自卫还击作战的老功臣进行座谈。市老兵企业家商会会长眭越江提议，将每年的2月17日定为商会尊崇参战功臣日，以弘扬光荣传统、传递爱国正能量。座谈会上，功臣代表束荣兴、眭国球、张定成介绍当年参战经历。

（周建平）

·丹阳市温州商会·

【概况】 丹阳市温州商会有会员297人，商会企业从事眼镜、建材、纺织等行业。2020年，商会充分发挥温州人“开拓创新、自担风险、自强不息、自求发展”的精神，新冠疫情进入常态化防控后，发展势头逐步恢复，企业总体平稳。商会发挥优势，加强与金融机构、公安、学校等联系，在融资、子女就学、矛盾协调等方面为会员提供服务。商会组织会员企业向武汉、温州等疫情灾区捐款捐物。江苏明月光电科技有限公司向武汉灾区捐赠物资53万元，商会常务副会长李理杰长期帮扶四川色达县贫困学生，累计捐款数十万元；吴良材眼镜、平凡眼镜、商会妇联等向武汉、温州捐赠资金、护目镜等。商会获江苏省AAAA级商会和江苏省“示范性社会组织”称号，被评为2019－2020年度江苏省“四好”商会、镇江市商业联合会先进集体，会长洪作南被评为全国异地温州商会优秀会长，江苏明月光电科技有限公司获2020年度镇江市市长质量奖、丹阳市人民政府优秀纳税企业一等奖。（陈国强）

【温州商会助力企业发展】 2020年，丹阳市温州商会克服国际经济形势及新冠疫情的不利影响，助力企业发展，江苏明月光电科技有限公司通过不断提高技术投入和创新营销，与登山运动、深海探测等活动相结合，销售渠道不断扩大，产品影响力、市场占有率不断提升，上市工作有序推进，有望在2021年成功上市。新天鸿光学有限公司不断放大品牌优势，完善产业链，充分利用展会影响力，以诚信和服务赢得消费者。江苏新族眼镜有限公司创新线上线下营销模式，整合资源，开辟销售新模式。丹阳市永泰纺织有限公司积极参与“一带一路”沿线投资，在越南河内投资2亿元的新厂竣工投产。副会长李理杰积极拓展高校业务，“金麒麟”餐饮连锁品牌初步形成。

（陈国强）

【拓展温州商会职能】 丹阳市温州商会积极响应市工商联的要求，注重培养企业家新生代力量，2020年，发展新会员13名，商会45岁以下会员占比达31%，发挥“纳税人之家”的作用，组织会员开展新税法讲座，针对互联网时代新变化，注重对新生代进行各类培训，积极倡导依法诚信经营，进一步拓展视野，积累经验。商会多次组织企业大走访，积极开展调研活动，帮助企业解决实际困难。横向联系，与南京、苏州、扬州、常州等温州商会加强交流，积极探索商会工作的新特点和新思维。继续发挥商会妇联组织作用，深化开展志愿者活动新内涵，积极参与市志愿者开展的各项活动。与丹阳各金融单位保持合作关系，开展各类银企对接活动，拓展会员融资渠道和新的理财途径，为会员企业发展提供金融支持；充分发挥商会联系政府、企业和企业间的桥梁、纽带作用，帮助企业解决实际困难，增强商会的凝聚力、影响力。（陈国强）

·丹阳市台州商会·

【概况】 2020年，丹阳市台州商会有会员企业196家，新增会员7家。商会秉承“团结、服务、创新”宗旨。坚持自我管理、自我协调、自我约束原则。加强与政府部门和各界联系合作，服务丹阳、台州的经济建设，服务会员。会员企业经济稳中有进，经济效益稳中有升。商会各项工作不断向规范化迈进，凝聚力不断增强、影响力不断扩大。在抗击新冠病毒战役中，丹阳台州商会会员积极主动捐款捐物。数十家会员单位捐出护目镜等防护器材，价值16万元。商会党支部专门组织13名党员捐款5800元。商会常务副会长徐升贵获评全国先进个体工商户。（朱忠良）

【台州商会培训教育】 2020年，丹阳市台州商会党支部开展一系列党员学习、教育活动。7月，丹阳市台州商会开展“重温历史、牢记使命”为主题的党员活动，组织会员到丹阳市司徒党员教育基地、许杏虎烈士纪念馆学习参观，接受党性教育。党支部布置专栏、组织学习活动、购买《习近平新时代中国特色社会主义思想学习纲要》等学习资料发放给商会党员。

（朱忠良）

图 68　2020 年 7 月，丹阳市台州商会党支部在党员教育基地开展党员学习教育活动　（朱忠良）

·丹阳市江西商会·

【概况】　2020 年，丹阳市江西商会有会员 154 家，其中有理事单位 53 家。商会秉承“开放、包容、创新、和谐”的办会宗旨，紧紧围绕创建“四好”商会建设目标，充分发挥商会职能作用，精准服务，积极开展活动，强化措施落实，扩大商会的影响力，凝聚力量共谋发展，不断推进商会工作。商会被评为江苏省工商联“四好”商会、丹阳市民政局“十佳社会组织”，商会党支部被评为中共丹阳市“四星”先进党支部，党建工作被推荐为镇江工商联“十大亮点”工作。　（张东良）

【江西商会会员企业助力抗疫】　2020 年，丹阳市江西商会会员及会员企业为助力抗疫担当作为。商会党支部和商会理事会发出捐款捐物倡议书，捐款捐物 6 万余元。商会助力学校复课，给丹阳市实验学校、丹阳市第八中学、新区实验小学等捐送急需口罩 5000 多只，价值 1 万余元。商会组织全体会员给驰援一线的医务人员捐送慰问金 3.6 万元。　（张东良）

【江西商会二届五次会员大会】　2020 年 12 月 18 日，丹阳市江西商会二届五次会员大会召开，会长周克同代表二届理事会作 2020 年度工作报告，常务副会长吴有根代表理事会作江西商会 2020 年度财务收支情况的报告，周克同代表党支部作 2020 年度商会党支部工作报告，监事长刘伟代表商会二届监事会作 2020 年度监事会工作报告，执行会长陈招辉宣读对 2020 年度商会先进集体和先进个人进行表彰的决定。　（张东良）

【江西商会开展公益活动】　2020 年，丹阳市江西商会积极开展社会公益活动。6 月 1 日，商会妇联会主席郑菊凤带领商会妇联会委员到丹阳市儿童福利院，赠送价值 3000 余元的生活用品。6 月 28 日，商会和商会党支部组织商会理事党员入党积极分子到丹阳市访仙镇双茆村开展慰问贫困户老党员活动，给 6 位老党员送去慰问金和礼品，价值 6000 多元。11 月 2 日，商会为原商会人员徐某的患儿组织募捐活动，筹集捐款 1.5 万元。商会开展“万企联万村共走振兴路”的活动，参与乡村扶贫工程，捐款 6 万余元。　（张东良）

图 69　2020 年 6 月 1 日，丹阳市江西商会妇联会向丹阳市儿童福利院捐赠生活用品　（张东良）

政法委及综治

【概况】　2020 年，丹阳市政法系统开展维护政治安全系列专项行动，完成各项安保维稳工作。信访总量连续四年下降，初信初访一次性化解率提升到 90%以上。全市“九类”涉恶案件比上年降低 22.2%。非法集资类案件立案数比上年降低 16.7%，金融生态县排名比上年前进 30 位。推进社会治理体系和治理能力现代化，坚持和完善“大数据＋网格化＋铁脚板”治理机制的做法，群众对网格员工作满意率达 97.84%。丹阳市以清单管理完善防范化解重大风险机制为主题在江苏省专项会上作交流发言。（陈　静）

【政治督察工作部署会】　2020 年 9 月 7 日，丹阳市召开政治督察工作部署会，市委常委、政法委书记、政治督察工作领导小组组长刘宏程，副市长、公安局局长孙桂林以及政治督察工作领导小组成员出席会议。会议宣读政治督察授权任职及任务分工决定、对政治督察进行工作部署、进行督察工作专题业务培训。刘宏程要求政治督察工作要突出问题导向、目标导向、效果导向，力戒形式主义、官僚主义，切实抓住重点、切中要害；要突出“全覆盖”，到 2021 年底前，政法各单位政治督察全覆盖；要突出“全方位”，既查认识、查责任、查作风，也要督任务、督进度、督成效；要突出“全流程”，严格对照督察准备、动员部署、现场督察、督察反馈和整改落实 5 个环节，确保政治督察规范有序、稳妥推进。（陈　静）

图 70　2020 年 9 月 7 日，丹阳市召开政治督察工作部署会　（陈　静）

【“三官一律”进网格】　2020 年，丹阳市部署社会矛盾风险隐患排查化解暨“三官一律”进网格集中活动月工作。“三官一律”进网格指法官、检察官、警官、律师精准对接社区，依托社区网格，围绕矛盾纠纷化解、法律咨询服务、网格员业务指导、普法宣传活动等开展工作，把矛盾化解在源头、解决在基层。部署会上，市委常委、市委政法委书记刘宏程要求推动政法机关干部和“三官一律”有力有序下沉网格，开展矛盾纠纷排查化解、安全隐患整治，进一步托牢社会稳定的底板、夯实平安丹阳的根基，为党的十九届五中全会顺利召开营造安全稳定的社会环境，要发挥自身的专业特长，把小矛盾小问题解决在网格，着力提升初信初访一次性化解率。　（陈　静）

图 71　2020 年 9 月 24 日，丹阳市社会矛盾风险隐患排查化解暨“三官一律”进网格集中活动月动员部署会召开　（陈　静）

【最美网格员评选】　2020 年 10 月 30 日，丹阳市委政法委组织在全市范围内开展 2020 年度“丹阳最美网格员”评选活动，进一步鼓励先进、树立典型，增强基层网格员工作责任心和积极性，提升全市网格化服务管理水平。通过网络投票、线下评委联审的方式，综合计算分值，进行排名。经过公示，最终评选出最美网格员 30 名，他们是严旭俊、张军、郦雪晖、杨梢青、仲文、张从兵、唐豪、戎旭东、吴涛、王红、王海燕、柳婉、黄益民、潘文豪、许晨阳、肖嘉琪、邱涔慧、汤学军、赵丹、胡斐、臧小强、陈晓婷、朱伟峰、丁海军、赵玉风、魏丽、岳费雯、刘卯均、严鹏、石天啸。　（陈　静）

【政法干部政治轮训】　2020 年 11 月 25 日，丹阳市召开政法系统政治轮训动员部署会暨政法干部首期政治轮训班。市委政法委、政法各部门全体领导班子成员，公安局副科级以上干部，各镇（区、街道）政法委员以及市委政法委中层以上干部共 130 余人参加会议。市委常委、政法委书记刘宏程围绕“为什么组织政治轮训”“什么叫讲政治”“怎样让政治轮训更加有效”三个问题，进行讲解和专题党课辅导。　（陈　静）

图 72　2020 年 11 月 25 日，丹阳市召开政法系统政治轮训动员部署会暨政法干部首期政治轮训班　（陈　静）

【市委政法委员会组成人员会议】　2020 年 12 月 25 日，丹阳市委政法委员会组成人员（扩大）会议召开。市法院、检察院、公安局、开发区、高新区、丹北镇分别交流 2020 年工作，并提出 2021 年政法工作思路和具体措施。　（陈　静）

图 73　2020 年 12 月 25 日，丹阳市委政法委员会组成人员（扩大）会议召开　（陈　静）

公　安

【概况】　2020 年，丹阳市公安局持续做好疫情防控、维护稳定、智慧警务、新锐打击、社会治理、服务群众、队伍建设等工作。全市公安民警、辅警取消休假，全力以赴投入疫情防控，设置7个24小时检疫卡点，查控车辆12.8万辆22万人次。对全市文娱场所实行聚集管制，严查擅自营业、非法聚集行为。严厉打击涉疫违法犯罪，成功侦破涉疫省督案件。细化制作涉疫警情操作指南，规范处置各类涉疫警情。开展“打击恶意逃废债”专项行动，查处恶意逃废债案件8件，找回失信企业及负责人隐匿、转移资产估值近5亿元，助力丹阳市在全省县（市、区）金融生态环境综合评估中排名第35位。扎实开展全市道路交通、群租房、危化品等安全专项整治行动，检查涉危单位2100余家次、寄递网点174家，发现整治危险品、群租房等隐患2300余处，推动埤城电镀园区剧毒化学品集中储存、统一配送。确认群租房772户，界牌群租房“三色管理法”在镇江市现场会上作经验交流。系统推进“坚持政治建警全面从严治警”教育整顿试点和市委巡察工作，探索形成“3445”“四诊”“四定”工作法，为全省教育整顿工作全面开展提供“丹阳样板”。主动发现查办“马路黄牛”“人伤黄牛”等案件，问责民警84人、辅警27人，10名民（辅）警被开除。创成丹阳市“党员示范岗”4个。后巷派出所“新星市民之家”获评镇江市公安局基层党建创新项目优秀奖。制定关爱民警工作措施11条，发嘉奖令10份、表扬通报98份。举行2020年新任职干部宪法宣誓、从警特定年限和先进民警工作室授牌、第五届“丹阳最美警察”评选等仪式。张艳君等三个家庭被评为镇江市“最美家庭”，市公安局团委获“镇江市五四红旗团委”称号，丹阳市车管所被评为“省级巾帼文明岗”。涌现出“江苏好人”1人、省公安厅二等功3人、镇江市劳动模范1人、丹阳市优质效能服务标兵1人。（张丽芳）

【交通安全管理】 2020年，丹阳市交警部门累计排查交通标志573个、交通标线320余公里、交通信号灯路口250余处、监控设备1394件，封闭7条国省道豁口196个，协调安装路灯经费1660万元，安装路灯179盏，出新道路交通标志标线9.6万平方米，施划车位185个，安装维修交通隔离栏2500米，增设信号灯3组，渠化路口5个。逐一实地复盘分析每起事故，2处国务院督办隐患、8处省安委会督办隐患、自排65处隐患全部整改到位。联合交运局在全市公交车安装一键报警器，设置“护学岗”136个、流动岗10余个。累计查处酒驾1129起、涉牌涉证违法1450起、非法改装363起、电动自行车违法7.38万余起。查获货车超载933辆（其中“百吨王”9辆）、流动加油车5辆、非标车745辆，实现交通亡人事故数和亡人数降低20%的年度目标。（张丽芳）

【便民利民服务】 2020年，丹阳市公安局持续深化公安放管服改革，推动18项公安行政许可和公共服务事项进驻市政务服务大厅，年均办件量4.6万件。在5家4S店、3家二手车店设立机动车登记服务站，与6家汽车销售公司合作办理新涉车业务。至年底，全市有机动车专网服务站20家，共办理六年免检4248笔，新车上牌1494辆，车辆过户2974辆，占车管所办理车辆相关业务的近三分之一。（张丽芳）

【打击违法犯罪】 2020年，丹阳市公安局开展“打逃扫非”“蓝剑1号”“雷霆”“净网2020”等35个专项行动，黄赌娼毒等突出治安问题及社会治安重点地区得到有效整治，年内涉娼、涉赌警情分别比上年降低22.27%、26.35%，先后破获24年前和18年前2起本地命案积案，协破2起外省命案积案，4起现行命案全部告破；侦破部督特大贩毒案、网络招嫖诈骗案、系列非法制造枪支案、通过暗网贩卖公民个人信息案、跨国解救遭绑架人质案等一批部省督导案件，挽损近千万元。累计破获九类涉恶案件336起，抓获嫌疑人865名，摧毁黑社会性质组织1个、恶势力犯罪集团2个、恶势力团伙2个，查冻扣押涉案资产3749.2万元，47 条中央督导组、20 条红网线索和 17 条公安部、78 条省厅线索全部办结，线索核查成效获中央督导组肯定，基本实现“三年期满，丹阳社会面无黑可扫、无恶可除”的目标，2020 年度群众安全感 99.04%，居镇江第一、全省第十七位。（张丽芳）

【“丹阳最美警察”评选】 为深入学习贯彻党的十九大精神和习近平总书记对公安工作提出的“对党忠诚、服务人民、执法公正、纪律严明”的总要求，推动丹阳公安事业高质量发展，2020 年，市委政法委、市委宣传部、市总工会、市妇联、团市委、市公安局联合开展第五届“丹阳最美警察”评选活动。通过电视、报纸、网络形象展播，群众评选，尹泓、杨华英、何剑、吴昕煜、杨利、韩二虎、徐巧军、束峰玉、诸葛渊、樊志俊十人获第五届“丹阳最美警察”，沈琛、夏晨等十人获“丹阳最美警察”提名。12 月 10 日，举行丹阳公安向人民报告暨第五届“丹阳最美警察”颁奖典礼，黄春年、李忠法、沈岳方等市领导和镇江市公安局相关领导出席活动。现场展播十名“丹阳最美警察”先进事迹，并颁发奖杯和证书。（张丽芳）

【侦破 13 起涉疫诈骗案】 从 2020 年 1 月 20 日开始，丹阳市公安局网安大队利用警用大平台，关注全市所有涉疫警情和案件，对案件中涉及的骗术进行归纳总计，对案件进行深入研判分析，主动联系办案单位破获涉疫诈骗案件 13 起，协助抓获 13 名犯罪嫌疑人，涉案金额 500 余万元。（张丽芳）

【侦破“2019－94”省毒品目标案件】 2020 年 1 月 4 日，丹阳市公安局禁毒大队综合运用信息研判等手段，历经两个多月的连续作战，缜密侦查、细致经营，成功侦破“2019－94”省毒品目标案件，抓获 2 名违法犯罪嫌疑人，缴获毒品冰毒 230 余克，彻底摧毁一条从广西至丹阳的贩毒通道，打掉在丹阳贩毒活动的犯罪团伙。（张丽芳）

【侦破“2020－40”公安部毒品目标案件】 2020 年 3 月 18 日，丹阳市公安局在镇江市局禁毒等部门协助下，综合运用深挖线索、信息研判、跟踪追击等手段，历经半年多，成功侦破“2020－40”公安部毒品目标案件，抓获 15 名贩毒犯罪嫌疑人，现场缴获毒品海洛因、冰毒共 3 公斤，查扣毒资 3 万余元。彻底斩断一条从云南至丹阳的贩毒通道，打掉一个由云南昭通镇雄籍人员盘踞在丹阳市进行贩毒活动的犯罪团伙。（张丽芳）

【抓获出售虎皮案件嫌疑人】 2020 年 4 月，通过办案单位前期侦查，获悉有人欲到丹阳市出售虎皮的线索，在听取相关案情汇报后，丹阳市公安局党委委员、巡特警大队大队长韦国新指令办案单位深入分析研判，力争掌握犯罪嫌疑人全面情况和实时动向，同步研究制定现场抓捕方案，抽调和平桥派出所、治安大队、巡特警等 12 名警力，于 13 日凌晨在酒店伏击布控，14 日将两名嫌疑人成功控制，在其车内查获成年虎皮一张、全身虎骨一具。（张丽芳）

【侦破系列跨区域入户盗窃案】 2018 年 1 月至 2020 年 4 月期间，丹阳市辖区内发生系列入户盗窃保险箱案件。案发后，丹阳市公安局第一时间展开侦查，通过现场勘察、图像侦查等手段锁定犯罪嫌疑人。近年来，嫌疑人王某某在丹阳、丹徒、武进等地疯狂作案，给群众的财产造成巨大损失，严重影响社会治安环境的稳定。丹阳市及周边地区公安机关多次将其抓获，但均因其拒不交代，致案件证据不足无法顺利移送起诉。2020 年 4 月 15 日，市公安局刑侦大队通过守候伏击的方式将正在销赃的犯罪嫌疑人和收赃人抓获归案。（张丽芳）

【侦破 25 年前命案积案】 2020 年，丹阳市公安局在重新梳理现场遗留痕迹物证、涉案人员关系、指纹DNA比对的基础上，锁定25年前“1996·7·30徐某某被杀案”犯罪嫌疑人高某亮，并于2020年5月29日将高某亮抓获归案。这起命案积案的成功侦破，再次体现丹阳公安对命案必破的坚定信念，切实维护法律的公平正义。（张丽芳）

【侦破系列非法制造枪支案】 2016年以来，犯罪嫌疑人吴某、尹某等16人通过某淘宝店铺购买射钉枪、无缝钢管、射钉弹等零部件进行改装，改装后的射钉枪可以发射钢珠，具有较强的致伤力，其行为涉嫌非法制造枪支罪。得到该线索之后，丹阳市公安局依托合成作战中心力量，组织赴四川、江西、福建等地，通过循线追踪、分析研判、深挖扩线等手段，抓获涉嫌非法制造枪支的16名犯罪嫌疑人，缴获改造的射钉枪20支、火药为底火的射钉弹2000余发、钢珠5000余颗以及枪支若干配件。（张丽芳）

【侦破抢劫杀人命案积案】 2020年12月，丹阳市公安局坚持“命案必破、积案必清”，通过细致摸排、缜密侦查，创新应用DNA比对等科技新手段，获得“2002·4·15”抢劫杀人命案重大破案线索，在镇江将犯罪嫌疑人顾某某等4人抓获，成功侦破“2002·4·15”抢劫杀人命案积案。（张丽芳）

【侦破销售假冒注册商标商品案】 2020年6月3日，丹阳市公安局皇塘派出所民警在对皇塘镇一工厂进行安全生产检查时，发现该厂仓库内存放着大量贴注“长城”“昆仑”“美孚”等工业润滑油油桶，商标粘贴质量较差，并在现场发现部分剩余的商标、防伪标识、空桶等物品，认为该企业涉嫌销售假冒注册商标的商品案件，遂立案进行侦查。经审查，嫌疑人供述2020年以来，购买1000升、200升装润滑油，将润滑油进行分装，贴上“长城”“昆仑”“美孚”“壳牌”等品牌的商标，冒充品牌润滑油出售给多家机械厂，从中非法获利。经对该企业仓库内以及已销售的润滑油进行初步核算，涉案金额近千万元。（张丽芳）

检　察

【概况】 2020年，丹阳市检察院围绕中心工作，推进“四大检察”“十大业务”全面协调发展，为全市经济社会发展提供有力的司法服务。依法严惩危害疫情防控犯罪，使用远程办案系统开展讯问、庭审237次，批捕、起诉8件9人。会同有关部门，推出服务复学复产法治“云课堂”32次，听课人员达10.5万余人。建立涉企案件快速优先办理机制，严厉打击敲诈勒索等侵犯企业合法权益犯罪以及职务侵占等企业内部人员犯罪，共批捕、起诉40人。审慎办理涉企刑事案件，对犯罪情节轻微的5家企业及8名经营人员依法决定不起诉，帮助企业追赃挽损。制定《打击恶意逃废债专项行动方案》，依法办理明众房地产、华苏亚等一批在丹阳有影响的重大敏感案件。成立“金融检察宣讲团”，编制打击恶意逃废债手册，在行政审批窗口和走访企业过程中赠阅。对某环境污染犯罪案件中相关监管部门怠于履职问题依法提起行政公益诉讼；成功办理镇江地区首例建议税务机关向民间借贷债权人追缴税款案；对野生动物栖息地鸟类被偷猎案件发出诉前检察建议；围绕辖区内服刑人员违规领取基本养老金问题，推动监管部门追回违规发放的养老金近1.9万元。牢固树立“融党建”发展理念，成立9个临时党支部，参与疫情防控、乡村人居环境整治和文明城市争创工作237人次，2名干警被评为市“优秀志愿者”。坚守案件质效系统思维，落实“案一件比”全新办案质量评价指标体系，全年组织诉讼监督、公益诉讼、案件监管等“定制化”培训12期。有4项课题通过最高检察院、江苏省、镇江市评审，1名员额检察官在市人大常委会专项述职评议中名列第一名，1名干警被评为市级机关优质效能服务标兵。市检察院先后获全国检察宣传先进单位、镇江政法系统“十佳基层单位”等镇江市级以上荣誉13项，一项工作机制获镇江政法系统“十佳创新成果”奖，5件案件入选全国、全省典型案例或被公开发布，特色亮点工作被中央媒体关注报道27篇次，检察工作受到各级领导批示肯定5次。

（何丹兰）

图74　2020年，丹阳市检察院会同教育、工商联等部门，推出服务复学复产法治“云课堂”　（何丹兰）

【维护社会稳定】　2020年，丹阳市检察院围绕“六清”（线索清仓、逃犯清零、案件清结、伞网清除、黑财清底、行业清源）“六建”（建立健全源头治理的防范整治机制、建立健全智能公开的举报奖励机制、建立健全打早打小的依法惩处机制、建立健全精准有效的督导督办机制、建立健全激励约束的考核评价机制、建立健全持续推进的组织领导机制）要求，把扫黑除恶与维护群众利益、推进社会治理紧密结合。坚持检察长带头办案，严把案件质量关。坚持以案为鉴，专题召开扫黑除恶专项斗争民主生活会，学习传达中央扫黑除恶特派督导组指示精神和全市警示教育大会精神。持续发挥“法治书记”参与基层党组织建设的助推剂作用，围绕政治安全、公共安全等方面开展以案释法集中宣讲13次。围绕强化对公权力运行的制约和监督，加强与监委的工作衔接，共起诉职务犯罪案件7件8人。全年共受理各类刑事案件1410件2025人，依法批准逮捕299件425人，提起公诉937件1282人。批捕全国“断卡”专项行动开展以来相关犯罪9人；批捕盗窃、抢夺、诈骗等多发性侵财犯罪161人，起诉346人；批捕、起诉破坏环境资源、食品药品安全领域犯罪24人。针对案件背后基层治理、行业监管突出问题，共制发检察建议、专题报告19份，推动专项整治3次。试点开展公开听证直播5次，被最高检察院通报表扬。牵头起草《司法救助与社会救助衔接支持脱贫攻坚的实施意见》，获市委深改委审议通过，共向35户因案致贫返贫的当事人或其近亲属发放救助金28.3万元。　（何丹兰）

【诉讼监督】　2020年，丹阳市检察院、法院、公安局、司法局会签出台《关于适用速裁程序办理刑事案件的实施办法（试行）》，联合监委、教育、公安等八部门在全市未成年人密切接触场所张贴《侵害未成年人案件强制报告制度》宣传海报220份。建成涉性侵违法犯罪人员信息数据库及查询系统，对1400名在职中小学教师开展犯罪信息查询、对240余名新教师开展入职查询。加强对看守所监管、社区矫正、财产刑执行等活动的监督，共发出纠正意见8条。牢固树立对标思维和质效意识，认罪认罚适用率达96.2%，量刑建议采纳率达99.7%，均位居镇江前列。全年监督立案、撤案58人，对12人变更或建议变更强制措施，纠正各类诉讼活动违法40件，检察长列席法院审委会3次。共办理民事行政检察案件204件，提请镇江市检察院抗诉5件，提出再审检察建议8件，改判10件。依法批捕、起诉未成年犯罪嫌疑人21人，不批捕3人，不起诉14人，严惩侵害未成年人犯罪53人。　（何丹兰）

【建立涉企涉众经济犯罪风险防范中心】　为优化升级服务企业举措，丹阳市检察院针对近年来辖区非法集资、恶意逃废债等涉企、涉众型经济犯罪案件多发问题，全面梳理分析2014年以来此类案件暴露出的金融风险、法律风险，并利用现有办公办案场所，建立丹阳市涉企涉众经济犯罪风险防范中心。2020年4月24日，丹阳市涉企涉众经济犯罪风险防范中心揭牌。该中心建筑面积约300平方米，中心主题展厅分为高层动态、企业发展、金融平台、罪名互动、典型案例、风险防范、检察作为七个版块，采取声像动漫、情景模拟等形式，全面收集展示非法集资、涉税犯罪、产权保护等领域法律法规，检察机关办理的典型案例及其特点规律、防范建议。中心还专门设置企业法律体检专区，随机产生10道问答题，以量化得分评估、体现企业法律风险，检察机关依据测试结果提供针对性辅导、提出预防性对策。至年底，有39批次920余人到中心学习交流，中心被江苏省检察院列为“护航民企”试点项目。（何丹兰）

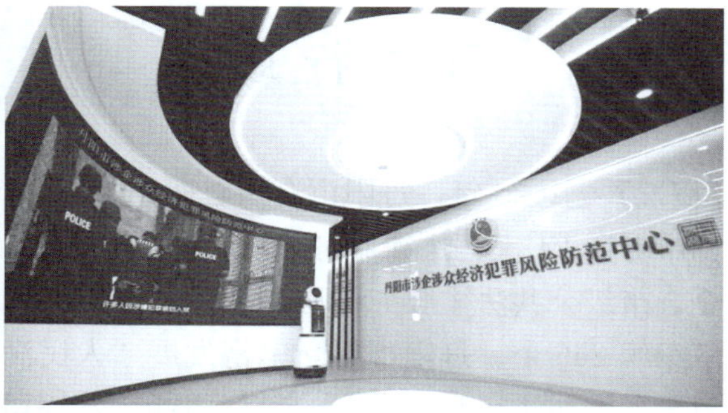

图75 丹阳市涉企涉众经济犯罪风险防范中心（何丹兰）

【共建刑事和解平台】 2020年9月16日，丹阳市检察院联合市司法局共建刑事和解平台启动签约仪式。市检察院依托刑事和解工作室，对处于不同诉讼环节的轻伤害、交通肇事等刑事案件启动调解工作，有效助攻矛盾纠纷化解，修复因案受损的社会关系。在平台运行中，市检察院注重坚持将调解工作贯穿于审查批捕、羁押必要性审查、审查起诉、出庭公诉、刑事申诉等刑事诉讼整个过程，逐步形成依托一个综合平台、组建一个专业团队、形成一套规范机制、规范一个“六环”工作流程、善用一套“八步调解法”工作模式，并引入司法救助、公开听证等工作机制，提升促进认罪认罚从宽制度深入适用、信访矛盾有效化解、树立正确的社会导向以及综合治理联动机制进一步形成等效果和作用，推动案件办理实现政治效果、法律效果、社会效果的相统一。（何丹兰）

图76 2020年9月16日，丹阳市检察院联合市司法局共建刑事和解平台启动签约仪式（何丹兰）

【编制打击恶意逃废债手册】 近年来，丹阳市检察院在办理金融犯罪案件中发现，部分企业经营人员法律知识储备不足、法治意识淡薄，是造成恶意逃废债犯罪上升的重要原因。为遏制此类犯罪，市检察院从典型案例、典型罪名解析出发，对近年来多发的7个恶意逃废债罪名进行全面梳理，图文并茂地释明各犯罪的刑法规定、构成要件，并对犯罪风险点、法律认识盲区进行提示，形成《恶意逃废债犯罪风险防范手册》。至年底，共在行政审批窗口和走访企业过程中赠阅《恶意逃废债犯罪风险防范手册》750余份，有效提升群防群治能力。（何丹兰）

法　院

【概况】 2020年，丹阳市人民法院共受理各类案件20256件，其中新收案件16879件，比上年降低31.05%；审执结18641件，比上年降低20.34%，员额法官人均结案270.16件。审结各类刑事案件959件，比上年降低25.72%；审结民商事案件8932件，比上年降低 28.37%；审结行政案件 343 件，比上年降低 10.91%；受理各类执行案件 8599 件，结案 7977 件，比上年降低 13.51%。

市法院加强审判流程、裁判文书、执行信息、庭审活动“四大公开”平台建设，推进司法公开。全年在中国裁判文书网公开文书 16069 篇，开展庭审直播 7675 场。2 件案件入选镇江法院“服务保障复工复产”十大典型案例。强化信息化办案手段的运用，疫情期间，在线立案 433 件，在线开庭 274 件，在线成功调解案件 171 件，在线执行 389 件，实现“审判执行不停摆、公平正义不止步”。坚持疫情防控和审判执行两手抓，积极参与社区疫情防控工作，70 余名党员干警参加防疫志愿者活动 40 余天。制定出台《为支持企业战疫情渡难关提供司法保障的十项措施》，助力各类企业尤其是中小微企业渡过难关，维护经济运行稳定。开展“送法进企助复工”活动，深入了解企业司法需求，提供法律咨询答疑解惑，发放《疫情防控常用法律知识 50 问》《企业经营法律风险提示手册》等资料，助力企业复工复产。市法院连续三年被评为全国“优秀直播法院”。（李信华）

【破产审判】 2020 年，丹阳市人民法院利用破产审判在完善市场主体退出机制中的积极作用，加强破产审判工作，依法保障产能化解和僵尸企业出清政策有效落实。建立专业破产审判团队，推进“执转破”和破产案件简易审理。建立常态化的府院联动机制，促进破产案件高效审理。全年共受理破产、强制清算案件 48 件，其中新收 31 件，结案 14 件，收结案数均为前五年的总和，创历史新高。1 件破产清算案入选镇江“全市法院助推产业强市十大典型案例”。（李信华）

【审判涉黑案件】 2020 年，丹阳市人民法院坚持依法从严，把好案件事实关、证据关、程序关、法律适用关，持续加大打击力度，推进扫黑除恶专项斗争，确保每一起案件都经得起历史和法律的检验。全年共受理涉黑涉恶案件 8 件，审结 8 件 36 人，按期完成“积案清零”目标。开展“打财断血”专项执行，“黑财清底”做到三个 100%。积极参与行业清源，针对案件审理中发现的社会管理薄弱环节，及时向有关单位发送司法建议 8 份，促进完善监管制度。（李信华）

【“套路贷”虚假诉讼专项治理】 2020 年，丹阳市人民法院深入开展“套路贷”虚假诉讼专项治理，打击非法金融活动。全年新收一审民间借贷案件 1342 件，比上年降低 59.20%；立案再审涉嫌“套路贷”虚假诉讼案件 10 件、一审涉嫌“套路贷”虚假诉讼案件 23 件，均驳回原告起诉，并及时向公安机关移送“套路贷”虚假诉讼线索，“套路贷”虚假诉讼得到有效遏制。（李信华）

司法行政

【概况】 2020 年，丹阳市有司法所 12 个、律师事务所 24 家、法律服务所 20 家、公证处 1 个、市级公共法律服务中心 1 个、各级各类调解组织 266 个。丹阳市不断丰富发展“人民满意服务型司法行政机关”的目标内涵，发挥司法行政职能优势，围绕做好疫情防控和复工复产服务、加强法治建设统筹谋划、开展矛盾纠纷调处、聚焦“七五”普法收官、创新公证服务、加大特殊人群管控、深化行政执法监督等重点工作，为全市社会稳定和谐与经济发展提供高效法律服务和有力法治保障。2020 年，丹阳市司法局被中华全国人民调解员协会评为组织宣传人民调解工作先进集体，被市委市政府评为网格化社会治理、法治创建先进集体，被机关工委评为党员教育实践课堂优秀团队，多项工作获省司法厅领导批示肯定。（司法局）

【“七五”普法工作】 2020 年，丹阳市强化“谁执法谁普法”责任制落实，推进“七五”普法工作。司法局邀请重点执法单位每月到电台“公共法律服务在线”专题普法栏目以案说法，并对全市“谁执法谁普法”责任制落实情况进行检查，在全市组织开展国家机关“谁执法谁普法”履职评议报告活动，推进“谁执法谁普法”普法责任制的落实。围绕与人民群众切身利益密切相关的领域开展主题法治宣传，多部门联合举办“农民工学法活动周”“3·15”消费者权益保护日、“4·8”司法日、“12·4”宪法宣传周、“法治进校园”等活动，营造良好法治宣传氛围。围绕民法典宣传，在全市开展民法典学习宣传教育活动，组织全市1600余名行政执法人员共学民法典，在全市12个镇（区、街道）举办“美好生活 德法相伴”专题法治文艺巡演，联合有关部门在全市250个村（社区）播放民法典公益宣传片。组织召开全市“七五”普法终期验收动员部署大会，做好“七五”普法终期评估验收工作。

（司法局）

图77　2020年5月28日，丹阳市召开全市法治宣传教育暨“七五”普法考核验收动员部署会　（司法局）

【公共法律服务体系】　2020年，丹阳市初步形成以市级公共法律服务中心为龙头，镇区、街道公共法律服务中心为枢纽，村（社区）司法行政服务站为支撑，律师工作室、个人调解室、公证联系点、法律援助联系点为补充的的全方位、全覆盖、横向到边、纵向到底的公共法律服务体系。开通“12348”法律服务热线，明确热线平台对外服务和后台管理功能，成为解答群众法律问题的“全科医生”。立足公共法律服务实现“网上办”“指尖办”“马上办”的服务宗旨，公证服务创新举措，开展乡镇公证办理、巡回办证、网上办证和按需设点办证，主动调查、依申请调查，解决当事人提供证明难、办证难、跑路多问题；建立二维码、互联网、手机APP、公证处或不动产中心自助办证终端以及各乡镇公共法律服务中心的触摸终端自助办证，实现网上办证。各镇（区、街道）公共法律服务中心推行岗位责任、服务承诺、首问负责、限时办结、服务公开等工作制度，提高服务质量，形成服务特色。建立村级司法行政服务站，在完善村（社区）法律顾问制度、人民调解制度等各项功能配置的同时，按照“一所五站点”的构建，实现群众关于公证、法律援助、仲裁、行政复议、立法民意信息“集中收集”，做到“一键报送”，为打造便利高效的公共法律服务体系提供良好的工作平台。2020年，丹阳市法律援助中心共受理援助案件1182件，总数量列镇江县区第一。　（司法局）

【矛盾纠纷化解】　2020年，丹阳市司法局规范丹阳市非诉讼服务中心、非诉讼服务分中心规范运行，整合人民调解、行政调解、律师调解、公证、行政裁决、行政复议、仲裁等司法行政职能和资源，做到线下一站式受理纠纷，线上分派、跟踪纠纷办理情况。围绕重要时段、重点区域、重点行业，组织人民调解员下沉网格，开展“拉网式”“滚动式”矛盾纠纷排查调处。拓展重点领域调解组织，实施“检调对接”，在市人民检察院设立派驻式调解工作室，开展刑事和解工作，加快轻微刑事的快速化解。与市法院、住建局等部门联合打造市、镇、社区三级物业纠纷调解组织，在全市培植1家江苏省级、2家镇江级标准化家庭纠纷调解社区工作室。人民调解组织宣传工作获“全国组织宣传人民调解工作先进集体”。2020年，全市各级调解组织共调解矛盾纠纷10458起，调解成功10419起，调解成功率达99.6%，没有发生因调处不及时而影响较大的群体性事件。

（司法局）

图 78　2020 年 10 月 22 日，丹阳市司法局组织全市人民调解员开展业务培训

（司法局）

【依法治市体系建设】　2020 年，丹阳市加强依法治市体系建设，推动完善依法治市组织架构，组建市委全面依法治市委员会及其办公室，市委书记、市长分别担任委员会主任、副主任，履行推进法治建设第一责任人职责，统筹推进严格执法、公正司法、全民守法。成立执法、司法、守法普法 3 个协调小组，构建上下贯通、协同高效的组织体系，充分发挥依法治市办公室的职能作用。8 月 4 日，召开市委全面依法治市委员会第二次会议，传达学习中央全面依法治国委员会第三次会议、省委全面依法治省委员会会议以及镇江市委全面依法治市委员会会议精神，总结分析全市法治建设工作，研究部署下一阶段任务，听取 2019 年全面依法治市工作总结和 2020 年全面依法治市工作要点情况汇报。　　（司法局）

图 79　2020 年 8 月 4 日，丹阳市召开市委全面依法治市委员会第二次会议

（司法局）

【法治政府建设】　2020 年，丹阳市开展法治政府建设“补短板、强弱项”专项活动工作。5 月初，召开法治政府建设“补短板、强弱项”专题部署会，要求各镇（区、街道）各部门认真梳理法治政府建设中存在的短板和弱项，形成问题清单，并加强督察，限期落实整改。8 月 31 日，召开市政府全体（扩大）会议，回顾总结法治政府建设的成效和经验，安排部署下阶段法治政府建设工作，不断提升现代化治理能力和治理水平，努力实现依法行政和法治政府建设水平处于全省前列。12 月 5 日，向市委常委会专题汇报法治政府建设工作开展情况。根据工作部署，丹阳市采用书面督察和实地督察相结合的方式，对全市主要行政执法单位进行法治政府建设“补短板、强弱项”专项督察，丹阳市法治政府建设水平总体有提高，排查出的问题基本整改到位，基本做到依法全面履行政府职能，完善依法行政制度体系，严格规范公正文明执法，强化行政权力制约监督，依法有效化解社会矛盾纠纷。　（司法局）

图 80　2020 年 11 月 26—27 日，丹阳市司法局组织全市行政执法人员学习《中华人民共和国民法典》　　（司法局）

【优化法治化营商环境】　2020 年，丹阳市两次召开法治化营商环境调研交流会，分析法治化营商环境方面存在的突出问题和成因，提出优化法治化营商环境的建议对策。针对镇江市委依法治市办法治化营商环境专项督察反馈意见，制定整改问题清单，迅速开展整改落实。出台《丹阳市优化营商环境实施方案》和《关于打造新时代法治化营商环境的实施意见》，

进一步提高法治化营商环境水平。市检察院建成丹阳市涉企涉众经济犯罪风险防范中心，为辖区企业防范法律风险、依法合规经营、合法权益保障提供靶向服务。（司法局）

【推进援法议事工作】 为加快推进市域治理体系和治理能力现代化，进一步加强和创新社会治理，完善党委领导、政府负责、民主协商、社会协同、公众参与、法治保障、科技支撑的社会治理体系，不断提升基层社会治理法治化水平，开展城乡基层“援法议事”活动，2020年8月12日，丹阳市下发《关于印发〈中共丹阳市委全面依法治市委员会办公室关于开展城乡基层“援法议事”活动的工作方案〉的通知》，建立健全党委统一领导、人大监督、政府实施、部门配合、全社会共同参与的领导体制和工作机制，各镇（区、街道）、部门成立“援法议事”工作领导小组，发挥党委政府在“援法议事”活动中的领导核心作用，形成工作合力，推动“援法议事”活动有序开展。（司法局）

【规范性文件制定和管理】 2020年，丹阳市高度重视规范性文件制定和管理工作，严格遵循规范性文件制定和备案程序，确保规范性文件合法合规。全年共出台《丹阳市知识产权专项资金管理办法》《丹阳市国有土地上房屋征收与补偿办法》《丹阳市国有土地上房屋征收中有关补偿和补助、奖励标准》《丹阳市农村集体经营性建设用地入市管理办法（试行）》《丹阳市集体经营性建设用地入市净收益管理办法（试行）》《丹阳市农村集体经营性建设用地入市土地增值收益调节金征收和使用办法（试行）》《丹阳市农村集体经营性建设用地使用权抵押贷款管理办法（试行）》7部规范性文件，并开展民法典涉及规范性文件清理工作。发挥政府领导干部带头学法的表率作用，提升依法管理的工作能力，出台并落实《丹阳市人民政府2020年度常务会议学法计划》，主要采取书面学法和专题讲座相结合的方式进行。为规范重大行政决策行为，促进依法决策、科学决策和民主决策，提高决策的质量和效率，丹阳市政府根据相关法律法规规定，制定并出台《丹阳市人民政府重大行政决策事项标准》。（司法局）

【政府依法行政】 2020年，丹阳市政府高度重视重要决策的合法性审查工作，凡是重大行政协议，在签订前都需要进行合法性审查，共对12份以市政府名义签署的重大行政协议、29份以部门或乡镇政府名义签署的重大行政协议进行合法性审查。进一步规范政府法律顾问工作，发挥政府法律顾问科学决策的“智囊团”作用，市政府法律顾问参与9件市政府重大规范性文件出台、参与审核重大行政协议7件，出具法律意见书150余份、代理复议及各类诉讼80余件、参加咨询协商会议、信访处理等活动200余次。（司法局）

【规范公正文明执法】 2020年，丹阳市深入推进行政执法监督检查工作。全面落实行政执法“三项制度”有关要求，围绕群众关注的热点领域行政执法情况，分季度开展执法专项检查。抽选案卷评查，对发现的问题逐一通报反馈，倒逼行政执法部门不断规范执法行为；严把执法资格准入及培训工作。组织行政执法人员申领执法证培训和闭卷考试。重点加强对领导干部和基层执法人员及执法辅助人员的法治能力培训力度，举办全市首届“行政一把手”法治能力提升班和基层综合执法人员及执法辅助人员业务培训班，系统培训执法依据和法律实务，有效提升全市行政执法规范化、文明化水平；认真做好基层三整合改革赋权事项的梳理、审核。完成全市审批服务执法下放基层工作。对在2017年省批复下放事项范围内的230项执法类事项和88项公共服务和许可类事项进行复核审查，对设立依据已经修改、废止或处于空挂状态的36项事项予以删除。围绕赋权事项，协助基层形成规范统一的行政执法文书模板，指导基层掌握行政检查、行政处罚、行政强制措施等执法事项的程序要求，规范自由裁量权适用等工作。（司法局）

人民武装

【概况】 2020年，丹阳市人武部聚力练兵备战，持续正风肃纪，筑牢政治建设的思想根基，军民融合形势良好，民兵参建军地同频，国防教育丰富多彩，双拥工作氛围浓厚，圆满完成年度各项工作任务，基层武装、征兵、新闻宣传等多项工作受到江苏省军区和镇江军分区表彰。落实每季度党委中心组带机关理论学习，全员开展“五看五增强”教育，结合周四“夜校”和周五学习日研读《习近平谈治国理政》，人人制订学习计划，先后组织26次集中学习和12期体会展评。稳步提升备战打仗能力，贯彻统帅训令，始终牢记打仗之责，绷紧战备之弦，把战斗力标准、实战化要求贯穿国防动员工作全过程。全年组织11期民兵训练和3次轻武器实弹射击，民兵参训人员和参训率位于镇江前列，年度民兵军事训练任务全面落实。开启线上征兵模式，完成年度征兵任务，未出现不廉洁征兵问题和责任退兵。

（杨建军）

【市人武部党委（扩大）会议】 2020年1月21日，丹阳市人武部召开党委（扩大）会议，总结2019年工作，部署2020年任务。市委书记、人武部党委书记黄春年出席会议。他要求人武部立足新起点，坚持四个“不动摇”，推动各项工作实现新提升、迈上新台阶；铸牢强军之魂，坚持党管武装不动摇，立足丹阳实际，积极探索新形势下人民武装工作的新路子、新方法，加快推动经济社会发展与人民武装工作相互促进、协调发展；扭住强军之要，坚持能打胜仗不动摇，突出抢险救灾、反恐维稳、安保警戒等“实战化”训练演练，锤炼一支召之即来、来之能战、战之必胜的过硬队伍，同时按照征兵“五率”考评标准体系，适应“一年两征两退”新情况，提高大学生新兵质量；汇聚强军之力，坚持融合发展不动摇，人武部党委和驻丹部队，要积极参与到项目招引、民生改善等重点工作中来，在服务发展上下功夫，为经济社会发展贡献智慧和力量，各镇（区、街道）、各部门要和人武战线积极对接，做好军民融合发展文章，同时立足产业强市战略，推动民参军、军转民精准对接落地，不断提升军民融合对经济社会发展辐射带动作用；夯实强军之基，坚持从严治军不动摇，人武部党委要切实担负起管党治党的主体责任，努力营造风清气正的政治生态；注重以上率下，紧紧抓住领导干部这个“关键少数”，落实从严治党，以实际行动为部属当好表率、树好形象；突出依法依规，把法治教育纳入部队训练体系，把培育法治精神作为强军文化建设的重要内容，让法治思维、法治理念在部队落地生根。黄春年强调各镇（区、街道）、各部门始终把服务和保障部队发展作为分内之事、应尽之责，主动做好军转安置、随军家属就业和军人子女入学等工作，切实为广大官兵解除后顾之忧，不断提升官兵的获得感和归属感。

（杨建军）

【“慰问入户普法上门”活动】 2020年春节前夕，丹阳市人武部、退役军人事务局联合开展“慰问入户普法上门”活动。用一周时间分7个小组，走访慰问全市困难退役军人和部分重点优抚对象，送给应征人员2020年征兵政策“新春大礼包”，进一步增强广大青年在部队建功立业、献身国防的责任感和使命感。

（杨建军）

图81 “慰问入户普法上门”活动现场听取老战士意见和建议 （杨建军）

【镇江考核市党管武装工作】 2020年1月13日，镇江军分区副司令员率工作组到丹阳，对丹阳市党管武装工作进行现场考核。2020年以来，丹阳市不断健全、完善党管武装工作领导机制和运行机制，始终坚持国防与经济协调发展，以实实在在的举措，研究解决党管武装工作中存在的问题，让党管武装的实践水平得到进一步增强。民兵队伍建设不断加强，民兵组织结构进一步优化，开展多样化军事任务的能力得到进一步提高。同时，丹阳市还紧紧围绕经济社会发展大局，推进武装工作创新发展、深度融合发展，民兵组织等武装力量积极参与地方经济建设，为维护社会稳定和推动地方经济发展做出重要贡献。进一步加强国防基础建设，注重构建大国防教育新格局、夯实双拥共建基础和强化军事机关建设，为推进国防动员和后备力量建设提供有力支撑。在此次党管武装绩效考核中，丹阳市成绩在镇江地区排名第一。 （杨建军）

【年度征兵工作】 2020年1月20日，丹阳市召开2020年征兵工作会议，总结2019年度征兵工作，部署2020年征兵改革工作任务。市长黄万荣指出，2020年征兵工作实行“一年两征”是落实习近平强军思想的重要举措，要以更高的标准、更严的要求，统一思想、明确责任、细化流程，从维护国家和军队建设的大局、从促进经济发展和社会稳定大局、从事关党委政府履行政治责任的高度抓好征兵工作，切实把优秀适龄青年选拔出来，在部队这个“大熔炉”中淬火提炼，为强军事业、为丹阳高质量发展做出积极贡献。兵员质量是强军根本。会议对2019年度征兵工作先进单位和先进个人进行表彰通报；市征兵领导小组与各征集单位还分别签订征兵工作责任书。 （杨建军）

【杜新调研市人武工作】 2020年4月17日，镇江军分区司令员带队到丹阳，围绕防洪抗灾、基层武装、民兵队伍等重点对市人武工作进行专题调研，还对吕城镇的江苏图南合金股份有限公司和开发区的江苏洪旭德生科技有限公司两家企业进行走访调研。 （杨建军）

【军分区点验丹阳市民兵专业分队】 2020年5月21日，丹阳市基干民兵保交护路分队接受镇江军分区点验。在点验过程中，镇江军分区检查组通过问情况、查装备、核身份，详细了解民兵整组组织建设、政治工作、练兵备战、物资保障、软硬件建设等方面情况。并对整组工作中遇到的困难和问题进行协商研讨。检查组既肯定成绩，也指出不足，使点验达到预期效果。其间，还提出具体的提升整改建议，要求关键时刻，分队能拉得出、打得响。

（杨建军）

图82 2020年5月21日，丹阳市基干民兵保交护路分队接受镇江军分区点验

（杨建军）

【防汛抗洪演练】 2020年5月21日，丹阳市军地联合举行防汛抗洪抢险演练，提升抗洪抢险救援硬实力。此次演练结合本市防汛工作特点，组织管涌抢险、漫溢抢险、决口抢险、抢排道路积水、抢排农田涝水、群众转移和无人机演示7个科目，增强应急队伍的实战能力，也为防汛薄弱地区的相关预案制定提供参考。

（杨建军）

【民兵整组检查验收】 为全面检验年度民兵整组工作质效，推进基干民兵规范化建设，2020年6月16—17日，丹阳市人武部成立3个综合检查组，分别对全市12个镇（区、街道）民兵组织整顿工作进行检查验收。检查组按照《2020年丹阳市民兵整组检查考评细则》评分标准和内容，逐项打分，拉榜排名，限期整改。近年来，丹阳市民兵应急力量先后较好地完成上级赋予的多项任务，从中找得失、查短板，紧盯民兵建设重点难点问题，紧贴任务需要和潜力实际，以实编、实训、实管、实用为目标，不断调整优化编组布局，探索创新民兵训练方法，健全完善民兵综合保障，民兵调整改革效能得到持续释放，全市国防后备力量建设层次实现稳步提升。（杨建军）

【廉洁征兵教育大会】 2020年7月17日，丹阳市召开2020年廉洁征兵教育大会和征兵体检动员部署会。会议以视频形式召开，设1个主会场，在各镇（街道）设置11个分会场。会议邀请市纪委常委、市征兵办纪检组组长陆荣祥围绕廉洁征兵进行专题辅导。会议强调要站在讲政治的高度，全面肩负起廉洁征兵的领导责任；要严把廉洁征兵关，公开政策规定、公开程序标准、公开监督渠道，让群众了解政策、掌握标准，自觉接受监督；要坚持依法依规征兵，把廉洁征兵十条禁令牢记于心，坚决执行，决不能以身试法，触碰红线，确保依法征兵、公正征兵、廉洁征兵，牢固树立廉洁征兵良好形象。（杨建军）

【“军事日”活动】 2020年8月6日，丹阳市“四套班子”领导和市国防动员委员会成员近50人，参加“军事日”活动，通过体验军事生活、接受国防教育，进一步增强党政干部关心国防、支持国防的意识。在镇江某军民融合企业，活动成员参观部分特种专用车辆的产品展厅和生产车间，近距离了解现代武器装备的性能，对现代化的军事力量有更深刻的认识。活动成员前往镇江市国防园参加实弹射击训练，观摩解放军某旅主战装备、保障装备等军事设施，了解武器装备相关知识，实地感受战备风貌。（杨建军）

图83 参加“军事日”活动成员观摩了解武器装备相关知识（杨建军）

【入伍新兵欢送大会】 2020年9月7日，丹阳市召开2020年入伍新兵欢送大会暨光荣牌发放仪式，集中欢送即将踏上保卫祖国征途的新兵。会议宣读2020年入伍新兵名单，并组织新兵入伍宣誓，向新兵家长代表授予“光荣之家”牌匾。（杨建军）

【预定新兵役前训练】 2020年，丹阳市人武部认真落实江苏省、镇江市征兵办役前训练要求，向军队输送优质兵员，提高新兵思想、身体素质，助力缩短应征青年军营适应期，从8月23日始，组织预定新兵，开展为期10天的役前训练，训练实施封闭式管理，从学条令、整内务、军容风纪检查和严格一日生活秩序方面抓起，在完成基础队列和体能训练的基础上，穿插进行参观爱国主义教育基地、法律讲堂、演讲比赛、心理疏导和上党课等内容，帮助参训青年自觉规范言行举止，摒弃不良生活习惯，加强作风养成。（杨建军）

【杜新慰问进藏女兵家属】 2020年9月24日，镇江军分区司令员率慰问组到丹阳，走访慰问新入伍的两名进藏女兵家属。慰问组到新兵家中，向新兵家属送上慰问金和慰问品，并了解家庭生活情况。感谢新兵家庭全心全意支持国防建设，希望新兵家属积极引导孩子加强学习、加强锻炼，在部队安心服役，为父母争光、为家乡争光，多为祖国做贡献。

（杨建军）

图 84　2020 年 9 月 24 日，镇江军分区司令员走访慰问新入伍的两名进藏女兵家属

（杨建军）

武装警察

【概况】　武警丹阳中队主要担负丹阳市看守所外围武装警戒、押解以及社会面巡逻任务。2020 年，武警丹阳中队始终以习近平强军思想为引领，坚决贯彻上级党委指示精神，坚持“有传统风尚、有打仗本领、有内涵底蕴、有安全底线”的建队模式，一心一意统思想、一丝不苟严战备、一张一弛精管理、一如既往抓安全，毫不放松抓好疫情常态化防控。每逢重大节日，与驻地公安巡特警大队密切联络、协同配合，主要对丹阳市火车站城际北广场进行巡逻防控，有效防范可能发生的重大事件，确保驻地社会面稳定。中队连续多年被江苏省武警总队评为先进。（王　焱）

【武警中队开展捐资助学活动】　为传承弘扬雷锋精神，2020 年 3 月 5 日，武警中队官兵自发组织捐款，为丹凤实验小学 10 名贫困学生捐送书包、笔、图书等学习用品，助力驻地贫困学生成长成才。自 2008 年起，中队连续 12 年开展捐资助学活动，官兵们在实践活动中增强社会责任感，更加坚定报效国家信念。

（王　焱）

图 85　武警丹阳中队在丹阳市火车站城际北广场进行巡逻防控　（王　焱）

人民防空

【概况】　2020 年，丹阳市加强人防专业队伍建设，落实《人民防空大纲》和年度人防训练任务，精选 16 人作为人防专业队骨干成员，参加镇江市人防办组织的人防专业队军事技能集训。做好两个平台常态化管理维护工作和拓展两个平台保障功能。完成全年人防工程项目任务。完成人防经费收支、结余和专款专用情况审计，注销人防协会，强化自建人防工程管理力度，市民广场停车场欠缴租金追缴到位，12 月签订租赁合同。结合防空警报试鸣日、法治宣传日、防灾减灾日等时机，运用知识竞赛、法律咨询、演习演练、街头宣传及公益广告、橱窗专栏等多种形式，依托大众媒体等载体，提高人防知识和法制宣传教育宣传。

（李　莉）

【警报试鸣工作】　2020 年，丹阳市把防空警报建设和城市建设规划有机结合起来，及时调整防空警报布局，逐年淘汰老旧防空警报器，使防空警报器设施更加科学合理。9 月 18 日，全市城乡固定防空警报器及多媒体警报器和车载移动警报器在统一时间鸣响，移动警报车队弥补音响覆盖盲区，警报试鸣达到预期效果。

（李　莉）

农业农村工作

栏目编辑　夷朝霞

农　业

【概况】 2020年，丹阳市主要农产品供给保障有力，农业农村经济稳中向好。全年实现农业产值86.23亿元，农业增加值58.43亿元，农村居民人均可支配收入29492元。主要农产品供给实现“粮满仓”“菜满筐”，全市粮食种植面积5.79万公顷，总产42.67万吨，清查出抛荒撂荒土地144.65公顷，建成高标准农田1066.67公顷，占耕地比重74.35%。全市新增高效设施农业面积267.13公顷，农作物耕种收综合机械化率达到88%。实施池塘生态化改造233公顷，新增稻渔综合种养面积46.6公顷，新增1个国家级健康养殖示范场。大力推进畜禽粪污资源化利用和秸秆综合利用。全年回收各种规格农药包装废弃物瓶、袋52.38万个，全市废旧农膜回收率达85%，农作物秸秆综合利用率达96.52%。新增绿色食品企业4家、产品8个，病虫专业化统防统治覆盖率保持在65%以上。全市具有一定规模的休闲观光农业企业47家，年接待旅游人数68.1万人次，农产品销售收入6600余万元，休闲农业与乡村旅游业带动就业人数6500余人。现代农业发展水平不断提升，全年固定资产投资2.27亿元，实现园区产值102.56亿元。珥陵农产品加工集中区、皇塘食用菌现代产业园成为镇江市10个市级现代农业产业示范园。编制《丹阳市“十四五”农业农村重大项目投资规划（2020—2025年）》，组织实施重大项目10个，计划总投资11.78亿元，完成投资6.14亿元。建立产学研结合的农业科技创新体系，“一村一所”覆盖率达98%，遴选科技示范主体360个，农业信息化覆盖率达84.5%。大力培育发展新型农业经营主体，全年新增农民专业合作社66家，工商注册的家庭农场476家，土地适度规模经营比重占70%。稳步推进农民职业技能培训，共开班15期，培训新型职业农民1943人。率先推进土地流转履约保证保险试点，聚力打造丹阳特色农村产权交易市场。高标准农田管护工作被江苏省农业农村厅和江苏省财政厅通报表扬。（陈　炀）

图86　云阳街道天元村地膜替代试验点（张丹凤）

【创成全国农业综合行政执法示范窗口】
2020年，丹阳市成功创成全国农业综合行政执法示范窗口。丹阳市深入推进农业综合执法体制改革和规范化建设，着力推进综合执法改革，建立健全权力清单。充分整合农、牧、渔、农机执法职能，成立丹阳市农业行政执法大队，实现农业综合执法。结合整合后的农业行政执法工作职能，整理细化农业行政处罚清单376条，对照农、牧、渔、农机法律法规条文，细化完善各类责任清单、追责清单，做到依法行政、执法有据、清单管理。加强制度建设，不断完善内部规章制度，配好配齐执法设备，统一执法着装，完善农业行政综合执法基本制度。不断修订完善行政执法责任制实施方案、行政执法岗位责任制等制度，建立简易程序、一般程序执法制度，严格落实行政执法公示制度、重大执法决定法制审核制度等规章制度，实现跨年度结案率100%。组织执法人员及生产经营者参加各方面的法制培训，不断提高行政综合执法水平和经营者素质，有效维护农资市场环境。全市农业投入品市场经营秩序明显好转，农业投入品质量大幅度提高，假劣农资坑农害农事件逐年减少。全市农业执法实现一支队伍管执法、一个系统规范执法、一个口径抓执法的农业综合执法体系。农业综合行政执法工作获得多项荣誉，案卷多次获得省、市行政执法优秀案卷表彰，先后获“全国农业综合执法先进单位”“2018年度优质效能服务科室”等称号。　（王　毅）

【农业项目招引】　2020年，丹阳市成立农业农村重大项目建设领导小组，联合南京农业大学编制《丹阳市“十四五”农业农村重大项目投资规划（2020—2025年）》。市委、市政府分管领导及市农业农村局负责人分别挂钩联系10个重大项目，积极整合各级各类财政资金、用地等政策，稳步推进全市农业农村重大项目建设。全市投资500万元以上规模的农业项目32个，总投资额13.6亿元，其中增资类项目27个，占比84%。积极利用展会、专题招商、小分队开展招商活动20余次，组织相关企业参加国内外大型农展会、展示展销活动8场。组织举办节庆活动13场，其中包含全市性的“农民丰收节”“采桃节”活动2场，展示展销名特优农产品100余个。　（陈渊彬）

【康乐农牧公司生猪养殖扩建项目】　2020年，丹阳市全力推进江苏康乐农牧公司生猪养殖改扩建项目。该公司是丹阳市最大的生猪养殖场，存栏生猪约5.4万头，其中能繁母猪约6800头。该项目总投资1.2亿元，建设内容主要包括银光场，年出栏可以增加商品猪4万头（含商品种猪和苗猪），2020年可存栏5万—6万头，年生猪出栏10万头，其中商品肥猪约5万头；屯甸场计划扩建4300平方米，计划引进母猪0.12万头，2020年可增加出栏0.4万头；东王场存栏生猪0.43万头，其中后备母猪0.2万头，设计规模存栏生猪达2万头，年出栏生猪4万头，实际年出栏生猪3万头，其中商品肥猪1.8万头。通过该项目，康乐公司2020年存栏生猪达7万—8万头，年出栏商品肥猪6.8万头。　（邹晓强）

【江苏绿岸生猪综合养殖项目】　2020年，在多方论证的基础上，丹阳市引进江苏绿岸农业科技有限公司新建“生态黑猪农牧循环及肉制品加工项目”。该项目在丹阳市计划总投资1.35亿元，建设内容包括：生态黑猪养殖场，占地约13.33公顷，建筑面积约25000平方米；农牧结合型种植业基地，用地约80公顷；肉制品加工车间约9800平方米。种植业基地和肉制品加工车间基本建成，黑猪养殖场完成大部分土地流转，10月完工投产。2020年存栏生猪0.6万头，出栏商品肥猪0.2万头。

（邹晓强）

【土地流转履约保证保险试点】　2020年，丹阳市在高新区开展承包土地流转履约保证保险试点，引入商业保险机制参与土地流转风险管理。于3月份成功完成镇江市首笔土地流转履约保证保险合同的签订，人保财险丹阳分公司开出镇江市首单“土地经营权流转履约保证保险”保单。该笔交易项目流转面积7.27公顷，流转期限5年，每年流转费67580元，流转土地位于高新区天元村。（王　庭）

【乡村产业化发展】 2020年，丹阳市围绕优质粮食生产及加工、畜牧水产养殖及加工、食用菌种植、设施园艺种植等推进乡村产业发展，全年农业产业化实现销售收入256.18亿元，实现利润12.77亿元。科技创新能力进一步提升，全市有农业产业化龙头企业72家，其中国家级3家、省级12家、镇江市级19家、丹阳市级39家，形成阶梯状分布、集群型发展、动态化管理局面。重点培育大亚木业、花王园艺、江南生物食用菌、同乐面粉、吟春碧芽茶叶等农业产业发展，15家省级以上龙头企业建有研发中心。企业品牌建设进一步加强。全市通过认证的“三品”总数152个，其中无公害农产品132个、绿色食品16个、有机食品4个。多家农业企业制定农业标准或操作规程20多个，建立国家级农业标准化示范区4个、省级农业标准化示范区3个。拥有圣象地板、丹星面粉、丹玉香醋3个中国名牌产品，同乐面粉、永兴面粉、丹玉面粉、吟春碧芽等15个江苏省名牌产品。带动农户的链接机制进一步完善，积极探索和采取多种形式与农户建立利益联结机制，通过订单农业、合同契约、保护价收购、股份合作、二次分配等多种利益联结方式，保障农民利益，增加农民收入。（陈渊彬）

【央视宣传推广稻鸭共作技术】 2020年12月，丹阳市嘉贤米业有限公司稻鸭共作技术在中央电视台《远方的家》栏目中播出，围绕“田野间的智慧——稻鸭共作”作介绍。稻鸭共作技术是科技部、农业农村部从国外引进的水稻种植模式。丹阳市稻鸭共作技术推广面积约400公顷，丹阳市延陵嘉贤米业有限公司2001年引进该项技术，嘉贤牌有机大米畅销省内外。（赵玉兰）

·粮油种植·

【概况】 2020年，丹阳市粮食种植面积5.79万公顷，比上年增长5.6%；实现粮食产量42.67万吨，比上年增长4.5%。夏粮种植面积2.55万公顷，单产5210.24公斤、总产13.33万吨，其中小麦面积24660公顷、单产5304.14公斤、总产13.08万吨。秋粮种植面积3.24万公顷，单产9055.56公斤、总产29.34万吨，其中水稻种植面积3.04万公顷，单产9421.51公斤、总产28.61万吨；油菜种植面积0.2万公顷，单产2631.84公斤，总产0.529万吨，分别比上年增长70公顷、增长8.55公斤、增长0.02万吨。继续实施整体耕地轮作休耕制度，全市耕地轮作休耕补贴面积1214.65公顷，通过一卡通发放到位。“前马陵”味稻大米入围第二届中国好米榜前20强，被评为金奖。延陵镇赵巷稻鸭共作专业合作社的“季子”牌稻鸭共作大米、江苏嘉贤米业有限公司的“嘉贤”牌稻鸭共作香米、丹阳市新大地农业发展有限公司的“朴玉”牌大米获得“镇江好大米”金奖。开发区前马陵村小丫家庭农场的南粳晶谷获“江苏好大米”特等奖，访仙镇入选2020年江苏省“味稻小镇”。（赵玉兰）

【水稻绿色高质高效创建项目】 2020年，丹阳市以粮食种植大户、家庭农场或专业合作组织为主，应用优质品种，全面推广集中育供秧、机插秧、全程机械化、精确定量栽培等技术，应用生物农药、缓释肥、基质等新产品。在延陵、珥陵、云阳3个镇（街道）落实2个333.33公顷左右示范片，在陵口、丹北、司

徒、访仙、吕城5个镇落实5个66.67公顷以上示范片。 （赵玉兰）

图87 吕城镇留庄村水稻病虫绿色防控示范区 （赵玉兰）

·蔬菜园艺业·

【概况】 2020年，丹阳市蔬菜播种面积8533.33公顷，总产量29.01万吨，总产值16.70亿元。茶叶面积967.67公顷，年产干茶327吨，茶叶总产值6273万元。果树面积860公顷，果品产量9008吨，产值8430.9万元。江苏南翔火龙果主题创意园被评为江苏省主题创意农园。丹阳市四季齐梁文化民俗体验二日游、丹阳市四季城郊休闲观光乡村美食二日游入选江苏省休闲农业精品路线。江苏碧云天农林科技有限公司被评为2020年度省休闲农业精品企业。 （张丹凤）

【获全省农膜回收工作成效先进县】 2020年，丹阳市强化组织领导，构建农膜回收网络，组织实施地膜减量替代，开展技术试验示范和多部门联合执法，构建监督检查机制。不断加强日常管理，建立一套登记统计制度。加强宣传引导，完善一套管理政策体系。系统围绕“五个一”工作思路推动全市废旧农膜回收工作，2020年全市农膜使用量为375.45吨，地膜使用量为93.29吨，废旧农膜回收率为83%，比上年增长5%。在全省农膜回收工作成效评比中获评全省农膜回收工作成效先进县。 （张丹凤）

·畜牧业·

【概况】 2020年，丹阳市生猪出栏14.17万头，比上年增长7.48%，年末存栏10.95万头，比上年增长109.73%；家禽出栏1163.3万羽，比上年降低3.56%，存栏313万羽，比上年降低8.6%；肉羊出栏1.79万只，比上年降低4.95%，存栏0.81万只，比上年降低0.87%；奶牛存栏0.06万头，比上年增长24.6%。生猪大中型规模养殖比重达95.84%。规模、小规模养殖场治理率达到100%，畜禽粪便综合利用率95.42%，畜禽粪污资源化利用工作获农业农村部表扬。 （邹晓强）

【生猪生产恢复】 2020年，丹阳市积极落实各项恢复生猪生产政策。出台《关于印发丹阳市加快生猪生产恢复发展行动方案的通知》，将恢复生猪生产目标列入全市高质量发展考核指标体系，把生猪稳产保供目标任务分解到镇区。出台《关于印发丹阳市促进恢复生猪生产政策措施的通知》，明确扶持政策。建立丹阳市恢复生猪生产保障市场供应工作联席会议制度，明确相关部门职责，加强全市生猪稳产保供工作的组织领导和统筹协调，研究部署重点工作，协调解决重大问题；全力推进康乐公司2万头生猪养殖扩建项目。引进江苏绿岸农业科技有限公司，新建“生态黑猪农牧循环及肉制品加工项目”，新建生态黑猪养殖场计划总投资1.05亿元，占地约10公顷，年底基本完工。帮扶中小养殖户在做好防疫基础设施建设、清洗消毒、生物免疫等综合措施和生物安全防护的前提下，适度增养补栏。开展生猪养殖标准化示范创建活动，积极推广生态健康养殖技术，提升生产能力和市场保障能力，生态

健康养殖技术占比 95.95%。（邹晓强）

·水产业·

【概况】 2020 年，丹阳市围绕生态优先、绿色发展，推进渔业供给侧改革，做好渔业渔政管理工作，推进渔业高质量发展。水产养殖面积 5741 公顷，水产品总产量 44585 吨，比上年增长 3.2%，渔业总产值 257032 万元，比上年增长 3.1%，其中渔业一产产值 138826 万元，比上年增长 6.13%。（刘建华）

图 88 2020 年 10 月 30 日，丹阳市在“虾蟹养殖机械化装备与技术推广应用”项目示范点吕城镇益晶家庭农场举办河蟹养殖机械化技术培训现场会（刘建华）

【渔业基础设施建设】 2020 年，丹阳市按照“稳量提质增效，绿色协调发展”总要求，进一步加强渔业基础设施建设，逐步推进渔业基础设施的标准化、机械化和智能化建设。养殖池塘标准化改造有序推进，养殖池塘进排水管道单独分开设立、池埂双层生态护坡、底层微孔增氧以及水质在线监测等设施设备得到普及应用。池塘标准化改造面积 286 余公顷，其中生态化改造 200 余公顷，新增国家级水产健康养殖示范场 1 家。（刘建华）

【特色渔业】 2020 年，丹阳市加强水产新品种、新技术、新模式试验示范与推广，发展环境友好型特色渔业，由数量速度型向质量效益型转变，促进渔业产业结构优化。全市特色水产养殖面积占比 80%，健康养殖面积占比 65%，其中青虾养殖面积 2133.33 公顷，位居全省县市区第二位，总产量 3000 余吨，青虾交易额达 1.5 亿元。稻渔综合种养稳步发展，面积 133.33 公顷。（刘建华）

【养殖水域环境改造】 2020 年，丹阳市按照生态优先、绿色发展的要求，加强水产养殖尾水治理，推进养殖池塘生态化改造，逐步实现养殖尾水达标排放或循环利用。编制发布《丹阳市养殖池塘生态化改造实施方案（2019—2020 年）》。对全市重点河道两侧养殖池塘进行排查登记，督促养殖户签订养殖尾水禁止直排承诺书，与所在乡镇对接，提出养殖尾水治理措施和方案，有效管控养殖尾水，确保国考、省考断面水指标达标。推进养殖池塘生态化改造面积 233.33 公顷。配合上级部门开展主要渔业水域环境监测工作，及时掌握动态变化，对 28 个重点水产养殖单位进行水样检测，水质达标率 100%。（刘建华）

【渔业科技推广】 2020 年，丹阳市加入省现代农业产业（青虾）技术体系，示范推广主导品种、主导技术，对接示范点与示范户，送科技、送种苗、送物资，全面提升青虾养殖水平，推进青虾产业健康发展。引进“太湖 2 号”“太湖 3 号”新品种青虾，推广辐射面积近 600 余公顷。青虾每公顷产量平均增产 2328.75 公斤，每公顷产值增加 18 万元以上。加强塘口服务指导，接待来电来访 31 人次，下到养殖塘口 106 次，为养殖户免费检测常规水质指标 12 次，为养殖户诊断治疗鱼病 27 次，发放水产技术资料、明白纸 6000 余份。

（刘建华）

【长江退捕】 2020 年，按照农业农村部与财政部、人力资源和社会保障部《长江流域重点水域禁捕和建立补偿制度实施方案》要求，以及省、市长江全面退捕工作实施方案，丹阳市3户长江渔民和内河6户渔民全部签订退捕协议，渔船网具全部拆解到位，退捕率100%。落实渔民社会保障和就业指导，实现渔民就业率100%，参保率100%，全面完成渔民退捕安置工作任务。（刘建华）

·农业机械·

【概况】 2020年，丹阳市农业机械总动力39.56万千瓦。农机购置总投入5484万元，其中财政补贴资金投入1565.169万元。共推广各类机械1169台，其中轮式拖拉机80台、水稻插秧机208台、联合收割机34台、喷杆喷雾机45台、植保无人机40台、秸秆压块机10台、激光平地机34台、农用挖掘机23台、农业用北斗终端76台、施肥播种机75台、旋耕机164台、撒肥机116台、其他机械264台。全市农作物耕种收综合机械化水平达到90.53%，其中主要农作物耕种收综合机械化水平达到98.54%，特色农业机械化水平达54.6%。完成水稻机插面积2.57万公顷，完成秸秆机械化还田面积3.89万公顷。全市农机服务组织达233个，农机服务组织作业面积占机械化作业总面积比例达85%，农业劳动力占全社会从业人员比例达8.69%。（鲁秋忠）

2020年丹阳市农业机械拥有量统计表

表8

项目	单位	2020年
一、农业机械总动力	万千瓦	39.56
二、拖拉机及配套机械	台	16775
1. 大中型拖拉机	台	2220
大中型拖拉机配套农具	台	6018
2. 小型拖拉机	台	1435
小型拖拉机配套农具	台	7102
三、种植业机械		30761
（一）耕整地机械	台	7083
（二）种植施肥机械	台	6493
1. 播种机械	台	4012
2. 栽植机械	台	2481
其中：乘坐式水稻插秧机	台	1842
（三）排灌机械	台	7074
（四）田间管理机械	台	5098
1. 中耕机械	台	12
2. 机动植保机械	台	4201

续表 8

项目	单位	2020 年
3. 修剪机械	台	885
（五）收获机械	台	3272
1. 谷物联合收割机	台	1487
2. 油菜籽收获机	台	265
3. 采茶机	台	165
4. 秸秆粉碎还田机	台	1282
5. 打（压）捆机	台	73
（六）收获后处理机械	台	1741
1. 干燥机械（谷物烘干机）	台	783
2. 种子加工机械	台	16
3. 保鲜储藏设备	台	942
（七）设施农业设备	—	—
1. 连栋温室	平方米	400200
2. 塑料大棚	平方米	11145570
四、农产品初加工机械	台	6384
（一）农产品初加工动力机械	台	3064
（二）农产品初加工作业机械	台	3320
1. 粮食初加工机械	台	2329
2. 油料初加工机械	台	328
3. 果蔬初加工机械	台	352
4. 茶叶初加工机械	台	311
五、畜牧机械	台	1546
（一）饲料（草）加工机械设备	台	1220
（二）饲养机械	台	256
（三）畜产品采集加工机械设备	台	70
六、水产机械	台	14016
1. 增氧机	台	7886
2. 投饵机	台	6130
七、农田基本建设机械	台	278
八、农用航空器	台	58

续表 8

项目	单位	2020 年
1. 植保无人机	台	58
九、其他机械	台	—

（鲁秋忠）

·现代农业园区建设·

【概况】 2020 年，丹阳市加快省级示范园创建步伐，完成 2017 年度 2000 万元省级奖补项目的 11 个子项目建设，并通过上级验收。2018 年度 2000 万元省级奖补项目 10 个子项目中，9 个通过市级初验。2019 年度 1000 万元省级奖补项目 3 个子项目中，1 个通过市级初验，所有项目计划 2021 年 10 月完成。在江苏省农业农村厅开展的 2019 年省级示范园建设评价中得分 86.82 分，位于全省 29 个示范园 11 名。稳步推进 2019 年珥陵镇产业强镇示范建设，项目总投资 1305.56 万元，其中省级财政补助资金 1000 万元，实施主体自筹 305.56 万元，重点围绕种植示范工程、加工能力提升工程、公共服务平台 3 个方面建设，所有项目实施通过初验，计划 2021 年 6 月通过市级验收。8 个镇江市重点农业园区新增固定资产投资 2.27 亿元，实现园区产值 102.56 亿元，招引 300 万元以上农业项目 12 个，新建公共服务平台 7 个。皇塘、吕城、访仙、开发区 4 个农业园区实施公共服务能力提升项目建设，争取省级资金 780 万元。丹阳市珥陵农产品加工集中区、丹阳市皇塘食用菌现代产业园入围镇江市 10 个市级现代农业产业示范园。

（丁汉平）

2020 年丹阳市重点建设农业园区一览表

表 9

园区名称	园区总产值（亿元）	固定资产投资（亿元）	招引 300 万元以上农业项目（个）	新增规模经营面积（公顷）
江苏省丹阳现代农业产业园区	8400	72900	5	41.33
江苏丹阳粮油加工贸易集中区	3000	122000	0	0
丹阳市齐梁茶林产业园区	1000	460500	1	20
丹阳市现代园艺产业园	2500	32000	1	6.67
丹阳市珥陵农产品加工园区	6000	215000	3	43.33
丹阳市皇塘现代渔业产业园区	1000	31200	1	6.67
丹阳市访仙现代果林产业园	600	51000	1	10
丹阳市后巷现代林苗产业园区	200	41000	0	10
合计	22700	1025600	12	138

（丁汉平）

【农田建设项目情况】 2020年，丹阳市立项建设高标准农田项目2个，即2020年度丹阳市陵口镇高标准农田建设项目（财政补助）和2020年度丹阳市珥陵镇高标准农田建设项目（财政补助），合计总投资1400万元，其中财政资金1400万元，高标准农田项目建设规模533.33公顷。 （朱 力）

农村水利

【概况】 2020年，丹阳市农村水利围绕全面建成小康社会和“十三五”规划目标任务，深入推进保安全、优生态、强监管、促改革各项工作。水利基础设施建设取得新进展，实现水利投资7600万元，新孟河延伸拓浚工程（丹阳段）率先在全省实现河道全线通水；完成上新河延陵段堤防加固、简渎河和城北分洪道城区段清淤等防洪减灾工程；完成长江三角塘段江滩生态修复、3个水美乡村建设、2条河道的黑臭水体治理、7条农村生态河道建设、大运河吕城北片河道清淤等项目，农村人居环境和周边水环境得到大幅改善。水利管护体制改革取得新突破，丹阳市3.73万公顷农业水价综合改革任务全部完成，并通过省级验收；河湖和水利工程管理范围划定工作通过镇江市级验收；丹阳市农村河道、农田水利工程长效管护工作位列全省前茅。防汛防旱应急能力取得新提升，全市防汛工作总体平稳。河湖长制工作全面实现由“见河长、见湖长”向“见行动、见成效”转变，各级河长履职尽职，主动作为，坚持问题导向，全力推进“两违三乱”整治、水面漂浮物清理、劣Ⅴ类水体治理等专项行动，全市整体水环境明显提升。水政水资源管理取得新成效，核查整治30个取水工程（设施），协调推进九曲河备用水源地达标建设；强化水行政许可管理，推进“不见面”审批；全力推进部、省卫星遥感图斑水土保持整改以及水土保持区域评估工作。 （魏红军）

【任振鹤调研珥陵电力灌区】 2020年3月18日，江苏省委副书记任振鹤调研珥陵灌区。调研过程中，原珥陵水利站站长钱如法介绍新中国第一个大型电力灌溉工程——丹阳珥陵电力灌溉工程相关建设和管理情况，任振鹤听取丹阳市珥陵电力灌区历史纪念馆工程进展情况，参观原珥陵八站电力设备。 （魏红军）

【马秋林视察新孟河界牌水利枢纽】 2020年6月5日，江苏副省长马秋林视察新孟河界牌水利枢纽，他听取界牌水利枢纽工程建设进度情况汇报，详细了解新孟河延伸拓浚工程建成后的主要功能和效益，对工程建设工作给予充分肯定。 （魏红军）

【新孟河延伸拓浚工程（丹阳段）完成通水验收】 2020年6月29日，新孟河延伸拓浚工程（丹阳段）通过省级通水验收，标志着丹阳市成为全省率先完成通水验收的市（县），从河道工程正式开工到全线贯通历时18个月。新孟河延伸拓浚工程是国家172项重大节水供水项目之一，也是江苏省有史以来投资规模最大的水利工程，镇江境内工程全部在丹阳，主要涉及工程为界牌水利枢纽和界牌、皇塘两镇境内的河道开挖，河道拓浚6.59公里，新建跨河桥梁4座以及外围水系调整工程，其中新孟河界牌水利枢纽由省水建负责建设，总投资6.5亿元，丹阳境内河道拓浚计划投资11.11亿元，实际投资达到15.4亿元。新孟河工程全线建成后，年均引江水35亿立方米，将进一步改善太湖和湖西地区的水环境，提高流域和区域的防洪排涝标准，增强流域和区域的水资源配置能力。 （魏红军）

【农业水价综合改革通过省级验收】 2020年12月3日，省级验收工作组在第三方全覆盖核查的基础上，对丹阳市农业水价综合改革进行验收，并以高分通过。根据国家、省级有关农业水价综合改革部署要求，丹阳市作为省级改革试点地区，采取强基础、补短板、稳推进的方式，积极推进农业水价综合改革工作。成立以市长为组长的丹阳市农业水价综合改革工作领导小组，制定《丹阳市农业水价综合改革实施方案》，确定全市改革任务；建立健全农业水价形成机制、精准补贴和节水奖励机制、用水管理机制“四项机制”；根据实施方案严格落实年度计划任务，强化考核督导，2017 年、2018 年、2019 年分别完成 0.4 万公顷、1.33 万公顷、2 万公顷，累计完成 3.73 万公顷，实现应改面积全覆盖。（魏红军）

【防汛防旱】 2020 年，丹阳市立足防大汛、抗大旱、抢大险、救大灾，全面落实防汛防旱工作责任制，推进各类安全隐患处理，加强应急处置能力建设；首次在延陵季子庙景区西侧组织开展防汛应急抢险演练，演练包括管涌抢险、漫溢抢险、决口抢险、抢排道路积水、抢排农田涝水、群众转移、无人机演示 7 个项目，有效检验抢险队伍实战水平和快速反应能力。2020 年，丹阳市入梅偏早，梅雨期降水偏多，受梅雨期强降雨以及长江满水和天文大潮影响，水利部门加强预测预警和巡堤查险工作，先后启动Ⅳ级、Ⅲ级防汛应急响应；根据雨水情预测，超前谋划，科学调度，充分利用各类水利工程预排预降河库水位，九曲河枢纽泵站连续安全稳定开机 29 天，共排水 2.2 亿立方米，确保全市汛情安全平稳。

（魏红军）

2020 年丹阳市水利（总）站、直属单位负责人一览表

表 10

单位	负责人	单位	负责人
开发区水利总站	贡仁俊	云阳水利站	马国生
司徒水利站	戴云方	延陵水利站	王文伟
珥陵水利站	殷辉良	导墅水利站	许一新
皇塘水利站	袁士华	吕城水利站	马芳洪
陵口水利站	叶永强	访仙水利站	潘志新
新桥水利站	杭丹金	界牌水利站	朱玉平
后巷水利站	张木云	埤城水利站	郦华
九曲河枢纽管理处	张俊辉	长江堤防管理处	郑国宝
抗旱排涝处	李冬辉	河道管理处	马先锋
大吴塘水库管理所	束建军	泰山水库管理所	蔡振东

（魏红军）

【水利重点工程】 2020 年，丹阳市确定水利重点工程项目 8 个，结转项目 3 个，完成水利工程项目 7 个，在建水利工程项目 1 个，完成年度投资近 7600 万元。

丹阳市上新河延陵段堤防加固工程批复总投资 1100 万元，项目建设内容包括：加固堤防 2.22 公里，改造涵闸 5 座，维修泵站 2 座。工程于 2020 年 3 月开工建设，2020 年 11 月完工。

丹阳市 2020 年度水美乡村建设工程批复总投资 497 万元，涉及云阳街道大圣村、延陵镇柳茹村和九里村 3 个村庄，主要建设内容为沟塘整治、绿化种植、人行步道及配套建筑物建设等。工程于2020年11月开工建设，12月底基本完工。

丹阳市2020年黑臭水体治理工程总投资841万元，疏浚整治丁义河8.94公里、永丰河13.5公里，主要建设内容：河道疏浚和沿线小型配套建筑物改造26座，工程于2020年10月开工，12月底基本完工。

丹阳市大运河吕城北片河道清淤工程批复总投资647万元，建设内容包括：清淤河道5条，分别是吕城镇的永济河、向阳河，访仙镇的仁里河、十里长沟、新河，总长度20公里，沿线配套建筑物改造37座。工程于2020年10月开工，12月底基本完工。

丹阳市2020年农村生态河道建设工程批复总投资2600万元，建设农村生态河道7条，分别是开发区贺家溢洪河、幸福河，司徒镇北永丰河，延陵镇九里河，吕城镇庙河，丹北镇后巷西马嘶港，界牌镇红旗河，总长度14.06公里。工程于2020年9月开工，12月底基本完工。

长江三角塘段江滩生态修复工程总投资210万元，主要实施复绿18841平方米，人工造林25643平方米，及配套园路、主题广场和码头铺装等。工程于2019年12月开工建设，2020年1月完工。

简渎河及城北分洪道城区段清淤工程批复概算240万元，简渎河清淤1.7公里（香草河—振兴路），城北分洪道清淤1.4公里（老西门桥—北二环桥），共3.1公里。工程于2019年12月开工，2020年4月底完工。

新孟河延伸拓浚工程镇江市境内工程批复投资111188万元，主要建设内容：新开河道6.59公里，新筑堤防工程7.86公里，外围水系调整等。该工程于2016年11月正式启动，主河道工程于2018年12月进场施工，2020年6月29日，新孟河延伸拓浚工程（丹阳段）通过省级通水验收，2020年12月底，基本完成外围水系调整工程、河道工程、桥梁工程。

（魏红军）

农村工作

【概况】 2020年，丹阳市不断完善脱贫攻坚成果，提升农村人居环境，提升农村综合治理效能。全面完成脱贫攻坚历史任务，防止返贫监测和帮扶机制逐步形成。对全市3144户建档立卡户、77个经济薄弱村进行全面检查，发现并整改问题35条。聚焦产业扶贫，落实扶贫资金816万元，实施24个市级以上扶贫项目，增收53.16万元。推进人居环境整治工作，全市166个行政村在镇江率先全部完成第一阶段村庄环境整治任务，34项重点任务按序时进度完成。探索开展“1＋N＋5”治理模式（一名党员干部联系若干农户，做好包卫生、包秩序、包绿化、包整洁、包设施，门前“五包”工作），在国务院农村人居环境整治大检查中，丹阳市做法受表扬，被江苏省人民政府办公厅鼓励通报。加快推进“万企联万村共走振兴路”行动，全市完成村企联建签约项目137个，总投资金额30.1亿元，联建覆盖率88.39%。积极推动与连云港市灌云县企村互动交流，完成村企联建对接项目16个，计划总投资5720万元，实现联建项目镇域全覆盖。

（王 庭）

图89 2020年5月8日，镇江暨丹阳市农村产权线上交易业务培训班在丹阳市举办

（王 庭）

【脱贫攻坚】 2020年，丹阳市出台《丹阳市关于巩固提升农村低收入群体生活保障的意见》《丹阳市脱贫攻坚“回头看”工作方案》等文件，有效防范化解返贫致贫风险，巩固脱贫成果。对因病致贫的建档立卡户，继续落实《丹阳市健康扶贫医疗再救助实施方案》，全面推进“基本医疗保险＋居民大病保险＋医疗救助＋慈善助医”4重保障，提供优质医疗服务。积极主动对建档立卡户进行就业扶持，优先安排有劳动能力的建档立卡户从事绿化养护、治安巡逻、社区服务等工作。开展“高水平小康，丹阳在行动”活动，上线“万善丹阳”APP。建档立卡低收入人口等9类对象全部纳入医疗救助保障范围，资助参加城乡居民医疗保险，其个人缴费部分均由医疗救助基金给予全额资助。全市按照不低于5％的增长率，提高城乡低保标准至790元/每人·每月，临时救助标准同步提高。特困供养人员供养标准按照不低于当地上年度居民人均可支配收入的40％确定，原则上不低于低保标准的1.3倍。

（庄　英）

【村企联建】 2020年，丹阳市按照省、市工作部署，建立以市政府主要领导为总召集人的村企联建联席会议制度，研究制定具体实施方案，先后多次召开部署推进会议。扩大“党建引领乡村振兴专项行动办公室”工作范畴，将村企联建行动纳入专班工作内容，以党建引领、组织推动为先导，定期进行情况通报。抓实村企对接，全面摸排、精准掌握全市168个行政村和各企业的基本情况，建立大数据库。将全市12个镇（区、街道）按照经济总量进行高低搭配，分成6组进行镇镇联动结对，并按照村企匹配精准、落地精准的要求，通过举办“稻米文化节”“农民丰收节”等多种形式的村企对接交流活动，采取推介、双选、座谈交流、村企签约等多种形式，积极帮助村企做好双向选择、联建对接，引导有实力的企业结对联建77个经济薄弱村，为经济薄弱村开辟增收渠道。全市各镇（区、街道）、各部门密切配合，全面精准支持村企合作。完成村企联建签约项目180个，总投资金额达30.1亿元，实现行政村村企联建全覆盖，涵盖基础建设、三产融合、乡村旅游等多种业态。 （王　庭）

【南北共建】 根据《2020年镇江市与连云港市对口合作协议》的要求，2020年，丹阳市积极推动与连云港市灌云县企村互动交流，深化产业合作。与灌云县签订镇镇之间结对合作框架协议，两地结对镇（区）通过加强互访、企情信息发布、项目实地查看、开展座谈交流等多种形式开展联建对接活动，建立常态化的合作机制，不断深化合作路径和成果。充分发挥联建企业在资本、技术、人才、管理等现代生产要素方面的自身优势，精准对接灌云县的乡村资源禀赋特色和项目需求，因地制宜、分类施策，构建双方互利共赢的联建格局。发挥丹阳市农业产业化龙头企业在科技、市场等方面的优势，依托灌云县联建村果蔬产品种植基地，采取发展订单农业、借助电商平台、产品深加工等多种方式，深化两地技术和产销合作，打造两地村企产销一体化服务模式。围绕丹阳市服装纺织、木业加工等劳动密集型企业用工需求，组织26家规模企业携带1600多个岗位到灌云县开展劳务协作专场招聘会，两地人社部门签订长期劳务合作协议。全年完成与灌云县村企联建对接项目16个，计划总投资5720万元，实现联建项目镇域全覆盖。

（王　庭）

【乡村产业】 2020年，丹阳市全面实施国家粮食安全战略，细化责任分解，从严从实考核。全面落实恢复生猪生产的各项政策举措，积极帮扶有能力、有意愿的中小养殖户在做好防疫的基础上适度增养补栏，广泛开展生猪养殖标准化示范创建活动。生猪存栏量、出栏量均超额完成目标任务。按照农业高质量发展要求，积极推进化肥减量增效和耕地地力提升，深入实施绿色高产高效创建，积极开展稻田种养结合的引进示范合作，推广“水稻＋养殖”（稻田综合种养模式，按养殖种类可分成：稻田养鳖、稻田养蛙、稻田养鱼、稻田养蟹、稻田养虾、稻田养鸭以及稻田多元立体综合种养等）种植模式，强化新型职业农民培育，大力发展“三高”（高产、高质、高经济效益的农产品或项目）农业。逐步提高绿色化、优质化、特色化、品牌化水平，绿色优质农产品比重达到93.61％，位列镇江市第一。积极落实“菜篮子”工程，出台新型冠状病毒疫情防控期间蔬菜生产保供方案，确保蔬菜供应不脱销、不断档、不暴涨。稳步推进农业产业重大项目建设，全年新落地亿元以上农业项目3个，超目标50％，省市重大农业项目投产率达100％。招引农业项目240个，总投资近50亿元。 （丁汉平　陈渊彬）

图90　司徒现代农业产业园（陈　炀）

【农民增收】 2020年，丹阳市在生产上抢抓复工复产，做好农资、农技、农机、帮扶服务。推进领导包抓农业产业化重点龙头企业和现代农业园区的帮扶机制，及时协调解决经营主体在复产复工中存在的企业用工、原料供应、产品销售、金融贷款、政策支持等困难和问题。针对农产品“卖难”现象，畅通“绿色通道”，组织农产品产区和居民小区“两区”对接，鼓励和支持各类新型经营主体与大型商超、规模连锁企业的产销对接，积极开展订单农业、直采直销，确保生产、流通和销售的顺畅衔接。加快推进省农村改革试验区改革试点，全面调查摸底并完成镇江市首笔土地流转履约保证保险试点。持续推进“三资”（农村社区的资金、资产和资源）监管“三治理一挂牌”专项行动（围绕脱贫攻坚、农村“三资”管理、惠农补贴发放等领域开展的专项治理和挂牌督办行动），着力推进农村集体“三资”管理平台建设，加大村务卡使用监管。深化农村集体产权制度改革试点，积极拓展资产股份权能。探索农村土地制度改革，积极推进农村集体经营性建设用地入市试点。加快推进农村产权“交易不见面、合同云签约”模式，曲阿街道农村产权交易服务中心完成苏南地区首笔农村产权线上交易项目，获江苏省市场监测评价苏南县级市第一名。全年实现进场交易2046笔，交易总金额2.7亿元。（庄　英　潘玉华）

【农村人居环境综合整治】 2020年，丹阳市多次召开农村人居环境综合整治会议，推进农村人居环境整治，完成12个镇（区、街道）166个行政村2816个自然村环境整治任务。农村垃圾集中收运处理率达100％，在皇塘镇开展全镇域垃圾分类试点，建设完成垃圾分类亭320座，建设景观式垃圾分类收集房。完成省定任务新建农村无害化卫生户厕9000座，完成镇江市定任务新建农村无害化卫生户厕8289座。规模养殖场粪污处理设施装备配套率100％。全面落实《江苏省村庄生活污水治理工作推进方案》，实现行政村和规划发展村庄生活污水治理全覆盖。深入实施土壤污染防治行动计划，积极推进受污染耕地分类管理和安全利用，有序推进治理与修复。特色田园乡村建设、美丽宜居乡村建设有序有力推进。在全市开展禁捕退捕专项行动，制定专项工作方案，扎实推进，全部完成退捕任务。多措并举保障农民工就业，新增转移农村劳动力1690人。加快完善城乡义务教育学校布局规划，投入资金约4.6亿元，推进农村义务教育学校标准化建设。逐步完善农村卫生设施，服务能力稳步提升。全市12家乡镇卫生院全面建成实现省示范乡镇卫生院，镇江市示范村卫生室建设任务全面完成。按照每人80元的基本公共卫生服务经费补助标准，预算安排7917.6万元，资金到位率和拨付率100%。不断完善农村社保制度，基本建成覆盖城乡的社会保障体系，基础养老金发放率100%。（王　庭）

【乡村治理】 2020年，丹阳市围绕基层组织建设，落实县乡共管要求，建立市镇两级联动的等级薪酬体系、教育培训体系、考核评价体系，将全市163名村书记全部纳入专职化管理体系。突出党支部“标准＋示范”建设，建立健全以“五制二十条”（聚焦活动阵地、干部队伍、组织生活、为民服务、运行机制出台五个制度性文件，同时配套二十条具体操作标准，引导农村基层党组织担负好教育党员、管理党员、服务党员、监督党员的职责，发挥好宣传党的主张、贯彻党的决定、领导基层治理、团结动员群众、推动改革发展的功能）为核心的农村基层党建工作标准化体系。积极推进新时代文明实践工作，市委主要领导组织推进新时代文明实践中心试点建设，2次召开书记专题会研究试点总体方案，2次召开市委常委扩大会议通过总体方案和资金保障方案。建成市文明实践中心和12个镇级文明实践所，192个村级文明实践站，1000余个文明实践岗。创新打造出“体育大篷车”“文化庙会”“丹心向党”“文明银行”等特色实践品牌。强化法治乡村建设组织保障，加快“一所五站点”（司法所、公证业务联系点、法律援助联系点、仲裁业务联系点、立法民意联系点和行政复议联系点）建设，汇聚律师、公证、仲裁、调解、法援、基层法律服务等资源，为农民群众提供“面对面”的法律帮扶，不断提升服务质效。以“全国民主法治示范村（社区）”创建为契机，提升基层治理法治化水平，充分发挥典型引领作用，完成对全市103个省级民主法治示范村（社区）复核。全力推进农村网格化社会治理，充分整合资源、落实举措，打造具有丹阳特色农村社会治理体系。积极动员全市200多个社会组织参与“高水平小康——丹阳在行动”活动，链接“万善丹阳”爱心帮扶平台，创新开展实施微改造、微服务、微心愿“三微”服务。积极探索自然村村民议事小组议事制度，制定出台《关于推进自然村村民议事小组工作的实施方案》。在吕城镇开展乡村公共空间治理试点。（王　庭）

【农村集体经营性建设用地入市】 2020年，江苏省自然资源厅下发《农村集体经营性建设用地入市试点方案》，丹阳被确定为镇江地区唯一的试点县市。12月15日，丹阳市政府新闻办公室召开全市农村集体经营性建设用地入市新闻发布会，全面解读农村集体经营性建设用地入市的4个规范性文件。农村集体经营性建设用地入市，是指在农村集体经营性建设用地所有权性质不变的前提下，按照依法、自愿、公平、公开的原则，有偿转移农村集体经营性建设用地使用权的行为。针对入市试点工作，丹阳市根据《中华人民共和国土地管理法》等有关规定，结合本地实际，出台《丹阳市农村集体经营性建设用地入市管理办法（试行）》《丹阳市农村集体经营性建设用地入市净收益管理办法（试行）》《丹阳市农村集体经营性建设用地入市土地增值收益调节金征收和使用办法（试行）》《丹阳市农村集体经营性建设用地使用权抵押贷款管理办法（试行）》等4个规范性文件。发布会上，市自然资源和规划局、农业农村局、财政局、地方金融监管局等相关部门负责人分别对4个规范性文件进行详细解读。（陈　炀）

制造业　现代服务业

栏目编辑　尹宏蔚

制造业

【概况】　2020年，丹阳市坚定不移推动“产业强市”一号战略，坚持将制造业创新转型作为推动经济高质量发展的重要抓手，加快推动眼镜、汽车零部件等传统产业转型升级，大力培育生物医药及医疗器械、新材料、高端装备制造等新兴产业，形成传统产业和新兴产业双轮并驱、比翼齐飞的产业格局。全市实现规模以上企业工业总产值1228.15亿元，比上年增长9.9%；完成制造业投资88.24亿元，比上年增长28.5%；实现工业应税销售1560亿元，比上年增长7.5%。制造业智能化、信息化、绿色化水平持续提升，2020年，新增鱼跃医疗、天工爱和特钢等7家省级示范智能车间，丹阳高新技术创新园获评2020年度江苏省小型微型企业创业创新示范基地，56家企业通过省星级上云认定，其中五星上云企业3家。成功培育山宝集团、富新电子科技等5家企业入选镇江市级绿色制造体系建设示范单位。鼓励企业创新发展，新增2家省级企业技术中心，新增13家镇江市级企业技术中心，新增2家省级工程研究中心。3家企业的产品被认定为江苏省级专精特新产品，3家企业被认定为江苏省级小巨人企业（制造类），2家企业被认定为国家第二批专精特新小巨人企业。　（朱栋栋）

【丹阳市眼视光研究学会成立】　2020年9月26日，丹阳市眼视光研究学会成立，该学会的成立开创眼视光服务新模式，助力“中国眼镜之都”的进一步发展。丹阳市眼视光研究学会是集公益性、学术性、联合性、专业性于一体的非营利性社会团体，首批登记会员共55人，以从事眼视光工作的专兼职人员为主体，由丹阳市从事眼视光工作的眼科医师、验光师、院校眼视光专业教师、眼镜光学和眼保健产品生产工程技术人员、科技工作者以及其他有关单位自愿组成，具有专业性和代表性。成立仪式宣读准予丹阳市眼视光研究学会注册登记的批复；宣读并表决通过《丹阳市眼视光研究学会章程》《丹阳市眼视光研究学会选举办法》；选举产生第一届理事会理事、监事、会长、副会长、秘书长。王国忠当选丹阳市眼视光研究学会第一届会长。　（罗　玲）

【丹阳市新的社会阶层人士眼镜智汇社成立】　2020年12月16日，丹阳市新的社会阶层人士眼镜智汇社成立，市委常委、统战部部长薛军民参加成立活动。丹阳市新的社会阶层人士眼镜智汇社是由全市眼镜行业代表人士倡议，由市新的社会阶层人士联谊会发起成立的具有统战性、知识性、联谊性的非营利性社会组织。

会议审议通过《丹阳市新的社会阶层人士眼镜智汇社章程（草案）》，选举产生社长、副社长、秘书长、副秘书长。市眼镜商会秘书长袁红锦当选为会长。（罗 玲）

图 91 2020 年 12 月 16 日，丹阳市召开新的社会阶层人士眼镜智汇社成立大会（罗 玲）

·特色传统产业·

【概况】 丹阳市民营经济发达，在长期的经济发展中逐步形成的地方特色产业集群，包括眼镜、五金工具、汽车零部件、木业四大类别，享有“眼镜之都”“木业航母”“钻头王国”“灯具世界”的美誉，在国内乃至国际上都享有较高的知名度和影响力。2020 年，丹阳市眼镜进出口总值 4.64 亿美元，比上年增长 4.6%，占丹阳市外贸进出口总值 14.95%，汽车零部件产业实现应税销售收入 255.4 亿元，比上年增长 7.6%，占全市应税销售收入的 16.4%，工具麻花钻国际市场占有率高达 70%。（朱栋栋）

【眼镜产业】 2020 年，丹阳眼镜产业实现应税销售 90.5 亿元，比上年增长 6%，产品涵盖树脂镜片、玻璃模具、玻璃镜片、PC 片、镜架、电镀、隐形眼镜及其护理液乃至镜盒、镜布、印刷包装等。丹阳是全国重要的眼镜生产基地之一，年产镜架 1 亿副、镜片 4 亿副，其中镜片占全国生产总量 70%、世界总量 50%。拥有“中国眼镜生产基地”“中国眼镜出口基地”“省眼镜产业集群品牌培育基地”等称号，拥有中国驰名商标 8 个、江苏省著名商标 15 个。国家眼镜产品质量监督检验中心设立在丹阳。成功注册“丹阳眼镜”集体商标，获批成立全国服务标准化技术委员会眼镜验配服务分技术委员会。万新公司是全国最大的树脂镜片生产企业，参与制定和起草国家树脂镜片 QB 2506－2001 及镀膜眼镜镜片 QB/T 2702－2005、ISO 8980－42000、QB 2682－2006 的质量标准，公司董事长在国标委、视光分标委担任副主任职位；海昌公司参与国家隐形眼镜（软性亲水接触镜）GB 11417.2－89 的标准制定，是世界五大隐形眼镜生产企业之一。丹阳有全国最大的眼镜批发市场——中国（丹阳）国际眼镜城，并在眼镜城五楼建有国内首家眼镜博物馆。丹阳市和金茂集团联合投资，推进打造江苏省重点特色小镇——眼镜风尚小镇。实施中的重点项目有投资 3 亿元的雷登科技智造园项目（眼镜自动化系列装备）、投资 4 亿元的海昌隐形眼镜彩色片项目等。丹阳眼镜产业起源于 20 世纪 60 年代末期，形成以设计、生产、销售一条龙较完整的产业链及社会化分工、规模化配套、上下衔接的产业体系，成为丹阳的“第一特色产业”。（朱栋栋）

【汽车零部件产业】 2020 年，丹阳汽车零部件产业实现应税销售 255.4 亿元，比上年增长 7.6%。丹阳市汽车零部件产业形成从研发、生产、市场、检测、物流、培训及专业工业集中区为一体的产业体系。建有省级汽车灯具检测中心及国家级灯具实验室，省级机动车辆灯具检测实验室，在建市汽车零部件行业公共技术创新服务平台。形成“华东汽车灯具城”和“中国汽配城”两大专业性市场，其中华东汽车灯具城被国务院发展研究中心认定为全国最大的汽车灯具市场。有产品 400 余种，主要涉及灯具、装饰件、机电部件、模具开发四大类，其中汽车仪表台、保险杠、内饰件、微电机、安全气囊气体发生器等产量居全国首位。卡威集团具备年产“卡威”牌 3000 辆第三代消防车、3 万辆混凝土搅拌车、5000 辆宽体露天矿车、4.5 万辆皮卡以及 4.5 万辆 SUV 的生产能力，其中第三代消防车采用航空涡轮发动机，以高速气体射流为载体，比常规消防车的灭火能力高出 8—10 倍，达到世界领先水平。产品制造与上海通用、一汽、二汽、大众、广州本田、海南马自达等汽车制造厂家建立稳定的配套合作关系。世界 500 强企业德国汉高以及日本大赛璐、英国吉凯恩、芬兰比克希等世界知名跨国公司都在丹阳市兴办独资或合资企业。丹阳市先后获“中国汽车（摩托车）零部件制造基地”“全国优质汽摩配生产基地”“江苏省汽车零部件基地”等。在建重点项目有投资 5 亿元的上海万象特种新能源整车项目、投资 3.6 亿元的伟峰科技变速箱部件生产项目、投资 3 亿元的超力电器年产 100 万套车载高效节能无刷直流电机系统等。汽车零部件产业是丹阳市的特色产业和支柱产业之一，被列入江苏省重点培育的 100 个产业集群，拥有整车及零部件生产企业 2300 余家，主要分布在丹北、界牌、开发区、访仙等镇（区），从业人员 3.5 万人，是全国重要的汽车零部件生产基地之一。

（朱栋栋）

【五金工具产业】 2020 年，丹阳市有五金工具生产企业 500 余家，从业人员 5 万多人，骨干企业有天工集团、飞达集团、华昌公司、锋泰公司等。各类钻头在国内市场占有率达到 60%，国际市场占有率达 70%；金刚石锯片的国内占有率达 55%，国际市场占有率达 40%，精密切削工具和高速工具钢产量世界第一，被授予“江苏省五金工具出口基地”“国家级五金工具出口质量安全示范区”，拥有中国驰名商标 2 个（飞达、华昌）、江苏省著名商标 11 个。天工集团是世界最大的高速工具钢和切削工具生产企业，在香港联合所上市，天工高速工具钢入选全国制造业“单项冠军”产品，2020 年应税销售达 94.8 亿元。2020 年，全市五金工具产业实现应税销售 260.9 亿元，比上年增长 6.5%。在建重点项目有投资 10 亿元的天工爱和特钢年产 8 万吨高合金工模具钢技改及年产 3000 吨粉末冶金二期项目等。丹阳市是全国工商联认定的“中国五金工具之乡”，五金工具产业起源于 20 世纪 70 年代，经过几十年发展，形成原材料、成品生产、销售、运输仓储的一条龙产业体系，以高速工具钢、电动工具、金刚石锯片、餐具、锁、高精五金配件等为主要产品。

（朱栋栋）

【木业产业】 2020 年，丹阳市木业产业实现应税销售 102 亿元。在建重点项目有投资 10 亿元的肯帝亚木业的黑科技新材料项目（功能性防水阻燃地板）、投资 12 亿元的菲林格尔智能家居项目等。丹阳市木业产业形成造林、板材、地板、装饰板材、板材专用胶、木门、家具等相配套较完整的产业链，有木业企业 40 余家，规模以上企业 12 家，骨干企业有大亚木业（圣象地板、大亚人造板）、柯诺木业、肯帝亚木业、欧圣木业等，有中国驰名商标 4 个（圣象、欧圣、大亚、肯帝亚）、江苏省著名商标 7 个。其中大亚木业形成植树造林—木材加工—地板家具等一整条产业链条，大亚人造板年产能达 230 万立方米，其规模位居亚洲第一、世界第四，圣象地板年产销规模达 6000 万平方米，连续 20 年稳居全国第一。

（朱栋栋）

【家纺产业】 2020 年，丹阳市家纺产业实现应税销售约 51.3 亿元。丹阳市家纺产业主要包括家纺寝具、内衣服饰、母婴用品、户外旅游产品等，骨干企业有丹毛公司、堂皇家纺、圣罗兰家纺、福荣制衣等，其中床上用品产量占全国的三分之一以上，是国内最大的床上用品生产基地。导墅镇和皇塘镇是全国“家纺名镇”，堂皇家纺集团获“中国驰名商标”“中国名牌”“国家免检”等荣誉，是首批纺织行业AAA企业。丹毛公司获评“全国毛纺行业综合竞争力十强企业”和中国纺织工业协会、国家纺织品研发中心唯一的“国家精毛纺时装面料开发基地企业”。（朱栋栋）

·新兴产业·

【概况】 2020年，丹阳市完成新兴产业销售1053.44亿元，比上年增长16.9%。其中新材料、新能源、电子信息、新医药、先进装备制造产业分别完成销售326.38亿元、19.56亿元、64.38亿元、170.15亿元、472.97亿元。（朱栋栋）

【新材料产业】 丹阳市新材料产业以图南合金、天工国际、大力神铝业、恒神碳纤维、奇一科技等重点企业为代表，形成涵盖高性能金属材料、高端纤维及复合材料等门类较为齐全的新材料产业体系，成为全国最大的碳纤维及其复合材料制品生产基地，形成全国最大的高温合金材料产业集群。2020年，图南合金成功上市，恒神销售额增幅达78%。2020年，全市新材料产业实现销售收入326.38亿元。（朱栋栋）

【生物医药和医疗器械产业】 丹阳市从事生物医药和医疗器械生产的企业50余家，代表企业有鱼跃医疗、云阳药业、双峰格雷斯海姆等，主要产品包括新型医用材料、新型药品、新型医药包装材料、家庭医疗器材、临床医疗器材、医用影像设备、远程诊疗等医用设备。2020年，鱼跃产业园建成并投入使用，省重大项目国药智能康复医疗器械产业基地完成投资6.5亿元。2020年，丹阳市生物医药和医疗器械产业实现销售收入170.15亿元。（朱栋栋）

【高端装备制造产业】 丹阳市高端装备制造产业主要包括航空航天装备、数控压力机械、农机装备、先进轨道交通设备、各种专用智能装备。代表企业有沃得集团、江苏同力、冈田精机、仅一智造、天宏机械、琦瑞机械等。2020年，冈田精机销售增幅达84.54%。2020年，丹阳市高端装备制造产业实现销售收入427.97亿元。（李　潇）

现代服务业

【概况】 2020年，丹阳市现代服务业实现增加值507.31亿元，比上年增长5.1%；服务业增加值占地区生产总值的比重达44.30%，比上年增长1.1%；实现社会消费品零售总额302.25亿元，比上年降低1.1%。全市规模以上服务业列统的十大行业门类营业收入呈“三增七降”态势。信息传输、软件和信息技术服务业比上年增长23.6%，租赁和商务服务业比上年增长18.5%，卫生和社会工作比上年增长25.4%。7个下降的行业中，比重最大的交通运输、仓储和邮政业比上年降低4.7%，房地产业比上年降低4.9%，科学研究和技术服务业比上年降低5.8%，水利、环境和公共设施管理业比上年降低1%，教育行业比上年降低72.5%，文化、体育和娱乐业比上年降低45.4%。（朱栋栋）

·生活性服务业·

【概况】 2020年，受新冠肺炎疫情影响，丹阳市生活性服务业受到较大冲击，文体娱乐、住宿餐饮、居民服务、教育等服务行业企业恢复速度较慢。全市完成社会消费品零售总额302.25亿元，比上年降低1.1%。主要商场中，欧尚超市、华地百货销售实现增长，分别比上年增长13.3%、1.8%；金鹰购物中心、五星电器、国美电器、苏宁电器等商场销售收入下降幅度较大。2020年，全市房地产开发投资总额78.9亿元，商品房成交面积97.07万平方米，比上年降低29.3%，商品房成交总额84.6亿元，比上年降低22.7%。2020年，全年旅游总收入104.9亿元，比上年降低49.3%，接待国内旅游人数621万人次，比上年降低44.7%，接待境外人数0.3万人次。

（朱栋栋）

【抖音官方丹阳眼镜行业专场沙龙】 2020年5月22日，“镜”非昔比，抖来助力——抖音官方丹阳眼镜行业专场沙龙活动在丹阳国际眼镜城举办。来自字节跳动（抖音官方）南京分公司的工作人员与丹阳眼镜人共同探索丹阳眼镜营销新模式。活动进行关于《“镜”非昔比一营销新势能》的交流分享、《流量蓝海一打造品牌爆款》——电商引流、巨量鲁班产品功能及市场分析，分享关于抖音电商的营销资讯，解析如何玩转抖音，带来流量，增加产品销路，打开线上销售新渠道。（罗　玲）

图92　2020年5月22日，丹阳国际眼镜城举办抖音官方丹阳眼镜行业专场沙龙活动（罗　玲）

·生产性服务业·

【概况】 2020年，丹阳市主动顺应制造业服务化的发展趋势，把发展生产性服务业作为产业结构调整、推动企业转型升级的有力抓手，鼓励企业申报省生产性服务业领军企业、服务型制造示范企业、工业设计中心（产品）等创新平台，推动企业从制造环节向研发设计、定制生产、个性化服务等产业链、价值链中高端攀升。迅捷装具成功通过省级工业设计中心复核，冈田精机、远燕医疗成功申报省级工业设计中心。至年底，全市有省级工业设计中心7家，数量占镇江半数以上；有5家企业被评为省级生产性服务业领军企业，数量占镇江市总数的三分之二以上。鱼跃YH－830大屏款双水平呼吸机、堂皇床上用品套件（锦苑春望）入围2020年中国优秀工业设计奖复试。丹阳市琦瑞机械获评省级生产性服务业领军企业，鱼跃医疗通过两业融合试点阶段绩效评价，获省级100万元专项扶持资金。（朱栋栋）

【助力眼镜城复市】 受新冠肺炎疫情影响，2020年1月25日以后丹阳眼镜城开始闭市，随着防疫防控形势进一步趋稳向好，在确保市场安全的情况下，丹阳市出台《丹阳眼镜城市场复工复市方案》，推出各种积极举措扶持商户，严格把好商户复工审批关，对复工商户提出经营人员限入制度、备齐疫情防控“四硬件”等防疫工作要求，配足一次性口罩、消毒液、洗手液、快速测温设备等，保证复工复市的各商户正常运营，将疫情对商户的冲击降到最低。丹阳开发区统一帮扶政策，推出租金、物业费减免措施，给予实际经营承租户两个月的租金和物管费减免优惠，以直接的经济手段缓解经营户的资金压力，帮助市场内商户共渡难关，此次丹阳眼镜城减免的两个月房租和物业费近千万元。（罗　玲）

经科贸活动及信息

栏目编辑 夷朝霞

重要活动

【金融支持高质量发展对接会】 2020年4月16日，丹阳市举行“助力发展共赢未来”金融支持高质量发展对接会，政银企共商金融支持高质量发展之策。26个融资项目达成授信意向104亿元。市委常委、常务副市长赵立群介绍融资项目对接情况，26个小微企业、科技、商贸流通、农业、房地产、国企、重点产业、园区保、政银担、供应链金融、战略合作类融资项目进行集中签约，大亚集团、鱼跃集团、万新集团、农商银行、中信银行镇江分行、建设银行江苏省分行负责人代表企业和银行作交流发言。（史志办）

【开发区政银企对接会暨金融街揭幕仪式】 2020年4月23日，丹阳经济开发区举行“诚信携手，融合共赢”政银企对接会暨金融街揭幕仪式，现场签订合作协议、贷款授信协议等相关协议，并为金融街揭幕。

为缓解开发区中小企业融资难、担保难的矛盾，助力中小企业发展，开发区与省信保集团合作推出“园区保”。江苏省担保公司、省信保集团、兴业银行丹阳支行、丹阳农商银行、开发区党工委签订合作协议。丹阳农商银行与金丹阳酒业有限公司、江苏云阳药业有限公司分别签订500万元和1000万元的“开发区园区保”贷款授信协议；兴业银行丹阳支行与江苏融锦集团有限公司、江苏华昌工具制造有限公司分别签订2000万元和500万元的“开发区园区保”贷款授信协议。部分银行和企业签订5.6亿元贷款授信协议。其中，工商银行丹阳支行与江苏锐升新材料有限公司签订3000万元贷款授信协议，中国银行丹阳支行与江苏同力日升机械股份有限公司签订1亿元贷款授信协议，农发行丹阳支行与丹阳市华夏园林工程有限公司签订4亿元贷款授信协议，江南农商行丹阳支行与江苏富联通讯技术有限公司签订3000万元贷款授信协议。开发区新兴产业发展引导基金与苏州海杨创投公司签订丹阳深海投资基金协议。光大银行丹阳支行、兴业银行丹阳支行、华夏银行丹阳支行签订入驻金融街协议。（史志办）

【融创中国公司董事到丹阳调研】 2020年3月19日，融创中国执行董事、执行总裁兼上海区域集团总裁田强到丹阳调研，并就相关合作事宜与高新区进行交流对接。融创中国控股有限公司是在香港联交所上市的专业从事住宅及商业地产综合开发的企业，位列“2020中国房地产百强企业”第5位。近年来，融创集团坚持地产核心主业，围绕“地产+”全面布局，下设融创地产、融创服务、融创文旅、融创文化、融创会议会展、融创医疗康养六大战略板块，业务覆盖地产开发、物业服务、会议会展、旅游度假、主题乐园、商业运营、酒店运营、医疗康养、IP开发运营、影视内容制作发行等。（史志办）

【中化集团考察丹阳文旅项目】 2020年4月14日，中国化学建设投资集团公司副总经理吴新荣带队到丹阳市参观考察文旅产业，并就有关文旅项目投资进行对接。考察团考察七峰山、嘉山龙庆寺、水晶山度假区、眼镜小镇、练湖度假区等文游项目。（史志办）

【中建装饰集团与丹阳签订战略合作协议】 2020年6月3日，中国建筑装饰集团有限公司与丹阳市签订战略合作框架协议，明确双方开展战略合作，洽谈交流在丹阳市建设中建装饰科技产业园相关事宜。此次在丹阳市建设中建装饰科技产业园，初步计划总投资10亿元，其中一期将建成5万平方米厂房以及包含产品展示中心、检测试验中心、员工生活中心的近6000平方米研发大楼，建设4条单元式生产线、2条门窗生产线。（史志办）

【36个重大项目集中开工】 2020年6月30日，丹阳市产业强市“三集中”活动月项目集中开工仪式在开发区国药智能康复医疗器械基地项目现场举行，全市总投资139.42亿元的36个重大项目集中开工，项目涵盖新材料、医疗器械、高端装备制造、汽车零部件等多个产业领域。项目总投资50亿元，总用地面积122.67公顷，分2期建设完成。其中，首期占地面积约56.8公顷，拟投资不低于30亿元，平均年公顷均收税不低于450万元。园区建成后将新增就业岗位10000人以上，年均税收超6亿元。开工仪式前，丹阳市领导和相关职能部门负责人参观开发区集中开工各个项目现场。在肯帝亚黑科技新材料项目现场，市委书记黄春年听取项目负责人汇报，了解项目建设进展情况，现场研究解决存在的问题和困难。

此次开工的项目为江苏鑫海新能源汽车、轨道交通、5G通讯设备铜导体，苏州合久新型防火装饰板以及悦源包装印刷品和环保包装盒生产线项目等3个项目，总投资2.93亿元。市领导赵立群、夏炜参加导墅镇项目集中开工暨江苏贝斯特新型建材项目开工仪式。导墅镇有2个项目开工，总投资达4.2亿元，分别是投资3.2亿元的江苏贝斯特新型建材项目和总投资1亿元的江苏诚达汽车动力总成及密封件项目。延陵镇有汇天机电项目、花王生态环保研发中心项目、恒达新型建筑项目3个项目集中开工，项目总投资达5.9亿元。吕城镇有2个项目参加集中开工，分别是丹阳宏源塑业有限公司扩建年产500万件玩具注塑生产线项目和江苏博航合金科技有限公司年产1200吨超纯镍基合金材料生产线项目。访仙镇江苏卓信悦车辆配件有限公司年产10万套汽车配件项目开工仪式，该项目总投资1.5亿元，达产后年销售额可达1亿元。丹凤工业园总规划面积7.87公顷，建成后，预计可新增销售5亿元，纳税3000万元以上。丹北镇集中开工的项目有3个，总投资8.9亿元，分别为江苏沃得农业机械有限公司总投资5亿元的沃得先进农机装备生产项目（二期）、江苏广飞模具有限公司总投资2.3亿元的年产5000吨汽车钣金模具项目和江苏鼎昌车业总投资1.6亿元的年产2.2万套智能电动按摩座椅总成项目。界牌镇红峰塑业新能源汽车灯具及智能车载设备配件项目、鸿耀汽配新能源汽车智能仪表及配件项目、江苏高标文化发展有限公司汽车外观包围改装配件项目3个项目集中开工，总投资达5.2亿元。项目总投资1.08亿元，占地面积2.4公顷，新建厂房1.58万平方米，新上钢结构人防设备生产线，项目建成投产后，预计可形成年销售2亿元，纳税500万元。高新区共有4个项目集中开工，分别为雷登科技智造园、迅捷智能医疗药房生产线、嘉力士环保新型阻尼材料、江苏视客研发中心电商基地项目，总投资6.5亿元。陵口镇项目集中开工暨亿源鞋业新建生产线项目开工仪式。开工项目为皮鞋园区二期的3个项目，总投资1.93亿元。

（史志办）

【34个项目集中签约】 2020年6月30日，丹阳市举行产业强市“三集中”活动月项目集中签约仪式，34个项目集中签约，总投资近110亿元。（史志办）

【工信部调研丹阳汽车零部件产业】 2020年9月16日，工信部中小企业局副局长叶定达到丹阳市开展汽车零部件行业中小企业调研，实地查看日本（丹阳）汽车零部件产业园、吉凯恩（丹阳）工业有限公司和希格玛精密机械（江苏）有限公司生产经营状况，与相关重点企业进行座谈。丹阳市汽车零部件产业现有生产企业近千家，从业人员约4.85万人。2019年汽车零部件产业实现应税销售收入243亿元，占全市应税销售收入的16.7%。全市汽车零部件产业有产品400余种，其中汽车轮毂、灯具、仪表台、保险杠、内外饰件、微电机、安全气囊气体发生器、仪表以及客车顶风窗等产量在全国位居前列。被授予“中国汽车（摩托车）零部件制造基地”“中国汽车零部件出口基地”“江苏省优质汽摩配生产示范区”等区域品牌和荣誉称号。（史志办）

【上交所镇江基地落户丹阳】 2020年10月28日，上交所资本市场服务镇江基地落户丹阳，并举办授牌仪式。丹阳市拥有各类市场主体10万余家，其中制造业企业近2万家，规模以上企业800余家，亿元企业293家，百亿元企业4家，位列全国工业百强县第12位。有10家企业在境内外上市，其中3家企业在上交所挂牌上市。（史志办）

【进博会签订意向成交额8025万元】 2020年11月5—10日，第三届中国国际进口博览会在上海国家会展中心举办，丹阳市共有53家企业257名人员报名参加此次进博会。7家企业共完成8025万美元的意向成交额，同比增长5.9%，成交额位居镇江第一，占镇江全市的55.1%。双峰格雷斯海姆医药玻璃（丹阳）有限公司和海昌隐形眼镜有限公司与参展商当场签约，签订意向采购协议。进博会设立4个主题板块，包括技术和装备、消费品和智慧生活、食品和农产品、服务和健康。按产品类别分为6个展区，包括服务贸易、汽车、消费品、技术装备、医疗器械及医药保健、食品级农产品。（史志办）

【碳纤维及复合材料产业链创新发展论坛】 2020年11月27日，“中国丹阳碳纤维及复合材料产业链创新发展论坛暨2020年中国化学纤维工业协会碳纤维分会年会”在丹阳举行。与会者参观江苏恒神股份有限公司。（史志办）

【东部园区2020年招商推介会】 2020年12月15日，丹阳市举办东部园区2020年招商推介会，正式对外发布招商信息，向宁镇扬、苏锡常、沪深杭等发达地区的企业家推介东部园区的产业布局、功能配套和建设规模等。市委常委、组织部长石捷参加活动。作为东部重镇，吕城镇于2013年谋划启动园区建设，是“江苏省军民结合产业示范基地”“江苏省首批科技产业园”。东部园区是丹阳市“三区三园”之一，总规划面积17.6平方公里，其中核心启动区4.74平方公里，先行启动区2.1平方公里，形成以高温合金、精密合金、轨道交通、航空航天材料、高端装备制造等产业为核心“一园多板块”的发展态势。入驻规模企业60余家，拥有高新技术企业14家、上市企业1家、拟上市企业5家，园区连续4年总产值增速超20%。园区获得“国家级新型工业化产业示范基地”“专利导航产业发展实验区”等荣誉。推介会上，吕城镇相关负责人介绍该镇产业特色、2020年经济运行情况、东部园区概况，并对相关招商政策进行解读。部分客商围绕自身基本情况及相关发展需求作交流发言。上海、杭州、苏州、无锡、常州等地40余家企业参加交流会。（史志办）

【27个项目集中“云签约”】 2020年12月16日，丹阳市举办产业项目“云见面”集中签约仪式，线上隔屏会友、线下牵手合作，共27个项目通过“不见面”方式集中“云签约”，总投资76亿元。各镇（区、街道）与企业方相关负责人现场对屏签约。2020年，丹阳市开展招商活动183场次，同比增长47.5%；签约总投资亿元（外资1000万美元）以上产业项目62个，总投资241.71亿元，其中30亿元及以上项目2个、15亿元及以上项目3个。除签约项目外，在手在谈项目88个。（史志办）

【4个教育卫生重点民生项目集中开工】 2020年12月18日，丹阳市举行江苏省丹阳高级中学、吕叔湘中学、马相伯中学（含幼儿园）、市中医院迁址新建4个教育卫生重点民生项目集中开工仪式。

市中医院创建于1980年，迁址新建的中医院项目总用地面积约5.33公顷，总建筑面积约10万平方米，计划总投资8.8亿元，建成后床位规模发展至600张。建成后的中医院将围绕智能化管理、节能化设计、“一站式”就医的标准，打造高品质现代化三级甲等综合性中医医院，更好地满足市民，尤其是南部片区百姓的就医需求。

图93 中医院（新址）效果图

江苏省丹阳市高级中学新校区位于练湖度假区，是一所26轨78班高中学校，学校用地约17.33公顷，建筑面积约14万平方米，计划总投资7.23亿元。

图94 江苏省丹阳市中学新校区效果图

吕叔湘中学新址位于高新区，总投资约5.9亿元，占地面积约13.33公顷，总建筑面积约11.6万平方米。建成后的新校区每年级设26轨，拥有78个教学班，可容纳学生约4000人。

图95 吕叔湘中学新校区效果图

马相伯中学（含幼儿园）建设项目位于开发区齐梁路东侧、兰陵路北侧，项目总投资3.2亿元，占地5.73公顷，总建筑面积5.35万平方米。建成后，马相伯中学可容纳学生1800人，幼儿园可容纳学生360人。

图 96 马相伯中学（含幼儿园）效果图
（史志办）

企业及科技信息

【江苏仅一公司主导起草一国家标准发布】 2020 年 3 月，国家市场监管总局、国家标准委联合发布公告，由江苏仅一联合智造有限公司主导起草、全国食品包装机械标准化技术委员会归口的 GB/T38460—2020《多列条状袋包装生产线》国家标准发布，于 2020 年 10 月 1 日正式实施。条状包装袋以方便携带、包材利用率高等优势，在食品、药品、固体饮料等行业中广泛使用。本标准技术先进、经济合理，为保障粉、粒条状包装流水线设备的性能及质量安全，促进奶粉、食品、医药、化工等包装行业的健康发展，同世界发达国家产品接轨，提供重要技术支撑。仅一公司是中国最大的粉粒类自动化包装设备及包装整体解决方案供应商，是国内唯一可以与 BOSCH、ROVEMA 等国际高端包装设备制造商相抗衡的制造企业，主导制定 GB/T17313—2009《袋成型—充填—封口机通用技术条件》、JB/T10952—2010《粉、粒听装包装生产线》、GB/T26993—2011《奶粉定量充填包装机》，参与制定 GB/T29015—2012《装盒机通用技术条件》等 5 项国家标准或行业标准，填补包装机械行业内多项标准的空白。（史志办）

【2 个省级标准化试点项目通过验收】 2020 年，丹阳市 2 个省级标准化试点项目通过江苏省市场监督管理局组织的专家组评估验收。试点项目分别是江苏奇一科技有限公司承担的高性能热塑复合材料制备高新技术自主创新标准化试点和江苏堂皇集团承担的家纺行业客户服务标准化试点。江苏奇一科技有限公司建立涵盖技术标准、管理标准和工作标准的企业标准体系各类标准 425 项，覆盖生产经营各个环节，企业标准占比 84.7%，专利成果标准转化率 100%。公司的高性能热塑复合材料产品以其轻质、高强、环保的优势，全面开拓航空、轨道交通、冷链物流、新能源汽车领域，试点期间销售额年度增幅 124%，公司成为国内连续纤维增强热塑复合材料行业的“领跑者”，连续 2 年列入国外复材行业全球重点关注的高性能热塑复合材料企业名单。江苏堂皇集团有限公司是中国家纺行业床上用品 4 项国家标准的起草单位之一，是中国纺织团体标委会单位成员。（史志办）

【天工国际进入中国钢铁行业品牌榜】 2020 年 5 月，由中国冶金报社组织评选的 2020 年中国钢铁行业品牌榜发布，天工国际有限公司获“2020 年中国优特钢市场优秀品牌”，品牌影响力位居第一位。作为国家重点发展的先进基础材料工模具钢、战略新材料钛合金、前沿新材料粉末冶金专业生产制造商，天工国际跻身世界工模具钢强企前 2 强，高速工具钢产品入选全国制造业单项冠军。天工国际将品牌建设作为企业发展的核心，以品牌塑造助力企业高质量发展，坚持走“品种多元化、应用领域高端化、品质精益化”之路，不断塑造企业形象，着力打造专业化、定制化的品牌体系，持续提升公司价值创造能力，致力成为世界新材料行业的引领者。（史志办）

【天工工具公司获江苏省省长质量奖】 2020 年 9 月 27 日，江苏省质量大会公布 2020 年江苏省省长质量奖，天工工具公司获江苏省省长质量奖。江苏省省长质量奖是省人民政府设立的质量奖项，每年评定一次，分为“江苏省省长质量奖”和“江苏省省长质量奖提名奖”，数量各不超过10个（含组织和个人），目的是为了树立全省质量标杆，引导、激励各类组织和个人加强质量管理，追求卓越绩效，注重自主创新，促进质量强企和质量强省建设，推动全省经济社会高质量发展。（史志办）

【丹毛纺织股份有限公司一项目获省科学技术一等奖】 2020年，江苏丹毛纺织股份有限公司参与的“农村经济作物废弃物高值化利用技术”项目，获得江苏省科学技术奖一等奖。丹毛纺织股份有限公司参与的该项目，以农林经济作物及废弃物高值化利用为突破口，开展针对农村经济作物及废弃物处理系列关键技术研究及其产品开发。其主要技术内容包括：针对农村经济作物及废弃物地域性、多样性的基本特点，研究天然植物染料物理强化绿色提取与分离识别关键技术，首次推出涵盖红、黄、蓝、棕、紫、黑、灰7种色系的植物染料；建立利用物理均质及快速分离技术调控提取物纯化程度的新方法，克服传统植物染料染色存在的上染率低、色牢度低、重现性差、助剂量大等缺点；发明基于植物染料稳定提质的绿色印染技术，创造性地提出无盐无助剂环保染色技术、土地无盐碱化风险，提出染色废水循环利用技术，回用率达95%；将提取残渣定向热解制备生物炭，集成高值资源化综合利用技术与装备，提出并构建具有近零排放特点的“农村经济作物废弃物梯级高效资源化利用新模式”，获得植物染料、系列染制品、生物炭缓释肥等系列高值化绿色产品。丹毛纺织股份有限公司参与的该项目形成具有自主知识产权的技术发明，提出解决农村经济作物废弃物高值化利用的有效方法，对带动农业轻工业产业升级具有重要意义。项目获授权发明专利30件，技术成果在全国15家企业推广应用，累计处理废弃物超过25万吨，开发植物染料20余种，新增产值23亿元，帮助1063户农民家庭脱贫。（史志办）

【江苏标龙智能制造产业园落户丹阳】 2020年5月25日，江苏标龙（丹阳）智能制造产业园与陵口镇政府签约仪式举行。江苏标龙（丹阳）智能制造产业园总用地约33.33公顷，总建筑面积约90万平方米，计划总投资30亿元。产业园根据“产业集群、产城融合、资源共享、产融互动”的运营模式，将园区规划为产业集聚区、商务服务区、仓储物流区、城市生活区、产业研发中心等功能分区，预计建成后入园企业达150家，公顷均税收300万元。6月26日，江苏标龙（丹阳）智能制造产业园举行开工奠基仪式。开工奠基仪式上，中国建设银行丹阳支行、中国工商银行丹阳支行、丹阳农商银行共授予江苏标龙（丹阳）智能制造产业园意向合作30亿元。（史志办）

【江苏（丹阳）万洋众创城开工】 2020年5月28日，江苏（丹阳）万洋众创城在丹北镇举行开工仪式，万洋集团是一家制造业聚集平台运营商和中小企业集群服务商，在长三角、珠三角及重点区域中心城市开发园区面积超5000万平方米，入园企业超12000家。万洋众创城项目位于丹北镇产业核心区块，投资近30亿元，项目总体规划用地31公顷，建筑面积约60万平方米，预计引进超200家中小企业，提供5000个就业岗位。市长黄万荣希望丹北镇和相关部门，秉承诚信之道，坚持靶向服务，发扬“店小二”精神，发挥“保姆式”作用，推动项目早建成、早达产，共同将丹阳万洋众创城“产业集聚、产城融合、资源共享、产融互动”的制造业园区集聚效应发挥到最大值、最高峰。开工仪式上，中国工商银行丹阳市支行、中国农业银行丹阳市支行、丹阳农商银行、浙商银行常州分行共授予丹阳万洋众创城开发有限公司按揭意向额度28亿元；4家入驻企业现场进行签约。（史志办）

【3个企业获中国专利奖】 2020年，国家知识产权局公布第二十一届中国专利奖获奖名单，丹阳市丹祈纺织有限公司“玉米生物基纤维皮感休闲面料的制备方法”、江苏乐能电池股份有限公司“一种铝箔预涂纳米导电碳底涂液的配置及其涂敷的方法”、大亚科技股份有限公司“一种超低甲醛释放量刨花板的制备工艺”分别获本届中国专利奖优秀奖。（史志办）

【金宇（丹阳）生物医药基地项目落户丹阳】 2020年7月21日，丹阳经济开发区与金宇生物技术股份有限公司、国药集团融资租赁有限公司共同签订金宇（丹阳）生物医药基地三方合作协议。该项目总投资15亿元，将围绕生物药，打造国内生物药品种聚集地、生物药新品种中试孵化基地以及国内生物药新品种上市服务平台。金宇（丹阳）生物医药基地项目由国药和金宇生物股份联合投资，计划建设占地面积6.87公顷。基地项目将围绕生物药，重点引入即将进入临床阶段的一类、二类生物药新品种，打造国内生物药品种聚集地；围绕引入新品种的成果转化，建设中试试验基地并加大对生物药的临床前研究投入，打造生物药新品种中试孵化基地；围绕已进入临床阶段的新品种，加大临床研究投入，重点对已进入临床三期的成熟品种，提供包括新药上市申请全流程服务，打造国内生物药新品种上市服务平台。基地项目相继在自身免疫、哮喘、疼痛和肿瘤等领域，引进或合作开发6个重磅产品。

（史志办）

【明月镜片与中国登山协会战略合作】 2020年7月31日，丹阳市眼镜领军企业明月镜片公司与中国登山协会在上海举办战略合作签约仪式。双方将在多方面展开合作。2020年5月，中国登山队登顶珠峰完成高程测量，明月镜片公司研发制造的“近视太阳镜片Pro系列”镜片成为队员征服珠峰的防护眼镜。明月镜片公司注重研发投入，公司建立全球领先的镜片原料研发生产中心、行业首个院士专家工作站、眼镜光学工程技术研究中心等，成功推出KR树脂、PMC超亮、1.71、超韧等多款行业领先的树脂镜片材料。（史志办）

图97 2020年7月31日，明月镜片公司与中国登山协会签订战略合作协议

（史志办）

【5个项目获省标试点或地标立项】 2020年6月，江苏省市场监管局、江苏省发改委下达2020年度省级标准化试点项目计划，恒宝股份有限公司申报的5G物联网安全模块、江苏万新光学有限公司申报的耐高温防护镜片2个项目获批省战略性新兴产业标准化试点。7月，省眼镜光学标委会申报的《镜片减反射膜层耐久性能测试规范》和《视光学检查规范》，以及江苏江南生物科技有限公司申报的《草菇工厂化生产技术操作规程》3项地方标准获江苏省市场监管局批准立项。至2020年8月，丹阳市共建有国家级和省级标准化试点项目31个，主导起草国家标准、行业标准、省市级地方标准和团体标准112项。（史志办）

【鱼跃医疗设备公司入选省科技成果转化专项资金项目】 2020年8月，江苏省科技成果转化专项资金拟立项项目名单公布，江苏鱼跃医疗设备股份有限公司成为入选企业之一。

（史志办）

【丹阳沃特污水处理厂三期（扩建）工程建成通水】 2020年12月2日，丹阳沃特污水处

理厂三期（扩建）工程，日处置2万吨污水装置建成通水。丹阳沃特污水处理有限公司位于丹阳经济开发区中部，占地3.43公顷，主要处理开发区建成区范围内的生活污水和部分工业废水，以生活污水为主，出水执行一级A标准。（史志办）

【兰卫（丹阳）医学检验中心项目落户开发区】 2020年12月17日，丹阳市举行兰卫（丹阳）医学检验中心项目签约仪式，上海兰卫医学检验所股份有限公司、国健（江苏）健康产业发展有限公司、丹阳市政府、丹阳经济开发区4方签订合作协议。兰卫（丹阳）医学检验中心项目落户丹阳，将为丹阳市生命科学产业园和国药生物医药基地完善综合性公共技术服务平台以及丹阳安全和应急产业基地中医疗检测能力、医用试剂耗材保障提供重要支撑。该项目选址位于国药丹阳医药基地区域内，将依托上海兰卫医学检验所产业资源，围绕“医、教、研、产、供、服”布局产业，构建国内一流的医学检验和服务平台。项目预计总投资5亿元，计划分两期建设实施。（史志办）

【鱼跃医疗与霍尼韦尔达成战略合作】 2020年12月17日，鱼跃医疗集团和霍尼韦尔签署战略合作协议，在抗击新冠肺炎疫情中，鱼跃医疗集团和霍尼韦尔共同为全球抗疫出力，用新技术丰富医疗产品供给，推动产业转型。（史志办）

【3家企业参与物流行业标识解析创新中心成立】 2020年12月28日，工业互联网标识解析推广应用大会暨物流行业标识解析创新中心在镇江揭牌，丹阳市诺得物流股份有限公司、江苏超力电器有限公司、沃得农业机械股份有限公司3家企业与中国联合网络通信有限公司江苏省分公司、江苏东大集成电路系统工程技术有限公司、南京未来网络产业创新有限公司、江苏科技大学、江苏飞力达国际物流股份有限公司联合成立工业互联网标识解析物流行业创新中心。

创新中心将重点推进主动标识技术应用，把工业标识嵌入物联网卡、通信模组、工业网关内，加速推进标识业务的产业化、规模化。同时，将搭建面向重点行业的标识解析模拟和验证环境，力争通过先进技术、应用成果、示范项目的线上线下融合，推动工业互联网标识解析体系的落地。诺得物流承建的道路货物运输行业标识解析二级节点是全省已建成的13个二级节点之一，也是镇江市首个二级节点，在8个标识应用场景提供10余项创新应用，是2019年工信部工业互联网试点示范项目。沃得农机公司的二级节点项目通过专家评审，成功入围2021年江苏省重点培育建设的30个项目库。（史志办）

【恒宝股份获得依兰奖】 2020年，恒宝股份有限公司设计的“岭云通”纪念卡在国际卡制造商协会（ICMA）2020年依兰奖（ELAN）评比中获最佳荣誉依兰奖奖牌。依兰奖是国际卡制造商协会为表彰全球制卡行业在卡片设计、工艺技术、安全以及设备制造等6个不同领域卡制造业最高成就的奖项，由全球顶级专家投票选出，每年举办一次，具有“制卡业奥斯卡奖”之称。恒宝股份有限公司这款获奖的公交一卡通周年纪念卡，以中式自然山水为背景，玉石与祥云相融，体现中国悠久的历史文化。

至年底，恒宝股份累计申请并获批各类专利1000多件。其中，发明专利占比70%以上。公司根据行业以及市场大环境的变化，积极面向市场需求端进行产品研发，组建不同产品的PU小团队，迅速响应市场需求，在产品研发和市场推广上取得较好成绩。（史志办）

综　合　管　理

栏目编辑　尹宏蔚

宏观经济管理

【概况】　2020年，丹阳市面对新冠肺炎疫情和复杂多变的国内外环境，全市上下坚决贯彻落实中央、省和市决策部署，一手抓疫情防控，一手抓复工复产，全面落实“六稳”“六保”任务要求，疫情防控取得阶段性胜利，经济社会发展保持稳中有进的良好局面，“十三五”顺利收官。全市实现地区生产总值1145.36亿元，比上年增长4.1%。完成全社会固定资产投资207.26亿元，比上年增长3.1%；规模以上固定资产投资184.06亿元，比上年增长10.8%；制造业投资88.24亿元，比上年增长28.5%。实现工业总产值1660.88亿元，比上年增长7.9%，其中规模以上工业总产值1228.15亿元，比上年增长9.9%。新增城镇就业人数16157人，比上年增长136.9%。地区生产总值、制造业投资、新增城镇就业、规上工业总产值增速列镇江第一。

（朱栋栋）

【产业项目建设】　2020年，丹阳市严格落实市领导挂钩、挂图作战、观摩调度等项目建设推进机制，通过举办产业强市“三集中”、项目大督查等活动，确保项目建设有序推进。省重大项目国药智能康复医疗器械产业基地完成投资6.5亿元，万洋、标龙等一批项目加快推进，42个镇江市级重点项目完成投资79.1亿元，超额完成年度投资任务。全市制造业投资比上年增长25%。国药智能康复医疗器械产业基地、金宇生物医药基地、鱼跃年产600万台医用雾化器及制氧机3个项目入选2021年省重大产业项目计划，数量位居镇江第一。

（朱栋栋）

【信用体系建设】　2020年，丹阳市持续稳步推进信用体系建设。依托市公共信用信息服务平台搭建联合奖惩子系统，实现交换共享、定向分发、自动提醒、实时响应、多方联动、直接反馈和动态调整等功能，为广泛嵌入行政监管和公共服务提供平台支撑。全年信用信息平台共归集各类数据240.03万条。出台《关于印发丹阳市环境保护领域失信企业及其有关人员联合惩戒合作备忘录的通知》，常态化发布诚信“红黑榜”，为8000多个市场主体和600多个自然人在评选评估、项目申报、入党入职等方面提供信用审查（查询）服务，加强公共服务、政府奖补资金等领域失信联合惩戒。城市信用指数全国排名从286位提升至92名，首次进入全国前百名行列。出台《丹阳市优化营商环境实施方案》，建立优化营商环境联席会议制度，打造廉洁高效的政务环境、政策环境、市场环境和法治环境。（朱栋栋）

【企业服务】 2020年，丹阳市主动靠前服务，企业发展环境持续改善。帮助全市生产疫情防控物资的企业实现提前开复工，指导企业做好疫情防控，出台《关于应对疫情支持企业共渡难关的政策意见》及实施细则，帮助企业共渡难关。帮助企业申报项目。鼎泰新材、顺发电器获评省级企业技术中心，超力电器、丹毛纺织获评省级工程研究中心。江苏万新和图南合金获国家级专精特新“小巨人”。沃得农机“5G+互联网应用”、万新光学高档树脂镜片数字化工厂等5个项目获1145万元省级转型升级资金支持。全年累计向上争取资金35.47亿元（其中专项债券34亿元）。加快市级政策兑现。为72个符合条件的企业和项目兑现奖补资金2111.98万元，为13家总部企业兑现奖励资金634.62万元，为网络货运企业、物流企业、再生资源企业共计兑现扶持资金3.39亿元。

（徐嘉瑛）

·定价管理·

【概况】 2020年，丹阳市价格服务工作坚持面向政府、面向司法机关办案提供价格认定服务，全力做好价格争议纠纷调解工作。全年共办理涉纪、涉刑事、涉行政执法案件价格认定329件，认定金额806.58万元，办理涉税财物价格认定886件，认定金额28.47亿元，有力打击犯罪，维护社会治安，保障全市经济健康发展。

（朱栋栋）

【收费管理】 2020年，丹阳市助力企业复工复产。为切实降低非居民用气成本，先后出台两次惠企政策，降低企业用气成本，帮助企业共渡难关。发挥价格杠杆作用，缓解供需双方价格矛盾，合理调整冬供气价。为缓解冬季全市供气方上游价格带来的影响，引导用气单位合理节约能源，1月起对丹阳2019年度非居民用管道天然气的冬供销售中准价上调每立方米0.26元，有效保障全市天然气正常供应。落实电价降价政策，走访转供电企业，向转供电主体送达《丹阳市转供电环节收费政策告知书》，确认政策落实情况，确保降价成果真正惠及终端用户。对全市新建商品房的申报价格进行审核备案，累计备案普通住宅商品房面积807554.37平方米，备案均价约每平方米11706元；前期物业普通住宅物业公共服务费标准审批4起，收费标准均价约每月每平方米1.29元。

（朱栋栋）

【定调价管理】 2020年，丹阳市经济发展局联合市场监督管理局对吾悦广场转供电收取终端用户电费专项检查，保障转供电环节降价红利传导到终端用户。同时，随机抽查5个乡镇的农村公共服务设施的水电气价格进行专项督查，确保农村水、电、气价格执行到位。定期或不定期地对全市7家农副产品平价商店直销区（店）进行现场检查，规范其经营行为，确保惠民价格政策落实执行到位。2020年，全市7家农副产品评价商店直销区（店）的销售总数量248.53万公斤，销售总金额1507.53万元，为民节支182.20万元。

（朱栋栋）

市场监督管理

【概况】 2020年，丹阳市围绕推进高质量监管、助力高质量发展的既定目标，围绕中心工作，全力服务“六稳”“六保”，全市市场监管工作取得显著成效。将合家欢、华南、城南市场纳入长效管理体系，建成区15家农贸市场展现“安全、文明、有序”的新面貌。创成省级食品安全示范市。知识产权工作受到省政府办公厅通报表扬。全市有效发明专利达2090件，有效注册商标超2万件，数量居镇江前列。创成江苏省省长质量奖1个，镇江市市长质量奖2个。加强农贸市场、餐饮行业、防疫物资、冷链食品等多个领域市场监管，有效防范食品药械、特种设备、产品质量安全风险。全年查办各类违法案件362件、罚没款入库

417 万元，受理投诉举报咨询 16154 件，办结率 96%，全年未发生重特大安全事故。推进个体工商户“互联网+登记”，突出做好疫情防控及复工复产期间的注册登记工作，压减外资企业、个体工商户审批时限。全年新增个体工商户 21408 户，比上年增长 55.71%，新增外资工商户 43 户，比上年增长 53.57%。省级眼镜产业知识产权维权援助站完成验收。“一站式”服务体系和“快授权、快调解、快维权”机制取得良好成效，快维中心满意度名列全国第一。江苏天工集团获“江苏省省长质量奖”，荣嘉精密机械公司获江苏省第一批“江苏精品企业”认证；江苏超力公司、明月镜片公司获“镇江市市长质量奖”；3 家企业被评定为江苏省质量信用 AAA 级企业。标准引领作用明显，全市累计拥有国家级标准化技术组织 4 个、江苏省级标准化技术委员会 1 个，总数占镇江全市二分之一。（朱　翔）

【疫情防控监管】 2020 年，丹阳市市场监督管理部门牵头全市冷链食品防控工作，依托“江苏冷链”“镇江集中监管仓”APP 对进口冷链食品进行全程监管，对冷链食品相关企业、人员开展动态排查，对中合新农集中仓驻点监督，完成 2 起涉疫食品排查处置。在熔喷布整治中，累计扣押相关产品 86 批次约 30 吨。督促全市农贸市场按照《疫情防控技术指南》落实防疫措施，全面禁止非法野生动物交易，严格落实活禽区规范整改。及时掌握防疫药品、医疗器械使用及需求情况，积极倡导规模以上药店零售企业储备货源，保障供应。加强防疫商品价格监测，查处价格违法行为 3 起，制定《关于稳定口罩等防疫用品价格的政策建议》。依托“实名购买登记”小程序实现药店智慧防控全覆盖，累计登记退烧类药品购买信息 39000 余条。（朱　翔）

【安全监管】 2020 年，丹阳市市场监督管理部门推进安全生产整治，累计对 1654 个单位 1672 台特种设备开展现场检查，下达监察指令书 314 份，发现隐患 803 条，全部完成整改，立案查处特种设备违法行为 7 起。抽调机关干部参与全市安全生产“大起底”，排查市场主体 931 家，筛查各类隐患 853 起，发出责令整改通知书 304 份。持续深化食品安全监管，制定党政领导干部食品安全责任清单，与镇区街道签订目标责任书，不断压实食品安全责任。以校园食品、餐饮质量、保健食品等为重点开展专项整治和日常检查，查处食品违法案件 58 件，食品抽检量达每千人 4.6 批次。创成 15 家“名特优”小作坊、16 家“省级餐饮示范店”，开展非公企业星级示范食堂评选，“明厨亮灶”获市“十佳服务品牌”。加强药械安全监管，督促药店经营者落实主体责任，一级响应期间暂停退热药品销售，年末对购买退热药品顾客电子化实名登记。对防疫医疗器械经营、使用单位开展全覆盖检查和抽检，对中药饮片、集采药品、互联网销售药品医疗器械等环节进行专项整治，开展“飞行检查”22 家次，查办违法案件 17 件。提升产品质量监管，对眼镜、汽车零部件等 8 大类 18 个重点产品开展专项抽检 346 批次。全市重点支柱产业、消费品企业、高危行业产品抽查合格率保持在 95%以上。对工业产品许可证目录管理产品实现全覆盖检查，对 27 家眼镜产品“国抽”、“省抽”不合格企业开展集中约谈。（朱　翔）

【重点领域监管】 2020 年，丹阳市市场监督管理部门通过市场监管信息平台归集各类涉企信息 15602 条，为涉企信息归集、证照联动监管、双随机抽查和失信联合惩戒提供可靠支持，数据量居镇江市首位。全年开展市场监管领域“双随机、一公开”抽查 83 次，抽查主体 1899 户，开展“部门联合双随机”抽查 30 次，抽查主体 113 户，对 98 户被列入严重违法失信名单的企业实施联合惩戒。落实省委省政府《关于强化知识产权保护的实施意见》，开展知识产权执法维权专项行动，查处假冒专利案件 109 件，商标侵权案件 48 件，调解专利侵权纠纷 10 件。组织召开公平竞争审查联席会议，对全市公平竞争存量清理和增量审查工作开展全程督查指导。推广线下实体店无理由退货承诺，加强元旦、春节、“6·18”“11·11”等网络商品集中促销期互联网广告监测力度，对作弊电子计价秤、改装秤进行集中整治，提升民生保障水平。（朱　翔）

【动产抵押惠企业】　2020年，丹阳市市场监督管理部门按照新的《动产抵押登记办法》规定，推行“全国市场监管动产抵押登记业务系统”运用，做好动产抵押在线登记工作。帮助企业解决融资困难，特别是将小微企业作为动产抵押的重点服务对象，帮助小微企业解决在发展中遇到的资金紧缺问题，促进小微企业健康、快速发展。至年底，共登记设立动产抵押120份，占镇江全市的45%，主债权数额合计120286.27万元，登记变更6份，登记注销13份。（朱　翔）

【全国汽车标委会仪表分委会在丹阳成立】
2020年，国家市场监管总局发布公告，全国汽车标准化技术委员会仪表分技术委员会（SAC/TC114/SC8）秘书处承担单位，由芜湖汽车仪表研究所调整为丹阳市的江苏新通达电子科技股份有限公司，10月，在江苏新通达电子科技股份有限公司举行成立仪式，活动宣读公告函，现场举行揭牌仪式。全国汽车标准化技术委员会仪表分技术委员会秘书处设在丹阳，为丹阳市中国汽车零部件制造基地取得更多的行业话语权，为推动汽车仪表产业发展、产品同国际接轨提供支撑。

江苏新通达电子科技股份有限公司位于丹阳市丹北镇，为国家火炬计划高新技术企业、全国车用仪表龙头企业和中国汽车工业协会车用仪表委员会理事长单位，主要从事车用仪表的研发、生产及销售。公司实验室具备CMA及CNAS资质，其研发能力、制造能力和检测能力等均处于国内一流水平，2019年承担省级CAN总线数字化汽车仪表战略性新兴产业标准化项目试点。（朱　翔）

图98　2020年10月12日，全国汽车标准化技术委员会仪表分技术委员会（SAC/TC114/SC8）秘书处在丹阳举行成立大会

（朱　翔）

【8家单位通过省“诚信计量示范单位”认定】
2020年11月9日，江苏省市场监督管理局官网发布《关于2020年度省级诚信计量示范单位认定结果的公示》，丹阳市8家单位进榜。

该8家获奖单位是丹阳市万新眼镜配镜中心新民路店、丹阳市开发区小陆眼镜商行、江苏镜暴网络科技有限公司、明月镜片股份有限公司丹阳分公司、丹阳市香逸大酒店发展有限公司、丹阳市界牌镇爱尚金润发超市、丹阳江天加油站、丹阳市丹金综合市场有限公司。其中万新眼镜、小陆眼镜、镜暴网络科技作为“诚信计量示范效应好、群众认可”代表进入“江苏省诚信计量示范单位奖励”名单，同时也是镇江市范围内受到省级奖励的仅有的3家经营单位。（朱　翔）

【国家食用菌标准化区域服务与推广平台项目通过验收】　2020年11月16日，国家市场监督管理总局标准技术司组织的2019年农业标准化区域服务与推广平台专家验收会在北京召开，会上，由江苏江南生物科技有限公司主持完成的国家食用菌标准化区域服务与推广平台项目顺利通过验收，这是丹阳市首个通过验收的国家级农业标准化区域服务推广平台。该平台将长江中下游区域食用菌产业先进成熟的新技术、新成果及时转化为标准，通过标准的广泛宣传贯彻和实施推广，促进食用菌产业的提质增效。专家组评估认定，该项目实现既定的建设目标，具有显著的示范作用和推广前景，对项目建设给与高度评价，并对平台下一步建设提出指导意见。（朱　翔）

图 99　2020 年 11 月 16 日，国家食用菌标准化区域服务与推广平台项目验收汇报会在北京举行（朱　翔）

【国有企业重大事项管理办法出台】　为依法履行出资人职责，进一步规范市属国有企业重大事项管理行为，推动企业实现“两个效益”相统一，2020 年 12 月 25 日，丹阳市出台《丹阳市市属国有企业重大事项管理办法》。该办法对市属国有企业进行重大投资、合并、分立及解散、申请破产、改制、上市、国有产权变动等重大事项的管理程序、权限和议事规则作详细规定。形成国资监管过程中相关各方的履职清单，厘清权责界限。（朱　翔）

• 知识产权工作 •

【概况】　2020 年，丹阳市以引领和支撑产业发展为目的，强化面向企业的知识产权服务。定期发布年度知识产权工作要点，制定并出台《丹阳市知识产权专项资金管理办法》，依托本级财政设立知识产权专项资金，保障知识产权工作的有效开展。市知识产权局根据上级部门转办的与疫情相关的商标恶意注册线索，就规范商标注册申请行为，行政约谈涉嫌恶意抢注商标的两家企业，撤回抢注商标的注册申请，并通过市场监督管理局稽查大队对相关企业进行立案查处。开展专项座谈，对市佳护医用器械有限公司在协调解决企业复工复产问题的工作中保护专利的问题，给出“维权建议书”。（朱　翔）

【指导企业示范创建】　2020 年，丹阳市知识产权局分别为 2017 年和 2019 年获“江苏省正版正货示范街区”的新城吾悦商业管理有限公司、森林国际家居购物广场进行授牌。推动华东建材市场“正版正货”示范街区创建，指导其成立组织机构，聘请专职法律顾问，开展知识产权保护的培训、宣传工作；成立创建知识产权维权办公室，设立举报投诉箱和接待投诉登记处理制度，市场内商家作出“四不承诺”，制定销售“正版正货”公约，建立知识产权联盟，主动接受监督。指导新城吾悦商业管理有限公司开展省知识产权局“实体市场知识产权管理规范”标准化试点工作。（朱　翔）

【知识产权宣传】　2020 年 4 月 22 日，丹阳市知识产权局、司法局、公安局、文化广电体育和旅游局、检察院、律所等单位，在丹阳市华东建材城开展知识产权宣传周联合宣传普法活动，现场摆放宣传展板 20 余块，发放《中华人民共和国商标法》《中华人民共和国专利法》《规范商标申请注册行为若干规定》《版权登记与维权入门》《新冠肺炎防控常用法律知识 50 问》《常用法律知识 100 问》等宣传手册 1000 余份，现场回答各类咨询 30 余件。该活动被江苏省知识产权局公众号推广宣传。在《中华商标杂志》发表文章《制止商标恶意申请注册要齐抓共管》，在“学习强国”刊载《高质量发展：江苏丹阳知识产权服务》《护航企业海

外拓市场》稿件。丹阳市融媒体中心《行风热线》作解答群众难点热点问题直播。（朱 翔）

图 100 2020 年 4 月 22 日，丹阳市开展知识产权宣传周联合宣传普法活动

（朱 翔）

【新增专利和商标申请】 2020 年，丹阳市以引领和支撑产业发展为目的，强化面向企业的知识产权服务，助力专利和商标申请。全年新增专利申请总量 7486 件，其中发明专利申请量 1022 件；新增专利授权总量 5805 件，其中发明专利授权量 200 件；全市万人发明专利量达 21.05 件；全年新增商标申请量 7053 件，新增商标注册量 4501 件，其中丹阳花王生态工程股份有限公司注册号为 4215902 的商标被国家知识产权局认定为“中国驰名商标”，成为丹阳市第 24 个行政认定的驰名商标。（朱 翔）

【知识产权执法】 2020 年，丹阳市开展春季地理标志整治、江苏省知识产权“双随机、一公开”监督检查、镇江市知识产权执法保护、全省知识产权执法等专项行动以及“双打护航”联合执法行动，共查处商标侵权案件 48 件，案值近 40 万元，查处假冒专利案件 109 件，调解专利侵权纠纷 10 件。侵权商品主要集中在口罩、汽配、眼镜、酒、香醋、钻头。案件所属辖区分布在界牌镇 16 件、曲阿街道 13 件、云阳街道 7 件和丹北镇 5 件；案件所属生产领域 11 件，流通领域 26 件，服务业 3 件。（朱 翔）

·价格监督检查·

【概况】 2020 年，丹阳市根据“百姓敏感、企业关注”的价格收费热点，部署一系列民生领域和涉企收费专项行动。开展农村公共服务设施水电气价格监管专项行动，促进新农村建设和提高服务“三农”的质量。市管局、纪委、教育局联合开展民办幼儿园、校外培训机构、公办学校收费检查，巩固治理教育乱收费成果。开展非公立医疗机构收费专项检查，通过“双随机、一公开”的方式抽取 9 家进行收费检查，进一步规范非公立医疗机构收费行为。开展商品房明码标价检查，对部分物业服务企业收费情况进行检查，纠正个别物业服务企业强制收取垃圾清运费、擅自收取出入证工本费等违规行为。开展涉企收费检查。组织丹阳市住建局、公安局、自然资源和规划局等 7 个部门开展涉企收费自查自纠。对 2 家行政审批中介、1 家行业协会、商业银行和市水利局的收费执行情况进行重点检查。开展转供电价格专项检查。向 7 家转供电企业发放提醒告诫书，及时制止转供电企业违规加价行为，减少终端用户电费支出 20 万元。（朱 翔）

【稳定防疫用品市场价格】 2020 年年初，口罩、额温枪等防疫用品价格市场价格急速上涨，丹阳市采取多项措施稳定防疫用品市场价格。市管局“第一时间”提醒告诫，下发价格政策提醒函 169 份，约谈告诫经营户 147 家，制作专题节目并通过主流媒体第一时间向社会公众宣传报道市管部门工作举措。“第一时间”开展市场价格检查。疫情期间先后全市对口罩、额温枪、蔬菜、农副产品、熔喷布等价格进行检查，共检查经营者 307 家，公开曝光 2 起价格违法案件，维护市场价格秩序稳定。“第一时间”处理价格投诉举报，共处理价格投诉举报 127 件，做到事事有回音，件件有落

实。“第一时间”服务企业。深入鱼跃医疗等防疫物资重点生产企业，了解企业生产状况，帮助企业解决遇到的实际问题。（朱 翔）

·反不正当竞争工作·

【概况】 2020年，丹阳市从清理妨碍民营企业、中小企业公平竞争政策措施以及清理妨碍统一市场政策措施入手，有序推进公平竞争审查工作。国家、省相关政策出台后，及时通过主流媒体、新媒体、中国丹阳门户网站向社会各界进行广泛宣传，使社会各界充分了解公平竞争审查制度的具体内容和工作要求。对公平竞争审查实施意见进行专项解读，为全市各部门和镇区街道开展公平竞争审查工作提供业务指导。推进重点领域反不正当竞争执法行动，查处不正当竞争案3件，帮助明月镜片股份有限公司等企业加强商业秘密保护，维护全市公平的市场竞争格局。（朱 翔）

【民营企业排除限制竞争政策的公平竞争审查工作】 2020年，丹阳市市场监督管理部门开展清理现行涉及民营企业排除限制竞争政策的公平竞争审查工作，依据“谁制定、谁清理”原则，通过碰头会、提醒会等形式，要求重点涉民涉企镇区、部门，针对现行规章、规范性文件和其他政策措施中包含的地方保护、指定贸易、市场壁垒等内容进行自查自纠，重点把清理废除涉及民营经济发展的歧视性政策文件作为自查自纠重点。逐步建立健全审查机制，明确责任部门和审查流程，统一审查文书格式，规范审查程序，未发现违反公平竞争问题。（朱 翔）

·消费者权益保护·

【概况】 2020年，丹阳市市场监督管理部门开展整治利用合同格式条款侵害消费者合法权益专项行动，切实维护消费者合法权益，营造规范和谐的市场消费环境。采取行政约谈、集中培训、上门走访等形式，对合同相关法律法规进行详细讲解，引导经营者自我完善，指导市场经营主体建立健全有关合同管理制度，加强制度落实。为防止社会关注度高的校外培训机构在与消费者签订培训合同时，利用不公平、不合理的格式条款侵害消费者的合法权益，7月，市场监管部门对全市范围内的以中小学生为对象的学科类培训机构使用的合同文本进行检查，共收集14份校外培训机构合同文本。至年底，共受理消费者投诉、举报、咨询、建议合计16160起，法定办结率100%，消费者投诉举报满意率达98%。（朱 翔）

【消费维权宣传】 2020年，全国“3·15”晚会因受到疫情影响延期，丹阳市利用新媒体渠道，以线上渠道为新阵地，发布消费者维权知识和典型案例。7月16日“3·15”晚会后，市管局针对汉堡等快餐店遭曝光的现象，组织有针对性、重点性的各类执法检查13次，有效保障全市健康消费环境。完善全市21家消费维权服务站网络体系建设，提升企业主动保护消费者权益意识，提升服务质量。建设丹阳八佰伴、欧尚超市、森林家居3家在线纠纷解决机制（ODR）企业，把投诉与商家直接衔接，充分应用矛盾双方协商和解，搭建消费矛盾纠纷多元化解决机制，推动八佰伴、新森林家居2家商超共计112家商户签订线下七天无理由退货制度，推动“无理由退货”由线上向线下延伸，增强消费者消费信心，进一步释放消费潜力。（朱 翔）

检验检测管理

【概况】 2020年，丹阳市检验检测中心完成眼镜产品检验检测3929批次，机动车零部件产品检验检测3256批次，计量标准到期复查18项、检定校准计量器具8万余台、定量包装870批次，食品检验检测1558批次，纺织与鞋类专抽80批次，条码系统成员注册104户，系统成员续展139户，胶片制作160张。

（吴夏云）

【眼镜产品质量监督检验工作】 2020年3月，丹阳市检验检测中心（国家眼镜产品质量监督检验中心）主要起草的中关村视界裸眼立体信息产业联盟团体标准《应急防疫用眼面罩防护具》发布，针对疫情防控的新一代护目镜等研发与产业化，筑起标准和检测防线。6月11日，国家眼镜产品质检中心通过国家认监委和CNAS扩项评审工作，完成对老视成镜、未割边镜片、眼镜架镍析出、蓝光防护膜、个人用眼护具等6个产品或参数的能力认可。7月2日，由丹阳市检验检测中心（国家眼镜产品质量监督检验中心）承担秘书处的江苏省眼镜光学标准化技术委员会申报《镜片减反射膜层耐久性能测试规范》《视光学检查规范》地方标准项目获江苏省市场监管局2020年度第一批江苏省地方标准立项。8月7日，国家眼镜产品质量监督检验中心参与起草两项国家标准（《眼面部防护焊接防护第2部分：自动变光焊接滤光镜》；《眼面部防护焊接防护第1部分：焊接防护具》），经国标委立项。10月14日，江苏省市场监督管理局评估由国家眼镜产品质检中心承担的江苏省眼镜光学标准化技术委员会（JS/TC28）为江苏省优秀标准化技术委员会。2020年，丹阳市检验检测中心（国家眼镜产品质量监督检验中心）完成检验检测3929批次。（吴夏云）

【机动车零部件产品检验工作】 2020年11月20日，丹阳市检验检测中心机动车零部件产品检验部在工信部装备中心《关于公开检验检测机构备案信息（第三批）的通知》中，完成备案工作，获得工信部道路机动车零部件灯具、内饰件的公告资质。2020年，机动车零部件产品检验部完成检验检测3256批次。（吴夏云）

自然资源和规划管理

【概况】 2020年，丹阳市完成11个批次的村镇建设用地农转用及征收工作，总面积197.79公顷，新增建设用地165.20公顷，全力保障一批省、市重大产业项目以及重点城建民生项目用地指标。处置批而未供土地212.33公顷，位列全省各县（市、区）第五位。分别盘活低效用地、闲置土地278.67公顷、86.27公顷，均超过上级下达任务数。开展农村集体经营性建设用地入市试点工作，推动符合规划和用途管制的农村集体经营性建设用地进入市场，和国有土地享有同权同价，促进城乡统筹发展。针对森林防火、地灾防治等工作季节性、周期性特点，提前谋划部署，做好隐患排查，强化责任落实，防范重特大事故发生。深化“放管服”改革，开展“多测合一”工作，实现“一次委托、统一测绘、成果共享”，减少50%的测绘时间，降低30%的测绘费用。推进“多审合一、多证合一”改革，合并规划选址和用地预审，合并建设用地规划许可和用地批准，减少审批环节，缩减办理时间；启动“交地即发证”“交房即发证”模式，助力优化营商环境。深化“丹心为民，阳光登记”不动产登记品牌，推出商品房转移登记和抵押登记合并、商品房预告登记和预抵押登记合并的办理机制。2020年，丹阳市自然资源和规划局“先锋自然，让服务跑起来”项目获丹阳市作风效能“十佳服务品牌”。（周玄究）

【“十项举措”优化营商环境】 2020年，丹阳市自然资源和规划局印发“打通中梗阻、优化营商环境”专项活动实施方案，以十项举措掀起效能革命。一是以分局、科室为单位从思想认识、执行能力、责任担当、服务效能四方面开展“中梗阻”问题摸排，聚焦问题、找准“病灶”，制定整改提高措施。二是打造帮办团队，成立业务综合服务办公室，全程跟进，代办专办，靠前服务，实现审批提速提效的集中突破。三是优化基层分局服务，强化审批服务“全链条”办理能力，制定具体实施办法，确保事项“放得下、接得住、管得好”。四是全面梳理调整内外办事大小流程，建立标准化事项清单，修订完善办事指南、申请表格范例，优化项目审批分类指引。五是推行“一窗受理”体系，以业务综合服务办公室完善“前台综合受理、后台分类审批、窗口统一出件”的工作流程，提升窗口服务水平。六是通过“3个合并”“1个简化”整合优化审批服务事项，即合并规划选址和用地预审，合并建设用地规划许可和用地批准，多测整合、多验合一，简化报件审批材料等，进行流程再造，完善便民措施。七是持续优化不动产登记服务水平，推进“交房（地）即发证”和新办事大厅建设。八是在业务整合及流程再造等事项明确后，以需求为导向逐步推进信息系统整合，合力打造“互联网＋政务服务”的网络信息平台。九是开展对标争创先锋活动，建立服务考核和评价体系，完善内部管理制度。十是开展活动督查，强化过程管控，对专项活动开展专项督查，对工作不力、推诿扯皮导致服务对象投诉造成不良影响的单位和个人严肃问责。

（周玄究）

【部署森林防火专项整治行动】 2020年1月7日，丹阳市政府召开专题会议，部署落实冬春森林防灭火工作，推进森林防火专项整治行动，市政府分管领导，开发区、访仙镇、丹北镇分管领导及农服中心主任，市林场负责人，市森林防灭火指挥部成员单位分管领导共34人参加会议。会议要求认真贯彻落实习近平总书记关于安全生产工作的重要论述和一系列重要批示指示精神，践行好绿水青山就是金山银山理念，补短板、强能力，着力推进森林火灾治理体系和治理能力现代化，突出抓好各方面工作，确保不发生较大和重特大森林火灾，力争把森林火灾的损失降到最低程度。加强森林防灭火宣传教育工作，把森林防灭火安全教育和宣传工作贯穿于专项整治行动和森林防灭火工作的全过程，充分利用各种宣传方式；加强野外火源管理，加大防灭火执法检查力度，抓住重点时段、重点区域，组织开展全覆盖拉网式森林防火大检查、大排查、大整治；加强林区防灭火物资配备和投入，提高预防扑救能力，提高火情及时发现能力；加强火情监测工作，加强森林火灾扑救队伍和护林员队伍建设，提高防控战斗力；加强值班调度，准确掌握火情动态，确保“打早、打小、打了”，最大限度地减少损失。 （周玄究）

图101 2020年1月7日，丹阳市召开森林防灭火工作暨专项整治行动部署会

（周玄究）

【启动“多测合一”新建产业类项目】 2020年，丹阳市自然资源和规划局制定“多测合一”测绘服务清单，对自3月1日起报批的新（扩）建产业类项目提供免费“一站式”测绘服务。一次委托，联合测绘。统一规范标准，对工程建设项目从选址、征供地、工程建设、竣工验收等测绘事项进行整合，实行一次委托、一次告知，订立服务合同，提供全过程

高效优质测绘服务。有效降费，限时办结。优化作业过程，减少进场次数，比原有多项多次测绘缩减一半时间，费用降低30%。针对新建产业类项目，由市勘察测绘院提供免费测绘服务。整合数据，成果共享。建立信息化平台，推进测绘成果汇交、共享。服务评价，提升效能。项目单位对服务清单的分项内容完成情况进行确认，填写测绘服务满意度评价表，对测绘机构的服务质量进行评价和备案。（周玄究）

【新一轮地下管线普查补测】 自2005年丹阳市政管线普查以来，原普查数据已经不适应城市迅速扩张的发展需求，亟须摸清城市地下管线的全部“家底”。2020年，丹阳市以三年三期开展新一轮的地下管线普查补测工作。通过此次普查，管线长度估算6100公里，全面摸清城区（东至京沪高铁丹阳北站、西至312国道、南至312国道、北至通港公路）地下管线现状，实现对地下管线信息化管理，提升城市应急管理水平和隐患排查能力，提高地下管线日常管理维护、事故救援等城市管理水平，同时为国土空间规划编制提供翔实数据支撑。

（周玄究）

【森林防灭火技能培训和实战演练】 2020年4月2日，丹阳市组织开展森林防灭火技能培训和实战演练，出动防火车辆12台，携带风力灭火器等器具20台（把），投掷干粉灭火弹500发。市防灭火办、市森林防灭火指挥部成员单位、开发区消防中队、市林场、有关镇区等单位共50余人参加培训和演练。（周玄究）

【丹阳市土地利用总体规划修改方案获省政府批准】 2020年7月22日，江苏省政府批准丹阳市土地利用总体规划修改方案。原则同意在该市土地利用总体规划（2006—2020年）确定的耕地保有量和永久基本农田面积不减少、建设用地规模不增加的前提下，将433.2775公顷限制建设区、324.3759公顷有条件建设区调入允许建设区；将438.4278公顷允许建设区调入限制建设区；将324.3759公顷允许建设区调入有条件建设区。调整后，允许建设区规模减少5.1503公顷，限制建设区规模增加5.1503公顷，有条件建设区规模保持不变。

（周玄究）

【地质灾害防治工作】 2020年，丹阳市做好地质灾害防治工作，确保汛期安全。加强地质灾害隐患点排查，在汛期来临前对人员密集的集中点、学校及重点区域进行拉网式排查，排查出地质灾害隐患点、危险点27个，其中，重点隐患点、危险点4处。建立健全值班制度、速报制度、防治工作责任制度，值班人员24小时在岗值班，对出现的新情况及时准确上报。签订地质灾害防灾责任书，将各地质灾害隐患点监测人具体明确到相关责任人。在汛期前针对地质灾害隐患点及时发放地质灾害明白卡、避险卡，加强对已撤离人员的管理。针对气象部门汛期突发地质灾害预测，提升防范趋势，加密巡查，对全市地质灾害隐患点进行每周不少于两次的巡查。各属地政府、群防员全面落实“汛前排查、汛中巡查、汛后复查”工作要求，形成巡查台账。（周玄究）

【探索新建商品房“交房即发证”模式】 2020年，为落实江苏省、镇江市“放管服”改革要求，持续优化营商环境，丹阳市自然资源和规划局与相关部门协作，探索“交房即发证”新模式，优化办理登记前的竣工验收、地价核准、报税缴税、确权等流程，深化“互联网+不动产登记”，简化办证手续，减少跑动次数，让业主在交房的同时领取到不动产权证书，让购房者更加安心、顺心。11月20日，在“交房即发证”首发仪式上，丹阳华都幸福里小区业主26户业主在收房同时领取产权证书。

（周玄究）

图 102 2020 年 11 月 20 日，丹阳市举行"交房即发证"首发仪式 （周玄究）

·土地管理·

【概况】 2020 年，丹阳市以节约集约利用土地为导向，以促进城乡融合发展为目标，开展城乡建设用地增减挂钩工作，申报立项项目 46 个，建设用地总规模 188.6 公顷，验收确认新增农用地面积 175.73 公顷，项目规模排名镇江市各县（市、区）第一。坚持"两山"理念，统筹推进废弃矿山生态修复工作，在镇江率先完成长江经济带 10 公里范围内废弃露采矿山生态修复工程。巩固"国家森林城市"创建成果，常态化做好国土绿化工作，完成成片造林面积 446.67 公顷。建成国家森林乡村 4 个、省绿美村庄 4 个。结合新孟河延伸拓浚工程项目开展河流湿地修复，修复湿地面积 65.87 公顷。持续开展综合整治"三年行动"、耕地保护督察整改等工作，提升日常执法监管水平，加快消化存量违法用地。以"零容忍"态度坚决遏制新发生违法用地，做到"发现一起、查处一起、整改一起"。推进农村乱占耕地建房问题专项整治工作，完成问题图斑的摸排与上报。 （周玄究）

【集体经营性建设用地入市试点工作】 2020 年，根据江苏省《农村集体经营性建设用地入市试点方案（试行）》和《镇江市人民政府关于同意丹阳市为集体经营性建设用地入市试点地区的批复》部署要求，丹阳市作为江苏省试点地区开展集体经营性建设用地入市试点工作。通过入市试点，明确农村集体经营性建设用地入市的内涵、模式、方式等，完善市场交易规则和服务监管机制，建立公平合理的土地增值收益分配办法，健全农村集体经营性建设用地产权管理制度。根据《中华人民共和国土地管理法》等有关规定，结合本地实际，丹阳市先后出台《丹阳市农村集体经营性建设用地入市管理办法（试行）》《丹阳市农村集体经营性建设用地入市净收益管理办法（试行）》《丹阳市农村集体经营性建设用地入市土地增值收益调节金征收和使用办法（试行）》《丹阳市农村集体经营性建设用地使用权抵押贷款管理办法（试行）》4 个规范性文件。12 月 25 日，丹阳首批 3 宗集体经营性建设用地（宗地位于皇塘镇大南庄村，用途为工业用地）入市试点地块在江苏土地市场网挂牌公告，与国有建设用地网上交易并网统一运行，实行与国有土地同等入市、同权同价。 （周玄究）

【永久基本农田储备区划定】 2020 年，丹阳市结合第三次全国国土调查，采取内外业相结合的方法，对永久基本农田储备区逐图斑、逐地块实地核实，查清耕地利用现状，结合现有耕地规模情况，根据未来一定时期内重大建设项目占用、生态建设等补划永久基本农田需要，坚持"优进劣出"，编制永久基本农田储备区划定方案、数据库等划定成果。1 月 20 日，该成果通过镇江市组织的专家论证并予以上报。永久基本农田储备区划定是指将尚未划入永久基本农田保护范围但符合划定条件的优质耕地划入储备区。重大建设项目占用或整改补划永久基本农田的，直接在储备区中补划。此项工作是防止耕地"非农化"的基本保障，更是市民"菜篮子""米袋子"的保护罩。 （周玄究）

【工业用地更新调查】 2020 年 4 月，丹阳市组织有关部门在工业用地调查成果的基础上开展更新调查工作。此次调查内容为2018－2019年各类工业用地开发利用情况，包括位置面积、用地性质、建筑面积、投入产出、劳动用工、用水用电、污染排放等情况，为实施“亩均论英雄”提供精准数据。经调查，2019年，丹阳市工业用地规模5540公顷，企均占地每家1.26公顷，平均容积率0.72、建筑系数41.1%，地均税收每亩6.15万元。（周玄究）

·林业管理·

【概况】 2020年，丹阳市完成造林面积663.67公顷，其中成片造林449.68公顷、四旁植树65.12万株。更新和完善农田林网控制面积2000公顷。森林抚育面积1067公顷。经江苏省林业局认定，丹阳市2020年度林木覆盖率达到19.67%。办理林木采伐许可证106份，救助猫头鹰、白鹭、池鹭、夜鹭、灰鹭、隼、戴胜、黑冠鹃隼、斑鸠、眼镜蛇、银翠鸟、紫背鸦、蓝孔雀等保护动物37只。增设智能虫情测报灯1台、美国白蛾诱捕器116套；开展杨树食叶害虫注干防治1次、喷雾防治3次，主要林业有害生物成灾率控制在2%以下。（尹　星）

【森林防火】 2020年，丹阳市政府拨款330余万元，用于森林防火基础设施建设和森林物资的储备。在开发区、丹北镇、访仙镇建设防火通道6.26公里、防火隔离带3.27公里，对原有林区的13.10公里土路进行砂石化改造。在开发区、丹北镇、访仙镇、市林场新增28个视频探头、3个全球眼视频监控点，新增14个森林防火语音播报器，对市防火监控室进行改造。市防火物资库更新储备54台灭火机等17种防火物资。在丹北镇主要林区建设5座集中焚烧池。清理林下可燃物面积36.35公顷，全年未发生森林火灾。（尹　星）

【野生动物保护】 为全面禁止和惩治非法野生动物交易行为，革除滥食野生动物的陋习，维护生物安全和生态安全，有效防范重大公共卫生风险，切实保障人民群众生命健康安全，加强生态文明建设，促进人与自然和谐共生，2020年，根据《全国人民代表大会常务委员会关于全面禁止非法野生动物交易、革除滥食野生动物陋习、切实保障人民群众生命健康安全的决定》《江苏省禁食陆生野生动物人工繁育单位退出补偿及动物处置方案》要求，丹阳市对全市4个镇6家合法野生动物养殖户进行退补工作。共处置蓝孔雀9480只，其中进行无害化处理9466只，转型14只，补偿总金额473.56万元。（尹　星）

·城乡规划·

【概况】 2020年，丹阳市开展国土空间规划编制工作，突出城乡空间的合理布局和产业发展的要素支撑，推动构建空间分布有序、特色优势互补的城乡空间格局，通过高水平的规划推动产业高质量发展，提升产城融合水平。推进练湖、眼镜小镇以及大运河国家文化公园（丹阳段）等重点区域的各类规划，突出水乡特色，传承文化根脉，提升城市品质，促进绿色发展。完成生命健康产业园、齐梁路东侧区域等15个片区的控制性详细规划以及32个实用性村庄规划的编制，科学合理引导城乡建设，突出规划的引领和调控作用。严守数据真实底线，推进第三次全国土地调查工作，为自然资源规划工作提供数据基础。（周玄究）

【编制《丹阳市镇村布局规划（2020版）》】 2020年，丹阳市完成《丹阳市镇村布局规划（2020版）》编制。本次镇村布局规划包含全市域10个镇、2个街道，共145个行政村（其中云阳街道汉皇行政村已整体拆迁），12个涉农社区居委会，2803个自然村庄。《丹阳市镇村布局规划（2020 版）》规划期（2020－2035）确定规划发展村 511 个（其中集聚提升类村庄 362 个，特色保护类村庄 147 个，城郊融合类村庄 2 个），搬迁撤并类村庄 1129 个，其他一般村庄 1163 个。作为国土空间规划体系中的专项规划，镇村布局规划延续乡村与自然有机融合的空间关系，将为优化村庄布局、统筹城乡基础设施和公共服务设施建设、加强村庄规划管理、规范农民建房等工作提供不可或缺的重要依据。（周玄究）

【丹金溧漕河文化带景观设计方案专家咨询会】 2020 年 7 月，丹阳市组织召开丹金溧漕河文化带景观设计方案专家咨询会。专家组听取设计单位汇报，审阅相关材料，并提出相应意见以供设计单位修改完善。此次方案设计范围始于南二环，终于南三环。设计方案提出通过湿地生态修复，让人文与自然和谐共生，打造美丽滨河风光带；京杭大运河片区沿河景观，将保留现有的寺庙，以禅文化为契机，结合古运河的故事，打造丹阳吴越文化以及民俗文化的运河风光景观带；丹金溧漕河片区的沿河景观带，结合周边居民需求创建运动休闲活动区。（周玄究）

统计管理

【概况】 2020 年，丹阳市以提高数据质量为中心，强化统计监测研判，推进统计基础建设，加强基层统计力量。市政府下发《关于加强统计基层基础规范化建设的实施意见》，对健全统计机构、充实统计力量、改善工作条件、强化业务管理等作出明确规定，强调各镇区专兼职从事统计工作人员编制数，明确统计人员的政治待遇、工作环境、办公经费等方面问题。召开统计规范化建设现场推进会，强调为基层统计人员创造良好的工作环境，增强统计队伍的稳定性。多场次举办全市统计业务技能培训班及高质量发展绩效评价培训会，通过以会代训、座谈讨论等多种方式，加强对基层统计人员的业务辅导，提升统计业务能力，最大限度减少技术性差错。组织开展统计业务知识“轮讲”活动，通过“以讲促学、讲学结合”，锤炼过硬的统计业务及实干本领，1 名统计人员在镇江市工业企业统计业务技能决赛中获一等奖。（徐宇进）

【统计服务】 2020 年，丹阳市为深入贯彻落实产业强市、争先进位部署会要求，出台《提高统计数据质量专班工作方案》。实行主要经济指标动态监测，以“应统尽统，颗粒归仓”为工作目标，市统计局先后分别召开 30 余场局机关工作部署推进会、主要指标完成情况分析会、镇（区）统计站长部署培训会、动态监测汇报反馈会，分析经济指标运行现状，查找短板和弱项。建立部门数据分析联席会制度，与税务、交通、住建、经发、商务等责任部门联合召开月度数据分析会，进行实时跟踪和动态管理，帮助部门正确理解统计各项指标口径。强化与税务、电力等部门的数据资料比对，对指标之间关联性、逻辑性、稳定性、结构性加强审核评估，确保数据能真实客观反映丹阳市高质量发展和经济运行的良好态势。（徐宇进）

【统计数据监测】 2020 年，丹阳市加强统计数据监测工作，制定《高质量发展统计监测工作方案》，健全组织、规范流程、细化任务、明确要求，做好前期考核延伸、基数收集、业务指导等工作。建立监测预警制度，自 6 月起开展高质量共性考核指标月度监测，按照月度有数据、季度有报告，形成高质量考核指标分析报告和统计专报。关注省市高质量发展监测评价的最新动态，加强上下沟通协调，加强相关指标内涵分析，夯实基础数据质量，以党组中心组学习、座谈会等形式，开展高质量发展统计分析和研究。围绕第七次全国人口普查、高质量发展考核、“四上”企业入库等重点工作，组成六个调研组，分别赴海门、靖江及各镇区开展实地调研。定期深入企业调研，建立重点企业调研库，强化重点企业生产经营情况和发展动向的跟踪分析。加强统计研判预警，广泛征求和吸收多方意见建议，对统计产品的版式、内容进行更新，以最快的速度、最优的“统计专报”反映经济运行的最前沿动态。撰写各类统计信息、分析、专报约 80 余篇。（徐宇进）

【第七次全国人口普查】 2020 年，丹阳市全力做好第七次全国人口普查工作。开展动员宣传，启动“七次人口普查宣传月”系列活动，统计部门联合机关工委下发市级机关党员干部带头支持配合人口普查工作的通知，利用报刊、广播、电视、户外广告等传统媒体和互联网、微信等新媒体，对人口普查进行多角度、全方位宣传人口普查工作。制定下发“两员”（普查员、普查指导员）选聘和管理工作细则，共选聘普查员 4167 名、普查指导员 1133 名。分阶段、分批次召开人口普查平台程序、综合业务、长表及编码业务培训场次 10 余次，培训普查员 3089 人次。召开人口普查动员会议，购置人口普查专用 PC 机、高速扫描仪、电脑等设备。按期召开综合试点工作总结会，研究解决收集到的疑难问题，并进行归纳总结。确保普查区不漏房、房不漏户、户不漏人，明确人口普查的区域界线，及时对建筑物情况进行核实和修改，高质量完成区域划分和绘图工作，共划分 4511 个普查小区，标绘 279097 幢建筑物。绘制《普查小区图》、编制《户主姓名底册》，有序组织引导住户进行自主填报，及时做好摸底数据审核和上报。严格按照普查方案要求组织做好短表、长表登记、比对复查阶段工作，确保普查对象不重不漏、普查数据准确完整。（徐宇进）

审 计 管 理

【概况】 2020 年，丹阳市加强各领域专项审计，服务全市经济社会发展大局。全年完成审计项目 163 个，发现管理不规范问题金额 28.12 亿元，提出审计建议 65 条，促进制度出台 4 项。其中完成政府投资审计 130 项，送审金额 23.71 亿元，核减金额 3.81 亿元，核减率 16.07%。（赵 斐）

【预算执行审计】 2020 年，丹阳市开展本级预算执行和其他财政财务收支审计，共反映问题 8 项，不规范问题金额 1.45 亿元，提出审计建议 3 条，市委市政府出台制度 2 项。实施部门预算审计项目 6 个，发现不规范问题金额 5.7 亿元，提出审计建议 15 项。重点关注一般性支出压减、“三公”经费和会议费使用、国有资产管理处置、专项资金绩效管理、以及落实中央八项规定精神和厉行节约反对浪费有关规定等情况。对市财政局开展的财政专项资金绩效跟踪管理试点的 6 个项目进行审查，对于部分专项资金闲置和上级专项资金下达不及时等问题进行反映并提出审计建议。（赵 斐）

【政府投资审计】 2020 年，丹阳市从单一工程造价审计向全过程、全方位监督转变，走出单纯的造价审减，深入揭示工程管理中的问题，进一步助推政府投资工程规范管理、提高效益。转变政府工程审计职能，改变以国家审计结果作为工程结算依据的“以审代结”做法，将部分审计职能转移至财政局成立财政投资评审中心。市审计局下属事业单位“丹阳市政府工程投资审核中心”更名为“丹阳市固定资产投资审计中心”，厘清建设项目管理责任和审计监督职责权限。全年完成政府投资审计项目送审金额 23.71 亿元，核减金额 3.81 亿元，核减率 16.07%。（赵 斐）

【经济责任审计】 2020 年，丹阳市审计局受市委组织部的委托，对医保局、民政局等 9 部门单位的党政领导干部开展经济责任审计。探索实施领导干部自然资源资产离任审计。采用

“1+1”审计组织方式开展对珥陵镇领导干部经济责任，对离任领导在任期间的土地、河流、生态环境等进行单独审计，并出具自然资源资产审计报告。推进领导干部离任简易交接办法，出台《党政领导干部离任经济责任事项交接工作办法（试行）》，召集29家相关单位按照办法办理财务交接，并做好监督事项，极大提高经济责任审计的效能。（赵　斐）

【政策跟踪审计】 2020年，丹阳市审计局明确全年政策跟踪审计要点，印发2020年重大政策措施落实情况跟踪审计要点的通知，对全市产业专业升级、深化改革开放、乡村振兴、推进生态文明建设、保障和改善民生、加强和改善民生治理6大类19项政策落实情况进行跟踪审计，将政策跟踪审计与常规审计项目相融合，并在税务局预算执行、企业职工养老保险专项审计等9个项目中，融入财政资金提质增效、“六稳”“六保”等政策落实情况审计，将发现的问题按季度形成专项审计报告。

（赵　斐）

【交办项目审计】 2020年，丹阳市审计局按照上级审计机关部署，开展政府债务和隐形债务审计、税收和非税收入征管审计，公立医院综合改革政策落实审计，企业职工基本养老保险审计。突出对政府债务化解，国地税合并后预算体制建立，职工养老保险基金增值保值等方面相关政策措施落实和资金安排使用管理情况的审计。（赵　斐）

【内部审计协会与审计机关脱钩】 2020年，丹阳市为加快转变政府职能、促进行业协会商会健康发展，完成内部审计协会与市审计局的脱钩工作。脱钩后，取消审计局与内审协会的主管关系，内审协会依法直接登记和独立运行。审计局依据职能对内审协会提供服务并依法监管，依法收回应由审计局承担的工作事项。制定审计局可向内审协会购买服务的事项清单，督促内审协会履约并不断提高服务质量。（赵　斐）

劳动就业管理

【概况】 2020年，丹阳市城镇新增就业16157人，列镇江第一名、全省第九名，城镇登记失业率控制在1.88%以内。全年组织开展各类招聘会74场，提供就业岗位91666个。为保障疫情下重点群体稳定就业，建立重点企业用工调度机制和员工复工返岗“点对点”保障机制，帮助企业纾困解难，助力企业复工复产。落实“免减缓返补”政策组合，全年减免社保费84478.2万元，发放稳岗返还3177.92万元，发放灵活就业社保补贴330.77万元，为332家涉美贸易企业发放工业结构性奖补资金1150万元。支持城乡劳动者成功创业1363人，创业带动就业7500人，为239名创业者发放创业贷款5014万元。推动失业保险扩围提标，发放失业保险金2765.17万元，失业补助金111.35万元。（朱君芬）

【创新开展劳动就业网上服务】 2020年，丹阳市通过“人才网”“朋友圈”“直播间”，打造“24小时不打烊”云招聘，让企业“招人有路”，劳动者“扫码求职”，有效实现“疫情防控不懈怠，就业服务不停歇”。开展线上“春风行动”。暂停所有现场招聘活动，将“春风行动”主阵地由“现场”转到“线上”，由“面对面”变为“不见面”。在“朋友圈”发布海量招聘信息。以“丹阳智慧人社”“丹阳就业”等微信公众号、人社系统干部职工朋友圈为平台，转发企业宣传小视频、发布具体招聘信息等方式，传播企业用工需求信息。开启手机直播招聘会。求职者手机扫码进入直播间挑选职位，与企业连线互动。丹阳市首场手机直播招聘会丹北镇专场共有35家企业参加，提供岗位260个，招聘效果明显优于普通网络招聘。

（朱君芬）

供电管理

【概况】 2020 年，国网丹阳市供电公司坚持稳中求进工作总基调，履行供电企业责任，全心全意服务重点项目建设、服务社会民生改善、服务地方经济发展，加强电网建设，优化营商环境。全年全社会用电量 87.83 亿千瓦时，比上年增长 2.36%。调度最高用电负荷 167.086 万千瓦，比上年增长 9.85%。2020 年，公司获“镇江市先进基层党组织”、丹阳市 2020 年作风效能“十佳服务品牌”第一名、“丹阳市文明行业”等荣誉。公司员工方美芳获国网公司抗击新冠肺炎疫情先进个人和优秀共产党员荣誉。 （刘　培）

【电网建设】 2020 年，国网丹阳市供电公司修编丹阳电网“十四五”规划，规划建设 220 千伏变电站 2 座、110 千伏变电站 10 座。完成 2022 年电网项目前期工作，顺利开工杨城输变电工程，推进丹阳变改造及华海燃机电厂送出线路工程，完成新桥变、后巷变综自改造，投运普善变、窦北变主变增容项目。不断加大配农网建设力度，全年累计投入配农网项目建设资金 3.09 亿元，共新增 10 千伏线路 82.3 公里、配变 113 台，维修低压线路 192.5 公里，投运配网自动化线路 62 条。应急管理体系不断完善，16 支应急抢修队伍和 2 支外协应急队伍全天待命，各类应急物资、车辆齐备，应急值班管理严格落实，信息报送渠道畅通，处置突发事件能力不断提升。 （刘　培）

【供电服务】 2020 年，国网丹阳市供电公司深化新型政企关系构建，完善公司领导挂钩重大项目服务机制，配合开展政府民生实事项目工作。建立健全用户侧安全管控机制，排查整改群租房和小区用电安全隐患 125 处，协同政府编制《用户侧安全用电管理办法》，提升用户安全用电管理水平。实行疫情期间居民及小微企业“欠费不停电”“不计滞纳金”等贴心服务。精准落实国家减税降费政策，全面释放改革红利。推广“掌上电力”手机 APP、微信服务号、“95598”供电服务网站等线上服务渠道，提供线上办电、线上交费、电子账单、电子发票等线上服务，实现“不见面”业务审批办理。推进电动汽车、光伏储能、商业餐饮电气化等业务发展，累计替代电量 4.5 亿千瓦时，倡导绿色低碳生活方式，持续改善丹阳市生态环境。 （刘　培）

【110 千伏普善变主变增容工程】 110 千伏普善变位于丹阳经济技术开发区，投运于 2017 年，与 110 千伏路巷变、110 千伏荆林变、110 千伏陵口变配网网架形成联络。原有 31.5 兆伏安、50 兆伏安两台变压器。随着丹阳经济开发区的迅猛发展，周边用电负荷增长较快，最高负荷年增长率达到 20%，不能满足变电站容量的需求。2020 年，国网丹阳市供电公司对 110 千伏普善变主变进行扩建，该扩建工程更换原 1 号主变，容量由 31.5 兆伏安增容至 63 兆伏安，更换原主变 10 千伏管母 3 根，新增 10 千伏无功补偿装置 1 组，新建 4 条 10 千伏配电线路，增设环网柜 3 面，有效提升开发区域内供电能力。 （刘　培）

图 103　110 千伏普善变主变增容工程

（刘　培）

【110 千伏杨城输变电工程开工】 2020 年 12 月 17 日，国网丹阳市供电公司 110 千伏访仙镇

杨城输变电工程开工。访仙镇由东河变、窦北变2个35千伏变电站供电，分别建于2004年和2006年，两座变电站目前均在较高负荷下运行。为保障访仙镇经济社会持续发展及不断增长的工业及居民用电，改善电网结构，提高供电能力，提高供电质量和供电可靠性，需在该片区新建110千伏变电站。110千伏杨城输变电工程布置形式为全户内变电站，远景设110千伏主变3台，此次开工建设2台。该工程作为丹阳市“十四五”电网规划的首个项目，建成后将能更好地满足访仙镇负荷增长需求和经济社会的发展。（刘　培）

海关监督管理

【概况】 2020年，镇江海关驻丹阳办事处办理新注册企业342家，加工贸易合同设立163份；设立金额8093万美元；核销结案手册151份；办理报关单639份；征收税款211万元。共签发各类原产地证书8206份，签证金额3.3亿美元，签证量占镇江市总签证量的35.59%，各类优惠原产地证书在进口国海关可享受约1203.95万美元的关税优惠。完成入境危化品及工业品查验153批、出口检验检疫980批、性能鉴定141批、出口危险货物包装使用鉴定1039批，并发现不合格1批；完成稽查作业19起，核查作业25起，主动披露作业4起。（办事处）

【服务企业防疫物资出口】 2020年，镇江海关驻丹阳办事处发挥属地海关职能优势，助力丹阳市外贸企业加大防疫物资出口。组织对江苏鱼跃医疗援外红外测温仪开展装运前检验，得到援外项目承接人中国医药健康产业股份有限公司的好评。至11月底，丹阳市进出口企业出口防疫物资呼吸机、红外测温仪、制氧机、口罩等医疗物资达15.78亿元，实现从零到“十五亿”的出口体量。（办事处）

【业务监管】 2020年，镇江海关驻丹阳办事处认真履责，保持业务监管工作有序运行。提升原产地签证利用率，加强业务指导，引导企业熟练运用原产地规则，让企业第一时间享受政策红利；推进无纸化作业，有90余家企业开展无纸化签证操作；推行自助打印，实现证书全流程线上操作；推广智能审核工作，加强对丹阳市原产地证书申领企业宣传培训，确保智能审核工作顺利推广。办事处克服人员少工作量增加的困难，承担进口危险化学品及包装的目的地查验工作；指导企业申领出口危险货物包装性能代码证；发现1批出口危险品包装使用鉴定不合格，避免企业危险货物运输的潜在危险事故发生；按照总关动植检处部署牵头进口杂草检测，防止镇江口岸发生植物物种侵入；完成1批进口棉花检验，企业享受到海关政策的红利。通过电话、微信、QQ等方式，开展“无接触”报送式稽核查、主动披露等工作，全年共开展固体废物专项稽查、特许权使用费专项稽查、进口可用作原料的固体废物国内收货人专项核查，较好地完成总关和镇江海关下达的稽核查任务。（办事处）

【服务地方经济】 2020年，镇江海关驻丹阳办事处深入研究丹阳市的外贸结构，分析动态，围绕新冠疫情期间出现的新情况，撰写《新冠疫情对丹阳市外贸出口影响调研报告》，向地方政府及外贸企业建言献策。参加丹阳市政府建设B型保税物流中心可行性调研，解读保税物流中心（B型）海关监管政策，并对具体拓展业务模式提出建议。同时，积极推动B2B跨境电商出口试点，有视光学、五金工具行业2家公司通过B2B海外仓（9810）模式出口货物，标志着丹阳跨境电商企业从此享有更加便利、更加高效的“卖全球”新通道。认真落实《南京海关应对新冠肺炎疫情支持外贸平稳发展的措施》，疫情期间共退还加贸企业保证金约120多万元，同时，对因新冠病毒疫情延迟复工造成的加工贸易手册超期减免保证金340万元，助力企业复工复产。线上线下同步开展信用培育工作，组织培训宣传海关信用管理制度、企业联合激励和惩戒典型案例、AEO国际互认等政策。（办事处）

生态环境保护

栏目编辑 夷朝霞

综　　述

【概况】 2020 年，丹阳市紧紧围绕高质量发展目标，以建设美丽丹阳、提升生态环境质量为导向，抓好长江大保护，推进突出环境问题整改，打好污染防治攻坚战，抓好区域生态环境改善，各项工作取得积极进展。全市非发电行业规模以上工业企业煤炭消费量比 2016 年减少 22 万吨，超额完成减煤目标任务。关闭退出化工企业 32 家，城镇人口密集区危化品企业清零；新增污水处理能力每日 5 万立方米，污泥无害化处置率 100%；完成农村生活污水治理 399 个，实现行政村全覆盖；内河码头建设含油污水接收设施 29 套，免费接收靠港内河船舶垃圾和生活污水。农药和化肥使用量分别比 2015 年降低 26.36%、9.15%，农膜回收率达 85.12%。完成全市重点行业企业用地土壤污染状况调查，污染地块安全利用率 100%；新增生活垃圾处置能力每年 30 万吨、危险废物处置每年 1.5 万吨，固体废物处置能力大幅提升。“建设项目环保服务超市”活动举办成功，3 个“绿岛”项目列入江苏省首批试点。丹阳市 8 个水质国考、省考断面以及长江江心洲饮用水水源地的水质达标率和优Ⅲ比例均达到 100%；$PM_{2.5}$ 年均浓度每立方米 36.2 微克，比上年降低 9.5%；优良天数比率 81.9%，比上年增长 5%，各项指标均优于“十三五”规划预期，创 5 年来最好水平，环境质量综合评价名列镇江第一。（姜　豪）

【省生态环境厅到丹阳调研】 2020 年 3 月 2 日，江苏省生态环境厅厅长王天琦带队到丹阳市调研，实地查看江苏普金再生资源股份有限公司、龙江钢铁有限公司和江苏鱼跃医疗设备股份有限公司相关工作落实情况。在江苏普金再生资源股份有限公司，王天琦一行了解公司年处置 10 万吨皂角液综合利用项目进度，在龙江钢铁有限公司，王天琦一行听取有关公司建设情况的汇报，参观了解公司的超低排放、烟气脱白、废水零排放等生产设备和工艺车间。在鱼跃医疗集团，王天琦一行参观疫情防控作战指挥中心平台，详细了解防疫物资生产情况。（姜　豪）

【环保督察信访件办理】 2020 年，丹阳市中央环保督察“回头看”交办的 28 批次 74 件信访件、省环保督察交办的 156 件信访件和镇江市交办的 47 件突出环境问题均见底清零，其中中央环保督察“回头看”交办件和省环保督察交办件全部销号，镇江市交办件完成整改。通过整改，切实解决一批“老大难”环境问题，市民生态环境获得感明显增强，全市环境年信访量实现3年连降。2020年，受理各类环境信访550件，比上年降低41.9%，其中，省部级信访46件，比上年降低65.9%，镇江市级信访20件，比上年降低60.0%，丹阳市级信访484件，比上年降低36.0%。（姜　豪）

图104　2020年4月22日，丹阳市生态环境局在延陵镇开展世界地球日宣传活动（姜　豪）

【安全生产专项整治】　2020年，丹阳市落实《丹阳市安全生产专项整治行动方案》，牵头开展危险废物和电镀行业安全专项整治行动，发现企业一般安全隐患问题648个，主要为危险废放进出台账不健全、堆场不规范、危险废物仓库未安装监控等共性问题，全部完成整改，未发现重大隐患。持续强化重点突发环境事件风险企业环境安全管理，敦促企业开展应急预案修编、员工应急培训和岗位实战演练，完成118家企业的环境应急预案备案工作。修编《丹阳市突发环境事件应急预案》，健全应对突发环境事件的应急机制，提升突发环境应急保障能力，为确保不发生较大以上环境污染和生态破坏事故提供保障。（姜　豪）

【提升生态环境服务质效】　2020年，丹阳市生态环境部门主动融入全市高质量发展大局，持续创新举措，从制度建设、项目审批、执法监管等方面入手，提升服务质效。健全管理机制。制定《丹阳市排污许可证初审工作程序（试行）》《重大行政决策程序暂行规定》《全面推行行政执法“三项制度”实施方案》等内控机制，全力破解机构运行中梗阻问题。践行服务宗旨。对属于本级审批权限的，主动开展服务，在资金安排、绿色金融、技术指导等方面加大支持力度，做到快受理、快审批，使企业早开工、早建设、早受益。全年审批各类环评报告表267份，发放排污许可证36份，清理整顿企业固定污染源9129处，推进实施“绿岛”建设试点3项。提升执法水平。建立正向清单激励机制，依据企业环保绩效水平进行分级，实施差异化监管。严厉打击环境违法行为，保持环境执法的高压震慑态势。组织开展长江大保护执法会战、酸洗行业专项整治、挥发性有机物专项执法等环保专项行动。全年出动环境监察人员9729人次，督查企业3411家次，下达处罚决定书129份，共处罚金712万元，有效推进沿江75家工业污染源企业、全市52家酸洗行业企业和56家涉挥发性有机物企业完成环境隐患整改241项。贯彻“在服务中监管，在监管中服务”理念，努力让守法者获利，引导企业主动开展污染防治。对受疫情影响较重、环境违法行为轻微、未造成危害后果并及时纠正的企业予以行政指导，缓解企业发展矛盾；将3家信誉良好、环境管理先进的企业列入大气管控豁免清单，将118家环保绩效水平明显高于地区平均水准的企业列入环境执法正面清单，做到无事不扰、主动服务、标杆豁免。（姜　豪）

【生态环保宣传】　2020年，丹阳市以“六五”世界环境日为契机，走进社区开展生态环保宣传。联合太阳城社区居委会开展“六五环境日暨公益诉讼宣传”活动；联合陵口中心小学开展庆祝“六五”环境日之生态展板巡礼活动；联合光大环保能源公司组织群众参观生活垃圾焚烧发电全过程；联合访仙镇独山村委会开展“送环保法律法规下基层暨改善农村人居环境活动”。利用媒体宣传，在《丹阳日报》上将“六五”世界环境日致辞、《2019年丹阳市环境保护工作报告》《2019年丹阳市环境质量状况

公报》等进行专版刊发，通过镇江微信公众号、丹阳文明网、丹阳新时代实践云平台持续进行报道，营造环境保护氛围。（姜　豪）

图 105　2020 年 10 月 16 日，丹阳市生态环境局开展《中华人民共和国固体废物污染环境防治法》宣讲下基层活动　（姜　豪）

【2 个村入选国家森林乡村】　2020 年 3 月，国家林业和草原局发布第 2 批国家森林乡村名单，丹北镇西丰村和访仙镇草塘村入选。森林乡村是指乡村自然生态风貌保存完好，乡土田园特色突出，森林氛围浓郁，森林功能效益显著，涉林产业发展良好，人居环境整洁，保护管理有效的生态宜居乡村。国家森林乡村是指国家林业和草原局组织指导各地，运用一定的评价方法、量化指标和评价标准，通过综合评价，将绿化美化达到评价标准的乡村（以行政村为对象），认定为国家森林乡村。（姜　豪）

【“建设项目环保服务超市”活动】　2020 年 12 月，为落实市委市政府企业强市跑起来的工作要求，助推丹阳市重大项目落地，市生态环境局用耐心指导、用心制策、贴心服务的“三心”服务理念，在项目环保审批上主动向前一步，举办“建设项目环保服务超市”活动。与丹阳的企业家面对面沟通，环保工作人员现场办公，“一对一”接受企业问询，解答企业发展过程中遇到的环保问题，并对企业提出的意见和建议作出回应，活动受到企业家的欢迎。（姜　豪）

【3 个“绿岛”项目被列入江苏省首批试点】　2020 年 7 月，绿岛项目环保贷授信合作签约仪式在镇江市生态环境局举办。丹阳市的年处置 10 万吨皂脚液综合利用项目、东部产业园（新材料产业园）表面处理服务中心项目以及江苏和合环保集团有限公司危险废物集中收集贮存项目被纳入省首批绿岛项目试点，获得贷款贴息的政策激励。“绿岛”是指按照“集约建设，共享治污”的理念，可供多个市场主体共享的环保公共基础设施。通过集约共建治污设施，让众多企业共享共用共治，有效解决广大中小企业单独建设运维污染处理设施成本高、难度大的问题，既减轻企业压力，又解决了环保难题。（姜　豪）

环境保护治理

【概况】　2020 年，丹阳市全面完成镇江市政府下达的 43 项环境质量评价指标和治污工程进度指标，突出环境问题清零、环境信访形势好转、生态环境质量连续 3 年提升，创“十三五”以来最好局面，污染防治攻坚战取得阶段性胜利，获江苏省生态环保真抓实干 600 万元专项资金奖励。（姜　豪）

【污染防治】　丹阳市省考重点水功能区达标率 82%，垃圾分类集中处理率 100%，生态红线面积占比 22.6%，自然湿地保护率 49.6%，污染地块安全利用率 100%，建成区道路清扫率 90%；完成 2 项堆场扬尘治理项目和 3 项挥发性有机物综合治理项目，新增生活污水处理能力每日 4 万吨，新增污水管网 16.1 公里，实施污水管网排查检测 162 公里，9 家太湖流域污水处理厂提标改造工作全部完成；秸秆综合利用率 95%，水产健康养殖比例 65%，畜禽规模养殖场治理率 99%，规模养殖场粪污处理设施装备配套率100%，废旧农膜回收率85%；建成垃圾分类示范小区10个，生活垃圾分类试点乡镇1个，市区生活垃圾无害化处理率100%；关停并转化工业企业6家，装配式建筑在新建筑中比例占30.16%，城镇新建民用建筑执行绿色建筑设计标准率100%，居住建筑实施建筑节能65%的设计标准100%，新增造林226.7公顷，修复湿地20公顷。

（姜 豪）

【长江大保护环保执法会战行动】 2020年4月，丹阳市正式启动为期6个月的长江大保护环保执法会战行动。行动范围为丹阳市长江（夹江）南侧现状岸线为基准向陆地一侧延伸1公里。在推进工业污染治理上，全面摸排沿江工业企业环境现状，掌握其污染物产生、排放情况和排污去向等，严厉打击固体废物非法转移、倾倒以及废水直接或超标排放等行为；在开展畜禽养殖污染防治上，制定落实“一场一策”，提升粪污处理设施装备配套率和养殖废弃物资源化综合利用率，确保污染物达标排放；在加强港口码头和船舶污染防治上，对码头环境进行整治，严禁长江夹江段内通行或靠泊船舶污水、垃圾直排入江。整个行动分三个阶段。4—5月全面排查，丹北、界牌两镇按照“网格化”管理要求，对辖区内沿江排污单位的基本情况开展全方位排查。6—9月底执法整治，对存在问题的排污单位开展集中执法整治，对涉水企业开展采样检测，督促有关排污单位边查边改、立行立改，狠抓问题落实；对短期难以解决的问题，指导督促其制定整改方案，形成整治进度表，按序时推进落实；对未经环保审批且整治无望、无法报批环保审批手续的企业，依法予以取缔或关停；对废水排放超标以及存在其他严重环境违法问题的企业，依法予以行政处罚直至实施关闭。10月开展执法总结，丹北、界牌两镇全面总结长江大保护环保执法会战行动经验，完善村（社区）环境监管网络，建立长效管理机制。行动由丹阳市生态环境局牵头，市经济发展局、市场管理局、市农业农村局、市交通运输局、市应急管理局、市公安局、市自然资源和规划局及供电公司等部门配合，属地政府具体负责本区域长江大保护环保执法会战行动的企业调查摸底工作。

（姜 豪）

图106 2020年8月18日，镇江市丹阳生态环境综合行政执法局挂牌 （姜 豪）

【水环境治理】 2020年，丹阳市持续优化断面管控工作。针对国考断面考核方式的转变，及时调整工作模式，派专人关注水质自动站数据并每天发布，同时出台《河流水质波动调查工作制度（试行）》，确保水质波动处置的快速反应。落实“断面长”“河长”制。定期报送全市51条县级以上河道水质报告，协助市级“河长”“断面长”高位推动河道治理。针对吕城和黄埝桥断面出现的水质波动，第一时间完成现场调查和水质监测，及时报告相关市级河长（断面长），协调部署沿河排查，督促水务集团对吕城南、北泵站进行扩容改造，配合水利局对永丰河水系（窦庄新河、十里长沟、仁里河、永济河和向阳河）开展整治，有效化解断面波动危机。开展省级工业园区污水处理设施整治行动。细致排查开发区、高新区涉水企业底数，建立健全涉水排放企业清单，全面掌握企业排水去向、污水处理状况及存在问题，并开展针对性整治工作，完成2个园区12个问题的整改，于10月底前提交核查和自查报告。主动对接项目实施单位，旬调度、月推进，督促7个年度重点治水工程按时落地，全市166

个行政村实现生活污水处理设施全覆盖，9座污水处理厂完成提标改造。 （姜 豪）

【大气环境治理】 2020年，丹阳市落实大气管控工作，出台《丹阳市重污染天气应急管控流程》，优化各部门管控职责、流程措施和成效评估等，提升管控效果，完成秋冬季重污染天气大气污染物应急减排管控清单修编任务，367家企业被纳入其中。推进年度大气污染防治计划。4蒸吨以上天然气锅炉低氮改造、丹阳兴联热电有限公司超低排放改造、大亚人造板材集团公司4台导热油炉改天然气和人造板主旋风废气治理设施技改等重点治气工程完工。强化挥发性有机物重点企业集群管控。开展丹北、界牌汽车零部件产业的挥发性有机物污染治理，完成丹北45家、界牌36家企业的“一企一策”（根据企业生产工艺和污染物排放情况，对每个企业制定差异化的环保提升方案）编制工作。抓好大气污染物源清单编制。丹阳市1170家企业全部完成编制任务。持续加强技术保障，开展“3D”雷达扫描和走航工作，查找区域重点大气污染源点位，充分运用新技术为精准执法提供支撑。 （姜 豪）

【土壤污染防治】 2020，丹阳市持续推进土壤污染防治工作，印发《丹阳市土壤污染防治工作方案》《丹阳市污染地块环境管理联动方案》《丹阳市土壤污染防治工作行动计划》，强化属地监管责任和产废企业主体责任，以高效治理体系扎实推进净土保卫战。加快重点地块治理。全市614家重点行业企业用地土壤污染基础信息调查及质控工作全部完成。14家关闭企业地块、4家在产企业地块土壤和地下水样品检测工作顺利进行，丹阳市申阳纱罩有限公司纱罩项目的可研通过专家评审，尧巷危废非法填埋点场调工作通过专家评审，江苏丹化集团有限责任公司污染地块一期工程修复工作完成。提升固废处置能力。光大环保能源（丹阳）有限公司每日处理1000吨生活垃圾和80吨厨余垃圾的焚烧发电项目、江苏博耐特新型建材有限公司一般工业污泥综合利用技改项目正式投入运行，江苏弘成环保科技有限公司每年2.4万吨危废焚烧处置扩建项目进入点火调试阶段。强化全过程监管。推广使用固废监管平台，595家危废企业完成危废管理计划备案，46家危废重点企业落实厂区内全过程监控视频建设。组织开展土壤污染防治执法和固体废物产生单位和经营单位大排查，整治188家重点产废企业。 （姜 豪）

【加强医疗废弃物处置】 2020年，新冠肺炎疫情防控中，丹阳市生态环境和卫生健康部门加强对医疗废水、医疗废弃物的全过程监管。以每周不低于1次的频率，重点检查4家定点发热门诊和多处临时隔离点的医疗废物贮存处置和医疗废水达标排放情况；及时向全市公立医院拨付省级下达的防疫专项资金179万元，用于紧急补助医院处置医疗废弃物和采购防疫物资。丹阳市每天产生易感染医疗废弃物75公斤左右，均由镇江新宇固体废物处置有限公司处置，做到日产日清。在水源地水质的监测中，增加对余氯和生物毒性2项疫情防控特征指标的分析研判，保障市民的饮水安全。

（姜 豪）

环境质量监测

【概况】 2020年，丹阳市加快推进环境监测技术业务体系、质量管理体系、应用体系和保障体系建设，不断强化环境监测在生态环境管理中的技术支撑和监督作用。高质量完成水、气、土、噪声等日常监测任务。全年出具环境空气质量监测数据105008个，噪声、土壤、底泥监测数据5941个，污染源监督监测数据2109个，水质例行数据186939个，参与各类执法检查、水质调查、环境信访、应急任务等监测500余次，提供数据16000余个。持续加强监测能力建设。全年开展监测人员内部培训8次、外部培训1次，组织参加上岗证理论考试2次，考核结果全部合格。不断修订和完善质量管理体系文件，在采样分析过程中加强标准样品、密码平行样、空白样、全程序空白的管理和控制，全年质控样品800余支，合格率达99%；所有监测报告严格执行“三审”制度，环境监测实验室数据质量不断提高。（姜 豪）

【水环境质量】 京杭运河丹阳段。2020年京杭运河丹阳段5个监测断面（王家桥、练湖砖瓦厂、人民桥、宝塔湾、吕城）执行国家《地表水环境质量标准》（GB3838—2002）Ⅲ类标准；选取的地表水水质评价指标为《地表水环境质量标准》（GB3838—2002）。对京杭运河丹阳段除水温、总氮、粪大肠菌群以外的21项指标进行分析评价，即pH、溶解氧、高锰酸盐指数、化学需氧量、五日生化需氧量、挥发酚、总磷、铜、锌、氟化物、硒、氰化物、砷、汞、镉、铅、六价铬、石油类、氨氮、硫化物、阴离子表面活性剂。监测结果表明，2020年京杭运河丹阳段练湖砖瓦厂断面水质为Ⅳ类，超过《地表水环境质量标准》（GB3838—2002）Ⅲ类标准；其他4个监测断面（王家桥、人民桥、宝塔湾、吕城）现状水质均符合《地表水环境质量标准》（GB3838—2002）Ⅲ类标准。该水体水质整体为良好，与2019年相比，京杭运河总体水质状况有所下降。监测结果详见表11。

国考、省考断面水环境质量。丹阳市地表水国考断面3个，分别为九曲河林家闸断面、京杭运河吕城断面、丹金溧漕河黄埝桥断面；地表水省考断面5个，分别为丹金溧漕河前塍庄断面、鹤溪河殷家桥（蒋士镇）断面、泥炭河泥炭桥断面、通济河紫阳桥断面、香草河蒋甲桥断面。监测结果表明：2020年丹阳市地表水国考、省考断面水质达标率为100%，优Ⅲ类水比例为87.5%，整体水质较2019年无明显变化，详见表12、表13。

城市饮用水水源。丹阳市市区取水总量约8248万吨，由丹阳水务集团有限公司供给，取水口位于长江镇江段江心洲附近，达标水量所占比例为100.0%。城市饮用水水源水质评价执行《地表水环境质量标准》（GB3838—2002）Ⅲ类标准，按照《地表水环境质量标准》（GB3838—2002）地表水环境质量标准基本项目标准限值的20项指标（水温、化学需氧量、总氮和粪大肠菌群不参与评价）、集中式生活饮用水地表水源地补充项目标准限值的5项补充项目和集中式生活饮用水地表水源地特定项目标准限值的33项优选特定项目，共计58项指标评价（水温无评价标准、总氮不参与评价），达标情况详见表14。（姜 豪）

【声环境质量】 丹阳市环境监测站根据城区区域环境噪声、功能区噪声及交通干线噪声监测结果，并对照国家城市环境综合整治定量考核标准进行评述：2020年，区域环境噪声等效声级平均值昼间为56.7分贝，较上一年度下降0.5分贝，昼间声环境质量有所改善。全市1—4类功能区声环境昼间达标率分别为90.6%、92.7%、100%、98.4%，夜间达标率分别为75.0%、93.8%、100%、100%，与上年度相比，功能区噪声昼间、夜间平均达标率均有所上升。丹阳市区交通干线为23条，总长度为40.455公里，共布设监测点23个。监测结果表明，全市道路交通噪声昼间平均等效声级为66.7分贝，较上年度上升0.1分贝。22个监测点昼间等效声级低于70分贝，达到《声环境质量标准》（GB3096—2008）中4类标准，1个监测点（东方路）昼间等效声级高于70分贝，未达到《声环境质量标准》（GB3096—2008）中4类标准，超标路段占总监测路长的5.0%，较上年度上升5.0个百分点。（姜 豪）

【环境空气质量】 2020年，丹阳市区环境空气自动监测站点2个（丹阳市环境监测站、自来水公司），降尘监测点4个（渔场、自来水公司、丹阳市环境监测站、微晶厂），降水监测点3个（自来水公司、丹阳市环境监测站、丹阳肇巷），硫酸盐化速率监测点6个（开发区管委会、自来水公司、微晶厂、丹阳市环境监测站、通泰桥、渔场）。监测结果见表15。

（姜 豪）

2020 年京杭运河丹阳段年度统计表

表 11

河流名称	断面名称	水域功能类别	现状水质类别	水质状况	与上年相比
京杭运河丹阳段	王家桥	Ⅲ类	Ⅲ类	良好	持平
	练湖砖瓦厂	Ⅲ类	Ⅳ类	良好	下降一个级别
	人民桥	Ⅲ类	Ⅲ类	良好	持平
	宝塔湾	Ⅲ类	Ⅲ类	良好	持平
	吕城	Ⅲ类	Ⅲ类	良好	持平

（姜　豪）

2020 年度地表水国考、省考断面水质统计表

表 12

河流名称	断面名称	断面类型	水质目标	水质类别	断面水质状况	是否达标	备注
九曲河	林家闸	国考	Ⅱ	Ⅱ	优	是	国考、省考断面数据来源于镇江市生态环境局
京杭运河	吕城	国考	Ⅲ	Ⅲ	良好	是	
丹金溧漕河	黄埝桥	国考	Ⅳ	Ⅲ	良好	是	
丹金溧漕河	前塍庄	省考	Ⅲ	Ⅲ	良好	是	
鹤溪河	殷家桥(蒋士镇)	省考	Ⅳ	Ⅳ	轻度污染	/	
泥炭河	泥炭桥	省考	Ⅴ	Ⅲ	良好	是	
通济河	紫阳桥	省考	Ⅳ	Ⅲ	良好	是	
香草河	蒋甲桥	省考	Ⅲ	Ⅲ	良好	是	

说明：鉴于受新孟河水利工程影响，殷家桥(蒋墅镇)断面不纳入 2020 年度考核

（姜　豪）

2019 年与 2020 年地表水国考、省考断面水质类别比例对比统计表

表 13

年度 水质类别比例	2019 年	2020 年
Ⅰ—Ⅲ类断面比例	87.5%	87.5%
Ⅳ类断面比例	12.5%	12.5%
Ⅴ类断面比例	0%	0%
劣Ⅴ类断面比例	0%	0%

（姜　豪）

2020 年丹阳市区饮用水源水质统计表

表 14

水源地名称	断面名称	水质类别	2020 年水质达标率	与上年同期比较
长江江心洲丹阳水源地	丹阳水务集团有限公司取水口	Ⅲ	100%	持平

（姜　豪）

2020 年丹阳市环境空气质量评价表

表 15

空气质量指标	国家标准（年均值）	2019 年	2020 年	2020 年环境空气质量评价
		均值	均值	
二氧化硫	0.06	0.017	0.009	达标，较上年污染减轻
二氧化氮	0.04	0.038	0.034	达标，较上年污染减轻
可吸入颗粒物	0.07	0.071	0.056	达标，较上年污染减轻
细微颗粒物	0.035	0.040	0.036	不达标，较上年污染减轻
臭氧	0.160（8 小时平均）	0.097（年均值）	0.096（年均值）	较上年污染减轻
		0.163（日最大 8 小时滑动平均第 90 百分位数浓度）	0.167（日最大 8 小时滑动平均第 90 百分位数浓度）	不达标，较上年污染减轻
一氧化碳	4.0（日均值）	0.892	0.815	较上年污染减轻
		1.311（24 小时平均第 95 百分位数浓度）	1.257（24 小时平均第 95 百分位数浓度）	达标，较上年污染减轻
降尘	对照点年均值加 3	3.6	3.52	达标，较上年污染减轻
硫酸盐化速率	0.25（参考数据）	0.11	0.10	达标，较上年污染减轻

说明：1. 降尘量在本地清洁点实测值的基础上增加 3 吨/平方公里·月为评价标准

2. 降尘量单位：吨/平方公里·月；硫酸盐化速率单位：毫克·SO_3/100 平方厘米·碱片

3. 二氧化硫、二氧化氮、可吸入颗粒物、细微颗粒物、臭氧、一氧化碳单位：毫克/立方米（标准状态），为空气自动监测值。臭氧无年均值标准，参照日最大 8 小时均值，一氧化碳无年均值标准，参照 24 小时平均值；2020 年采用全市市区合计统计数据

4. 对照点不参加均值计算

（姜　豪）

城乡建设

【概况】 2020年，丹阳市住房和城乡建设系统组织实施城市危桥改造、城市主次干道拓宽完善、学校建设三大类7项城建重点工程，总投资9.54亿元。完成丹阳眼镜小镇项目270户动迁签约；西门大街片区（一期）改造项目涉及搬迁户数564户；练湖片区企业、东风片区有18户公房、11户企业完成签约；上善雅苑住宅安置房结算292户362套，完成人民电影院门市安置房结算交付工作。完成建筑业总产值93.1亿元，办理建筑竣工验收145个281.39万平方米，造价约49.03亿元，面积比上年增长17%。新开工装配式建筑125.03万平方米，超额完成全年30万平方米的指标。房地产开发投资69.4亿元，核发商品房销售面积88.32万平方米，备案8073套，比上年降低30.61%，商品房均价每平方米9109.27元，比上年增长11.39%。新增房地产企业5家。优化房地产市场管理工作，提供完善的网签备案服务，共完成商品房备案8073套97.5万平方米、金额85亿元，完成办理退房更名合同639次，完成查解封案件117件。完成工程质量检测6.3万批次。全年招标控制价备查63项，总造价27.5亿元。完成造价咨询68个，工程总造价14.26亿元。完成建筑工程设计审查项目2328个1743.04万平方米。完成丹阳市“十三五”建筑节能任务目标，全市新增绿色建筑建筑面积659.84万平方米。完成棚户区改造新开工任务1948套，91户低收入住房困难家庭符合条件，申请发放廉租房租赁补贴资金32.74万元。全市危房改造总任务数为81户，7月考核验收达标。全年新增工商业燃气用户125个，新增用气居民10000户，燃气销量19800万立方米。全年完成自来水售水量7300万立方米，新建及改造供水管网130公里，水质综合合格率100%。住房公积金归集10.7亿元，比上年增长18.38%。预防和灭治白蚁178.9万平方米。全年投资514.74万元完成物业维修203件。对燃气经营企业开展大走访、专项检查57次，检查燃气企业数88个。查处“黑气点”违法违规行为70起，暂扣、没收液化气钢瓶238个。对全市16家石油液化气站、港华燃气公司、中油华港汽车加气站开展安全隐患排查，形成隐患清单。推进延陵镇九里村、柳茹村2个省级特色田园乡村建设试点项目。2020年获“凤凰杯”优质工程奖31个，获镇江市市级优质结构工程奖3个。 （张晶晶）

【2020年城建重点工程】 2020年，丹阳市城建重点工程共7项。至年底，完工2项，在建4项，前期准备1项。

完成重点工程建设项目2项：一是华南桥重建工程。桥长56米，宽40米，总投资3272

万元，2020 年 6 月开工建设，12 月竣工通车。二是华阳桥重建工程（含华阳路“白改黑”）。桥长 22 米，宽 26 米；道路“白改黑”，全长 565 米，总投资 2323 万元，2020 年 9 月开工建设，2021 年 1 月竣工通车。

在建工程 4 项：一是新建上善幼儿园。建筑面积 4500 平方米，总投资 2630 万元，2020 年 8 月开工建设。二是迁址新建吕叔湘中学。计划建筑面积 11 万平方米，用地面积约 13.93 公顷，立项总投资 5.96 亿元，2020 年 12 月 18 日举行奠基仪式。三是东风片区改造一期（香草路西延）项目。长 1400 米，宽 30 米，总投资 8500 万元，2020 年 12 月开工建设。四是东方红桥、尹公桥及丹凤朝阳广场道路改造工程。重建东方红桥，桥梁长 58 米，宽 40 米；重建尹公桥，桥梁长 29 米，宽 34 米；广场及道路改造面积 8300 平方米，总投资约 7073 万元。2020 年 12 月开始管线迁改。

前期准备工程 1 项：东风片区改造一期（水关西路西延）项目。新建道路及 3 座桥梁，长 1400 米，宽 40 米；1 号及 3 号桥梁跨径 26 米，宽 41 米；2 号桥梁跨径 30 米，宽 41 米，项目总投资 1.2 亿元。（张　艾）

图 107　2020 年 12 月 28 日，华南桥竣工通车　（张晶晶）

·公用事业·

【房屋征收】　2020 年，丹阳市对原有的《丹阳市国有土地上房屋征收与补偿办法》《丹阳市国有土地上房屋征收中有关补偿和补助、奖励标准》进行重新修订，于 2020 年 12 月 1 日起正式实施。全年实施西门大街片区（一期）改造项目公园路以北区域、练湖片区企业、东风片区企业、丹阳眼镜小镇等征收项目，共完成签约 384 户，其中住宅户 346 户，非住宅户 38 户。（罗文娟）

【城市供水】　2020 年，丹阳市完成自来水售水量 7221 万立方米，自来水销售收入 1.57 亿元，供水设施基础建设投入 3965 万元。全年自来水水质综合合格率 100%。至年底，自来水用户总数 408369 户，其中乡镇用户 223903 户。完成埤城、新桥片区等改造等部分片区 92.76 公里的供水管网改造及 2255 户的自来水入户改造。完成城乡住宅楼 6925 户居民的自来水改造。完成云阳大桥东侧管道移位、丹凤北路 400 管道工程延伸、华南桥管道工程、横松线管道移位工程、高新区产业路、华阳路改造、吟春路 7 个中大型道路技改工程。完成碧桂园樾府里 A 地块、爱家尚城、凤熹台等 13 项开发公司自来水安装工程。（朱小玲）

图 108　2020 年 8 月 10 日，丹阳市水务集团工作人员对丹桂园小区老旧供水管网进行改造　（张晶晶）

【城市污水处理】　2020 年，丹阳市完成江苏省住建厅下达的《太湖治理目标责任书》建设污水收集管网 15 公里的目标任务，共完成污水管道施工 17.96 公里，完成投资 4799.16 万元。根据《丹阳市新一轮村庄生活污水治理专项规划》，完成 105 个村庄的生活污水治理任务，共敷设污水管道 113.41 公里，完成投资 0.76 亿元，累计完成投资近 4.42 亿元。完成污水处理 5277 万吨，日均 14.46 万吨，化学需氧量削减量 10027.86 吨，安全处置污泥 32235.25 吨，全市污水处理设施总负荷率 94%，出水各项指标均达到《城镇污水处理厂污染物排放标准》GB 18918—2002 一级 A 类标准。受理各类排水审查 85 项，完成排水方案审查 15 项、竣工验收 54 项、排水设施专项验收 16 项；审核环评接管意向企业 217 家，办理已接管企业 7 家，核发排水许可证 16 份。石城污水处理厂三期扩建规模每日处理污水 2 万吨，年底完成土建及设备安装，并投入试运行，累计完成投资 1.09 亿余元。司徒污水处理厂二期扩建规模每日处理污水 1 万吨，2019 年底完成土建及设备安装，2020 年 5 月投入运行，累计完成投资 5218.7 万元。

（朱小玲）

【燃气管理】 2020 年，丹阳市有燃气企业 18 家，其中管道燃气企业 1 家，LNG（液化天然气）－CNG（压缩天然气）汽车加气企业 1 家，瓶装燃气企业 16 家。拥有液化石油气 4120 立方米的储罐容量，有 21 万只液化气钢瓶，液化气供应 1.7 万吨。为加强安全生产建设，瓶装燃气企业投入近 500 万元用于气站技术改造、设备设施的检测检验等。全市 490 辆出租车使用天然气，供气量达每年 600 万立方米。2020 年，丹阳市管道天然气供气累计 19700 万立方米，新增居民户 11000 户、工商户 126 家，新增管网 60 公里（其中中压新建 23.99 公里、低压新建近 36 公里），完成管网巡查 39.7 万公里，入户安检 124000 户。安全生产投入 1000 万元，2020 年未发生燃气安全事故。

（俞海萍）

图 109 2020 年 11 月 9 日，丹阳港华燃气有限公司组织“消防月”户外燃气泄漏应急演练 （张晶晶）

·工程管理·

【工程招投标】 2020 年，丹阳市建设工程招标投标管理办公室依法履行职责，精简优化项目受理流程，提升各类项目的招投标效率，扩大服务对象的自主权，落实主体责任。坚持“事过留痕”的原则，做好以网络为基础的招投标工作。实现全过程无瑕疵，避免信息错误、审核遗漏、监督缺失等现象发生，做好项目备案、审核落实、信息跟踪、处理质疑投诉等全过程动态监管，协助软件公司做好电子化系统测试。发挥招投标规范、政策功能，落实优化营商环境的相关举措，在招投标活动中，采取降低交易成本、减少时间成本、消除门槛等手段，落实便民利民发展策略，提升招投标各方参与的活跃度和融入度。在招投标过程中实行“事前核准，事中监督，事后备案”。在招标公告和招标文件网上发布前核查初步发包方案等前期资料，对网上已发布的招标公告和招标文件，实行“内部三级校审”制度，对规模达到一定限额（3000 万元以上）的公开招标项目的招标文公告、文件，提交主任办公会集体讨论。对于有明显不符合法律法规条款的招标文件及时返回，重新发布招标公告及文件，并开具行政监督意见书，全年处理投诉3起，信访3起，移交执法大队案件1起，公示失信行为6起。全年完成招投标监管项目114个、建筑面积100.92万平方米、工程造价22.64亿元，并顺利完成丹阳首个评定分离项目的招投标监管。（王双娟）

【工程质量检测】　2020年，丹阳市工程质量检测中心不断提高建设工程检测水平，规范检测行为，确保检测工作顺利开展，更新检测标准和规范25个，添置检测仪器设备24台套。委派专人参加省、市组织开展的能力验证和试验室比对计8次，内部进行质量控制8次，涉及建设用砂、建筑基坑等8个检测项目20个检测参数。镇江市质监站、镇江市监管局、江苏省住建厅分别对中心开展专项检查，检查结论均基本符合相关管理规定的要求。检测中心共参加5次外部检测技术培训；开展72次内部检测技术培训，累计600余人次。对100个检测项目进行102人次的随机监督，发现问题及时处理，确保日常监测工作的顺利开展。至年底，中心完成检测报告63418批次产值4123.17万元，其中完成材料检测报告63018批次产值2564.79万元，完成桩测报告400批次产值1558.39万元。（朱　宁）

【工程质量监督】　2020年，丹阳市共新报监工程330个204.28万平方米。主体验收204个工程；竣工备案237个工程206.67万平方米。混凝土进场登记174个，钢筋进场登记292个，预拌砂浆登记89个，发出整改通知书34份，发出停工通知书9份，处理投诉69起。进一步强化参建各方主体的质量责任意识，设立竣工永久性责任标牌237个，签订五方责任主体工程质量终身责任承诺书330份，保障性住房共竣工工程14个8.97万平方米，市政工程新报监工程30个，投资金额16829.72万元，竣工工程14个，投资金额7053万元。（彭　琴）

【工程造价管理】　2020年，丹阳市加强工程造价咨询市场的监管，提高工程造价咨询成果文件质量，对招标控制价计价规范进行严格管控。开展注册造价工程师“挂证”等违法违规行为专项整治工作，严格监管全市跨地区承接造价咨询业务的企业。组织全市咨询企业进行工程量清单及招标控制价编制质量检查，要求咨询企业依据检查结果对本单位在执业中存在的问题进行对照梳理和整改。配合省造价管理总站开展全省造价咨询企业咨询成果质量“双随机”抽查工作，市正大工程造价咨询有限公司检查结果为良好。开展工程造价咨询企业信用评价，AAAAA级1家，AAAA级2家，AAA级1家。开展造价咨询合同备案工作，全年共备案63项工程，合同规范率达100%。对建设各方主体咨询函给予及时回复。及时发布建材价格预警信息，建议市场各方主体采取有效措施，规避合同市场风险。建立“互联网+”信息测报体系，实现预测、预报、预警动态监管机制，提升造价信息公共服务能力。全年共备查63项公开招标工程，总造价27.5亿元。（王锁花）

【工程抗震审图】　2020年，丹阳市推进数字化审查系统，提高各类建筑工程施工图审查和消防设计审查质量。鼓励支持对隔震加固技术在既有建筑中的应用，推进住宅工程抗震设防工作。推进传统建筑行业向现代化发展，其中江苏合发集团和江苏华伟佳被评为镇江市建筑产业现代化示范基地，丹凤集团PC构件厂被评为江苏省建筑产业现代化示范基地。全年共完成建筑工程设计审查项目583个，审查面积371.09万平方米，审查出违反强条数445条、违反强标数4596条。共承接消防设计审查56项，完成53项，建筑面积115.19万平方米。节能工程验收项目170个，验收面积174.98万平方米。抗震工程验收主体343个，验收面积240.61万平方米、竣工项目298个。装配式建筑新开工共125.03万平方米，超额完成全市30万平方米的指标。（邓佩霞）

·建筑业管理·

【概况】　2020年，丹阳市共有在建工程200

个标段，在建建安工作量 104.2 亿元，竣工产值 49 亿元。办理安全报监 172 项，工程竣工备案办结 100 项，下发限期整改通知书 155 份，停工通知书 58 份，约谈建设、监理、施工企业 33 次，移交各类违法违规案件 52 个。全年申报江苏省建筑施工标准化星级工地 4 个，创建镇江市建筑施工标准化文明（绿色施工）示范工地 9 个，创建丹阳市建筑施工标准化文明（示范）工地 12 个。接待处理各类农民工工资上访投诉案件 79 次，涉及 642 人 1603.4 万元。

（李淑娟）

图 110　2020 年 6 月 30 日，丹阳市建管处指导施工单位组织开展消防应急演练及高处坠落应急演练　（张晶晶）

【企业资质动态监管】　2020 年，为加强企业资质动态监管，市建管处印发《关于公布丹阳市建筑业企业资质动态监管结果的通知》，对建筑业企业资质动态核查不合格的企业予以通告，通过挂号信、电话等方式通知相关企业限期整改，对连续 3 个月不合格的提请资质许可机关予以撤回，增加新申请资质企业净资产、建造师、技术负责人业绩等的抽查比率。全年共办理资质首次申请 18 家，资质增项 38 家，资质升级 5 家，企业全资子公司间重组 42 家。

（李淑娟）

【规范建筑市场秩序】　2020 年，丹阳市加大对建设工程的巡查力度，核查施工承包合同、人员的相符性以及企业的市场行为和安全行为，对施工承包合同、劳务用工合同的签订进行重点监控、督查，检查工程款支付、农民工工资支付情况，加强合同履约的监管，严厉打击建筑施工转包、违法分包、挂靠等违法行为。全年共移交各类违法违规案件 52 个。

（李淑娟）

【建筑施工环境综合整治】　2020 年，丹阳市建管处配合全市创建全国文明城市，开展建筑施工环境综合整治工作。将创建工作任务一一分解，落实到责任科室和人员，实行一把手负责制，一级抓一级，层层抓落实。采取挂图作战的方式，集中开展建筑工地围墙围挡美化、整治工地环境卫生、扬尘治理暨守护丹阳蓝“春雷行动”、建筑施工扬尘“专项整治月”活动及扬尘治理百日攻坚等活动，整治工地脏、乱、差现象，消除卫生盲点死角，督促施工企业建立健全建筑垃圾管理制度，对建筑垃圾进行集中堆放并及时清理，在建筑垃圾大量产生的装饰装修阶段提高检查的频次，保障现场的环境卫生，对管理成效突出的项目予以通报表扬，对扬尘管控不到位的项目，移交监察大队立案处理，推动扬尘治理工作由短期强制行为向长期自觉行为转变。全年共巡查建筑工地 133 次，下达监督记录、停工指令书等执法文书 5 份，提出整改要求 97 条，施工现场新增和修补密目网封闭约 12.6 万平方米，新增和修复彩板围挡约 1430 米，更换公益广告 170 块。

（李淑娟）

【建筑施工安全生产专项整治】　2020 年，丹阳市为有效防范和遏制建筑安全生产事故的发生，制定《关于进一步加强建筑施工高处作业安全管理工作的通知》《关于加强施工现场外脚手架和模板支撑安全管理的通知》《关于加强丹阳市装配式建筑 PC 预制构件吊装塔式起重机选型的通知》《关于加强建筑施工预防高处坠落管理的通知》等文件，进一步规范建筑施工行为，做好危大工程和高处作业的安全管理，督促参建各方履行安全生产主体责任，根据规范要求，编制高处作业专项方案、加强作业人员教育培训和安全交底、改善高处作业环境，坚守“五个环节”的严格管控，有效防范和遏制各类事故的发生。组织开展二次建筑起重机械设备检查，累计检查附着式升降脚手架4部、吊篮43台次、塔机183台次，查出实体安全隐患409项，发出9份限期整改通知书、17份局部停工通知书。开展节后复工安全暨建筑起重机械预防高处坠落、建筑施工反“三违”、建筑施工深基坑和高支模工程安全、夏季高温及汛期建筑施工安全执法等检查，累计检查在建项目约582个，签发安全隐患整改通知书53份、局部停工整改通知书41份，发现的安全隐患均督促施工参建各方有效整改。

（李淑娟）

图111 2020年12月18日，丹阳市召开建筑施工安全生产专项整治、扬尘治理暨农民工工资清欠工作会议 （张晶晶）

【智慧工地建设和标准化文明工地创建】 2020年，丹阳市结合“智慧住建”系统平台，推广智慧工地的建设和标准化文明工地的创建工作，运用互联网、大数据将施工现场农民工实名制管理、现场监控、起重机械管理、扬尘监测等，数据标准化、信息化、智能化，以科技手段促进全市现场文明施工以及安全生产标准的提高。同时，按照建筑施工标准化文明（示范）工地评审办法的要求，有组织、有计划地指导标化文明工地的创建申报、检查评审工作。2020年，共创建智慧工地2个，有3个智慧工地在创建中；申报江苏省建筑施工标准化星级工地4个，创建镇江市建筑施工标准化文明（绿色施工）示范工地9个，创建丹阳市建筑施工标准化文明（示范）工地12个。

（李淑娟）

【农民工工资清欠】 2020年，丹阳市继续做好农民工工资清欠工作。召开专题会议，开展农民工工资发放情况摸排，针对存在欠薪隐患的重点项目和企业，开展点对点的集中清查，形成风险隐患清单，进行个别约谈。会同信访、人社、公安等部门做好预警信息的发布，在工地现场挂宣传横幅，发放《保障农民工工资支付条例》《条例应知应会50问》《丹阳保障农民工工资支付一本通》等图册2650份，开展《保障农民工工资支付条例》宣传学习，参加学习380人次。安排值班值守，第一时间掌握情况、稳妥处置，确保农民工投诉有门，维权有助。在查处拖欠农民工工资案件中，指导督促施工企业规范用工，对2020年春节期间因拖欠农民工工资引发集访的项目责任单位和责任人进行通报，并扣除相应企业信用分。

（李淑娟）

2020年丹阳市有资质建筑业企业一览表

表16

企业名称	资质类别				地址
	法人	主项	资质专业	资质等级	
江苏云阳集团有限公司	马志尔	建筑工程	建筑工程	一级	西环路2—1号
			市政公用工程	二级	

续表 16

企业名称	资质类别				地址
	法人	主项	资质专业	资质等级	
江苏云阳集团有限公司	马志尔	建筑工程	消防设施工程	一级	西环路 2—1 号
			建筑幕墙工程	二级	
			地基基础工程	二级	
			建筑装修装饰工程	二级	
			起重设备安装工程	三级	
			钢结构工程	三级	
			不分专业	不分等级	
江苏丹建集团有限公司	厉洪法	建筑工程	建筑工程	一级	丹凤北路 39 号
			建筑装修装饰工程	二级	
			起重设备安装工程	三级	
			地基基础工程	三级	
江苏天坤集团建筑工程有限公司	黄敏科	建筑工程	建筑工程	一级	中山路 7—20 号
			建筑装修装饰工程	一级	
			起重设备安装工程	三级	
丹阳市广厦建筑工程有限公司	眭建新	建筑工程	建筑工程	一级	华南新村 6—1 号
			建筑装修装饰工程	二级	
江苏安定建设工程有限公司	周其山	建筑工程	建筑工程	二级	界牌镇金谛商贸城 8 号楼
			市政公用工程	二级	
			建筑装修装饰工程	二级	
			城市及道路照明工程	三级	
			钢结构工程	三级	
丹阳市建筑安装工程有限公司	荆留祥	建筑工程	建筑工程	二级	丹凤南路 30 号
			市政公用工程	三级	
			建筑装修装饰工程	二级	
			地基基础工程	三级	
			起重设备安装工程	三级	
江苏新溪建设工程有限公司	王新民	建筑工程	建筑工程	二级	南门外向阳桥西
			市政公用工程	三级	
			建筑装修装饰工程	二级	
丹阳市东方建筑工程有限公司	邵　平	建筑工程	建筑工程	二级	石城路 1 号
			市政公用工程	三级	
			防水防腐保温工程	二级	

续表 16

企业名称	法人	主项	资质专业	资质等级	地址
丹阳市东方建筑工程有限公司	邵平	建筑工程	建筑装修装饰工程	二级	石城路1号
			钢结构工程	三级	
江苏丹凤集团有限公司	尹根法	建筑工程	建筑工程	一级	振兴路688号
			市政公用工程	二级	
			消防设施工程	二级	
			建筑装修装饰工程	二级	
			起重设备安装工程	三级	
丹阳市乐工钢结构有限公司	邓网军	建筑工程	建筑工程	三级	高新技术创新园
			市政公用工程	三级	
			机电工程	三级	
			消防设施工程	二级	
			建筑装修装饰工程	二级	
			建筑幕墙工程	二级	
			防水防腐保温工程	二级	
			环保工程	三级	
			钢结构工程	三级	
			地基基础工程	三级	
			古建筑工程	三级	
			城市及道路照明工程	三级	
			特种工程(结构补强)	不分等级	
			特种二程(特种防雷技术)	不分等级	
江苏丹阳市政建设有限公司	王志强	市政公用工程	市政公用工程	一级	西二环路88号
			建筑工程	三级	
			建筑装修装饰工程	二级	
			地基基础工程	三级	
			不分专业	不分等级	
花王生态工程股份有限公司	肖姣君	建筑工程	市政公用工程	一级	南二环路88号
			建筑工程	一级	
			公路工程	二级	
			水利水电工程	二级	
			古建筑工程	二级	
			城市及道路照明工程	三级	

续表 16

企业名称	资质类别				地址
	法人	主项	资质专业	资质等级	
花王生态工程股份有限公司	肖姣君	建筑工程	环保工程	三级	南二环路 88 号
江苏安阳建工有限公司	陈　浩	—	建筑工程	三级	西环路 24 号商住楼 1—2 层 12—14 轴线
			市政公用工程	三级	
			建筑装修装饰工程	二级	
			钢结构工程	三级	
			地基基础工程	三级	
江苏三宏建设工程有限公司	钱明东	—	公路工程	三级	云阳街道宝塔路朱家村 57—2 号（运河路南侧）
			市政公用工程	三级	
			城市及道路照明工程	三级	
江苏超能电力工程有限公司	许云彪	—	电力工程	三级	丹金路西侧种子公司旁
			市政公用工程	三级	
			电子与智能化工程	二级	
			城市及道路照明工程	三级	
			输变电工程	三级	
江苏汇中建设工程有限公司	丁国新	—	电子与智能化工程	二级	云阳街道西环路 98 号
			消防设施工程	二级	
			建筑装修装饰工程	二级	
			建筑机电安装工程	三级	
丹阳市金琥珀装饰工程有限公司	王少峰	—	建筑幕墙工程	二级	西郊 312 国道练湖段（原市汽车大修厂内）
			建筑装修装饰工程	二级	
丹阳市明威建设工程有限公司	马明芳		水利水电工程	三级	开发区商业街 A 街 63 号
江苏曲阳建设工程有限公司	豆正松	—	市政公用工程	三级	界牌镇界东工业园
			建筑工程	三级	
江苏博宇砼制品有限公司	巢建忠	—	预拌混凝土	不分等级	界牌镇界南村渡口边
丹阳市国正机械安装有限公司	王国正	—	起重设备安装工程	三级	云阳镇李甲村
丹阳瑞翼建设工程有限公司	黄娟贤	—	市政公用工程	三级	开发区天波城 72 幢 2102 室
			建筑装修装饰工程	二级	
			建筑幕墙工程	二级	
			特种工程（结构补强）	不分等级	
丹阳市金丹电气安装有限公司	谭国华	—	建筑机电安装工程	三级	北环路 12 号
江苏卓泓市政建设有限公司	林国伟	—	市政公用工程	三级	华南新村 90 幢 2 室

续表 16

企业名称	资质类别				地址
	法人	主项	资质专业	资质等级	
江苏卓泓市政建设有限公司	林国伟	—	建筑装修装饰工程	二级	华南新村 90 幢 2 室
			环保工程	三级	
			不分专业	不分等级	
江苏一平建设工程有限公司	吉锁宝	—	建筑工程	三级	延陵镇联兴村丹延路 63 号
			市政公用工程	三级	
江苏亨辉建设工程有限公司	胡玲芳		公路路基工程	三级	开发区平楼下 1 幢 121 室、221 室
丹阳雅致建设工程有限公司	浦　斌	—	市政公用工程	三级	云阳街道朱家村 888 号
			建筑工程	三级	
江苏晶锐装饰工程有限公司	何继泽	—	市政公用工程	三级	云阳镇全福温州城 12 幢底层门市
			建筑工程	三级	
			建筑装修装饰工程	二级	
			建筑幕墙工程	二级	
丹阳市佳俊水电工程安装有限公司	李佳颖	—	市政公用工程	三级	云阳街道西二环 88 号
			不分专业	不分等级	
江苏会洋建设工程有限公司	景　飞	—	建筑工程	三级	云阳镇高新技术开发区横塘段西马场
			钢结构工程	二级	
江苏安亮照明工程有限公司	安秀娟		城市及道路照明工程	三级	导墅镇后庄村
江苏鹏惟建设有限公司	周　路	—	建筑工程	三级	开发区荆村桥村
			地基基础工程	三级	
金港建设(江苏)有限公司	张国青	—	市政公用工程	三级	开发区立曜路 1 号
			建筑工程	三级	
江苏佳阳建设工程有限公司	贺黎光	—	建筑二程	三级	导墅金鹤路
丹阳市永鑫钢结构有限公司	姚文斌	—	钢结构工程	三级	访仙镇独山村东山凹
江苏正合光电照明科技有限公司	张　良	—	城市及道路照明工程	三级	界牌镇界东村
镇江市美林建设工程有限公司	庄　霖	—	市政公用工程	三级	开发区御珑湾 89 幢 906 室
			建筑工程	三级	
			建筑装修装饰工程	二级	
江苏新昌建筑工程有限公司	潘正军	—	建筑工程	二级	丹句路 2 号(西苑公寓门市幢 14—20 室 6—7 层)
			市政公用工程	三级	
			建筑装修装饰工程	二级	
			不分专业	不分等级	

续表 16

企业名称	资质类别				地址
	法人	主项	资质专业	资质等级	
丹阳市建筑装潢工程有限公司	周国林	—	建筑装修装饰工程	二级	新市口交通广场三楼
丹阳市行宫建筑安装有限公司	罗学军	—	建筑工程	三级	行宫镇胜利路 5 号
			建筑装修装饰工程	二级	
丹阳市经济开发区基建工程有限公司	朱国良	—	市政公用工程	三级	开发区六经路西
丹阳市华东照明灯具有限公司	王纪龙	—	城市及道路照明工程	一级	界牌镇灯城大街二号
			电子与智能化工程	二级	
江苏正通宏泰股份有限公司	胡俊华	—	防水防腐保温工程	二级	云阳开发区
			环保工程	三级	
			建筑机电安装工程	三级	
江苏合发集团有限责任公司	梁　喆	—	建筑装修装饰工程	一级	皇塘镇
			建筑幕墙工程	一级	
			防水防腐保温工程	二级	
			钢结构工程	二级	
江苏欣曜建设工程有限公司	张　翔	—	建筑工程	三级	陵口镇
丹阳市阳光建设工程有限公司	佟　骏	—	建筑工程	三级	丹句路 6 号
			市政公用工程	三级	
			建筑装修装饰工程	二级	
丹阳市华昌建筑安装装潢工程有限公司	汤金坤	—	建筑工程	三级	经济开发区齐梁路 16 号
江苏东日基础工程有限公司	张双忠	—	建筑工程	二级	丹伏东路 888 号
			市政公用工程	三级	
			地基基础工程	一级	
			建筑装修装饰工程	二级	
			电子与智能化工程	二级	
			模板脚手架	不分等级	
			不分专业	不分等级	
丹阳市天天广告装潢有限公司	张　坚	—	建筑工程	三级	千家乐市场北侧四楼一北一401 室
江苏星乐照明科技有限公司	孙巧根	—	城市及道路照明工程	二级	界牌镇安乐村
丹阳市和美建设工程有限公司	恽小明	—	建筑工程	三级	丹北市高桥
			市政公用工程	三级	
			古建筑工程	三级	

续表 16

企业名称	资质类别				地址
	法人	主项	资质专业	资质等级	
镇江正荣建筑工程有限公司	冷耀勤	—	模板脚手架	不分等级	开发区永安村
丹阳市禹升工程建设有限公司	郦林辉	—	市政公用工程	三级	开发区齐梁路 77 号
			水利水电工程	三级	
江苏彬城劳务有限公司	郭林芳	—	模板脚手架	不分等级	云阳街道新世纪花园门市 66 室 66(2)号
			不分专业	不分等级	
丹阳市智丰钢结构有限公司	茅留洪	—	建筑工程	三级	陵口镇折柳柳西大街郑店村委会南侧
			钢结构工程	三级	
丹阳市三泰劳务有限公司	韩同斌	—	不分专业	不分等级	迈村村南三环南侧
丹阳欧强建设工程有限公司	戎美华	—	建筑装修装饰工程	二级	丹北镇高桥村
江苏润德建设工程有限公司	卜奎国	—	建筑工程	三级	开发区九曲河南侧
			地基基础工程	二级	
丹阳市振南桩基有限公司	洪　晶	—	地基基础工程	三级	云阳街道景阳花园 1 幢三层南
江苏绿岛装饰工程有限公司	李志俊	—	建筑工程	三级	云阳街道西二环路 66 号
			建筑装修装饰工程	二级	
江苏祥飞建筑工程有限公司	王琴文	—	建筑工程	三级	云阳街道横塘东马场村
			市政公用工程	三级	
			钢结构工程	三级	
			不分专业	不分等级	
丹阳市新桥建筑工程有限公司	陆荣庆	—	建筑工程	三级	丹北镇新桥为民西路
			市政公用工程	三级	
			建筑装修装饰工程	二级	
江苏联博机械设备安装工程有限公司	江学斌	—	建筑机电安装工程	三级	开发区开发大道北侧沪宁高速南侧
江苏华德工程建设有限公司	汪小华	—	水利水电工程	二级	开发区迎宾路 1 号
			建筑工程	三级	
			桥梁工程	二级	
			地基基础工程	三级	
			起重设备安装工程	三级	
丹阳市飞远消防安装工程有限公司	石国英	—	消防设施工程	二级	开发区永安社区佳景天城 15 幢 8 号—9 号门市房二楼

续表 16

企业名称	资质类别				地址
	法人	主项	资质专业	资质等级	
江苏锦泰装饰工程有限公司	邵 伟	—	建筑装修装饰工程	二级	开发区丹桂园 4—1 号
江苏宏艺园林建设工程有限公司	韩同斌	—	建筑工程	二级	开发区三桥村
			市政公用工程	三级	
			防水防腐保温工程	二级	
			建筑幕墙工程	二级	
			建筑装修装饰工程	二级	
江苏祥睿建设工程有限公司	金 祥	—	市政公用工程	三级	新世纪花园 86 号门市
			建筑工程	三级	
			建筑装修装饰工程	二级	
			起重设备安装工程	三级	
丹阳市飞达钢结构有限公司	赵 俊	—	钢结构工程	三级	后巷镇飞达村
丹阳市飞龙市政工程有限公司	袁雄伟	—	市政公用工程	三级	访仙镇贤明西路南
			城市及道路照明工程	三级	
			环保工程	三级	
			不分专业	不分等级	
江苏广利消防设备安装有限公司	殷红云	—	消防设施工程	二级	开发区华昌综合楼东 401 室
江苏广隆建设有限公司	韩网兆	—	预拌混凝土	不分等级	开发区练湖魏家村
丹阳市导墅建筑工程有限公司	徐新华	—	建筑工程	三级	导墅镇金鹤路
丹阳市锦鸿环卫工程有限公司	王 俊	—	市政公用工程	三级	云阳街道金鹰天地广场 1 幢 401 室
丹阳市正道市政工程建设有限公司	邓国林	—	市政公用工程	三级	云阳镇丹凤南路交通综合楼南楼 17(1)室
江苏恒韬建筑工程有限公司	万小强	—	建筑工程	二级	开发区八经路东侧
			市政公用工程	三级	
江苏美雅建设有限公司	冷海辉	—	建筑工程	三级	开发区齐梁路 19 号（高新技术创业园 A 座 210 室）
			市政公用工程	三级	
			水利水电工程	三级	
			建筑装修装饰工程	二级	
江苏浪晴装饰工程有限公司	黄献军	—	建筑装修装饰工程	二级	振兴路 1 号
江苏路腾建设工程有限公司	刘路宝	—	市政公用工程	三级	开发区海宁花园 2 幢 211—311 室
江苏惠创智能系统发展有限公司	洪爱国	—	建筑工程	三级	司徒镇丹句路 101 号

续表 16

企业名称	资质类别				地址
	法人	主项	资质专业	资质等级	
江苏惠创智能系统发展有限公司	洪爱国	—	消防设施工程	二级	司徒镇丹句路 101 号
			建筑装修装饰工程	二级	
			电子与智能化工程	二级	
			建筑机电安装工程	三级	
			城市及道路照明工程	三级	
江苏文和市政工程有限公司	邓文捷	—	市政公用工程	三级	云阳镇前艾胜利村
江苏星际建设工程有限公司	偶志荣	—	建筑工程	三级	西环路西侧
丹阳市巨龙建设工程有限公司	朱陈军	—	市政公用工程	三级	开发区货场路 1 号
江苏仝发装饰工程有限公司	缪家平	—	建筑幕墙工程	二级	皇塘镇 340 省道北
丹阳市宏昌建筑辅助工程有限公司	陈辉林	—	模板脚手架	不分等级	西环路 6 号
丹阳恒越建设发展有限公司	陈东升	—	建筑二程	三级	北二环化工路北段
			防水防腐保温工程	二级	
江苏润澳新型建材有限公司	吴正青	—	预拌混凝土	不分等级	珥陵镇珥城村
丹阳市水润安装工程有限公司	贾玉峰	—	市政公用工程	三级	云阳路 55 号
江苏光翼建设发展有限公司	韦冬云	—	市政公用工程	三级	丹北镇城中村（王家村）
			建筑工程	三级	
			钢结构工程	三级	
江苏天豪输变电有限公司	吴仁辉	—	电力工程	三级	开发区通港路天工工业园区 A7－1
			建筑工程	三级	
			机电工程	三级	
			市政公用工程	三级	
			消防设施工程	二级	
			城市及道路照明工程	三级	
			环保工程	三级	
			地基基础工程	三级	
			输变电工程	三级	
			不分专业	不分等级	
江苏易通达工程有限公司	吉海军	—	市政公用工程	三级	云阳街道友谊路 7 号
			公路交通工程(公路安全设施分项)	二级	
			地基基础工程	三级	

续表 16

企 业 名 称	资质类别				地 址
	法人	主项	资质专业	资质等级	
江苏易通达工程有限公司	吉海军	—	不分专业	不分等级	云阳街道友谊路 7 号
丹阳市飞翔恒达钢结构有限公司	徐春辉	—	钢结构工程	三级	丹北镇埤城常六工业园
江苏一诺建设工程有限公司	宋祖胜	—	建筑工程	三级	丹北镇后巷飞达村
江苏棵棵树装饰工程有限公司	张冬青	—	建筑工程	三级	司徒镇张寺村 122 省道北侧
			建筑装修装饰工程	二级	
			建筑幕墙工程	二级	
			钢结构工程	三级	
			地基基础工程	三级	
江苏苏江建设工程有限公司	邬玉辉	—	市政公用工程	三级	吕城镇蔡塔村滨河路南侧
			建筑工程	三级	
江苏凯利控股集团有限公司	秦泽伟	—	建筑机电安装工程	三级	城河路 69 号
江苏锐光砼业有限公司	花春宝	—	预拌混凝土	不分等级	新桥镇古巷村 9 组
江苏建宇混凝土有限公司	张 琰	—	预拌混凝土	不分等级	开发区新港路 100 号
江苏创宏建筑有限公司	赵金良	—	起重设备安装工程	三级	延陵镇麦溪联兴观庄
江苏依云装饰工程有限公司	王云忠	—	建筑工程	三级	万善园二村 41 号门市房
			建筑装修装饰工程	二级	
江苏通行工程建设有限公司	周红兵	—	市政公用工程	二级	荆前路
			公路路面工程	三级	
江苏兴澳混凝土有限公司	吴正青	—	预拌混凝土	不分等级	司徒镇河阳工业园
丹阳市建中工程建设有限公司	唐双夕	—	市政公用工程	三级	开发区市门第一路
丹阳市淳阳混凝土有限公司	汤沿湖	—	预拌混凝土	不分等级	访仙镇杨城村
江苏裕康建设有限公司	陈志祥	—	市政公用工程	三级	司徒镇东风村
			建筑工程	三级	
			钢结构工程	三级	
			起重设备安装工程	三级	
丹阳市和达混凝土搅拌有限公司	张锁方	—	预拌混凝土	不分等级	香草河南岸北庄段
丹阳市盛美照明器材有限公司	施菊美	—	城市及道路照明工程	三级	界牌镇界西村芭山工业园
江苏宏海装饰工程有限公司	贡一敏	—	建筑装修装饰工程	二级	开发区缇香花园 20 幢 22 号
			建筑幕墙工程	二级	

续表 16

企业名称	资质类别				地址
	法人	主项	资质专业	资质等级	
江苏中隆电气有限公司	郦俊军	—	电力工程	二级	云阳镇丹金路 333 号
			机电工程	二级	
			通信工程	三级	
			建筑工程	三级	
			电子与智能化工程	一级	
			建筑机电安装工程	三级	
			城市及道路照明工程	三级	
			输变电工程	三级	
			地基基础工程	三级	
			不分专业	不分等级	
江苏晨佳流体设备有限公司	贡建中	—	建筑机电安装工程	三级	延陵东进西路
江苏龙庆建设发展有限公司	丁根新	—	建筑工程	三级	丹北镇后巷嘉山村
			市政公用工程	三级	
丹阳市宏源建筑配套工程有限公司	李　丹	—	市政公用工程	三级	丹阳市南环路 68 号
江苏恒畅建设工程有限公司	毛国平	—	市政公用工程	三级	开发区丹桂园北区综合楼 1 号
江苏中强钢结构有限公司	陶方兵	—	建筑工程	三级	陵口镇机场路(丹阳萧梁产业园陵口园区)
			钢结构工程	二级	
丹阳市皇达水泥制品有限公司	张　斌	—	预拌混凝土	不分等级	皇塘镇大庄村
丹阳市瑞禹水利工程有限公司	李冬辉	—	市政公用工程	三级	丹阳市延陵镇凤凰工业园
			水利水电工程	三级	
			不分专业	不分等级	
丹阳市金品装饰工程有限公司	赵　珏	—	建筑装修装饰工程	二级	云阳镇横塘司徒村
江苏骏达市政建设工程有限公司	马立华	—	市政公用工程	二级	练湖西郊公寓 1 幢 22 号门市
			建筑工程	三级	
			不分专业	不分等级	
江苏明珑照明有限公司	张明富		城市及道路照明工程	三级	界牌镇黑木桥工业园
丹阳市建安钢构人防工程有限公司	汤维康	—	市政公用工程	三级	云阳开发区振新路 999#
			建筑工程	三级	
			钢结构工程	一级	

续表 16

企业名称	资质类别				地址
	法人	主项	资质专业	资质等级	
丹阳市建安钢构人防工程有限公司	汤维康	—	建筑幕墙工程	二级	云阳开发区振新路999＃
			建筑机电安装工程	三级	
			特种工程（结构补强）	不分等级	
江苏辰先建设集团有限公司	蔡　伟	—	建筑工程	三级	开发区长段 2 组
			不分专业	不分等级	
丹阳市榕盛园林工程有限公司	孙　莉	—	市政公用工程	三级	延陵镇澳都花城2号－10
江苏远宏混凝土有限公司	孙权芳	—	预拌混凝土	不分等级	江苏省镇江市丹阳市后巷镇高桥村
江苏练湖建设集团有限公司	景振国	—	建筑工程	二级	练湖北环路南侧
			建筑装修装饰工程	二级	
丹阳市大洋铝塑有限公司	虞伟忠	—	建筑幕墙工程	二级	新桥镇木桥工业园区
江苏益良建筑工程有限公司	眭福林	—	建筑工程	三级	丹句路 1 号
			建筑装修装饰工程	二级	
			地基基础工程	三级	
江苏丽新建筑装饰有限公司	李小平	—	建筑装修装饰工程	二级	开发区西郊练湖工业园
江苏光宏建筑工程有限公司	朱建忠	—	地基基础工程	三级	界牌镇旭日路
江苏永兴伟业有限公司	张书平	—	预拌混凝土	不分等级	丹阳市吕城镇泰定北路 1 号
丹阳市天景园林工程有限公司	王　力	—	市政公用工程	三级	西二环路 88 号
江苏恒业交通工程有限公司	张川良	—	公路交通工程（公路安全设施分项）	一级	开发区市门第一路双庙
			公路交通工程（公路机电工程分项）	二级	
江苏浪成装饰科技有限公司	王青连	—	建筑工程	三级	开发区北苑路 28 号
			市政公用工程	三级	
			建筑装修装饰工程	一级	
			建筑幕墙工程	二级	
江苏鱼跃医疗设备股份有限公司	吴　群	—	建筑机电安装工程	三级	云阳工业园（振新路南）
江苏施诺照明有限公司	施金本	—	城市及道路照明工程	三级	导墅镇工业园区
江苏运通路桥工程有限公司	陆国泉	—	市政公用工程	三级	市门第一路许岗村
			公路工程	三级	
			公路路面工程	二级	

续表 16

企业名称	资质类别				地址
	法人	主项	资质专业	资质等级	
江苏运通路桥工程有限公司	陆国泉	—	公路路基工程	二级	市门第一路许岗村
			不分专业	不分等级	
江苏润嘉建筑工程有限公司	殷泽华	—	建筑工程	二级	开发区嘉源首府 29 幢 204 室
丹阳市飞力工程有限公司	陈　飞	—	建筑装修装饰工程	二级	丹北镇埤城益民路 17 号
江苏云阳集团混凝土有限公司	马　进	—	预拌混凝土	不分等级	西环路 2—1 号
江苏富恒建设工程有限公司	陈俊华	—	建筑工程	三级	后巷镇振兴大街
			防水防腐保温工程	二级	
			建筑装修装饰工程	二级	
丹阳市珥陵建筑工程有限公司	陈培元	—	建筑工程	三级	珥陵镇镇北
			市政公用工程	三级	
			起重设备安装工程	三级	
江苏东华装潢有限公司	李　宙	—	建筑装修装饰工程	一级	开发区北苑路 29 号
			建筑幕墙工程	一级	
			钢结构工程	三级	
丹阳市中丹建设工程有限公司	朱天生	—	市政公用工程	三级	南门外向阳桥南
			建筑工程	三级	
丹阳市荆林建筑工程有限公司	郦玉传	—	建筑工程	三级	金陵西路 220 号
江苏凯祥通信建设工程有限公司	张康俊	—	市政公用工程	三级	延陵镇丹延路 60 号
江苏日月路灯制造有限公司	施俊华	—	城市及道路照明工程	三级	丹北镇新桥上游路上游桥北
丹阳恒泰电力工程有限公司	王锁荣	—	输变电工程	三级	阜阳路 85 号
丹阳中泰电力工程有限公司	钟　海	—	电力工程	三级	练湖北二环路南侧（练湖工业园区 28 号）
			建筑装修装饰工程	二级	
			电子与智能化工程	二级	
江苏华日照明器材有限公司	张跃庭	—	城市及道路照明工程	一级	界牌镇安乐工业园
			公路交通工程（公路安全设施分项）	二级	
江苏光华莱特照明有限公司	唐光华	—	城市及道路照明工程	三级	界牌镇灯镇大道
丹阳市华川装饰材料有限公司	殷双川	—	建筑幕墙工程	二级	云阳镇三城村
			钢结构工程	三级	

续表 16

企业名称	资质类别				地址
	法人	主项	资质专业	资质等级	
江苏华城照明灯具灯杆有限公司	王志芳	—	城市及道路照明工程	三级	界牌镇安乐工业园
江苏恒源照明有限公司	张　娟	—	城市及道路照明工程	三级	江苏省镇江市丹阳市界牌镇北大街西首
丹阳市公路道路养护工程有限公司	张忠毅	—	公路工程	二级	丹凤北路 228 号
			公路路面工程	二级	
江苏安川建设有限公司	郦俊杰	—	机电工程	三级	云阳镇丹凤北路 180 号
			通信工程	三级	
			建筑工程	三级	
			消防设施工程	一级	
			电子与智能化工程	二级	
江苏福尔特照明电器有限公司	陆　勇	—	城市及道路照明工程	三级	界牌镇中工业园
江苏名典装饰发展有限公司	李志令	—	建筑装修装饰工程	二级	云阳镇南环路 68 号
			建筑机电安装工程	三级	
江苏新鹏飞路灯照明科技有限公司	王常荣	—	城市及道路照明工程	二级	界牌镇北大街
江苏中隆建设工程有限公司	郦俊军	—	地基基础工程	三级	丹金路 333 号
江苏丹建集团市政园林有限公司	厉洪法	—	市政公用工程	二级	延陵镇联兴村 122 省道南侧 1 号、2 号、3 号、4 号
镇江市天鸿建筑劳务有限公司	邬玉辉	—	模板脚手架	不分等级	吕城镇蔡塔小区滨河中路西侧 116 号
江苏双志新能源有限公司	洪志中	—	建筑机电安装工程	三级	皇塘镇张埝村
江苏埃菲尔建设工程有限公司	杨海滨	—	建筑工程	二级	经济开发区八径东侧
			钢结构工程	一级	
江苏金骏马装饰安装有限公司	马志尔	—	建筑装修装饰工程	二级	西环路 2—1 号
江苏瑞清园林建设工程有限公司	丁益男	—	市政公用工程	三级	开发区荆林荆桥家园
丹阳市振昌市政工程有限公司	眭建新	—	市政公用工程	三级	新民中路 61 号
江苏省中铭建筑工程有限公司	史建伟	—	模板脚手架	不分等级	珥陵镇丈山河滨路 10 号
江苏天亮园林建设有限公司	曾　强	—	市政公用工程	三级	何甲许王甲
江苏润达交通养护有限公司	王春良	—	公路交通工程(公路安全设施分项)	一级	丹延路 12 号
			公路交通工程(公路机电工程分项)	二级	

续表 16

企业名称	资质类别				地址
	法人	主项	资质专业	资质等级	
丹阳市朝阳城市管理养护有限公司	薛勇军	—	市政公用工程	三级	北二环路 58 号
			城市及道路照明工程	三级	
江苏润江建设工程有限公司	韦建华	—	市政公用工程	三级	新民东路 60 号
丹阳市鑫瑞环保设备有限公司	恽小双	—	环保工程	三级	丹北镇新桥中心工业园
丹阳市佳景园林工程有限公司	陈英华	—	市政公用工程	三级	开发区紫荆花园 3 幢 101 室
江苏嘉宝装饰工程有限公司	史春梅	—	建筑装修装饰工程	一级	丹金路东侧
			建筑幕墙工程	二级	
			模板脚手架	不分等级	
江苏生太环境建设集团有限公司	陈锁金	—	水利水电工程	三级	交通综合楼北楼二单元十楼
			市政公用工程	三级	
			建筑工程	三级	
			建筑装修装饰工程	二级	
			河湖整治工程	三级	
			古建筑工程	三级	
江苏金化建设工程有限公司	钟建祥	—	建筑工程	二级	延陵镇东进路
			市政公用工程	三级	
			建筑装修装饰工程	二级	
			钢结构工程	二级	
丹阳中久市政工程有限公司	陈　诚	—	消防设施工程	二级	开发区金凤凰花园 1 幢 17 室
江苏科信冷暖设备有限公司	刘　军	—	建筑机电安装工程	三级	众悦华城 8 幢 06 室
镇江市振越电气有限公司	任　军	—	市政公用工程	三级	司徒镇全州村
			机电工程	三级	
			电力工程	三级	
			地基基础工程	三级	
			城市及道路照明工程	三级	
			输变电工程	三级	
			不分专业	不分等级	
丹阳市长友建筑劳务服务有限公司	郭长友	—	模板脚手架	不分等级	界牌镇富民西路华联路灯厂对面
			不分专业	不分等级	
江苏长鑫建设集团有限公司	刘　鑫	—	建筑工程	三级	陵口镇肖梁路南侧
			市政公用工程	三级	

续表 16

企业名称	资质类别				地址
	法人	主项	资质专业	资质等级	
江苏万富建设工程有限公司	陈　平	—	市政公用工程	三级	云阳街道丹金路西侧
			电力工程	三级	
			城市及道路照明工程	三级	
			地基基础工程	三级	
江苏华辉门窗有限公司	唐晨辉	—	建筑幕墙工程	二级	丹阳市司徒镇全州张寺村
江苏知民建筑工程有限公司	祖素珍	—	建筑工程	二级	界牌镇灯城大街北
			建筑装修装饰工程	二级	
			钢结构工程	三级	
			地基基础工程	三级	
江苏路景建筑工程有限公司	杭新华	—	建筑工程	三级	云阳镇大桥新村附属楼 4 号
丹阳市华红劳务派遣有限公司	郦伟红	—	不分专业	不分等级	云阳街道鑫福苑二期 2 栋 15 号
丹阳市华夏园林工程有限公司	张　平	—	市政公用工程	三级	开发区齐梁路 1000 号
			城市及道路照明工程	三级	
江苏风华建设工程有限公司	蒋小忠	—	市政公用工程	三级	北苑路 58 号（史巷社区内）
			建筑工程	三级	
江苏奥森装饰工程有限公司	张青松	—	建筑装修装饰工程	二级	开发区东方嘉园门市房 5－2 号
江苏石磊建设工程有限公司	徐志平	—	市政公用工程	三级	西环路 98 号
			建筑工程	三级	
丹阳市金盛路灯有限公司	姚盛华	—	城市及道路照明工程	三级	界牌镇永红路 18 号
江苏中灌水利工程有限公司	马志尔	—	水利水电工程	三级	西环路 2－1 号
江苏齐众劳务有限公司	张　锋	—	不分专业	不分等级	云阳街道江南人家 9 幢 2 单元 1102 室
江苏苏集建筑有限公司	魏　哲	—	建筑装修装饰工程	二级	南门花园门市 3－2 号
丹阳市柳茹建设工程有限公司	陈　峰	—	市政公用工程	三级	开发区葛丹公路（宏福物流园内）
			建筑工程	三级	
丹阳市创业建筑工程有限公司	陈国俊	—	不分专业	不分等级	云阳街道北环路 29 号
江苏瀚和建设工程有限公司	张纵虎	—	市政公用工程	三级	云阳街道振兴路 1 号
			建筑工程	三级	
			建筑装修装饰工程	二级	
			消防设施工程	二级	

续表 16

企业名称	资质类别				地址
	法人	主项	资质专业	资质等级	
丹阳京宏建设工程有限公司	蒋京	—	建筑工程	三级	导墅镇新征路
江苏志宏建筑劳务有限公司	沈志红	—	模板脚手架	不分等级	云阳镇交通综合楼北楼2单元502室
江苏志宏建筑劳务有限公司	沈志红	—	不分专业	不分等级	云阳镇交通综合楼北楼2单元502室
江苏柏锐装饰工程有限公司	张明	—	建筑装修装饰工程	二级	云阳镇振兴路1号
丹阳市中坚钢结构工程有限公司	龚洪丰	—	钢结构工程	三级	丹北镇后巷马屯村
丹阳市永顺建筑工程有限公司	王涵颖	—	建筑工程	三级	丹北镇埤城沿江路北侧
中科土壤环境科技(江苏)有限公司	熊彦明	—	环保工程	二级	开发区齐梁路19号高新技术创业园D1座
江苏瑞鑫交通科技有限公司	张国健	—	市政公用工程	三级	丹北镇新桥新巷工业园
江苏瑞鑫交通科技有限公司	张国健	—	公路交通工程(公路安全设施分项)	二级	丹北镇新桥新巷工业园
江苏瑞鑫交通科技有限公司	张国健	—	公路交通工程(公路机电工程分项)	二级	丹北镇新桥新巷工业园
江苏瑞鑫交通科技有限公司	张国健	—	城市及道路照明工程	三级	丹北镇新桥新巷工业园
丹阳市银达建设工程有限公司	王云波	—	建筑工程	三级	丹北镇新桥为民路28号
丹阳市银达建设工程有限公司	王云波	—	市政公用工程	三级	丹北镇新桥为民路28号
丹阳市银达建设工程有限公司	王云波	—	钢结构工程	三级	丹北镇新桥为民路28号
镇江市东汇建设工程有限公司	张光善	—	市政公用工程	三级	司徒镇薛甲村行政综合大楼
江苏乐美建设有限公司	王倩	—	建筑工程	三级	司徒镇观鹤南路新白鹤商贸市场2幢306
江苏艺卉园林绿化有限公司	李燕	—	市政公用工程	三级	导墅老街
江苏艺卉园林绿化有限公司	李燕	—	城市及道路照明工程	三级	导墅老街
丹阳市诚明建设工程有限公司	王禄成	—	建筑工程	三级	丹凤北路315号
江苏际奥建设工程有限公司	尹秋水	—	市政公用工程	三级	延陵镇凤凰工业园
丹阳市宏龙建设有限公司	冯小平	—	公路工程	二级	丹北镇后巷通港路九曲河大桥旁
丹阳市宏龙建设有限公司	冯小平	—	建筑工程	三级	丹北镇后巷通港路九曲河大桥旁
丹阳市中顺建材有限公司	张久英	—	预拌混凝土	不分等级	丹北镇埤城越岭村
江苏慧泽暖通工程有限公司	韦清芳	—	消防设施工程	二级	云阳街道华南新村69幢6号
江苏慧泽暖通工程有限公司	韦清芳	—	建筑机电安装工程	三级	云阳街道华南新村69幢6号

续表 16

企业名称	资质类别				地址
	法人	主项	资质专业	资质等级	
江苏三坤建筑装饰工程有限公司	司分州	—	防水防腐保温工程	二级	皇塘镇张埝村
			建筑装修装饰工程	二级	
江苏瑞平建设工程有限公司	王志宏	—	市政公用工程	三级	丹北镇天瑞生态农庄内 4 号别墅
江苏强勇消防工程有限公司	华　勇	—	建筑工程	三级	云阳街道滨河凤凰城 20 幢 28—30 门市
江苏宏阳建设工程有限公司	程志雄	—	建筑工程	三级	天波城南大门 182—8 号
江苏嘉宝建筑劳务有限公司	张梅凤	—	不分专业	不分等级	云阳街道丹金路益阳五金机电城 2＃楼
江苏隆宇混凝土有限公司	王华成	—	预拌混凝土	不分等级	吕城镇丹吕公路南侧
江苏晖奥人力资源有限公司	殷　鹏	—	模板脚手架	不分等级	吾悦广场 A 座 2308
			不分专业	不分等级	
丹阳市浩创装饰设计工程有限公司	朱涵威	—	建筑工程	三级	梦想城亲子游乐园 888
			建筑装修装饰工程	二级	
江苏波渊建筑劳务有限公司	姜　波	—	不分专业	不分等级	西郊公寓 2 号楼 1—3
江苏英才电气工程有限公司	张小燕	—	电力工程	三级	开发区练湖农场十二分场(老 312 国道西侧)
丹阳市万兴建材有限公司	王铁平	—	预拌混凝土	不分等级	陵口镇万奔路 2—2 号
丹阳市金林建筑工程有限公司	蒋金庚	—	建筑工程	三级	开发区金陵西路 222 号
丹阳市禾誉建材有限公司	张继明	—	预拌混凝土	不分等级	开发区祈钦村
丹阳市能达建材有限公司	汤仲庆	—	预拌混凝土	不分等级	云阳镇城北村陆组(化工路 6 号)
丹阳港华能源有限公司	周小犇	—	市政公用工程	三级	北环路 68 号
江苏顶创交通工程有限公司	韦晓波	—	公路交通工程(公路机电工程分项)	二级	锦湖路 122 号
			公路交通工程(公路安全设施分项)	二级	
江苏佳昱装饰工程有限公司	王玉强	—	建筑装修装饰工程	二级	振兴西路 155 号凤凰工业园
江苏世纪彩虹防水工程有限公司	王子彩	—	防水防腐保温工程	二级	新世纪花园 19 号门市
丹阳市景鑫建设工程有限公司	王丹宁	—	建筑工程	二级	吕城镇圣旨东路 8 号
			建筑装修装饰工程	二级	

续表 16

企业名称	资质类别				地址
	法人	主项	资质专业	资质等级	
江苏金燊建设工程有限公司	刘利民	—	建筑工程	三级	访仙镇访竹路1号
			钢结构工程	三级	
丹阳市祥润建筑安装劳务有限公司	阮丽珍	—	钢结构工程	三级	皇塘镇张埝村迈庄2号
江苏旭耀工程科技有限公司	朱锡鹅	—	建筑装修装饰工程	二级	云阳街道丹金路999号益阳五金机电城2栋8—9号
			消防设施工程	二级	
江苏昌龙建设工程有限公司	朱建军	—	市政公用工程	三级	陵口镇万奔路2—2号
			地基基础工程	三级	
江苏丹坤建设工程有限公司	岳晓东	—	市政公用工程	三级	司徒镇薛甲村村民委员会
			建筑工程	三级	
丹阳市佳境园林有限责任公司	刘万军	—	市政公用工程	三级	中山路44号
江苏云洲建设工程有限公司	沈梦倩	—	建筑工程	三级	云阳镇华南路天誉苑13—0201104
			市政公用工程	三级	
			环保工程	三级	
			地基基础工程	三级	
			钢结构工程	三级	
			不分专业	不分等级	
江苏英博新能源环保科技有限公司	徐英娟	—	环保工程	三级	云阳街道庆丰路丹阳高新区
江苏众煜建筑劳务科技信息有限公司	黄宏涛	—	不分专业	不分等级	云阳街道庆丰路丹阳高新区
江苏远创建设工程有限公司	张　露	—	建筑工程	三级	吕城镇井园村委会办公楼二楼东侧
			不分专业	不分等级	
江苏作巢建筑工程有限公司	王江鹏		不分专业	不分等级	云阳街道庆丰路丹阳高新区
江苏特龙建筑工程有限公司	冯　阳	—	不分专业	不分等级	—
江苏春高耀建设有限公司	杭国平	—	市政公用工程	三级	延陵镇芳草苑6幢4单元102室及车库
			建筑工程	三级	
			建筑幕墙工程	二级	
			钢结构工程	三级	
			不分专业	不分等级	

续表 16

企业名称	资质类别				地址
	法人	主项	资质专业	资质等级	
江苏禹泽元建设工程有限公司	陈 娟	—	建筑工程	三级	云阳街道紫竹园小区6幢506室
			钢结构工程	三级	
			建筑机电安装工程	三级	
江河安防技术(江苏)有限公司	范 莉	—	消防设施工程	二级	开发区立曜路1号
江苏博欣建设发展有限公司	邵一飞	—	建筑工程	二级	界牌镇界西工业园
			市政公用工程	三级	
			建筑装修装饰工程	二级	
			地基基础工程	二级	
			消防设施工程	二级	
			钢结构工程	三级	
江苏顺屹建设工程有限公司	张 杰	—	建筑工程	三级	云阳街道华南路龙凤花园1—1—101
江苏中新智能科技有限公司	邢卫东	—	建筑装修装饰工程	二级	华南菜场109号
			电子与智能化工程	二级	
江苏伟智建设工程有限公司	鞠继伟	—	建筑工程	三级	皇塘镇蒋墅东风南路29号(原蒋墅派出所大院)
镇江悦才劳务有限公司	张忠红	—	不分专业	不分等级	万善路999号
丹阳市基零佳崮新型建筑材料有限公司	蒋 华	—	预拌混凝土	不分等级	云阳街道迈村村委会88号
江苏力积晟照明工程有限公司	张海南	—	城市及道路照明工程	三级	界牌镇九宙工业园4楼
			环保工程	三级	
江苏胜辉建设工程有限公司	谢元剑	—	建筑工程	三级	西环路6号

（吉莎莎）

·房产管理·

【概况】 2020年,丹阳市不动产登记实现“一窗受理,集成服务”改革,落实服务承诺制、首问负责制、一次性告知制。全年完成商品房交易8309套704594.75平方米。全市所有商品房均实行网上合同备案,共签署网上合同备案8073份975462.06平方米,配合不动产中心的发证工作,完成配图1.39万份,完成测绘面积396万平方米。完成监管协议1份。完成190家房地产经纪机构备案工作。直管公房共完成房租收入146.8万元，查出安全隐患152余起，按轻重缓急进行维修。完成危房鉴定共366宗3.9万平方米。销售经济适用房61套。（张晓芳）

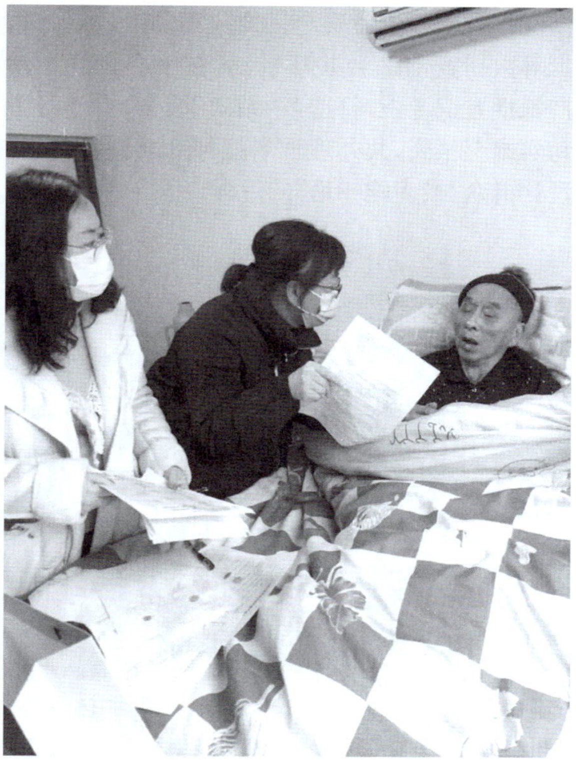

图112 2020年12月29日，丹阳市房管处工作人员为行动不便的老人提供“上门服务”（张晶晶）

【物业管理】 2020年，丹阳市全面落实文明城市长效管理，强化物业管理市场的指导和监督，严格住宅专项维修资金的归集和使用，提升行业整体服务水平，推进物业管理各项工作。完成8个物业项目区域备案，备案面积91.5万平方米；5个物业项目的前期物业管理招投标活动的监管工作，建筑面积49.8万平方米；9个项目物业服务用房备案，建筑面积9523.36平方米；13个项目的承接查验备案工作，备案面积117.16万平方米。开展物业管理综合检查，共检查20家物业企业，发出限期整改意见书20份，20家物业服务企业按期实施整改。开展物业小区电动自行车消防安全整治工作，在物业小区建成180多个充电场所，658个充电桩。开展物业小区打通“生命通道”集中攻坚整治行动，会同市消防救援大队完成118个物业小区消防通道整治工作的抽查验收。积极调解处理物业管理矛盾投诉，共接收处理市政府“12345”投诉1071件，数字化城管233件，其他信访案件65件，完成人大议案、政协提案的答复11件。御珑湾、丹金人家小区被评为镇江市物业服务规范化先进住宅小区；惠和苑、人才公寓小区被评为镇江市优秀示范小区；高新区人才公寓项目被评为江苏省物业管理示范项目；荣城国际先锋物业服务中心获江苏省党建引领物业省级示范点荣誉。全年归集资金1.44亿元，涉及18个小区、2.7万户。受理维修申请165件，办结203件，共使用资金523.71万元，维修项目涉及业主9700余户，归集使用安全率100%。退还拆迁户维修资金32768.10元，涉及13户。

（倪　涛）

图113 2020年1月10日，丹阳市召开物业服务行业安全生产专项整治工作会议（张晶晶）

【白蚁防治】 2020年，丹阳市白蚁防治所深入贯彻“预防为主，防治结合，综合治理”的工作方针，在全面做好白蚁防治工作的基础上，开拓实施装饰预防、园林绿地防治、其他有害生物防治等工作，通过多种媒体播放白蚁灾情提示，开展“四进”科普等宣传活动，提升全社会白蚁防治意识。全年受理新建房屋白蚁预防工程134份，房屋409幢面积282.02万平方米，施工面积178.05万平方米，比上年降低8.15%。受理白蚁灾害报告204个，蚁害检查2.09万平方米，灭

治施工 0.87 万平方米。（王建成）

·住房公积金管理·

【概况】 2020 年，丹阳市新增实行住房公积金制度单位 169 个，新增开户职工人数 14416 人(其中新增自由职业者缴存人数 637 人，占 4.42%)，至年底，有 2163 个单位设立住房公积金账户，开户职工数 119847 人，实际平均缴存人数 74663 人。全年归集住房公积金 106650 万元，办理职工住房公积金提取 183949 笔(不含转出)，提取额 69834.95 万元，提取率 66.75%；发放个人住房公积金贷款 11.02 亿元，其中贴息贷款 3.31 亿，贷款户数 2353 户，户均贷款 32.78 万元，个贷比率为 107.89%，直接拉动住房消费面积约 30.06 万平方米，回收贷款 3.82 亿元。审批发放 1016 户商业住房贴息贷款 3.31 亿元，贴息金额 510 万元。办理授信贷款 1.2 亿元，归还贷款 1 亿元，授信贷款成本支出 258.07 万元。住房公积金资金使用率为 102.93%；运用率为 107.89%。全年取得业务收入 9837.62 万元，比上年增长 10.18%；发生业务支出 5399.26 万元，比上年增长 7.78%，实现增值收益 4438.36 万元。年度收益分配，计提贷款风险准备金 2663.02 万元；提取管理费用 464.96 万元；提取廉租住房补充资金 1310.38 万元。（华小寅）

图 114　2020 年 12 月 18 日，丹阳公积金中心走进丹阳《行风热线》直播间　（张晶晶）

【住房公积金服务】 2020 年，丹阳市根据公积金业务管理工作现状，强化窗口工作人员对业务知识、服务技能、第三方检测等方面的学习，严格执行疫情分级防控和响应等级调整措施，做好办事大厅和设备设施的消毒防护，确保群众身体健康和生命安全。构建不动产、社保、婚姻等数据查询平台共享机制，在中心设立不动产抵押登记专柜，打造“一站式”服务，自 6 月下旬实施至年底，共办理现场抵押 855 件，真正实现让群众“最多跑一趟”的目标。（华小寅）

图 115　2020 年 12 月 4 日，丹阳市住房公积金按揭楼盘贷款签约仪式举行。至此，合作协议签约楼盘增至 27 家　（张晶晶）

·住房制度改革·

【概况】 2020 年，丹阳市根据《重大行政决策程序暂行条例》《江苏省行政程序规定》和《丹阳市人民政府重大行政决策程序规定》等相关规定，制定《关于调整 2020 年度市区住房保障有关标准的通知》《关于做好 2020 年度丹阳市市区低收入住房困难家庭调查登记工作的通知》等文件，全面落实住房保障工作目标任务。全年登记申请购买经济适用住房共 109 户，对 57 名符合经适房条件的申请户进行媒体公示并发放准购证。2020 年，丹阳市对社区上报的 91 户低收入住房困难家庭进行电子查档、上门调查、邻里访问等工作，有 64 户符合廉租住房保障政策，比上年净增保障 10 户(新增 20 户，退出 10 户)，发放租赁补贴 32.74 万元。审核房改房上市交易 417 户 33120 平方米，收取住房解困基金 1956957 元。审核司徒白鹤有限公司公租房共有产权房 58 套 6103 平方米。 （江 源）

【保障性安居工程】 2020 年，丹阳市持续推进保障性安居工程建设，至年底，完成棚户区改造新开工 1948 套，基本建成 1948 套，其中，丹阳司徒城中村（东风片区）改造项目（三期），计划开工数 944 套；丹棉片区改造项目（二期），2019 年结转至 2020 年 631 户（省系统货币化折算为 1004 套）。 （江 源）

房地产开发

【概况】 2020 年，丹阳市区范围内共完成各类商品房开发投资 78.92 亿元，商品房施工面积 473.64 万平方米。商品房新开工面积 198.19 万平方米，商品房竣工面积 61.96 万平方米。商品房销售面积 131.02 万平方米。全市城乡有 58 个具备资质的房地产开发企业。其中一级资质企业 1 个，二级（含暂二）资质企业 42 个，暂三级资质企业 14 个，四级资质企业 1 个。 （束 玲）

【商品房预售资金实行第三方托管】 为有效降低预售商品房交付风险，切实保护消费者合法权益，2020 年 8 月 3 日起，丹阳市在辖区范围内实施新建商品房预售资金第三方托管制度。购房者在签订购房合同时，如涉及购房贷款的，须再签一份商品房预售资金托管三方协议，为买房增添一份“保险”。

预售资金第三方托管模式，是由政府提供专业的第三方资金托管平台，购房者、开发企业和托管机构共同签订商品房预售资金托管三方协议，共同约定将预售商品房的贷款资金汇入第三方托管账户，托管机构再根据托管项目的工程形象进度节点，分别进行有条件分期受限支付。丹阳市新建商品房预售资金第三方托管工作由丹阳诚明房产经纪有限公司具体负责实施。 （周 钰）

2020 年丹阳市房地产开发企业一览表

表 17

企业名称	法定代表人	注册资本	资质等级
丹阳市天怡房屋建设开发有限责任公司	陆　群	5000 万元	一
丹阳市天波房地产开发有限公司	丁国午	7000 万元	二
丹阳市通泰地产开发有限公司	尹根法	10000 万元	二
江苏云阳集团房地产开发有限公司	马　进	12000 万元	二
江苏融锦置业发展有限公司	陈　惠	4512.65 万美元	二
丹阳爱家房地产有限公司	李惠珍	1000 万元	二
江苏天坤集团有限公司	凌　云	6800 万元	暂二
江苏天坤集团房地产开发有限公司	刘成林	2000 万元	暂二
江苏丹建集团房屋开发有限公司	厉洪法	2000 万元	暂二
丹阳市华昌房屋开发有限公司	宗福林	800 万元	暂二

续表 17

企业名称	法定代表人	注册资本	资质等级
丹阳市德欣房地产有限公司	韩建山	10000 万元	暂二
丹阳金鹰天地实业有限公司	冯卓明	8000 万美元	暂二
江苏合发鑫煌房地产开发有限公司	荆鹏杰	2500 万元	暂二
丹阳恒大置业有限公司	黄兆亚	73494.2 万元	暂二
江苏星帝置业有限公司	陈德时	5000 万元	暂二
丹阳信达房地产开发有限公司	洪　斌	10000 万元	暂二
丹阳南雄房地产开发有限公司	金卫菊	3500 万元	暂二
丹阳市安居工程建设投资有限公司	戴非忠	3000 万元	暂二
丹阳明元房地产开发有限公司	王能文	6000 万美元	暂二
江苏博皓房地产开发有限公司	余金钟	2000 万元	暂二
丹阳市佳景地产开发有限公司	毛双文	2000 万元	暂二
丹阳恒鸿置业有限公司	吴志文	2000 万元	暂二
江苏粤港置业发展有限公司	谈强华	2000 万元	暂二
丹阳国信嘉源房地产开发有限公司	徐志远	10000 万元	暂二
丹阳市华东建材城有限公司	罗恒斌	8000 万元	暂二
江苏元龙房地产开发有限公司	徐小兵	30000 万元	暂二
丹阳市瀚博房屋开发有限公司	彭春芳	2000 万元	暂二
大亚科技集团有限公司	陈建军	10000 万元	暂二
丹阳高新区安居房开发有限公司	夏银宏	3000 万元	暂二
丹阳市金鼎投资有限公司	吴国栋	5000 万元	暂二
江苏凤翔房地产发展有限公司	陈秀芳	800 万美元	暂二
丹阳市曲阿安居工程建设开发有限公司	张智慧	1000 万元	暂二
丹阳中南锦腾房地产开发有限公司	毕兴矿	2000 万元	暂二
丹阳碧成房地产开发有限公司	刘森峰	1100 万元	暂二

续表 17

企业名称	法定代表人	注册资本	资质等级
丹阳中南房地产开发有限公司	毕兴矿	2000 万元	暂二
丹阳市弘阳置业有限公司	沈　仑	2000 万元	暂二
丹阳市融锦宏星置业发展有限公司	姚　永	1000 万元	暂二
丹阳市锦兴房地产开发有限公司	贡颖萍	2000 万元	暂二
丹阳嘉德房地产开发有限公司	陈翠花	3530.02 万元	暂二
丹阳市云创置业有限公司	马　进	3000 万元	暂二
丹阳市吕蒙房地产开发有限公司	袁大敏	800 万元	暂二
丹阳海盛房地产开发有限公司	杨　林	2000 万元	暂二
丹阳市宏泰房地产发展有限公司	尹　超	1000 万元	暂二
丹阳市嘉源房地产开发有限公司	裴连汉	5000 万元	暂三
丹阳新金泉房产开发有限公司	陈柏全	1067 万元	暂三
丹阳市东升房地产开发有限公司	陈玉林	800 万元	暂三
丹阳市经济适用住房发展中心	潘双良	1010 万元	暂三
丹阳市界牌宏森新农村房地产开发有限公司	袁立成	2000 万元	暂三
丹阳市新嘉源房地产开发有限公司	裴连汉	16000 万元	暂三
江苏万新置业有限公司	魏荣云	800 万元	暂三
镇江中州置业有限公司	陈春媚	5000 万元	暂三
丹阳宝龙房地产开发有限公司	张訞国	1000 万元	暂三
江苏长鑫房地产开发有限公司	刘　鑫	800 万元	暂三
丹阳市益阳置业有限公司	樊建树	2000 万元	暂三
丹阳盛大装饰城开发有限公司	赵　雷	1000 万元	暂三
丹阳市风嘉置业有限公司	尹　超	6000 万元	暂三
丹阳金港置业有限公司	朱　杰	5000 万元	暂三
丹阳市珥陵房地产开发公司	张国俊	100 万元	四

（束　玲）

·地震监测·

【概况】 2020年，丹阳市完成《丹阳市地震应急预案》的修订，推进应急避难场所的建设，增强地震监测预报通信保障能力，做好白龙寺监测站的维修改造，加强防震减灾知识宣传，持续做好防震减灾工作。利用“9·18”等重要时间节点，组织紧贴防震减灾工作实际、具有地方特色的文艺节目，深入社区、乡村，开展防震减灾法律法规和科普知识宣传系列活动，把防震减灾知识用多形式融入到市民的日常生活，有效提升综合减灾能力。

（李　莉）

图116　2020年12月24日，江苏省住建厅督查组督查丹阳市应急避难场所建设情况（张晶晶）

【地震监测预报】 2020年，丹阳市加强地震监测预报通讯保障工作，持续做好白龙寺地震监测站的维修改造。自2019年至2020年底，投资10.8万余元，对白龙寺地震监测站陈旧检测设备进行改造修缮。投入6万余元对白龙寺地震监测站强震台底座、观测站围墙进行修缮，为数字观测井加盖顶棚；投入4.8万余元对白龙寺地震监测站北房及院墙地面进行维护；及时检修排除数字化测震井和强震台的故障，有效保障各项仪器设备的正常运转。

（李　莉）

镇村建设管理

【概况】 2020年，丹阳市围绕乡村振兴、高质量发展考核指标及农村人居环境整治工作要求，推进各项村镇建设工作，提升农村人居环境水平。推动特色田园乡村建设，围绕“生态优、村庄美、产业特、农民富、集体强、乡风好”的创建标准，以提升乡村风貌为基础，完善配套设施、彰显特色文化、打造田园风光、强化产业带动，实现乡村综合振兴。延陵镇九里村、柳茹村，访仙镇鸾集翔、草塘村，开发区建山村（黄连山、陈山村、前刘家），高新区大钱村6个村创成江苏省特色田园乡村，延陵镇西庄湖、访仙镇鸾集翔、丹北镇金福小区3个村创成镇江市特色田园乡村。推进美丽宜居村庄建设，围绕江苏高质量发展考核指标中美丽宜居乡村达标要求，主要以交通干线为重点，对人居环境、基础配套设施、绿化美化和景观节点等方面进行改造提升，年底前新建成48个美丽宜居村庄。加快传统村落保护，对村内文保单位、传统建筑、历史环境要素等进行修缮保护，并合理整治村庄环境，陵口镇留墅村、丹北镇陆家村、开发区夏墅村3个村被命名为江苏省传统村落。（吴　洁）

图117　2020年12月2日，丹阳市特色田园乡村创建工作接受省级验收考核（张晶晶）

【农村房屋安全隐患排查整治】 为及时消除农村房屋安全隐患，切实保障人民群众生命财产安全，根据省、镇江市工作部署，2020 年，丹阳市全面开展农村房屋安全隐患排查整治行动，及时动员部署，制定工作方案，建立联席会议，成立督导小组。至年底，全市 11 个镇区 144 个行政村全部完成重点排查，通过“农村房屋安全信息采集助手 APP”排查上报，用作经营的农村自建房 5865 户，其中存在风险的有 19 户。 （吴 洁）

图 118 2020 年 11 月 30 日，丹阳市召开农村房屋安全隐患排查整治工作会议

（张晶晶）

【农村危房改造“回头看”】 2020 年，丹阳市根据省、市脱贫攻坚问题大排查工作要求，在全市农村开展脱贫攻坚农村危房改造“回头看”工作。经过各镇区摸排调查，全市危房改造总任务数为 81 户，总投资 265.69 万元，其中，低保户 8 户，分散供养特困人员 37 户，贫困残疾人家庭 1 户，市级建档立卡贫困户 35 户。6 月底，危房改造全部完成，通过市级考核合格验收，及时将上级补助资金汇入农户一卡通，确保专款专用。 （吴 洁）

城乡管理

【概况】 2020 年，丹阳市加快完善城市功能，全面落实精细管理，提升城市宜居水平，加强规范执法，坚持城乡共治，不断改善城乡环境面貌。完成文明城市复审目标任务。对农贸市场等重要区域，做好卫生死角清理工作，建筑垃圾做到日产日清。解决部分路段长期存在的占道经营、乱堆乱放以及非机动车乱停放问题。对城区所有主次干道的破损路面和人行道板进行“有机更新”。增加城区公益广告数量，扩大公益广告覆盖面，及时更新公益广告内容。开展城市道路大清扫工作，坚持道路机械化湿扫作业和人工清扫相结合，背街小巷卫生环境明显改善。加大公交站台、集贸市场及建筑工地周边等重要节点保洁频次。城区所有装修改造的沿街店面全面实行围挡作业，建筑装潢垃圾袋装化收集清运。审批社会经营性停车场 10 个，对赵家涵路等 4 个停车场实行收费管理。及时制定新冠肺炎防疫工作方案，对城区 70 余座公厕、1500 余个垃圾桶（箱）、6 座生活垃圾转运站等进行全面消杀，共消耗医用酒精 800 余公斤，84 消毒液 1000 余瓶。以桥梁、消防安全、户外广告设施、市政公共设施、施工作业现场、行政执法等为重点，开展安全隐患排查整治工作，共发现安全隐患 968 处，全部整改到位。 （浦月梅）

【城管重点工程】 2020 年，丹阳市实施 4 项城管重点工程。绿化工程，完成 357 省道南二环互通、122 省道丹阳段（姚庄—241 省道）、丹凤北路延伸段等 7 项景观绿化工程，总绿化面积 41.7 万平方米。新市口立面品质提升工程，完成交通银行、文化城、人才市场、水利局、司法局等大楼的外立面出新和亮化改造。完善道路照明设施，完成 233 国道（312 国道—金坛段）、312 国道丹阳段等路灯建设共 840 余套。可回收分拣中心建设项目，投入资金 205 万元改造一处厂房为可回收分拣中心，包括分拣中心 600 平方米的维修改造，以及传送带、打包机和撕碎机等辅助设施，每日可分拣量 20 吨。 （浦月梅）

图 119 云阳路立面品质提升工程

（浦月梅）

【村庄环境管理】 2020 年，丹阳市开展农村环境综合治理，结合农村人居环境整治标准和长效管护要求，制定《关于加强丹阳市农村人居环境长效管理的工作方案》，修改完善长效管理考核细则。共下发整改通知书 200 余份，其中，垃圾房专项督查整改通知书 20 余份，发现各类问题 1000 余处，通过回访整改完成率达 95%以上。对农村所有垃圾房进行全封闭改造，对点位登记造册，不符合标准或破损的垃圾房进行改造或拆除，做到有门、有窗、有顶全封闭。国道、省道及入村口共拆除垃圾房 384 座，共新（改）建 6100 余座垃圾房。新增密闭化改造农村垃圾清运车 77 辆，逐步实现农村垃圾日产日清。至年底，全市有农村垃圾运输车辆 280 辆。对全市 49 座农村公厕进行新建（改造），提升农村公厕管理水平，落实日常管养。（浦月梅）

【城市市容管理】 2020 年，丹阳市着力打造精致精美的城市形象，加强市容管理，精细管养基础设施，维修各类道路 7480 余平方米、人行道 3860 余平方米，维修更换窨井及雨水井 686 座，清淤 500 余吨，清运装潢垃圾 6.73 万吨。改善城市河道水环境，打捞各类垃圾 1600 余吨。累计维修路灯 1796 盏次。坚持环卫保洁湿法作业，主城区实现每天 6 次洒水冲洗和雾化降尘。配合城市绿化景观提档升级，栽植乔灌木 2 万余株、色带小苗 11.2 万平方米，铺设草坪、播撒草籽 25.8 万平方米。增设 1300 个停车泊位。全年组织各类大型市容整治 68 次，清理占道经营 670 余处，取缔各类流动摊 890 余个，清理乱堆乱放 510 余处。办理新设置店招店牌 1100 余块，拆除违规店招围挡等 1600 余块、商业破损条幅 800 余条，清理乱张贴 17360 余张、乱涂写 3400 余处，拆除各类违法建设面积 3225 平方米。（浦月梅）

图 120 357 省道南二环互通绿化景观工程

（浦月梅）

【城管综合执法】 2020 年，丹阳市细化城管内部管理，量化考核标准，提升全市城管执法水平。将市城管局 136 项执法权限赋予 11 个镇（区、街道），选派 48 名执法人员下沉基层，各属地政府组建镇域综合执法机构，通过拆除破损广告牌、雨棚，查处店外经营、流动商贩等整治行动，提升集镇容貌。按照“分步推进、重点突破”的原则，查处乡镇违法建设。网上办案系统通过验收，接入 600 多路视频监控并安装宣传扩音器，覆盖城区大街小巷，提升执法办案效率和规范化水平，全年共完成一般程序案件 325 件、简易程序案件 470 件，行政指导 130 件，结案率达 100%。（浦月梅）

【数字城管建设】 2020 年，丹阳市数字城管中心依据《创建全国文明城市测评标准》和丹阳市城市管理协调委员会各成员单位城市长效管理的考核标准，严格执行日常督查考核办法，落实错时段督查机制，减少工作盲点，突出学校、农贸市场周边等重点区域，对全市33个责任网格和21个责任单位进行日常考核，强化发现问题的能力，提高督促解决问题的积极性。全年共发现案件33545件，立案33377件，立案率为99.5%，各成员单位处置案件32841件，处置率为97.90%，按期处置案件31116件，按期处置率为92.76%，返工案件1556件，返工率为4.64%。案件覆盖纳入数字平台系统的21家单位与部门，在第一时间解决相关城市管理问题。（浦月梅）

图121 丹阳市数字城管中心指挥室（浦月梅）

【生活垃圾分类】 2020年，为推进城乡生活垃圾分类工作，丹阳市在居民小区实行生活垃圾分类“三定一督”投放收集制度，城区按要求配备垃圾分类投放容器，覆盖率为100%。至年底，完成城区40%居民小区建设改造，其中，云阳街道42个、曲阿街道29个、延陵镇2个。采用“绿色账户、积分兑换”的形式，在试点小区为每户居民发放“分类积分卡”，可回收物回收总量达320吨。生活垃圾焚烧发电厂实现全市生活垃圾和餐厨垃圾无害化处理率100%；累计完成发电量12022.2万千瓦时，上网电量10229.4万千瓦时。全市农村全镇域垃圾分类试点乡镇皇塘镇，全面推进农村生活垃圾分类工作，建设完成垃圾分类亭320余座，配置标准垃圾桶1700余个、居民门口小垃圾桶3万余个，并结合实际，在部分路段建设景观式垃圾分类收集房。（浦月梅）

图122 丹阳市大亚第一城小区1号垃圾分类收集点（浦月梅）

【公共自行车服务退出运行】 2020年5月19日，丹阳市城市管理局公布丹阳市公共自行车服务系统，于2020年7月31日24时停止并退出运行。丹阳市自2013年5月建设丹阳市公共自行车服务系统，拥有站点188个，锁柱4850套，自行车3600辆，全市累计办卡24167张。投入运行以来，公共自行车服务系统为市民的末端出行提供了极大的便利，市民普遍反映良好。为丰富市民最后一公里出行方式，2017年10月引进小蜜蜂共享电单车，2019年5月，引进哈啰共享单车。随着这两家共享单车企业的入驻，丹阳市公共自行车使用率下降较为明显，2019年至今，日周转次数约为0.35次。由于丹阳市公共自行车服务系统运营租赁合同将于2020年7月底到期，经第46次市政府常务会议讨论决定，丹阳市公共自行车服务系统合同到期后将不再续签，公共自行车退出运行。即日起，市民可以由本人携带身份证、公共自行车卡、押金单据办理退卡手续。

（浦月梅）

科技综述

【概况】 2020 年，丹阳市及时启动抗击新冠肺炎科技专项，全市科技创新呈现稳中求进的良好态势。共申报江苏省级以上科技计划项目 88 项，立项 26 项，争取资金资助 3040.9 万元；申报镇江市级科技计划项目 69 项，立项 59 项，争取资金资助 917 万元；立项 1 个江苏省重大成果转化项目（镇江市仅 2 个），各类省以上项目申报数始终保持镇江市第一。规模以上工业企业中有研发活动的企业数占比 73.6%，比上年同期增长 40%以上，入库国家科技型中小企业数列全省县市第七位，为全市经济运行提供科技支撑。全市新材料、高端装备制造、生命健康产业分别增长 14.8%、13.7%、25.3%，战略性新兴产业产值占规模以上工业总产值比重 31.5%，高于上年底 11.7%。

助力科技企业复工复产，推进产学研合作。开展和北京、上海等国内五大重点板块的创新资源及高新技术企业线上线下深度对接；举办中国·丹阳碳纤维及复合材料产业链创新发展论坛；丹阳市高新区获批省产学研产业协同创新基地。 （孙钧慧）

【多举措助力复工复产】 2020 年，针对新冠疫情丹阳市多措并举落实防控部署，指导载体复工复产，支持中小微科技型企业共渡难关。出台《关于疫情防控期间进一步强化便捷高效科技服务的通知》《关于做好疫情防控期间外国人来华工作许可办理工作的通告》等文件。通过完善企业在线服务机制，充分发挥科技线上平台作用，及时为科技企业、科技人员提供高效便捷科技资讯服务，实现企业需求与科技供给有效对接。倡导外国人来华工作许可证、科技项目受理等相关业务全部实行网上受理，线上传递等“不见面”办理，有效防控疫情。下发《关于全市科技创业载体相关主体复工和新型冠状病毒感染的肺炎防护措施提醒的通知》，指导科技创新载体有序健康复工复产，多批次无偿资助 50 余家企业和科技园区，坚定企业信心，支持企业共渡难关。做好省级和本级科技奖补资金加速兑付工作，拟定《2019 年丹阳市本级配套及奖励建议方案》和《2019 年省级奖项配套及奖励建议方案》，下拨资金 1500 余万元，涉及企业 122 家。 （孙钧慧）

【中国·丹阳碳纤维复合材料产业链创新发展论坛】 2020 年 11 月 26—27 日，中国·丹阳碳纤维及复合材料产业链创新发展论坛在丹阳市香逸大酒店召开，同时举行 2020 年中国化学纤维工业协会碳纤维分会年会。此次论坛由中国化学纤维工业协会、江苏省生产力促进中心、丹阳市人民政府主办，丹阳市科技局、江苏恒神股份有限公司、中国化学纤维工业协会碳纤维分会、丹阳市高新技术创业服务有限公司承办。国家有关部门、中国工程院、国内外碳纤维生产及应用企业、高等院校、科研院所、金融机构以及关注碳纤维行业发展的有关单位参加。论坛主题为“新形势下的中国碳纤维可持续发展”。论坛围绕国内外碳纤维行业发展现状、碳纤维及其复合材料市场情况、重点领域应用以及“十四五”发展趋势展开深入探讨，旨在搭建碳纤维及复合材料发展趋势和技术交流平台，以科技创新引领产业转型升级，促进国产碳纤维关键技术突破、上下游合作、应用领域拓展、提升国家碳纤维产业核心竞争力、提高关键材料自主保障能力。

（孙钧慧）

图 123 2020 年 11 月 26—27 日，中国·丹阳碳纤维及复合材料产业链创新发展论坛暨2020年中国化学纤维工业协会碳纤维分会年会现场 （孙钧慧）

【高新区获批省产学研产业协同创新基地】 为引导各地围绕重点培育发展的产业，差别化集聚创新资源，促进创新资源与产业集聚协同集成，提高创新链整体效能，培育产业创新集群，经组织申报、专家评审和现场考察等程序，2020 年，市高新区被确认为第四批江苏省产学研产业协同创新基地。在此基础上，市高新区将进一步完善产业发展规划，明确产业发展技术路线图，优化基地建设方案，明确核心区功能定位，集聚优质科教资源，推动产学研共建载体和创新服务机构建设，提升产业创新发展的能力，在深化产学研合作上探索协同创新动力机制和组织模式，促进创新要素和产业要素的深度融合，并通过培育骨干创新企业加快突破产业关键技术，增强市场竞争力和影响力。

（孙钧慧）

科 技 管 理

【概况】 2020 年，丹阳市科技工作在管理上不断推陈出新，迈上新台阶。加强科技主体培育，努力打造创新型产业集群。深入推进高新技术企业培育，落实高新技术企业相关政策，加大培育力度，持续开展高新技术企业摸排走访、辅导、培训及现场核查，全年共认定高新技术企业 114 家，净增高新技术企业 57 家，总数达 343 家；开展高新技术企业入库企业申报，全年 144 家企业进行申报，其中 133 家成功入库，申报数量和通过率列镇江第一。

加大对小微企业挖掘。通过建立遴选机制，发现和培育科技型中小企业队伍，形成“项目发现一团队构建一企业孵化一成长发展”的培育体系，促进科技型中小企业持续涌现；围绕科技中小企业、高新技术入库培育企业、高新技术企业、创新型领军企业分梯度分类扶持，创新服务，高质量扩大创新型企业规模；组织开展国家科技型中小企业评价，全年共有 215 家企业参与评价，其中 213 家通过评价。

持续扩大高企政策激励。大力宣传“省 40 条”、高企所得税优惠、加计扣除、省研发费用普惠性财政奖励、丹阳聚力创新 20 条等政策，举办各类大小培训 15 场，调研辅导企业 200 余家，培训人数 500 人次以上，发放各类政策汇编 700 余册；拓宽企业融资渠道，与省生产力促进中心、中国银行合作开展针对高新技术企业的“高企融资服务直通车”活动，力争为全市高企发放贷款 6000 万元以上。

（孙钧慧）

【政企校产学研活动】 2020 年，丹阳市科技管理围绕重点园区、重点板块、重点企业，不断开展政企校产学研活动。积极推进科技招引作为深化国内外产学研合作的重点任务，开展以“招高科技项目、招高水平机构、招高层次人才”等为主要目的科技招引和产学研对接工作；引导和支持企业与国内外高校院所强化密切合作，开展协同创新，整合优势资源，建立团队协同、技术集成的协同创新平台，形成多元、开放、动态的协同创新模式；全年邀请高校科研机构到丹阳进行产学研对接活动 50 余次，组织南京航空航天大学产学研专题对接会，先后在北京、上海、成都等城市组织产学研项目洽谈会 20 余场。（孙钧慧）

【全市技术市场布局建设】 2020 年，丹阳市科技工作围绕推动全市技术市场布局建设持续开展。依托位于丹阳的省技术产权交易市场第二批行业分中心平台，完善“技术转移促进服务中心”结构配置，规划中心职能和服务内容，确保 2020 年底中心正式运行。出台《丹阳市技术转移奖补办法》，激发创新主体技术转移活力，并推广宣传技术市场、技术交易相关信息，组织技术合同认定登记培训，鼓励和吸引更多企业在丹阳开展技术交易和技术合同登记认定等工作，为丹阳技术市场布局营造氛围，夯实基础。加强技术转移机构建设、品牌技术转移机构引进，支持咨询、评估、法律、创业投资等各类服务机构跨界发展，集成技术转移全链条服务。（孙钧慧）

【提升科技公共服务平台建设质量】 2020 年，丹阳市着力提升科技公共服务平台建设质量。召开丹阳市科技创新服务平台座谈会，收集各创新平台存在困难，围绕企业厂房、创业企业、项目产业化等方面发挥主观能动性，多措并举提升平台运行效率。政府引导建设的 6 个重大科技公共服务平台运行良好，江苏省（丹阳）高性能合金材料研究院继续有序开展 CNAS 资质认定工作，3D 打印材料应用研究所和专博检测公司的发展势头良好。轨道交通中心推进“1＋1＋N”建设模式。苏南高端装备所对接精密加工业务，申报省工信重点研发项目。北航在孵的慧创医疗、知鱼科技等企业成长良好。全年，6 个平台在孵企业 17 家，平台企业销售 2300 万元，拥有知识产权 126 件，认定科技型中小企业 13 家、高新企业 2 家、省高新企业入库培育 2 家，累计销售近 3 亿元，纳税 1500 万元。（孙钧慧）

科技创新

【概况】 2020 年，丹阳市不断优化创新机制，提升全市经济运行质态。在突出协同创新基础上，推动载体平台建设，完善科技公共服务平台评估制度，出台《丹阳市科技公共服务平台管理与绩效评估办法》，从平台的运行管理能力、研发能力、人才团队建设、成果转化效益、企业孵化、开放共享和技术服务、对全市产业发展贡献等方面对公共服务平台进行评估，兼顾孵化企业的销售和税收贡献，探索建立以绩效为导向的财政稳定支持机制。进一步完善绩效评价指标和评价方式，推进科技公共服务平台围绕丹阳需求开展技术创新，并自我完善科研机构中长期绩效评估制度。全力打造创新创业载体，组织完成孵化器的绩效评价、现场核定等工作。（孙钧慧）

【打造创新创业载体】 2020 年，丹阳市将打造创新创业载体列为科技创新的一项重点工作。组织完成孵化器绩效评价、现场核定等工作，其中丹阳市高新技术创业服务中心科技企业孵化器获评国家优秀科技企业孵化器（A 级评定），高新技术创业园科技企业孵化器获 B 级评定，总部经济园、丹阳视觉健康、高性能合金科技企业孵化器获 C 级评定。全市孵化面积 68 万平方米，为全市创业群体提供广阔空间。以“创业江苏”系列赛事为引领，组织斯

丹德、慧创医疗等30多家初创企业或团队参加江苏省科技创新创业大赛，其中慧创医疗获全国大赛优秀奖。（孙钧慧）

图124 2020年7月16日，市科技部门在高新区创新园开展科技金融进孵化器活动（孙钧慧）

【科技成果及高新技术企业信息整理】 2020年，市科技管理部门扎实推进“1＋5＋1”科技成果及高新技术企业信息整理，助力全市科技创新工作。根据政策板块和业务板块分类，对标省内外科技先进发达地区，综合获取各类科技资源，推动丹阳未来产业发展创新。搜集值得借鉴的政策，及时制作国家、省市和丹阳本地创新政策汇编，同时梳理所有与丹阳产业发展相关院所及专家，围绕与丹阳产业发展相关的高新技术企业，特别是对物理空间有要求或对物流有要求或市场大部分在长三角地区的高企，建立高新技术企业库和专家机构库，为产业创新、项目招引提供有力科技支撑。以新材料、高端装备制造、新医药及医疗器械等重点产业为导向，共收集并入库上海交通大学、南京大学、东南大学、浙江大学、吉林大学、哈尔滨工业大学等40余所国内知名高校相关领域专家200多位；重点板块的相关领域高新技术企业800多家，其中北京160余家、上海220余家、广州120余家、深圳300余家。（孙钧慧）

【组织科研攻关】 2020年，丹阳市通过组织科研攻关方式支持企业科技创新。启动丹阳市“新型冠状病毒感染防治”专项项目，发布《2020年“新型冠状病毒感染防治”专项项目申报指南的通知》，支持企事业单位围绕新冠病毒研发示范防控、检测、临床治疗、医疗器械、公共安全等领域相关技术。全年，共立项新冠防疫类项目10项，下达奖补资金400余万元，并向省科技厅推荐6项丹阳疫情防控相关的科技攻关项目。同时鼓励各类科技创业载体减免中小微科技企业房租，疫情防控期间，全市科技创业载体共减免中小微科技企业房租121万元，涉及企业115家。（孙钧慧）

2020年丹阳市获国家级省级重大奖项一览表

表18

奖项名称	奖项级别	企业名称	项目名称
江苏省科学技术奖	三等奖	恒宝股份有限公司	基于国产安全芯片的移动支付智能卡研发与产业化

（孙钧慧）

2020年丹阳市新申报国家级高新技术企业一览表

表19

类别 / 行业	企业名称
工业	丹阳市鑫洁源工具有限公司
工业	丹阳市环宇特钢有限公司

续表 19

类别 行业	企业名称
工业	江苏天工精密工具有限公司
工业	丹阳市新联汽车配件有限公司
工业	丹阳市惠达通讯器材有限公司
工业	江苏弘成环保科技有限公司
工业	江苏鹏湃装饰材料有限公司
工业	江苏伟润锻造有限公司
工业	丹阳市恒旺五金电器有限公司
工业	江苏诺得胜工具有限公司
工业	江苏金鹤新材料有限公司
工业	江苏申阳交通装备有限公司
工业	丹阳鑫睿传输设备有限公司
工业	丹阳市百盛电器有限公司
工业	江苏恒聚机械设备有限公司
工业	冈田精机丹阳有限公司
工业	江苏汇能重工有限公司
工业	丹阳市鹏辉照明器材有限公司
工业	江苏正理电器有限公司
工业	丹阳市鑫烨光学仪器有限公司
工业	江苏嘉佳药用玻璃制品有限公司
工业	江苏新丽源南亚新材料有限公司
工业	江苏天威焊接产业有限公司
工业	江苏傲赛工业密封有限公司
工业	江苏斯丹德检验认证有限公司
工业	江苏柏瑞鑫铝业科技有限公司
工业	江苏电智道能源科技有限公司
工业	丹阳市爱可信软件技术有限公司

续表 19

类别 行业	企业名称
工业	上手金钟手术器械江苏有限公司
工业	丹阳市丽宏汽车部件有限公司
工业	德昂机械丹阳有限公司
工业	丹阳市精艺印务有限公司
工业	江苏美新建材科技有限公司
工业	丹阳市宇奇车辆配件有限公司
工业	丹阳市宇帅检测工具有限公司
工业	丹阳市致远塑件有限公司
工业	江苏佰正车辆实业有限公司
工业	江苏长秦照明有限公司
工业	江苏日昌汽配有限公司
工业	江苏万腾新材料科技有限公司
工业	江苏唯美包装材料有限公司
工业	江苏优立光学眼镜有限公司
工业	镇江全诚电气科技有限公司
工业	江苏威科电子有限公司
工业	丹阳市好猫半导体科技有限公司
工业	丹阳九宇光学元件有限公司
工业	丹阳光明光电有限公司
工业	丹阳市科达镀膜材料有限公司
工业	江苏泰科微通讯科技有限公司
工业	江苏菱智电梯制造有限公司
工业	江苏纽托普能源科技有限公司
工业	江苏爱仕达电子有限公司
工业	江苏恒畅光学眼镜有限公司
工业	丹阳市宝利锯业机械有限公司

续表 19

类别 行业	企业名称
工业	江苏飞天光电科技有限公司
工业	江苏威姿曼机械有限公司
工业	丹阳市现代实业有限公司
工业	丹阳市华清机车配件有限公司
工业	丹阳市剑锋冲件有限公司
工业	丹阳市华富机械有限公司
工业	丹阳市益讯机械有限公司
工业	丹阳市银海镍铬化工有限公司
工业	江苏凤雅金属制品有限公司
工业	江苏松德生物科技有限公司
工业	江苏黄金屋光学眼镜有限公司
工业	江苏华伟佳建材科技有限公司
工业	江苏维尔炉业有限公司
工业	丹阳市正阳光学有限公司
工业	江苏乐诚光学眼镜有限公司
工业	江苏梵希光学眼镜有限公司
工业	丹阳顺科精密机械有限公司
工业	江苏香草新材料科技有限公司
工业	江苏巨贸康万家医疗设备有限公司
工业	丹阳市方蓝气体设备有限公司

（孙钧慧）

2020 年丹阳市获国家和省项目一览表

表 20

项目类型	项目名称	实施单位	政府资助（万元）
国家重点研发计划“主动健康和老龄化科技应对”重点专项	零/低负荷睡眠监测与调控系统的研发及基于临床数据模型的示范应用	江苏鱼跃医疗设备股份有限公司	529

续表 20

项目类型	项目名称	实施单位	政府资助（万元）
国家科技助力经济 2020 重点专项项目	LR 系列碱性电池生产线及成套设备系统集成平台的研发及产业化	丹阳琦瑞机械有限公司	50
江苏省“新型冠状病毒感染的肺炎”疫情防控科技应急攻关项目		江苏鱼跃医疗设备股份有限公司	100

（孙钧慧）

2020 年丹阳市获省科技成果转化专项资金项目一览表

表 21

项目名称	实施单位	项目内容	项目期限	总投资（万元）	总拨款（万元）
可控式靶向精准给药气溶胶呼吸治疗设备研发及产业化	江苏鱼跃医疗设备股份有限公司	目标产品是可控式靶向雾化治疗设备（即雾化器），是医学临床中气溶胶吸入疗法（雾化治疗）的主要设备，主要用于呼吸道疾病及肺部感染的治疗，如肺炎、急慢性咽喉炎、急慢性支气管炎、呼吸窘迫综合症等疾病以及战争或火灾中吸入性烧灼损伤造成的呼吸道感染的治疗。本项目和中科院苏州医工所产学研合作，在已完成的靶向雾化治疗设备研发技术成果基础上持续研发，进行雾化检测技术和工艺工程技术开发及产业转化。项目首创雾化粒径和雾化速率可调技术，将药物根据治疗要求可控式地分散成不同粒径的雾滴或微粒，实现雾化药物在人体呼吸系统中的沉降富集区域可控调节，满足临床雾化治疗中需要针对不同患者、不同病症、不同治疗部位实施靶向精准给药治疗的需求	2020 年 4 月至 2023 年 9 月	7500	800

（孙钧慧）

气 象 服 务

【概况】 2020 年，丹阳市开展气象现代化建设，提升气象服务效益，做好农村防灾减灾和安全生产等工作，为全市经济社会发展提供气象保障。修改和完善《丹阳市气象局农业气象服务方案》和《丹阳市气象局防雷监管工作制度》，保障农业气象服务和防雷监管工作的正常开展。市气象局按时完成业务自动化切换和智能台站主备站双链路切换。对 15 个区域站环境进行优化，全部更换 4G 模块，提高传输质量。气象局党支部获评丹阳市委“四星党支部”，气象局获 2019 年度丹阳市委文明城市长效管理志愿服务类三等奖、丹阳市文明单位等荣誉。（孔雪咏）

图 125　2020 年 10 月 23 日，丹阳市人大领导考察市气象事业发展情况　（孔雪咏）

【防雷安全监管】　2020 年，丹阳市持续开展防雷安全监管工作，印发《丹阳市防雷安全生产专项整治实施方案》，成立丹阳市气象局防雷安全专项整治工作领导小组。制定 2020 年防雷、气球监管方案。市气象、经发、生态环境、应急管理、市场监管、消防等部门对全市 21 家化工生产企业进行复工复产情况专项检查，督促企业做好防雷安全相关工作。市气象局与应急管理局联合发出《关于进一步加强防雷安全工作的通知》，对全市 104 家危化企业进行防雷安全监管和安全工作台账检查，对存在安全隐患的 19 家企业下发整改通知书，限期整改到位。运用互联网＋监管网平台，实现对安全生产问题隐患和事故处置全流程监管。（孔雪咏）

【气象防灾减灾】　2020 年，丹阳市做好气象预警发布服务工作，市政府办组织气象、水利、农业、住建、应急等部门，召开专家论证会，征求各单位的意见和建议，对《丹阳市气象灾害应急预案》进行修订。加强部门联动，市气象局与应急管理局签订战略合作协议；与水利、城管、交通等部门协作，做好防汛抗旱、城市防涝、道路交通等气象服务；与农业部门联合，做好小麦赤霉病、春耕春播、夏收夏种、秋收秋种等气象服务；与环保部门协作，做好重污染天气的气象条件分析和预测预报，制定《丹阳市空气质量预警与人工增雨联动工作方案》，并按要求适时开展作业；与保险公司签订合作协议，开展气象灾害理赔服务等。（孔雪咏）

图 126　2020 年 11 月 5 日，气象局工作人员到珥陵镇新庄青虾合作社开展直通式气象服务　（孔雪咏）

【气象科普馆建成】　2021 年 2 月，丹阳市气象科普馆建成，科普馆位于市经济开发区普善社区前杨村西侧气象局院内，建筑面积 138 平方米。馆内以气象发展史为主线，以气象现代化建设、气象防灾减灾为重点，利用现代光电声技术，模拟大气现象，实行人机互动。气象科普馆涵盖气象近代史、丹阳气候、天气系统、气象观测业务、气象灾害以及卫星气象等方面的知识。（孔雪咏）

图 127　气象科普馆内景　（孔雪咏）

交 通

【概况】 2020年，丹阳市交通运输系统围绕全面建成小康社会和“十三五”规划，坚守一线，扎实做好疫情防控，持续强化运输保障，迅速实现复工复产。

编制完成重大战略规划。编制完成《丹阳市“十四五”综合交通运输发展规划》《丹阳市综合立体交通网规划》《丹阳市城区至镇区快速通达路网规划》，为丹阳交通中长期发展奠定基础。交通建设年度目标全面完成。全年完成建设投资6亿元，122省道花王至全州段、三七站桥、黄埝桥、丹珥线集镇段、丹界线九曲河至蒲河段建成通车；云阳大桥完成桩基部分施工，东岸主桥钢结构现场拼装施工和西岸第一联现浇箱梁施工有序开展，云阳大桥项目获平安工地省级示范荣誉称号；完成肖梁河桥等5座农村公路危桥改造，农村公路提档升级15.34公里；开工建设普善公交首末站。安全生产专项整治取得阶段成效。落实巡查督导隐患问题整改，销号完毕国务院交办问题11条、江苏省6条、镇江市9条；根据交办问题主动作为，开展国省干线公路中分带开口封闭工作，全封闭159处、半封闭28处，国省道交通事故发生率明显下降；制定道路运输、超限超载、港口水上等7个专项方案，全系统开展安全大检查705次，发现一般隐患380项，全部整改完毕；推进超限超载路面执法，查处违法车辆501辆，实施卸驳载1.41万吨，交通领域安全生产环境得到较大改善。污染防治工作成效明显。港口码头环境整治全覆盖，完成29家在营港口码头粉尘在线监测系统，建设岸电设施80套；完成本籍26艘400总吨以下货运船舶防污设施改造，清理“三无船舶”54艘。交通运输服务不断提升。围绕省级高质量发展考核指标，稳步提升城乡万人公共交通车辆拥有量，全年累计新增公交车105辆（新能源车65辆），全市城乡万人公共交通车辆拥有量从4.6标台提升至5.65标台，进入全省前列。全力打赢疫情防控攻坚战。160余名党员冲锋一线，成立3个临时党支部，水路、陆路、铁路24小时不间断值守，检查入境车辆10.5万辆，检查船舶600余艘，检测司乘人员19.3万人次。

（邹学伟）

【丹金溧漕河312国道桥拆迁重建】 2020年9月10日，丹金溧漕河丹阳段航道整治工程——丹金溧漕河桥施工、监理签约仪式在丹阳市交运局举行，镇江市干线航道工程建设现场指挥部负责人以及中标单位江苏省交通工程集团有限公司项目负责人出席签约仪式。拟改建的312国道横塘桥为公路立交桥，横跨丹金溧漕河，随着丹金溧漕河Ⅲ级航道整治标准提高，原桥梁无法满足通航要求，根据规划要求，拟在原桥位拆除老桥建新桥。本次需拆除老桥一孔20米板梁及桥台，新增一孔16米板梁利用原有桥墩与老桥顺接。该桥及航道施工期间，桥下采取不断航施工。新桥梁上部跨径布置为（16＋12×20）＋104.4＋（9×20）米，主桥采用104.4米单跨钢管混凝土系杆拱，引桥采用16/20米预应力混凝土空心板梁。道路等级为一级公路，桥梁设计荷载为公路I级。（刘珠花）

【丹金溧漕河丹阳段完成千吨级货运船舶通行改造】 2020年，市交运局航道部门克服受前期锡溧漕河前黄枢纽工程转换施工，外地船舶绕行丹金溧漕河和秋冬季雨雾天气频繁、疫情防控及汛期等多重不利叠加因素影响，在市地方海事处支援配合下，经建设参与方共同努力，8月25日，丹金溧漕河老丹金闸桥位段陆续完成直立式混凝土护岸建设，老丹金闸闸室底板护坦，翼墙、水工混凝土结构物破除清运和水下土方疏浚等航道整治内容，困扰镇江常州两地近20年的“卡脖子”航道贯通，实现了1000吨级的货运船舶通行。完工后的老丹金闸段航道达到口宽79米、底宽61.5米、最小水深3.2米，满足千吨级货运船舶通航三级航道标准。（蒋春葆）

【交通量比重调查】 按照交通部有关规定和省公路局统一安排，2020年10月15日8时至16日8时，丹阳市完成一年一次四类公路交通量比重调查。此次交通量比重调查投入30余辆车辆、170余人员，设置43个观测点涵盖辖区内所有省道和所有县道及部分乡道，调查各种车型。为督促各观测点调查数据真实可靠性与准确性，组织日查和夜查。本次调查数据全部录入新网络版交调系统，为准确评价国、省、县、乡道的使用功能和科学组织交通行为提供重要依据。（邹学伟）

·铁　路·

【概况】 2020年，中国铁路上海局集团有限公司丹阳站贯彻党中央关于统筹推进疫情防控和经济社会发展的决策部署，抓好车站疫情防控，有效筑牢安全防线，聚焦铁路目标任务，克服疫情带来的经营困局，增运补欠、节支降耗，服务地区经济发展。全年完成旅客发送210.9万人次，比上年减少139.2万人次，降低39.8%。其中，丹阳站旅客发送188.5万人次（既有站旅客发送16.7万人次、城际站旅客发送171.8万人次），丹阳北站旅客发送22.4万人次。完成客运运输收入1.52亿元，比上年减少1.08亿元，降低41.5%，其中丹阳站客运运输收入1.14亿元、丹阳北站客运运输收入0.38亿元。完成货物发送25.9万吨，比上年增加4.9万吨，增长23.3%。

（袁小平）

2020年铁路丹阳地区主要运输任务和技术指标完成情况表

表22

项目	单位	计划	实绩	较上年增长
旅客发送量	万人	177	210.9	-39.8%
货物发送量	万吨	21.5	25.9	23.3%
客运收入	万元	13340	15214.3	-41.5%
日均装车	车	20	22	22.2%
日均卸车	车	—	6	200%
货车静载重	吨/车	—	31.8	0.3%
货车停留时间	时/次	21.2	19.0	-10.4%

（袁小平）

【列车运行调图涉丹阳站车次变化】 为落实“交通强国、铁路先行”目标任务，满足市场需求和运输经营需要，提高运输效率效益，2020年，上海铁路局集团公司先后3次调整列车运行图。新图实施后，丹阳站城际开行旅客列车60对（含周末开行的3列及高峰线临客7列），上行63列（含周末开行的1列及高峰线临客5列），下行57列（含周末开行的2列及高峰线临客2列）；既有站开行办客旅客列车7.5对（上行10列，下行5列）。铁路部门根据客流规律，实行“一日一图”，按日常图、周末图、高峰图组织开行列车，进一步满足旅客出行需求。 （孙 颖）

【新建连镇客专淮镇段铁路开通涉丹阳站变化】 2020年12月11日，新建连镇客专淮镇段铁路开通启用，丹阳站新增丹阳至连云港、徐州东方向动车组列车，经沪宁城际、连镇客专、徐盐客专线运行，增加大港南、扬州东、高邮、宝应、淮安东、灌南、灌云、连云港等停靠站。 （孙 颖）

【提升服务能级】 2020年，丹阳铁路部门坚持以旅客为中心的服务理念，按照上级部门统一部署，创新服务举措、提升服务能级，先后落地实施电子客票、铁路e卡通、自助快递柜等一批便民利民服务新举措。其中，电子客票于2020年6月20日起在全国普速铁路推广实施，推广实施后，全国有2400多个站点实行电子客票，覆盖95%以上铁路出行人群；铁路e卡通于2020年7月28日起在长三角沪宁城际铁路、宁安城际铁路、宁启铁路试行，该试行实施后，简化进出站流程，实现随到随走，旅客乘车体验更加方便快捷。 （孙 颖）

·公 路·

【概况】 2020年，丹阳市拥有等级公路里程2261.73公里，占总里程的100%。其中，高速公路42.56公里、一级公路329.76公里、二级公路349.08公里、三级公路269.30公里、四级公路1271.03公里。全年完成境内公路客运量562万人次、旅客周转量39308万人公里，比上年分别降低8.6%、8%；公路货运量1294万吨、货物周转量20.57亿吨公里，比上年分别增长4.8%、7.8%。

全市有等级客运站13座、公交首末站12座、公交候车亭1208座、城市公交线路28条、公交线路总里程389.9公里、运营车辆362辆，日发班次1073班；有城乡公交线路20条、总里程545公里、运营车辆131辆，日发班次371班；有镇村公交线路27条（含毗邻公交线路1条），总里程529.1公里，运营车辆44辆，日发班次149班。城市公交线网密度提升至3.2公里/平方公里，城市公交500米覆盖率提升至95%，公交分担率提升至10%，全市12个镇（区）145个行政村公交覆盖率100%。全市有出租汽车497辆，货运车辆4787辆；各类机动车维修企业55家，各类机动车驾驶培训企业10家，教练车410辆。 （邹学伟）

【提升公共出行体验】 2020年，丹阳市进一步完善公交线网，对全市全域公交线网制定进一步优化方案，制定云阳大桥拆除重建期间公交线路临时调整方案。共优化城市公交线路5条、城乡公交2条、镇村公交线路1条，取消城乡公交线路2条；云阳大桥拆除重建期间绕行线路13条，华阳桥拆除重建期间绕行线路7条。全市客运中心、汽车东站、火车站及城区各公交首末站与候车亭制作、更新公益广告；拆除重建候车亭9个，维修出新候车亭15个。通过开设“文明公交示范线”——公交6路线、客运中心设立“交通驿站”等，打造优质文明公交服务品牌。完成公交车辆主动安全智能防控系统及一键报警装置安装，共安装385辆套。 （邹学伟）

【运输从业人员管理】 2020年，丹阳市协助镇江市做好客、货从业人员证件及档案管理工作，从业资格证新培预审上报272人次，配合镇江考核（考试监考）7批次。全年驾培科档案管理人员共整理入档换证材料1411份，办理增驾及外调存调档案工作397件。完成全市410辆教学车辆的道路运输证审验、换证、注销、新增、更新等网上窗口业务工作，全年完成运政在线业务443件。全年共办理出租汽车驾驶员从业资格证注册283人次，办理从业资格证注销注册226人次；完成出租汽车车辆更新2辆，经营许可证注销15户，新办15户；出租汽车道路运输证新办、补证、换证共281户，新办网约车车辆道路运输证2辆，注销道路运输证2辆；通过运政在线系统完成497辆出租汽车车辆年审的资料扫描业务；完成出租汽车从业人员网上学习教育895人次。

（邹学伟）

【农村公路提档升级】 2020年，丹阳市推进乡镇开展农村公路提档升级工程7条6.75公里，总投资约3716万元。县道平均好路率94.24%，乡村道好路率88.52%。加强农村公路保洁，发现病害及时消灭。强化桥梁养护管理，进一步加强县道103座公路桥梁日常养护巡查、病害维修，对全市范围内农村公路水系逐一排查，确保畅通。养护完成沥青表处45215平方米，沥青混凝土修补113.9立方米，沥青路面灌缝55651米，水泥路面灌缝7093米，稳定碎石填筑1271立方米，绿化修剪2938605平方米，路肩整治9750平方米。依据2020年普通国省道路面大中修工程项目计划表，完成5.58公里干线公路大中修和122省道二级公路倒虹吸工程、122省道简渎河桥裂缝维修工程等专项工程。市公路处获普通国省公路服务设施“公路驿站”品牌称号、镇江市公路行业养护技能竞赛第一名。（邹学伟）

【汽车维修业污染控制】 2020年，丹阳市切实采取有效措施，加强汽车维修业污染控制，改善维修环境质量。在2019年治理成效基础上，继续配合环保部门全面推进废气处理设备治理及危险废物规范化管理；通过审查审批向经营业户宣传贯彻维修行业环境保护相关政策要求，切实履行企业主责任，有效推进维修行业污染防治；对运政在线系统原道路运输经营许可证逾期的一类、二类维修企业21家（一类3家、二类18家）通过政府网站公告注销，进一步督促备案。（邹学伟）

【中军安道汽车租赁公司取得丹阳地区经营资质】 2020年，丹阳市运管处经过对中军安道汽车租赁集团有限公司丹阳分公司经营许可申请材料严格审核和现场核查后，完成对该公司网络预约出租汽车经营许可证的办理和颁发工作，这是继风韵出行网约车平台之后，第二家在丹阳市取得合法经营资质的网约车平台。

（邹学伟）

【干线公路养护管理】 2020年，丹阳市以“十三五”迎国评工作为抓手，全面开展干线公路养护管理。结合大中修工程计划和各干线公路实际情况，制定非双优路段维修方案，全面开展公路病害维修，完成沥青修补955.85立方米、沥青灌缝19948米。精细化养护干线公路，落实基价类缺陷整改174件、单价类病害整改和应急处置184件，有效提升干线公路通行品质。（邹学伟）

【公路沿线环境综合整治】 2020年，结合全市乡村振兴战略和最美乡村创建总体要求，丹阳市全力推进公路沿线环境综合整治工作。通过明确整治工作重点、找准突破点、集中精力优先整治等方法，全市普通国省道沿线共拆除垃圾箱46处、房屋450平方米、简易用房2199平方米、雨棚72处、其他结构物2处、非标51处，清除垃圾堆17处、堆放物195处、移动马路市场11处、非法种植15060平方米、违停点200米，墙面漆白660平方米；县道沿线共拆除砖砌垃圾箱103处、简易用房34处、车雨棚11处、洗车点修车铺2处、收旧站点2处、围挡3处、非标30处，清除堆积物158处、移动马路市场46处、非法种植12300平方米、违停点1450米。（邹学伟）

图 128 公路沿线环境综合整治现场 （邹学伟）

【完善冬季公路养护应急机制和预案】 为保障公众安全便捷舒适出行，2020 年丹阳公路部门提前谋划，针对冬季道路养护和应急工作特点，做好应急车辆保养、物资储备工作，完善应急机制和预案，确保公路冬季养护安全生产和道路畅通。加强道路日常养护工作，及时发现和处置公路病害，修复受损设施，确保公路基础设施和附属设施处于良好状态。加强养护应急机械设备管理和保养，确保公路保通工作反应迅速、组织有效。重点做好除雪车、滑雪铲、融雪撒布机等专用设备的维护保养。建立健全各项管理制度，完善公路冬季应急预案，落实应急队伍，严格执行值班制度，准确、及时上报路况信息，提升突发事件应急处置能力。（邹学伟）

图 129 干线公路施工现场 （邹学伟）

【应对冰雪恶劣天气】 2020 年，丹阳市遭遇范围最广、持续时间最长、影响最为严重的强雨雪冰冻天气，为应对强降温及雨雪天气，保障道路运输和人民生命财产安全，丹阳市公路处迅速行动，采取多项举措积极主动应对。成立市公路冬季安全生产应急处置工作领导小组，统一部署，提前做好安全防范措施和各项准备工作。加大公路巡查力度，确保公路基础设施完好，及时处理突发性天气造成的安全隐患；对重点桥梁、涵洞、险段派专人严密监控，确保道路桥梁安全畅通。做好各类应急物资储备。积极做好应急物资、机械设备的储备和应急装备、人员的调配工作。加强应急管理，提升路网应急处置水平，成立路政保畅、养护抢险、后勤保障等路网突发事件应急处置小分队，形成统一指挥、功能齐全、协调有序的路网应急管理机制。强化应急值守，确保信息渠道畅通，构建公路路网管理与应急指挥平台，严格执行领导在岗带班制度和 24 小时路网值班制度。（邹学伟）

【危桥改造工程项目竣工验收】 2020 年 12 月 10 日，丹阳市 2018 年危桥改造工程项目通过竣工验收，建设单位、施工单位、监理单位等相关人员参加竣工验收会议。验收委员会听取各参建方汇报，经评审，一致认可通过验收，并形成《公路工程竣工验收鉴定书》，丹阳市交通工程质量监督站对验收进行全程监督。2018 年危桥改造工程项目共改造危桥 5 座，分别为司徒镇白鹤桥，导墅镇里庄桥，珥陵镇武巷新村桥、旺巷桥、张刘桥。（邹学伟）

【储祝线、麦丈线公路提档升级工程完工】 2020 年，丹阳市珥陵镇储祝线、麦丈线公路提档升级工程完工。位于珥陵镇的麦丈线连接云林桥与上新河桥，建设里程 2669.24 米；储祝线大施段连接旺巷桥与上新河，建设里程 2905.27 米。该项目投资约 1100 万元，2020 年 3 月开工，11 月全面完工。公路等级为四

级，路基宽度 7 米。（邹学伟）

【完成 122 省道二级公路倒虹吸工程】 2020 年 12 月 22 日，位于 122 省道二级公路 64K＋620 处倒虹吸改造工程完工恢复服务功能。该处倒虹吸为 122 省道二级公路上重要的灌溉渠，尽管近几年多次维修，由于原来埋深过浅，仍出现损坏，管节渗水严重，导致路基浸泡在水中，路面出现裂缝、沉陷、翻浆等病害。工程完工后，隐患消除，公路安全畅通。（邹学伟）

图 130 122 省道二级公路倒虹吸工程施工现场（邹学伟）

【农村公路电子地图数据更新】 根据 2020 年江苏省农村公路基础数据和电子地图更新工作任务，自 4 月起，市交运部门启动 2020 年度涉及全市 12 个乡镇，规划里程 1800 多公里的全部县区规划乡村道数据入库工作，并于 9 月底完成路网基础数据和电子地图录入和审核等全部工作。此次更新工作，调配专业技术力量，成立工作小组，组织实施规划农村公路基础数据和电子地图采集更新。工作小组结合丹阳乡、村道公路网规划最新成果，与各乡镇做好对接，明确各路线走向、控制点，进行路线信息调整、里程桩号传递、数据录入汇总等工作，完成规划乡村道外业数据采集。（邹学伟）

【全市国省干线和县道中分带开口整治行动】 2020 年，为消除道路安全隐患保障公路通行安全，市公路管理处根据国务院安全生产督导组督导反馈要求和丹阳市人民政府统一部署，坚持问题导向，推进全市国省干线和县道中分带开口整治行动。整治工作最终确定整治方案：国省干线中分带开口 351 处，保留 164 处，封闭 159 处，半封闭 28 处；县道中分带开口 98 处，保留 61 处，封闭 34 处，半封闭 3 处。年末，全市国省干线和县道中分带开口整治工作完成。（邹学伟）

图 131 全市国省干线和县道中分带开口整治行动中分带封闭现场（邹学伟）

【农村公路安全防护设施整改】 2020 年，为消除农村公路安全隐患，保障公路安全畅通，预防和减少交通事故，丹阳市按照省、市农村公路安全隐患排查结果，把农村公路安全防护设施纳入整改项目。该项目点多面广，主要包括护栏补缺、设置桥梁限载标志和防落网、桥台护坡加固、增设标志标线、车辙处理等，投入约 800 万元，10 月底全部完工。（邹学伟）

【农村公路桥梁安全渡汛】 2020 年入汛以来，降水量显著多于往年，在强降雨、强风、雷电的恶劣天气影响下，市公路处针对公路桥梁伸缩缝、板梁桥下护坡以及桥梁附属设施等面临的主要安全风险，采取相应的防范举措，确保全市农村公路 329 座桥梁（其中县道桥梁 108 座、乡道 92 座、村道 129 座）安全畅通。采取人工检查和专业桥梁检测设备相结合，对桥梁技术状况进行全面检查，及时维修存在安全隐患桥梁，并根据桥梁承载能力不同设立限重、限行等警示标志。加强汛期农村公路桥梁日常管理和巡查，发现问题及时处理。全年共处理伸缩缝病害 30 多处，疏通阻塞泄水管 360 多处，清除桥下堆积物 400 多立方米所有农村公路桥梁安全渡汛。 （邹学伟）

【市公路处获养护技能竞赛一等奖】 2020 年 12 月 11 日，市公路处在 2020 年“畅·镇江”全市公路行业养护技能竞赛中获得一等奖。此次竞赛项目包括理论考试、坑槽修补两项。理论考试环节，丹阳公路参赛人员较好发挥各自业务理论知识水平，取得好成绩。实际操作环节，参赛选手紧密配合，注重每个环节、严控每个细节，丹阳公路处获竞赛一等奖。

（邹学伟）

【公路基础设施专项整治】 2020 年，丹阳市公路处认真贯彻“安全第一、预防为主”方针，组织路政中队开展以“全市国省道和县道公路基础设施风险排查治理”为重点的公路基础设施专项整治。重点检查大型公路标志牌的立柱、紧固件、基础以及临河、涉水段护栏的完好性。配合镇江市公路事业发展中心完成 312 国道丹阳段（203K＋600M－216K＋400M 段、226K－227K 段）道路安全隐患治理项目。整治活动共更换波形护栏 932 米，更换护栏端头 68 个，新增警示桩 462 根，安装路灯 232 盏。

（邹学伟）

·水 路·

【概况】 2020 年，丹阳市境内共有航道 42 条 355.38 公里，其中等级航道 5 条（京杭大运河、丹金溧漕河、九曲河、香草河、常金北线），通航里程 119.54 公里，等外级航道 235.84 公里。长江水系支线航道 47.69 公里，其中京杭大运河 29.33 公里，丹金溧漕河 18.36 公里。有通航船闸口 1 座、内河港口 43 个、持证经营码头 38 个、码头泊位 132 个，码头泊位总长 5340 米。至 2020 年末，京杭大运河和丹金溧漕河丹阳段（除珥陵镇局部）全部升级为国家三级航道标准，常年能通过 1000 吨级船队。其中京杭大运河全年船舶流量 28.8 万艘次，货物运输通过量 26000 万吨；丹金溧漕河全年船舶流量 16.8 万艘次，货物运输通过量 11420 万吨。

水上交通安全持续稳定，航道管理畅通有序，干线航道未发生因海事监管责任而造成的 12 小时以上堵航事件，未发生因海事监管失职而造成的责任事故和重特大船舶污染事故。“12395”接处警 10 次，救助遇险船舶 3 艘，援助船员 6 人，挽回直接经济损失约 128.56 万元，应急搜救成功率 100%。市海事处主动配合和协助施工单位依法办理云阳大桥老桥主桥拆除，新建黄埝桥、老丹金闸桥拆除、华南桥拆建等涉水施工延期，保证辖区各项水上水下活动依法、合规施工。针对跨河桥梁拆建施工和供电线路改造的水工重点航段，完成水上水下活动临时断航维护 47 次，累计断航管制时间 260 小时。 （蒋春葆 殷惠娟）

【跨丹金溧漕河三七站桥竣工通车】 2020 年 6 月 16 日，位于珥陵镇的跨丹金溧漕河新建三七站桥顺利通车，进一步改善了珥陵片区交通环境，方便群众出行。新建三七站桥总长 2330 米，主跨长 231 米，桥梁全宽 13 米、净宽 12 米，桥面及道路为双向 2 车道，桥面两侧非机动车道设置 2.25 米，方便非机动车安全通行。

（蒋春葆）

【辖区航道安全度汛】 2020 年 6 月，丹阳市进入主汛期，市交运局航道管理部门高度戒备、严密防范，以“人员、装备、队伍”三落实，保障辖区航道安全度汛。航政管理人员加强汛期辖区航道设施安全巡查，重点加强干线航道巡航频率，特别是加强大运河、丹金溧漕河航道整治工程施工段及桥梁建设工程现场巡查监控，完善各类标志标牌和助航标志；工程管理人员加强航道设施养护，严密监测苏南运河、丹金溧漕河等主要干线航道易坍塌段落的动态变化，及时排查治理因雷暴天气、洪涝汛情等引发的事故灾害隐患；后勤保障部门提前做好应急抢险船艇、车辆维护保养，确保车船装备技术性能良好，备足应急抢险物资。（蒋春葆）

图 132　航政管理人员加强汛期辖区航道设施安全巡查　（蒋春葆）

【“船舶岸电”助力“绿色水运”】　2020 年 8 月，丹阳开发区大运河航道服务中心大泊锚地船舶岸电用电量达 1.4 万千瓦时，船舶使用 1063 艘次，用电船舶艘次较 2019 年同期增长 35%，用电量比上年增长 33%，创历史新高。船舶岸电设施的推广使用，有效降低能源消耗和二氧化碳排放，达到节能减排和环境保护效果。据测算，丹阳开发区的大运河航道服务中心岸电项目运行后，年用电量将达到 12.5 万千瓦时，可替代燃油 50 吨，减排二氧化碳 160 吨、二氧化硫和氮氧化物 1.6 吨，节省能源达 30%以上，一定程度上降低燃油发电产生的污染物排放和噪音污染，可有效改善和提高丹阳的环境质量和大运河水质，为建设“绿色航道”、保护“母亲河”发挥出积极作用。

（刘珠花）

【新黄埝桥竣工通车】　2020 年 8 月 28 日，作为丹金溧漕河丹阳段航道“五改三”整治工程的重点配套项目，第七座新改建跨河桥梁——新黄埝桥正式通车运行，对导墅镇和珥陵镇两地的经济建设起到明显的推动作用。新黄埝桥为易址新建桥梁，位于老黄埝桥上游 260 米处，工程项目造价 2500 万元，为下承式钢管混凝土系杆拱桥，桥长 242 米，其中主拱长 95 米、重 444 吨，主桥和引桥全宽 10 米、净宽 9 米、主跨 95 米，引桥为 7 孔 20 米板梁。接线道路等级为二级公路，设计速度每小时 60 公里。

（蒋春葆）

【丹金溧漕河丹阳段 312 国道桥改建工程启动】 2020 年 12 月 29 日，丹金溧漕河航道整治涉及的最后一座大桥改建工程正式启动。拟改建 312 国道横塘桥始建于 20 世纪 90 年代，横跨丹金溧漕河，桥位处河宽约 85 米。随着丹金溧漕河Ⅲ级航道整治标准提高，原桥梁无法满足通航要求。根据规划要求拟在原桥位置拆除老桥重建新桥，与原横塘立交桥顺接。主桥改建采用 104.4 米单跨钢管混凝土系杆拱，引桥采用预应力混凝土空心板梁，道路等级为一级公路，桥梁设计荷载为公路Ⅰ级。桥梁改造采取半幅桥面施工方案，桥下不断航施工，预计 2023 年 4 月底完工通车。（刘珠花）

【船舶污染防治】　2020 年，丹阳市海事部门积极开展船舶污染防治工作。开展防污染工作宣传、教育活动；加大对船舶防污染监管执法力度，督促船舶正常使用生活污水防污设施并进行集中整治，9 月 9 日前全部完成本市籍 400 总吨以下 26 艘船舶生活污水设施改造，全年检查 400 总吨以上船舶 1615 艘，对 117 艘船舶生活污水设施舷外应急旁通管路进行铅封处理；规范吕城国考断面水质检测取水口水域船舶通航秩序，联合多部门执法，为断面水质达标提供支持；严查水路固体废物非法转移行动，守护一方水域清洁，对本辖区 2510 艘船舶进行装载货物检查，未发现船舶载运固体废物。（殷惠娟）

图 133 市海事部门维护断面水质检测取水口水域通航秩序 （殷惠娟）

【“三无”船舶专项整治】 2020年，丹阳市海事部门开展“三无”船舶专项整治活动。通过组织召开工作推进会议，建立台账、落实责任等压实责任。各乡镇（区、街道）组织力量对辖区范围内的“三无”船舶对象进行宣传和摸底排查。公安、海事等部门与35家港航企业码头、船闸、水上加油站点签订共建协议，明确不得为“三无”船舶提供装卸、停泊、过闸、充电、供油等服务。7月30日前共摸排“三无”船舶54艘，全部完成处置任务。此次专项整治行动有力打击全市辖区“三无”船舶，同时推动长江禁渔退捕工作顺利开展，切实维护全市内河通航安全和水域环境，保障人民生命财产安全。 （殷惠娟）

图 134 市海事处开展全市“三无”船舶专项整治行动，与港口码头签订内河水上安全生产专项整治共建协议 （殷惠娟）

【危险货物运输船舶管控】 2020年，丹阳市加强危险货物运输船舶管控工作。依法受理船舶载运危险品申报、审批39艘次，安全监管装卸危化品货物18426吨，保证2561艘次危化品运输船舶安全通过丹阳市辖区。与市九曲河枢纽管理处联合发布通告，夜间22时至次日凌晨5时，禁止600总吨及以下载运危化品船在辖区内河水域航行。2020年底前，禁止所有单壳化学品船和油船在辖区内河水域航行、停泊。

（殷惠娟）

【护航湖北来船离境】 2020年2月12日，市地方海事处接镇江指挥中心来电，一艘始发港为湖北黄石的载货船舶将去往无锡宜兴，因新冠疫情防控，需要配合在镇丹交界处等候交接。值班人员接电后立即与船民采取不接触方式取得联系，了解到该豫鑫裕13039号船舶由湖北黄石前往无锡宜兴，装载700余吨石粉，船上有2名船员，此前已在长江居船隔离观察14天，无发热咳嗽症状，身体状况良好。该船进入丹阳市境内，因临近天黑不熟悉航道情况，希望停靠丹阳境内。为确保安全，管控人员耐心与船员进行疫情防控宣传，经过沟通，市海事处采取全程护送管控措施连夜顺利使船只驶离丹阳市境内。 （殷惠娟）

【救助搁浅沉船】 2020年4月10日早上5时许，皖郎溪货2116船在进入丹阳市访仙镇下游水域时由于靠近岸边航行发生搁浅，造成前舱船底破损，船舱进水沉没。市海事处接警后，立即派出两艘海巡艇、两辆执法车，出动十余人次，对事故水域上下游进行交通管制，同时与市九曲河水利枢纽管理处联系，协助控制船舶进行交通管制。到达现场后，即与被救助上岸的船员取得联系，紧急征调过驳船和专业沉船打捞队伍对沉船进行打捞作业。11日下午4时许，完成沉船打捞，闸内外200余艘滞留船舶开始安全有序放行。 （殷惠娟）

图 135 2020 年 4 月 10 日，市海事处救助打捞搁浅沉船 （殷惠娟）

【船舶生活污水处理装置铅封】 2020 年，为严控船舶污染行为，切实做好船舶水污染防治，市地方海事处在加强对船舶生活污水防污设施监督检查同时，开展船舶生活污水处理装置铅封工作，以防止船舶非法直排。执法人员对已安装生活污水处理装置的船舶，凡发现生活污水排放管路上设有旁通阀（生活污水处理后的正常排放管路和排渣管路及阀门除外）即责令船员予以关闭，由执法人员进行现场铅封，并打开连接生活污水处理器进口阀门。船舶相关阀门铅封完毕后，执法人员通过 VIIS 平台实时标注船舶污水柜铅封状态，检查船舶污染物的接收记录、轮机日志铅封章盖印情况，并对船舶污染物形成闭环情况进行监管。如发现生活污水直排或擅自启封行为，将按照有关法律法规规定予以处罚。 （殷惠娟）

图 136 船舶生活污水处理装置铅封检查现场 （殷惠娟）

·交通管理·

【概况】 2020 年，丹阳市持续提高交通安全监管效能，做好春运、重大节假日及重要活动期间安全生产部署，开展道路、安全、治超等系列整治活动。进一步完善安全生产各项规章制度，落实好行业监管责任和企业安全生产主体责任，制定安全生产专项整治三年行动方案，坚持自查自改与督查整改相结合，同时组织开展全覆盖拉网式的安全生产大检查、大排查、大整治，边排查边整治。聚焦安全生产督导反馈问题清单，对排查出的安全隐患情况进行整改落实。继续深化公路基础设施专项整治。落实超限检测站联合执法制度，在丹阳超限检测站严格实施 24 小时路警联合执勤执法，严格执行超限检测站联合执法流程。加强路面流动联合执法，严厉查处违法行为。探索超限超载非现场执法，建立公安、交通超限超载治理工作数据共享和互认机制。公路动态称重检测及货车电子抓拍系统采集到的相关数据同步接入公安、交通信息化平台，由公安机关实施治超非现场执法。路政、交警联合治超行动共检查检测大型货运车辆 20545 辆次，联合查处超限超载货运车辆 501 辆，路政实施卸驳载吨位数 14113.26 吨，交警依法罚款金额 57.11 万元，记分 501 人次，累计记分 2586 分。

按照道路危险货物运输安全监管工作计划要求，每月对全市所有危化品运输企业进行一次安全例检；对全市危化品运输企业进行“双随机”检查，督促指导危化品道路运输企业严格履行安全生产主体责任，加强从业人员教育培训，定期开展应急演练。对 11 家存在超载超限违法行为的企业约谈；对 10 家存在超载超限违法行为的个体户进行训诫；对 2 家违法超载超限车辆占企业车辆总数 10%以上的运输企业进行责令停产停业的行政处罚并进行信用记分。

围绕“两客一危一货”（两客指三类以上客运班车和旅游包车，一危指危险货物运输车辆，一货指普通货物运输车辆）等重点领域、重点部位，深入开展道路运输安全生产专项整治。按计划开展日常检查和巡查，共查处各类违章70件，其中“黑车”、网约车22件，涉及危货运输企业案件3件。组织开展道路危险货物运输联合执法检查13次，累计检查各类危货运输车辆40辆。强化事中事后监管，全面开展抽查工作，共抽取客运业户3家、公交客运业户1家、危货业户6家、普货业户11家、维修业户5家、驾培业户2家、出租客运业户2家，对检查中发现问题当场提出整改意见责令其限期整改，并对违反信用管理的检查情况根据相关规定录入信用管理系统。 （邹学伟）

图137 道路运输联合治超现场

（邹学伟）

【联合应急演练及安防技能竞赛】 2020年6月，市交运局联合市应急局、公安局、消防救援大队等多部门在市宏福物流园组织开展丹阳市道路运输“安全生产月”联合应急演练及安防技能竞赛。参赛演练人员有全市4家客运企业、6家危险品运输企业单位负责人和安全员，先后进行客车起火乘客疏散演练、大客车追尾造成危险品槽罐车泄漏救援处置演练、医护人员急救现场演示及消防灭火技能竞赛。通过竞赛演练，行业自救和应急救援能力得到增强。

（邹学伟）

【道路运输安全生产专项整治】 2020年，丹阳市运管处围绕“两客一危一货”等重点领域、重点部位，深入开展道路运输安全生产专项整治。通过安全检查、隐患整改、专项整治、执法检查同向发力，检查企业231家次，发现一般隐患134项，下发整改通知书38份，实施行政处罚33起罚金9.8万元。严格落实“一车三方”监管职责，充分发挥“一车三方”协调共治作用，进一步推进危货电子运单管理制度落实，督促“两客一危”企业严格执行动态监控平台值守及警情处理。召开联席会议3次，开展一车三方联合检查6次，开展联合约谈2次，发布动态监控信息通报11期，通过信息平台推送企业电子查岗信息3757次，平均应答率97%。

（邹学伟）

【安全专项整治】 2020年，围绕公路基础设施和货运车辆超限超载，丹阳市运管处开展安全专项整治工作。通过对照方案要求逐步推进，坚持自查自改与督查整改相结合，全年组织开展全覆盖拉网式的安全生产大检查、大排查、大整治行动，累计出动巡查小组374组次、执法人员3942人次，对辖区内道路、桥梁进行检查，对排查出的隐患进行专项整治，整治中更换波形护栏932米、更换护栏端头68个、新增警示桩462根、安装路灯232盏；在排查的21家企业中，排查出一般安全隐患33处、整改33处，未发现重特大安全隐患。

（邹学伟）

【安全生产“百日行动”】 为切实抓好春运和节日期间的安全生产工作，进一步消除各类安全隐患，确保安全生产稳定形势持续平稳发展，市交运公路管理处组织开展安全生产“百日行动”，进一步查找事故隐患、堵塞安全漏洞，有效防范各类交通运输事故。本次活动对辖养路段、桥梁、公路施工现场、办公楼等开展安全生产大检查，重点对辖养道路沿线交通安全设施、冬季桥梁运行状况、公路施工和危险路段通行情况、超限超载联合执法等方面集中开展安全生产大检查。丹阳公路处共出动检查组16个196人次，对检查中发现的隐患和问题，及时进行登记整理、制定整改方案、明确责任人和整改时限，确保春运期间辖养道路安全畅通。 （邹学伟）

【公路限高限宽设施和检查卡口专项整治】 为全面改善丹阳市公路通行条件，进一步优化营商环境，服务全市高质量发展，丹阳市交通公路部门从2020年11月底全面启动“全市公路限高限宽设施和检查卡口专项整治行动”。专项整治行动由交通运输部、江苏省交通运输厅统一组织部署，聚焦“保安全、保畅通”目标，全面排查和清理规范公路上限高限宽设施和检查卡口设置情况，对违法违规设置的限高限宽设施和检查卡口，一律予以拆除或取缔；对确因保护公路上跨桥梁和隧道、收费站以及乡道、村道安全需要设置的限高限宽设施予以保留，保障公路通行便捷顺畅。整治行动期间，丹阳市交通公路部门按照“谁主管、谁负责，谁设置、谁清理”要求，对全市5条国省干线公路和27条县道公路逐路拉网式排查，并督导各镇区对辖区内乡道、村道的限高限宽设施进行全面梳理排查，建立整治清单，对账销号管理，限期清理规范。 （邹学伟）

邮　政

【概况】 2020年，丹阳市积极应对金融脱媒、监管政策收缩等发展趋势，发挥邮政全网优势及普遍服务功能，邮政企业和规模以上快递服务企业业务收入（不含邮政储蓄银行直接营业收入）完成5.51亿元，比上年增长0.92%。邮政企业全年完成业务收入2.66亿元，比上年降低0.22%。其中，代理金融收入1.14亿元，比上年降低9.67%；寄递类业务收入8003万元，比上年增长0.44%；邮务类收入10200万元，比上年增长9.91%。丹阳邮政下属35个营业网点，其中城市网点8个、农村网点27个；营揽投部19个；邮筒信箱36个；邮政报刊亭7处。邮政行业车辆84辆，邮路117条，每日投递总里程6494公里。

全市依法取得快递业务经营许可证的企业9家、分支机构38家、末端网点278个，经营体制有国有、民营2种，分属16个品牌。全年，规模以上快递服务企业业务量完成6453.91万件，比上年增长20.34%；业务收入完成3.31亿元，比上年降低1.29%。规模以上快递服务企业快递业务投递量5495.91万件，比上年增长21.02%，日均投递量15.06万件，其中同城快递业务量和收入分别完成407.43万件、0.15亿元，比上年分别降低19.10%、19.52%；异地快递业务量和收入分别完成6038.09万件、2.65亿元，比上年分别增长24.55%、降低0.70%；国际及港澳台快递业务量和收入完成8.39万件、0.06亿元，比上年分别减少26.89%、1.98%。

（施晓青　刘　星）

2020年丹阳市快递企业一览表

表23

企业名称	许可证号	企业品牌	企业性质	企业地址	企业法人
丹阳市申通快递有限公司	苏邮20100058B	申通快递	民营控股	丹阳市开发区大亚东路东侧	潘和青
丹阳市韵达快递有限公司	苏邮20100219B	韵达快运	民营控股	丹阳市开发区金陵西路8号	王正贤

续表 23

企业名称	许可证号	企业品牌	企业性质	企业地址	企业法人
丹阳市天翼速递有限公司	苏邮 20100452B	速 尔	民营控股	丹阳市开发区北苑路长段村佳亮眼镜厂内	吴愿军
丹阳市瑞顺快递有限公司	苏邮 20100076B	百世快递	民营控股	镇江丹阳市开发区兰信公寓5栋1室	杨海泉
丹阳市星通快运有限公司	苏邮 20100118B	圆通速递	民营控股	丹阳市经济开发区宏福物流园	陈东辉
丹阳市中通速递有限公司	苏邮 20100205B	中通速递	民营控股	丹阳市开发区希望路 16 号	束红伟
丹阳浩宇物流有限公司	国邮 20150568C	UPS TNT	民营控股	丹阳市开发区迎宾路东侧	黄 坚
丹阳市优速快递有限公司	苏邮 20171367B	优速物流	民营控股	丹阳市丹北镇后巷济德村	吴 聪
丹阳市天天骏驰快递物流有限公司	苏邮 20181417B	天天快递	民营控股	丹阳市希望路 99 号	张丽丽

（刘 星）

【健全行业安全监管责任体系】 2020 年，丹阳市邮管部门健全行业安全监管责任体系，严格落实寄递安全“三项制度”，确保收寄安全。加强与公安、消防等部门协作配合，创新监管手段和措施，加大专项监督检查力度，强化对重点部位、重点环节、重点区域监管，共进行检查 70 次，查出违法违规行为 26 次，责令改正 11 次，立案查处 5 起，检查乡镇局所 20 个。联合公安等通过实地抽查检视、回看收寄监控录像、核对包裹流通信息、提问从业人员等方式，对掌握“三个 100%”制度落实情况进行监督检查。同时继续巩固快递末端服务违规收费集中整治成果，及时查处侵害消费者权益行为。（刘 星）

【贯彻落实邮政普遍服务工作要求】 2020 年，丹阳市邮管部门贯彻落实《邮政普遍服务标准》，根据普遍服务场所分级监管工作要求，先后开展两轮邮政普遍服务“双随机”执法检查，确保做好日常监管和检查。全年共完成对 24 个邮政普遍服务网点的检查，督促邮政企业做好巡视、巡察等专用信箱寄递服务，持续强化机要通信安全保障，半年各开展一次邮政普遍服务检查及一次机要通信邮路检查。同时深入推进邮政业“扫黄打非”进基层工作。

（刘 星）

【安全生产宣传】 2020 年，丹阳市邮管部门围绕“消除事故隐患，筑牢安全防线”主题，开展多种形式安全生产宣传。分别开展“安全生产月”宣传咨询日和“世界邮政日”活动，宣传寄递安全生产法规知识；组织开展“百团进百万企业”安全生产宣讲，全市 15 家邮政、快递企业共 213 个网点的负责人参加，演讲活动邀请市检察院、治安大队、消防救援中队相关负责人对寄递企业相关法律问题和消防知识进行专门培训指导，提高快递行业从业人员法律意识；督促丹阳市主要快递品牌开展安全生产教育培训。（刘　星）

【提升末端网点服务能力】 2020 年，丹阳市邮政企业持续提升末端网点服务能力。深入推进快递服务“进机关、进学校、进单位”工程，在市政府办公大楼成立快递服务中心，实现快递投寄集中管理；在中北学院开设普遍服务点，丹阳邮政中标镇江高专丹阳师范学院校园超市项目，打造集综合快递服务、普邮服务、电商分销、代办服务等功能一体的校园服务综合体；在全省首创与教育部门联合开展江苏省丹阳中学考卷配送与回收项目，为邮政进校园服务打基础；EMS 进驻丹阳眼镜市场，在市场产业集群寄递营揽端实施“准加盟制”，截至年底，实现业务总量 61.99 万件，业务收入 329.68 万元。（刘　星）

【整合寄递物流资源】 2020 年，丹阳市邮管部门整合寄递物流资源，推进交通邮政合作、邮政快递合作。借助交通运输网络覆盖的优势和村村通客车的条件，搭载邮政快件进村，推进快递服务直投到村，满足农村客户尤其是偏远农村客户快递接受需求，改善农村流通环境，补齐农村物流短板，助力乡村振兴。切实解决乡镇快递服务难题，提升农村地区寄递服务水平，签约邮政快递合作下乡进村框架协议，为邮政、快递企业搭建合作平台，加快推进全市邮快合作快递下乡进村工作，中国邮政集团有限公司丹阳分公司分别和丹阳天翼速递、丹阳申通等品牌快递企业签署邮政快递合作下乡进村战略框架协议。（刘　星）

【助力农产品营销】 2020 年，丹阳市邮管部门助力乡村农产品营销活动。由丹阳市邮管局、丹阳邮政和“快手”平台联合主办的大型推介会，通过本地邮政业务与“快手”平台深度合作，各快递企业采取不同方式积极对接全市农产品运输物流，为当地商家提供优质平台销售及物流综合服务方案，帮助商家提升销量，推动丹阳电子商务产业迅速发展。携手皇塘镇大南庄开展直播带货活动，推出火龙果等特色农产品，以“农民丰收节”活动为契机，在火龙果采摘活动现场为广大游客、合作展销商提供“寄递＋互动”等一揽子服务。大力推广农村电商市场，开发爱佳米业等战略性电商客户。（刘　星）

【邮政服务农业经营主体新模式】 2020 年，中国邮政丹阳分公司与市农业农村局、邮储银行共同举办战略合作签约暨惠农服务方案推荐会。三方明确，以“互相支持、互相促进、平等互利”为合作原则，打造邮政服务新型农业经营主体的特色模式，以寄递物流配送、拓宽销售渠道、拓宽融资渠道、切入合作社和家庭农场等方式实现合作共赢。活动邀请全市农经站长和 100 名合作社理事长、家庭农场主参加，详细解读邮政惠农方案和邮储惠农贷款方案，并组织支局长和信贷员与合作社、家庭农场主开展座谈，了解其需求，助力服务乡村振兴。（施晓青）

【开展“世界邮政日”宣传活动】 2020 年，中国邮政丹阳分公司以“守护美好邮爱无疆”为主题开展第 51 届世界邮政日系列宣传活动，提升邮政品牌。借助媒体扩大邮政品牌影响力，通过 35 个网点 LED 播放世界邮政日宣传语，组织员工转发“时光邮局”宣传推文，为“世界邮政日”及“情系万家信达天下”主题造势。联合市邮管局在吾悦广场开展现场活动，通过悬挂横幅、发放宣传手册、赠送报纸杂志等形式向市民宣传绿色邮政、寄递安全等知识，展示邮政新形象。借助金融、寄递大走访及“9·19电商节”余热拜访邮政客户，征求客户意见，了解客户用邮需求。

（施晓青）

【“恒宝邮局”成立】 2020年，在邮政项目组入驻恒宝股份有限公司7周年之际，丹阳市邮政分公司在恒宝股份有限公司召开“恒宝邮局”揭牌暨合作推进仪式，不断丰富服务恒宝的业务种类，提升对恒宝的服务品质。双方就当前发展情况和下阶段思路进行洽谈，明确下阶段将建立定期会晤机制，共建党建联盟，就数字货币发行、社保卡发卡和信用卡市场拓展等方面共同探索，进一步提升服务质量，扩大市场份额，形成更强的竞争合力，实现双赢。

（施晓青）

通　信

【概况】 2020年，丹阳市推进工业互联网建设、信息化产业应用和创新发展，取得明显成效。新型基础设施建设步伐加快，5G基站建设全面启动，主城区、重要工业园区、重要乡镇中心完成5G改造，全年新建5G基站1840个。全市互联网接入建设端口39.75万个；4G网络覆盖率98%；IPTV数25.3万户；移动互联网用户118万个，全市光纤到户覆盖率100%。丹阳基于“1＋N”模式，率先在全省高水平打造眼镜、物流、农机3个工业互联网平台，新增工业互联网发展示范平台企业2家、省级星级上云企业56家，加快推动“两化融合”，促进“两业融合”。

丹阳市获评国家电子商务进农村综合示范县（市）。以典型引导为切入点，积极培育打造一批电商示范企业、示范园区、示范镇村、乡镇电子商务特色产业园（街）区。全市有省级电商示范镇3个：皇塘镇、导墅镇、珥陵镇；省级电商示范村7个：白兔村、皇塘村、积庆村、导墅村、护国村、谭巷村、张埝村；国家级电商示范企业1个：鱼跃医疗；省级电商示范企业4个：中联网仓、鱼跃医疗、堂皇集团、海昌隐形眼镜；省级电商示范基地1个：江苏省丹阳眼镜城电子商务集聚区；省农村电商十强镇1个：皇塘镇；省乡镇电商特色产业园（街）区3个：珥陵电商产业园、陵口电商产业园、皇塘镇电商示范街。

（朱栋栋　郦秋萍）

【两化融合】 2020年，丹阳市信息化水平实现新突破，全年新建5G基站1840个，智能车间数量创历史新高，丹盛纺织公司等8个车间被认定为丹阳市示范智能车间，天工爱和特钢、新泉汽车等7家企业获评省级示范智能车间。继续开展两化融合管理体系贯标试点企业推荐工作，组织10家企业进行两化融合管理体系贯标试点示范申报，其中江苏超力电器、琦瑞机械等9家单位通过认定。组织企业开展《智慧健康养老产品及服务推广目录（2020年版）》申报，鱼跃医疗臂式电子血压计、血糖仪和康尚生物的健康一体机、多参数健康管理一体机入选工信部《智慧健康养老产品及服务推广目录》。

加快推动两化融合的同时有力促进“两业融合”。全市有省级以上工业设计中心7家，2020年新增远燕医疗、冈田精机2家企业设计中心。“鱼跃YH－830双水平呼吸机大屏款”获“2020紫金奖·工业设计大赛”铜奖，琦瑞机械公司获省生产性服务业领军企业。截至年底，全市有生产性服务业领军企业5家，数量位列镇江第一。（朱栋栋）

【工业互联网建设及“企业上云”】 2020年，丹阳市推进互联网与先进制造业的融合创新发展，培育重点工业互联网平台、工业电商平台，打造工业互联网标杆工厂。沃得农机基于“精准农业”的农机工业互联网平台、诺得物流的智运通工业互联网平台入选省级重点工业互联网平台，并分别获省级转型升级项目资金支持。鱼跃医疗、丹毛纺织 2 家企业获 2019 年度工业互联网标杆工厂。积极组织企业申报 2020 年“企业上云”星级评定，56 家企业通过省级认定，其中超力电器、沃得农机、诺得物流 3 家企业获省五星上云企业，天工工具、水务集团等 4 家企业获四星上云企业，江苏文光车辆等 49 家企业获三星上云企业。（朱栋栋）

【电子商务】 2020 年，丹阳市抓住电子商务迅猛发展良机，充分发挥各镇村农业生产区位优势，积极推动眼镜、医疗器械、家纺、孕妇内衣、户外用品、皮鞋、米业、面粉等具有丹阳特色优势产品线上销售，有力带动农民增收和人员就业，繁荣农村经济。全年电子商务交易额约 74.3 亿元，电子商务主体及经营性网站 8609 家、网店数 6678 个、微信公众号 206 个，电子商务总交易额年均增长率均超 40%，经济贡献年均增长率 34.19%，对经济增长拉动作用显著，增加政府税收的同时带动就业人口 12.2 万人。

丹阳市将电子商务产业定位为全市区域经济转型跨越“蓝光产业”，出台系列文件，成立电子商务进农村综合示范工作领导小组，结合乡村振兴和农村扶贫工作，积极推进电子商务进农村，有力推动电子商务发展，促进农村脱贫和农民增收。

特色产业与互联网线上线下深度融合，重点推动各主流电商平台上丹阳产业带、丹阳特色馆建设，促进特色农产品“引流上线”。京东丹阳特色馆投入运营，京东移动仓办公仓储面积超 6000 平方米，丹农优品 APP 上线 20 余类名优农产品。

整合资源、聚合要素，合力打造村级电商综合服务体。对接天猫、京东、苏宁等主流平台农村电商行动，推进乡村电商服务站点建设。市商务局与阿里巴巴公司签订丹阳市电子商务发展项目合作协议，拓展电子商务及相关配套服务在丹阳农村地区服务领域和服务深度。农村电商集聚化发展特色工业制品产业。全市先后建立丹阳眼镜城电子商务集聚区、珥陵镇电商产业园、陵口镇电商产业园、皇塘镇电商示范街。示范园区、乡镇电子商务特色产业园（街）区还囊括电商培训、美工摄影、物流、代运营等资源类企业。特色产业与电商深度融合，集中资源做强本土产品，培育一批电子商务优势产业、企业，引导推动电子商务向规模化、集约化方向发展。（郦秋萍）

·通信企业·

【中国电信股份有限公司丹阳分公司】 2020 年，电信丹阳分公司统筹规划，多措并举，深化改革创新，聚焦信息化应用普遍覆盖和广泛延伸，推动企业高质量发展，更好服务地方经济建设。全年收入规模 3.3 亿元，服务手机用户 31.2 万户、宽带 18.1 万户、网络电视 14.8 万户、智能宽带 2.3 万户，城乡营业门店 175 家。先后获江苏省消费者信得过单位、江苏省劳动保护工作示范工会（全省仅 12 家单位获此殊荣）、省级物价诚信单位、省级文明单位。

建成全光网基础设施，满足全市社会信息化需求。推进“5G 新基建”，全年新建 10 千兆无源光网络设备百余个，光网出口总带宽 560 千兆，全市新建楼宇小区全部实现千兆光纤入户，并逐步实现丹阳地区全用户“三千兆”接入服务。截至年底，5G 网络实现主城区、开发区、滨江区高质量室外连续覆盖，政府机构、交通枢纽、中北学院及仅一公司、超力电器等 5G 创新应用企业局部覆盖。4G 网络覆盖优良率 99%，用户投诉解决率 98% 以上。

聚焦丹阳十四五规划特别是十大产业链十X（数字经济和 5G 产业），持续建设云计算中心，为“智慧丹阳”提供应用平台。完成政府事业单位及部分工业企业的信息化融云业务。助力丹北、皇塘等乡镇统筹推进审批综合执法一体化平台建设，打造丹阳市智慧政务与社会综合治理及指挥一体化平台，推进以网格为基础的整个社会管理服务信息数字化。协助学校共创“智慧校园”，完成全市67所中小学千兆进校园的专线宽带提速和无线校园建设。与全市138所学校签约建设校园一键报警和“明厨亮灶”系统，依托电信教育云平台，为教师和学校提供网络学习空间，实现内部教学资源共建共享。承接丹阳市高考标准化考场建设，提供高考服务保障。布局“互联网＋健康医疗”，全面拓展医疗影像云、移动护理和医疗行业云桌面。智慧出租项目软件全面升级，满足全国文明城市复检个性化需求。智慧水利项目实现九曲河全段视频监控，助力全市防汛决策。

加快智慧园区建设。与日本汽车零部件产业园签订5G智慧园区战略合作协议，逐步实现园区在办公自动化、招商服务、应急安防等领域的智能化应用，并逐步将5G应用到园区企业智能制造、大数据、云平台、科技研发等场景，推动智能化升级。成功为江苏超力电器有限公司打造5G应用项目，实现公司各实验中心和车间5G网络覆盖。承接的沃得农机的基于5G＋工业互联网的智能农机产业化平台项目成功进入第三届“绽放杯”5G应用征集大赛复赛，在全国360个项目中排名第一。

（曹小燕）

【中国移动丹阳分公司】 2020年，中国移动丹阳分公司有员工179人，设有营业厅、专营与特约代理点253个（处），移动用户超70万户，宽带用户数19万户，高清互联网电视用户超12万户，服务企事业单位超1万家。全年完成运营收入5.9亿元，纳税1326万元。

全年5G建设投资1.8亿元，开通900个5G宏站，丹阳主城区和乡镇实现5G覆盖。推进电信普遍服务，全年新增宽带覆盖1.5万户。投资600万元，推进“城市光网”建设，宽带网络具备全光纤网络接入能力，推出“千兆”网络服务，宽带网速较大提升。建设丹阳移动本地大数据中心，并通过全国最高等级“A级机房”评定，为后续各领域数据、容灾、备份提供全方面保障。

推进业务产品线上化、数智化、云化，推动信息技术与社会各领域融合。移动客户享受30多项会员权益，实现主流APP会员月月随意切换和个性化家庭Wi－Fi网络设计优化方案定制服务，结合移动特色物联网产品实现全屋联网，体验“智慧生活”。积极参与“智慧城市”建设，解决政府数据碎片化、应用条块化、服务割裂化问题，为新型智慧城市建设提供基础应用平台，同时融合云网边优势，助力企业实现轻资产化运行。在“5G＋智能制造”领域，实现工业数据全面感知、动态传输、实时分析，形成科学决策与智能控制，提高制造资源配置效率。2020年，与常诚车业共同打造“5G＋智慧工厂创新示范基地”项目，利用5G融合优势，实现对工程机械生命周期的精确管理。在“5G＋智能交通”领域，提供智慧公交、智能电子站牌、人脸支付等应用，结合大数据、物联网、云计算等新兴技术手段，与智慧旅游、平安城市对接，为政府城市交通规划提供决策依据。在“5G＋智慧园区”领域，依托5G技术与基础资源的领先优势，以物业管理、园区安防、云办公等多个通用场景为落脚点，提供拓展新一代智慧园区应用，实现园区的智慧运营、智能管理和安全生产。

（丁　伟）

财政 税务

栏目编辑 陈春芳

财 政

【概况】 2020年，丹阳市面对新冠疫情对经济社会发展和财政运行带来的巨大冲击，主动作为，全力推动积极有为财政政策落地见效，保障“六稳”“六保”任务落实，持续减税降费，兜牢基本民生底线，保持财政平稳健康运行，为夺取疫情防控和经济社会发展“双胜利”和“十三五”收官提供坚强财政支撑。全年实现一般公共预算收入64.02亿元，比上年增长3.24%，其中税收占比81.54%，完成年初预算的101.62%。全年实现一般公共预算支出94.99亿元，完成调整预算的99.99%，比上年增长5.55%。大力压缩一般性支出，重点控制“三公经费”和会议费、培训费等，全年全市一般性支出6.99亿元，比上年降低25.04%，其中“三公”经费1575万元，比上年降低32.55%；全市政府采购支出节支率14.98%。

有效提升国资监管工作效率和风险防控能力。制定出台《丹阳市市属国有企业重大事项管理办法》，进一步规范市属国有企业重大事项管理行为，明确划分出资人与企业的权力职责界限。出台《关于授权市财政局（国资办）对市属国有企业履行出资人职责的通知》，进一步明确市财政局（国资办）作为出资人的履职内容和市属国有企业的范围，逐步推进从管资产到管资本的职能转变。（赵凌云）

图138 2020年10月22日，丹阳市召开全市进一步严格财政支出管理工作会议（赵凌云）

【兜牢基本民生保障网】 2020年，丹阳市坚持公共财政取之于民、用之于民，兜牢基本民生底线，全年民生领域支出76.24亿元，占一般公共预算支出的80.2%。对上争取中央直达资金1.52亿元，分别争取新增抗疫国债、一般债券3.16亿元和4.2亿元，用于支持中医院迁建等重点民生项目。优化教育资源布局，投入资金3.4亿元，加快省丹中、吕叔湘中学、马相伯中学等工程建设。安排3.23亿元，支持打好污染防治攻坚战，推进农村人居环境整治。精准有力落实各项惠农惠民政策，通过“一卡通”发放耕地地力保护补贴等8类涉农补贴1.31亿元。支持完善更加公平更可持续的社会保障制度体系，拨付城乡居民养老保险财政补助资金3.68亿元，兜底社会救助和社会福利资金1.82亿元。支持现代医疗服务体系建设，拨付城乡居民医疗保险财政补助资金3.25亿元，投入1.99亿元巩固基本药物制度和基层医疗机构运行新机制，安排5288万元为新冠疫情防控保驾护航。完善优抚对象抚恤补助标准自然调整机制，安排6737万元安置退役士兵和退休士官。积极运用政府采购政策支持脱贫攻坚，组织督促采购单位优先采购贫困和帮扶区域农副产品，全年完成网上交易228.6万元。 （赵凌云）

【政策支持国际国内双循环】 2020年，丹阳市财政以产业强市战略为引领，持续巩固和拓展减税降费成效，贯彻落实规模性助企纾困政策，促进实体经济企稳回升，以实际有效政策支持国际国内双循环。全年减免税费13.07亿元，2万户企业因此受益。其中，2020年新出台政策减免税费7.78亿元，全市2.12万户一般纳税人中1.87万户实现减税，受益面达88%，制造业实现减税降费超6.95亿元。分别投入财政补助资金3.2亿元、2744万元用于贯彻落实全市促进实体经济发展专项扶持政策及助力外资外贸企业稳住基本盘，渡过疫情关。支持科技创新和转型升级，投入1.02亿元，鼓励重点企业科技创新；投入2263万元，支持多层次、多领域人才招引，支持高质量发展人才到丹阳就业创业。发挥财政资金杠杆作用，撬动社会资本支持市场主体，向118家企业发放“苏微贷”“苏科贷”“财科贷”等融资贷款4.2亿元；统筹600万元投入省农业信贷担保“风险资金池”，按1∶20的比例放大，累计为丹阳220家农业经营主体提供信用担保，担保额1.01亿元，有效缓解广大新型农业经营主体“融资难”“融资贵”问题。

（赵凌云）

【提升财政综合管理效能】 2020年，丹阳市多方位深入推进财政管理改革，着力提升财政综合管理效能。推进国库集中支付电子化改革，启动财政支付电子化改革四期建设工作，实现人行账户和社保基金专户间资金电子支付、社保基金专户资金流水和余额实时查询等业务功能，确保财政支付的安全、高效和便捷。大力推行乡镇财政集中支付电子化改革，选择开发区作为试点，正式成功运行乡镇电子支付业务，大大提高财政支付效率。防范化解债务风险，规范政府举债融资行为，严禁新增政府隐性债务，全年超额完成化债任务，完成情况位列镇江辖市（区）第一。建立健全涉农资金统筹整合长效机制，出台《丹阳市涉农资金统筹整合实施方案》，积极推进行业内涉农资金的整合和行业间涉农资金的统筹，全年统筹省以上涉农专项资金1600万元，集中投入全市农业发展重点，提高涉农资金使用效益。全面实施预算绩效管理，出台《丹阳市全面实施预算绩效管理实施方案》，将一般公共预算全部纳入全过程预算绩效管理，开展绩效评估、目标、监控、评价、成果应用等工作，同时充分运用预算绩效管理系统软件，加快建立全方位、全过程、全覆盖的预算绩效管理体系。

（赵凌云）

【授权丹投集团董事会行使事项决定权】 2020年，丹阳市不断完善国有资产管理机制。在完成国有企业管理服务平台试点和正式上线工作后，为有效提升全市国资监管工作效率和风险防控能力，按照简政放权的原则，授权丹投集团董事会行使组织人事、投资、融资、担保、资产处置等事项决定权，进一步精简业务审批流程，提升行政审批效率。 （赵凌云）

税 务

【概况】 2020年，丹阳市税务系统面对新冠疫情防控形势，在经济下行压力加大、风险矛盾交织叠加等不利因素下，强化大局意识、风险意识和机遇意识，围绕推动丹阳“跑起来”发展目标履职尽责。依法依规组织税费收入，全系统顺利通过“全国文明单位”复查，在镇江市税务局绩效考核中获得第一名，在丹阳市考核中获得“高质量考核一等奖”，获得丹阳市“2020年度优质效能服务单位”称号。“直通服务，税润发展”项目获评丹阳市2020年度作风效能服务品牌二十强，4个基层单位获得丹阳市委“2019－2020年度市级党员示范岗”称号。（丁向阳）

【组织税费收入】 2020年，丹阳市税务系统面对疫情冲击带来的巨大压力，全年共组织各项收入121.46亿元，其中全口径税收收入92.05亿元，公共财政预算收入52.22亿元，比上年增长0.81%；入库各项基金、费29.42亿元。牢记减税降费政治任务导向，用政策红利助力经济主体。全年累计新增减税降费11.77亿元，其中针对支持疫情防控和经济社会发展国家新出台的优惠政策新增减税降费8.5亿元，为各类经济主体释放资金活力。（丁向阳）

【全面完成社保费征收划转】 2020年，丹阳市税务系统完成全市社保费征管职责的划转，实现全市7741户企业单位、394户机关事业单位、60余万城乡居民社保费的多险种全覆盖征收，全年累计征收社保费25.87亿元，同时实现多系统、多平台互联互通。联合银行制定税银业务规则和技术规范，联通农商银行、建设银行业务系统，覆盖全市60多个银行网点。依托农商银行、建设银行网点，实现缴费业务全市通办；依托单位社保费管理客户端，实现缴费业务网上办理；依托税务、人社大厅，推进线下业务联办，实现缴费业务兜底办理。

（丁向阳）

【深化新征管体系建设】 2020年，丹阳市税务系统全面深化新征管体系建设。对省税务局新征管体系建设职责清单、工作规范开展全方位学习解读；成立纳税服务、基础管理、风险管理等领导小组，对省税务局新征管体系建设55个具体事项分解落实；组织开展10余次调研交流，收集征管建议20余条，进一步规范内部职能、岗责体系和工作流程，全力推动纳税服务“一体化”、税费协同“网格化”、风险管理“专业化”；建立应对任务和风险提示提醒同步推送机制，开展集约化风险应对，全年风险应对总成效3.32亿元，其中“大企业”风险应对成效1.1亿元，在镇江税务系统大企业管理绩效考评中名列前茅。（丁向阳）

【服务抗疫复产】 2020年，丹阳市税务系统全力服务抗疫复产。疫情防控期间成立“防疫物资企业服务团队”，精准对接防疫物资生产企业，提供全天候的咨询服务，按照“特事特办、急事急办”的原则，消除江苏鱼跃医疗公司开票顾虑，提供保供疫情物资的个性化服务。先后组织40余名党员组成党员抗疫先锋队，密切配合地方疫情防控部署，参加卡点、检疫点的值班值守，向居民宣传推广防疫知识。组织党员干部协助镇政府审核复工复产申请，解决因申请激增导致人手不足的困难，缩短企业复工复产等待时限。围绕疫情防控期间经济恢复、深化增值税改革效应、外贸形势等主题撰写税收经济分析报告，为地方党委政府提供重要决策参考，3份报告受到丹阳市委主要领导肯定性批示，2条政务信息被国务院办公厅采用并受到国务院领导批示。（丁向阳）

【服务地方经济高质量发展】 2020年，丹阳市税务系统多举措创新开展工作，服务地方经济高质量发展。制定《重大项目税收服务管理意见》，构建“纵向两级联动＋横向部门协同”的工作机制，跟进4个园区项目及57个政府性投资项目建设，提供前期规划、开工建设、后期投产全程陪同式的管理服务，“面对面”提供税收筹划、政策辅导、办税服务等支持，为大项目稳健运转保驾护航。积极参与地方项目招引，围绕丹阳“产业强市”目标主动作为，全年为地方新增产业招引有效项目3个。大力拓展“非接触式”办税渠道，实行分类管理，提高办税效率，全年“非接触式”办税比例达89.36%，覆盖90%以上的涉税业务。完善退税岗责流程，推行容缺受理，出口退税办理时限压缩至2个工作日内，增值税留抵退税由原来的7.5个工作日缩短至0.5个工作日。（丁向阳）

公共资源交易

【概况】 2020年，丹阳市公共资源交易中心不断提升公共资源交易服务的便捷度、公信度、满意度，优化环境、规范行为。全年共组织进场交易项目5974宗，涉及资金89.16亿元。综合交易活动2373宗，其中，工程（含水利）交易155宗，最高限价44.62亿元，中标价38.71亿元，节资额5.90亿元，节资率13.24%；镇（街道）招标采购项目交易168宗，预算价6856.28万元，中标价4414.52万元，节资额2441.76万元，节资率35.61%；镇（街道）农村产权交易2050宗，成交价27074.04万元，溢价2055.17万元，溢价率8.20%。政府采购中心采购项目进场交易73宗，成交62次，采购预算28700.77万元，成交价26970.35万元，节约政府资金1730.43万元，资金节约率6.03%；完成集中采购网上商城及定点供应项目3202宗，交易金额2626.14万元。土地挂牌交易90宗，起始价374154.84万元，成交价374508.76万元，溢价353.92万元；国有产权交易完成236宗，起始价8261.36万元，成交价8750.47万元，溢价489.11万元。以实际应用为主导，推进电子化招投标，完成“不见面”交易大厅建设。全年安排开评标场地539次（工程不见面开标65次），借用场地用于拍卖27次，配合代理机构做好开评标85次，共收取建设工程交易费用合计约76万元，支付政府采购专家评审费约13万元；保证金全面实行网上支付，全年收退保证金约3亿元。（章宁康）

【深化“放管服”改革】 2020年，市公共资源交易中心优化工作程序和营商环境，深化“放管服”改革。推行投标保证金电子保险保函，使缴纳方式更加多元化；开展农村土地流转风险防范机制改革，保障农民利益，主动对接市人行和商业银行，配合做好农村承包土地经营权抵押贷款，扩大农业融资渠道，助推乡村振兴，市农村产权交易工作获全省市场监测评价苏南县市第一名；加大政府采购扶持中小企业力度，完善政府采购信用评价制度；疫情防控关键时期发布公告，建立联动机制，对疫情防控物资采购、应急工程和重大民生项目、重点工程招标项目开辟“绿色通道”。（章宁康）

【推出“服务专员”制度】 为进一步深化“放管服”改革，创新政策举措，打造一流营商环境，自2020年9月丹阳市眼镜小镇招投标项目落地以来，市公共资源交易中心以重点项目为切入点，及时推出“服务专员”制度，明确一名业务科室负责人作为项目“服务专员”，持续加大主动服务引导力度，切实提高企业走访调研频率，不断加强多部门协调配合能力，及时解决企业在项目运行中遇到的难点问题。

（章宁康）

【强化廉政风险点防控】 2020年，市公共资源交易中心强化组织领导，明确分工和责任，进一步强化廉政风险防控。出台《公共资源交易中心廉政风险点防控措施》等相关文件，健全多部门协作配合机制；夯实党风廉政建设责任制推进惩防体系建设，有针对性地开展示范、警示、岗位廉政各类教育；开展“效能革命年”活动，提升工作效率和服务水平。全年共组织召开党风廉政建设专题会议2次，开展机关作风自查自纠30余人次，开展“廉洁丹阳，清风行动”35人次，观看警示教育片5次。

（章宁康）

金融 融资上市

栏目编辑 陈春芳

金　　融

【概况】 2020年，丹阳市金融机构贯彻稳健货币政策，加强金融监管和服务，加快盘活存量金融资产，优化金融服务，防范化解金融风险，为全市经济高质量发展提供有力支撑。创建金融生态县，将金融生态环境建设纳入镇（区）领导班子考核。组织开展“金融生态提升年”系列活动，在全市倡导和弘扬法治金融和诚信之风。开展以“守住钱袋子·护好幸福家”为主题的防范非法集资集中宣传月活动，努力构建诚信金融体系。江苏省县（市、区）金融生态环境综合评估排名丹阳位列第35位，较上年提升30个位次，获江苏省“金融生态达标县”荣誉。

积极防范和处置非法金融活动。完善风险监测预警体系，主动做好防范非法金融活动的信息统计、情况通报、分类处置等预警工作；加强风险防控，严格落实投融资服务企业商事注册会商机制，开展常态化滚动摸排与专项排查，源头遏制增量风险；坚持行政处置和刑事打击并重，化解风险隐患；强化宣传，不断普及各种非法金融活动的形式和特点，强化风险提示。推进综合金融服务平台建设，通过多种渠道宣传、推广综合金融服务平台，丹阳市金融机构和中小企业上线意愿强烈，各类融资对接活跃，金融服务实体经济的效率和水平提高。至年末，全市接入企业6010家，当年发布需求2012笔，当年授信1499笔，融资金额58.58亿元。积极搭建政银企线下合作平台，推进政银企合作，加快复工复产和转型升级，26个项目进行集中签约，签约金额104.69亿元。

全市共有银行业金融机构21家。至年末，金融机构各项本外币存款余额1522.18亿元，比年初增加252.44亿元，增长19.88%；各项本外币贷款余额1290.94亿元，比年初增加146.91亿元，增长12.84%，其中制造业贷款余额377.46亿元，比年初增加21.26亿元，增长5.97%。

全市保险业持续快速健康发展，保险业与地方经济社会发展良性互动，行业保费收入快速增长，在持续提升服务品质同时坚持合规经营、防范风险。丹阳地区有保险分设机构40家，其中财产险公司18家、寿险公司22家。全年行业保费总收入33.72亿元，保费比上年增长2.98%，其中，财产险总保费9.29亿元，比上年增长8.73%，赔款支付5.56亿元，比上年增长3.85%；寿险总保费24.43亿元，比上年增长0.94%，赔款支付3.89亿元，比上年增长12.26%。

全市有证券业金融机构8家（其中，光大证券在全市设立2个营业网点），9个证券营业部完成股票交易金额2558.28亿元。

全市有保理公司1家、融资租赁公司2家、省信用担保公司1家、典当行5家（2019年典当评级中，A类2家）。（马云燕　邹　培）

2020年丹阳市金融机构本外币信贷（存款）收支情况表

表24

单位：万元

来源项目名称	2020年年末余额
一、各项存款	15221847
（一）境内存款	15197756
1. 住户存款	8370597
（1）活期存款	2254369
（2）定期及其他存款	6116228
2. 非金融企业存款	5121957
（1）活期存款	1569606
（2）定期及其他存款	3552351
3. 机关团体存款	1633325
4. 财政性存款	64061
5. 非银行业金融机构存款	7817
（二）境外存款	24090
二、金融债券	—
其中：境外发行	—
三、卖出回购资产	—
四、借款及非银行类金融机构拆入	—
五、联行往来（净）	—
六、应付及暂收款	365397
七、各项准备	281571
八、所有者权益	640254
其中：实收资本	124208
九、其他	－826484
资金来源总计	15682584

说明：汇率6.5249

（邹　培）

2020 年丹阳市金融机构本外币信贷（贷款）收支情况表

表 25　　　　单位：万元

来源项目名称	2020 年年末余额
一、各项贷款	12909360
（一）境内贷款	12908202
1. 住户贷款	3146625
（1）短期贷款	690952
其中：消费贷款	141692
经营贷款	549261
（2）中长期贷款	2455672
其中：消费贷款	2272875
经营贷款	182797
2. 非金融企业及机关团体贷款	9761578
（1）短期贷款	4476514
（2）中长期贷款	4928279
（3）票据融资	353428
（4）融资租赁	—
（5）各项垫款	3357
3. 非银行业金融机构贷款	—
（二）境外贷款	1158
二、债券投资	443781
其中：境外债券	—
三、股权及其他投资	10060
四、买入返售资产	—
五、存放非银行业金融机构款项	—
六、联行往来（净）	2207249
其中：境内存放二级准备金	13601

续表 25

来源项目名称	2020 年年末余额
七、金银占款	—
八、中央银行外汇占款	—
九、应收及预付款	70140
十、投资性房地产	—
十一、固定资产	41994
资金运用总计	15682584

说明：汇率 6.5249

（邹　培）

2020 年年末丹阳市金融机构本外币存款情况表

表 26

单位：万元

名称	年末余额	比上月增减	比年初增减	与上年同期比
中国工商银行丹阳支行	1459811	21673	115439	59146
中国农业银行丹阳支行	1287410	7330	202737	161130
中国银行丹阳市支行	880746	3383	92276	71846
中国建设银行丹阳支行	1187120	17447	188341	230043
交通银行丹阳支行	493175	2227	－97062	－59506
丹阳农商银行	2470480	23541	320287	72536
中国农业发展银行丹阳支行	296533	429	4513	16507
江苏银行丹阳支行	548911	－19026	529	－20048
中国邮政储蓄银行丹阳支行	449177	－1515	48007	8048
江苏丹阳苏银村镇银行	136436	－4602	12626	－3878
华夏银行丹阳支行	364101	18492	69670	116664
张家港农商银行丹阳支行	175064	1404	8804	－17451

续表 26

名称	年末余额	比上月增减	比年初增减	与上年同期比
招商银行丹阳支行	144112	－57132	59015	94002
浦发银行丹阳支行	534100	－6208	35377	56643
民生银行丹阳支行	371041	－31526	－14929	－2844
中信银行丹阳支行	677950	－50966	30620	－89187
兴业银行丹阳支行	456012	82794	192220	200918
江南农商银行丹阳支行	368605	1693	26845	－165769
南京银行丹阳支行	494515	－62515	59681	－57117
紫金银行丹阳支行	10239	4616	10239	10239
光大银行丹阳支行	103824	103499	103824	103824
合计	12909362	55039	1469059	785746

（邹　培）

2020 年丹阳市辖区银行一览表

表 27

名称	营业部地址
中国人民银行丹阳市支行	丹阳市东方路 22 号
中国农业发展银行丹阳市支行	丹阳市东方路 23 号
中国工商银行股份有限公司丹阳支行	丹阳市云阳路三号
中国农业银行股份有限公司丹阳市支行	丹阳市云阳路 60 号
中国银行股份有限公司丹阳支行	丹阳市新民中路 11 号
中国建设银行股份有限公司丹阳支行	丹阳市云阳路 2 号
交通银行股份有限公司丹阳支行	丹阳市新民中路 17 号

续表 27

名称	营业部地址
江苏丹阳农村商业银行股份有限公司	丹阳市金陵西路 152 号
江苏银行股份有限公司丹阳支行	丹阳市迎春路 518 号
中国邮政储蓄银行股份有限公司丹阳支行	丹阳市新民东路 45 号
江苏丹阳苏银村镇银行有限责任公司	丹阳市东方路东方嘉园 6—8 幢
华夏银行股份有限公司丹阳支行	丹阳市云阳路 19 号汇金天地 29 幢 105 室
江苏张家港农村商业银行股份有限公司丹阳支行	丹阳市丹桂路 35 号
招商银行股份有限公司丹阳支行	丹阳市华悦新城 9 幢 108 室
上海浦东发展银行股份有限公司丹阳支行	丹阳市开发区凤凰路 16—31 号至 16—40 号
中国民生银行股份有限公司丹阳支行	丹阳市开发区吾悦华府 S7 栋一、二层
中信银行股份有限公司丹阳支行	丹阳市开发区东方路报业大厦 1—2 楼
江苏江南农村商业银行股份有限公司丹阳支行	丹阳市丹凤北路 315 号
兴业银行股份有限公司丹阳支行	丹阳市新民西路 279 号
南京银行股份有限公司丹阳支行	丹阳市兰陵路 9 号
江苏紫金农村商业银行股份有限公司丹阳市支行	丹阳市兰陵路 9 号紫金农商银行
光大银行股份有限公司丹阳支行	丹阳市汇金天地金融街光大银行

（邹　培）

2020 年丹阳市财产保险机构一览表

表 28

名称	地址
中国人民财产保险股份有限公司丹阳支公司	丹阳市云阳路 7 号
太平洋财产保险股份有限公司丹阳支公司	丹阳市城河路金虹花园 A 座
平安财产保险股份有限公司丹阳支公司	丹阳市开发区金陵西路 158 号邮政综合楼

续表 28

名称	地址
中华联合财产保险公司丹阳支公司	丹阳市练湖场部对面
大地财产保险公司丹阳营销服务部	丹阳市西二环路海达家具南 800 米新飞彩钢 2 楼
紫金财产保险有限公司丹阳支公司	丹阳市开发区行政审批中心西侧
天安保险有限公司丹阳营销服务部	丹阳市练湖场部对面
阳光财产保险有限公司丹阳营销服务部	丹阳市西门锦湖路 112 号
中国人寿财产保险公司丹阳支公司	丹阳市幸福小区 26 幢 120 一楼
永安财产保险有限公司丹阳营销服务部	丹阳市丹凤北路 315 号
长安责任保险股份有限公司丹阳支公司	丹阳市东方路 22 号
中银财产保险股份有限公司丹阳支公司	丹阳市新民中路银杏苑 1 栋中国银行后 2 楼
华安财产保险股份有限公司丹阳营销服务部	丹阳市东方路 25 号商务局 2 楼
安邦财产保险股份有限公司丹阳营销服务部	丹阳市中山路 194 号眼镜城 1—8 号
太平财产保险股份有限公司丹阳营销服务部	丹阳市开发区曲阿路 1 号
亚太财产保险股份有限公司丹阳支公司	丹阳市丹凤南路 1 号 2 楼
都邦财产保险股份有限公司丹阳支公司	丹阳市丹凤北路 315 号货运大厦 404 室、405 室
英大泰和财产保险股份有限公司丹阳支公司	丹阳市丹凤南路 19 号 7—11 号

（马云燕）

2020 年丹阳市人寿保险机构一览表

表 29

名称	地址
中国人寿保险股份有限公司丹阳支公司	丹阳市新民中路 23 号
平安人寿保险股份有限公司丹阳服务部	丹阳市兰陵路丽都国际 4 楼
太平洋人寿保险股份有限公司丹阳支公司	丹阳市城河路金虹花园 A 座
新华人寿保险股份有限公司丹阳营销服务部	丹阳市新民东路东方大厦 5 楼
泰康人寿保险公司丹阳支公司	丹阳市金鹰写字楼 7 楼

续表 29

名称	地址
华夏人寿保险股份有限公司丹阳营销服务部	丹阳市西苑公寓门市幢 14—20 室（新昌大厦 3 楼、4 楼）
中国人民人寿保险股份有限公司丹阳支公司	丹阳市文化城 3 楼
太平人寿保险股份有限公司丹阳营销服务部	丹阳市金鹰写字楼 5 楼
阳光人寿保险股份有限公司丹阳支公司	丹阳市振兴路 1 号新海装饰城 8 楼
生命人寿保险股份有限公司丹阳营销服务部	丹阳市界牌中心街江心商贸有限公司 2 楼
长城人寿保险股份有限公司丹阳营销服务部	丹阳市老汽车站加油站对面
华泰人寿保险股份有限公司丹阳支公司	丹阳市兰陵路丽都国际 10 楼
信诚人寿保险股份有限公司丹阳营销服务部	丹阳市新民东路 20 号钱塘宾馆 7 层
信泰人寿保险股份有限公司丹阳营销服务部	丹阳市丹凤南路 21 号 4 楼
利安人寿保险股份有限公司丹阳营销服务部	丹阳市新民东路 20 号钱塘宾馆 5 楼
东吴人寿保险公司丹阳营销部	丹阳市开发大道 66 号 1 层 66—1 室、66 号 1—2 层 66—2 室
英大人寿保险公司丹阳营销部	丹阳市丹凤北路 293 号新家园综合楼
民生人寿保险公司丹阳营销部	丹阳市吾悦广场办公室 1 栋 2407 室
百年人寿保险公司丹阳营销部（筹备）	丹阳市吾悦广场办公室 2 栋 1820—1824 室
合众人寿保险公司丹阳营销服务部	丹阳市吾悦广场办公室 2 栋 1622—1624 室
农银人寿保险有限公司丹阳营销服务部	丹阳市新民东路 99 号金鹰天地广场 1 号楼 3 层 325 室、326 室、327 室、328 室
国联人寿丹阳营销服务部	丹阳市开发区兰陵路 9 号丽都公寓 1 栋

（马云燕）

【镇江银保监分局丹阳监管组】 2020 年，丹阳银保监管组贯彻落实全国、全省银行业和保险业监管各项决策部署，督促金融机构加大纾困惠企力度，全力提升服务实体经济质效，深入开展市场乱象整治，为全市经济社会恢复发展提供积极的金融支持和保障。

加大受困企业帮扶力度。督促辖内银行保险机构对自身存量客户贷款到期情况、信贷需求、续保和理赔等情况进行全面摸排，制定差异化帮扶方案，有效落实帮扶措施。至年末，全市银行机构为 3468 户普惠小微型企业办理延期还贷业务 4401 户、涉及贷款本金 64.03 亿元，延期率 79.13%。

支持企业复工复产。联合市地方金融监管局等部门，提高企业复工复产积极性。督促银行机构主动加强对复工企业摸排对接，了解企业融资需求，创新金融产品，提供针对性融资支持。引导银行机构回归主业，主动跟进国家和省市重大战略部署，加大对新兴装备制造业信贷投入，帮助转型升级制造业去杠杆，不断改善制造业融资环境。至年末，全市银行机构制造业贷款余额 377.46 亿元，比年初增长 5.97%。

加强小微信贷支持。督促银行业金融机构扎实开展“百行进万企”升级扩面行动、“银税互动”等工作。截至年末，全市银行机构普惠型小微企业贷款余额 174.2 亿元，比年初增长 37.6%，高于各项贷款增速 24.76 个百分点。督促银行机构按照全年小微企业“两增两控”和信贷计划做好序时投放，引导全市银行业小微企业金融服务由高速增长转向高质量发展，缓解小微企业金融服务供给不充分、结构不均衡的问题。

促进不良贷款实现“双降”。督促银行机构积极向上级争取资源，有条件的机构加快推动不良入账、风险还原，拓宽处置渠道，加大处置力度。至年末，全市银行业不良贷款余额 18.83 亿元，比年初减少 3.36 亿元，不良贷款率 1.46%，比年初下降 0.48 百分点。参与协调银行机构化解政府债务和部分企业的风险贷款处置工作。

维护银行保险市场秩序。配合上级部门开展屡查屡犯专项整治，通报下发前期乱象整治发现问题和行政处罚情况，组织签订合规经营承诺书，加大违法违规行为处罚力度。督促银行保险机构夯实消保主体责任，从组织架构、管理机制、制度建设等方面加强建设，切实保护金融消费者合法权益。

推进金融生态创建。协助市委市政府及相关部门开展“金融生态提升年”活动，推动全市金融生态发展；配合相关部门出台《丹阳市非法金融活动专项整治行动实施方案》，多部门联动处置非法金融活动；继续对失信人员进行联合惩戒，营造良好营商环境，推动地方经济金融良性循环和健康发展。 （荆晨辉）

【中国人民银行丹阳市支行（国家外汇管理局丹阳市支局）】 2020 年，市人民银行（国家外汇管理局）贯彻落实宏观经济政策，加大金融支持实体经济力度，守住金融风险底线，提升金融服务实效，促进地方开放发展。

服务实体经济成效显著，创新活力不断激发。通过推出疫情融资产品、下浮利率、展期、周转贷等方式，缓解企业资金压力，支持企业复工复产，全年辖内金融机构共办理“企业复工贷”29.11 亿元，办理周转贷 49.63 亿元。为辖内重点医用物资生产企业提供 1 亿元央行再贷款支持，向地方法人机构发放再贷款 18.09 亿元，办理再贴现 3 亿元。两次定向降准，为地方法人释放资金 3.24 亿元。使用央行政策工具，鼓励对符合条件的小微企业进行贷款延期支持和信用贷款支持，为提供支持的金融机构发放普惠小微企业信用贷款支持资金 16296 万元，普惠小微企业贷款延期激励资金 2069.65 万元。推动创业担保贷款扩面增量，全市累计发放下岗失业人员贷款 225 笔 4447 万元。至年末，全市制造业贷款余额 377.46 亿元，增长 5.97%。落地全国首单央行再贷款加出口信用保险的外贸出口贷款，至年末，为 22 户企业办理“汇保贷”3378 万元，贷款利率最低至 3.85%。引导丹阳农商银行依托省联社票据系统成功开办首笔线上贴现业务，并推动加入上海票据交易所贴现通业务合作。

防控金融风险，金融生态创建扎实有力。牵头填报《金融生态指标基础数据表》，推动丹阳金融生态环境比上年提升 30 位。以“金融生态提升年”活动为契机，协助市委市政府对骗取贷款、拒不履行法院判决裁定等违法犯罪行为加大查处力度。至年末，全市不良贷款率 1.46%，比上年同期降低 0.48%。持续夯实日常管理，整合评估资源，继续做好对地方法人金融机构的央行金融机构评级工作，更为有效地引导地方法人金融机构审慎、稳健经营；

夯实存款保险风险评价、费率管理等基础性工作，加强对投保机构风险监测分析，重点关注苗头性、趋势性风险隐患。

金融管理服务持续创新，有序推进金融消费者权益保护。在重要宣传节点，联合辖区金融机构，深入社区、乡镇、市场等大力宣传普及“稳企业保就业”政策、人民币反假、安全支付、个人征信、反洗钱等知识。国库经理水平稳步提升，强化疫情资金保证，畅通国库紧急拨款通道，全年累计拨付资金143笔，金额1696.45万元。推进“国债服务满意工程”，全年共销售储蓄国债12868.89万元，占镇江市的22.72%；持续开展储蓄国债到期提醒兑付工作，全年兑付率达73.75%。支付环境更加优化，持续推进“移动支付便民工程建设”，推广符合银行业统一标准的各类移动支付在全市的普及应用。深入开展农村普惠金融服务点提质增效，至年末，全市共有金融服务点216个。征信管理与服务不断强化，做好征信二代系统上线，进一步优化信用报告查询服务；联合市社会信用体系领导小组办公室，在市访仙镇、吕城镇开展信用示范户、信用村评定授牌试点。货币发行安全规范。强化安全管理，持续推进“人民币流通新满意工程”，保障现金供应和流通管理质量。外汇管理服务水平持续提升，灵活使用政策工具，帮助企业拓展融资渠道，全年共支持93户外贸企业，贷款金额6.71亿元。全面拓展跨境金融区块链服务平台试点工作，8家试点银行为11家企业办理35笔1.07亿美元出口应收账款贸易融资业务。扩大货物贸易进口报关信息核验“白名单”制度试点范围，指导银行对货物贸易优质可信企业办理进口付汇0.28亿美元。加强辖区跨国公司跨境资金集中运营管理政策宣导，推动辖内2家企业跨国公司开办跨境资金集中运营业务。

（邹　培）

•金融机构选介•

【中国农业发展银行丹阳市支行】 2020年，市农发行履行农业政策性银行职能，发挥政策性银行当先导、补短板、逆周期作用，积极支持重大项目、实体经济、平台转型，全年投放贷款6.65亿元，实现内部资金转移定价利润4217万元。做好粮油购销储信贷业务，夏、秋两季粮食收购前，主动加强与粮食主管部门沟通联系，提前做好收购资金测算和调查申报，确保收购资金封闭运行。全年共发放粮食收购及储备贷款2.067亿元，支持企业收购入库小麦29302吨，金额0.667亿元；收购入库稻谷48732吨，金额1.4亿元。服务三农，响应复工复产、支持小微企业、降低企业成本要求，全年共投放复工复产贷款66519万元；营销1户小微企业并实现投放贷款700万元；支持企业参与脱贫攻坚，全年累计投放各类扶贫贷款28585万元。

（郭　诚）

【中国工商银行丹阳市支行】 2020年，市工行统筹推进疫情防控和经济社会发展的重点任务和重大举措，履行主体责任。全年，实现本外币存款（含同业）总额115.02亿元，本外币贷款总额145.98亿元（不含贴现），实现拨备前利润4.30亿元。全面推进实施总行统一部署的“春润行动”，支持直接参与疫情防控工作的医院、医疗科研单位、药品和医疗设备生产及流通等企业的融资需求。对受疫情影响较大的行业企业和发展前景较好但暂时受困的企业，通过展期、续贷、再融资等方式做好融资接续安排，保障融资业务特别是与疫情防控相关的业务得到及时受理、审批、投放。针对复工前到期还款有困难的经营快贷客户实施延期还款。全年，共发放普惠金融贷款3.91亿元，对普惠小微企业延期还本共61户金额2.42亿元。实施服务提升专项行动，通过领导坐堂、合理分流客户、网点大堂经理分区负责等方式保证网点高效运转，同时持续抓好日常基础管理，加强培训教育，提高业务技能等。支行获丹阳市文明行业、文明单位称号。

（徐　昕）

【中国农业银行丹阳市支行】 2020年，市农行统筹推进疫情防控和业务经营管理，各项业务经营迈上新台阶。年末，全行本外币各项存款 235.69 亿元，新增 33.99 亿元；各项贷款 128.74 亿元，新增 20.27 亿元，其中普惠贷款余额 22.09 亿元，新增 8.98 亿元；实现营业收入 5.98 亿元，拨备后利润 3.92 亿元。加强普惠信贷，全面提升服务实体经济和“三农”能力和水平。大力支持中小微企业、民营企业及产业链金融服务，通过“一项目一方案一授权”加强普惠信贷有效投放，落实小微企业贷款延期还本付息政策，为企业纾困解难；推动“个贷＋”综合营销，全面推进“农银 e 贷”提质扩量。推进金融服务活动，助力金融扶贫和乡村振兴。充分挖掘数据价值，加快掌银发展、智慧场景推广，为丹阳眼镜城上线“智慧市场”APP 项目；建成丹阳市新区实验小学、丹阳市正则小学、丹阳市实验幼儿园等“智慧学校”项目。加强党建与经营融合发展，深化“书记项目”“委员项目”和党建共建，支行党委成员认领项目 18 个、全行支部确定共建联建项目 69 个。支行获丹阳市政府 2017－2019 年度“丹阳市文明行业”“2020 年丹阳市优秀纳税企业”荣誉。（华元成）

【中国银行股份有限公司丹阳支行】 2020 年，市中行发挥国有大行金融服务主力军作用，围绕战略定位，稳中求进。至年末，本外币一般性存款时点余额 138.50 亿元，新增 19.96 亿元；本外币各类贷款余额 88.07 亿元，新增 9.22 亿元；实现拨备前利润 3.09 亿元。全力做好对实体经济授信支持，对接丹阳市重点企业和疫情防控相关企业，加大信贷投放力度，全年累计发放公司贷款 126 笔 18.38 亿元。主动减费让利，降低普惠小微企业综合融资成本，普惠金融客户平均融资利率较上年末下降 51 个基点。通过办理“中银接力通宝”“复工贷”等产品，全力支持企业复工复产。在丹阳地区首家推出融海外分行与代理行服务于一体的“全额到账”“优先汇款”“特殊汇款服务”等系列支付产品，填补市场空白。资产质量进一步优化，不良贷款余额 0.41 亿元，比年初减少 0.63 亿元，贷款不良率 0.47%，比年初下降 0.85 个百分点。（李 汀）

【中国建设银行丹阳支行】 2020 年，市建行积极支持主动服务地方社会经济发展，深入推进诚信金融建设，营造健康良好金融生态环境。至年末，一般性存款日均余额 130.94 亿元，市场占比 23.21%，居同业第二。各类贷款余额 118.72 亿元，余额占比 24.65%，居同业第三，新增 18.84 亿元，占比 31.46%，居同业第二。连续多年获得“丹阳市文明行业”，2020 年获得市行级“先进集体”、丹阳市优秀纳税企业等荣誉。

服务抗疫重点企业，足额保障融资需求，并做好受困企业帮扶工作；降低贷款利率，给予暂时性困难的企业专项贷款利率优惠政策；设立绿色通道，优先支持企业“战疫”；优化业务办理流程，提高业务办理时效性；不抽贷、不断贷，对出现暂时性经营困难的企业变更还款计划、延长贷款期限等。及时研发并免费提供“智慧社区管理平台”，丹阳地区上线“智慧社区管理平台”企业类 370 个、政府单位类 59 个、社区类 97 个，平台累计注册用户达 5000 人。

围绕产业强市，聚焦 36 个重大项目建设和新技术新业态发展，为企业提供“融资＋融智”“商行＋投行”的综合化优质投融资服务。增强科技赋能，全面助力“智慧丹阳”建设，加强与市教育、医疗、政法、公安等系统合作。多措并举推进普惠战略实施，成立专项普惠金融服务团队，优化操作流程，搭建快速审批通道，推行集约化运营，实现小微金融业务“一站式”处理。通过建行产品积极支持小微企业发展。对接政府机构和第三方合作机构，为特定区域和行业的小微企业客户提供量身定制金融服务方案，确立“小、快、灵”为标准的服务模式。全年累计为 1300 多户小微企业，提供普惠贷款及产品 4.83 亿元。着力打造与互联网、大数据、人工智能深度融合的金融综合服务能力，将普惠金融服务下沉到基层。以覆盖全市 130 多个行政村的“裕农通”服务点为基地，通过结算卡、网金商户、电子银行等业务和产品，满足村民生产和生活全方位需求，搭建新型农村金融生态圈。

（邓舒婷）

图 139 市建行党员突击队开展志愿金融宣传服务 （邓舒婷）

【交通银行丹阳支行】 2020 年，市交行贯彻落实中央“六稳”“六保”要求，围绕政府中心工作，加码惠企金融政策，加大金融支持实体经济力度，助力丹阳经济高质量发展，取得疫情防控和经营发展良好成效。至年末，支行各项存款 80.68 亿元，各项贷款 48.73 亿元，实现利润 1.46 亿元，不良率 0.49%。

多措并举，开辟绿色通道为疫情防控和复工复产提供全面有利金融保障。主动向企业和实体经济让利，降低企业融资综合成本，帮助中小微企业渡过难关，累计为 100 余户企业给予费用减免让利。加大对外贸企业信贷投放，做好“稳外贸”“稳外资”工作。强化线上服务能力，进一步完善网银和手机银行业务受理范围，上线在线保理业务，开展“线上税融通”“线上抵押贷”“惠民贷”等业务。精准贯彻落实“两项直达政策”，积极落实“应延尽延、能免尽免”，开展信用贷款推进工作。参加丹阳市“助力发展共赢未来”金融支持高质量发展对接会暨重大项目签约和丹阳市产业强市“三集中”活动月项目集中签约，服务实体经济。

（毛卫华）

图 140 2020 年，市交行保障金融服务

（毛卫华）

【丹阳农商银行】 2020 年，丹阳农商银行坚持服务“三农”市场定位，积极融入地方经济发展大局。至年末，全行资产总额 395.3 亿元，比年初增加 60.53 亿元；各项存款余额 325.38 亿元，比年初增加 39.58 亿元；各项贷款余额 249.75 亿元，比年初增加 32.73 亿元，继续稳居全市金融机构前列。

坚持“支农支小”，做服务地方经济主力军，全行涉农及小微企业贷款余额 242.84 亿元，占全部贷款余额的 98.3%。进一步贯彻落实“三农”工作的决策部署，在全市开展数字化“整村授信”，覆盖村组 142 个，有效建档 11.18 万户，预授信 144 亿元，完成乡镇人口 61%的授信覆盖面。

发掘转型升级新动能，丹阳农商银行获第四届中国“2020 年度农商行十佳零售银行奖”。在经营转型、管理转型等方面积极探索，实现全国第一笔“汇保贷”落地，“企业复工贷”申领全省第一笔央行专用额度再贷款，签发省联社票据系统内第一单“代签他行银行承兑汇票”，发放全市第一笔“园区保”。

优化机制、减负赋能，助推可持续发展。制定《丹阳农商银行 2021－2023 年战略发展规划》，明确打造“平台化管理、场景化获客、数据化风控、智能化决策的卓越零售银行”战略目标，并落实具体规划。创建“简单快银行”文化体系，通过“提纯＋导入＋传播”模式，使企业文化落地生根，成为驱动高质量发展的强力引擎，并发布品牌吉祥物“阳阳”。

（眭龙辉）

图 141 丹阳农商银行 2021—2023 年战略规划落地部署动员会议现场 （眭龙辉）

【江苏银行丹阳支行】 2020 年，江苏银行丹阳支行各项时点存款 44.82 亿元，比年初增加 5.57 亿元；支行各项表内贷款余额 54.77 亿元，比年初增加 1.56 亿元；实现净利润 4225 万元。落实信贷支持优惠政策，解决地方企业资金困难，支持地方经济发展。至年末，累计为 35 家企业提供贷款利率优惠，直接为企业减负 70 余万元，为 15 家企业通过延期、展期、“借新还旧”等方式缓解还贷压力，为 60 家企业新增授信额度 11.71 亿元，为中小微企业复工复产提供专项新增贷款 1.02 亿元。 （吕露茜）

【中国邮政储蓄银行股份有限公司丹阳市支行】 2020 年，市邮储银行零售信贷余额 40.29 亿元，小贷新客户新增 384 户金额 2.08 亿元，小贷新增户数比上年增长 90%，金额比上年增长 23%。小企业新客户投放 38 笔 1.62 亿元，全年净增 1.39 亿元。向鱼跃医疗公司发放抗疫贷 1 亿元，全年累计对鱼跃集团投放贷款 4.5 亿元。获邮储银行江苏省分行小企业“领军计划”活动全省“业务发展标杆行”。

保障重点项目。其中，“沃特污水处理项目”授信 1.00 亿元，投放 1936 万元；“丹阳市生活垃圾焚烧发电”项目投放 1.39 亿元；“丹阳市餐厨垃圾处理”项目授信 4210 万元。

提升服务能力。普惠金融贷款余额 13.12 亿元，年净增 1.46 亿元，增长 12.57%。为企业减负，小微企业贷款平均利率比上年同期平均降低 7.84%，累计惠及超 90 家企业。对 12 家企业进行“无还本续贷”操作，金额 6460 万元；全面推广短平快线上产品，全年近 90 家中小微企业实现线上授信，累计放款 5.53 亿元。加大税贷通、发票贷等信用类贷款投放，对 13 家企业增加信用授信，金额 2950 万元。提高金融信息化水平，以优质的电子化渠道逐步代替柜面服务，手机银行累计开户突破 12 万户。 （詹 铖）

【中国人民财产保险公司丹阳分公司】 2020 年，市人保财险公司完成全险种保费收入 4.34 亿元，比上年增长 9%；市场份额 47.18%，比上年增长 1.04%；实现利润总额 3953 万元，比上年增长 90.71%。其中，车险完成保费收入 28361 万元，比上年增长 3.5%，市场份额 42.91%，比上年增长 0.94%；非车险完成保费（含大病）收入 11759 万元，比上年增长 26.51%；农险完成保费 3263 万元，比上年增长 5.1%，农险份额 70.82%，比上年降低 5.69%。全年共处理结案各类赔案 27912 件，比上年降低 5.91%，其中车险 22388 件，非车险 4541 件（含小额家财险）。全险种案件处理率 99.87%。

加强制度建设、大案管控、合规教育，提升“队伍执行力”，先后开展警保联动、与中医院的“人伤无忧”等工作。紧扣公司核心经营目标，以模式优化创新促发展，以精益管理降本增效创利润，公司保持稳中有进良好发展态势。规范发展车险车商销、电销、直营销三大渠道，车险业务管理更为精细化。加强车险销售费用管理力度，灵活应对市场动态，加大合规监控力度。全年新车险份额累计 51.1%，比上年增长 6.3%，新车保费完成 4327 万元。非车险不断深化“保险＋服务”经营理念，做大规模险种、做强效益险种。

与政府合作开展食责险、养老机构责任险、大病保险、医责险、不动产登记责任险等，由非车险专营团队建立项目责任制，按险种分配落实到人。依据市公司与支公司订立的非车险项目表，对未开展的项目进行逐个落实追踪，积极与政府部门保持有效沟通。

与10家银行开展合作，对注册资本在1500万元以下的企业严格管控。发展学平险业务，与南京师范大学中北学院签订校企合作协议，积极开展对接。大力发展效益性险种，驾意险保费收入完成864万元，比上年提升40.7%，累计渗透率42.99%。

全年实现政策性农险保费4554.75万元，商业险农险120.41万元，为全市4.34万户次提供10.56亿元风险保障，农业保险深度1.17%，高于考核要求。传统种植业保费1932.74万元（其中大灾保险费550.7万元），三大主粮作物农业保险覆盖率达到82.44%。完成农机具保险55.12万元。全年共处理农业保险赔案1790起，累计支付赔款1826.88万元。

落实监管要求，加强合规监测及预警分析，不断提高合规经营和风险管理，坚持预防和查处并重，加大对重大违规案件的查处问责力度。全面开展内审自查自纠工作，进一步完善内审制度体系，有效防范非法集资，排查各类风险隐患，无重大经营风险发生。（孙　旭）

【中国人寿保险股份有限公司丹阳支公司】 2020年，中国人寿保险公司丹阳支公司完成保费总量11.49亿元，增长1.77%。实现长期险首年标准保费目标7717.68万元，完成62.02%，其中，首年期交达成17368.55万元，完成79.95%。保障型业务目标达成6188.54万元，完成70.08%，其中10年及以上期交目标达成8051.51万元，完成61.3%。全年纳税金额966.1万元，赔付总额9052.65万元。

公司先后在丹阳市场投放村干部保险、计生险保险、公安辅警保险等9类创新型保险。强抓基础管理，提升销售技能。开展王牌师专项重点运作，通过专业化、高绩效方式提升业绩能力。重点扶持重乡重镇、空白薄弱网点筹建，提高市场占有率。持续开展风险防控，保障合规经营。（汤　倩）

【平安人寿保险公司丹阳营销服务部】 2020年，平安人寿丹阳营销服务部转变发展方式，加快产品和服务创新，有效防范化解风险，持续推动平安金融建设，积极落实反洗钱工作，服务水平和质量不断提升。全年实现保费收入7214万元，比上年减少6063万元，降低45.7%。受理理赔案件5004件4405.19万元，其中赔付件数4817件，占比96.26%，拒赔案件187件，占比3.74%；最大理赔案件赔付金额94.5万元，最小理赔案件赔付金额5.6元。年末全辖代理人总数1112人。服务部积极探索“产品＋服务”模式为客户提供体系化健康增值服务；自主研发“智慧客服”，通过运用生物认证、大数据、远程视频等技术，构建智慧服务体系，为客户提供极致服务体验；运用科技赋能服务全流程，通过理赔创新、产品创造、科技创新，为客户构建丰富服务生态，切实保障消费者权益，提升消费体验；在闪赔和重疾先赔、特案预赔的优质理赔服务基础上升级，推出行业首创“智能预赔”服务，为满足一定条件的住院中客户提前给付部分赔款，缓解客户就医经济压力。（童振鹏）

【光大证券丹阳营业部】 2020年，光大证券丹阳中新路营业部A股基金交易量508.39亿元，比上年同期增长46.78%；新增开户3442户，比上年开户总数大幅提升；权益类基金保有量1.1亿元；公募基金销售1.2亿元，比上年同期增长59.49%。疫情期间，营业部进一步强化责任担当，确保正常运行和人员安全，各项规定及时传达给员工，借助公司各种在线业务办理功能和资讯产品，为客户提供更加温馨的服务。通过夯实基础，提升效能，打造专业财富管理队伍。（李晓君）

【西部证券丹阳营业部】 2020年，西部证券丹阳营业部全年实现A股基金交易、营业收入和净利分别为351亿元、2290万元和995万元，比上年分别增长18.98%、29.67%和62.58%。营业部围绕“合规、安全、风控、创新”工作总体要求，积极完善制度、细化流程、加强培训、狠抓安全、严控风险，确保各项业务合规开展；广泛开展“反洗钱”及“防范非法集资与非法证券营销”等宣教活动，提高广大群众风险防范意识；响应监管号召，普及注册制创业板、科创板等证券基础知识；实践融资融券、新三板等创新业务，引导地方企业兼并重组；持续完善客户身份信息、做好客户尽职调查与系统监测分析。营业部连续五年获镇江市反洗钱工作综合评价“A级”荣誉。

（朱剑铭）

融资上市

【概况】 2020年，丹阳市分类指导，持续推进企业上市、挂牌工作，对于规模优势企业，指导其以国内主板市场为主体、境外主流市场为补充开展上市；对于优质科技创新企业指导其以科创板和创业板为主体、中小板为补充；对于优秀中小企业，指导其以新三板为主体、区域性股权交易中心为补充实施挂牌；对于有技术、有市场但资金不足的企业，建议其积极与上市公司、各类产业基金等战略投资者合作，实现优质企业与优势资本的紧密嫁接。同时，充分发挥已上市企业的资源和资金优势，鼓励其通过资本市场对上下游企业收购，实施产业链整合，成长为主业突出、具有行业引领能力的大型企业集团。9家上市重点后备企业中，明月股份、沃得农机拟登陆深交所创业板，上市申请材料报交易所审核；丹耀光学计划2022年上半年递交上市申请材料。20余家上市后备企业中，天工工具、全真光学等一批优质企业，与中介机构签约，确立进入资本市场。2020年，丹阳市新增挂牌企业21家，新增直接融资20.54亿元。至年底，全市有上市、挂牌企业118家，累计直接融资214.81亿元。

（马云燕）

【培育企业上市挂牌】 2020年10月15日，丹阳市出台《关于进一步鼓励支持企业上市挂牌的意见》，助推企业上市“加速跑”。一方面完善配套精细服务。在企业规范重组过程中，涉及投资项目备案、办理环评、补办不动产权证、用地指标处置等事项，在合法合规的前提下予以保驾护航。优先解决投资项目用地、环境容量、能源供应等要素，在人才引进、专项引导资金、奖补资（基）金、国债项目、产业化项目、科技成果转化资金等方面予以优先支持。一方面实施奖补助力精准培育。在企业上市过程中，参照后备企业纳税地方留成情况，制定相关的资金奖补措施。根据企业上市的时间节点实施奖励，有效减轻拟上市企业的经济负担。此外，还专门为企业提供个性化选择，重点后备企业可以结合自身发展情况，选择享受扶持政策或最高750万元的本级资金奖励。

（马云燕）

【图南合金股份有限公司在深交所上市】 2020年7月23日，丹阳市图南合金股份有限公司在深圳证券交易所创业板成功上市。该公司证券简称“图南股份”，证券代码“300855”，开盘价每股12.61元。深圳证券交易所首席风控官张兆义，镇江及丹阳市领导周凯、黄春年、许根林、赵立群、杭春云、刘钢、杨文军、魏国荣，图南合金公司董事长万柏方参加上市仪式。张兆义与万柏方签订《证券上市协议》，张兆义向图南合金赠送上市纪念品“创业牛”。周凯、黄春年、万柏方等共同为“图南股份”敲响开市宝钟。江苏图南合金股份有限公司成立于1991年，是一家专注于高温合金、特种不锈钢等高性能合金材料及其制品的研发、生产和销售，致力于为航空航天、舰船、能源等高端装备制造领域提供产品和服务的高新技术企业。该公司上市后，丹阳市上市企业达10家。

（马云燕）

国内贸易

栏目编辑 孙晓霞

综　述

【概况】 2020年，丹阳市实现社会消费品零售总额302.25亿元，比上年下降1.1%，其中：城镇实现消费品零售额265.19亿元，比上年下降1.2%；农村实现消费品零售额37.06亿元，比上年下降0.4%。按行业分，批发零售业实现零售额280.96亿元，住宿业餐饮业实现零售额21.29亿元。年末全市拥有亿元市场6个，实现成交额109.60亿元。丹阳市市场服务中心管辖范围内注册登记的各类市场27个，其中农副产品市场24个，工业消费品专业市场3个，市场成交额近7.2亿元。新建农村综合服务社1家，升级改造农村综合服务社3家，改造薄弱基层社2家，新建村级基层社3家，升级改造11家“农资惠”服务平台，新建现代农业综合服务中心1家。全年卷烟销量3.4万箱，销售额完成14.99亿元，比上年增长6.53%。全年销售盐产品6772.74吨，总销售收入1271.2万元。丹阳市全社会粮食企业收购粮食约16.87万吨，国有粮食购销企业全年收购9.41万吨，安排政策性粮食收购，小麦托市收购4个库点，小麦托市收购1.45万吨。 （史志办）

【丹阳国际眼镜城简介】 丹阳市被誉为“中国眼镜之都”，是世界最大镜片生产基地、亚洲最大眼镜产品集散地和中国眼镜生产基地。丹阳眼镜市场始建于20世纪80年代，1986年，依托眼镜产业优势，车站、双庙两个村在丹阳火车站附近建起全国最早的专门用于眼镜交易的“华阳眼镜市场”和“云阳眼镜市场”，组成最初的丹阳眼镜城。20世纪末，经过4期改造，两个市场连成一片，占地面积32000平方米，门面房300多间，摊位300多个，经营户600多家，经营镜架、镜片、成品眼镜、眼镜专用工具、零配件等近千个品种，成为全国最大的眼镜交易批发市场。丹阳眼镜城已从传统的交易市场成功转型升级为现代化综合商贸服务区，并把“配镜游”做成当地的知名旅游品牌。目前，丹阳眼镜城拥有中国城和国际城，有商户1000余家，经营人员5000余人，汇聚眼镜行业国际国内众多知名品牌，拥有中国眼镜博物馆、中影巨幕、餐饮银行等。2020年，眼镜城全年旅游、商务客源达130多万人次，市场年交易额超60亿元。近年来，丹阳眼镜城先后获得“全国百强市场”“国家级眼镜验配服务业标准化试点单位”“江苏旅游十大新地标”“江苏省转型升级示范市场”“江苏省正版正货示范街区”“江苏省诚信示范街区”等荣誉。 （杨　超）

商　业

【概况】 2020年11月，丹阳市商贸资产经营管理总公司更名为“丹阳市商贸资产管理中心”。丹阳市商贸系统坚持疫情防控和企业经营两手抓，全年实现商品销售总额3.9亿元，资产收益510余万元。丹阳市食品总公司受非洲猪瘟疫情和新冠肺炎疫情的双重影响，全年定点屠宰生猪128979头，比上年同期减少58212头，比上年降低31.1%，经营销售收入4446万元，比上年同期增加1539万元，副产品收入112万元。为保障猪肉产品质量，按非洲猪瘟防控要求加强检测，严把生猪入场关。投资建设的屠宰污水处理项目5月通过市生态环境局验收。投资近30万元建设的运输车辆洗消中心，9月正式投入使用。为提高屠宰效率和质量，屠宰车间引进使用新设备。加强无害化处理工作，全年无害化处理病死猪280余头。再生资源开发有限公司全年回收报废汽车495辆、摩托车66辆。7月，丹阳市公安局处理报废2000余辆摩托车由再生公司竞拍成功。商业广场通过网络微信平台等方式宣传推介商铺，全年实现营业收入283万元。

（王佩佩）

【商贸资产管理】 2020年，丹阳市商贸系统强化责任担当，加强对资产的规范管理。完善国有资产管理办法，对国有资产的出租出借、处置以及国有企业投资管理等进行规范，加强监管，防止国有资产流失。按要求对本系统内承租国有资产类、集体资产类生产经营用房的中小微企业减免新冠肺炎疫情期间3个月租金，计128万元。对乡镇所属国有资产进行调查摸底，将价值800余万元的9处乡镇闲置资产无偿划转给属地政府，实现国有资产的有效整合和保值增值，发挥资产最大效益。

（王佩佩）

供销

【概况】 2020年，丹阳市供销社深化综合改革，克服疫情带来的不利影响，推动为农服务工作。新建农村综合服务社1家，升级改造农村综合服务社3家，改造薄弱基层社2家，新建村级基层社3家，升级改造11家“农资惠”服务平台，将访仙中心社打造成“三体两强”基层社，在珥陵新庄新建1家现代农业综合服务中心。率先在陵口镇开展农药“零差率”统一配送试点，配送面积达0.22万公顷，为农户节省成本42万元。成立镇江市首家农用物资应急储备中心。丹阳市供销社在镇江市供销系统2020年度综合业绩考评中获一等奖，被丹阳市委组织部评为“组织工作创新争优先进集体”。

（许　卫）

【社有资产管理】 2020年，丹阳市供销社围绕社有资产保值增值，对访仙常客隆超市面积2500平方米进行升级改造；投入约296万元对物回公司、延陵供销社等12处危房进行维修改造，盘活资产，消除安全隐患。新冠肺炎疫情期间，减免租户三个月租金，计127万元。筹备丹阳市丹北现代供销服务中心的改造，项目审核通过后将于2021年开工建设。

（许　卫）

粮食

【概况】 2020年，丹阳市全社会粮食企业收购粮食约16.87万吨，国有粮食购销企业全年收购9.41万吨，其中小麦4.65万吨、稻谷4.76万吨。安排政策性粮食收购，小麦托市收购4个库点，小麦托市收购1.45万吨。加强收购指导和政策宣传，通过报纸、电视等渠道宣传粮食收购政策，做好“12345”政务热线收购咨询和农民投诉的解答，全市粮食收购平稳有序。对2019年稻谷优质优价收购补贴开展核查和公示，发放271.87万元稻谷贴息补贴。出台《丹阳市2020年稻谷收购补贴管理工作方案》，明确稻谷补贴的对象、条件、流程，补贴387.09万元，提高收购企业积极性。

（朱栋栋）

【粮食价格监测】 2020年，丹阳市加强粮食价格监测，加强2个国家直报点和8个监测点的原粮、成品粮的价格监测，掌握粮油市场价格变化。开展供需平衡调查，对51户城市居民和205户农村居民粮油收支进行调查统计，对27家国有粮食企业进行经济普查统计。

（朱栋栋）

【储备粮管理】 2020年，丹阳市加强储备粮管理，开展市级储备粮（油）轮换，全年进行3次粳稻轮换、1次小麦轮换、1次油脂轮换和1次成品粮轮换，通过规范轮换工作，确保市储粮（油）轮换符合轮空期和在库库存规定。落实省、市关于市级储备粮绩效评价和考核，足额拨付地方储备粮贷款利息和相关财政补贴882.15万元。推进粮食安全责任制考核存在问题的整改，督促西郊国家储备库提交整改方案完成整改。（朱栋栋）

烟　　草

【概况】 2020年，丹阳市烟草专卖局（镇江市烟草公司丹阳分公司）全年卷烟销量3.4万箱，销售额完成14.99亿元，比上年增长6.53%。查获各类涉烟违法案件472起，查获违法卷烟5.28万条，移送司法机关判刑2人。2020年9月，丹阳市烟草专卖局在开发区某超市查获一起违规经营卷烟案件，当场查获卷烟104个品规1400条，案值77.11万余元，经江苏省烟草检测站鉴定为真烟。丹阳市烟草专卖局获“镇江烟草系统先进单位”“消费者权益保护先进集体”“文明城市长效管理考核志愿服务类三等奖”等荣誉。（陈　欣）

【客户服务】 2020年，丹阳市烟草专卖局为了提升客户服务，协助零售户丰富“诚信互助小组”线上活动形式，建成互助小组338组，覆盖面达100%，开展小组活动1.1万次。推进吸烟环境建设，全区建成吸烟点176个、吸烟亭4处，为消费者营造体面、舒适、便利的消费环境。

（陈　欣）

图142　新冠肺炎疫情期间丹阳市烟草专卖局对物流寄递环节进行监管　（陈　欣）

盐　　业

【概况】 丹阳市盐业有限公司主要承担全市的食盐供应，同时经营行业用盐、生活用盐和小额工业盐的批发、零售业务，公司仓储面积1339平方米。2020年，丹阳市盐业有限公司按照市场化经营机制要求，以食盐主营业务为中心、开拓非盐为辅助，实现销售盐产品6772.74吨，销售小包装食盐3268.05吨，销售小工业盐1777.69吨，销售行业用盐2127吨，总销售收入1271.2万元。2020年，丹阳市盐业有限公司党支部获中共江苏省盐业集团先进基层党组织，获镇江市盐业有限公司先进集体。

（王晓建）

【“防治碘缺乏病日”宣传活动】 2020年5月15日，是中国第27个“防治碘缺乏病日”。丹阳市盐业有限公司联合丹阳市市场监督管理局、丹阳市疾病预防控制中心、丹凤社区卫生服务中心等单位，走进丹阳市丹凤社区向市民进行碘缺乏病知识宣传，指导群众识别真假碘盐。

（王晓建）

专业市场

【概况】 2020年，丹阳市市场服务中心管辖范围内各类市场27个，其中农副产品市场24个，分别是千家乐市场、家家乐市场、全家福市场、百家兴市场、珥陵市场、陵口市场、折柳市场、东进市场、行宫市场、麦溪市场、皇塘市场、里庄市场、运河兴运市场、张埝市场、蒋墅市场、访仙市场、窦庄市场、后巷市场、高桥市场、埤城市场、界牌市场、前艾市场、朝阳市场、江南明珠市场，主要涉及农产品销售及批发。工业消费品专业市场3个，分别是万家欢小商品市场、不夜城市场和新建的访仙小商品市场，主要涉及服装百货、小商品、家具等。市场成交额近7.2亿元，其中万家欢市场超1.2亿元，千家乐市场3亿元。另有中国最大的眼镜市场——丹阳国际眼镜城，市场年交易额超60亿元；丹阳国际汽配城，年销售4000余万元。 （陈 昕）

【丹阳国际汽配城简介】 丹阳国际汽配城位于江苏省丹阳市界牌镇，经过30年的发展，丹阳汽配城有生产厂家近万家，年销售收入近30亿元。正在建设的丹阳国际汽配城是全国最大的产品一级市场，是全国300余家贸易型汽配市场、众多整车厂家和国际贸易的采购中心和平台。丹阳国际汽配城为江苏省重点项目，占地面积20公顷，建筑面积15万平方米，总投资约8亿元，分多期建设。丹阳国际汽配城运营目标是通过市场的整体推广和市场品牌建设，更好地帮助厂商通过市场资源优势化配置做大做强；通过市场整体运营体系的建立和完善，创建更多的产业产品标准，争取更多的话语权和定价权，使众多厂商在市场利益共同体里得到更好的发展壮大，也使丹阳国际汽配城和地区产业经济可持续发展得到重大保障。丹阳国际汽配城一期一标段，于2016年8月开工，占地面积10公顷，建筑面积6万平方米，总投资约3.5亿元，2018年10月竣工交付。丹阳国际汽配城二标段着手市场和仓储建设工作。 （肖雄林）

2020年丹阳市专业市场基本情况表

表30

市场名称	市场交易方式	建设总投资（万元）	设计摊位数（个）	设计门店数（个）	建筑面积（平方米）	占地面积（平方米）	备注
丹阳市市场服务中心里庄市场	零售	6	88	1	0.00	680.00	
丹阳市市场服务中心珥陵市场	零售	65.00	322	0	176.80	3365.00	
丹阳市市场服务中心延陵东进市场	零售	36.00	64	7	103.38	2450.00	
丹阳市市场服务中心行宫市场	零售	6.00	70	1	0.00	886.00	
丹阳市市场服务中心麦溪市场	零售	3.00	50	0	107.00	600.00	
丹阳市市场服务中心千家乐市场	批发兼零售	1282.00	220	93	12255.00	14600.00	

续表 30

市场名称	市场交易方式	建设总投资（万元）	设计摊位数（个）	设计门店数（个）	建筑面积（平方米）	占地面积（平方米）	备注
丹阳市市场服务中心万家欢小商品市场	零售	1560.00	0	94	12148.23	13426.70	
丹阳市市场服务中心家家乐市场	零售	826.00	120	10	924.29	3800.00	
丹阳市市场服务中心运河兴运市场	零售	16.00	73	3	76.90	698.00	闲置
丹阳市市场服务中心折柳万家市场	零售	8.00	80	0	0.00	998.00	闲置
丹阳市市场服务中心后巷市场	零售	36.00	243	3	183.30	2894.70	
丹阳市市场服务中心陵口农家乐市场	零售	15.00	60	3	48.60	1760.00	
丹阳市市场服务中心张埝市场	零售	3.00	30	2	0.00	200.00	
丹阳市市场服务中心高桥市场	零售	28.00	156	0	46.80	3102.00	
丹阳市市场服务中心蒋墅市场	零售	192.00	105	17	1810.66	5021.00	
丹阳市市场服务中心界牌市场	零售	30.00	270	0	17.64	2067.00	
丹阳市市场服务中心埤城市场	零售	280.00	60	56	1724.00	4268.50	
丹阳市市场服务中心访仙市场	零售	46.00	80	0	32.40	1436.00	
丹阳市市场服务中心窦庄市场	零售	10.00	68	0	44.00	546.00	
丹阳市市场服务中心百家兴市场	零售	400.00	360	80	1800.00	6000.00	
丹阳市市场服务中心前艾市场	零售	8.00	105	0	0.00	2300.00	闲置
丹阳市市场服务中心全家福市场	零售	136.00	316	34	616.80	2029.80	
丹阳市市场服务中心皇塘市场	零售	110.00	350	0	91.20	5024.80	
丹阳市市场服务中心不夜城市场	零售	90.00	0	96	0.00	1300.00	
丹阳市市场服务中心朝阳市场	批发	41.00	0	2	139.46	1200.00	
丹阳市市场服务中心江南明珠市场	批发兼零售	106.00	80	10	887.20	4360.00	
丹阳市访仙小商品市场	批发零售	530.00	0	12	1884.94	1792.41	

（陈　昕）

经济贸易与技术合作

栏目编辑 尹宏蔚

对外及对港澳台经济贸易

【概况】 2020 年，丹阳市面对疫情冲击，研判外贸形势，及时出台稳外贸政策措施，确保外贸主体、市场份额、出口订单、产业链供应链稳定。全年实现外贸进出口总值 31.02 亿美元，其中出口 28.05 亿美元，创历史新高，比上年增长 1%。外贸运行表现出五个主要特点：一是一般贸易方式更加优化。全市一般贸易进出口 29.64 亿美元，比上年增长 2.1%，占全市外贸总值的 95.56%，其中出口 27 亿美元，比上年增长 4.3%。加工贸易进出口 1.34 亿美元，比上年降低 44.5%，占全市外贸总值的 4.32%，其中出口 1.03 亿美元，比上年降低 45.1%。二是外贸市场更趋多元化。外贸前 5 名市场依次为“一带一路”沿线国家、美国、欧盟、东盟、南美洲。实现对“一带一路”沿线国家出口 9.11 亿美元，比上年增长 16.2%；对东盟出口 3.62 亿美元，比上年增长 10.7%；对南美洲出口 2.18 亿美元，比上年增长 5.7%；对美国出口 8.15 亿美元，比上年降低 1.7%；对欧盟出口 4.57 亿美元，比上年降低 1.3%。三是外贸主体活力持续增强。民营企业进出口 19.49 亿美元，比上年增长 9%，其中，出口 18.73 亿美元，比上年增长 11.3%；进口 0.76 亿美元，比上年降低 28.2%。外商投资企业进出口 11.36 亿美元，比上年降低 15.3%，其中，出口 9.16 亿美元，比上年降低 14.8%，进口 2.2 亿美元，比上年降低 17.3%。四是防疫物资及传统特色优势产品出口继续保持增长。红外测温仪、无创呼吸机、制氧机、口罩、血压测量仪等医疗防疫物资及其他医疗仪器器具共出口 2.42 亿美元；成镜出口 1.52 亿美元，比上年增长 42.8%；汽车灯具出口 0.98 亿美元，比上年增长 13.2%；农机出口 0.47 亿美元，比上年增长 33.7%；圆锯片出口 0.55 亿美元，比上年增长 30%。在出口前 30 类商品中，17 类商品实现增长，13 类商品出现下降。树酯镜片、安全气囊、残疾车出口比上年分别降低 10.9%、61.3%、33.2%。五是跨境电子商务企业出口持续增长。淘镜眼镜、易佰得（丹阳）光学、兴洋光学眼镜、朝丰百货贸易有限公司等跨境电子商务企业出口保持快速增长，比上年分别增长 23.1%、43%、47.1%、78.3%。 （朱荣祥）

【外贸工作获省政府通报表扬】 近年来，丹阳市深入贯彻对外贸易“优进优出”战略，全面落实省委、省政府关于外贸稳增长、调结构、促改革的要求，推动市外贸转型升级，形成以品牌、质量和服务为核心的竞争新优势，推进外贸高质量发展。2020 年 6 月 1 日，江苏省政府办公厅印发通报，对 2019 年江苏省推进有关重大政策措施真抓实干、取得明显成效的地方予以督察激励，丹阳市作为“促进外贸优进优出、组织中国国际进口博览会等突出的地方”被省政府通报表扬。

（朱荣祥）

【丹阳眼镜获国家外贸转型升级基地认定】 2020年，丹阳市眼镜产业被商务部认定为国家外贸转型升级基地，国家外贸转型升级基地是培育技术、标准、品牌、质量、服务等竞争新优势的有效途径，是稳定和畅通产业链、供应链，推进外贸创新发展的重要举措。眼镜产业是丹阳市的特色产业和支柱产业，镜架年产量1亿多副，约占全国的30%，镜片年产量4亿多副，约占全国的75%、世界的45%。全市有1600多家从事眼镜生产及配套的工贸企业，从业人员近5万人。2019年，全行业实现销量超200亿元，完成进出口外贸总值4.44亿美元。

（朱荣祥）

【丹阳获高端合金钢类国家外贸转型升级基地认定】 2020年，丹阳市国家科技兴贸新材料基地通过考核，更名为国家外贸转型升级基地（高端合金钢）。丹阳市新材料产业基地自2009年被认定为第三批国家科技兴贸创新基地后，形成以天工国际为龙头的高速工具钢、模具钢、钛合金产业集群，以大力神集团为骨干的硅钢、含硼镀铝锌板材生产企业集群，以及以图南合金带动的一批镍基合金、高温合金企业。2019年，基地内实现销售收入283.5亿元，完成出口8.9亿美元。 （朱荣祥）

【10家企业获省重点培育和发展的国际知名品牌】 2020年9月30日，江苏省商务厅公布的全省421家2020—2022年度江苏省重点培育和发展的国际知名品牌名单中，丹阳有10家企业上榜，按申请商品海关类别分，机器、机械设备及零件1家（沃得农机）；贱金属及制品4家（天工工具、锋泰工具、友和工具和华昌工具）；光学、计量设备2家（鱼跃医疗和万新光学）；木及制品2家（圣象集团和肯帝亚木业）；木浆、纸及制品1家（大亚新包装）。

（朱荣祥）

【观展第三届进口博览会】 2020年11月6—8日，丹阳市组团观展第三届中国国际进口博览会，有53家企业257名人员报名。进博会期间全市多家企业参加进口采购，双峰格雷斯海姆医药玻璃（丹阳）有限公司和海昌隐形眼镜有限公司与参展商签订意向采购协议，有7家企业完成8025万美元的意向成交额，比上年增长5.9%，成交额位居镇江第一，成交比例占镇江全市的55.1%。 （朱荣祥）

【丹阳外贸企业首试线上广交会】 受新冠疫情影响，2020年第127届和128届广交会在网上举办。为协助企业做好参展准备，丹阳市根据“云展会”的新变化、新特点、新要求，举办多场专题培训，指导企业在人员培训、打造特色展厅及直播间、网上宣传推广、应对疫情影响等方面继续做实做精，持续推动企业线上参展能力提升，稳定外贸基本盘。外贸企业在云上直播间全方位展示企业形象，改变传统思维抢抓线上订单。第127届广交会，全市有参展企业96家，展位139个，其中品牌展位企业1家；第128届广交会，全市有参展企业98家，展位156个，其中品牌展位企业1家。参展商品涵盖电子消费品及信息产品、电子电气产品、家用电器、照明产品、汽车配件、五金、工具、建筑及装饰材料、工程农机、家居用品、园林用品、医药保健品及医疗器械、家用纺织品、体育及旅游休闲用品、箱包等21个展区。 （朱荣祥）

2020年丹阳市进出口额前30位的企业一览表

表31

企业名称	进出口（万美元）	比上年增长（%）
江苏鱼跃医疗设备股份有限公司	22996.2	368.6

续表 31

企业名称	进出口（万美元）	比上年增长（%）
江苏天工工具有限公司	18274.9	-25.4
江苏锐升新材料有限公司	13811.4	-3.8
大赛璐安全系统（江苏）有限公司	7840.1	-49.0
江苏淘镜有限公司	7813.2	24.0
易佰得（丹阳）光学有限公司	6129.7	45.9
大亚车轮制造有限公司	6110.6	-5.7
江苏沃得农业机械有限公司	5629.4	27.6
江苏福荣服装有限公司	5189.0	-9.6
江苏沃得家俬有限公司	4768.2	-2.9
万新光学集团有限公司	4153.23	-8.1
江苏肯帝亚木业有限公司	4059.2	-16.3
常诚车业江苏有限公司	3462.2	-17.8
江苏大力神科技股份有限公司	8055.1	-57.0
江苏巨贸康万家医疗设备有限公司	3334.5	2.4
视悦光学有限公司	3102.3	-9.2
丹阳市擎天塑件有限公司	3072.0	357.1
江苏福荣制衣有限公司	2798.4	-22.2
丹阳镇威汽配有限公司	2483.6	-45.0
大力神铝业股份有限公司	2448.8	-0.8
江苏大亚新包装材料有限公司	1933.0	25.4
丹阳建达塑胶工业有限公司	1925.0	-25.3
丹阳丹耀光学有限公司	1890.5	-3.3
江苏爵克数控刀具有限公司	1831.1	244.3
江苏天工精密工具有限公司	1806.4	15.4
双峰格雷斯汉姆医药玻璃（丹阳）有限公司	1771.1	3.5

续表 31

企业名称	进出口（万美元）	比上年增长（%）
丹阳市尚美医材有限公司	1769.8	97.1
吉凯恩（丹阳）工业有限公司	1679.7	-20.7
海昌隐形眼镜有限公司	1656.6	-9.8
圣象集团有限公司	1513.2	-58.8

（朱荣祥）

2020 年丹阳市按出口目的地分进出口额情况表

表 32

国家/地区	进出口额（万美元）	比上年增长（%）
进出口贸易总值	310178	-1.5
中国香港	1572	-32.5
日本	24469	-24.3
韩国	11602	-13.4
中国台湾	7979	-18.5
东盟组织国家	42111	8.5
欧盟组织国家	49988	-4.4
美国	83754	-2.3
南美洲	21926	3.6
大洋洲	4294	2.5
一带一路沿线国家	99238	13.3

（朱荣祥）

2020 年丹阳市外贸出口前 30 类商品情况表

表 33

商品名称	出口额（万美元）	比上年增长（%）
非玻璃材料制其他眼镜片	19200.7	-10.9
氯乙烯聚合物制的铺地制品	17595.7	-4.5
带其他材料工作部件的钻孔工具	15308.7	8.5

续表 33

商品名称	出口额（万美元）	比上年增长（%）
其他眼镜	15234.0	42.7
机动车辆用照明装置	9762.1	15.3
无创呼吸机	7239.9	—
氧气治疗仪	6993.2	—
其他车辆用铝合金制车轮及其零附	6452.0	-6.6
其他合金钢锻造条、杆	5616.3	-40.0
其他金属家具	5012.2	6.7
带有天然或合成金刚石、立方氮化	4790.4	-8.3
功率<160马力的联合收割机	4731.0	33.9
非机械驱动的残疾人用车	4087.1	-33.2
其他照明或视觉信号装置	3789.2	-16.9
红外线人体测温仪	3749.2	19228.3
机动车辆用带充气系统的安全气囊	3356.4	-61.3
品目8512所列装置的零件	3120.5	-36.3
其他睡袋	3115.6	0.6
其他圆锯片，包括部件	2822.1	1.0
带有钢制工作部件的圆锯片	2717.1	30.5
口罩	2660.5	—
缓冲器（保险杠）及其零件	2609.0	25.3
其他车身未列名零部件	2607.5	28.4
宽≥600毫米的其他合金钢平板轧材	2468.8	-63.8
其他高速钢的条、杆	2374.0	-41.4
非玻璃材料制变色镜片	2290.3	4.1
其他塑料制品	2247.0	3.7
电血压测量仪器及器具	1926.6	346.1
其他合金钢热加工条、杆	1781.4	-23.8
乙烯聚合物制袋及包	1708.0	-15.5

（朱荣祥）

2020 年丹阳市外贸进口前 10 类商品情况表

表 34

商品名称	进口额（万美元）
机动车辆用带充气系统的安全气囊	2875.0
民用的其他安全导火索、导爆索等	2005.2
其他编号未列名的化工产品	1712.9
隐形眼镜片	1702.9
其他异氰酸酯	1697.8
其他有机硫化合物	1602.3
合金钢粉末	838.4
非玻璃材料制变色镜片	830.7
6—己内酰胺	826.4
非玻璃材料制其他眼镜片	742.8

（朱荣祥）

对外及对港澳台经济技术合作

【概况】 2020 年，丹阳市批准境外投资项目 10 个（其中 1 个为增资项目），中方协议投资额 8627.2 万美元，比上年降低 6%；境外投资实际出资额 7485 万美元，比上年增长 117%；至年底，全市共有 65 家企业向 28 个国家或地区投资了 95 个项目，中方协议投资额 6.6 亿美元。新批的投资项目主要分 3 类：一是市场开拓型，企业到境外设立贸易窗口，直接对接境外客户。江苏华燕船舶装备有限公司、江苏法拉电子有限公司、江苏省上钺汽车部件有限公司分别在日本、中国台湾、德国设立贸易窗口。二是产能转移型，企业到境外设立生产工厂，进行产能合作转移。江苏天工精密工具有限公司投资 2129.6 万美元在泰国设立工厂，江苏新泉汽车饰件股份有限公司投资 600 万美元在墨西哥设立工厂，江苏锐升新材料有限公司在越南投资 4500 万美元设立工厂。三是技术研发型，企业到境外设立研发中心，进行技术合作研发。江苏有力机电科技有限公司、丹阳丹耀光学有限公司分别在美国、新加坡投资设立研发中心。这些项目的实施，将进一步拓展海外市场，实现产能合作与转移，提升企业的技术和管理水平，并可适当规避美国等国家的贸易关税壁垒，促进企业发展，提升其国际竞争力。 （唐晓春　丁黎明）

图 143　2020 年 12 月 3 日，江苏锐升新材料有限公司在越南投资设厂举行签约仪式 （朱卫东）

【外派劳务业务停滞】 2020 年，受新冠肺炎疫情影响，商务部通知要求对外派劳务进行严格限制，能暂缓的暂缓。丹阳市外派劳务人数出现严重下滑，外派劳务的主要目的国家日本也暂停止研修生入境，全年仅向日本派出 10 名新招收的研修生，另外 17 人为二返研修生（部分人员没有回国，在日本办理了二返延期手续）。由于新冠疫情在全球仍没有得到有效控制，因防疫需要人员出入境受限，国外疫情比国内严重，出国务工被感染的风险仍较高等因素，严重影响劳务人员出国务工的积极性。2020 年，丹阳市外派劳务人数 27 人，只有上年度的四分之一左右。

（唐晓春　丁黎明）

2020 年丹阳市新批准境外及港澳台地区投资项目情况表

表 35

中方投资主体名称	东道国（地区）	境外企业（机构）名称	中方协议投资额（万美元）
常诚车业江苏有限公司	美国	泛太平洋塑料制品有限公司	400
江苏华燕船舶装备有限公司	日本	润和海洋技术株式会社	27.38
江苏法拉电子有限公司	中国台湾	大陆商法拉国际实业有限公司	20
江苏天工精密工具有限公司	泰国	天工精密工具（泰国）有限公司	2129.6
江苏省上钺汽车部件有限公司	德国	翰林贸易有限公司	22.2
江苏有力机电科技有限公司	美国	英派健康系统有限公司	430
丹阳丹耀光学有限公司	新加坡	新加坡拓进光电私人有限公司	420
江苏友和工具有限公司	柬埔寨	顶级磨具磨料有限公司	78
江苏新泉汽车饰件股份有限公司	墨西哥	新泉（墨西哥）汽车零部件有限公司	600
江苏锐升新材料有限公司	越南	越南锐升新材料有限公司	4500
合计	—	—	8627.2

（唐晓春　丁黎明）

利用外资及港澳台资

【概况】 2020 年，丹阳市实际利用外资 21899 万美元，比上年增长 64.7%，完成市工作指标 2.32 亿美元的 94.39%，完成镇江下达考核指标 2.1 亿美元的 104.3%，高质量考核综合指数得分位列镇江市 8 个辖市区第一名。主要特点：从新设备案项目看，单体项目平均规模较大。新设备案外资项目 25 个，协议注册合同外资 38922 万美元，其中协议注册合同外资 500 万美元以上项目 9 个，协议注册合同外资 37056 万美元，占比 95.21%，单体项目协议注册合同外资平均达 4117.3 万美元。从实到外资产业来看，现代服务业项目呈上升趋势。实到外资中，制造业项目到账外资 7954 万美元，占比 36.32%；现代服务业项目到账外资 13945 万美元，占比 63.68%，其中，金融和商务服务业到账外资 5288 万美元，占比24.15%，科学研究和技术服务业到账外资3040万美元，占比13.88%，房地产服务业到账外资3040万美元，占比13.88%，其他服务业2577万美元，占比11.77%。从实到外资构成看，中国香港地区成为投资主体。2020年26家外资企业有外资到账，其中15家外资企业的投资主体资金来源于中国香港，实际到账外资20539万美元，占全市实际利用外资的93.79%。（李文秀　汤晓烨）

【外资企业经营实现稳定增长】 2020年，丹阳市参加年度信息报告的外商投资企业有444家，在经济贡献、税收贡献和就业贡献三方面实现稳定持续增长。全市外商投资企业完成税收收入13.02亿元，占全市企业纳税总额的14.15%。有7家外资企业实现利润再投资，实际利用外资13397万美元，占全市实际利用外资的61.18%。增资备案项目15个中有外资到账的10个，实际利用外资12842万美元。有12家外资企业位于镇江市2020年进出口总值前90名，其中，江苏天工工具有限公司进出口总值超1.8亿美元，位列第七，进出口总值超5000万美元的有7家，3000万美元—5000万美元的有3家，2000万美元—3000万美元的有2家。（李文秀　汤晓烨）

外资企业选介

【亚洲箱包（丹阳）有限公司】 亚洲箱包（丹阳）有限公司成立于2018年1月，是一家外商独资企业，位于江苏省丹阳市经济开发区前艾众创园，注册资本为800万美元，厂房面积为17000平方米，主要从事箱包设计、开发、生产、销售。公司既有在海外的国际品牌设计师和专业的研发设计团队，又有近20年经验的箱包行业工程师团队，以及专业的国内外行销部门。公司始终坚持以人才为本、诚信立业的经营原则，以顾客需求为导向，以质量管理体系为基础，打造箱包业具有世界先进水平的国际箱包品牌。2020年，公司实现销售1886万元，出口额1416万元。（李文秀　汤晓烨）

图144　亚洲箱包（丹阳）有限公司
（李文秀　汤晓烨）

【江苏黄金屋光学眼镜有限公司】 江苏黄金屋光学眼镜有限公司成立于2017年8月，2019年4月与法国依视路集团合资，厂区占地面积22000平方米，仓库占地面积5000平方米，投资额3.6亿元，专注于高折射率高端镜片开发、设计、生产和销售。公司一直致力于为消费者提供领先时代潮流的视觉服务，不断深入了解用户的使用需求，优化升级已有产品，自主研发新型技术，提供真正被消费者认可的高质量的产品与服务。2020年，公司实现销售1.68亿元，税收328万元，进出口额5096.68万元。（李文秀　汤晓烨）

图145　江苏黄金屋光学眼镜有限公司
（李文秀　汤晓烨）

教育

栏目编辑 夷朝霞

综述

【概况】 2020 年，丹阳市以“领跑镇江、争先苏南”为目标，以“实干担当、改革创新”为基调，全面培育丹阳教育。围绕 57 项工作、15 项改革项目，坚持疫情防控和教育教学齐抓共进，全体教育展现“文化高品位、管理高效率、教师高素养、育人高质量、保障高标准”的局面。全市申报的 11 个内涵建设项目全部通过省级立项。教育部门联合市作风效能办 9 轮次督查 147 个学校、机关部门，对部分单位实施“回头看”。对学校规范办学行为进行全面督查，教育现代化监测综合得分 95.3 分，位列全省 103 个县市第 9 名。高质量完成省对设区市督政考评和幼儿园责任督学挂牌督导工作督查，完成全市 21 所初中、12 所九年一贯制学校的素质教育综合督导。2020 年，全市义务教育阶段招生全面取消择校，第一次使用“阳光招生”平台，学校严格按计划招生，操作流程规范透明、招生过程平稳有序。全市 28 所中小学幼儿园全部通过镇江市智慧校园验收，新区实验小学和华南实验学校创成江苏省智慧校园示范校。教育装备中心建成 350 平方米的综合展厅，打造涵盖 10 多个功能展区的装备展示窗口。疫情防控期间，全市率先在全省范围内进行网络课程直播，共录制直播课 2746 节，网络教学点播次数超过 1.5 亿次，10 万余名学生受益。 （袁军辉）

【教育管理改革】 2020 年，丹阳市“县管校聘”管理改革覆盖各学段，向社区教育中心、机关部门全面延伸。绩效、职称、岗位设置等改革稳步推进，组织教师上传量化考评材料到基础教育大数据平台，加强过程管理和结果运用，为完善教师评价机制做铺垫。探索教师招聘机制，到东北师范大学、安徽师范大学、南京师范大学等高校开展校园招聘。组建 18 个教育集团，建立教育集团网站，出台文件提供保障，以教研和培训为切入点，推进“大集备、大教研、大培训”活动。抱团发展成效明显，青年教师、薄弱学科、农村学校实现快速发展。 （袁军辉）

【教师培养】 2020 年，丹阳市高度重视师德建设，挖掘疫情防控期间优秀教师事迹，策划第 36 个教师节庆祝活动。“三领”工程列入市委组织部 2020 年人才培养重点项目，发挥凤凰教育智库优势，与省教研室、教科所专家主动对接，高起点、高要求、高频率推进各项活动。出台《丹阳市青年教师发展规划（2021 年—2025 年）》，联合高校指导乡村定向教师专业发展，对新入职教师开展 10 天集中封闭培训，组建29个新教师培训工作室；依托学科工作坊，通过层层选拔、集中培训、以赛促练等形式，整体提升青年教师专业素养。干部培训围绕管理干部核心素养提升，完善培养体系，有全员培训和校长上课、校长论坛、校长读书、校长跟岗等个性培训。 （袁军辉）

【强化教育质量】 2020年，丹阳市强化教育质量建设。学前教育强化游戏精神，推进省级“区域推进课程游戏化”建设项目。义务教育深化教育教学改革，全面发展学生综合素质，体现优质均衡。特殊教育方面，以推进10个年度融合教育中心的建设任务为抓手，开展特殊学生筛查评估鉴定工作。高中教育落实《关于新时代推进普通高中育人方式改革的指导意见》，统筹推进新课程、新教材、新高考改革，拔尖人才培养成效显著。高考取得优异成绩，全省文理前50名，丹阳市有10人；文理前100名，全市有17人；文理总分400分以上，丹阳市有88人；省艺术类第一名、理科类第二名，镇江市文、理第一名均在丹阳，镇江市文、理前10名丹阳共计16人；清华、北大录取丹阳12人，飞行员录取4人；本一达线总数1490人，比2019年增加162人，达线率54.86%，比2019年增长6.25%。职业成人教育方面，中专稳步实施江苏省中职领航学校建设计划，烹饪实训基地成为省现代化实训基地、中餐烹饪与营养膳食专业群成为省现代化专业群，人才培养质量提升。对口高考本科达线105人，达线人数占镇江大市本科达线人数的58%；67名“3+4”学生参加对口单招考试全部达线；5人次获省职业院校教学能力大赛一等奖，2人获省职业院校技能大赛金牌。加强社区家长学校、家庭教育指导服务站点建设，延陵镇社区教育中心的传统古村落学习体验基地被评为省级“长三角市民终身学习体验基地”，开发区社区教育关爱儿童教育项目被评为省社区教育特色品牌项目。出台“四定四有”（定时间、定地点、定人员、定内容，先备有“问题”、主备有思考、集备有共识、落实有个性）集备要求和“三原则八要素”（“三原则”指目标精、过程活、效果实，“八要素”指学生自觉先学、合作学习、踊跃展示、总结反思，教师目标明确、有效组织、媒体辅助、当堂应用）课堂教学要求，针对课堂亟待解决的问题，着重落实“教师限时讲授”“学生大声表达”2项要求。 （袁军辉）

【学校建设】 2020年，丹阳市全额保障教育投入，全力推进教育重点工程建设，江苏省丹阳高级中学、吕叔湘中学、马相伯中学等项目开工奠基，各镇（区、街道）全部设立奖教基金，全市12个乡镇（区、街道）和15所市、局属学校举行教育行风评议活动，邀请社会各界1500余人参加，社会对学校满意率达99.62%。丹阳市实验学校被评为市级“优质效能服务窗口”，职社科科长钟文华被评为“优质效能服务标兵”。 （袁军辉）

【教师节庆祝大会】 2020年9月8日，丹阳市举办“奔跑者之歌”庆祝第36个教师节大会，会上，市领导分别为“改革探索奖”“辛勤园丁奖”“教育奔跑奖”“教学成果奖”“教育楷模奖”“特别贡献奖”获奖者代表颁奖。 （袁军辉）

丹阳市教育局局管教育单位负责人一览表

表36

单 位	姓 名	单 位	姓 名
江苏省丹阳高级中学	朱禾勤	正则小学	陈国钰

续表 36

单　位	姓　名	单　位	姓　名
吕叔湘中学	邹立忠	丹凤实验小学	宗　立
第三中学	张步青	特教中心	李书平
云阳学校	王　伟	练湖中心小学	汤英峰
第五中学	眭金祥	司徒中心小学	解浩刚
第六中学	姜丹敏	全州学校	周文华
实验学校	诸华平	行宫中心小学	王永辉
华南实验学校	吴　云	云林学校	陆伟平
丹阳中等专业学校	贾　伟	麦溪中心小学	孙军荣
教师发展中心	马俊杰	横塘中心小学	虞岳明
技工学校	黄　晨	珥陵中心小学	王伟兰
河阳学校	郦仲兴	里庄中心小学	钱明辉
司徒中学	吉红军	蒋墅中心小学	韩华平
行宫中学	唐志国	匡亚明小学	蔡建良
延陵学校	石广生	折柳中心小学	许　瑄
麦溪中学	刘　忠	陵口中心小学	朱学军
横塘中学	王辉国	吕城中心小学	庞永红
珥陵高中	庄天方	运河中心小学	蒋永健
珥陵初中	钟东华	窦庄中心小学	周晓军
里庄中学	王金华	访仙中心小学	谭习龙
吴塘实验学校	黄长祎	前艾中心小学	曾金志
导墅中学	黄春方	马相伯学校	王国胜
折柳中学	陈燕军	建山学校	孙诚华
陵口中学	顾　杰	埤城中心小学	单哲波
吕城初中	汤磊磊	新桥中心小学	周　峰

续表 36

单 位	姓 名	单 位	姓 名
运河中学	吴勇俊	界牌中心小学	李 强
窦庄中学	陈利昌	新区实小	陆志才
访仙中学	欧阳忠	新区中心幼儿园	顾丽琴
前艾中学	陈玉武	云阳中心幼儿园	张秋兰
荆林学校	束双林	正则幼儿园	吴益斐
埤城中学	杨勇杰	云阳第一中心幼儿园	王巧玲
后巷实验学校	邹正良	丹北实验幼儿园	潘云霞
新桥中学	高礼平	丹北新桥幼儿园	阳 芳
界牌中学	冷文跃	界牌中心幼儿园	荆 霞
实验小学	蒋红军	实验幼儿园	欧阳爱华
鹤溪中学	陈 宇	荆林中心幼儿园	林 芸
大泊中心幼儿园	付 妹	练湖中心幼儿园	韩丽娟
普善幼儿园	袁玉清	横塘中心幼儿园	汤红芳
河阳中心幼儿园	陈彩虹	南门幼儿园	王红花
胡桥中心幼儿园	吴玉娟	麦溪中心幼儿园	虞爱华
行宫中心幼儿园	毛志娟	导墅中心幼儿园	王华君
云林中心幼儿园	史秀琴	吕城中心幼儿园	蒋慧萍
运河中心幼儿园	潘金芳	陵口中心幼儿园	庄建英
折柳中心幼儿园	孙腊芳	访仙中心幼儿园	孙筱娟
窦庄中心幼儿园	李蔚芳	建山中心幼儿园	郑红萍
埤城中心幼儿园	杨 霞	前艾中心幼儿园	汪 晔

（袁军辉）

教育投入与建设

【概况】 2020年，丹阳市加大教育保障力度，全力推进教育重点工程建设。珥陵幼儿园竣工交付，建山幼儿园、里庄幼儿园装修基本结束，蒋墅幼儿园开工建设，吕城幼儿园开始施工图设计，河阳幼儿园规划方案报批，上善幼儿园即将装修，风华里、天瑞宸、中海幼儿园和小区同步建设。高新区小学、幼儿园开工建设，新区小学分校进入内部装修，丹北实验中学开工建设，开发区马相伯中学开工奠基，高新区实验中学进行项目立项。江苏省丹阳高级中学、吕叔湘中学迁址新建项目开工奠基。

强化校园安全责任，提升学校智慧安防水平，所有食堂有效运行“江苏省中小学阳光食堂监管平台”，实施“互联网+明厨亮灶”和“五常法”管理，22 所学校创成镇江市五星级平安校园。在镇江市范围内率先建成实验室远程监控系统，学校直饮水工程覆盖率 70%，形成学校图书逐年更新机制、学生公寓用品校服饮水等以检代管机制。加强教育信息化公共服务体系建设，建成丹阳教育数据应用平台，立项国家及省级信息化专项课题 11 个。3 所学校被评为江苏省智慧校园示范校、52 所学校被评为江苏省智慧校园合格校、60 所学校被评为镇江市智慧校园。 （袁军辉）

【3 所中学迁址新建奠基仪式】 2020 年 12 月 18 日，江苏省丹阳市高级中学、吕叔湘中学、马相伯中学三个教育重点民生项目集中开工。3 个中学迁址新建工程项目总投资约 17 亿元，建成后新增约 1 万个学位，将对促进教育优质均衡起到推动作用。全市持续优化资源布局，加大优质资源供给，全力推进教育重点工程建设，全面改善办学条件，满足群众对优质教育的需求。 （袁军辉）

【融合教育资源中心建设验收认定】 2020 年 11 月 20 日，丹阳市开展 2020 年度融合教育资源中心建设验收认定工作，丹阳市教育局、卫健委、民政局、残联、特殊教育指导中心等相关负责人参加。本次验收认定采用材料验收和现场认定相结合的方式进行，验收组对各资源中心的组织网络管理、场地环境、设备设施、管理使用、资源教师团队等方面的情况逐一查看，阅览过程性的台账资料，与学校校长（园长）及教师进行交流。为积极落实省、市特殊教育二期提升计划要求，完成学前、小学、初中和职校融合教育资源中心全覆盖的目标，丹阳市融合教育工作多措并举，形成以普校为主体、特校为骨干、普特联合、责任共担、相互支持的融合教育体系，提升普通学校融合教育质量和水平。 （袁军辉）

学前教育

【概况】 2020 年，丹阳市有幼儿园（含民办）64 所，在园幼儿 26232 人。新开工建设幼儿园 4 所，竣工 6 所，建园舍建筑面积 72562 平方米，实际总投入 22250 万元，新增学位 4590 个。开展省级区域推进课程游戏化建设的项目研究，形成《一园一景——丹阳市幼儿园户外环境改造实录》和《点亮童心——丹阳市幼儿园课程案例集》成果集，全市课程游戏化建设形成全面深入、质量跃升的“新局面”。云林幼儿园、延陵幼儿园、西门好孩子幼儿园通过省优质园复评。练湖幼儿园、访仙幼儿园、维多利亚幼儿园创建镇江市优质幼儿园。科学化解大班额问题。用“歇人不歇场”缓解户外和室内场地紧张的问题，把班额大的劣势转变为提升课程游戏化水平的优势。严格审核新园教玩具装配和图书的添置，对没有按照要求配备的民办园跟踪管理，确保财政下拨的钱用在孩子身上。 （袁军辉）

【省教育厅调研丹阳学前教育工作】 2020 年 4 月 20 日，江苏省教育厅副厅长顾月华带队到丹阳市调研学前教育工作，参观吾悦好孩子幼儿园、荆林中心幼儿园、正则幼儿园，了解师生学习和生活情况。镇江及丹阳市领导潘早云、刘宏程陪同调研。

为安全有序做好幼儿园幼儿开学工作，丹阳市多次指导和督查，制定应急演练预案，全市幼儿园达到市疫情防控指挥部的要求，实施错峰开学。丹阳市自 2008 年开始，分批将所有幼儿园全部独立建制，实现体制上管办分离。2011 年，科学规划和部署，相继实施学前教育 3 年行动计划和 5 年行动计划，出台一系列加快学前教育发展的政策措施，坚持一手抓资源建设，一手抓科学保教，构建“办园体制以政府举办为主、幼儿入园以公益普惠为主、经费投入以公共财政为主、教师队伍以公办教师为主、学前教育资源以省优质园为主”的学前教育公共服务体系。（袁军辉）

基础教育

【概况】 2020 年，丹阳市有普通小学 23 所、1200 个班数，班数比 2019 年增加 37 个。其中小学 759 个班级，比 2019 年减少 13 个班级；九年一贯制小学部 441 个班级，比 2019 年增加 50 个班级。毕业生 8492 人，比 2019 年增加 535 人；招生 9202 人，比 2019 年减少 544 人。在校生 35280 人，比 2019 年增加 554 人。

全市有普通中学 33 所，其中初级中学 21 所，九年一贯制学校 12 所，班数 526 个（其中初级中学 298 个班、九年一贯制初中部 228 个班），初中毕业生 7863 人，初中招生 8005 人。初中在校生 24081 人，比 2019 年减少 49 人。在校学生中随迁子女 10264 人。

全市有普通高中 5 所，班数 263 个。高中毕业生 4068 人，高中招生 4634 人，高中在校生 13387 人。

全市有特殊教育学校 1 所，班级 11 个，在校生总数 101 人。

2020 年，丹阳市全面落实立德树人根本任务，整体质量居于全省前列。义务教育阶段使用阳光招生平台，印发义务教育阶段和高中阶段的招生工作意见，继续实施义务教育学校划区招生、免试就近入学政策，做好外来务工人员随迁子女入学工作。全市中小学以内涵创新项目建设为抓手，促进学校课程多样发展，优化课程生态，树立丹阳教育品牌，省级 9 个内涵建设项目立项，镇江市 16 个内涵建设项目立项。2020 年，8 人获得江苏省青年教师基本功竞赛一等奖。（袁军辉）

【11 个基教内涵建设项目通过省级答辩】 2020 年 11 月，江苏省教育厅对拟立项 2020 年省基础教育内涵建设项目进行公示，丹阳市申报的 9 个中小学课程基地与学校文化建设项目和 2 个中小学生品格提升项目通过省级答辩。为抓好内涵建设项目，丹阳市从小角度切入制定学校的研究课题，注重新课题与学校原课题之间的衔接，确保项目理念思路有创造性、建设内容有实效性、实践范式有引领性。全市中小学有 35 个内涵建设项目通过省级评审立项。抓项目管理落实。各学校根据内涵建设项目年度建设目标科学安排活动，从申报项目论证、项目书撰写、现场答辩、过程推进进行精准管理，邀请省专家集中指导，规范化编印学校省级项目建设工作简报。在师资、经费、阵地、实践推广等方面实现倾斜，对项目建设情况定期督查，在项目推进上发挥引领和辐射效应。组织全市学校相关负责人到项目建设学校进行现场察看、专题调研。通过丹阳教育网站、微信、报纸杂志等媒体平台，进行内涵建设项目的专题展评，推荐获奖项目参加国家和省基础教育成果奖的评比，通过项目出成果、出人才、出质量、出典型。华南实验学校品格提升工程项目获评省精品项目，丹凤实验小学品格提升项目在第二届戏曲艺术教育成果展中进行项目现场展示，正则幼儿园前瞻性教改项目则获得省级优秀等第。（袁军辉）

2020 年丹阳市普通高中（公办）录取分数线表

表 37

序号	学校	录取分数线
1	江苏省丹阳高级中学	分配工作线 607 分，竞争分数线 601 分
2	吕叔湘中学、第五中学、第六中学	507 分

续表 37

序号	学校	录取分数线
	第五中学艺术班（美术类）	474 分
	第五中学艺术班（音乐类）	467 分
3	珥陵高中	474 分
4	丹阳中专综合高中	450 分

（袁军辉）

【江苏省丹阳高级中学】 2020 年，江苏省丹阳高级中学有教学班 59 个、在校生 2873 人、教职工 283 人。学校高考成绩较往年有较大提升。本一达线 662 人，达线率为 90.7%。江苏省文、理前 50 名中，江苏省丹阳高级中学共 10 人；400 分以上共 88 人，人数位列全省高中第 17 位。学校全面开展教育现代化建设工程。实施“一校两区”建设，高起点建设“智慧校园”。改善办学条件，优化办学环境。政府共投入 3000 余万元，全面更新体育馆、运动场等处陈旧设备设施，开展校园环境整治、美化工程和文化建设，积极推进省级课程基地建设，推进智慧校园建设。2020 年，学校被评为江苏省智慧校园。

江苏省丹阳高级中学坚持“大成教育”理念，推进江苏省高品质示范高中的建设工作，培养高素质人才，取得显著办学成绩。刘少卿被评为镇江市十佳教师、镇江市最美班主任，张宏鹏被评为镇江市劳动模范。朱禾勤、高进等 13 人被评为丹阳市好校长、丹阳市好老师、丹阳市优秀教育工作者。30 余位骨干教师参加 2020 年度省级以上骨干教师培训，有 29 位教师参加丹阳市领航（7 人）、领军（18 人）、领雁（4 人）培训，学校共有 11 个省市县三级名教师工作室。7 名教师在省市县教学基本功大赛和省优质课评比中获奖，刘静文获得江苏省高中语文基本功竞赛一等奖。荆晓虹、陈时伟入选江苏省网络名师工作室领衔教师，24 位教师开设省级示范录像课，6 位教师开设省级公开课和讲座，共发表学术论文 34 篇。校领导班子被评为丹阳市“严实和谐好班子”，朱禾勤被评为镇江市“又红又专好行家”。学校获“江苏省十佳中学共青团组织”“江苏省社会实践先进团队”等称号。多人获得江苏省优秀学生干部、三好学生、最美中学生、社会实践先进个人、江苏好青年等荣誉称号。学校被评为“全国青少年人工智能活动特色单位”。

学校新校区建设全面推进。新校区建设项目经丹阳市人民代表大会审议通过，被列入 2020 年度重点民生实事项目。新校区占地面积 17.55 公顷，建筑面积 15 万平方米，基建投资预算 8.5 亿元，总投资约 11 亿元。12 月开工，2022 年竣工。学校将以“未来学校”的架构为切入点，建设以人为本、功能完善、生态和谐、以传统文化为基调、以现代科技为引领的新校园。（周建中）

图 146　2020 年 1 月 7 日，贵州省校长领导力提升专题高级研修班成员在江苏省丹阳市高级中学考察学习（周建中）

【吕叔湘中学】 2020 年，吕叔湘中学有教学班 54 个、在校学生 2803 人、教职工 259 人。

学校把握全年工作要点，一手抓新冠疫情防控，一手抓教育事业发展。着力内涵创新建设，发展教育科研。推进教育部重点课题子课题“基于大数据平台的教师教学行为改进案例研究”，省级课题“基于现代信息技术的高中数学模式创新研究”“省地理课程基地乡土校本课程开发”结题，“吕叔湘”语文课程基地获镇江市立项。做好拔尖人才、中青年骨干教师、“135”青年教师培养，打造精良师资团队。18 位教师获镇江市骨干教师荣誉称号，丹阳市级及以上拔尖人才总数达 89 人。2020 年，学校获江苏省智慧校园、江苏省健康促进学校铜奖、镇江市“六有一提升”示范党支部、镇江市高中学校管理先进集体、镇江市中小学学生社团建设优秀学校、镇江市校园篮球联赛高中男子组第一名、丹阳市文明校园、丹阳市高新区教育工作优秀学校、特别贡献奖、军训先进集体等多项荣誉。 （张 邱）

【丹阳市第三中学】 2020 年，丹阳市第三中学有教学班 24 个、在校学生 916 人、教职员工 105 人。学校围绕落实立德树人目标，树立质量意识、竞争意识和服务意识，推进“导学展练”小组合作学习课堂改革，打造优质教育品牌，全面提升学校核心竞争力。陈彦锦、王倩分别获得江苏省班主任基本功和英语教学基本功竞赛一等奖，谭丽花获丹阳市物理评优课一等奖，卢亚娟获丹阳市生物比赛二等奖。获得丹阳市运动会中学组第八名，首次进入甲级队，篮球、足球比赛获得全市第五；获得丹阳文艺会演曲艺一等奖，获得镇江文艺会演第二名；获得镇江市大课间评比一等奖。6 月 12 日，丹阳市第三中学教育集团举行成立揭牌仪式，该校作为集团核心学校发挥集团化办学“领头羊”作用，教育集团名下各校均获得丹阳市教育质量（提升）一、二等奖。 （徐东方）

【丹阳市云阳中学】 2020 年，丹阳市云阳中学有年级 9 个、班级 81 个、在校学生 3674 人、教职员工 310 人。学校以建设现代学校为总目标，以建校 35 周年为契机，紧抓“县管校聘”提升教育质量，打造“现代化、高质量、有特色、重内涵”的优质教育。中考被江苏省丹阳高级中学录取人数创历史新高，四星级高中录取率稳居全市第一方阵。根据教育局的集团化办学要求，学校作为云阳学校教育集团的领头学校，确立高远目标，建立共享机制，落实联盟措施，坚持“求真·共美”的共同理念，高质量开展集团的各项工作。省级内涵创新项目《情景体验多维创生——英语学科发展示范中心》申报成功并进行开项论证活动；女足 4 人入选“全国校园足球最佳阵容”，被评为国家一级运动员，球队获省长杯冠军；在 2020 年江苏省摔跤精英联赛中，学校获得 2 金 1 银 1 铜。在江苏省县组田径比赛中获得 4 金 2 银，2 个第四名和 1 个第五名的好成绩，总分位列 35 个县市第四名。2020 年，教师鞠秋红获得“江苏省五一巾帼标兵”称号，袁秀梅被评为“感动镇江教育人物——2020 最美班主任”、镇江市“出彩教育人”；胡丽芬被评为镇江市微队课优秀指导教师，丹阳市十佳辅导员；在江苏省教学基本功大赛中邓湘云获江苏省一等奖；刘富林获江苏省“蓝天杯”优质课比赛一等奖；吴娟在镇江市“新秀杯”比赛中获一等奖，在镇江市普通中小学青年教师教学竞赛中获特等奖。学校先后获全国五好小公民主题征文活动先进集体、江苏省智慧校园合格校、江苏省足球后备人才示范校、江苏省优秀中学共青团组织、镇江市家校共育先进学校等十几项荣誉。 （唐 红）

图 147 2020 年 9 月 10 日，丹阳市市委书记黄春年（右二）视察丹阳市云阳学校 （唐 红）

【丹阳市第五中学】 2020 年，丹阳市第五中学有年级 3 个、班级 56 个、在校学生 2963 人、教职员工 264 人。有特级教师、正高级教师 3 人，高级教师 146 人，镇江市、丹阳市学科带头人和骨干教师共计 102 人，硕士研究生 86 人。高考普通类一本达线 281 人，一本达线率为 45.1%；二本达线 623 人；艺术类双达线 55 人，其中音乐类 23 人，美术类 30 人。学校加强校本研训管理，建立“骨干领衔、行政蹲点”校本研训制度，聚焦问题真研究、聚焦课堂真实践、聚焦学生真育人，通过常态化集体备课、阶段性“一课一研”，解读课堂教学实施策略。加强对教学“五认真”各个环节过程管理和细节管理，着力构建“五育并举”的新时代育人体系，科学教育和艺术教育特色成果显著。眭金祥、孔帮新被评为镇江市第二批特级教师后备人才，教师王涛玲被评为镇江市第三批教坛新秀。（孙玉林）

【丹阳市第六中学】 2020 年，丹阳市第六中学有年级 3 个、班级 66 个，其中新疆部有年级 3 个、班级 12 个，在校学生 3301 人、教职员工 275 人。学校把握质量核心工作重点，推进学校高质量发展目标的有效落实。高考质量创新高，2020 年高考本一达线 281 人，新疆班高考文、理科各有 1 人位列全国第 10 名。学校通过实施各种主题教育活动，让学生感悟道理、激发情感、提升能力。围绕核心价值观、中国梦等主题教育，创设八礼四仪专题讲座、爱国主义、理想与信念等演讲比赛、红歌比赛、军训征文、经典诵读比赛等活动；开展社会主旋律思想教育，围绕重大节日教育开展保护环境、尊师重教、“勿忘国耻，圆梦中华”国家公祭日主题教育活动；围绕安全教育开展防溺水、防踩踏、防欺凌、防食物中毒、消防安全、交通安全等专题教育和紧急疏散演练，提高学生的安全意识。学校获得全省民族团结进步模范集体、江苏省智慧校园、镇江市高中学校管理先进集体、镇江市中小学校党建文化“一校一品”品牌项目、镇江市五星平安校园联盟学校、镇江市“市长杯”校园足球联赛高中女子组第一名、镇江市基础教育内涵建设学校、镇江市中小学优秀自制教具先进单位等荣誉。常春国获镇江市十佳教师，朱琴妍获镇江市首届最美班主任，李鹏获得镇江市优秀班主任，马杰、商志华获得镇江市教学先进个人，姜丹敏、钱卫东获得丹阳市好校长。刘兆勋获得江苏省语文优质课评比一等奖，徐云峰获得江苏省化学实验创新评比二等奖，石慧萍获得“镇江市行知伴我行”演讲比赛一等奖。（朱丹华）

图 148 2020 年 12 月 9 日，丹阳市第六中学举行纪念“一二·九”合唱比赛（朱丹华）

【丹阳市第八中学】 丹阳市第八中学是江苏省示范性初中。2020 年有教学班 49 个、在校师生 2900 余人。被江苏省丹阳高级中学录取 197 人，录取率 21.1%；四星级高中以上录取率达 70.4%。坚持“以人为本、以德立校、教学民主、和谐发展”的办学理念，学校位列镇江市初中教育第一方阵。学校开展师德师风宣誓承诺活动，加强课程建设、提升办学质量，推进素质教育；推进集团化办学工作，结合实际，挖掘各成员校备课组优势，探索和研究集团化教研新路子。2020 年，学校获得全国青少年校园足球特色学校、江苏省红十字会基层组织工作先进集体、镇江市文明单位、镇江市五星级平安校园、镇江市中小学智慧校园、镇江市中小学学生社团建设优秀学校、镇江市中小学心理健康教育合格学校、2020 年度镇江市优秀中学中职共青团组织、镇江市第六届中小学生艺术展演一等奖等荣誉。左振军获得江苏省初中物理优质课评比二等奖，张蒙获得江苏省足球教练员技能比赛个人教学二等奖、个人综合一等奖、综合团体一等奖，杨晓旭获得镇江市青年教师基本功比赛一等奖，周洁获得镇江市青年教师基本功比赛一等奖，王仲庆获得“感动镇江教育人物——2020最美班主任”称号。（束雷华）

【丹阳市第九中学】 丹阳市第九中学是第九中学教育集团领衔学校、理事长单位，江苏省示范初中、镇江市教育现代化先进学校。2020年，有教学班31个、学生1500余人、专任教师132人、教授级高级教师1人、高级教师87人、一级教师27人，其中，江苏省特级教师1人，硕士15人，镇江市和丹阳市拔尖人才32人，丹阳市兼职研训员6人，形成各梯队优秀教师群体。学校以“上善若水”为办学理念，开展“新时代好少年”主题教育读书活动、小黑板文化建设、第九届校园文化艺术节、第十届阳光体育节、第十届科技节、美善学生评选等主题教育活动，培养学生文明行为，促进学生健康成长。推进“自能语文”课程基地、“从善文化”校本课程和“三大”特色项目品牌建设，内涵创新项目《初中“自能语文”课程基地建设》镇江立项，推进“三原则八要素”课堂教学改革，完善“崇善课堂”教学模式，举办面向镇江市范围的第九届教学节，组织青年教师参加教学比赛等活动。2020年初三中考成绩位居全市前列。完善“一月一比赛一讲座”校本培训机制，提升教师的师德素养和专业技能，1名教师获省优质课评比一等奖，5名教师获镇江市教学比赛二、三等奖，多名教师获丹阳市教学比赛一、二等奖。重视课题研究，2个省级课题顺利结题，9个丹阳市小课题顺利结题或立项研究。校武术队获江苏省第十二届中学生武术锦标赛团体一等奖和“体育道德风尚奖”，多位学生分别获江苏省第32届金钥匙科技竞赛特等奖和一、二等奖，校女子足球队获镇江市“市长杯”校园足球联赛女子组冠军。2020年，学校获全国国防教育特色学校、江苏省智慧校园、江苏省教师发展示范基地、江苏省金钥匙科技知识竞赛活动特等奖、江苏省青少年科技模型竞赛活动奖团体一等奖、镇江市第三批家校共育试点学校、内涵创新项目《自能语文课程基地建设》镇江立项、镇江市校园足球“达标争优”活动先进学校、镇江市体育大课间评比（初中组）一等奖、镇江市优秀中学中职共青团工作先进集体、镇江市“市长杯”校园足球联赛女子组冠军、丹阳市文明校园、丹阳市“六强”先进党组织、丹阳市“廉洁文化进校园”示范学校、丹阳市五四红旗团委等多项荣誉。（吴云平）

图149 2020年10月20—22日，丹阳市第九中学女子足球队参加2020年镇江市“市长杯”校园足球联赛，获得冠军

（吴云平）

【丹阳市华南实验学校】 丹阳市华南实验学校是九年一贯制现代化学校，拥有2个校区，占地15.33公顷，2020年，学校有班级174个、在校生9200余名、专任教师500多名，其中省特级教师6人，市级以上名优骨干教师220多人，语文、数学、政治、物理等名教师工作室5个。中考被江苏省丹阳高级中学录取283人，录取率24.12%，被四星级高中录取957人，录取率达72.12%。学校是全国校园足球特色学校、全国气象科普教育基地、江苏省艺术教育特色学校、江苏省科学教育特色学校、江苏省青少年信息学奥林匹克培训活动基地、江苏省诗教先进单位、江苏省绿

色学校。学校开展“百团大战”，为每一个学生提供适合的社团课程，促进学生发展特长、专长。学校分别和英国、德国、日本、韩国、新加坡等国开展交换生研学活动，培养学生国际视野。（王俊芳）

【丹阳市实验学校】 丹阳市实验学校是九年一贯制学校。2020 年，学校有教学班 105 个、学生总数 5329 人、在岗教师 320 人。有江苏省“333”培养对象 1 人，全国创新校长、全国课改杰出校长、镇江市名校长 1 人；市级以上拔尖人才 91 人；市校级名教师工作室 10 个。学校围绕“自然、自主、自在”的办学理念，确立“健康人、文明人、责任人、学习人、幸福人”的培养目标，不断创建优质均衡特色教育品牌，推进内涵建设，以本土教育家戴伯韬教育思想研究为抓手，不断提升学校办学品位。2020 年，学校成立实验学校教育集团，8 所学校共同打造集团品牌效应。扩大社团活动影响，开设“日语社团”“古筝社团”“萨克斯社团”“吉他社团”等 117 个。群舞《接过手中的枪》获 2020 年镇江市中学生文艺会演一等奖，太极拳社团成员参加江苏省中小学品格工程项目展示，学校申报的传承项目“武术校园”成为丹阳市中华优秀传统文化传承示范基地。教育部 2020 年农村校长助力工程初中培训班、安徽省“中小学教师校长领航工程”15 位学员到该校进行跟岗培训，学校“构建以立德树人为导向的学生评价体系”在第十三届江苏省初中校长峰会上被评为最佳案例，获 2020 年度市级机关优质效能服务窗口，“极致育人：三自文化课程基地”项目为江苏省中小学课程基地与文化建设项目，“生物学科创新实践教育基地”项目被评为丹阳市创新项目成果奖，学校获江苏省教育学会初中教育专业委员会 2020 年教科研先进学校，校长诸华平获评 2020 年教科研先进个人。学校先后获得全国青少年人工智能活动特色单位、江苏省十佳共青团组织、江苏省教科研先进集体、江苏省青少年科技教育协会单位会员三星级先进集体、镇江市中小学校“一校一品”党建文化品牌项目、2020 年度首批镇江市“四有”好教师团队、镇江市陶研工作先进集体、镇江市优秀少先队大队、丹阳市优秀少先队集体、2020 年度丹阳市目标责任状考核一等奖等。（石玉琴）

【丹阳市实验小学】 2020 年，丹阳市实验小学有教学班 60 个、学生 2967 人、教师 167 人，其中江苏省特级教师 1 人，镇江市级学科带头人 3 人，市以上骨干教师 52 人、中小学高级教师 42 人。学校全面协调、精心组织，推动县管校聘进行，成立以丹阳市实验小学领衔的，包括陵口、运河、访仙、窦庄、界牌的实小教育集团。学校以“生活化的德育”设置课程，落实“道德与法治课、心理健康教育课”等德育活动，开展“我骄傲，我是鸣凤娃”“一年级入学仪式”“祝福十岁，感恩成长”等仪式活动，组织“苏鄂一家亲共同战疫情”“学八礼做八好，争做文明鸣凤娃” “不做‘必剩客’，争做‘光盘侠’”“致敬祖国，致礼中秋”等主题活动，形成具有实小特色的家校共育模式。学校承办镇江市“一校一品”党建文化品牌推进会、江苏省小学语文统编教材整本书阅读主题培训。学校《365 小幼衔接课程基地建设》项目获得省级立项，学校获评江苏省教科研工作先进集体、江苏省第二批“一校一品”党建文化品牌建设成果奖、镇江市校园足球特色学校达标争优先进学校，获得镇江市市长杯校园足球第二名等各类各级荣誉。（李　一）

职业教育和社会教育

【概况】 2020 年，丹阳市遵循技术技能人才成长规律，在产教融合、校企合作、混合所有制改革和现代学徒制项目等方面取得突破，完成省中职领航学校计划年度建设任务，突出“双师型”教师个体成长和教学团队建设，构建“三平台四工程”教师培养模式，提高教师教育教学能力和专业实践能力。积极推动学习型社区建设，发挥开放大学教育资源优势，利用社区家长学校、家庭教育指导服务站点等平台，提供公益性教育指导服务。完成江苏省中等职业学校领航学校第一年度建设；完成2020年中等职业学校招生2190人，其中丹阳中专招生1830人（含五年制高职180人）；促进职教内涵发展，烹饪实训基地成为江苏省现代化实训基地，中餐烹饪与营养膳食专业群成为江苏省现代化专业群，2个项目获江苏省职业院校教学能力比赛金牌。

开展社区教育，建立健全终身教育网站，开发推送多门线上课程；稳步推进社区教育教师“县管校聘”工作；成功举办2020丹阳市暨丹北镇全民终身学习活动周启动仪式。对校外培训机构进行有效监管，对32家校外培训机构进行“双随机、一公开”（随机抽取被检单位、随机选取检查人员，公开检查结果）监管；对民办园开展不打招呼、不听汇报，直奔基层、直插现场式检查；取缔4所无证园。

（袁军辉）

【丹阳市教师发展中心】 2020年，为提升丹阳市教学质量，丹阳市教师发展中心针对集体备课、课堂教学、试题命制等教学工作的关键环节，先后制定《丹阳市中小学集体备课基本要求》《丹阳市中小学课堂教学基本要求》《关于加强试题研究和组建学科命题教师库的意见》3个教学改革推进文件，落实督查方案和措施，加强对新课标、新教材、新高考的研究，对全市中小学集体备课、课堂、命题提出明确要求。义务教育阶段各教育集团在实践“教师限时讲授，学生大声表达”中，逐步提升课堂教学效率。在课改要求下对全市各类学校加强调研。调研做到全学段、全学科覆盖，其中，学前、小学一年一覆盖；初中一学期一覆盖；高中语数外学科两周一覆盖，选修学科一月一覆盖。教育局统一筹划，研训员全程参与，共录制直播课1054节，在线学习人数高峰10万余人，义务教育学段完成1026节优质课录制，建成优质课程资源库。组织各学校积极申报内涵创新项目，镇江市18个省级项目中有11个项目全部通过立项，申报的省科研成果奖获得一等奖1个、二等奖1个。对新教师开展培训，为新教师组建29个新教师培训工作室，对上年度6个优秀新教师工作室进行表彰；组织骨干教师对1年、3年、5年教师进行考核，利用“三领工程”对骨干教师进行培训。江苏省基本功比赛有7位学科类选手获一等奖、5位获二等奖。组织49位副校长（副园长）进行22场课堂教学展示活动，3697人次参与课堂教学展示观摩并开展测评活动，完成4期19位校长论坛的录制工作。组织开展第二次农村学校副校长到城区学校跟岗培训活动，42位学员按计划到19所城区学校开展跟岗培训活动。完成县管校聘，优化内部岗位设置，增强教职工积极性。

（李红蕾）

【江苏省丹阳市中等专业学校】 江苏省丹阳中等专业学校是国家中等职业教育改革发展示范学校、江苏省现代化示范性职业学校、江苏省中等职业学校领航计划建设单位。2020年，江苏省丹阳中等专业学校有在校生4858人、专任教师343人。学校建立“校—部”二级管理体系，有综合高中、机电、信息、商贸4个专业部。有省品牌（特色）专业5个、省级实训基地6个、省现代化实训基地3个、代职教体系“3＋4”专业4个、“3＋3”专业7个、五年一贯制专业5个。2020年高考，共167人达本科，其中综合高中本科达线105人，本科达线率41%。2名学生获得省技能大赛一等奖，18名学生获得省技能大赛二等奖，16名学生获得省技能大赛三等奖；学生景裕星获得省级“华航唯实杯”机器人虚拟仿真大赛“中职组”一等奖，仲叶冰获得江苏省中学生阅读与写作大赛一等奖。

2020年，学校获得全国职业院校“传承的力量”微视频大赛二等奖、江苏省职业教育教学管理和学生管理双“30强”称号，成为省领航学校建设单位、烹饪专业成为省现代化专业群、中餐烹饪与营养膳食实训基地成为省现代化实训基地，获得镇江市职业学校创新大赛一等奖3项；获省中等职业学校“文明风采”获组织奖、江苏省教科研先进集体、丹阳市文明校园和丹阳市融合教育示范校等荣誉。全国技能赛评委教师贺玲花受到省人社厅贺信表彰，杨淑芳获江苏省教科研先进个人，张馨获省共青团先进个人，4人获镇江出彩教育人荣誉称号。在教学能力比赛方面，3人获省一等奖，11人获省赛二等奖；在技能大赛方面，4人获省二等奖；在第12届省文明风采竞赛中，12人获优秀指导教师奖。（钱文彦）

【丹阳市技工学校】 2020年，丹阳市技工学校在校生462人、教职工47人，其中高级职称教师29人、高级技师及技师9人，“双师型”教师占教师队伍比例61%。学校有丹阳市级以上各级各类拔尖人才7名，镇江市教学骨干1人、丹阳市学科带头人1人、丹阳市教学骨干5人。学校共开设拔尖人才公开课丹阳级别6节、校级1节。发表省级论文3篇，获奖2篇。开设数控加工、汽车监测与维修、铁路客运服务、酒店管理、护理、物联网应用技术等专业以及配套实验实训场（室）。技工班级首次纳入全校语数外统考系列，完成高三毕业班省学测考试。申报成功36个工种的技能鉴定机构，四级技能鉴定人数1000余人，三级技能鉴定244人。全年国家资助66人66000元；校内资助9人4500元，学生彭阳杰获得国家奖学金6000元。学校获得镇江市青少年科技创新大赛三等奖、世界技能大赛江苏选拔赛中网络技术应用第三名。教师邹银获得江苏省技工院校教学能力大赛优胜奖，在镇江市职业学校“创新杯”教学能力大赛中，束建军、张欢获得示范课一等奖，陈晨霞获得研究课一等奖。1个班级获得江苏省级先进班级体和镇江市级先进班集体，3名学生获得镇江市三创优秀学生，1名学生获得镇江市三创优秀学生干部，8名学生被评为丹阳市级三好学生，2名学生被评为丹阳市优秀学生干部。（丁明忠）

高等教育

【概况】 2020年，丹阳市有3所高等教育院校，其中2所为师范类院校。有教职工499人，在校全日制本科生10000余人、专科生2000余人。2020年，南京师范大学中北学院“高招类”录取新生2400人，毕业2369人，考研171人。镇江高专丹阳师范学院招生890人、毕业450人。开通“5+1”接本、“5+2”转本的本科培养模式，继续与常州金坛区，南京高淳区教育局合作办学，首届金坛定向委培学生进入实习阶段。（袁军辉）

【南京师范大学中北学院】 南京师范大学中北学院（以下简称“中北学院”）成立于1999年，由南京师范大学与南京师范大学教育发展基金会共同举办，是首批经教育部批准成立的独立学院和江苏省公益性事业单位。2020年，中北学院丹阳校区有在校生10748人、教职工431人。学院下设8个系科、38个本科专业，涉及经、法、文、理、工、管、艺等门类。

2020年，中北学院扩大招生规模，推进一流课程建设和培育，启动院级一流课程建设工作，建设线下课程、线上线下混合式课程、社会实践课程三类；依据专业定位和建设基础，打造“院级—省级—国家级”三级一流课程，共立项建设12门院级一流课程。在大学生创新创业方面，立项150个，其中院级项目116个、省级项目34个。在各级各类学科竞赛方面，中北学院学生获得国家级奖项80人次、省部级奖项168人次。在校学生共组建暑期社会实践团队1435支，学生参与率超96%。1名教师和1名学生获江苏省暑期社会实践先进个人，5支团队获2020年镇江市大学生志愿者暑期“三下乡”“返家乡”社会实践活动优秀团队，10名同学获社会实践活动先进个人，13支团队获院2020年暑期社会实践优秀团队。

2020年，学院选出文化艺术传播研究中

心、外国语言文化研究中心、思想政治理论课研究中心、环境生物技术研究中心和城乡环境设计研究所5个院级重点科研机构。获批江苏省高校哲学社会科学研究项目一般项目10项、思政专项7项，江苏省高校自然科学研究面上项目1项，省社科联应用研究精品工程项目4项，江苏高校“大学素质教育与数字化课程建设”专项课题3项，镇江市社科应用课题4项；完成2020年度院级新立项项目11项，获横向课题立项2项。

教师刘艳的论文入选江苏省第十六届哲学社会科学优秀成果评奖，教师楼飞和郭静静的论文分别获得丹阳市科技论文评选工信类和农业类一等奖。1名教师入选2020年江苏省“青蓝工程”优秀青年骨干教师培养对象，1名教师完成“333高层次人才培养工程”第三层次培养对象管理期满考核工作。

2020年，学院与企业深入合作，成立华为ICT学院，组建华为精英班，成立大学生创新中心。与南京相关企业在数据科学与大数据技术、计算机科学与技术专业合作，进行嵌入式培养。在国际经济与贸易、商务英语专业明确跨境电商人才培养方向，实施课程和培养方案的衔接。与上海发那科机器人有限公司、新梅眼科医疗集团开展人才培养，共建实习基地。

（王　慧　姜　黎）

图150　2020年11月14日，南京师范大学中北学院信息系学生获全国软件和信息技术专业人才大赛全国总决赛二等奖

（王　慧　姜　黎）

【镇江高专丹阳师范学院】　2020年，镇江高专丹阳师范学院有教职员工68人、学生总数2635人，有教授1人、副教授29人、省级产业教授（兼职）1人。学院有学前教育专业技能实训中心，校外实践基地比2019年新增3家。学院以幼儿园教师人才为培养目标，设有与学前教育专业相关的拓展课程。学院注重师范生技能培养，学院申报各级各类课题和项目，其中省市级项目3项、学前教育专项课题近20项、教学改革项目7项，在线课程5门，学校重点资助项目2项；获得省级一等奖2项，校级获奖9项；发表论文14篇，其中核心论文2篇。学院舞蹈队获江苏省第六届大学生艺术展演二等奖，学院合唱队获江苏省第六届大学生艺术展演三等奖，学院团队获江苏省职业院校技能大赛二等奖、第九届江苏省师范生基本功大赛三等奖，学生吕妍获得第二届“图书馆杯”江苏省高校大学生英语口语大赛二等奖，3名学生获国家奖学金，3名学生分别获省优秀学生干部、省三好学生、省“三创”优秀学生称号，3个班级获得省市级先进班集体，6名学生获得市级“三创”优秀学生、优秀学生干部。

（韦宁钰）

【丹阳开放大学】　2020年，丹阳开放大学大力开展成人学历教育和社会非学历教育。学历教育方面，成功申办江苏开放大学丹阳办学点。招收国家开放大学和江苏开放大学的本、专科教育73人，本专科毕业80人，通过江苏开放大学的网上和实地教学检查。社区教育方面，协办丹阳市2020年全民终身学习活动周活动，组织丹阳市12个乡镇社区教育中心参加省、市社会教育指导中心组织的书画、摄影、朗诵等系列活动，获得26个省市一、二、三等奖和优秀组织奖，开展6场“万善之城情暖夕阳”的志愿服务进社区、进农村系列活动，满足老年人需求；面向社区开展15场插花、烹饪、广场舞等技能培训活动，培训人数1055人。开展向丹阳中专云南班学子“送寒衣”“捐棉被”活动。

（曾夕康）

文化 融媒体

栏目编辑 孙晓霞

文 化

【概况】 2020 年，丹阳市加强文化服务体系建设，坚持机制建设与阵地建设两手抓，完善《丹阳市基本公共文化服务保障标准和服务目录》，印制发放《公共文化在您身边》口袋书，继续实施文化馆、图书馆总分馆制，推广丹阳农村文化礼堂建设；开展乡村文艺播种计划，开设各类培训讲座；文化馆、美术馆、图书馆通过各类线上线下活动丰富群众文化生活，成立群众文艺创作工作小组，创作小品、三句半等文艺作品。启动南朝陵墓石刻申遗，推进“非遗”保护传承，新建“非遗”展示厅、董永传说展示厅；加强执法监督力度，维护文化市场稳定，不断提升丹阳市文化服务能力。

（陈蕙姗）

【丹阳市图书馆馆徽面世】 2020 年 8 月 20 日，丹阳市图书馆馆徽（标志）揭幕仪式在图书馆举行。5 月 30 日起，丹阳市面向全市征集“丹阳市图书馆”馆徽（标志）设计图案，3 个月收到 50 余件投稿作品，经过网络投票和专家评审环节，设计者黄思尧的作品被采用。馆徽标志为两本书并排摆放，形成一个“册”字，又似两个“丹”字并立，意为激励市民以书为友、并肩前行，两本书预示着大家应该读好两本书——做事的书和做人的书。馆徽下部尖锐而上部圆润，形象传递读者的期许——保持尖锐有穿透力的思想，又能与他人圆润地交流。

（朱山红）

图 151 丹阳市图书馆馆徽 （朱山红）

·群众文化·

【概况】 2020 年，丹阳市围绕中心工作抓艺术生产，建设文化高地搞精品创作。成立丹阳群众文化创作工作小组，创作小品《终点站》、三句半《城乡变奏曲》等；发动基层群文工作者加强创作，征集到 14 个小戏小品剧本，并举行丹阳市第五届“南腔北调”方言小戏小品大赛。市文化馆创作抗疫主题的小品《静静的夜》获第十四届江苏省五星工程奖总分第二名。市戏剧总团创作的廉政小品《假戏真做》入选江苏省廉洁文化及廉政建设实践探索展示活动；传统古装丹剧《天仙配》选段参加江苏省乡土人才成果展演和第三届戏曲艺术展演。组织开展乡村文艺播种计划，开展各类培训讲座281场次，培训对象涵盖中老年、青少年、大学生、残障人士等。美术馆采用线上、线下多元形式举办书画展览活动10余场次，举办“非遗”《乱针绣作品展》《古琴扇面展》以及讲座、公共教育培训活动10余场次，3幅中国画作品参加国家级展览，1幅获奖，2幅入选；5幅入选江苏省级展览。（陈蕙姗）

【小品《静静的夜》获五星工程奖】 “五星工程奖”是江苏省群众文艺的政府最高奖，是江苏省群众文艺的重要品牌赛事活动。2020年，丹阳市文化馆原创小品《静静的夜》取得全省第二名的好成绩，获第十四届江苏省“五星工程奖”，并将代表江苏省参加第十五届“华东六省一市戏剧小品大赛”。小品《静静的夜》讲述一个家庭在疫情中孕育力量，冲破黑夜，振作抗疫的故事。作品展示基层声音，从不同角度反映社会发展景象和人民群众昂扬向上的精神风貌。（赵 鹏）

图152 2020年，小品《静静的夜》获第十四届江苏省“五星工程奖” （赵 鹏）

【“同心战疫”摄影展】 为展现丹阳市各级干群在抗击疫情期间不畏艰险、无私奉献的精神风貌，记录抗疫期间的工作点滴和感人事迹，凝聚抗击疫情的强大正能量，2020年，中共丹阳市委宣传部、中共丹阳市委网络安全和信息化委员会办公室、丹阳市文体广电和旅游局共同主办“同心战疫”摄影展。本次活动征集作品数百件，经专家评选，遴选出50件优秀作品。图片反映疫情中丹阳市广大干部群众、医务工作者、公安民警、城乡社区基层工作者逆境前行、恪尽职守、迎难而上的感人瞬间，以及各行各业复工复产、助农拓消的纪实情景，展现丹阳市人民团结抗疫的精神风貌。（刘 攀）

图153 “同心战疫”摄影展优秀作品颁奖现场 （刘 攀）

【丹阳市网络才艺大赛】 2020年，丹阳市委宣传部、丹阳市文体广电和旅游局主办，丹阳市文化馆承办首届丹阳市“艺起来”网络才艺大赛。本次大赛创新活动形式，充分利用新媒体平台，采用线上发布、线上报名、线上参与比赛的模式，自4月到11月，每月组织一项艺术门类的比赛，依次为“朗读者”朗诵才艺大赛、“戏迷乐”戏曲才艺大赛、“舞林高手”舞蹈才艺大赛、“我是歌王”声乐才艺大赛、“字强不息”书法比赛、“笔下生画”美术比赛、“浮光掠影”摄影大赛、“良诗益友”诗词大

赛。通过创新公共文化服务形式，激发广大市民的文化创造力。（刘　攀）

【基层文艺巡演】　2020 年 9 月 13 日，丹阳市在云阳街道花园村举办“时代潮”广场文化系列活动 2020 年基层文艺巡演。晚会共 13 个节目，由市文化馆创编的民乐《不谓侠》、古典舞《扇舞春韵》、歌舞《走在小康路上》，云阳街道文体中心选送的小品《婆媳关系》，花园村编排的广场舞《财神驾到》、舞蹈《山河美》等组成。晚会内容紧扣“奋进小康路·幸福丹阳人”的时代主题，展示丹阳深厚的文化底蕴，以及丹阳市精神文明建设成就。（邹　凯）

图 154　2020 年 9 月 13 日，“奋进小康路·幸福丹阳人”基层文艺巡演在云阳街道花园村举行　（邹　凯）

【庆祝中国民主促进会成立 75 周年琴扇展】　2020 年 10 月 23 日，由中国民主促进会扬州市委员会、中国民主促进会镇江市委员会、民进丹阳基层委员会主办，丹阳市美术馆（正则画院）、扬州民进开明书画院、扬州市无弦堂斫琴研究所、扬州市琴筝协会承办的“镇江·扬州两地民进庆祝中国民主促进会成立 75 周年琴扇展”在丹阳市美术馆开幕。展览展出丹阳、扬州两地艺术家创作的扇画 60 幅，古琴 15 床。扇有各色类别，琴有不同形制，琴、扇、书画共展，吸引众多市民参观。

（苏丹美）

图 155　中国民主促进会成立 75 周年琴扇展现场　（苏丹美）

·文物保护管理·

【概况】　2020 年，丹阳市推进文旅融合，主抓申遗保护，推进文化遗产的传承发展。启动南朝陵墓石刻申遗项目，配合南京博物院考古研究所做好丹阳南朝陵墓石刻片区的考古调查勘探，编制丹阳市南朝帝陵和石刻申报中国世界遗产计划书。为有效保护地下历史遗迹遗址，落实超 5 万平方米考古前置审批；推进重点文物修缮，完成万善塔修缮工程；强化文物安保措施，聘请第三方对全市文物古建筑进行安全隐患排查；对“三普点”及具有一定价值的古建筑进行摸底、调查、筛选，为评选和公布丹阳市第七批文物保护单位工作做准备；委托编制丹阳市总前委旧址修缮、文物数字化保护、不可移动文物保护和展陈提升方案，编制南朝陵墓石刻保护提升方案并上报文物主管部门；做好丹阳段大运河文化带建设整体规划编制；邀请南博、镇博考古队对多处施工中发现的古墓进行抢救性发掘。（陈蕙姗）

【南京市丹阳商会返乡历史文化研学游】　2020 年 8 月 29—30 日，南京市丹阳商会近 50 人到丹阳开展返乡历史文化研学游，围绕南朝陵墓石刻和先秦文化两大主线，进行全方位的丹阳历史文化深度探寻游。商会一行参观胡桥北狮子湾的齐宣帝萧承之永安陵石刻、胡桥仙塘湾的齐景帝萧道生修安陵石刻、埤城境内杨家村的孙家村吴国铸铜遗址、司徒狮子山土墩墓、珥陵葛城遗址、延陵季子庙与九里墩土墩墓等地，了解吴文化在丹阳的代表性物质文化遗存和精神文化遗存。南京市丹阳商会成员表示，要多宣传推广丹阳深厚的历史文化和旅游文化，为回报家乡贡献自己的力量。

（殷显春）

图 156　2020 年 8 月 29 日，南京市丹阳商会到丹阳市进行历史文化研学游

（殷显春）

【南朝陵墓石刻（砖画）巡回展】　2020 年 11 月 15 日，丹阳市博物馆举办南朝帝陵石刻（砖画）巡回展，配合丹阳南朝帝王陵寝申请世界文化遗产，发挥社会教育功能。巡回展在云阳街道双合村和大圣村、横塘中学、横塘小学、丹凤实验小学、丹阳中专、第五中学、第八中学等多个村、社区和校园进行，数万人参观。该展览是丹阳市举办的规模最大、持续时间最长、受众最广的南朝陵墓艺术展，将长期在全市村、社区和校园开展巡展。

（殷显春　阙　强）

图 157　2020 年 11 月 15 日，丹阳市博物馆南朝帝陵石刻（砖画）巡回展走进校园

（殷显春）

•“非遗”宣传管理•

【概况】　2020 年，丹阳市持续推进“非遗”保护传承。服务各级“非遗”项目及传承人提档升级，“梨膏糖制作技艺”等入选镇江市第六批非物质文化遗产项目，“赵氏二胡制作技艺”传承人赵军成功申报第五批江苏省级“非遗”传承人，做好第四批丹阳市级“非遗”项目申报准备；加强“非遗”传承保护阵地建设，重新装修“非遗”展示厅、“董永传说”主题展示厅，征集展陈作品。新建丹阳九里风景区“非遗”展示馆，邀请“非遗”传承人定期开展传承普及活动；开展文创大赛，举办 2020 年“文化和自然遗产日”主题暨丹阳市第六届民俗文化周系列活动，组织“天鹅绒织造技艺”“堂皇手推绣”参加第二届大运河文化旅游博览会分会场活动暨第三届中国（淮安）大运河城市“非遗”展，组织“赵氏二胡制作技艺”“天鹅绒织造技艺”申报江苏省文旅厅对外交流精品项目库等。

（陈蕙姗）

【5 项目入选镇江市第六批非物质文化遗产名录】　2020 年 4 月 13 日，镇江市政府印发《镇江市人民政府关于公布镇江市第六批市级非物质文化遗产名录的通知》，正式对外公布

第六批市级非物质文化遗产项目名录和镇江市市级非物质文化遗产扩展项目名录。丹阳市有梨膏糖制作技艺、瑞荣毛笔制作技艺2项新增项目和家具（精细木作）制作技艺、苏派装裱技艺（丹阳书画装裱修复技艺）、庙会（柳茹庙会）3项扩展项目上榜。此次公布的第六批市级非物质文化遗产名录包括传统舞蹈、传统戏剧、传统体育游艺与杂技、传统技艺、传统医药和民俗六大类，共计16项；市级非物质文化遗产扩展项目名录包括传统美术、传统技艺、传统医药和民俗四大类，共计10项。此次5个项目入选市级非物质文化遗产项目名录，将进一步充实丹阳市“非遗”项目库，丰富“非遗”传承保护种类，为推动建设优秀传统文化传承体系，促进非物质文化遗产保护事业发展奠定坚实基础。（陈蕙姗）

【吕存师生乱针绣作品展】 2020年9月15日，由中共丹阳市委宣传部、丹阳市文体广电和旅游局、丹阳市文学艺术界联合会主办，丹阳市美术馆（正则画院）、丹阳市民间文艺家协会承办的“弦歌不辍 薪火相传”吕存师生乱针绣作品展在丹阳市美术馆（正则画院）展厅开幕。此次展出江苏省非物质文化遗产乱针绣代表性传承人、中国工艺美术大师吕存及其学生的精品绣作50余幅。展览汇集丹阳正则绣教学的成果，也呈现出丹阳地方优秀文化的有序传承。展览于9月15日至10月8日在市美术馆免费开放。（苏丹美）

图158 吕存师生乱针绣作品展现场

（苏丹美）

【“丹阳‘非遗’进商超”系列展示活动】 2020年11月26—29日，“遗风余韵·文脉相承”“丹阳‘非遗’进商超”系列展示首场活动在金鹰购物中心举行。“丹阳‘非遗’进商超”系列活动是依托丹阳市的商业资源，集合广大受众群体搭建而成的综合性“非遗”展示平台，通过分类呈现，最大限度地展现丹阳“非遗”的活态传承，打通社会民众普遍参与“非遗”保护与传承的“最后一公里”。此次活动展示25个代表性项目，10位各级“非遗”代表性传承人现场展演，向市民展示丹阳“非遗”的整体发展情况，以及各级“非遗”代表性项目、代表性传承人名录，内容包括乱针绣、天鹅绒织造技艺、面塑、泥塑、剪纸、烙铁画、木雕等传统技艺，以及富含丹阳本土元素的嘉山灶马膏熬制技艺、瑞荣毛笔制作技艺、王氏经络推拿等地方项目。（丁 敏）

图159 2020年11月26日，“丹阳‘非遗’进商超”首场活动在金鹰购物中心举行

（丁 敏）

【赵军获省非物质文化遗产代表传承人荣誉】 2020年11月4日，江苏省文化和旅游厅公布第五批江苏省非物质文化遗产代表性项目代表性传承人名单，丹阳市民族乐器制作技艺传承人赵军上榜。至此，丹阳市省级“非遗”传承人增至5位。江苏省对“非遗”传承人的认定有一套严格的标准，赵军是赵氏琴坊第十三代传承人，深得祖上制琴要诀，在制琴工艺上不断研究创新，二胡制作水平跃上新台阶。赵军二胡制作流程有100多道工序，大致分为琴

杆、琴筒、琴托、琴轸、琴轸与琴杆的组装、琴杆与琴筒的安装、蒙皮、音窗制作和整琴组合九大程序，各个程序紧密相连，缺一不可。赵氏二胡历史悠久，包含手工技艺、音乐韵律、民俗寓意等多层文化和艺术元素。2004年，赵军二胡在首届全国二胡制作大赛中获一等奖，并载入《中华民乐大典》；2010年，在香港首届国际二胡珍品制作比赛中获金奖，被授于“国际二胡制琴大师”。由于“赵氏二胡”传承历史悠久，原始工艺精湛，被纳入“江苏老字号”“江苏省非物质文化遗产”名录。

（陈蕙姗）

【3个自然村入围省传统村落】 2020年12月4日，江苏省住房和城乡建设厅公布第三批江苏省传统村落公示名单，全省138个村落入围，丹阳市经济开发区建山村黄连山，经济开发区建山村陈山，经济开发区建山村前刘家3个自然村榜上有名。传统村落又称古村落，指村落形成较早，拥有较丰富的文化与自然资源，具有一定历史、文化、科学、艺术、经济、社会价值，应予以保护的村落。传统村落中蕴藏着丰富的历史信息和文化景观，是中国农耕文明留下的最大遗产。（陈蕙姗）

【“大运河文化保护志愿者日”系列活动启动仪式】 2020年12月19日，由江苏省大运河办指导，中共镇江市委宣传部、镇江市大运河办和丹阳市委市政府主办的“2020大运河文化保护志愿者日”系列活动启动仪式暨大运河江苏流域戏曲艺术展演在丹阳市奥体中心举行。

活动播放杭州、无锡、镇江三地大运河文化保护与传承的宣传短视频；杭州、无锡、镇江三地志愿者代表现场宣读大运河文化保护志愿服务倡议书。殷敏、黄春年与大运河沿线12个城市志愿者代表共同启动大运河文化保护志愿日系列活动；省委宣传部副部长徐宁与镇江市委常委、宣传部部长孙晓南共同启动“访古问道大运河”抖音号。大运河文化保护志愿活动日启动仪式结束后，以“水路·戏路·传承之路”为主题的京杭大运河江苏流域戏曲文化传承与创新工程第三届戏曲艺术展演活动正式启动。

（曾丽萍）

图160 2020年12月19日，大运河文化保护志愿者日系列活动启动 （邹 凯）

【2020年“文化和自然遗产日”主题宣传暨丹阳市第六届民俗文化周系列活动】 2020年6月11—24日，由丹阳市文体广电和旅游局主办，丹阳市文化馆（丹阳市非保中心）、丹阳市博物馆、丹阳市总前委旧址纪念馆联合承办的2020年“文化和自然遗产日”主题宣传暨丹阳市第六届民俗文化周系列活动在丹阳市文化馆微信公众号上线。活动采取线上方式进行，分“匠心传承”非遗展、“齐梁撷珍”南朝陵墓石刻展、“红色记忆”总前委与丹阳、“健康生活”中医健康讲堂以及“文化和自然遗产”有奖知识竞答5个部分。丹阳市博物馆联合丹阳市云阳街道文体中心开展“文化和自然遗产日”南朝陵墓石刻图片展走进社区、走进农村线下延伸巡展活动。活动营造保护文化遗产的良好氛围，动员全社会共同参与、关注和保护文化遗产，增强全社会的文化遗产保护意识。

（丁 敏）

·文体旅市场管理·

【概况】 2020年，丹阳市加强市场监管，抓好安全生产、扫黑除恶等工作。严厉查处接纳未成年人进入营业场所行为，对消防安全、公共场所控烟等重点监管，在全市范围内对文化市场开展拉网式检查，检查各类场所 246 家，对 389 家各类单位和场所进行安全生产排查并完成整改。完善扫黑除恶长效机制，重点对文化、旅游市场经营单位进行专项检查，完善扫黑除恶专项斗争 12 项长效制度以及行业治理要求 10 项措施，强化文化市场监管。维护文体旅市场稳定，做好网上审批，优化审批环节，做好江苏省市场监管信息系统（证照联动平台）每天登录认领和反馈，以及政务服务系统（双公示平台、公共信用平台）新证照上传工作。　（陈蕙姗）

【文化市场防疫和安全工作大检查】　2020 年，为做好国庆、中秋节假日期间文化市场管理，丹阳市文体广电和旅游局对互联网行业、歌舞娱乐场所重点开展疫情防控和安全生产检查，落实好体温测量、佩戴口罩、通风换气、清洁消毒和健康码核验等措施，检查人员密集场所疏散通道、安全出口、消防设施、灭火器材维护保养和日常检测记录，针对检查中发现的薄弱环节督促整改，确保安全生产工作不流于形式、不走过场，为市民营造安全的文化环境。　（张红霞）

图 161　工作人员进行文化市场防疫和安全工作大检查　（张红霞）

【旅游包车专项整治和安全生产学习宣讲会议】　2020 年 8 月 19 日，丹阳市文体广电和旅游局召开旅游包车专项整治和“百团进百万企业”安全生产学习宣讲工作会议。督促旅行社企业落实安全生产主体责任，建立健全安全生产责任制的具体举措。市文体广电和旅游局启动部门联动机制，联合交管部门加大对旅游包车客运企业动态监控制度落实及车辆实际运行情况监督检查，增强旅游包车安全责任意识，提升企业安全预防能力，推动行业安全生产形势稳定。　（李成军）

图 162　2020 年 8 月 19 日，丹阳市召开旅游包车专项整治和“百团进百万企业”安全生产学习宣讲工作会议　（李成军）

· 图书事业 ·

【概况】　2020 年，丹阳市图书馆落实《2020 年度江苏高质量发展绩效考评实施方案》文件精神，发挥自身职能教育作用，开展阅读推广活动，于 11 月下旬通过江苏省高质量发展绩效评价考核。在疫情防控期间，利用“数字化”服务拓展公共文化服务新路径，设置电子图书借阅机；利用微信公众号、小程序配合开展线上活动，丰富读者活动体验，并采取图书荐购活动，根据群众需求采编订阅杂志 529 种，购入图书 6500 种 20000 余册。在暑期，图书馆每天晚间延长开放两个半小时，满足更多的读者需求。开展“世界读书日”知识竞赛、面向全市征集“丹阳市图书馆”馆徽（标志）设计图案、第五届“爱·阅读”征文比赛、七夕送书活动、第24届少儿演讲比赛、“书香伴我成长”中国儿童文学作品展等活动。

（陈蕙姗）

【七夕送书活动】 2020年8月23日，由丹阳市总工会、丹阳市文体广电和旅游局主办，丹阳市图书馆承办的“‘你写寄语，我送书’扉页唯美寄语送给最爱的TA”七夕送书活动在图书馆举办，77位市民带着爱人、孩子参加活动。随着全民阅读活动的推进，市民阅读氛围浓厚，该活动在网络上启动后，收到485条七夕寄语。（朱山红）

图163 2020年，“‘你写寄语，我送书’扉页唯美寄语送给最爱的TA”七夕送书活动市民家庭合影（朱山红）

【新华书店】 2020年，丹阳新华书店发挥国有企业主渠道作用，全年完成营业收入5990万元，利润340万元。图书发行工作取得较好业绩，共发行5154902册书，尤其在政治读物的发行上，全体员工通过开展上门征订、送书进社区单位等方式，完成上级下达的各项量化指标。2020年，丹阳新华书店被江苏省广播电视总台评为“优质服务示范单位”。（王国民）

融媒体中心

【概况】 2020年，丹阳市融媒体中心按照“打造主流舆论阵地、综合服务平台、社区信息枢纽”的功能定位，为市委、市政府中心工作推进提供思想舆论支持和精神文化力量。中心设27个内设机构，主要有电视频道2个、广播频率1个，公开发行《丹阳日报》1份，微信公众号2个、移动客户端1个、网站1个，总用户数和关注人数超250万人。2020年，融媒体中心重点策划举办第三届“新春走大运”灯饰亮化、“丹阳金融生态提升年”“最美巾帼奋斗者”“五四运动101周年表彰大会”“最美青年、高水平小康——丹阳在行动”“生命至上 大爱仁医”“最美退役军人”“誓言永恒”“奔跑者之歌”等30多场活动。开设“疫情防控丹阳在行动”“贯彻全委会精神“ “产业强市跑起来”“走向我们的小康生活”等重点栏目，组织开展“新春走基层”“重大项目建设进行时”“美丽乡村看我家”“乡村振兴领航员在行动”等走基层大型融合新闻行动。2020年，丹阳市融媒体中心在海外媒体、中央级媒体、省级媒体、市级媒体累计用稿近500篇，“学习强国”发稿创新高，用稿160余篇。（毛文泽）

图164 2020年12月3日，丹阳市融媒体中心接受省级验收（毛文泽）

【融媒体中心建设】 2020 年，融媒体中心把内容生产作为融合发展的第一要务，坚持移动优先原则，构建全媒"生态圈"。打破媒体壁垒，全面革新管理体制和运行机制，按照"1＋4＋N"模式，顺利完成组织架构、人事管理、经营机制三项改革。节约化建设内容生产大厅和荔枝云新闻融合生产平台，通过"策、采、编、发"流程再造，实现从线索汇聚、选题策划、协同采编制作、内容统一发布到舆情分析、数据挖掘的闭环业务流程。"小丹""一峰"AI 主播成功启用，降低节目生产成本。自主建设并上线城市级门户入口"我的丹阳"APP，打造资讯联动、政务协同、商务联动、民生服务、企业入驻的云上数字丹阳。在初步形成融媒体中心移动端矩阵的基础上，中心所有信息资源第一时间向移动端汇聚、所有发布产品第一时间向移动端推送，提高传播的即时性、影响力和覆盖面。 （毛文泽）

图 165 2020 年 5 月 27 日，江苏省委宣传部常务副部长焦建俊（左二）到丹阳调研融媒体中心建设情况 （毛文泽）

【媒体智慧运营】 2020 年，丹阳融媒体中心坚持社会效益为先，依托优势、整合资源，拓展经营创收渠道，着力提升在文创策划、设计制作和大数据应用等方面的核心竞争力，推动经营创收从传统广告发布模式向智慧运营转型。完成《丹阳市民卫生 10 条》、开发区理论实践的"三三工作法"和"思 · 享"空间、延陵党建园、江苏省丹阳现代农业产业示范园品牌策划等项目。利用人工智能、大数据、移动互联网及新兴媒体的技术和思维，以技术变革带动生产革新。完成产业强市"三集中"项目集中开工主会场和 11 个分会场双向直播活动、新孟河界牌枢纽工程与省委书记娄勤俭的现场直播连线工作。智慧停车、丹阳文明实践中心服务平台、智能公交、丹阳招商产业地图、国土"一张图"及四全服务平台入驻大数据中心，成功实现落地应用。 （毛文泽）

【严守宣传阵地】 2020 年，融媒体中心在疫情防控期间运用媒体融合建设成果，第一时间传播党委政府声音，第一时间反映全市防控动态，第一时间呈现全市各界众志成城防控疫情的工作举措成效，为全市疫情防控工作营造良好的舆论氛围、贡献媒体力量。一线采编播人员主动放弃休假、坚守岗位、闻令而动，及时推出《众志成城，防控疫情，丹阳在行动》《防控疫情，党员挺在前》等专栏报道（累计发布稿件 500 余条）。注重发挥新媒体互动性、便捷性优势，在微信公众号上开设"辟谣""疫情速报""通报"等多个专栏（推文资讯 200 余篇），不间断地对丹阳市最新疫情动态、权威公告等进行审核发布。组织主持人录制推出 20 余条短视频，及时准确传达疫情防控知识。 （毛文泽）

图 166 2020 年疫情期间，融媒体中心记者在医院一线采访报道 （毛文泽）

丹阳融媒体中心2020年在中央台电视外宣用稿统计表

表38

栏 目	播出时间	标 题
中央电视台朝闻天下	1月5日	江苏丹阳两少年贪玩落水警民合力救援
中央电视台新闻频道	1月23日	物流运行平稳 增速略有回升
中央电视台中文国际	3月28日	严格保障措施 多地陆续迎接开学
中央电视台新闻频道朝闻天下新闻直播间中文国际	4月12日	工信部 固链行动 提升全球产业链供应链稳定性
中央电视台新闻频道中央电视台经济半小时	5月4日	复工复产调研行 江苏丹阳：眼镜产业的逆境求生
中央电视台军事频道	5月10日	江苏：网络招聘会变身“征兵场”
中央电视台经济半小时	5月14日	一刻不能停止的呼吸线
中央电视台新闻联播	5月26日	全国人大代表审议政协委员建言
中央电视台经济半小时	6月5日	江苏丹阳：30秒左右制造完成 订单却已经排到了8月份 自行车为何火了?
中央电视台正点财经	9月11日	眼镜行业调查 供货还要培训 眼镜经销商净利润率8%
中央电视台正点财经	9月11日	江苏丹阳：一副镜片10元成本 眼镜架仅为30元
中央电视台正点财经	9月11日	租金贵导致眼镜价格高 零售店净利润率不到10%
中央电视台新闻频道	9月21日	高铁飞驰来 小城登高台
中央电视台新闻频道	11月20日	聚焦先进制造业 主攻卡脖子技术难题
中央电视台财经频道	12月2日	自行车又卖疯了！出口额创25年纪录！工厂车间忙到飞起！疫情之下，百年行业凤凰涅槃?
中央电视台远方的家	12月3日	运河两岸 水润丹阳

（毛文泽）

2019 年度获奖好新闻一览表

表 39

作　品	奖　项	作　者
消息：吕城西墅村有个”每日一善“微信群	江苏省报纸优秀作品　三等奖 中国县市区域报新闻奖　二等奖 镇江报纸好新闻　二等奖	束旦平
通讯：出门谈生意时带着电饭煲	中国县市区域报新闻奖　一等奖 江苏省县市报好新闻　二等奖 镇江报纸好新闻　三等奖	蒋须俊　魏郡玉
通讯：一份特殊的入党申请书	中国县市区域报新闻奖　一等奖 江苏省县市报好新闻　三等奖 镇江报纸好新闻　三等奖	李　潇
系列报道：探寻苏南先进地区发展之道系列报道	中国县市区域报新闻奖　一等奖	曾丽萍　蒋　玉
系列报道：寻访·重温红色记忆系列报道	江苏省县市报好新闻　一等奖 中国县市区域报新闻奖　二等奖 中国县市区域报中华人民共和国成立70周年主题新闻作品　二等奖 镇江报纸好新闻　重大主题策划奖	马　骏　李　潇 陈晓玲
消息：忘付买肉钱，老党员连跑两趟送回	中国县市区域报新闻奖　二等奖	李　潇
消息：退休老党员 11 年悬挂国旗报党恩	中国县市区域报新闻奖　二等奖 中国县市区域报中华人民共和国成立70周年主题新闻作品　三等奖	束旦平
通讯：扎根山林二十五载　从此烂石山不再烂	中国县市区域报新闻奖　二等奖	束旦平
通讯：种粮大户：“这里的田头会务实高效!”	中国县市区域报新闻奖　二等奖 镇江报纸好新闻　二等奖	蒋须俊　丁汉平
消息：特殊考题难倒年会现场百余名孩子	江苏省县市报好新闻　二等奖	李　潇

续表 39

作　品	奖　项	作　者
消息：丹北有个张富清式的党员老兵	江苏省县市报好新闻　三等奖 中国县市区域报新闻奖　三等奖 镇江报纸好新闻　三等奖	束旦平
消息：丹和醋业成功重组“醋劲大发”	江苏省县市报好新闻　三等奖	蒋　玉
系列报道：3·15 系列报道	中国县市区域报新闻奖　三等奖	内容生产部
新闻版面：7 月 26 日 1 版	中国县市区域报新闻奖　一等奖 江苏省县市报好新闻　好版面	茅猛科
新闻摄影：“在他在，道路就畅通了！”	中国县市区域报新闻奖　一等奖	萧也平　魏郡玉
新闻摄影：一个“草根艺术团”的坚守	中国县市区域报新闻奖　一等奖	萧也平　魏郡玉
新闻摄影：流动留守儿童的筑梦逐梦之旅	中国县市区域报新闻奖　一等奖	萧也平　魏郡玉
新闻摄影：一名退伍老兵的敬老情	中国县市区域报新闻奖　一等奖	萧也平　魏郡玉
微信公众号、新闻客户端：市民广场想要改名啦！起个什么名字好呢？	中国县市区域报新闻奖　一等奖	汤　鹄　张玉峰 周　娜　汤剑蕾
微信公众号图文类：20 年了，丹阳人永远不会忘记！	江苏省县市报好新闻　一等奖	吴淋淋
移动直播：2019 年丹阳半程马拉松现场直播	中国县市区域报新闻奖　二等奖 江苏省县市报好新闻　二等奖	集　体
新媒体创意互动：接力！我已为丹阳考生助力！你也一起来吧	江苏省县市报好新闻　三等奖	吴淋淋

（毛文泽）

2020 年中央级媒体录用稿件情况表

表 40

作品名称	时　间	媒体名称
“丹阳是一座有爱的城市！”他们心怀感激踏上返乡路	2 月 13 日	新华网

续表 40

作　品	时　间	作　者
江苏丹阳：公开征集意见　引导良好卫生习惯养成	3 月 7 日	新华网
朱小坤：利用数字化技术手段　创新外贸发展新模式	5 月 26 日	新华网
电影《彩云深处》首映式在丹阳举行	9 月 14 日	新华网
乡村文旅游成乡村振兴“新引擎”	10 月 1 日	新华网
丹阳出品的影片《彩云深处》获中国国际儿童电影展大奖	12 月 3 日	新华网
徒步走变成专车送　丹阳帮助 6 名外来人员返乡	2 月 14 日	《人民日报》客户端
江苏丹阳：整治人居环境　助力乡村振兴	9 月 3 日	人民网
江苏丹阳退役军人事务局推出系列拥军优属政策	9 月 29 日	《中国国防报》

（毛文泽）

2020 年海外媒体录用稿件情况表

表 41

作品名称	时　间	媒体名称
江苏镇江援鄂医疗队员：为湖北注入“镇”能量	2 月 10 日	《香港商报》
江苏镇江规上工业实现 100％复工	2 月 28 日	《香港商报》
江苏丹阳力争跻身国内新材料产业高地	12 月 9 日	《香港商报》
深化“放管服”改革优化营商环境　江苏丹阳交房即发证	12 月 9 日	《香港商报》
江苏丹阳影片《彩云深处》获中国国际儿童电影展大奖	12 月 9 日	《香港商报》
江苏丹阳：长三角一颗璀璨的明珠	9 月 18 日	《澳大利亚大洋时报》

（毛文泽）

2020 年《新华日报》录用稿件情况表

表 42

作品名称	时　间	媒体名称
丹剧登上 2020 年新年戏曲晚会	1 月 8 日	《新华日报》
25000 只口罩！丹阳外国友人、爱心药店很有爱	1 月 29 日	《新华日报》
丹剧致敬最美逆行者	2 月 3 日	《新华日报》
社区党员“搬家”到战“疫”一线	2 月 4 日	《新华日报》

续表 42

作品名称	时 间	媒体名称
丹阳疫情管控全面升级	2 月 5 日	《新华日报》
丹阳党员做足防控“绣花功”	2 月 7 日	《新华日报》
抗疫有“我”，用使命担当交出合格答卷	3 月 6 日	《新华日报》
丹阳现场签约 26 个大项目	4 月 17 日	《新华日报》
丹阳十万市民票选“卫生 10 条”	4 月 20 日	《新华日报》
“自拆房角”里的治理智慧	4 月 21 日	《新华日报》
读懂为企业家“出书立传”的深意	5 月 9 日	《新华日报》
丹阳首进人才市场“选兵”	5 月 15 日	《新华日报》
“眼前”的世界，变化“无穷大”	6 月 8 日	《新华日报》
丹阳市建山村：山窝窝的“黄连村”变身金窝窝	6 月 20 日	《新华日报》
“小康故事”在希望的田野上不断涌现	6 月 29 日	《新华日报》
在服务群众中凝聚引导群众	8 月 27 日	《新华日报》
电影《彩云深处》首映式在丹阳举行	9 月 14 日	《新华日报》
练好“绣花功夫”提升群众幸福感	11 月 27 日	《新华日报》

（毛文泽）

江苏有线丹阳分公司

【概况】 2020 年，江苏有线丹阳分公司充分发挥“党媒政网民屏”效能作用，聚焦主业、聚力创新，克服各种风险挑战，取得社会和经济效益协调发展的良好局面。提升员工服务意识和融合发展能力，推动公司各项事业良性发展，围绕“智慧城市”“智慧社区”“智慧家庭”等社会发展新业态，打造党和政府放心的责任电视、社会认同的绿色电视、群众爱看的精品电视。2020 年 11 月，公司成功中标丹阳市智慧警务一标段和开发区曲阿街道“政务服务综合治理一体化平台”项目，稳步推进智慧丹阳建设。公司先后获丹阳市“2020 年度高质量发展综合考核”二等奖、丹阳市组织工作创先争优“先进集体”、丹阳市“文明城市长效管理”三等奖；“智慧残联”公共服务平台被省广电局、工信厅评为江苏“省智慧广电”八大优秀项目之一。（张建新）

【基础网络建设】 2020 年，江苏有线丹阳分公司加强基础网络建设，固定资产投资 1694 万元，其中新建小区网络建设、线路迁移、综合管线建设等投资 180 万元；常规投资项目 1514 万元，推进丹阳市主干光缆网络建设、农村网络双向化改造、网络优化等项目建设；做好技术保障工作，通过明确责任、强化值班管理和信号监测、开展应急演练等多措并举，确保安全播出工作规范有序，保障“两会”、“七一”、国庆、纪念抗美援朝出国作战 70 周年大会、十九届五中全会、南京大屠杀死难者国家公祭日等重要会议和重大活动安全播出。

（张建新）

【党建“书记项目”】 2020年，江苏有线丹阳分公司党委实施《护航“平台”，助力新时代文明实践》书记项目，把党建活动融入企业生产经营之中，充分调动公司党员积极性，参与新时代文明实践志愿者服务，为文明丹阳做贡献，传播先进思想文化，打通服务群众的“最后一公里”。新冠疫情影响下，为减少人员聚集，丹阳市发挥新时代文明实践平台视频会议系统作用，通过“市一镇视频传输”召开会议11场，“镇一村视频传输”会议8场，使党和政府的声音及时传达到各级组织，形成有效工作合力；开展志愿活动，发挥党员先锋模范作用。公司组织16个党支部志愿服务队参与全市性志愿者服务活动，开展走访慰问丹阳11位援鄂医疗队队员家庭、农村人居环境整治、“八一”慰问优抚对象家庭、社区“大走访”和主干路“文明实践、你我同行”等系列志愿服务活动，参与人数达600多人次，树立企业良好社会形象。

（张建新）

图167　2020年4月30日，江苏有线丹阳分公司组织党员志愿者参加结对高楼社区环境整治专项活动　（张建新）

【开展助残文化扶贫】 2020年，江苏有线丹阳分公司与丹阳市慈善总会、市残疾人联合会合作，对2000余户残疾人困难家庭开展助残文化扶贫活动。对筛选出确需安装有线电视但因经济困难尚无电视机的约300户受助对象家庭，每户赠送1台高清液晶电视机；对其他约1700户受助对象家庭，每户给予400元家电助残补贴，以供受助家庭更新电视机。丹阳分公司分批对没有安装有线电视的困难残疾家庭免费赠送全省通高清机顶盒、4K高清节目包，并对有需求的家庭开通宽带，让困难群众能享受到高清公共频道和各类公益类点播电视节目服务，丰富其精神文化生活，在“物质帮”的基础上再进行“精神扶”。

（张建新）

【党建引领十街道微治理与服务】 2020年7月2日，江苏有线丹阳分公司承建的“党建引领十街道微治理与服务”项目通过终验，受到丹阳市委组织部、编办、人社、城管、云阳街道办等使用单位一致好评。该项目是分公司拓展政企业务、服务地方党委政府的重点工程，2019年7月30日，公司通过公开招标，获得承建资格；2019年10月15日，项目安装调试完成并投入试运行。项目以党建引领为核心，文明实践为指导，充分体现党建引领的核心作用，发挥丹阳智慧党建平台和新时代文明实践中心的融合联动功能，达到智慧镇村的政务服务“一窗口”，镇村治理“一张网”，综合执法“一队伍”，指挥调度“一中心”，使便民惠民、服务群众的初衷得到良好体现。

（张建新）

图168　2020年7月2日，江苏有线丹阳分公司承建的“党建引领十街道微治理与服务”项目通过终验　（张建新）

卫生健康

栏目编辑 陈春芳

综 述

【概况】 2020年，丹阳市围绕健康丹阳建设战略，改革完善公共卫生和重大传染病防控体系，不断深化医药卫生体制改革，打赢新冠肺炎疫情防控阻击战。加强医疗质量监管，筑牢医疗安全防线。加强护理环节质控，专项检查护理核心制度落实情况；全面落实院感防控各项措施，多轮次开展新冠肺炎感染防控专项督查，确保医疗安全；做好大型会议、中高考等医疗保障21次；及时、高效处置突发爆炸事故；界牌镇卫生院建成全省第一批农村区域医疗卫生中心；“优质服务基层行”活动实现全覆盖，2家单位达省推荐标准；扎实推进市人民医院普外科、骨科省级重点专科建设；做好中医院3个全国名中医工作站和1个全国基层名中医工作室建设。开展公共卫生，强化基层能力建设。加强疾控机构、基层医疗卫生机构重大疫情防控能力建设，优化重大疫情救治体系，建立分级、分层、分流的传染病等重大疫情救治机制；基本公共卫生项目补助标准提高至人均80元以上；入选江苏省家庭医生签约服务创新建设单位，全市共完成各类人群签约服务368816人，其中个性化签约服务包总计25554人；丹阳市获镇江市家庭医生团队感控技能竞赛团体一等奖、镇江市生殖健康技能竞赛团体二等奖；完成新建户厕任务18051户，延陵镇国家卫生镇创建、界牌镇和陵口镇省级卫生镇创建均通过省级暗访，等待明查验收；启动国家慢性病综合防控示范区新一轮复审工作。突出家庭健康发展，提升精准服务水平。全市有建档立卡贫困户5461人，摸底核实大病对象743名，救治354名；签订特殊人群家庭医生签约服务包5461个，签约服务率97.7%；推动49家托育机构完成备案管理，其中3家托育机构通过国客网上备案、1家机构作为镇江市代表参评普惠性托育机构省级评审；完成227名65周岁以上老人问卷调查和心理咨询工作；有序推进延陵行宫、访仙窦庄和皇塘蒋墅分院向护理院转型，预计新增护理性床位300张；做好职业健康监管基础工作，完成企业职业病危害项目申报审核91家和35名尘肺病患者随访调查任务。做好卫生基础保障，打牢事业发展根基。市人民医院新楼工程进入扫尾阶段；推进中医院易地新建工程；血站（含院前急救中心）易地新建项目完成项目建议书批复，办理可研报告；司徒卫生院易地新建项目完成相关工作；建立卫健委领导划片检查制度，对安全生产工作进行轮回检查，全年共排查出一般隐患78条，涉及消防安全29条、特种设备安全42条、危化品安全7条，整改78条，整改率100%，确保全系统安全生产

形势稳定向好。（谈 枫）

图 169 2020 年 9 月 10 日，丹阳市召开欢迎全国抗击新冠肺炎疫情先进个人赵俊霞载誉归来座谈会（张义义）

【新冠疫情防控】 2020 年，针对新冠疫情，丹阳市第一时间成立疫情防控工作指挥部，组建市级专家组，发挥统筹协调、业务指导职能，科学制定防控工作方案和应急预案，构建联防联控工作体系。各级各类医疗卫生机构迅速投入防疫阻击战，强化预检分诊、发热门诊监测功能，及时发现确诊病例，及时处置，均已康复出院。严格落实“四早”要求，组建流行病学调查组，高效开展流调溯源、重点场所预防性消毒和终末消毒。实行社会重点场所防控，累计向交通卡口派驻医务人员 1400 余人次，接待社会心理健康咨询电话 300 余个。疫情成效巩固期，创新完善应急处置机制，组织开展疫情防控桌面演练和全员核酸检测实战演练，有效检验应急指挥体系和实战能力。卫生应急管理体系逐步完善，120 院前急救中心高效转运新冠肺炎可疑对象，高效处置境外输入疫情和涉疫货品突发事件。承担镇江市境外和中高风险人员集中隔离工作，抽调 20 名医务人员成立 2 组接驳转运工作专班和集中隔离工作专班，强化规范管理，保障隔离点安全，累计集中隔离观察入境人员和中高风险地区人员 1286 人。疫情常态化防控期，严格落实外防输入、内防反弹和人物同防各项措施，全面加强入院人员管理、预检分诊、发热门诊运行、医院感染控制、预约诊疗等医疗机构常态化疫情防控措施。设立 22 个核酸采样点，统一为各采样点配置箱式核酸检测采样区，实现“愿检尽检”人群核酸检测服务。强化重点人群和重点环节管控，抽样检测农贸市场、商超、餐饮等重点场所和冷链食品样本 3788 份，检测各类人员 24.6 万余人次。隔离点负责人赵俊霞因工作实绩突出，被授予“全国抗击新冠肺炎疫情先进个人”荣誉称号；卫健委党委委员、疾控中心主任王志坚获江苏省“全省抗击新冠肺炎疫情先进个人”。（谈 枫）

图 170 2020 年 9 月 8 日，丹阳市新冠疫情隔离点负责人赵俊霞（右）在北京接受“全国抗击新冠肺炎疫情先进个人”表彰（张义义）

【医疗机构行政许可】 2020 年，丹阳市持续严格医疗机构设置审批、执业和校验管理。组织开展年度机构校验，全面完成 222 家医疗机构年度校验，对存在问题较多的 2 家民营机构下发延期校验限期整改通知书，对达不到整改要求的 1 家中西医结合门诊部给予注销。严格机构准入，按程序批准设置医疗机构执业登记许可 11 家，实行中医类医疗机构备案 5 家，对医疗机构名称规范使用情况督查整改，批准原丹阳华山医院变更机构名称为丹阳城中医院。（宗 俊）

【无偿献血】 2020 年，丹阳市无偿献血 10494 人次，献血量 3.56 吨，比上年降低 1.3%；机采血小板采集 6109 个临床治疗量，比上年降低 8.7%。本市临床用血：红细胞类 3.08 吨，比上年增长 10.6%；机采血小板 1142 个治疗量，比上年降低 8.1%；冷沉淀 3630.25 个单位，比上年降低 11.6%；全年提供 RH 阴性红细胞 11300 毫升，比上年增长 31.4%。共检测血液标本 13955 人次，合格率 99.3%，无经血传染性疾病发生，血液质量安全。

（杭　焰）

公共卫生

【概况】 2020 年，丹阳市报告法定甲乙类传染病 832 例，无甲类传染病疫情，乙类传染病 11 种，报告发病率 83.65/10 万，比上年降低 30.72%；丙类传染病 5 种共 1168 例，报告发病率 117.43/10 万，比上年降低 55.86%。扩大免疫规划的 11 种疫苗报告接种率均 95%以上。在上年儿童预防接种标准化门诊建设基础上，重点加强狂犬门诊、成人门诊、产科接种室的标准化、信息化建设和非免疫规划疫苗接种单位的备案工作。为有效降低儿童水痘发病率，9 月 1 日起，对全市适龄儿童开展 2 剂次水痘疫苗免费接种。进一步扩大艾滋病抗体检测覆盖，全市累计完成艾滋病抗体筛查 20.96 万人次，覆盖常住人口数的 21.3%。结核病分级诊疗和综合防治服务模式试点成效进一步固化，对老年人和糖尿病患者等重点人群继续开展症状问诊和胸片检查，对结核病患者开展签约服务，签约服务率 98.6%。11 月初开展新生入学体检，对所有初、高（含职中）及大学入学新生开展结核病筛查，对发现的可疑症状和结核菌素强阳性者施行胸片检查，确诊新生患者 2 例。

（谈　枫　周　超）

【卫生监督】 2020 年，丹阳市共出动卫生监督员 1236 人次，检查各类单位 5426 户次，责令整改 509 户次。实施行政处罚 106 起，罚款总计 38.47 万元。做好医疗机构、学校、重点公共场所疫情防控督查。开展突发公共卫生事件应急演练 1 次；完成中高考等重大活动卫生保障任务 2 次。全面完成国家下达“双随机”监督抽检任务，监督抽检样品 522 件，合格样品 441 件，合格率 84.48%。办理各类卫生行政审批服务事项 287 件，受理投诉举报 46 起，及时回复率 100%。开展普法宣传培训活动 44 场，发放宣传资料 14656 份，接受咨询 1365 余人次。1 起行政处罚案例获“全省卫生行政执法优秀案例评查一等奖”，2 起行政处罚案例分别获“镇江市卫生行政执法优秀案例一等奖和三等奖”。

（沈俊伶）

图 171　2020 年 10 月 13 日，市卫生监督部门对全市消毒卫生产品市场进行监督检查

（沈俊伶）

【地方病血吸虫病防治】 2020 年，丹阳市有序推进血防综合治理和地方病血吸虫病防治攻坚行动。全年查螺 1514.39 万平方米，药物灭螺面积 214.91 万平方米，丹北镇飞达江滩实施省血防重点工程 1 项，累计通过卫生、水利、农林血防措施压减钉螺面积 63.47 万平方米，现存钉螺面积 19.73 万平方米。开展血吸虫病询诊 25033 人次，血清学筛查 12726 人次，检出血清学阳性 49 例，规范处置率 100%。开展病原学监测 927 人次，未检出血吸虫病感染对象。在册建档晚血病人 17 例，随访体检率 100%，救治晚血病人 5 例，救助

金额 1.9 万余元。 （谈 枫 周 超）

【卫生应急】 2020 年，丹阳市坚持一手抓疫情防控，一手抓正常诊疗秩序，及时跟踪疫情动态，以外防输入、内防反弹为防控目标，全面落实“四早”防控措施。及时、规范处置新冠肺炎确诊病例；规范处置 5·15 陵口爆燃事故；把“健全公共卫生应急管理体系”纳入《2020 年全面深化改革任务清单》，完成深改任务销号；国家教育考试期间，每个考点设置一个卫生副主考，确保高考、中考、自学考试等重大活动卫生安全；全力以赴抓常态化疫情防控，每月组织一次督查；落实公共卫生体系建设和疫情防控专项资金 2486 万元，主要用于标准基因扩增实验室建设、隔离病房改造、防控物资购置、医防能力提升、“四类人员”核酸检测等；多部门联合，成功开展 2020 年丹阳市新冠肺炎局部小范围疫情应急处置演练。

（陈永忠）

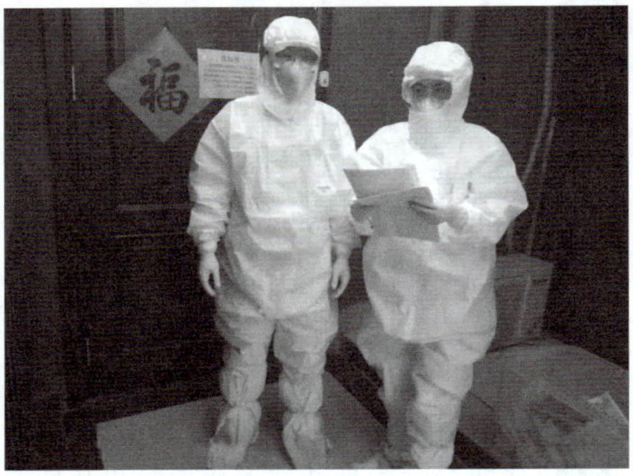

图 172 2020 年 3 月 5 日，疾控人员在某居民小区对新冠疑似病例进行流行病学调查 （陈永忠）

基层卫生

【概况】 2020 年，丹阳市开展“优质服务基层行”活动，实行市卫健委所有基层单位全覆盖，基层单位中练湖、界牌 2 家卫生院达省推荐标准，其他 12 家卫生院达基本标准，界牌镇卫生院以镇江市第一名的成绩通过现场评价，被确认为江苏省首批农村区域医疗卫生中心。新增镇江市特色专科 2 个、江苏省特色专科 1 个，全市共有 10 个基层单位建成江苏省、镇江市级基层特色专科 14 个。全市累计建成 5 个家庭医生工作室，全年服务量 40442 人次。市政府办公室出台《丹阳市紧密型县域医共体建设实施指导意见》，多次开展人大政协专题调研，《稳步推进农村区域医疗卫生中心建设》等课题文稿被市政协采用。完成基层卫生骨干人才遴选，遴选出市级骨干人才 80 名、省级优秀骨干人才 52 名。2020 年，市财政按 80 元/人的标准安排基本公卫项目补助资金，其中部分用于新冠肺炎疫情防控，支持基层常态化疫情防控措施落实。 （陈永忠 施小平）

图 173 2020 年 2 月 28 日，市卫生疾控部门在导墅镇某养殖场进行禽流感外环境采样 （陈永忠）

【家庭医生签约服务】 2020 年，市卫健委开展一系列家庭医生签约服务工作。与市人社局、市总工会联合组织丹阳市家庭医生团队感控技能竞赛，提高基层卫生单位院感防控能力；组织丹阳市代表队参加 2020 年镇江市家庭医生团队感控技能竞赛，获团体一等奖，王丹丹、赵美琴分别获个人第一、二名；王丹丹代表镇江市参加省家庭医生团队感控技能竞赛，获团体二等奖；与市医保局、财政局联合发文，对 2020 年家庭医生签约服务项目内容和任务计划进行调整，全年全市完成个性化签约服务25700人，其中常规体检包9740人、肺癌筛查包9320人、上消化道癌筛查包2725人、骨质疏松筛查包2212人、中医保健服务包154人；以县域为单位，丹阳市被省卫健委纳入家庭医生签约服务模式创新试点建设单位，丹阳市在9月南京举办的经验交流会上做大会交流发言。（陈永忠　施小平）

爱国卫生

【概况】 2020年，丹阳市爱卫会成员单位40个。省、市、县三级改厕补助资金投入1282.68万元，新增无害化卫生户厕13878户，农村无害化卫生户厕普及率高于95%。全年共采集水样348份，合格348份，合格率100%。延陵镇通过国家卫生镇评审，皇塘镇、导墅镇通过江苏省级健康镇评审，界牌镇、陵口镇通过江苏省卫生镇评审，延陵镇延陵村等13个村通过省级健康村评审，访仙镇运河村等25个村通过省级卫生村评审。继续巩固江苏省灭鼠、灭蟑、灭蝇先进城市成果，主要病媒生物密度控制在标准以内。完成333人健康素养监测项目任务，城乡居民健康素养水平进一步提升。强化医疗卫生系统、公共场所、餐饮单位控烟工作，继续推进“健康镇江”行动项目。

（陈　浩）

【农村户厕改造】 为切实做好农村户厕改造民生项目，丹阳市成立户厕改造领导机构，2019年11月出台《丹阳市农村人居环境整治专项行动实施方案》，明确2020年全市新建无害化卫生户厕18051户（其中302户2019年底完成，510户因拆迁任务核消），修缮提档67146户的总体目标，并将任务具体分解到12个镇区150个行政村，由市卫健委抽调骨干人员分成三组，对全市实行网格化管理。2020年8月16日，丹阳市全面完成省级9000户改厕任务，9月25日全面完成自建任务9051户（其中302户上年底完成，皇塘460户拆迁户经镇江市同意核减），并完成省级任务和自建任务户厕基本信息全部录入。10月25日，修缮提档任务67146户全部完成，11月27日丹阳市通过国务院人居环境督查暗访组对农村改厕进行的暗访和督查。12月3日，丹阳市改厕通过省级销号和验收，改厕工作全面完成。

（陈　浩）

妇幼保健

【概况】 2020年，丹阳地区新生儿活产数5208例，孕产妇系统管理人数4981人，系统管理率95.64%，1例孕产妇因马凡综合征猝死。3岁以下儿童系统管理人数19818人，系管率100%。5岁以下儿童死亡率2.69‰，围产儿出生缺陷发生率7.10‰。农村妇女补服叶酸4488人，任务完成率99.73%；艾滋病、梅毒、乙肝检测人数5353人，检测率100%；35—64岁农村妇女“两癌”检查33191人，任务完成率110.64%，其中查出宫颈癌8人、宫颈癌前病变70人、乳腺癌30人。全市免费婚前医学检查人数896对，婚检率87.84%；免费孕前优生健康检查人数3256人，查出高风险人群838人，早孕随访2817人，妊娠结局随访529人。全年上报避孕药具不良反应事件708例，达885例/100万人口。

（陈永忠　陈　萍）

【人口生育及保障】 2020年，丹阳市稳步落实全面两孩政策。全市共出生3441人，符合政策生育率99.78%，出生率3.92‰，出生缺陷发生率7.11‰。实行生育登记人员2187人，其中一孩1381人、二孩806人，再生育审批47例。企业退休职工独生子女父母一次性奖励对象1902人，城镇非从业居民独生子女父母一次性奖励对象176人，新增部分农村计划生育奖奖励对象3506人、特扶对象305人。全市计划生育奖扶对象59611人、特扶对象2132人，发放计生奖励和特扶资金7284.99万元。为2210名计划生育失独和伤残父母及伤残本人建档并投保住院护工服务险，进一步提高计生家庭发展能力。推进3岁以下婴幼儿照护服务备案管理工作，5家托育机构通过“国家托育机构备案信息管理系统”，1家被评为江苏省普惠示范型托育机构。加大“两非”案件查处，全市出生人口性别比106.8（女为100）。

（田辉康）

医政管理

【概况】 2020年，全市共有医疗卫生计生机构260个，其中等级医院9个（含民营医院、护理院），镇卫生院12个，城市社区卫生服务中心6个，妇幼保健院、采供血机构、妇幼保健计划生育服务中心、疾病预防控制中心及卫生监督机构各1个，其他为医疗机构下设分支机构、个体诊所、门诊部等。全年，住院病人手术25964人次，比上年降低13.14%；全市医疗机构拥有医疗床位3789张，每千人口床位数3.81张，其中公立医院床位1578张、妇幼保健院床位300张、卫生院床位764张、社区卫生服务中心床位460张、民营医疗机构床位687张，床位使用率66.64%，比上年降低14.20%。执业医师和执业助理医师2294人，每千人口执业（助理）医师数约2.31人；注册护士2212人，每千人口注册护士数约2.22人。

（宗 俊）

图174 2020年8月13日，丹阳市中医院举行庆祝第三个医师节活动 （宗 俊）

【医疗服务能力建设】 2020年，丹阳市医疗服务能力建设再上新台阶。积极开展纵向合作提升专科建设水平，市人民医院胸痛、卒中、创伤三个中心和市中医院卒中中心通过镇江市级评审；新增省级重点专科1个（市人民医院骨科）、镇江市重点专科建设单位2个（市中医院脑病科、肺病科）；新增省级基层特色专科2个、镇江市级基层特色专科3个。推动医疗科研创新和项目申报，新增省级立项2项、镇江市级立项11项。

（宗 俊）

职业安全健康监督

【概况】 2020年，丹阳市成立以分管副市长为组长，各职业健康相关部门、各镇（区、街道）分管领导为成员的职业病防治工作领导小组，建成包括市卫健委、卫生监督所、疾控中心、各镇（区、街道）职能科室、村级职业健康网格员等在内的职业健康监管组织网络。制定丹阳市职业病防治工作联席会议制度，开展职业病防治知识进校园、进企业、进广场宣传活动6次，职业健康主题宣讲28次，接受咨询服务680多人次，发放《职业病防治知识150问》读本500本、其他宣传材料4100余份。开展冶金、建材、化工、电镀等职业病危害重点行业专项整治，监督检查用人单位171家，实施行政处罚15起。开展尘肺病主动监测285人次，尘肺病随访40人。完成职业健康检查219家单位10218人次。

（汤卫俊）

【职业病危害现状调查】 根据江苏省、镇江市统一部署，2020年8月，丹阳市正式启动司徒镇、珥陵镇、吕城镇、导墅镇、丹北镇、开发区6个镇（区）企业职业病危害现状调查，至9月底，总计完成2501家企业的现状调查。通过调查，全面了解全市存在职业病危害的企业数量及不同行业、地区、经济类型、规模等用人单位分布情况；掌握全市存在的职业病危害因素种类及接触有害因素的劳动者数量与主要岗位分布等情况；了解全市职业病危害项目申报、职业健康培训、工作场所职业病危害因素定期检测与职业健康检查等职业病防治工作开展情况；建立完善全市职业病危害现状数据库，为进一步加强职业病防治工作提供基础依据。（汤卫俊）

【职业病危害因素监测】 2020年11月，丹阳市开展冶金、水泥制造、船舶制造、耐火材料制造、石材加工、制鞋等重点行业共42家企业工作场所职业病危害因素监测工作，监测项目包括煤尘、矽尘、水泥粉尘、石棉尘、苯、铅、甲苯、甲醛、锰及其无机化合物、噪声等有害因素。监测结果显示，共18家企业工作场所粉尘、苯、噪声等项目超标，其中水泥制造业粉尘超标率12.5%、制鞋业苯超标率33.33%、冶金行业噪声超标率32.14%、耐火材料制造业噪声超标率33.33%、石材加工业与压力容器制造业噪声超标率50%。（汤卫俊）

丹阳市人民医院

【概况】 2020年，丹阳市人民医院职工总数1387人，其中在编职工861人，实现总收入7.97亿元，门诊总人次90.89万人次，出院人数3.27万人次，手术例数16893人次，床位使用率87.4%，危重病人抢救成功率96.6%。市人民医院围绕医疗核心工作、突发疫情防控等加强专科建设，实施人才强院战略，完善医疗质量管理长效工作机制，不断提升医疗质量管理科学化、精细化水平。有省级临床重点专科建设单位1个、镇江市临床重点专科8个、镇江市临床重点专科建设单位1个，骨科通过现场评审，晋级省级重点专科行列。全年申报国家自然科学基金9项、省自然科学基金3项、省卫健委医学科研项目9项、省卫健委医学新技术引进奖4项。获省卫健委卫生科研面上项目立项1项、省卫健委妇幼项目立项1项、镇江市科技指导项目立项11项。全年发表SCI论文29篇、中华级论文3篇、核心期刊15篇。先后获中国县市级标杆医院奖、江苏省五四红旗团支部（总支）、镇江市红十字工作先进集体等。（张玉梅 杨 鑫）

【新冠疫情防控】 2020年，丹阳市人民医院第一时间成立新冠疫情防控应急领导小组，启动突发公共卫生事件应急预案，强化疫情防控举措，推出制度到位、人员到位、物资到位、宣传到位、关怀到位“五到位”举措，全院持续做好院感防控和数据排查筛查，制定出台40余项疫情防控文件，为开展核酸检测、调整入院流程、严格住院管理、精准排查外来人员提供制度保障。实现准入关口、筛查关口、隔离关口前移，降低传染风险。全年发热门诊接诊3万余人次，隔离留观病房收治225人次。无新冠肺炎阳性患者漏诊，无院感事件发生。医院拍摄制作的抗疫纪实片登上“学习强国”平台。（张玉梅 杨 鑫）

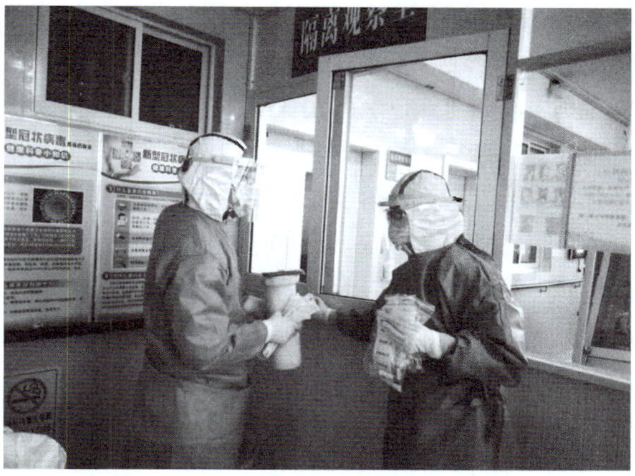

图175 丹阳市人民医院全力以赴加强疫情防控，图为隔离观察室场景
（张玉梅 杨 鑫）

【6名队员援鄂抗疫】 2020年初疫情爆发，丹阳市人民医院广大医务人员积极要求奔赴抗疫第一线，医院先后派出徐树平、孙科、蒋亚根、李鑫、张菲菲、赵娟6名医护人员随江苏医疗队赴湖北抗疫，圆满完成救治任务。在长达70余天的援鄂医疗时间里，6名援鄂医疗队

员用医者仁心书写大爱无疆，体现了医务工作者“敬佑生命、救死扶伤、甘于奉献、大爱无疆”的职业精神。 （张玉梅　杨　鑫）

图 176　2020 年 4 月 28 日，丹阳市人民医院 6 名援鄂医护人员圆满完成援鄂抗疫救治任务后合影（前排左起张菲菲、赵娟，后排左起徐树平、孙科、蒋亚根、李鑫）

（张玉梅　杨　鑫）

【医共体建设】 2020 年 4 月，根据丹阳市委、市政府《关于印发〈丹阳市人民医院、丹阳市第二人民医院（妇幼保健院）整合实施方案〉的通知》，丹阳市第二人民医院更名为丹阳市妇幼保健院，隶属于丹阳市人民医院管理。丹阳市人民医院全面落实政府整合方案，妇幼保健院与人民医院总院实现同质化管理，包括作息时间、行政值班、早交班调整以及院务会流程、科务会、两院院周会等实行统一；参照总院标准并结合妇幼保健院实际进行建章立制，规范医疗行为，以学术报告会、月度考核、院长巡视、医疗质量安全管理委员会、医疗质量持续改进实施方案、满意度调查手段为抓手，不断提升医疗管理质量，形成良性发展；优化服务模式，成立“妇女儿童医疗保健 MDT 会诊中心”“肺结节多学科会诊 MDT 中心”，试行病理诊断、膏方熬制等医疗服务统一管理。

（张玉梅　杨　鑫）

【开展志愿服务】 2020 年，丹阳市人民医院制定《丹阳市人民医院 2020 年深入落实进一步改善医疗服务行动计划重点工作方案》《2020 年医院“患者·员工”双满意建设方案》，不断深化医疗服务内涵，实施对患者及职工双重人文关怀。组织专科专家和志愿者进学校、社区、居民家庭和企事业单位开展义诊、健康宣传活动；依托社区综合服务设施，建立志愿服务站点，把“空巢”老人、孤儿、残疾人作为服务重点，围绕医疗诊治、心理疏导、日常保健等内容，有针对性开展志愿活动；成立“同心仁医”医疗服务队，启用线上点单、线下服务工作模式，对延陵镇延陵村建档立卡户进行医疗援助，实现志愿服务精准对接，有效解决志愿服务活动碎片化、同质化、低质化问题。全年进社区、镇街、儿童福利院等开展医疗志愿服务活动 4 次，义诊讲座 23 次，受益群众 4703 人次。医院仁爱行志愿者团队在丹阳市开展的学雷锋志愿服务先进典型推选活动中获“优秀志愿服务组织”。 （张玉梅　杨　鑫）

图 177　2020 年 9 月 23 日，丹阳市人民医院在司徒镇开展“健康丹阳·服务百姓”健康周义诊活动 （张玉梅　杨　鑫）

丹阳市中医院

【概况】 2020 年，丹阳市中医院落实《中共中央国务院关于促进中医药传承创新发展的意见》精神，克服新冠疫情和云阳大桥重建给业务带来双重不利影响，做好疫情防控及复工复产工作。注重人才引进培养。培养中华护理学会中医护理治疗专科护士 1 人、江苏省中医护理专业化护士1人、在职硕士学位1人。王福林获评第三批省中医药专家学术经验继承工作指导老师，鞠长年获评皖南医学院副教授资格。与江苏省肿瘤医院放疗中心合作，成功引进省肿瘤医院何侠院长高水平放疗团队和医学硕士2人，极大提高医院放疗队伍技术水平。获市科技局科研项目2项、镇江市社会发展指导项目4项，发表《科学引文索引》论文3篇、核心期刊论文9篇、其他各类学术论文92篇。加强设备投入，提升设备竞争力，完成放疗中心、CT室、数字减影血管造影室等科室设备的招标、安装、验收和直线加速器、64排CT、数字减影血管造影、高清胃肠镜等设备的配置，服务能力获得提升。（史亚晶）

【市中医院易地新建项目开工奠基】 2020年12月18日，丹阳市中医院易地新建项目开工奠基。项目选址丹阳市高新区丹金路以东、庆丰路以北、锦绣路以西，占地面积5.33公顷（约80亩），总建筑面积107300平方米，其中地上面积77000平方米、地下面积30300平方米。项目按三级甲等中医医院标准设计，为集门诊、医技、病房、办公为一体的综合性医院，设计床位600床，主要建筑为门诊医技楼、综合病房楼、后勤楼、制剂楼。（史亚晶）

图178 2020年12月18日，市中医院易地新建举行奠基仪式 （史亚晶）

【市中医院新冠疫情防控】 2020年，市中医院多措施积极做好新冠疫情防控及援鄂抗疫工作。实施党政领导“双挂帅”，构筑疫情防控坚实堡垒；加速施工，按期完成发热门诊改造与基因扩增实验室建设，保障疫情防控；172名适岗医护人员报名援鄂抗疫，选派谭寅巍和张小辉两名医生支援湖北，圆满完成援鄂任务，两人分获省卫健委和省人社厅记功与嘉奖。（史亚晶）

图179 2020年11月2日，市中医院开展新冠肺炎小规模疫情应急演练（史亚晶）

【强化医疗质量控制】 2020年，市中医院修订完善医院安全与质量管理相关专业委员会职责、分工和目标任务，成立各专业委员会工作小组，组建科室医疗质量管理小组，明确成员分工，完善院、科两级医疗质量与安全管理体系。全年，参加江苏省中医病历质控病历30份，甲级率100%，质控病历平均成绩93.3分。（史亚晶）

【提升业务能力】 2020年，市中医院开展多方位业务能力提升工作。强化专科建设，脾胃病科、肛肠科、骨伤科、内分泌科通过镇江市级临床重点学（专）科复评，脑病科、肺病科成为建设单位。脑病科的卒中中心建设项目通过镇江市终末评估，获中国卒中中心联盟2020年第四季度授牌。全院中医护理创新举措，开展29项中医护理方案，总例数2200余例。与导墅、胡桥、丹凤、横塘等社区卫生院开展护理对口帮扶，完成17家基层医疗机构的中医适宜技术集中培训2次，110人次进行5项中医技术考核。（史亚晶）

【惠民利民就医举措】 2020年，市中医院优化服务举措，惠民利民落到实处。实行节假日无休息门诊，门诊实行弹性排班制，门诊科提前半小时上班接诊，检验科实施生化检验报告上午10：30及时出报告措施，CT、磁共振室实施当日申请单当日完成检查措施，超声科实行夜间值班；对门诊部分诊室进行改造，提升病人就医感受；打造智慧医院，推进全面预约诊疗服务、实行分时段预约诊疗、全面落实实名制就诊制度，为患者提供线上预约、移动支付等服务。 （史亚晶）

丹阳市妇幼保健院

【概况】 2020年4月，丹阳市第二人民医院更名为丹阳市妇幼保健院，隶属于丹阳市人民医院管理。全年，市妇幼保健院门诊43.41万人次，出院9895人次，手术3229例，全年总收入21288.92万元，比上年增长5.84%。全面落实新时代卫生健康行业建设总要求，规范医疗行为，提高医疗质量，改善服务态度，促进医患和谐。全年完成镇江市继续教育项目3项，申报镇江市科技局项目1项，共有80余人次参加省内外各项学术活动，外送5名医务人员至南京、苏州及南通等三甲医院进修学习。各科室在国内医学杂志上发表各类论文73篇，其中国家级33篇。先后获丹阳市五四红旗团支部（总支）、丹阳市文明单位荣誉。 （王 聪 徐海婷）

图180 2020年10月24日，市人民医院、妇保院联合成立妇女儿童医疗保健MDT会诊中心 （王 聪 徐海婷）

【市妇幼保健院新冠疫情防控】 2020年，丹阳市妇幼保健院周密部署，打好疫情防控“攻坚战”。选派优秀内科护士张菲菲、赵娟随丹阳市第二批赴鄂支援医疗队赴湖北并圆满完成任务。成立疫情防控领导小组，结合工作实际研讨制定《新型冠状病毒感染的肺炎防控工作方案》，根据各科室防控实际，组织制定针对各科室疫情期间应急预案，实时跟进调整疫情防控措施。开展病毒感染防控全员培训，先后组织医务人员、保洁员等重点人员集中培训30余场，进行“疑似新冠病毒患者急救应急预案流程现场演练”“血透患者感染新冠肺炎应急预案演练”等应急演练6次。10月，正式启用核酸实验室，自行开展核酸检测。 （王 聪 徐海婷）

【医疗质量改进】 2020年，丹阳市妇幼保健院狠抓医疗质量不放松。参照总院标准建章立制，制定并完善《2020年度丹阳市妇幼保健院医院医疗质量持续改进方案》《丹阳市妇幼保健院月度考核细则》《医师授权管理制度》等，进一步建立健全“层次分明、职责清晰、功能到位”的综合质量管理体系。不断加强科室及人才建设，完成孕产妇危急重症救治中心和新生儿危急重症救治中心验收和绩效评估，产科成为镇江市孕产妇危急重症救治中心；开展医技科室下临床试点；护理质量不断提高，各科完成持续质量改进项目15例，制定标准化给药流程、人流清洗作业标准等制度10余项；成立危重症、静疗、母婴、糖尿病、儿科危重症等专科学组6个。 （王 聪 徐海婷）

丹阳市云阳人民医院

【概况】 2020年，丹阳市云阳人民医院全年门急诊29万人次，出院8000余人次，手术2000例，其中三级、四级手术1000余例，业务总收入1.4亿元。云阳医院是南京儿童医院网络技术合作单位，与江苏大学附属医院建立紧密型医联体，为江苏大学附属医院心血管病诊疗中心丹阳分中心、镇江市新生儿危急重症救治联盟副理事长单位、镇江市胸痛救治联盟和高危孕产妇救治联盟理事单位、江苏省眼科成员单位。牵头组建丹阳市口腔医疗联盟，为周边就医群众提供方便和快捷诊疗模式，提高患者满意度。为提高医院危重症患者抢救成功率，积极筹建重症监护病房，10月18日正式启用，并改建布局流程，添置抢救设备，选派人员专科进修。根据新冠疫情发展变化和防控形势要求，加快发热门诊与核酸实验室建设，购置聚合酶链式反应仪、全自动核酸提取工作站等设备，发热门诊和核酸实验室投入正常运营。成功开展口腔正畸隐形矫正、种植支抗矫正、无痛分娩、内镜下胃十二指肠、大肠良性肿瘤摘除术和早期胃癌内镜下黏膜剥离术等多学科新技术新项目。在国家级及省级刊物上发表论文37篇，丹阳市级科研项目结题1项、立项1项。

云阳医院签约王虹服务优秀家庭健康责任团队。庄珍、虞海燕医生获江苏省人社厅和江苏省卫健委新冠肺炎防控嘉奖、镇江市卫健委“优秀护士”、丹阳市卫健委“2020年度最美逆行者”、丹阳市五一劳动奖章荣誉。（彭云妹）

【老年康复中心申报“四星级”养老机构】 2020年，丹阳市云阳人民医院老年康复中心正式申报“四星级”养老机构。市云阳人民医院老年康复中心是集老年人生活照料服务、慢性病控制及康复医疗服务、老年康复训练、临终关怀为一体的医养结合养老护理机构，常年收住老人100人以上。康复中心成立于2000年12月，中心使用楼层为四层，床位总数158张。服务团队有医护人员15人、服务员工26人。服务特色为医疗、养、康、心理安慰结合和安宁护理。康复中心抓管理、抓规范服务，不断加强员工管理和专业技能知识培训。2000年至今，共收住老人2000余人次。（彭云妹）

丹阳市第三人民医院

【概况】 2020年，丹阳市第三人民医院门急诊接诊21.04万人次，出院6200人次，收入1.32亿元。职工总数385人，其中在编职工73人。设有5个病区，30个临床专业科室和医技科室；配置64排CT、核磁共振、数字减影血管造影设备、乳腺钼靶、电子肠胃镜、先进腔镜系统、西门子彩超、超声刀、高压氧治疗舱等医学诊疗设备。医护质量与安全管理工作持续改进；等级医院创建工作步伐加快；人才培养与学科建设更趋协调；信息化建设扎实推进。疫情期间，开展各类专项培训应对疫情，建立健全门诊、急诊预检分诊及发热门诊的相关制度和流程，建设临床基因扩增检验实验室。全年发热门诊共接诊患者1155人次，迎接上级检查19次。邀请上海长征医院、南京中大医院等三甲医院知名专家团坐诊。深入单位、社区开展近10场义诊讲座活动，服务千余位市民。医院被评定为“镇江市残疾人儿童康复救助（低视力）定点机构”，获“丹阳市文明单位”称号。（肖　贝）

图181　丹阳市第三人民医院外景

（肖　贝）

【专科建设】 2020年，丹阳市第三人民医院积极开展新业务、新技术，专科建设在创新中发展。肺部影像特需专家门诊在上海长征医院肖湘生教授带领下，全年共诊断肺癌患者563例，其中早期肺癌428例。消化内科完成10000多例胃肠镜检查、600多例内镜下治疗。介入科全年完成86台手术。骨关节与运动医学科在东南大学附属中大医院技术支持下正式开科，住院手术治疗肩、膝、髋患者48例，开展关节镜手术27台、关节置换手术21台。（王　凝）

社会生活

栏目编辑 尹宏蔚

民　　政

【概况】 2020年，丹阳市围绕“坚定不移强发展、全力而为优民生”工作主题，突出打造“红色民政、温情民政、创新民政、协同民政”，保障基本民生，开展各项民政工作。以疫情防控为主线，组建疫情防控领导小组，指导养老机构、救助站、殡仪馆、婚姻登记处、公墓等民政服务场所疫情防控，督查84批次261人次。组建12支民政志愿者队伍进社区协助基层防疫，为民政服务对象发放1.9万余只口罩、23箱消毒水、68支额温枪等紧缺物资，未发生民政服务对象感染事件。拓展基层协商形式，鼓励基层群众积极参与社区建设、人居环境整治等自治事务，完成11个自然村村民议事小组试点建设。制定村（居）委会换届选举工作实施方案，选优配强145个村委会、52个社区居委会领导班子成员，完成试点村选举工作。制定“高水平小康——社会组织在行动”方案，鼓励各类社会组织依托“万善丹阳”APP服务平台，创新实施“微改造”。投入100余万元，为50余户特殊困难家庭免费实施适老化、无障碍改造。完成第四届社会组织公益创投，助老、助孤、助学、助残等20个项目，惠及1.2万余人。城乡社区平均拥有社区社会组织个数分别达12.6个和6.5个，位列镇江市第一。

（孙燕霞）

图182　2020年疫情期间，丹阳市民政工作人员免费为3767户困难户发放爱心口罩

（孙燕霞）

【公共服务】 2020年，丹阳市进一步提升困境儿童生活补助标准，发放养育费116.3万元。新建3个省级儿童关爱之家，乡镇农村留守儿童和困境儿童关爱之家覆盖率达67%。全

面保障残疾人基本权益，6692名困难残疾人获生活补贴6099.6万元，5146名重度残疾人获护理补贴752.4万元。全市完成婚姻登记8062对，其中结婚登记4254对、离婚登记2120对，补领结婚证1554对，补领离婚证134对，登记合格率100%。依法办理儿童收养登记15件。主动开展街面巡查131次，开展“夏日送清凉，冬日送温暖”专项救助活动，全年累计救助生活无着的流浪乞讨人员167人次。依法依规批复命名10个新建小区、29条道路，新增设立11条道路58块标志牌。完成17处界桩勘察维护工作，与扬中市开展界线联检。完成《丹阳市地名录》初稿的编纂工作。

（孙燕霞）

【社会救助】 2020年，丹阳市依托社会救助云平台，充分发挥大数据作用，优化救助流程，推进救助“只需跑一次，无须开证明”改革，大幅压缩临时救助资金流转环节，对事实清楚、情况紧急的家庭开展先行救助，提升临时救助时效。救助标准持续增长，年度城乡低保标准提高至每月每人790元，在册低保户1604户2279人，发放低保金1917.6万元；农村特困供养标准提高至每月每人1030元，城市特困供养标准提高至每月每人1751元，为2276名供养对象发放供养经费2758.8万元；开展临时救助2052户次，发放临时救助金253.7万元；累计启动物价联动机制9次，发放临时救助补贴559.1万元，实现各类困难对象“应保尽保、应救尽救、应助尽助”。（孙燕霞）

【养老服务】 2020年，丹阳市有养老机构39家，养老床位5400张，护理型床位3240张。导墅镇、珥陵镇、访仙镇敬老院全部实现公建民营。完成养老机构消防审验专项整治。有序推进居家和社区养老服务改革，80周岁以上老年人政府购买居家养老服务全覆盖，60周岁以上享受政府购买居家养老服务比例达18.6%。完成413户困难老年人居家适老化改造。建立困难老年人定期探访制度，有序推进档案建立、紧急救援、巡访探访服务。新建7家、提档升级10家标准化社区居家养老服务中心，城乡标准化社区居家养老服务中心覆盖率达80%和40%。开展养老护理员培训，214名参训养老护理员取得职业资格证书，全市养老护理员持证上岗比例达92%。全面部署老年人安康关爱行动，采取政府统保和自费投保相结合的方式，为老年人提供意外伤害保障和健康咨询服务，总保费达956万元，位列镇江第一，实现最大体量老年人意外伤害保险全覆盖。同时，为3.12万名老人发放尊老金2200余万元。

（孙燕霞）

图183 丹阳市标准化社区居家养老服务中心——丹阳市老年服务指导中心

（孙燕霞）

【发布深入推进文明殡葬工作通告】 2020年，丹阳市发布《关于深入推进文明殡葬工作的通告》，自10月10日起正式施行，《通告》明确文明殡葬行为“三禁止、三倡导”。“三禁止”指禁止礼炮车上路运营、禁止丧葬迷信活动、禁止丧葬扰民；“三倡导”指倡导厚养礼葬美德、倡导节地生态安葬、倡导文明低碳祭扫。市民政、公安、城管、市场监督、宗教事务管理等部门共同处理在城区主街道、广场、巷道、小区等公共区域乱搭灵棚，高音播放哀乐扰民、出殡沿途抛撒冥纸等影响市容、环境卫生和居民正常生活的不文明行为；遏制假僧假

道做佛事道场等封建迷信活动；打击制造、销售封建迷信殡葬用品等非法行为。（孙燕霞）

【散坟整治工作】 2020年，丹阳市围绕“节约土地资源、保护生态环境、减轻群众负担”的宗旨，聚力散埋乱葬整治专项行动，深入推进文明殡葬。编制《丹阳市殡葬设施布局规划》，制定《丹阳市镇级公益性骨灰堂管理考核办法》和《丹阳市骨灰闭环管理联动工作机制》，推进殡葬服务设施规范化管理。全面提升改造78个镇村级公益性骨灰堂，建成2个全国重点镇集中守灵殡仪服务中心，新建节地生态葬10万余穴。（孙燕霞）

退役军人事务管理

【概况】 2020年，丹阳市推进退役军人事务领域治理体系和治理能力现代化，打造标杆型服务中心（站），全面统一服务中心（站）外观标识及功能区划分，示范型服务站建成率符合创建双拥模范城标准，完成率达80%。系统共录入退役军人和其他优抚对象有效信息3万余条，审核通过率位列镇江第一。做好优待抚恤工作，为重点优抚对象发放抚恤补助，为农村籍老兵发放生活补助，为714名行动不便的优抚对象提供下乡入户体检服务，慰问、救助292名困难退役军人家庭。疫情期间，全市退役军人投身防疫一线，累计捐款21.59万元，捐赠口罩等一批物资。打造党建品牌——“初心室”，唤醒退役军人不忘来时路。中国人寿保险公司为新兵父母赠送每份总保额为24万元的意外伤害保险。

举办第二届“丹阳最美退役军人”评选活动，10名候选人获评。丁金平录制的短片《初心笔记》获部级模范“兵之书”微视频大赛一等奖；殷小燕获“戎耀今生”首届江苏省退役军人党员“微党课”授课竞赛一等奖；短片《致敬》获省级双拥公益短视频大赛二等奖。创新祭扫方式，依托退役军人事务部门户网站、中华英烈网和微信公众号开展“致敬·2020清明祭英烈”网上祭扫活动。完成134名退役士兵职业技能培训工作，结业率100%，获证率98.56%。举办各类招聘会推介会8场，组织待业退役士兵实地参观、现场签约。利用微信公众号发布招聘用工信息，助力退役军人就业创业。做好部分退役士兵保险接续工作，完成录入、初审办理和养老保险审核工作。（蒋　黎）

【“最美退役军人”表彰会】 2020年8月1日，丹阳市举办第二届“最美退役军人”表彰会，对评选出的10名优秀退役军人进行集中表彰，颁发荣誉证书及奖杯。丹阳市委宣传部、市人武部、市退役军人事务局从2020年4月开始，在全市寻找“最美退役军人”活动，经三个月选拔，20名退役军人获得提名，通过组织筛选，网络投票、组织评审等环节，邹英、陈波、丁金平、韩文清、孙福生、汤惠云、王涛洪、邹宇、印志芳、仲伟栋获评丹阳市第二届“最美退役军人”。（蒋　黎）

图184　2020年8月1日，丹阳市举办第二届“最美退役军人”表彰会（蒋　黎）

【成立关爱退役军人协会】 丹阳市大部分退役军人奋战在各行各业、基层一线，也有少部分因失业或因病致贫等原因造成生活困难。为帮扶部分面临特殊困难的退役军人，褒扬奖励优秀退役军人，让困难老兵感受到社会的温暖、组织的关心，2020 年 9 月 10 日，丹阳市成立关爱退役军人协会，这也是镇江市成立的首家关爱退役军人协会。广泛动员全社会力量一起参与，共同关注、关心、关爱退役军人群体。当天，市关爱退役军人协会召开第一届会员大会和理事会，审议通过《丹阳市关爱退役军人协会章程》，选举产生第一届协会会长、副会长、秘书长和理事会成员，水中仙酒店集团有限公司负责人眭越江当选为会长。

（蒋　黎）

图 185　2020 年 9 月 10 日，丹阳市关爱退役军人协会成立，市委书记黄春年（前右）和关爱退役军人协会会长眭越江（前左）共同为协会揭牌　（蒋　黎）

【光荣之家牌匾发放仪式】　2020 年 9 月 7 日，丹阳市举行光荣之家牌匾发放仪式，为全市 230 余名新入伍战士家庭悬挂光荣牌，邀请十位最美退役军人为新兵代表授胸花戴绶带，希望新兵在部队勇立军功，回地方积极奉献。丹阳市推出一项新优抚政策，中国人寿丹阳分公司推出“义务兵父母意外伤害保险”，为 2020 年入伍新兵父母免费赠送保额为每人 24 万元的一份意外伤害险，以服役年限为保险时限。此举彰显“一人当兵、全家光荣，一人当兵、全家受益”，增强军人军属的荣誉感和幸福感。

（蒋　黎）

图 186　2020 年 9 月 7 日，丹阳市召开新兵欢送大会暨光荣之家牌匾发放仪式

（蒋　黎）

【打造红色“初心室”】　2020 年，丹阳市退役军人事务局以红色为总基调，以党史、军史、建国史为主题，在全市 12 个镇（区、街道）推广打造“党建领航、融合赋能”的党建品牌——“初心室”，唤醒退役军人不忘来时路。“初心室”设置“阅览区、会谈区、榜样区、寻根区、纪律区”五板块，建成集退役军人党员教育管理、优良作风传承、思想政治引领等为一体的红色精神接力站，推动退役军人系统党建工作与业务工作深度融合，切实在维护退役军人群体稳定、激励退役军人就业创业、决战决胜脱贫攻坚等方面发挥积极作用。

（蒋　黎）

图 187　丹阳市退役军人事务局打造的党建品牌——“初心室”　（蒋　黎）

【“智惠老兵”智能拥军平台上线】 2020年3月，丹阳市上线“智惠老兵”小程序，让退役军人享用便捷服务。“智惠老兵”小程序以全市退役军人数据库为基础，退役军人完成“老兵认证”后即可享用便捷服务。平台开通新闻资讯、生活消费、教育培训、就业创业、法律援助、英烈褒扬六个功能，并结合“市一镇一村”三级服务保障体系，实现线上线下一体化，为退役军人在衣食住行医等各方面提供优惠便民服务，把“尊戎”化为具体行动，全方位提高退役军人的幸福感、获得感。（蒋　黎）

图188　2020年3月，丹阳市“智惠老兵”小程序正式上线　（蒋　黎）

社会保障

【概况】 2020年，丹阳市企业职工基本养老保险在职参保人数26.47万人，城乡居民养老保险参保人数8.2万人，机关事业养老保险在职参保人数1.77万人，失业保险参保人数15.39万人，工伤保险参保人数16.98万人，建筑业新开工项目工伤保险参保率100%。企业退休人员社区管理服务率100%。推进机关事业单位养老保险制度改革，2019年退休“中人”待遇总体落地，职业年金待遇应发尽发，完成基金归集工作。开展工伤保险“同舟计划”，做好工伤预防宣传培训，落实超过法定退休年龄人员和实习生参加工伤保险办法。

（朱君芬）

【落实界牌镇被征地农民待遇保障】 2020年，因丹阳市界牌镇2014年以后的征地项目产生的保障对象均未按规定纳入保障，市人社部门成立被征地攻坚工作小组，集中全市人社系统熟悉被征地农民保障工作的力量抽调支援界牌镇，开展被征地农民待遇保障落实工作。通过压实责任、督办推进，共产生保障对象1491人，被征地农民的社会保障安置率达99%。2020年9月下旬，丹阳市被征地农民保障工作获江苏省被征地农民保障工作督查组高度评价。（朱君芬）

【社会保险扶贫工作】 2020年，丹阳市通过协调联动、下沉排查的方式，摸清城乡居民养老保险扶贫数，以每年每人800元的标准为困难群体代缴全部城乡居民养老保险费，超出省定标准每年每人100元的水平。2020年，丹阳市财政支出93.44万元，为1168名困难人员实施全额代缴城乡居民基本养老保险费，完成困难群体“100%登记参保，财政100%代缴全部不低于省定最低标准城乡居民养老保险费，100%享受城乡居民基本养老保险待遇”目标任务。（朱君芬）

【社会保险待遇足额发放】 2020年，丹阳市领取企业退休待遇人员78478人，其中新增退休人员7539人，人均待遇水平达每月2196元，城乡居民基本养老保险实际领取待遇166013人，发放工伤保险待遇5875.42万元。2020年，启动退休待遇改由社保卡发放工作，共计41453名退休人员通过社保卡进行待遇发放。

（朱君芬）

【劳动关系形势总体稳定】 2020年，丹阳市劳动关系形势保持总体稳定。聚焦“和谐劳动关系市”目标，开展“和谐同行”千户企业培育共同行动。指导企业依法妥善处理疫情期间劳动关系，推动企业稳岗保薪，防范规模裁员风险。组织实施根治欠薪专项行动，推进工资支付管理、执法联动等长效机制落地。2020 年共受理投诉举报案件 1750 件，涉及职工 15820 人，追讨工资 16602 万元。开展“仲裁开放月”活动，设立“流动仲裁庭”制度，共立案受理 1338 件，审理办结案件 1321 件，结案率 98.7%。（朱君芬）

医疗保障

【概况】 2020 年，丹阳市各项医疗保险参保 81.85 万人，其中，职工医保参保 25.42 万人，居民医保参保 56.43 万人，医保基金当期结余 1.83 亿元，医保基金累计结余 21.5 亿元。全年新增 153 家定点零售药店、8 家定点医疗机构，保有定点零售药店 242 家、定点医疗机构 49 家。严格药品医用耗材招采工作，全面执行国家药品集中招采，有三个批次 112 种中选药品供市民选择，丹阳市人民医院和中医院完成两轮高值医用耗材联盟采购，四市联盟医用耗材带量采购位居镇江市前列。医保基金预付医疗机构 300 余万元。做好涉及医保待遇历史遗留的问题，进一步完善原市属企业身份置换人员医保解决办法；解决 28 名“四不变”人员医保问题；做好部分退役士兵医保接续工作，调查、录入 1677 人医保参保信息。（王　平）

图 189　2020 年 9 月 28 日，丹阳市召开定点药店店长应知应会培训班　（王　平）

【医疗基金监管】 2020 年，丹阳市加强医疗基金监管，打击欺诈骗保。开展医保基金源头治理，与定点医药机构签署自查自纠承诺书，自查自纠违规费用 17.27 万元。开展“双随机、一公开”医保执法活动，对 291 家医保定点医药机构进行监督检查，其中，对 242 家定点零售药店进行全覆盖专项检查，按照协议暂停刷卡 5 家定点零售药店，追回违规金额 1.6 万元；对 49 家定点医疗机构开展抽查复查，确定违规金额 202.31 万元。与丹阳市人民法院建立医保基金监管长效协作机制，严厉打击骗取医疗保障基金的违法犯罪行为，依法加大追赃挽损力度，及时挽回医保基金损失 200 余万元。（王　平）

【医保公共服务】 2020 年，丹阳市实施医疗保障“一站式”服务，实现“一窗受理、一网通办、一次办结”。在二级以上医疗机构和各镇（区、街道）建立医疗保障服务中心的基础上，将医保服务延伸到村（社区）便民服务中心、卫生室和卫生服务站，提升医保服务可及性。开展医保基金征缴稽核工作，全年受理职工医疗保险征缴投诉 40 余例，通过实地稽核，发出告知书和整改书 38 份，协调解决职工参保、补缴等 25 例，有效缓解参保矛盾。（王　平）

【疫情防控期间医保工作】 2020 年，丹阳市按照上级疫情防控要求，结合实际，适时调整相关医保政策，公布网上办理医疗保险服务事项，参保缴费推广网上办理，采取线上缴费方式缴纳医保费用。放宽 2019 年尚未报销的医药费用结报时限，明确新型冠状病毒感染的肺炎确诊和疑似患者，个人不承担任何医疗费用。对患有高血压、糖尿病等病情稳定的门诊慢性病患者，一次取药量放宽至 3 个月；医保“特药”的处方用药量延长至 2 个月。根据国家、省及镇江市有关规定，开展医保基金减半征收工作，为 5032 家参保企业减征医保基金 1.02 亿元，有力助推企业复工复产。（王　平）

【职工和居民基本医疗保险】 2020 年，丹阳市各项医疗保险参保 81.85 万人，其中，职工医保参保 25.42 万人，居民医保参保 56.43 万人，职工医保参保人数逐年递增，参保质量随之提高，基金运行持续平稳，城乡居民参保率达 99%以上，基本实现全民参保。职工基本医保结算 478 万人次，其中手工结算 3.47 万人次；城乡居民医保（含补充）结算 490 万人次，其中手工结算 2.75 万人次。1 月，丹阳、浙江两地正式启动门诊就医直接结算；8 月，丹阳安徽两地正式启动门诊就医直接结算，转外异地就医直接结算达 18.06 万人次，结算金额 2.94 亿元，比上年增加 12.96 万人次。全年慢特病审核通过 4509 例，共有 40 种抗癌药纳入医保特药管理，为上千重症患者提供医疗保障。

（王　平）

【生育保险】　2020 年，丹阳市参加生育保险人员 170666 人，其中女职工 70468 人；生育保险基金收入 2873 万元，支出 3989 万元，超支 442 万元，累计结余 1871 万元。2020 年基金超支，主要原因是二胎政策放开，生育人数增多、基金支出增加、基金征收费率未调整。

（王　平）

【医疗救助】　2020 年，丹阳市住院享受医疗救助 2910 人，救助金额 5422 万余元。门诊享受医疗救助 5165 人，救助金额 139 万余元，其中，慢特病门诊补助对象 1580 人，补助金额 66.38 万元；普通门诊补助对象 3585 人，补助金额 72.76 万元。完成医保结对精准扶贫对象家庭医生签约服务工作。（王　平）

【市医疗保障局微信公众号开通】　2020 年 12 月 2 日，丹阳市医疗保障局微信公众号正式开通，公众号除定期推送医保政策资讯外，可办理相关医保业务，实现群众网上办事“少跑腿”，标志着丹阳市医疗保障局自媒体信息系统正式启用。该公众号由三个一级菜单和多个二级菜单组成，三个一级菜单分别是“智慧医保”“医保缴纳”“在线咨询”。市民关注公众号后，绑定社保账号就可利用手机自助查询、缴费、搜索医保业务。当市民遇到报销问题，不方便打电话咨询或者前往现场咨询时，可直接在自媒体系统“给我留言”版块中提出疑问，工作人员会在第一时间进行解惑答疑。

（王　平）

体育工作

【概况】　2020 年，丹阳市围绕全民健身国家战略，不断健全全民健身工作机制，推进群众身边体育建设，深化教体融合发展，提升竞技水平，推进全民健康的高质发展。完成《丹阳市全民健身实施计划（2016－2020 年）》终期评估，制定并发布《居家健身方法》。建成镇级体育公园 1 个，村级体育小公园、多功能运动场 4 个；建成笼式足球场 1 座、二代健身路径 2 套；新建、更新体育设施，开展社会体育指导员培训。举办经山越野赛等各类时尚极限项目活动；承办江苏省第二十九届“省长杯”中青年组足球赛；举办第五届足球俱乐部联赛、第六届篮球俱乐部联赛、第五届青年篮球联赛等品牌赛事。深化教体融合，完成全市中小学生篮球赛场和市校园足球比赛各 200 余场，送省体校集训学生 16 人，完成快乐体操教练员培训 50 余人。（陈蕙姗）

【凤凰山遗址公园环线入选“2020 江苏省最美跑步线路”】　2020 年 12 月 5 日，“魅力江苏最美体育”江苏省全民健身运动会闭幕式暨全省最美跑步线路、最美乡村健身公园颁奖仪式在南京举行，全省共评选出 24 条最美跑步线路，丹阳市丹凤公园凤凰山遗址公园环线入选“2020 江苏省最美跑步线路”。整个线路从丹凤公园内环跑道出发，途经高新区内线到凤凰山遗址公园，串联简渎河亲水慢道回到丹凤公园，全程近 10 公里。环线沿线有十余个住宅小区，配套公交、充电桩、儿童乐园、公厕、健身器材等设施，是丹阳市西城区市民健身、休闲、娱乐的重要设施。丹阳市在此线路上举办多次速度跑、健身跑、LSD、夜跑、速度轮滑等赛事。（戴志忠）

图 190 丹凤公园凤凰山遗址公园环线俯拍（戴志忠）

·群众体育·

【概况】 2020 年，丹阳市不断健全全民健身工作机制，强化全民健身“六边工程”建设，完成《丹阳市全民健身实施计划（2016－2020年）》的终期评估。严格疫情防控，对公共体育场馆和体育运动项目经营单位严密防控，制定并发布《居家健身方法》。承办江苏省一线（一级）社会体育指导员培训 2 期，组织开展三级社会体育指导员培训、再培训 8 期，新增社会体育指导员 300 余名。不断丰富群众身边的体育健身活动，举办越野赛、欢乐跑、三打三挑战赛、童乐杯轮滑等各类时尚极限项目活动。承办江苏省第二十九届“省长杯”中青年组足球赛，举办第五届足球俱乐部联赛、第六届篮球俱乐部联赛、第五届青年篮球联赛、第二届中老年五人制足球邀请赛、丹阳市广场舞大赛、第三届冬泳邀请赛等市级全民健身品牌赛事。不断加强群众身边的体育健身指导，举办丹阳市首届全民健身线上运动会，2020 年丹阳市第八套健身秧歌网络赛推广居家科学健身方法；完成 2020 年全国全民健身活动状况调查工作，全国第五次国民体质监测暨 2020 年江苏省国民体质监测（丹阳站）举办 5 期科学健身大讲堂。（陈蕙姗）

【广场舞大赛】 2020 年 11 月 7 日，丹阳市在丹凤公园举行广场舞大赛，全市 16 支队伍参加比赛。本次大赛由中共丹阳市委宣传部、市新时代文明实践中心办公室、市文明办、市文体广电和旅游局主办。木兰艺术团、云阳街道代表队和开发区代表队 3 支队伍获得一等奖。（唐 琦）

图 191 2020 年 11 月 7 日，丹阳市在丹凤公园举行广场舞大赛（唐 琦）

【经山越野赛】 2020 年 11 月 15 日，由市文体广电和旅游局、市水晶山旅游度假区管理委员会、江苏齐梁文化旅游发展有限公司主办，镇江名气体育文化发展有限公司承办的UTO・2020 年丹阳经山越野赛在市开发区黄连山自然村举行。本次赛事根据沿线长短分为 15 公里麒麟组和 30 公里天禄组分别进行竞赛，最高海拔 166 米，赛事有 38 支团队 300 多位长跑爱好者参与。赛事路线以水晶山为核心，将南朝石刻、经山传统景点、水晶山水库、管山水库、顶山天池、古村宗祠等具有江南特色的人文和自然景点充分结合，通过结合经山独特的山地资源，推广越野跑运动。最终，来自丹阳的选手何海云获 15 公里麒麟组女子组第一名；卜魁亮、沈剑分别获 15 公里麒麟组男子组和女子组第三名；高俊获 30 公里天禄组男子组第二名；徐英获 30 公里天禄组女子组第三名。（唐 琦）

图 192　2020 年 11 月 15 日，UTO·2020 年丹阳经山越野赛颁奖现场　（唐　琦）

【冬泳邀请赛】　2020 年 12 月 20 日，丹阳市举办第三届凤凰湖冬泳邀请赛暨市职工邀请赛，南京、常州、涟水等地的 24 支代表队以及丹阳市的 10 支职工队共 34 支队参加比赛。当天上午 10 点开始比赛，比赛赛道长度设置为 200 米。经过 6 分钟左右，第一批冬泳选手陆续抵达终点。举办此次比赛，旨在为广大冬泳爱好者搭建一个良好的交流平台，让冬泳者充分享受到游泳健身带来的乐趣，展现积极阳光的风采和顽强拼搏的精神面貌。　（唐　琦）

图 193　2020 年 12 月 20 日，江苏丹阳“第三届凤凰湖冬泳邀请赛”启幕现场　（唐　琦）

·体育赛事·

【概况】　2020 年，丹阳市通过不断深化教体融合发展，提升竞技水平。开展校园篮球、足球赛，建立长效机制，完成全市中小学生篮球赛和市校园足球比赛各 200 余场。组织参与各项赛事，提升运动竞技水平。获得全国小篮球未来之星江苏省俱乐部联赛 U8 岁组第二名、江苏省摔跤锦标赛获个人第二名和第三名、省足球锦标赛女子（14－15 岁组）第三和（13 岁组）第六名、省长杯初中女子组冠军江苏省县级组田径比赛团体总分第四名和金牌榜第二名、江苏省跆拳道冠军赛第一和第三名等荣誉。承办江苏省青少年女子精英联赛（12－13 岁组）、江苏省青少年女子精英联赛（14－15 岁组）等赛事。全力备战二十届省运会，确定参赛项目和参训人数。　（陈蕙姗）

【承办省青少年足球精英联赛】　2020 年 10 月 24 日－11 月 22 日，2020 年江苏省青少年足球精英联赛（女子 U12－13、女子 U14－15）丹阳赛区比赛举办，苏州、南京、南通、盐城等地的 8 支队伍参加比赛。本次比赛由江苏省足球运动协会主办，丹阳赛区共承办六场比赛：U12－13 三场，U14－15 三场。丹阳云阳队 U12－13 组夺女子 U12－13 组冠军，丹阳云阳队 U14－15 组夺女子 U14－15 组第四名。（贺媛华）

图 194　2020 年 10 月 24 日，江苏省青少年足球精英联赛开赛　（贺媛华）

【丹阳代表队省县组田径比赛获奖】　2020 年 8 月 4－8 日，江苏省首场省级赛事“省县组田径比赛（第一赛区）”在无锡宜兴市闭幕，本次比赛共有全省35个代表队参加，因受疫情影响，参赛年龄只有16—18岁甲组队员参加。丹阳市代表队取得四金两银、两个第四、一个第五的好成绩，金牌数第二名，团体总分第七名。　（贺媛华）

图195　丹阳代表队在江苏省首场省级赛事“省县组田径比赛（第一赛区）”获得四金两银　（贺媛华）

旅　　游

【概况】　2020年，丹阳市通过项目引领推动旅游建设，打造全域旅游亮点，建设旅游项目，创建景区品牌，提升乡村旅游质量和扩大文旅市场影响力。推进丹阳眼镜特色小镇、水晶山省级旅游度假区、九里风景区AAA级景区申报等旅游项目建设。提升乡村旅游质量，通过设备改造和服务管理水平提升，提档升级园区项目。组织参加第二届大运河文化旅游博览会、2020中国（南京）国际度假休闲旅游展览会等各类展会，组织丹阳黄酒和访仙剪纸等文旅产品参加旅游商品评选大赛。开展乡村旅游活动，深入挖掘乡村旅游资源，举办“乡村一日游”、火龙果采摘节、农民丰收节等系列活动，推进文旅产业的融合发展。　（陈蕙姗）

【九里景区获评国家AAA级旅游景区】　2020年12月31日，镇江市文化广电和旅游局发布公告，根据中华人民共和国国家标准《旅游景区质量等级的划分与评定》与《旅游景区质量等级评定管理办法》，经镇江市文广旅局委派专家组景观质量评估和现场评定，丹阳市九里景区被评定为国家AAA级旅游景区。至此，丹阳市拥有九里景区和丹阳眼镜城两处国家AAA级旅游景区。九里景区位于延陵镇九里村，原为国家AA级旅游景区，建于2003年，规划建设成为以田园水乡为基调，以季子文化为核心，打造集文化体验与休闲为一体的国家旅游景区。近年来，该景区不断优化景区旅游服务质量和提高游客体验度，丰富古街旅游业态，建设北大门至景区的水路系统，新增6.67公顷粉黛花草和树木观赏区，建成漫步人行道、游客中心。2020年10月，该景区举办的季子文化旅游节、菊花展吸引市民游客近10万人次。　（陈蕙姗）

【参加南京国际度假休闲及房车展览会】　2020年9月18—20日，南京国际度假休闲及房车展览会在南京国际博览中心举行，丹阳市组织丹阳国际眼镜城及眼镜企业单位参展，并在现场发放最新宣传资料，让访客更了解丹阳的文化旅游以及相关产品，此次参展吸引众多业内人士及南京市民参观咨询。参展期间，丹阳眼镜销售火爆，客户争相抢购。　（张　泽）

【丹阳农民丰收节】　2020年10月6—7日，2020丹阳农民丰收节、第四届“南翔”火龙果节、第七届“世外源”帐篷旅游文化节、“十三五”农业人才创新创业成果暨农副产品展销会在皇塘镇南翔生态园开幕。市长黄万荣等市领导参加活动。活动包括开幕式文艺演出、农副产品展销、南翔火龙果采摘、户外帐篷体验、乡村一日游、农民书法展、广场舞表演、网络直播带货和互动游戏等形式。现场聚集来自全市各镇（区、街道）的农户代表、干部代表以及赶早“打卡”的众多市民，大伙儿共庆

丰收、共享喜悦、共谋发展，为丹阳市乡村旅游事业努力，奋力谱写丹阳“三农”事业高质量发展的崭新篇章。（陈蕙姗）

【乡村旅游发展】 2020年，丹阳市落实多举措助力乡村旅游发展。争取扶持政策。推进乡村旅游复工复产各项扶持政策落实落地，指导乡村旅游点申报江苏省重点旅游企业纾困资金项目，获取补助资金30万元。加快项目建设。加快香海琴枫庄园和九里景区AAA级旅游景区创建工作。精心打造皇塘镇以大南庄生态园为中心的乡村旅游集聚区。培育发展以延陵九里村、访仙独山村等为代表的一批省市级乡村旅游重点村和乡村旅游民宿建设。举办旅游节等活动，创新乡村旅游线上营销模式。推进产业融合。推进旅游＋农业现代化，进一步优化司徒、延陵、访仙等地农业园区公共服务设施，从单一农业种植向旅游观光、科普教育、度假休闲等文旅产业集聚发展。（张佩婷）

图196　2020年3月27日，江苏省文旅厅产业发展处副处长苗民（右二）对丹阳市碧云天生态园申报的现代农业休闲观光旅游项目进行实地考察（张佩婷）

慈善事业

【概况】 2020年，丹阳市严格按照慈善法律法规和政策要求，做好资金募集、慈善救助、内部管理、信息公开等各项工作。坚持精准救助，根据情况变化，优化迭代救助项目，提高慈善救助的针对性和有效性。发挥基层组织作用，镇村慈善组织适应新形势、新任务，进一步加强资金募集、扶贫救助工作。对镇村慈善组织成立以来的财务收支进行审计，加强其财务等内部管理，指导做好镇级慈善分会换届准备工作，提高整体能力水平。2020年，丹阳市慈善总会市镇村三级慈善组织慈善资金收入2889.79万元，其中捐赠收入972.56万元，增值收入1917.24万元，慈善救助支出2637.42万元，救助困难群众46654人次，慈善资金余额2.4亿元。市慈善总会获省慈善“99公益日”活动“最佳组织奖”，“如意手拉手助困”项目被评为“慈善品牌项目”。（张　栋）

【慈善助力脱贫奔小康】 2020年，丹阳市慈善总会开展助力教育保障、健康医疗保障、社会兜底保障、残疾人保障等工作，全年共投入慈善资金1811.42万元，救助贫困群众21718人次。制定《丹阳慈善关爱失独家庭“连心家园、暖心行动”项目实施方案》，改善提升失独群体物质精神生活状况；开展“高清有线电视进困难残疾家庭文化扶贫活动”，提升困难残疾家庭文化生活品质；在实施危房改造的基础上，组织开展困难家庭住房及厨卫等设施“微改造”，帮助困难家庭改善提升家居环境；通过发放“爱心大米”、赠订《丹阳日报》、与企业合作开展定向救助等形式，提升困难老年人物质文化生活品质。（张　栋）

【开展慈善文化宣传】 2020年，丹阳市慈善总会开展第五个“中华慈善日”系列宣传活动，宣传慈善法律法规及理论知识，组织义工团队在纪念日期间深入城乡扶贫帮困。组织开展丹阳市慈善义工服务评选表彰活动，对86个获奖单位和个人予以表彰。推进校园慈善文化建设，在丹阳市荆林学校建成校园慈善文化基地，为全市城区12所义务教育阶段中小学校4万多名师生，免费发放《慈善读本》。开展慈善宣传，办好慈善宣传专版专刊、慈善网站、慈善手机周报、慈善微信公众号，为推进慈善事业更大发展营造良好氛围。（张　栋）

【慈善义工服务】　2020年，丹阳市慈善总会所属义工团队20个，注册义工1045人，未注册义工3000人。全年组织开展各类扶贫济困义工志愿活动2662场次，义工参加服务19033人次，累计服务时间56945.5小时，投入资金657.54万元（其中投放物资33605件、182.67万元），受益群众48639人次。（张　栋）

关心下一代工作

【概况】　2020年，丹阳市关工委开展主题教育、法治教育、关爱行动和校外活动，引导广大青少年自觉践行社会主义核心价值观。开展“梦圆小康”老少同台演讲比赛活动；2个单位获省科技视频比赛组织奖，丹凤实验小学获江苏省最佳提名奖；举办“童画今天，逐梦成长”少儿绘画大赛，100余幅优秀学生作品在丹阳美术馆展出；市实验小学用“爱心礼包”帮助湖北省黄石市月台小学队员实现小小心愿；市华南实验学校承办江苏省暨镇江市“四仪”教育示范观摩活动14岁青春仪式专场，完成34集《八礼四仪》微视频发布；毛家社区校外教育辅导站邀请驰援武汉抗疫英雄张小辉、张菲菲作事迹介绍；吕城镇关工委成立“爱河护河老少兵”，开展“爱河护河”活动。市民营关工委组织开展特色活动，助力民营经济健康发展，进一步树立“劳动光荣”的观念，举办民营企业接班人培训班，关爱民企青工成长和职工子女入园、入学等问题；万新光学公司开展“青少年保护眼睛走进学校”主题活动，免费为幼儿园和小学进行视力普查和用眼卫生宣讲活动；大亚集团与开发区贺巷社区开展教育帮扶活动。市公安局关工委依托“蒲公英关爱留守儿童志愿者协会”，开展爱国爱党红色教育、帮困助学活动；市民企关工委开展“爱心助学”活动，让更多接受帮扶的青少年感恩社会、加入“爱的接力”；市检察院“丹阳市涉性侵违法犯罪人员入职查询系统”上线运行。全市有3名“五老”获评江苏省先进，王良弼获评“全国关心下一代工作先进工作者”。市关工委在省关工委《薪火》杂志、《江苏少年网》等省级媒体上发表理论探索文章、介绍工作经验、发布活动等信息57篇。

（赵亚明）

【校外教育辅导站建设】　2020年，丹阳市关工委把校外教育辅导站建设作为关工委工作的重点，突出“示范创建”，促进辅导站建设提档升级。市关工委出台《丹阳市校外教育示范辅导站评审细则》，从组织领导、工作队伍、活动阵地、配套实施、管理制度、活动内容、后勤保障、创新特色八个方面，推进辅导站“示范创建”。对全市32个申报单位进行系统评估，评选出20家“丹阳市示范辅导站”，创建工作经验在镇江市交流。

（赵亚明）

【青少年法治教育】　2020年，丹阳市关工委多方联动，创新青少年普法方式，市检察院开展“小月姐姐”未成年人刑事检察小课堂，有8.3万余名中小学生观看，课程点击率41.3万次。市法院开展开放日活动，中小学生走进法院。印发“防止未成年人沉迷网络游戏给家长的倡议书”8000余份。“五老”网吧义务督查员开展常态化巡查，净化社会环境。开展“我拒绝校园欺凌和暴力伤害”的签名承诺行动，让青少年树立知法、懂法、守法的意识。2020年，全市共办理青少年刑事辩护案件28件，民事代理案件32件，受援青少年60余人次。

（赵亚明）

【助力青年农民创新创业】 2020 年，丹阳市关工委助力青年农民创新创业。市关工委与市农业农村局联合编纂适合本地种养殖实用技术《农业实用技术读本》，赠送给全市各辅导站、创业农民。到开发区建山村苗木基地、河阳村香海琴枫、珥陵镇碧云天农庄等青年农民创业示范基地，进行专题调研，拍摄“三扶两创”工作专题视频。办好“夕阳红”农业科技培训学校，重点指导帮扶青年农民创办家庭农场、专业合作社、农村电商等新型经营组织，带领群众共同致富。高标准承办镇江市“三扶两创”工作现场推进会。探索、推行在各镇（区、街道）农技服务中心（镇农业农村局）建立关工委，至年底，全市有 10 镇（区、街道）建立农技关工委。 （赵亚明）

见义勇为工作

【概况】 2020 年，丹阳市加大见义勇为宣传表彰力度，进一步落实见义勇为人员权益保护政策措施，加强基层基础工作。根据《江苏省奖励和保护见义勇为人员条例》和《丹阳市见义勇为基金会章程》规定，全年召开表彰奖励会议 6 场次，表彰奖励见义勇为人员 111 人次，颁发见义勇为奖金 91.82 万元。4 人被镇江市见义勇为基金会授予“镇江市见义勇为积极分子”荣誉称号；3 人被评为“镇江市见义勇为优秀志愿者”；1 人被丹阳市政府授予“丹阳市见义勇为先进个人”荣誉称号；14 个单位被授予“丹阳市见义勇为工作先进集体”荣誉称号；15 人被授予“丹阳市见义勇为工作先进个人”荣誉称号。 （蒋泽锋）

【奖励保安辅警】 2020 年，丹阳市为激励和保护全市公安机关基层保安辅警人员协助维护社会治安的积极性，根据江苏省见义勇为基金会《联防保安人员见义勇为奖励暂行办法》和《丹阳市保安辅警人员见义勇为一案一奖暂行办法（试行）》，对事迹突出的 107 名（人次）辅警进行表彰，共发放奖金 4.29 万元。2020 年，辅警共抓获各类违法犯罪嫌疑人 73 名，破获各类案件 61 起，救助重特大交通事故受伤及落水人员 2 名，扑救火警火险 16 起，救护遇险人员 11 名，为国家集体挽回经济损失 20 余万元。 （蒋泽锋）

【慰问见义勇为人员家属】 2020 年 7 月 13 日，镇江市见义勇为基金会理事长李茂川到丹阳市导墅镇和皇塘镇，走访慰问因见义勇为牺牲人员的家属。李茂川看望导墅镇见义勇为人员宋伟军母亲和皇塘镇省见义勇为先进分子吴松吐妻子殷秀娣。 （蒋泽锋）

图 197 2020 年 7 月 13 日，镇江市见义勇为基金会理事长李茂川（右二）慰问省见义勇为先进分子吴松吐家属 （蒋泽锋）

【市见义勇为基金会换届】 2020 年 9 月 25 日，丹阳市见义勇为基金会举行换届会议暨第四届一次理事会。会议审议并通过丹阳市见义勇为基金会第三届理事会工作报告和财务收支情况报告；选举产生丹阳市见义勇为基金会第四届理事会，蒋明辉当选理事长、葛秀华为秘书长。 （蒋泽锋）

图 198 2020 年 9 月 25 日，丹阳市见义勇为基金会举行换届会议暨第四届一次理事会 （蒋泽锋）

【栾网山、栾凯受表彰】 2020 年 4 月 16 日中午，家住丹阳市皇塘镇积善村的栾网山，忽然听到邻居的大声呼救：有小孩落水了。栾网山闻讯后，毫不犹豫跳入水中，将落水小男孩救上岸，栾网山的外孙栾凯立即对该落水男孩实施控水后进行人工呼吸，小孩有微弱的呼吸后，被其父快速送丹阳市人民医院检查治疗。栾网山、栾凯俩人挺身而出施救落水小男孩的义举，得到村民高度赞扬。为表彰栾网山、栾凯见义勇为举动，根据《江苏省奖励和保护见义勇为人员条例》规定，市见义勇为基金会决定分别给栾网山、栾凯颁发 2000 元、800 元奖金。 （蒋泽锋）

居民收支

【概况】 2020 年，丹阳市城镇非私营单位在岗职工年平均工资 89908 元，比上年增加 5240 元，增长 6.2%。 （市统计局）

【城镇常住居民人均可支配收入】 2020 年，丹阳市城镇常住居民人均可支配收入为 54315 元，比上年增加 1807 元，增长 3.4%。其中工资性收入 41639 元，占 76.7%；经营性净收入 5869 元，占 10.8%；财产性净收入 3480 元，占 6.4%；转移性净收入 3326 元，占 6.1%。 （国调队）

【城镇常住居民人均生活消费支出】 2020 年，丹阳市城镇常住居民人均家庭生活消费支出 26253 元，比上年下降 1.7%。其中食品烟酒支出 7824 元，占 29.8%；衣着支出 3161 元，占 12.0%；居住支出 4310 元，占 16.4%；生活用品及服务支出 1680 元，占 6.4%；交通通信支出 3894 元，占 14.8%；教育文化娱乐支出 3102 元，占 11.8%；医疗保健支出 1318 元，占 5.0%；其他用品及服务支出 964 元，占 3.7%。 （国调队）

【农村常住居民人均可支配收入】 2020 年，丹阳市农村常住居民人均可支配收入为 29492 元，比上年增加 1685 元，增长 6.1%。其中工资性收入 18292 元，增长 6.4%，占 62.0%；家庭经营净收入 7428 元，增长 2.9%，占 25.2%；财产性净收入 1665 元，增长 8.9%，占 5.7%；转移性净收入 2107 元，增长 12.8%，占 7.1%。 （国调队）

【农村常住居民人均生活消费支出】 2020 年，丹阳市农村居民人均生活消费支出 22537 元，比上年下降 4.2%。其中食品烟酒支出 6537 元，占 29.0%；衣着支出 1744 元，占 7.7%；居住支出 3720 元，占 16.5%；生活用品及服务支出 1354 元，占 6.0%；交通和通信支出 4000 元，占 17.7%；教育文化娱乐支出 3023 元，占 13.4%；医疗保健支出 1551 元，占 6.9%；其他用品及服务支出 608 元，占 2.7%。

（国调队）

司 徒 镇

【概况】 司徒镇位于丹阳市西郊，是全国知名的“眼镜之乡”。司徒镇为江苏省首批20个行政管理体制改革试点镇之一。镇域面积91.73平方公里，辖10个行政村、1个社区、1个居委会，年末总人口45405人。司徒镇交通、区位优势明显，沪蓉高速、312国道、122省道、丹西公路穿境而过，附近有沪蓉高速（丹阳西）入口和扬溧高速入口。2020年，全镇完成地区生产总值57.56亿元，比上年增长4.2%；一般公共预算收入2.5亿元；规模以上工业总产值62.04亿元，比上年增长8.3%；工业应税销售83.35亿元，比上年增长12.22%；实际利用外资1201.4万美元。司徒镇拥有中国最大的树脂镜片生产企业万新光学集团有限公司、中国最大的隐形眼镜企业海昌隐形眼镜有限公司、中国网络销售出口成品眼镜排名第一企业江苏淘镜有限公司。建有丹阳唯一的江苏省级现代农业示范园区。2020年度获国家级卫生镇、丹阳市高质量发展综合考核一等奖、全市乡村振兴农业高质高效发展奖、丹阳市文明城市长效管理考核一等奖、农业保险工作考核一等奖、市“四好农村路”高质量发展工作先进集体、科协科普工作先进集体、安全生产先进集体、统战工作先进集体、征兵工作先进集体、食品安全工作先进集体、宣传思想工作先进集体、组织工作创先争优先进集体、打好污染防治攻坚战先进单位、网格化治理及法治创建信访工作先进集体等荣誉。 （邹倩钰）

2020年司徒镇主要经济社会指标一览表

表43

主要指标	数 值	主要指标	数 值
地区生产总值(亿元)	57.56	第三产业增加值(亿元)	18.46
财政总收入(亿元)	4.98	全镇总户数(户)	15294
实际利用外资(万美元)	1201.4	全镇总人口(人)	45405
工业销售收入(亿元)	81.42	银行、信用社(个)	5
粮食总产量(吨)	31101	中小学校(所)	3
肉类总产量(吨)	7727	医院、卫生院(所)	2

续表 43

主要指标	数　值	主要指标	数　值
水产品产量(吨)	7541	卫生室(个)	13
规模以上工业投入(亿元)	5.61	工业企业总数(个)	441
工业用电(亿千瓦时)	3.8	个体工商户(户)	3901
新增私营企业(户)	231	规模以上工业增加值(亿元)	18.44
工业应税销售(亿元)	83.35	规模以上固定资产投资(亿元)	9.14

（邹倩钰）

2020 年司徒镇骨干企业情况表

表 44

企业名称	法定代表人	工业产值（万元）	销售收入（万元）
江苏美乐集团	王国宝	164368	166134
海昌隐形眼镜有限公司	蔡国洲	101673	106754
万新光学集团有限公司	汤龙保	62869	63454
江苏淘镜有限公司	郑　瑜	53306	52258
易佰得(丹阳)光学有限公司	江　灵	40257	28870
江苏瑞文新材料科技有限公司	姜伟灿	26739	26740
江苏金聚合金材料有限公司	孙朝辉	14969	24990
江苏海伦隐形眼镜有限公司	蔡国洲	21096	21117
江苏沪耀粮油制品公司	朱尧生	15505	14499
江苏东方光学有限公司	蔡国洲	9048	9254
丹阳市万隆化工有限公司	赵留富	6906	6469
江苏恒翔印务有限公司	王　翔	5003	5003
丹阳市瑞倍爱冷热疗产品有限公司	CURTIS SCOTT	2394	2485

（邹倩钰）

2020 年司徒镇行政村、居委会情况表

表 45

行政村、居委会名称	书记姓名	主任姓名	总人口（人）	村集体收入（万元）
薛甲村	张晓明	张晓明	3142	141.33
张寺村	薛晓明	薛晓明	3153	200.13

续表 45

行政村、居委会名称	书记姓名	主任姓名	总人口（人）	村集体收入（万元）
培棠村	谭卫平	谭卫平	4917	220.60
丁庄村	杭和秀	杭和秀	3764	230.55
屯甸村	毛锁龙	毛锁龙	2981	196.69
谭巷村	谭来训	谭来训	4503	227.70
杏村村	周志贤	周志贤	3215	207.43
固村村	吴东方	吴东方	7385	261.55
吴塘村	朱荣良	朱荣良	3611	195.48
杏虎村	黄 兢	黄 兢	3768	137.30
东风社区	梅玉华	梅玉华	2862	280.74
光明路居委会	罗 麟	—	2104	—

（邹倩钰）

【重点项目建设】 2020 年，司徒镇推进重点项目建设，以项目促投资、促增长、促发展。11 个市级以上重点产业类项目有序推进，完成投资 13.2 亿元，建成工业厂房 10 万平方米。6 个镇级重点产业项目完成投资 3.2 亿元，建成厂房 4.03 万平方米。到浙江、上海、无锡等地开展高频招商，签约亿元以上项目 4 个。推进眼镜互联网经济建设，丹阳眼镜电商产业园成功落户司徒镇。企业能级不断提升，新增高新技术企业 13 家，国家级、省级专精特新“小巨人”企业各 1 家。推动“两化融合”，新增省级两化融合企业 2 家，获评 3 星、4 星级“上云企业”4 家。2 人入选省“双创”和镇江“金山英才”人才计划。新增省级工程技术研究中心 1 家。全年申请专利 387 件，授权专利 346 件，其中发明专利授权 4 件。（邹倩钰）

【提升人居环境】 2020 年，司徒镇东风路、亨博路、钱东路等 5 条道路建成通车，新增路灯 579 盏，提升区域通行能力。投入 850 万元完成 4 个美丽宜居村建设和 8 个国省干道景观节点打造。投入 290 万元，对镇区局部进行综合整治，解决排涝、下水道堵塞和污染环境的问题，完成水塘清淤 1 座、沿塘生态砌块护岸 187 米、水泥混凝土道路 426 平方米等；老小区完成各类雨污水管网改造 1616 米、改造化粪池 10 座、改造地面 2300 平方米。投入 236 万元实施北永丰河生态河道建设。开展“厕所革命”，完成农村户厕改造 668 户，改建公厕 4 座。强化集镇管理，全年清理占道经营行为 800 余处，取缔主次干道流动摊点 600 余个。保持“两违”整治高压态势，拆除各类违建 61 处、面积 2600 余平方米。做好人居环境整治工作，全镇 160 个自然村成功通过验收。生态保护持续发力，完成排污许可证登记企业 293 家，累计完成发证并登记企业 390 家，集中收集转运树脂镜片粉屑 267 吨。做好农村面源污染防治，建立农膜回收站 1 座，回收废旧农膜 2.08 吨。做好秸秆禁烧和综合利用，完成秸秆还田面积 0.37 万公顷。全面落实河长制工作，“两违三乱”专项整治取得成效。（邹倩钰）

【社会事业】 2020 年，司徒镇深入推进“文化惠民工程”，开展各类文化活动 200 余场，司徒文体公园获评“江苏最美乡村健身公园”。做好65岁以上老年人健康体检、家庭医生签约等公共卫生服务。修订完善司徒镇奖教基金实施细则，加大教育扶持力度。通过全国爱国卫生运动委员会的复审，被评为“国家卫生镇”。推进新时代文明实践工作，建成镇级新时代实践所1个、村级新时代文明实践站11个（其中市级示范站2个）、自然村级新时代文明实践岗153个，站点设置实现全覆盖。（邹倩钰）

【社会保障】 2020年，司徒镇完善社会保障，新增就业人数1583人，实现农村劳动力转移693人。做好被征地农民参加社会保障工作，新产生保障对象158人。调解处理劳资纠纷44起，帮助职工追讨工资205万元、补缴保险3人。推进城乡居民基本养老、医疗保险，新增参保企业92家。落实民生保障工程，投入450余万元完成敬老院改造和全州集镇农贸市场建设。巩固拓展脱贫攻坚成果，持续做好建档立卡户的动态管理，完成5个扶贫项目和3户“五保户”危房改造。（邹倩钰）

【桐梓县驻丹阳农民工服务工作站成立】 2020年9月24日，位于司徒镇政务大厅旁的贵州桐梓县驻丹阳农民工服务工作站挂牌成立，办公区域面积120平方米，工作人员2名。桐梓县是贵州省劳务输出大县，常年在外农民工13.5万人，在丹阳务工人员近千人。成立桐梓县驻丹阳农民工服务工作站，可以更好地做好桐梓县和丹阳市的劳务对接，提供各类服务，稳定就业。服务站面向贵州桐梓县的农民工，提供工作推荐、企业对接、跨省代办各类事项等便民服务，让农民工高效便利办事，精准快捷上岗。2020年2月22日，新冠疫情防控期间，两地人社部门紧密协作，通过“点对点”“一站式”专车方式，帮助87名桐梓籍民工安全、有序回到丹阳。（邹倩钰）

【第二届“杏虎仙桃”采摘节】 2020年7月11日，由丹阳市人民政府主办，江苏省丹阳现代农业产业示范园管委会、丹阳市农业农村局、司徒镇人民政府承办的“2020丹阳市名特优农产品展示展销会暨第二届‘杏虎仙桃’采摘节”活动在司徒镇杏虎村举办。时代楷模、农业科学家、全国扶贫先进人物赵亚夫及有关领导参加活动。本次采摘节活动由政府搭台、院所指导、企业参与、果农主唱、直播互动为主线，借“旅游+”之力，助推丹阳农产品开拓更多销售渠道，打响杏虎水蜜桃品牌和丹阳绿色生态旅游品牌，拓展产品销售渠道，带动江苏省丹阳现代化农业产业示范园人气与品牌的双丰收。节会活动分为名特优农产品展示展销区、杏虎仙桃展示品尝区、文艺表演区、特色小吃区等。活动现场，相关农业专家为杏虎水蜜桃进行专家评鉴，揭晓2020杏虎仙桃大赛获奖农户获奖名单，举行江苏省丹阳现代农业产业示范园与镇江市农业科学院战略合作签约仪式。赵亚夫在现场与参会人员分享其与杏虎村及杏虎水蜜桃20年来的故事。至年底，杏虎村共种植水蜜桃面积100公顷，年产量75万公斤。（司徒镇政府）

延 陵 镇

【概况】 延陵镇位于丹阳市西南部，与镇江丹徒区、常州金坛区接壤，属省级茅山革命老区，是丹阳四大古镇之一。全镇总面积116平方公里、耕地面积0.43万公顷、水面面积0.23万公顷，全镇总人口60704人，辖13个行政村、2个社区。延陵历史文化底蕴深厚，境内有6000多年历史的凤凰山遗址、国家AAA级九里风景区，拥有国家级、省级“非遗”保护项目2个。区域内交通便捷，沪蓉、扬溧两条高速公路和312国道、241省道、122省道、丹茅路、丹西路、丹宝路等交通干道交汇贯通。2020年，全年实现地区生产总值46.92亿元，一般公共预算税收收入1.38亿元，工业总产值52.19亿元，农村居民人均可支配收入25039元，国家级卫生镇通过国家评估验收，九里风景区获评国家AAA级旅游风景区。（汤利杰）

2020 年延陵镇主要经济社会指标一览表

表 46

主要指标	数　值	主要指标	数　值
地区生产总值(亿元)	46.92	注册合同外资(万美元)	0
一般公共预算收入(亿元)	1.46	实际利用外资(万美元)	0
一般公共预算税收收入(亿元)	1.38	自营出口额(万美元)	—
财政支出(亿元)	1.43	第三产业增加值(亿元)	16.7
工农业总产值(亿元)	113.6	农民人均可支配收入(元)	25039
产品销售收入(亿元)	111.7	全镇总户数(户)	21224
粮食总产量(吨)	63362	全镇总人口(人)	60704
油料总产量(吨)	533	全镇从业人员数(人)	46148
肉类总产量(吨)	2119	外来从业人员数(人)	3652
水产品产量(吨)	7669	各类科技人员数(人)	1392
规模以上工业投入(亿元)	3.22	农业技术人员数(人)	15
工业用电(万千瓦时)	20769	银行、信用社(个)	5
工业企业总数(个)	485	中小学校(所)	4
私营企业数(个)	485	医院、卫生院(所)	1
个体工商户(户)	3612	卫生室(个)	13

（汤利杰）

2020 年延陵镇骨干企业情况表

表 47

企业名称	法定代表人	工业增加值(万元)	销售收入(万元)
丹阳佳润服装有限公司	潘荣汉	20464.5	81858
江苏福荣制衣有限公司	张锦云	10801.2	43204.6
江苏通达纸业有限公司	邹炳华	9356	37423.8
江苏巨贸康万家医疗设备有限公司	李　民	7440.9	29763.5
江苏汇天机电科技有限公司	康海欣	6127.9	24511.5
江苏万乐复合材料有限公司	徐卫国	4121.2	16484.7
江苏安得利新材料科技有限公司	胡腊仙	3351.6	13406.5
丹阳市飞轮气体阀门有限公司	鲁卫国	3224.5	12897.8

续表47

企业名称	法定代表人	工业增加值（万元）	销售收入（万元）
丹阳市丹祈行业服装面料有限公司	吴洪连	2921	11684.1
丹阳润泰纺织有限公司	王叶华	2914.3	11657.2
镇江威尔耐车轮制造有限公司	吴玲花	2672.5	10690.1
江苏科信光电科技有限公司	张钊连	2583.7	10334.8
丹阳天之印数码打印材料有限公司	陈明鸣	2468.8	9875.3
丹阳同泰化工机械有限公司	柏兆钰	2048.2	8192.6
江苏北鸿实业有限公司	邓夏平	1563.8	6255.2
江苏新中信电器设备有限公司	丰冬良	1397	5587.8
丹阳市布利斯旅游用品有限公司	邹云峰	1348.4	5393.7
江苏华东空分设备制造有限公司	程　云	1293.8	5175
丹阳鹏强机械制造有限公司	朱瑞强	1201.6	4806.3
丹阳市金龙纸业有限公司	唐情龙	1103.5	4414
江苏盛泰气体设备有限公司	黄　平	1061.4	4245.4
丹阳市文魁无纺织制品有限公司	张文魁	994.9	3979.6
江苏大度塑材有限公司	陆玉芳	907.8	3631.3
江苏信德智能气体装备有限公司	孙敏俊	870	3480
丹阳市赛邦充灌器械有限公司	欧阳国发	854.5	3418.1
江苏新万宝车业制造有限公司	王剑中	846.1	3384.5
丹阳市新亚阀门有限公司	朱照网	844.3	3377
镇江市三汇包装有限公司	杭网锁	837.7	3350.8
丹阳市舜博光电科技有限公司	张崭新	822.2	3288.7
丹阳市丹祈纺织有限公司	张俊炎	780.1	3120.4
江苏欣盛植物油脂有限公司	张　华	770.4	3081.5
丹阳市恒成金属制品有限公司	邓留花	750.1	3000.3
丹阳依斯泰户外用品有限公司	林书炳	732.8	2931
江苏长诚档案设备有限公司	韦辉明	698.8	2795.2
江苏晨佳流体设备有限公司	贡建中	670.8	2683.3
丹阳市富豪铜业有限公司	夏玉东	649.2	2596.7
丹阳丹雨五金工具有限公司	洪挺梅	561.3	2245.1
丹阳市恒丰面粉有限公司	袁国泉	555.4	2221.5

续表 47

企业名称	法定代表人	工业增加值（万元）	销售收入（万元）
丹阳市威得利金属制品有限公司	袁亚俊	555	2220.1
丹阳华美旅游用品有限公司	林智云	545.7	2182.8

（汤利杰）

2020 年延陵镇行政村、居委会情况表

表 48

行政村、居委会名称	书记姓名	主任姓名	总人口（人）	村集体收入（万元）
东皇村	束和平	束和平	3341	141
行宫村	马建国	马建国	6701	110
九里村	郦友良	郦友良	5155	86
大吕村	谭平华	谭平华	4612	107
联兴村	吴永俊	吴永俊	8910	265
利民村	李忠云	李忠云	5138	160
麦溪村	张春保	张春保	5429	142
松卜村	吴新华	吴新华	2734	86
柳茹村	刑学平	刑学平	2782	115
赵巷村	俞须良	俞须良	2786	107
延陵村	钟建荣	钟建荣	5022	84
延星村	林　炜	林　炜	3567	181
宝林村	潘朝阳	潘朝阳	4406	162
滨河社区	贡云霞	贡云霞	2806	—
芳草社区	谭建美	谭建美	7236	—

（汤利杰）

【表彰“感动延陵”十大人物】　2020 年 1 月 17 日，由市新时代文明实践中心、文体广电和旅游局、延陵镇党委镇政府以及延陵镇新时代文明实践所联合主办的以“奋进新时代追梦幸福年”为主题的 2020 年延陵镇迎新春暨感动延陵人物表彰大会在延陵镇文体中心举行。大会对评出的“感动延陵”十大人物韦新耇、张英华、史杨平、王芳、谭志兰、王须良、张午花、朱志辉、蒋国芳、张毓华进行表彰颁奖。会议以视频方式介绍“感动延陵”十大人物的事迹。该镇每年以感动人物评选活动为契机，以平凡人的非凡事迹温暖人心，感动社会，营造分享感动、学习感动人物的浓厚氛围。把社会道德建设融入全镇提质增效、转型发展中，弘扬社会主义核心价值观，在全镇范围内掀起“学好人、做好人”的热潮，涌现一大批传递

正能量的感动人物。（汤利杰）

【设立“防贫保”保障制度】 2020年，延陵镇与太平洋保险公司合作，建立精准扶贫“防贫保”工作机制，对全镇10%左右农村人口按每人每年60元保费标准，投入整体保费36万元，对因病、因学、因灾群体进行赔付。“防贫保”的实施，进一步增强贫困群体动态监测力量，从源头上控制贫困增量，为临贫、易贫群体筑牢防贫保障网。（汤利杰）

【九里风景区建设】 2020年，延陵镇对九里风景区西部面积33.33公顷土地空间进行开发利用，种植粉黛花海，铺设阳光大草坪，贯通水系形成连片景观，拓展景区游览观光空间。完成儿童乐园、休闲小木屋、水上游玩项目初步规划。建设景区游客中心，进一步完善基础设施，提升综合实力。九里景区被评为AAA旅游景区。（汤利杰）

【国家级卫生镇通过验收】 2020年，延陵镇在创成省级卫生镇的基础上，加强组织领导和宣传发动，对房前屋后、背街小巷、道路两侧、河塘沟渠等重点区域环境卫生进行整治，提升农贸市场档次，加强农村污水管网、无害化卫生厕所、公共厕所建设，健全垃圾收运处置体系，推进重点环境污染治理，开展疾病防治和保障公共安全等。2020年12月，延陵镇创建国家级卫生镇通过验收。（汤利杰）

【东皇村发展订单农业】 2020年，延陵镇东皇村与恒顺醋业合作，签订糯稻生产供应订单合同，商定糯稻生产面积和收购价格。订单农业的发展模式适应市场需求，解决销路问题和经营风险问题。东皇村订单农业发展丰富农村产业的形式，拓宽村集体收入渠道，全年签订糯稻生产面积1500亩（100公顷），亩均产出1700元，销售总收入255万元。（汤利杰）

【村企联建】 2020年，延陵镇深入开展“万企联万村共走振兴路”行动，推动村企资源互补、深入融合，对村集体闲置房屋、土地等资产进行充分利用，13个行政村与16家企业结对，签约资金7.7亿元，深化稻米加工、旅游开发、特色种植等农业全领域联建合作，推动现代农业产业链、价值链迈向高端。（汤利杰）

图199　2020年9月3日，延陵镇举办“万企联万村共走振兴路”村企联建签约活动（汤利杰）

【丹阳优质大米】 延陵镇隶属于丹阳市，位于镇江东南部，地处长江三角洲、上海经济圈腹地；东邻常州市武进区、新北区，西接句容市。延陵香米是丹阳市特色产品之一，已有60多年的栽培历史，2004年通过有机食品认证，2005年获得无公害产地认证和无公害产品认证证书，2012年荣获第七届中国国际有机食品博览会有机大米食品品评和第二届（成都）国际有机农业峰会首届中国有机大米食味竞赛“味佳奖”，第八届、第九届、第十届中国国际有机食品博览会金奖。延陵香米因其独特的品质深受广大消费者的喜爱，产品销往无锡市、常熟市、南京市等。至2020年底，延陵香米地理商标水稻种植面积0.43万公顷，产值达1.2亿元左右。（延陵镇政府）

珥　陵　镇

【概况】 珥陵镇位于丹阳市南郊，是丹阳四大古镇之一，312国道、233国道（原241省道）、丹西公路和丹金溧漕河穿境而过。区域总面积 83.66 平方公里、耕地面积 4896 公顷、集镇面积 3.5 平方公里。辖 10 个行政村、1 个社区居委会，年末总户数 17089 户、总人口 47583 人。2020 年，全镇地区生产总值 25.5 亿元，一般公共预算收入 5188 万元，城乡居民人均可支配收入 26317 元。珥陵镇推进国家级农业产业强镇示范项目建设，被评为镇江市高标准农田建设示范镇、2020 年镇江市全民艺术普及示范基地、第三批江苏省生态文明建设示范乡镇（街道）、2020 年度镇江市信访工作“四无”镇（街道、开发区）。（孟　莹）

2020 年珥陵镇主要经济社会指标一览表

表 49

主要指标	数　值	主要指标	数　值
地区生产总值(亿元)	25.5	注册合同外资(万美元)	0
财政总收入(亿元)	1.03	实际利用外资(万美元)	0
公共财政预算收入(万元)	5188	自营出口额(万美元)	2588
财政支出(亿元)	0.77	第三产业增加值(万元)	—
工业总产值(亿元)	34.83	城乡居民人均可支配收入(元)	26317
工业销售收入(亿元)	34.83	全镇总户数(户)	17089
粮食总产量(吨)	57965	全镇总人口(人)	47583
油料总产量(吨)	495	全镇从业人员数(人)	28618
肉类总产量(吨)	—	外来从业人员数(人)	1058
水果产量(吨)	—	各类科技人员数(人)	715
水产品产量(吨)	4002	农业技术人员数(人)	41
规模以上工业投入(亿元)	4.4	银行、信用社(个)	5
工业用电(万千瓦时)	14085	中小学校(所)	5
工业企业总数(个)	512	医院、卫生院(所)	1
私营企业数(个)	610	卫生室(个)	9
个体工商户(户)	2750	职工人均工资(元)	—

（孟　莹）

2020 年珥陵镇骨干企业情况表

表 50

企业名称	法定代表人	工业产值(万元)	销售收入(万元)
冈田精机丹阳有限公司	陈　亮	51135	51078
江苏汇能重工有限公司	陈　伟	21813	19575
江苏江南忆香源面粉有限公司	张有根	16499	17927
江苏赛安格科技有限公司	丁锦华	12023	12023
江苏欣战江新能源有限公司	虞　强	11768	9768

续表 50

企业名称	法定代表人	工业产值（万元）	销售收入（万元）
镇江丹和醋业有限公司	史荣炳	8621	8621
江苏汇能锅炉有限公司	陈云龙	8184	7518
丹阳正清曲面披覆有限公司	苏正刚	6312	7060
江苏江南上一道科技股份有限公司	廖小玲	6582	6381
丹阳市天由纸业有限公司	郭建华	6179	6337
丹阳市鹏辉照明器材有限公司	郭军和	6227	6236
丹阳鹏鹞污水处理有限公司	徐建新	4236	6155
江苏丹元面粉有限公司	陈宝平	6405	5875
江苏润澳新型建材有限公司	吴立忠	5728	5728
江苏海一比真光学镜片有限公司	李　峰	4145	4652
丹阳市兴丹纺织有限公司	孙金龙	2771	2466

（孟　莹）

2020 年珥陵镇行政村、居委会情况表

表 51

行政村、居委会名称	书记姓名	主任姓名	总人口（人）	村集体收入（万元）
护国村	苗国芳	苗国芳	5680	106.84
珥城村	周忠阳	周忠阳	4839	89.44
黄埝村	李兰定	李兰定	3668	84.73
中仙村	谢明光	谢明光	5101	94.81
积庆村	武明忠	武明忠	5283	87.61
扶城村	吴明方	吴明方	5504	87.23
祥里村	陈建阳	陈建阳	3768	99.62
丈山村	汤惠云	汤惠云	4651	90.68
新庄村	虞福贵	虞福贵	3608	94.59
大施村	史光云	史冲云	3880	101.72
新珥街社区居委会	—	李　瑾	1601	—

（孟　莹）

【疫情防控】 2020年，珥陵镇加强新冠肺炎疫情防控，成立疫情防控指挥部，依托镇、村、组三级网络，动员志愿者500余人，全面细化摸排工作，全镇1600余人实现分级分类有效稳控。严防严控守牢“丹阳南大门”卡口，累计排查3500余车次、9000余人次。统筹优化村级道口防控，发动村民自发设立卡口117个。细化复工工作流程，围绕“分批复工、错峰开工、有序平稳”的总原则，严格审查企业复工资料，评估复工现场，高质高效推动全镇290余家企业有序复工复产。落实各项暖企政策，累计减免企业阶段性社保费约1660万元。（孟　莹）

【产业强镇建设】 2020年，珥陵镇实施产业强镇建设，18个重点项目竣工投产率88.9%。开展8场产业招商活动，新招引落地项目13个，其中超亿元项目5个。开展金融助力高质量发展对接会，现场签约总额1.1亿元，全年新增放贷比上年增长9.2%。高效盘活闲置用地18.8公顷、厂房7.3万平方米。原森烽科技公司入驻企业3家；永兴水泥公司引入规模以上企业2家。全年新增规模以上工业企业5家、超5亿元企业1家、超亿元企业1家、专精特新“小巨人”企业1家。全年新增省级工业设计中心1家、超亿元企业1家、超5亿元企业1家、高新技术企业5家、规模以上企业5家，冈田精机刀库项目通过国家重大科技专项验收。（孟　莹）

【现代农业建设】 2020年，珥陵镇结合国家级农业产业强镇，建设省级农产品加工园区平台。园区影响力全面提升，创成镇江市级现代农业产业示范园，新增入驻企业3家，新增镇江市级农业龙头企业3家。坚持“稳字当头、扩面增产”，落实水稻种植3700公顷、小麦种植3500公顷、蔬菜种植500公顷。有序推进266.67公顷高标准农田项目建设，创成镇江市级高标准农田建设示范镇。积极对接专业互联网服务企业，探索特色农产品网络销售服务中心建设，“斗金科技”成功落户珥陵镇，注册资本2000万元。鼓励丹和醋业、上一道等重点农业龙头企业，探索线上线下融合发展模式，全镇线上销售比上年增长约30%。培育壮大新型农业经营主体，创成省级示范家庭农场1家、镇江市级示范家庭农场2家、省级合作社1家、镇江市级合作社2家。（孟　莹）

【乡村环境整治】 2020年，珥陵镇调优镇村布局规划，确定规划发展村庄31个、拟搬迁撤并村庄106个、一般村庄126个，完成2个试点村实用性村庄规划编制。有效治理人居环境，依托党建完成镇江市级现场观摩会，率先完成销号任务，殡葬改革工作位列全市第一方阵。整治干道沿线，233国道亮化、黄埝节点工程、丹金路绿化亮化工程完工。优化生态环境，创成江苏省级生态文明示范镇。麦丈线、储祝线、三七站桥、黄埝桥竣工通车，改造丹金路。4个美丽宜居村庄建设全部达标。深化“263”“116”专项行动，累计取缔“散乱污”企业3家，关闭轮窑砖瓦生产企业1家。落实中央环保督察“回头看”交办信访件整改，全面完成销号任务，环境信访比上年降低21.5%。（孟　莹）

【社会事业发展】 2020年，珥陵镇实施精准就业援助行动，全镇新增就业628人，失业人员再就业150人，农村劳动力转移就业250人。坚持精准施策，全镇8个经济薄弱村、296户建档立卡户脱贫。助推村企联动，落实本地村企联建项目10个、南北共建项目1个。抓实“高水平小康·丹阳在行动”活动，按户帮扶完成率超95%。推进农贸市场改造、完成敬老院公建民营。整治山羊市场，获得山羊集中屠宰资格。获选镇江市兴教助学协会丹阳唯一的扩面试点乡镇，社会各界认捐200余万元。历时6年建设的珥陵中心幼儿园全面建成，云林幼儿园高分通过省优质园复评。完成企业安全生产“大起底”排查，全镇356家企业各类隐患整改到位。关停危化品黑窝点2家，停产整改12家，处罚13家，安全生产工作获评镇江市先进集体。（孟　莹）

导墅镇

【概况】 导墅镇位于丹阳市东南部，是鹤溪河畔的千年古镇，中国孔子学会前会长匡亚明故里。该镇水路交通发达，古鹤溪河穿越全境，镇域内有312国道、340省道及6号路等公路连通四方。全镇总面积80.5平方公里，辖11个行政村、2个社区居委会，年末总人口4.7万人。全年实现地区生产总值36.88亿元，一般公共预算收入1.3亿元，工业应税销售收入40.1亿元，比上年增长4.4%；规模以上固定资产投资5.77亿元，比上年增长37.7%；农村居民人均可支配收入2.63万元，比上年增长5.4%。2020年获国家卫生乡镇、江苏省省级健康镇、江苏省最美乡村健身公园、镇江市信访工作“四无”镇等荣誉。 （符 渝）

2020年导墅镇主要经济社会指标一览表

表52

主要指标	数 值	主要指标	数 值
地区生产总值(亿元)	36.88	注册合同外资(万美元)	—
财政总收入(亿元)	2.47	实际利用外资(万美元)	—
公共财政预算收入(亿元)	1.3	自营出口额(万美元)	—
财政支出(亿元)	1.31	第三产业增加值(亿元)	14.03
工农业总产值(亿元)	95.32	农民人均可支配收入(万元)	2.63
产品销售收入(亿元)	86.79	全镇总户数(户)	14805
粮食总产量(吨)	34374	全镇总人口(人)	46677
油料总产量(吨)	657	全镇从业人员数(人)	28471
肉类总产量(吨)	2683	外来从业人员数(人)	—
水产品产量(吨)	4324	各类科技人员数(人)	—
规模以上工业投入(亿元)	5.16	农业技术人员数(人)	35
工业用电(万千瓦时)	15799	银行、信用社(个)	6
工业企业总数(个)	616	中小学校(所)	4
私营企业数(个)	853	医院、卫生院(所)	2
个体工商户(户)	1129	卫生室(个)	24

（符 渝）

2020年导墅镇骨干企业情况表

表53

企业名称	法定代表人	工业增加值（万元）	销售收入（万元）
丹阳市永达模塑有限公司	贺 弥	6990	52292
江苏凯伦铝业有限公司	姜 奇	4987	36733
江苏申阳电梯部件有限公司	姜 奇	4563	32826

续表 53

企业名称	法定代表人	工业增加值（万元）	销售收入（万元）
丹阳鸿运电梯部件厂	蒋迁欢	3302	17434
鸿运汽车有限公司	蒋迁欢	3531	14632
江苏爱伦家纺有限公司	符惠琴	1129	10987
江苏金鹤新材料有限公司	戴明杰	3624	8138
江苏恒力炉业有限公司	祝　琦	2858	7235
江苏依丽莱家纺有限公司	仲国定	1012	6961
江苏恒立弹簧有限公司	袁国平	2297	6111
江苏奥佩尔体育用品有限公司	曹嘉伟	986	5414
丹阳市百盛电器有限公司	贺　寅	1088	4861
江苏锐特自控科技有限公司	张军平	1357	4516
江苏澳帆旅游用品有限公司	祁建明	731	4427
江苏新感觉户外用品有限公司	张国琴	688	4037
丹阳红日肥业有限公司	陈息方	1564	3855
江苏诚泰旅游用品有限公司	曹嘉祥	676	3724
丹阳市宇晟纺织新材料有限公司	陈夕方	660	3679
江苏利隆户外用品有限公司	周国平	586	3218
丹阳市科瑞特粉末新材料有限公司	张军平	824	3106
丹阳市振成包装有限公司	栾庆生	763	2917
丹阳市创意包装彩印有限公司	贺益年	755	2815
丹阳市弘阳机械有限公司	姜丽琴	835	2724
江苏经纬输送装备有限公司	王栋梁	802	2642
江苏路通电器有限公司	路玉明	816	2567
丹阳市液压附件设备厂有限公司	金玉华	759	2513
江苏华烨炉业有限公司	李小明	713	2257
丹阳市瑞宇塑胶制品有限公司	肖志庆	556	2200
江苏志友车辆部件科技有限公司	王华方	625	2155
江苏圣罗兰寝品有限公司	刘腊梅	503	2009

（符　渝）

2020年导墅镇行政村、居委会情况表

表54

行政村、居委会名称	书记姓名	主任姓名	总人口（人）	村集体收入（万元）
小华村	何金华	何金华	4760	114.09
大华村	仲建平	仲建平	3571	99.78
葩桥村	陈荣刚	陈荣刚	5218	142.1
下琴村	张建良	张建良	5606	80.26
导墅村	万锁忠	万锁忠	4123	80.46
后庄村	罗方平	罗方平	4530	99.11
东新村	吴向必	吴向必	4868	120.91
东河村	汤国琦	汤国琦	3646	80.48
里庄村	徐建忠	徐建忠	3404	86.85
白马村	徐锁柱	王建新	3163	137.44
镇东村	姜　俊	姜　俊	3136	86.18
李庄桥居委会	—	荆锁权	652	—
新征路居委会	—	尹俊华	1052	—

（符　渝）

【重点项目建设】　2020年，导墅镇加强重点项目建设，深化“书记室抓项目”制度，推进7个总投资10.2亿元的重点产业类项目，项目开工率、竣工投产率位居全市前列，其中总投资3.2亿元的镇江市重点项目贝斯特装配式建筑生产线项目，从备案到投产仅用8个月，跑出项目建设的导墅速度。通过乡贤招商、以商招商等形式，全年成功招引亿元项目6个，亿元项目招引数和投资额均有突破。（符　渝）

【科技创新】　2020年，导墅镇充分发挥“科技镇长团”的积极作用，狠抓科技人才支撑，新增入库高企9家、科技人才项目8个，较上年翻了一番。规模以上企业中有研发活动的占比达85%，研发投入强度达4%，新增规模以上企业2家，新增销售超5亿元企业1家，新增销售超亿元企业1家，机械加工和电炉产业营收增幅均超15%。（符　渝）

【纾困惠企】　2020年，导墅镇推行党政领导挂钩联系企业制度，通过项目现场推进协调会、企业家座谈会、到一线走访等形式为企业解决实际问题35件。严格落实市委市政府出台的惠企政策，助力企业减少疫情冲击，累计减免企业各类税费1800余万元。积极引导金融机构助力企业“跑起来”，新增制造业贷款比上年增幅超150%。（符　渝）

【基础设施建设】　2020年，导墅镇完成黄埝桥新建工程，打通镇域西部连接枢纽。推进河沿桥改建工程，完成方案设计和前期准备工作。全面开展国省县道沿线整治，拆除违章搭

建的畜禽棚舍、废品收购点12处。推进污水管网2号泵站升级改造工程，投资35万元的垃圾中转站建成运营。（符　渝）

【生态环境整治】　2020年，导墅镇持续打好污染防治攻坚战，取缔小散乱污企业5家，完成综合整治8家，二氧化硫、碳氧化物排放量持续下降。深入推进河长制工作，投入200余万元开展河道集中整治，清理违法种植9000平方米，完成3处“两违三乱”整治任务。加大环保巡查工作力度，破获一起近600余吨的一般固废倾倒违法案件。（符　渝）

【乡村振兴】　2020年，导墅镇推进“万企联万村共走振兴路”，完成联建项目9个，累计投资9000余万元。大力发展现代农业，新增高效特色农业面积106.67公顷。加强绿化造林及管护，新增造林面积34.47公顷。以农村人居环境整治为抓手，全力提升村容村貌，全镇301个自然村通过镇江市专项验收，打造22个环境整治示范村庄，建成2个美丽宜居村庄。推进文明殡葬工作，投入200万元对镇村骨灰存放室进行升级改造。（符　渝）

【社会保障】　2020年，导墅镇实施精准就业援助，新增城镇就业496人，农村劳动力转移就业153人。提升社会供养和福利体系，完成10年到期残疾人证换发工作，累计发放各类补助1000余万元。落实退伍军人信息核查和社保接续工作，保障退伍军人合法权益。开展脱贫攻坚大排查和“回头看”，6个经济薄弱村总收入和经营性收入实现双达标。深入推进“高水平小康·丹阳在行动”，精准帮扶困难群众123人。（符　渝）

【公共服务】　2020年，导墅镇在创成全国卫生镇的基础上，顺利通过省级健康镇验收。完善群众健身设施，新增6处体育小广场，镇级体育小公园获“江苏省最美乡村健身公园”荣誉。在全市率先推进敬老院公建民营，接纳社会老人45名。持续加大教育投入，投资2600万元的里庄幼儿园完成内装修。（符　渝）

【里庄黄酒】　导墅镇位于中纬度北亚热带，属海洋性气候，气候湿润、光照充足、雨量丰沛、无霜期长、四季分明，满足里庄黄酒的主原料——精白糯米的生长需要和糖化发酵速度，全镇糯米年产量210万公斤。里庄黄酒的酿造始于西周，导墅被称为“美酒飘香的地方”。全镇有黄酒加工企业6家，其中成规模的企业主要有丹阳市里庄黄酒厂和丹阳市东新酒厂。里庄黄酒采用传统加工工艺：择米、筛米、泡米、搭米、冲洗、蒸饭、搭窝、扳曲、拌缸、开耙、养醅、榨酒、淀清、煎酒、入坛、封陈。里庄黄酒具有醇香浓郁、口感鲜甜等品质特征，饮之沁人心脾。2020年，里庄黄酒年产量300吨，销售额达600万元。（导墅镇政府）

皇　塘　镇

【概况】　皇塘镇位于丹阳市东南部，是一座具有2700多年历史的古镇，总面积80.54平方公里，辖11个行政村、2个社区居委会，年末户籍人口48313人，常驻人口57058人。皇塘镇积极打造生态宜居的产业发达镇，持续打造食用菌、大棚蔬菜、花卉苗木、特种果蔬、优质稻米、休闲渔业、雪山草鸡、蒋墅土元八大特色产业。皇塘镇食用菌现代产业园被认定为镇江市十强市级现代农业产业示范园，皇塘镇水产良种场被认定为第一批江苏特色优势种苗中心。大南庄村被认定为国家森林乡村，宏图村被认定为省级苗木特色村。先后获国家卫生镇、全国重点镇、中国家纺名镇、中国民间文化艺术之乡、全国小城镇发展与改革综合试点镇、江苏省创新型试点乡镇、江苏电子商务示范镇、江苏省健康镇等荣誉。（刘　力　唐均一）

2020年皇塘镇主要经济社会指标一览表

表55

主要指标	数　值	主要指标	数　值
地区生产总值(亿元)	64.9	注册合同外资(万美元)	40
财政总收入(亿元)	3.55	实际利用外资(万美元)	40
公共财政预算收入(亿元)	1.44	自营出口额(万美元)	—
财政支出(亿元)	1.49	第三产业增加值(亿元)	16.46
工农业总产值(亿元)	160	农民人均可支配收入(元)	31049
产品销售收入(亿元)	158	全镇总户数(户)	20377
粮食总产量(吨)	9071	全镇总人口(人)	57058
油料总产量(吨)	441	全镇从业人员数(人)	39778
肉类总产量(吨)	1013.5	外来从业人员数(人)	10135
水产品产量(吨)	4629	各类科技人员数(人)	2562
规模以上工业投入(亿元)	5.93	农业技术人员数(人)	9
工业用电(万千瓦时)	32849	银行、信用社(个)	9
工业企业总数(个)	696	中小学校(所)	3
私营企业数(个)	638	医院、卫生院(所)	1
个体工商户(户)	3401	卫生室(个)	10

（刘　力　唐均一）

2020年皇塘镇骨干企业情况表

表56

企业名称	法定代表人	工业增加值(万元)	销售收入(万元)
江苏鑫海铜业有限公司	汤优钢	35912	718561
江苏辰阳电子有限公司	贺冰心	16658	98322
丹阳荣嘉精密机械有限公司	殷来大	13557	50226
江苏合发集团有限责任公司	梁　喆	6665	44438
江苏炎昌新型材料有限公司	毛辉望	1924	39014
丹阳市助剂化工厂有限公司	冯玉平	5037	37562
江苏晨光偶联剂有限公司	刘国华	3215	21474
江苏绿叶锅炉有限公司	陈建平	5144	16575
江苏堂皇集团有限公司	荆玉堂	3718	14873
江苏江南生物科技有限公司	姜建新	1308	13076
江苏双志新能源有限公司	洪志中	1195	11812

续表56

企业名称	法定代表人	工业增加值（万元）	销售收入（万元）
江苏中彩印务有限公司	焦小林	1795	11518
丹阳港奇车辆部件有限公司	贺跃新	2447	9386
江苏腾飞纺织品有限公司	仇洪坤	915	9356
丹阳市融鑫机械制造有限公司	张　军	895	8481
江苏安智欣电子科技有限公司	吴爱国	845	8437
江苏友邦纸业有限公司	吕国平	678	6732
江苏乐能电池股份有限公司	丁建民	668	6650
江苏元景假日旅游制品有限公司	潘丽敏	1689	5957
丹阳市丽宏汽车部件有限公司	姜丽娟	1056	5862
丹阳市飞翔汽车配件有限公司	顾留平	1424	5137
丹阳市创佳精密机械有限公司	张东方	1051	4646
兆丰（丹阳）新型药用包材有限公司	赵建军	1137	4549
江苏利普机械有限公司	蒋　波	842	4249
丹阳市红光彩印有限公司	王　强	625	4230
丹阳市霞琪内衣有限公司	刘代华	405	4027
丹阳市飞玉机械配件有限公司	姜玉松	1081	3971
丹阳市华诚包装有限公司	谢华良	912	3724
江苏港宏电线电缆有限公司	尹国栋	421	3684
丹阳市鑫达锻造厂	王夕平	558	3642
江苏鹤溪机械有限公司	虞国金	871	3482
江苏凯丰幕墙材料有限公司	吴　梅	802	3336
丹阳市嘉赐精密机械有限公司	姜志清	801	3212
丹阳市精艺印务有限公司	杨国正	348	3122

（刘　力　唐均一）

2020年皇塘镇行政村、居委会情况表

表57

行政村、居委会名称	书记姓名	主任姓名	总人口（人）	村集体收入（万元）
皇塘村	张正明	张正明	3126	186.96
大南庄村	荆铭俊	荆铭俊	3258	118.24
白兔村	祝广庆	祝广庆	5719	141.23
丁桥村	戎伟仁	戎伟仁	6548	197.75

续表 57

行政村、居委会名称	书记姓名	主任姓名	总人口（人）	村集体收入（万元）
张埝村	李伟松	李伟凇	4427	120.37
积善村	戴江华	戴江华	4111	161.73
宏图村	张耀炜	张耀炜	2910	132.32
鹤溪村	贺志新	贺志新	3952	208.55
蒋墅村	仇洪坤	仇洪坤	4895	216.81
滕村村	姜亚庆	姜亚庆	2452	135.58
后亭村	卫腊坤	卫腊坤	4623	125.9
新丰街社区居委会	杨新梅	杨新梅	1505	—
白鹤社区居委会	张和平	张和平	787	—

（刘　力　唐均一）

【重点工业产业】 2020 年，皇塘镇把推动产业提质增效作为皇塘特色现代产业体系建设的重要抓手。依托鹤溪产业园区，着力构建高端装备、智能制造（电子信息）、环保材料、新型能源等优势主导产业体系，有各类企业 1000 余家、规模工业企业 42 家、亿元工业企业 10 家。2020 年，实现地区生产总值 66.1 亿元，一般公共预算收入 14384 万元，工业应税销售 134.2 亿元，规模以上工业总产值 113.88 亿元，固定资产投资 9.09 亿元。（刘　力　唐均一）

【社会事业】 2020 年，皇塘镇持续推进生态文明村镇创建行动，成功创成国家卫生镇、江苏省健康镇，399 个自然村均通过镇江市级农村人居环境考核验收。推进基础设施建设，完成 340 省道路灯亮化工程、蒋墅北环大桥危桥改造工程等一批重点民生工程。持续推进民生改善，10 个贫困村、94 户建档立卡户 188 人全面脱贫，全镇 10 个贫困村 21 个项目通过验收。成功举办 2020 年度丹阳市农民丰收节、第四届“南翔”火龙果节、第七届“世外源”帐篷旅游文化节、“十三五”农业人才创新创业成果暨农副产品展销会。（刘　力　唐均一）

【获评国家卫生乡镇】 2020 年 8 月 13 日，皇塘镇被全国爱卫会评为 2017—2019 年周期国家卫生乡镇（县城）。近年来，皇塘镇启动生活污水处理工程，投入 2300 余万元实施污水管网和提升泵站建设项目，完成 15 公里污水收集管网和 8 公里输送管网铺设及提升泵站建设，建立“组保洁、村收集、镇转运、市处理”的上下联动垃圾处置体系，每年投入 850 余万元。建立长效管理机制，落实“门前三包”制度，与企业、商户、居民签订镇容环卫责任书 2800 份。配备垃圾箱房 1100 余个，生活垃圾无害化处理率达 100%。完成垃圾转运站扩建、新设备配置，开启第一批垃圾分类试点工作。（刘　力　唐均一）

图 200　2020 年 12 月 9 日，皇塘镇蒋墅文体中心全面竣工，总投资约 400 万元，占地面积 780 平方米　（刘　力　唐均一）

【机构改革】 为深入推进基层行政管理体制改革，提高乡镇公共服务和社会管理能力，为农村经济社会又好又快发展提供坚实保障，

2020 年 10 月 16 日，皇塘镇召开机构改革大会暨揭牌仪式，“两办七局”正式揭牌。“两办七局”即党政办公室、党建办公室、经济发展局、农业农村局、政法和社会事业局、建设局、财政和资产管理局、综合行政执法局、行政审批局。（刘　力　唐均一）

图 201　2020 年 10 月 16 日，皇塘镇召开机构改革大会暨揭牌仪式　（刘　力　唐均一）

吕　城　镇

【概况】　吕城镇地处丹阳市东南部，因三国时东吴大将吕蒙在此屯兵筑城而得名。京杭大运河、沪宁城际铁路、沪蓉高速公路穿境而过，常州机场坐落境内，形成全市独有的立体化交通体系。全镇总面积 68 平方公里，辖 11 个行政村、249 个自然村、2 个社区居委会。全年完成地区生产总值 38.55 亿元，比上年增长 3.2%；完成一般公共预算收入 1.24 亿元，比上年增长 0.98%；完成规模工业总产值 41.88 亿元，比上年增长 6.3%；全面完成制造业投资 5.57 亿元，完成全年目标的 107.1%；完成工业应税销售 52.74 亿元，比上年增长 4.41%。新增规模以上企业 3 家，全镇规模以上企业 66 家，销售超 1 亿元企业 8 家。高效农业以花卉苗木、生态观光农业为主，以粮油加工为基础的农业产业化带动辐射能力较强。由省发改委规划设计的粮油加工贸易集中区被列为首批江苏省省级农产品加工集中区，有国家级 6 万吨食用油储备库以及大型粮食码头、省级粮食储备库各 1 座。吕城镇是全国千强镇、国家级生态乡镇、江苏省文明镇、江苏省重点中心镇、江苏省创新型乡镇、江苏省特色文化镇。（丁　禄）

2020 年吕城镇主要经济社会指标一览表

表 58

主要指标	数　值	主要指标	数　值
地区生产总值(亿元)	38.55	个体工商户(户)	2588
财政总收入(亿元)	1.98	注册合同外资(万美元)	0
公共财政收入(亿元)	1.24	实际利用外资(万美元)	0
财政总支出(亿元)	1.1	第三产业增加值(万元)	138100
工农业总产值(亿元)	69.5	农民人均可支配收入(元)	30436
产品销售收入(亿元)	61.7	全镇总户数(户)	16531
粮食总产量(吨)	44064	全镇总人口(人)	47452
肉类总产量(吨)	608	全镇从业人员数(人)	32464
水产品产量(吨)	2341	外来从业人员数(人)	4424
规模以上工业投入(亿元)	5.99	金融机构网点数(个)	8
工业用电(亿千瓦时)	3.74	学校总数(所)	4
企业个数(个)	933	医院、卫生院(所)	2
私营企业个数(个)	816	卫生室(个)	9

（张　靓）

2020年吕城镇骨干企业情况表

表59

企业名称	法定代表人	工业增加值（万元）	销售收入（万元）
江苏图南合金股份有限公司	万柏方	20580.1	54275.7
丹阳市同乐面粉有限公司	张百平	2974.3	30584.6
江苏丹毛纺织股份有限公司	徐荣良	10262	30527.8
丹阳市华龙特钢有限公司	蒋明文	3457.1	16249.3
江苏兄弟合金有限公司	沙国兴	4227.8	14740.1
江苏顺发电热材料有限公司	沙国伟	5496.3	12152.4
丹阳市龙鑫合金有限公司	王国年	5240	10134.8
江苏天元金属粉末有限公司	袁建国	2369.6	9666.8
万盛精密钣金江苏有限公司	万金生	2878.9	9492
江苏新航合金科技有限公司	朱新军	2463.6	8495.2
江苏鼎泰工程材料有限公司	陈国贤	3853.2	8287.3
丹阳市永兴面粉有限公司	张书平	814.1	7928.5
丹阳市现代实业有限公司	卢炳芳	1290.5	6611.3

（丁　禄）

2020年吕城镇行政村、居委会情况表

表60

行政村、居委会名称	书记姓名	主任姓名	总人口（人）	村集体收入（万元）
虎墅村	徐荣力	徐荣力	5967	207.77
西墅村	周书大	周书大	5360	83.88
河南村	缪义程	缪义程	2950	127.14
河北村	庄国兴	庄国兴	3809	88.94
井园村	徐建卫	徐建卫	3507	90.06
蔡塔村	陈国贤	陈国贤	4637	93.78
花龙村	万柏方	万柏方	4387	87.36
中心村	袁建国	袁建国	2996	93.13
西符村	吴路平	王建军	4225	82.67
运河村	周金东	周金东	3290	98.29

续表 60

行政村、居委会名称	书记姓名	主任姓名	总人口（人）	村集体收入（万元）
留庄村	胡州平	胡州平	2036	125.91
吕城居委会	—	王忠华	4288	—

（丁　禄）

【重点项目建设】 2020 年，吕城镇计划建设重点项目 14 个，总投资 12.09 亿元，其中镇江市级重点项目 4 个，丹阳市级重点项目 4 个，镇级重点项目 6 个。图南合金、丹毛纺织、金甸航材、鸿凯科技 4 个项目达产，兄弟合金、博航合金、逸帆电子、金力弹簧、金甸航材 5 个项目加速推进。储备在谈项目 38 个，成功举办丹阳市东部园区 2020 年度招商推介会，签订无锡新昶、苏州奥利得、常州威佑智能、无锡康斯达机械等意向性协议项目 4 个。合金行业龙头企业图南合金在深交所创业板成功上市。（丁　禄）

【现代农业建设】 2020 年，吕城镇紧抓粮食安全，坚持“稳字当头，扩面增产”，全面完成 2020 年水稻绿色高质高效创建 66.67 公顷、2020—2021 年稻麦绿色防控创建 66.67 公顷任务。抓新品种新技术推广，推广南粳 3908、5055，扬麦 23 号等新型水稻良种 11.5 万公斤。完成秸秆机械化还田面积近 0.36 万公顷，秸秆综合利用率达 98%，秸秆禁烧率达 100%；全年粮食总产量 3.8 万吨，建成蔬菜基地面积 33.33 公顷，新增高效设施园艺面积 26.67 公顷。完成生猪出栏 2400 头，存栏 2000 头的市级任务。（丁　禄）

【疫情防控】 2020 年，吕城镇把人民群众生命安全和身体健康放在第一位，将新冠疫情防控作为最重要工作来抓，坚持全民动员、联防联控，300 余名镇村干部、500 余名基层党员志愿者奋战在一线。积极开展宣传工作，累计发放“一封信”5 万余份，全镇“大喇叭”分时段滚动播放，组建流动“小喇叭”宣传队广泛循环宣传。第一时间实施镇、村、组三级网格化管理，合理设置卡口 25 处，累计摸排镇江以外地区外来人员 3143 人，加大对 120 余名居家隔离人员的关心关爱。做好疫情专项捐款的使用、公示工作，镇级层面合计募集善款 30 余万元，口罩、防护服、医用酒精、消毒水等各类防疫物资 15000 余件。建立复工企业规范化管理审核机制，助力全镇 400 余家企业有序恢复生产，并构建常态化安全巡查体系。（丁　禄）

【村庄环境整治】 2020 年，吕城镇投入 1000 余万元，拆除干道沿线老旧垃圾箱 15 处，清理暴露积存垃圾和乱堆乱放 1100 余处、各类违规广告 80 余处，维修路灯 800 余盏，新增洒水车 1 台、高压冲洗车 1 辆、密闭式垃圾清运车 2 台。全镇 249 个自然村高标准通过镇江验收，9 个美丽宜居村和 4 个省级卫生村完成创建，成功承办镇江市和丹阳市两级现场观摩会，同时建立“门前五包”长效管理机制，不断巩固整治成效。（丁　禄）

【基础设施建设】 2020 年，吕城镇以 312 国道和 357 省道为轴线，对集镇沿线等重点部位进行集中整治，累计开展道路沿线环境治理 30 处，新增绿化面积 5800 平方米，新建垃圾房 45 个、密闭垃圾箱 302 个。投入 500 余万元，新建大运河南岸水韵路、水韵广场，新增 1.5 公里休闲步道、2 座灯光球场，新建公共绿化面积 3000 平方米。加大村级基础设施建设力度，新建 5 条农村道路，总长达 3.14 公里。打通运河集镇军民路与 357 省道连接线。完成 312 国道、357 省道中分带 17 个道口封闭，保障沿线村民出行安全。（丁　禄）

【精准扶贫】 2020 年，吕城镇开展“万企联万村共走振兴路”行动，不断跟进村企项目需求，打造村企联建项目 11 个、南北挂钩共建项目 1 个，进一步推动村企共同发展。做好低保、五保对象动态管理工作，对全镇现有建档立卡户 167 户 330 人开展“回头看”，确保低保、五保对象实现应保尽保。推进“高水平小康·丹阳在行动”工作，梳理出 47 户支出型贫困家庭、57 个救助需求，近 30 个需求被爱心人士通过万善丹阳 APP 认领。 （丁 禄）

陵 口 镇

【概况】 陵口镇位于丹阳市东南部，交通便捷，区位优势突出，312 国道、122 省道、京沪铁路、沪蓉高速、京杭大运河穿境而过。镇政府驻地距离市区 9 公里，全镇总面积 64.5 平方公里，集镇面积 3 平方公里，耕地面积 3945 公顷，全镇辖 12 个行政村、2 个居委会，年末总人口 41308 人。全年实现地区生产总值 25.51 亿元，比上年增长 4.8%；工业总产值 41.44 亿元，比上年增长 9.7%，其中规模以上工业总产值 14.35 亿元，比上年增长 13.6%；工业销售收入 27.98 亿元，比上年增长 9.4%，其中利税总额 2.49 亿元，比上年增长 22.0%；规模以上固定资产投资 5.86 亿元，比上年增长 29.9%，其中制造业投资 4.88 亿元，比上年增长 61.5%。全年新增发明专利授权 9 件、专利申请 100 个。2020 年，陵口镇获“中国生态经济强镇”“江苏省环境优美乡镇”“江苏省文明乡镇”“镇江市卫生镇”“镇江市教育现代化先进镇”“镇江市电子商务示范镇”“镇江市法治工作先进单位”“江苏省文明镇”“江苏省卫生镇”“消费者最青睐的运河名镇”“省级生态文明建设示范乡镇”等荣誉。 （陈 睿）

2020 年陵口镇主要经济社会指标一览表

表 61

主要指标	数 值	主要指标	数 值
地区生产总值(亿元)	25.51	注册合同外资(万美元)	—
财政总收入(亿元)	0.74	实际利用外资(万美元)	—
公共财政预算收入(亿元)	0.69	自营出口额(万美元)	—
财政支出(亿元)	0.95	第三产业增加值(亿元)	—
工农业总产值(亿元)	—	农民人均可支配收入(元)	34550
工业销售收入(亿元)	27.98	全镇总户数(户)	14483
粮食总产量(吨)	42750	全镇总人口(人)	41308
油料总产量(吨)	617	全镇从业人员数(人)	16703
肉类总产量(吨)	1402	外来从业人员数(人)	3440
水产品产量(吨)	3717	各类科技人员数(人)	600
规模以上工业投入(亿元)	3.9	农业技术人员数(人)	6
工业用电(万千瓦时)	20232	银行、信用社(个)	6
工业企业总数(个)	794	中小学校(所)	4
私营企业数(个)	729	医院、卫生院(个)	1
个体工商户(户)	3700	卫生室(个)	6
高新技术企业数(个)	12	当前专利授权数(件)	386

（陈 睿）

2020 年陵口镇骨干企业情况表

表 62

企业名称	法定代表人	工业增加值（万元）	销售收入（万元）
江苏健友医疗科技有限公司	黄　佐	3328	11094
江苏金茂制链有限公司	束建平	3193	10643
丹阳市伟鹤祥线缆制造有限公司	束弘鹤	2840	9467
江苏双盛医疗器械有限公司	张双照	2733	9109
江苏金茂化纤股份有限公司	吴　健	2372	7908
江苏丹通电气有限公司	孔东波	2266	7554
江苏华晟电气科技有限公司	束荣辉	2154	7180
江苏超峰工具有限公司	陈银福	1691	5636
江苏丹乐鞋业有限公司	田锁如	1585	5282
江苏博耐特新型建材有限公司	李柱文	1421	4736
江苏万奔汽车配件有限公司	张　华	1382	4606
丹阳市方达金属制品有限公司	印志方	1252	4172
丹阳柏盛服装有限公司	郦海荣	1169	3895
丹阳信德电气设备有限公司	孔东波	1126	3752
江苏捷达机械有限公司	陈国宝	877	2924
丹阳飞亚服饰有限公司	黄火忠	813	2709
江苏天乐金属制品有限公司	樊　平	801	2670
江苏威兹曼机械有限公司	姜亚兴	731	2437

（陈　睿）

2020 年陵口镇行政村、居委会情况表

表 63

行政村、居委会名称	书记姓名	主任姓名	总人口（人）	村集体收入（万元）	农民人均可支配收入（元）
留墅村	储伟俊	—	2373	85.81	34974
乐善村	邹双定	邹双定	2974	90.68	32411
新庙村	蒋栋林	蒋栋林	2297	84.02	37857
肇巷村	张伟民	张伟民	2258	94.35	35684
煦庄村	周亚平	周亚平	2835	123.99	35485
陵口村	蒋朝辉	蒋朝辉	5001	86.15	33500

续表 63

行政村、居委会名称	书记姓名	主任姓名	总人口（人）	村集体收入（万元）	农民人均可支配收入（元）
新陵村	倪玉惠	倪玉惠	6352	84.83	39900
漕塘村	周和宝	周和宝	4651	92.16	32005
折柳村	王新娣	王新娣	3416	112.07	33362
郑店村	黄东海	黄东海	4360	82.60	32114
居庄村	葛培正	葛培正	2246	88.02	28942
城墅村	黄建忠	黄建忠	2535	90.86	35842
陵口居委会	—	—	1007	—	—
折柳居委会	—	—	592	—	—

（陈　睿）

【推进项目建设】 2020年，陵口镇推进项目建设，签约标龙、健友医疗、温捷电气等5个项目，总投资33.5亿元；开工三九玫瑰、卡奈尔鞋业等16个项目；百合倩女、创美意等6个项目竣工投产；项目招引数比上年增长20%，在全市集中开工58个项目中，陵口镇有亿源鞋业、足恋鞋业等13个项目，占22%，其中总投资30亿元的江苏标龙智能制造产业园项目实现“当年洽谈、当年签约、当年摘牌、当年开工建设”；安靖盛电子新材料项目的引进，实现陵口镇多年来外资项目“零”的突破。（陈　睿）

图202　2020年6月26日，江苏标龙建设集团有限公司陵口镇江苏标龙（丹阳）智能制造产业园正式奠基（陈　睿）

【镇村建设】 2020年，陵口镇创成江苏省卫生镇，获评江苏省生态文明建设示范镇、消费者最青睐的江苏运河名镇；在全市率先完成殡葬改革及人居环境整治工作任务；打造“美丽宜居村庄”7个，留墅古村落保护工程顺利通过验收；推进陵口休闲文化广场建设；对941个老旧化粪池进行无害化卫生户厕改造，并通过市级验收；检测疏通污水管网2.3公里，新铺设集镇污水管网300米，完成11个小型村庄污水治理；中山路铺设沥青7100平方米，重建肖梁河桥顺利通车；镇域范围内新划定停车位300余个，新建垃圾房10座；全年拆除违建2处485平方米，整治破败房251处。（陈　睿）

【“智慧消防”建设】 2020年，陵口镇在全市率先推行“智慧消防”建设，布设终端点位6836个，覆盖面积40万平方米，全镇企业安装智慧消防覆盖率超过80%，成功预警电气线路隐患40起、初期火灾26起，避免直接经济损失5000万元以上，得到应急管理部督导组专家和省应急管理厅专家组的肯定，并作为镇江市安全生产工作先进案例进行经验交流。（陈　睿）

【脱贫攻坚工作】 2020年，陵口镇开展“万企联万村共走振兴路”行动，完成产业联建项目12个，实现企村联建全域覆盖；村级新增扶贫项目 6 个，8 个经济薄弱村全部摘帽，177 户建档立卡户全部动态脱贫；落实市委“高水平小康·丹阳在行动”部署，创新开展“手拉手”动态精准帮扶，完成全镇 101 户困难家庭的资金帮扶和爱心传递，到账善款 85.3 万元，与“玉汝于成”助学社、镇江宝马车友会合作，形成长效帮扶机制，该项目得到镇江市委的高度肯定；全面落实“两不愁三保障”，完成 11 户贫困户危房改造、12 户贫困户住宅“微装修”，规范贫困人口家庭医生签约履约服务，提高健康脱贫满意度。（陈 睿）

【“甜媳妇·美丽庭院”示范户观摩表彰会在陵口召开】 2020 年 12 月 17 日，丹阳市“甜媳妇·美丽庭院”观摩表彰会在陵口镇陵口村召开，会议命名表彰 200 户“甜媳妇·美丽庭院”示范户，对 12 户示范户代表进行授牌表彰。为打造美丽家园的浓厚氛围，市妇联联合市农业农村局开展“甜媳妇·美丽庭院”创建评选活动。陵口镇妇联、珥陵镇中仙村祈谢巷村妇联、司徒镇示范户吴小花进行交流发言。与会人员参观陵口镇樊巷村和东王村的 2 户“甜媳妇·美丽庭院”示范户。（陈 睿）

【丹阳萝卜干】 丹阳市陵口镇位于宁镇丘陵和太湖平原过渡地段，属中纬度北亚热带海洋性气候，有明显的季风气候特征，满足丹阳萝卜生长需要的有效积温热量和光合作用，利于增加萝卜糖分积累，促进果皮着色，保证丹阳萝卜的脆甜、多汁，该区域具备生产萝卜的优良环境。丹阳市陵口镇素有“萝卜之乡”的美誉，20 世纪 30 年代，丹阳萝卜干就声名远播，起初由本地农民加工生产，经上海客商代购，以“黄金龙”牌萝卜干销往全国各地及外销东南亚地区。1951 年，陵口镇开办国有萝卜干加工厂——丹阳市陵口腌制厂，1995 年更名为丹阳荣源食品有限公司，属镇江市农业龙头企业，是全镇唯一一家加工萝卜干企业，2008 年，陵口萝卜干被评定为丹阳市级非物质文化遗产，2011 年，陵口萝卜干被评为镇江市非物质文化遗产。丹阳萝卜干具有咸淡适宜，爽甜脆嫩，醇香扑鼻，久贮不坏，常食能促进胃肠蠕动、增进食欲，顺气助消化等品质特征。至 2020 年底，丹阳萝卜种植面积 3 公顷，年产优质萝卜 112 吨，产萝卜干 40 吨，年销售额 200 万元。（陵口镇政府）

访　仙　镇

【概况】 访仙镇位于丹阳市东部，距丹阳主城区 15 公里，南邻吕城镇、北接丹北镇，西与陵口镇、开发区为邻，东与常州市新北区接壤，全镇总面积 74 平方公里，耕地面积 4396.8 公顷，辖 11 个行政村、2 个社区居委会，年末总户数 16150 户，总人口 5.5 万人。访仙镇交通区位优势明显，122 省道横贯全镇，距沪蓉高速丹阳东互通 6.4 公里；距常州机场 10.5 公里，距京沪高铁丹阳北站 6.7 公里。访仙镇历史悠久，具有深厚的历史文化底蕴，是丹阳市“四大古镇”之一。镇内有名的文物古迹有萧氏宗祠、窦庄庙、近月轩惨案旧址、汤通庆故居等。访仙镇形成以汽车零部件、光学镜片、医药包装、纺织织造、红木工艺、精密制造等为主的工业体系，有规模以上企业 38 家，其中销售超亿元企业 6 家，省高新技术企业 11 家。2020 年，完成地区生产总值 32.04 亿元，比上年增长 4.8%；完成一般公共预算收入 9760 万元，比上年增长 2.8%；实现工业应税销售 55.8 亿元，比上年增长 18.4%。（张 洋）

2020 年访仙镇主要经济社会指标一览表

表 64

主要指标	数　值	主要指标	数　值
地区生产总值(亿元)	32.04	合同利用外资(万美元)	—

续表 64

主要指标	数　值	主要指标	数　值
财政收入(亿元)	2.4	实际利用外资(万美元)	—
工农业总产值(亿元)	—	自营出口额(万美元)	—
产品销售收入(亿元)	55.8	第三产业增加值(万元)	10.1
粮食总产值(吨)	31740	三产从业人员(人)	4124
粮经种植比例	30∶70	个体工商户(户)	1125
水果产量(吨)	520	电话总数(门)	14000
水产品产量(吨)	2824	电话普及率(%)	98
工业投入(万元)	52895	有线电视开通数(户)	17668
用电量(万千瓦时)	23900	有线电视普及率(%)	100
工业企业总数(个)	811	中小学校(所)	4
三资企业数(个)	2	医院、卫生院(所)	1
私营企业数(个)	760	卫生室(个)	10
当年新办三资企业数(个)	—	职工年人均工资(元)	43210
人均储蓄存款(元)	26000	农村常住居民可支配收入(元)	27205

(张　洋)

2020 年访仙镇骨干企业情况表

表 65

企业名称	法定代表人	工业产值(万元)	销售收入(万元)
江苏超力电器有限公司	沈中泉	70069	56895
江苏文光车辆附件有限公司	张文学	22885	20986
江苏天宏机械工业有限公司	张培军	19739	15251
江苏文光模具技术有限公司	张文学	12788	13044
丹阳丹耀光学有限公司	王　洪	12358	12073
江苏超力散热器有限公司	沈留祥	16071	11353
江苏潮华玻璃制品有限公司	王　华	10589	10239
丹阳市车船装饰件有限公司	李　明	17860	10186
丹阳市金星光学仪器有限公司	胡汉民	11084	9691
江苏亚光车辆附件有限公司	高亚平	9662	9611

续表 65

企业名称	法定代表人	工业产值（万元）	销售收入（万元）
丹阳市光华汽车内饰件有限公司	张建蓉	9565	7840
江苏新丽源南亚新材料有限公司	王　峰	6764	7083
江苏朗月新材料有限公司	蔡云青	7437	6962
丹阳市新海昱管道有限公司	袁炎新	7134	6790
江苏特耐奇工程塑业有限公司	朱建方	7431	6719
丹阳市嘉山水泥有限公司	于金才	6612	6599
江苏省德懿翔宇光电科技	刘荣坤	6152	6152
江苏鑫通汽车部件有限公司	孙宝斌	5798	5818
江苏正一交通设施有限公司	高怀珍	4408	4408
丹阳市丹辉光学仪器厂	马云法	4313	3998
丹阳市彤宇服饰有限公司	周曼珍	4994	3973
丹阳市中翔包装材料有限公司	蒋建中	3669	3669
丹阳市辉云包装制品有限公司	郑月仙	3917	3355
丹阳市越丰车业有限公司	巢利民	3486	3309
江苏永信光学仪器有限公司	季永红	3134	3134
丹阳市飞越车辆附件有限公司	杨正炳	3337	3034
丹阳市宏达源汽车配件有限公司	孙洪方	2674	2874
丹阳市朝阳窗纱厂	孙朝华	3246	2872
江苏玉宇电器有限公司	王玉良	2853	2853
丹阳市俊帆汽车部件厂	杨伟英	2786	2544
丹阳市锦瑞光学仪器有限公司	景全定	2401	2401
江苏华跃玻璃制品有限公司	孙璐萍	2099	2034
丹阳启德汽车零部件有限公司	唐彩萍	1889	1889
丹阳市毛蕾纺织有限公司	毛建军	2349	1337
江苏金昌实业有限公司	刘兆卿	1667	770

（张　洋）

2020 年访仙镇行政村、居委会情况表

表 66

行政村、居委会名称	书记姓名	主任姓名	总人口（人）	村集体收入（万元）	农民人均可支配收入（元）
访仙村	王泽民	张二平	6681	—	27205
永丰村	邱勤华	邱勤华	3763	—	27205
红光村	孙银炳	孙银炳	3353	—	27205
独山村	孙友方	孙友方	4235	—	27205
萧家村	戎洪初	戎洪初	4688	—	27205
双茆村	周小良	周小良	4644	—	27205
窦庄村	丁伟峰	丁伟峰	4009	—	27205
杨城村	周群良	周群良	3189	—	27205
草塘村	束锁芳	束锁芳	3359	—	27205
池塘村	袁伟杰	袁伟杰	3318	—	27205
仁里村	潘书平	潘书平	5851	—	27205
访仙桥居委会	周利群	—	1225	—	27205
永兴路居委会	周全联	—	540	—	27205

（张　洋）

【重点项目建设】 2020 年，访仙镇推进 7 个重点产业项目建设，完成年内投资 5.3 亿元，其中 6 个项目竣工投产，1 个项目按序时进度推进，开、竣工率排在全市前列。全年新增江苏省两化融合管理体系贯标试点企业 1 家、江苏省工程技术研究中心 1 个，江苏丹耀光学有限公司列入全市重点上市后备企业。项目招引与资源盘活成效显著，全年成功签约亿元以上项目 4 个，在谈项目 8 个，其中成熟项目 5 个。成功处置文光公司、创建橡塑公司 2 处闲置资产，盘活闲置土地面积 2.62 公顷、闲置厂房 3000 平方米，引进一批新项目，培植新的经济增长点。（张　洋）

【科技创新】 2020 年，访仙镇加强科技创新，全年新增镇江市“金山英才”计划 1 人、江苏省知识产权战略推进项目 1 个。推进现代农业建设，投入资金 250 余万元，新建农业园区道路 14000 余平方米、园区标志及景观建设 5 处，绿舟农场成功申报丹阳市级农业产业化龙头企业，成功创建成为江苏省“味稻小镇”，全年新增江苏省级示范家庭农场 1 家、镇江市级示范农场 2 家、丹阳市级示范家庭农场 2 家。

（张　洋）

【集镇建设与管理】 2020 年，访仙镇优化集镇基础设施建设，九曲河风光带全面完工，完成老影剧院片区的拆除，开工建设山海印象花园；推进迎贤路、双乌线、刘蒋路农村道路建设，完成西家桥改造招投标程序和云济桥改造；全年完成道路修补约 3000 平方米，绿化补栽约 1200 平方米。强化全域管理，启动新一轮国土空间规划编制；加大“两违”管控力度，整治违法建筑 76 起，拆除各类违章建筑 10000 余平方米；优化集镇管理，开展户外广告、乱涂乱贴、流动摊点、店外占道经营、小

广告清理等多项整治行动，拆除辖区范围内破旧灯箱店招，清理黄沙堆场和建筑材料堆场，查处倾倒各类垃圾行为。提标美丽乡村建设，红光村鸾集翔自然村、草塘自然村建成江苏省级特色田园村庄，完成五个自然村丹阳市级美丽乡村建设，草塘村被国家林草局评为国家森林乡村，双茆村东茆杨自然村绿美村庄建设通过江苏省级验收。推进农村人居环境整治工作，11 个行政村 207 个自然村全部通过督查验收，完成农村公厕改造任务，新建镇级纪念堂 2 座。（张 洋）

【生态环境整治】 2020 年，访仙镇从根源治理、基建完善、环境美化三方面层层推进，不断提升生态文明建设。抓实污染源监管，巩固提升“散乱污”整治成果，开展永丰河、窦庄河水污染专项治理，对迎贤路、工业集中区大气污染进行专项治理，配合生态环境部两轮夏季臭氧防治督查，抽查涉 VOCs 排放企业 12 家，处罚 2 家，整改 12 家。开展工业固废、危废专项治理，建成并运行年收集能力 2000 吨的工业固废收集站，按“三防”要求检查企业 28 家，整改到位 20 家。聘请第三方公司对全镇企业开展工业固废危废安全、酸洗、电泳和喷涂行业专项排查。加大农业面源污染治理，回收废弃农膜 3.4 吨、农药包装 7.5 吨，推进秸秆机械化还田，秸秆利用率达 95%以上。推进水环境整治，开展河道“两违三乱”专项整治。（张 洋）

【民生事业】 2020 年，访仙镇在精准脱贫的基础上，加大投入，扩大共享，坚守民生底线，全年累计发放低保金 121 余万元；发放残疾人“两项补贴”470 余万元；发放重点优抚对象医疗补助费、退伍军人安置金、义务兵家属优待金奖励金等 456.9 余万元；新增就业岗位 1609 个，失业、就业困难人员再就业 350 人，扶持自主创业 110 人。加大教育、卫生、文体、养老等项目资金投入力度，访仙卫生院与镇江市第一人民医院合作，建成镇江第一人民医院访仙分院；全力保障访仙、窦庄中学中考，中考成绩再创佳绩，有 14 人被江苏省丹阳高级中学录取；完成访仙敬老院共建民营工作，进一步提升该镇养老服务。推进安全生产网格化管理，完成安全生产“大起底”专项整治，摸排企业 600 余家，查出隐患 1879 条，立即整改 1656 条，限期整改 223 条，立案查处安全生产违法行为 15 起。开展“七五”普法和平安创建活动，推进扫黑除恶专项斗争，开展防范金融风险和电信诈骗宣传活动，加强群租房安全隐患整治，全年镇调委会调解纠纷 135 起，满意率达 95%，全年解决企业职工普通劳资纠纷受理 46 件，涉及工资总额 25 万余元。（张 洋）

图 203 2020 年 6 月 30 日，访仙镇举行产业项目集中开工仪式（张 洋）

界 牌 镇

【概况】 界牌镇位于丹阳市东北部，东北与扬中市隔江相望，南与常州市交界，西与丹北镇接壤。界牌镇交通发达，122 省道、滨江公路、常泰高速穿境而过。全镇总面积 23.63 平方公里，辖 5 个社区居委会，年末户籍人口 21783 人。全镇以汽车整车制造及汽摩配件、新材料、路灯等为支柱产业，有汽摩配件企业 400 家，与国内 30 多家大中型企业进行联合配套，形成较强的生产规模和能力。2020 年完成地区生产总值 58.45 亿元，比上年增长 3.8%，完成规模工业总产值 65.77 亿元，比上年增长 7.5%。一般公共预算收入 1.67 亿元，比上年增长1%。制造业投资全年完成6.03亿元，固定资产投资完成7.98亿元，高技术制造投资占比达54.2%，列全市第一，新增规模企业17家，界牌镇先后被评为全国农村教育综合改革先进镇、全国小城镇建设试点镇、江苏省新型示范小城镇、江苏省环境与经济协调发展示范镇、江苏省农村现代化示范镇、省级文明镇、镇江市首富镇、全国千强镇。 （肖雄林）

2020年界牌镇主要经济社会指标一览表

表67

主要指标	数　值	主要指标	数　值
地区生产总值(亿元)	58.45	注册合同外资(万美元)	0
财政总收入(亿元)	2.04	实际利用外资(万美元)	25
公共财政预算收入(亿元)	1.67	新增规模以上企业(家)	17
财政支出(亿元)	1.39	第三产业增加值(万元)	18.93
工农业总产值(亿元)	118.6	农民人均可支配收入(元)	49909
产品销售收入(亿元)	92.43	全镇总户数(户)	12563
粮食总产量(吨)	4215	全镇总人口(人)	46727
油料总产量(吨)	18	全镇从业人员数(人)	34313
肉类总产量(吨)	0	外来从业人员数(人)	21844
水产品产量(吨)	222	各类科技人员数(人)	1835
规模以上工业投入(亿元)	6.03	农业技术人员数(人)	3
用电量(万千瓦时)	48274	银行、信用社(个)	8
工业企业总数(个)	1216	中小学校(所)	2
私营企业数(个)	1568	医院、卫生院(所)	1
个体工商户(户)	4812	卫生室(个)	2

（肖雄林）

2020年界牌镇骨干企业情况表

表68

企业名称	法定代表人	工业增加值(万元)	销售收入(万元)
江苏瑞美福新材料有限公司	何文君	11572	77145
江苏瑞美福实业有限公司	李建刚	8872	59140
江苏海德莱特汽车部件有限公司	浦新华	12383	51131
江苏飞亚金属制品有限公司	姚盛云	10883	43678
丹阳镇威汽配有限公司	张传枝	6160	30147
江苏金胜汽摩排气系统有限公司	王礼生	6850	28959

续表 68

企业名称	法定代表人	工业增加值（万元）	销售收入（万元）
丹阳新华美塑料有限公司	殷永祥	3159	19744
丹阳市新美龙汽车软饰件有限公司	柳顺龙	5275	17571
江苏宝锐汽车部件有限公司	彭跃进	3350	15102

（肖雄林）

2020 年界牌镇行政村、居委会情况表

表 69

行政村、居委会名称	书记姓名	主任姓名	总人口（人）	村集体收入（万元）	农民人均可支配收入（元）
界东社区	张　杰	李明堂	4919	464	49909
界南社区	倪玉才	耿桃芬	3343	258	49909
界西社区	姚纪平	孟志斌	3822	361	49909
界北社区	姚玉林	柳激峰	5159	272	49909
界中社区	李新和	王建军	4540	635	49909

（肖雄林）

【重点产业类项目】 2020 年，界牌镇有 13 个市级重点产业类项目，计划总投资 25.5 亿元，其中续建项目 5 个、总投资 11.9 亿元，新建项目 8 个、总投资 13.6 亿元，共需新建标准化厂房 40 余万平方米。至年底，5 个续建项目和 5 个新建项目开工建设，其中镇江市重点产业类项目（飞亚、高标、卡驰、恒鸿置业）4 个，全部开工。（肖雄林）

【镇村污染防治】 2020 年，界牌镇加强污染防治工作，实施永红河北路、夹江工业园、卡威三红支沟片区三个污水主管网建设项目，建设污水主管网 5.5 公里，总投资 2447.57 万元。通港路两侧企业、商铺及界北夹江工业园天燃气规划施工单位进场施工。投资 2000 万元的新村自来水管网、消防主管网改造和新村消防提升改造工程接近尾声。深入推进农村人居环境整治，投入 42 余万元改造 4 座公厕及垃圾中转站，投入 50 余万元对 5000 平方米缺失空地进行绿化补植，维修路灯 176 盏，拆除户外广告牌 300 余块，清除各类小广告 1000 余个，顺利通过升级卫生镇创建暗访。（肖雄林）

【办理被征地农民社会保障】 2020 年，界牌镇完善民生保障，1491 名被征地农民全部办理社会保障手续。针对困扰界牌多年的失地农民保障问题，界牌镇成立工作组，先后举办 10 多场政策宣讲，召开 3 次政策培训会，针对征地安置方案，帮助被征地农民提供最合理的参考方案，完成 5 个社区 110 多场村民代表大会，形成村规民约 43 份，完成 49 个征地项目、产生 1491 名安置对象，发布公示名单 85 份，本次安置保障工作涉及 5537 名界牌居民的切身利益，约占界牌户籍人口的四分之一。（肖雄林）

【社会综合治理】 2020 年，界牌镇发生企业厂房火灾事故 4 起，比上年降低 67%，未发生安全生产事故，全镇安全生产形势稳定可控。安全生产“大起底”排查整治中，全镇共排查登记企业 2380 家，其中规模以上企业 79 家，

其他中小微企业2301家。综合执法组对319家企业采取执法措施，关闭取缔85家，停电停产234家。在“小化工”专项整治行动中，发现的2起小化工全部整治结束，做到“两断三清”，并联合市应急管理局进行立案处罚。发挥“大数据＋网格化＋铁脚板”作用，持续深入开展各类矛盾纠纷排查工作，累计排查各类矛盾纠纷78起，调处78起，调处率和成功率分别达100%和91%。全镇共成功调处矛盾纠纷163起，其中重大复杂矛盾纠纷9起，真正形成“小事不出村，大事不出镇”、横向到边纵向到底的调解模式。继续推行信访保证金制度，严格落实“1＋3”包干负责制，切实维护和谐稳定的社会环境。“12345”政府热线电话共接受工单3672件，办结率100%，满意率99.2%。（肖雄林）

丹 北 镇

【概况】 丹北镇位于丹阳东北部，总面积115.62平方公里，辖20个行政村、2个社区居委会，年末户籍总人口75031人。丹北镇拥有5.68公里的长江夹江岸线资源、15.2平方公里的山林资源，是全国重点镇、全国文明镇，也是丹阳发展的“三大板块”之一。2020年，丹北镇完成地区生产总值230.28亿元，比上年增长2.6%；完成工业总产值485.54亿元，比上年增长8.2%；规模以上工业总产值384.11亿元，比上年增长8.6%；工业销售收入463.82亿元，比上年增长7.1%；利税总额37.27亿元，比上年增长19.9%；完成一般公共预算税收收入9.9亿元，比上年增长0.1%；农民人均可支配收入36396元，比上年增长6.2%。全年新增省级高新技术企业10家，江苏林泉汽车装饰件有限公司、江苏唯益换热器有限公司等10家企业通过省高新技术企业复审工作，全镇有高新技术企业74家。科技成果转化力度明显，4家企业通过丹阳市科技小巨人计划，获省级工程技术中心1家，镇江市级工程技术中心25家；获省双创人才计划资助2家，获镇江“金山英才”人才计划资助2家，“丹凤朝阳”人才计划申报9家，在高端人才引进工作方面超额完成全年指标；推进知识产权工作，全镇累计专利授权1113件。

（朱嘉阳）

2020年丹北镇主要经济社会指标一览表

表70

主要指标	数 值	主要指标	数 值
地区生产总值(亿元)	230.28	注册合同外资(万美元)	—
财政总收入(亿元)	20.51	实际利用外资(万美元)	8204
公共财政收入(亿元)	10.52	自营出口额(万美元)	—
财政总支出(亿元)	7.29	第三产业增加值(亿元)	73.02
工农业总产值(亿元)	490.5	农民人均可支配收入(元)	36396
产品销售收入(亿元)	463.82	全镇总户数(户)	23761
粮食总产量(吨)	31800	全镇总人口(人)	75031
油料总产量(吨)	1005	全镇从业人员数(人)	71275
肉类总产量(吨)	1000	外来从业人员数(人)	39650
水产品总产量(吨)	676	各类科技人员数(人)	—
规模以上工业投入(亿元)	11.88	农业技术服务机构人员(人)	11
用电量(万千瓦时)	280254	银行、信用社(网点数)	18

续表 70

主要指标	数 值	主要指标	数 值
法人工业企业总个数(个)	3970	中小学校(所)	6
法人企业个数(个)	6214	医院、卫生院(所)	3
个体工商户(个)	12571	卫生室(个)	18

(朱嘉阳)

2020 年丹北镇骨干企业情况表

表 71

企业名称	法定代表人	工业增加值(万元)	销售收入(万元)
江苏沃得机电集团有限公司	王伟耀	271999	1142852
江苏天工集团有限公司	朱小坤	179957	756123
江苏飞达控股集团有限公司	朱国平	75724	318166
大赛璐安全系统(江苏)有限公司	榊康裕	36510	153403
江苏长丰科技集团有限公司	朱建农	35769	150292
江苏新泉汽车饰件股份有限公司	唐志华	32238	135452
江苏华凯比克希线束有限公司	顾步良	20766	87250
江苏晶工工具有限公司	朱昌宏	17174	72161
常诚车业江苏有限公司	常国民	15695	65944
迅驰车业江苏有限公司	张之怡	13462	56561

(朱嘉阳)

2020 年丹北镇行政村、居委会情况表

表 72

行政村、居委会名称	书记姓名	主任姓名	总人口(人)	村集体收入(万元)
埤城村	吴玉芳	吴玉芳	2929	176
城中村	郑志伟	郑 喜	2892	132
常兴村	朱建安	朱卫国	4048	289
尧巷村	王陆贤	王陆贤	5123	439
西丰村	王涛洪	杨阿金	4472	175
宝山村	殷国平	殷国强	1473	194
东方村	张 伟	吴 翔	2736	177
前巷村	朱金鹏	朱金鹏	4126	1353

续表 72

行政村、居委会名称	书记姓名	主任姓名	总人口（人）	村集体收入（万元）
丰裕村	刘宇楼	刘宇楼	1894	70
飞达村	邵国林	顾奇华	5598	314
新弄村	陈　凯	蒋志芳	3729	130
济德村	王庭开	王庭开	3950	186
高桥村	戎全福	戎全福	3074	472
管山村	管德荣	管二平	4111	69
群楼村	曾国祥	曾国祥	2915	256
新巷村	冷朝鲜	李　俊	4082	359
姚家弄	王国青	陆国胜	1959	280
金桥村	陈玉峰	陈玉峰	4119	858
长春村	陆志军	陆志军	2693	56
滨江村	陈　亮	郭洪寿	3032	95
中心居委会	彭海波	彭龙国	1254	158
新桥社区	邹泽清	张建卫	2835	254

（朱嘉阳）

【重点项目建设】 2020年，丹北镇确定市重点产业类项目26个，总投资108.9亿元，其中镇江市重点项目9个，总投资66.9亿元。2020年计划完成投资30.15亿元。至年底，开工建设项目21个，开工率80.77%，26个项目完成投资19.1亿元，完成年度计划投资的63.35%。13个续建项目总投资21.9亿元，其中镇江市重点项目6个，总投资13.2亿元。2020年计划完成投资7.65亿元，至年底，完成投资7.65亿元，完成年度计划投资的100%。竣工投产项目10个：天工爱和特钢粉末冶金项目，新华隆汽配年产50万套汽车内饰件项目，远奥车辆年产150万套车辆部件项目，星凯车辆年产150万套车辆部件项目，福田工具农业机械精密刃具项目，佰达伟业汽车钣金件项目，佳意包装年产3000吨接装纸、转移卡纸项目，如丰汽车年产150万套汽车配件项目，新通达电子汽车智能辅助产品项目，凌青电子年产2万套汽车云启动智能系统项目。13个新建项目总投资87亿元，其中镇江市重点项目3个，总投资53.7亿元。2020年计划完成投资22.2亿元，至年底，完成投资11.45亿元，完成年度计划投资的51.58%。竣工投产项目1个（科尔精密电子汽车灯具配件项目）。

（朱嘉阳）

【镇村污染防治】 2020年，丹北镇排查整治“散乱污”企业（作坊）516家，其中关闭拆除熔喷布生产作坊（生产线）457家，拆除七峰山二级管控区内生产经营场所及相关建筑物24处，取缔各类非法生产加工点26家。推进人居环境整治，清理各类垃圾5000余吨，清理乱涂乱画1000余处；清理排灌沟渠180余处，清理镇区主干道路20余公里；拆除废旧墙体50余处，拆除面积超2000平方米；回收废旧农膜超1000公斤。推进重点问题整改销号工作，17件中央“回头看”交办信访完成销号；43件省督察交办信访完成整改并上报市级销号；完成省级生态文明建设示范镇村建设，编制丹北镇生态文明示范镇规划和7个行政村生态文明示范村规划，结合农村人居环境整治，对全镇生态环境实施综合治理，至年底，全面完成创建工作。（朱嘉阳）

【镇村建设】 2020年，丹北镇推进国土空间规划（2020—2035）和2个实用性村庄规划编制工作，推进陆家村“九十九间半”省级传统村落保护建设和金福小区特色田园乡村建设。姚家弄三圩埭村、西丰后水晶山村、管山尚庄村等5个美丽宜居村庄建设任务接近完成。实施国省道、县道周边环境整治提升工程，对346国道、界司公路周边环境集中整治，有效解决重型车辆乱停乱放、私搭乱建等突出问题，加速推进重要节点绿化提档升级。全面提升农村人居环境面貌，全镇342个自然村整治工作通过丹阳市级验收，中心西路和通港路两侧绿化完成，管山尚庄自然村、东方河南张自然村、西丰雀梅墩自然村3个省级绿化示范村创建顺利完成。（朱嘉阳）

【行政体制改革】 2020年，丹北镇“两办七局”（党政办公室、党建办公室、政法和社会事业局、经济发展局、建设局、财政和资产管理局、农业农村局、综合行政执法局、行政审批局）正式挂牌，完成集成式行政审批服务办理平台、“不见面”网上服务平台、集成化综合指挥调度平台等信息化平台的搭建，对网格管理、企业信息库、“12345”热线、雪亮工程、应急指挥等功能模块进行叠加整合，有序共享部门数据；以“1+4”模式（即：以党建为引领，打造审批服务一窗口、社会治理一张网、综合执法一队伍、指挥调度一中心）为蓝本，构建功能明确、权责清晰、结构优化、运转顺畅、治理有效、服务便民的经济发达镇行政管理体制和运行机制，推进丹北镇治理体系和治理能力现代化，以“集成集约、精简高效”为原则，推动行政管理体制改革走向纵深。（朱嘉阳）

【丹北实验初中建设】 2020年，丹北镇加快推进实验初中工程建设。丹北实验初中是2020年丹阳市的18个重点民生项目之一，该项目占地面积7.33公顷，建筑面积33105平方米，总投资1.95亿元，计划于2022年秋季建成启用。该校各项工程建设进展顺利，将于2021年10月完成主体验收。新建丹北实验初中可开设16轨48个教学班，容纳2400个学生。（朱嘉阳）

【五金工具行业协会成立】 2020年6月28日，丹北镇五金工具行业协会举行成立仪式，中国五金交电化工商业协会副会长王芳伦、江苏省工商联五金机电商会秘书长顾平及市领导许根林、杭春云、马耿良、杨文军参加活动。丹北镇五金工具产业起步于20世纪70年代，快速发展于21世纪，是丹北镇的支柱和特色产业，80%的产品销往境外市场。近几年，该镇金刚石、合金锯片、麻花钻、高速工具钢等产品在全国同行业中地位突出，出口占全国的50%以上。“十三五”以来，涌现江苏天工、江苏飞达、江苏晶工等一批规模企业和成长型企业。丹北镇被认定为“国家五金工具出口质量示范区”“中国五金之乡”“江苏省重点培育的100个产业集群”和“江苏省品牌培育基地”。（朱嘉阳）

丹阳高新区（云阳街道）

【概况】 江苏省丹阳高新技术产业开发区（云阳街道）创建于2013年，2018年9月获省政府批复设立，重点建设区域面积49平方公里，辖16个行政村、23个社区居委会，总人口约20.85万人。2020年，丹阳高新区实现地区生产总值209.7亿元，比上年增长5%。一般公共预算税收收入7.93亿元，比上年增长3%。在全省2019年度国家和省级高新区综合排名中，较上年上升7位，列第27位。在30家省级高新区综合排名中，较上年上升5位，列第10位。丹阳高新区坚持“以产兴城、以城聚产、产城融合”的发展理念，着力打造“宜居、宜业、宜创、宜学”的南部新城。2020年，继续推进中医院移址新建，高新区实验小学、幼儿园和吕叔湘中学新建项目，建成后，进一步提升高新区的整体品质和承载能力。

（邹 涛）

2020年丹阳高新区主要经济社会指标一览表

表73

主要指标	数 值	主要指标	数 值
地区生产总值(亿元)	209.7	注册合同外资(万美元)	5000
财政总收入(亿元)	16.14	实际利用外资(万美元)	4290
公共财政预算收入(亿元)	7.93	自营出口额(万美元)	—
财政支出(亿元)	2.94	第三产业增加值(亿元)	—
工农业总产值(亿元)	—	农民人均可支配收入(元)	29693
产品销售收入(亿元)	—	街道总户数(户)	69672
粮食总产量(吨)	31429	街道总人口(人)	208560
油料总产量(吨)	649.54	街道从业人员数(人)	119844
肉类总产量(吨)	300	外来从业人员数(人)	26828
水产品产量(吨)	1269	各类科技人员数(人)	6989
规模以上工业投入(亿元)	8.28	农业技术人员数(人)	15
工业用电(万千瓦时)	113661	银行、信用社(个)	20
工业企业总数(个)	672	中小学校(所)	7
私营企业数(个)	3533	医院、卫生院(个)	16
个体工商户(户)	10640	卫生室(个)	14
高新技术企业数(个)	27	当前专利授权数(件)	1753

（邹 涛）

2020年丹阳高新区骨干企业情况表

表74

企业名称	法定代表人	工业增加值(万元)	销售收入(万元)
江苏鱼跃医疗设备股份有限公司	吴光明	121856	487424
江苏恒宝股份有限公司	钱 京	22841	91362
江苏法拉电子有限公司	夏 杰	2597	10386
丹阳奥尔帝光学眼镜有限公司	李春香	2275	9099
江苏鑫丰源装饰材料有限公司	胡建平	1899	7596

续表 74

企业名称	法定代表人	工业增加值（万元）	销售收入（万元）
丹阳琦瑞机械有限公司	吴国平	1776	6057
江苏迅捷装具科技有限公司	贡仲林	1197	4786
丹阳市恒泰汽车部件制造有限公司	张建平	1180	4719
江苏天元激光科技有限公司	刘志华	4458	4633

（邹　涛）

2020 年丹阳高新区行政村、居委会情况表

表 75

行政村、居委会名称	书记姓名	主任姓名	总人口（人）	村集体收入（万元）	农民人均可支配收入（元）
城南村	张冬英	张冬英	4701	460	30000
城北村	周正富	周正富	1041	250	32000
九房村	景腊敏	景腊敏	3320	217	36000
迈村村	刘正兴	刘正兴	4300	165	33000
石城村	李正花	李正花	2062	290	30399
汤甲村	韩同军	韩同军	1434	209	34574
双合村	景建军	景建军	3351	111	25000
永福村	尹夕炳	尹夕炳	3189	164.1	28000
天元村	戴　鹏	戴　鹏	4009	140	31100
东马场村	张玉平	张玉平	4493	328	36000
留雁村	冷荣俊	冷荣俊	1766	43	32000
大圣村	眭林辉	眭林辉	3362	143	22574
汉皇村	殷俊华	殷俊华	2311	72.5	30000
花园村	眭越江	眭越江	2310	207	32479
大钱村	王夕坤	王夕坤	4153	255	30000
横塘村	张建平	张建平	3290	100	28000
云阳桥社区	马艳琴	马艳琴	7838	—	—
新民中路社区	丁惠敏	胡　浩	4053	—	—

续表 75

行政村、居委会名称	书记姓名	主任姓名	总人口（人）	村集体收入（万元）	农民人均可支配收入（元）
中山路社区	钱彩霞	钱彩霞	5530	—	—
华南新村社区	李淑君	朱璇婧	9738	—	—
市民广场社区	吴爱芳	朱明刚	3702	—	—
凤凰新村社区	王　丹	潘文豪	8632	—	—
兴隆苑社区	韦　涛	李　欣	12536	—	—
水关路东社区	陶瑞国	储亚秀	5286	—	—
大定船社区	蒋成平	侯艳勇	7980	—	—
太阳城社区	眭云宝	仲　文	8152	—	—
西门大街社区	王　丹	王　丹	5202	—	—
阜阳社区	贡振华	马双斌	4350	—	—
朝阳新村社区	林　波	柳　婉	5523	—	—
凤美新村社区	赵玉华	赵玉华	6370	—	—
化肥路社区	王海燕	胡　杰	6065	—	—
公园新村社区	恽　霞	陈明跃	3510	—	—
白云街社区	朱　军	姚　静	4795	—	—
万善园社区	蔡　静	蔡　静	6718	—	—
江南人家社区	蒋爱华	眭　沛	9350	—	—
华都锦城社区	巴斌兵	张跃华	8817	—	—
天誉苑社区	岳　蕾	张　翔	8580	—	—
紫竹园社区	马慧芳	吴　涛	12027	—	—
丹金人家社区	戎金霞	张　军	9972	—	—

（邹　涛）

【产业建设】 2020 年，丹阳高新区主导产业明确、产业辐射带动效应明显，推动形成医疗器械和视觉健康、新材料、高端装备制造三大百亿产业集群。核心区集聚江苏鱼跃医疗设备股份有限公司、江苏恒宝股份有限公司等各类企业 500 余家，主板上市企业 2 家，建成国家级新材料特色产业基地 1 个。全年丹阳高新区固定资产投资 61 亿元，比上年增长 9%；制造业投资 8.6 亿元，比上年增长 68%；规模工业总产值 84.58 亿元，比上年增长 16%；工业应税

销售104亿元，比上年增长30%。（邹　涛）

图 204　2020 年 11 月 28 日，镇江市委书记马明龙（前排左三）观摩丹阳高新区产业类项目建设情况（邹　涛）

【招商引资】　2020年，丹阳高新区按照产业强市会议精神，牢固树立“项目为王”的理念，建立产业准入、项目评审及服务等制度，重点围绕特色主导产业做到精准招商，利用北京中关村飞地孵化器、与985上海校友会共建技术转移中心、苏州纳米城驻点招商等方式，先后签约总投资1.2亿元的江苏视客研发中心电商基地、总投资2亿元的江苏慧川网络科技总部基地及运营中心、总投资2.1亿元的江苏科利达年产3万台套智能高压开关生产基地等项目8个。总投资1.2亿元的迅捷智能医疗药房生产线、总投资3亿元的雷登科技智造园、总投资3亿元的联创汽车悬架等项目相继开工建设。（邹　涛）

图 205　2020 年 3 月 13 日，“瞪羚企业”——南京视客研发中心电商基地项目签约落户高新区（邹　涛）

【科技创新】　2020年8月10日，丹阳高新区成为江苏省知识产权示范园区，获评江苏省医疗器械产学研协同创新基地、江苏省军民科技协同创新示范基地，在国家级科技企业孵化器2019年度考核评价中获优秀，慧创医疗获中国创新创业大赛优秀企业。设立“园区贷”“人才贷”，开展多场次科技金融路演，解决成长型企业资金急需，破解融资难题。新增高新技术企业12家，规模以上工业企业中研发活动企业数占比达80%，投入强度达6.2%。（邹　涛）

【城市建设】　2020年，丹阳高新区启动颜庄、蒋巷、阜阳路西延片区、西门大街（一期）改造提升项目，总拆迁面积6.3万平方米。产业路、竹林路竣工通车。开展国省干道、县道两侧及横塘集镇环境整治提升。187个自然村完成人居环境整治，推进大圣村水美乡村建设和有甲村、茅甲村、花园村美丽宜居乡村建设，大钱村获评江苏省级特色田园乡村。（邹　涛）

图 206　2020 年 8 月 20 日，高新区开展“我心中的高新区”主题墙绘活动（邹　涛）

【社会文化事业】　2020年，丹阳高新区实验小学、幼儿园，吕叔湘中学，中医院迁建项目相继开工建设。横松线等农路实现提档升级。5个社区获江苏省健康社区，垃圾分类作为全省首个公益项目试点实施。“一窗通办暖企便民服务”获市作风效能“十佳服务品牌”。福乐园公墓基本完工，2.9万穴散坟全部搬迁结束。116户建档立卡户全部脱贫，7个经济薄弱村全部摘帽。开展安全生产“大起底”，关停生产经营单位25家，停产整顿21家，417

家工贸企业955条安全隐患完成整改。社会矛盾防范化解成效明显，中央督察环境信访件全部销号，庭审维稳等各类群体性事件平稳处置。

（邹 涛）

图207 2020年12月18日，丹阳市中医院迁建项目开工建设 （邹 涛）

【管理与服务】 2020年，丹阳高新区坚持“简政放权、放管结合、优化服务”的鲜明导向，推动为民服务中心建设。中心窗口受理涉及12大条线的各类行政审批和民生服务事项，办理136项具体业务。通过“互联网＋政务服务平台”与实体智能政务大厅相结合，建设高新区特色的“前台受理－后台审批－全程监控”事项受理模式，实现近70％的业务量在窗口立即办结。 （邹 涛）

图208 2020年9月22日，江苏省政协副主席姚晓东（前排右一）带队到丹阳调研高新区“有事好商量”协商议事室建设情况

（邹 涛）

【5个社区获“江苏省健康社区”】 2020年1月，江苏省爱国卫生运动委员会办公室公布2019年通过评估的健康镇村、健康社区和健康教育基地名单，云阳街道华都锦城社区、凤美新村社区、江南人家社区、凤凰新村社区、水关路东社区5个社区获“江苏省健康社区”荣誉。云阳街道巩固江苏省级健康社区创建成果，营造和谐、健康、文明、卫生的社区生活和居住环境，让辖区居民切实享受到高质量的健康服务。2019年，江苏省各地开展健康城市、健康村镇、健康社区建设，打造健康教育基地，完善健康支持性环境，营造全民共建共享的氛围。在各地推荐基础上，江苏省爱卫办组织专家进行资料审核和现场评估，确认46个镇、299个村、322个社区和12家健康教育基地通过评估。 （邹 涛）

丹阳经济开发区（曲阿街道）

【概况】 丹阳经济开发区（曲阿街道）成立于1992年，1993年升格为省级经济开发区。全区总面积178平方公里，辖20个行政村、19个社区。年末总户数47413户，总人口135632人。丹阳经济开发区建有生命科学产业园、日本（丹阳）汽车零部件产业园、精密制造产业园、航天航空产业园、高新技术创业园等特色产业园区，是丹阳重要的对外开放窗口、主要的工业经济集聚区。2020年，全区完成地区生产总值319.06亿元，比上年增长3％，一般公共财政预算收入19.04亿元，工业应税销售387亿元，规模以上工业投入23.11亿元，规模以上工业增加值89.93亿元，实际利用外资8136万美元。在2019年省级经济开发区科学发展综合考核中，丹阳经济开发区综合实力列全省同等级开发区第八位。日本（丹阳）汽车零部件产业园获评省级国际合作园区。

（杨 超）

2020 年丹阳经济开发区主要经济社会指标一览表

表 76

主要指标	数　值	主要指标	数　值
地区生产总值(亿元)	319.06	实际利用外资(万美元)	8136
财政总收入(亿元)	34.22	自营出口额(万美元)	97663
公共财政预算收入(亿元)	19.04	第三产业增加值(万元)	1754168
财政支出(亿元)	7.46	农民人均可支配收入(元)	25156
工农业总产值(亿元)	459.74	街道总户数(户)	47413
产品销售收入(亿元)	451.41	街道总人口(人)	135632
粮食总产量(吨)	41204	街道从业人员数(人)	87727
水产品产量(吨)	5117	外来从业人员数(人)	26134
规模以上工业投入(亿元)	23.11	各类科技人员数(人)	3691
规模以上工业增加值(亿元)	89.93	农业技术人员数(人)	31
工业用电(万千瓦时)	22239	银行、信用社(个)	31
工业企业总数(个)	1479	中小学校(所)	12
私营企业数(个)	3495	医院、卫生院(所)	3
个体工商户(户)	10463	卫生室(个)	32

（杨　超）

2020 年丹阳经济开发区骨干企业情况表

表 77

企业名称	法定代表人	工业增加值（万元）	销售收入（万元）
丹阳龙江钢铁有限公司	曾昭勇	130897	569118
大亚人造板集团有限公司	程　杰	39736	170543
江苏大力神科技股份有限公司	符晓燕	32655	138371
江苏锐升新材料有限公司	郦国双	28054	115450
江苏肯帝亚木业有限公司	郦海星	25605	101208
江苏沃得植保机械有限公司	王　钰	21588	87757
江苏大亚新型包装材料有限公司	陈建军	20810	85995
江苏华力金属材料有限公司	李国平	17056	70190

续表 77

企业名称	法定代表人	工业增加值（万元）	销售收入（万元）
江苏彤明高科汽车电器有限公司	姚纪荣	16893	68954
大力神铝业股份有限公司	曹晓国	16566	68427
艾科卡特催化器丹阳有限公司	王礼生	16741	68276
江苏大亚滤嘴材料有限公司	朱网云	16222	66596
丹阳港华燃气有限公司	周小犇	14375	58532
江苏大亚印务有限公司	陈建军	14061	57723
大亚车轮制造有限公司	郑　晖	13991	57434
江苏恒神股份有限公司	钱　京	12647	51599
江苏创力电梯部件有限公司	李国平	11871	49034
大亚(江苏)地板有限公司	陈建军	12283	48899
江苏仅一联合智造有限公司	吴立平	11791	48481
江苏大亚铝业有限公司	陈建军	11596	47314
江苏同力日升机械股份有限公司	李国平	11416	46886
明月镜片股份有限公司	谢公晚	11374	46771
江苏欧圣新材料有限公司	王　瑾	10710	44240
吉凯恩(丹阳)工业有限公司	孙立宇	10300	41004
江苏沃得家俬有限公司	王为民	9938	40800
江苏恒宏包装有限公司	蒋　源	9888	40593
大力神科技集团有限公司	曹晓国	7865	31337
江苏优立光学眼镜有限公司	Arnaud Marie Guillaume RIBADEAUDUMAS	7747	30597
圣象实业(江苏)有限公司	陈建军	7575	30024
江苏宏达电气有限公司	束明亮	7431	29302
江苏河阳线缆有限公司	谭秋福	6698	26435
江苏富联通讯技术有限公司	张金国	6502	25749
江苏华洪药业科技有限公司	周坚洪	6834	24150

续表77

企业名称	法定代表人	工业增加值（万元）	销售收入（万元）
丹阳水务集团有限公司	吴光平	7402	23131
江苏海川铜业有限公司	龚海川	5167	22368
埼玉铝合金精密锻造（丹阳）有限公司	内海达二	5311	21077

（杨　超）

2020年丹阳经济开发区行政村、居委会情况表

表78

行政村、居委会名称	书记姓名	主任姓名	总人口（人）	村集体收入（万元）
车站社区	严旭俊	严旭俊	6323	2082.84
双庙社区	聂明达	聂明达	6836	564.35
普善社区	张东方	张东方	5144	214.82
善巷社区	谈成良	谈成良	5673	426.66
晓墟社区	刘建秋	刘建秋	6036	283.88
大泊社区	陈　军	陈　军	1638	114.26
史巷社区	叶振龙	叶振龙	5090	297.70
永安社区	毛双文	毛双文	4250	222.36
华甸社区	汤惠俊	汤惠俊	7428	603.29
路巷社区	杭云锁	杭云锁	3221	136.63
嘉荟新城社区	王金根	王金根	3597	617.59
大泊岗村	夏国荣	夏国荣	1620	147.29
前进社区	周秋发	周秋发	2168	263.53
毛家社区	许建军	许建军	2294	153.66
高楼社区	丁金平	丁金平	3538	297.65
晓星村	眭社戈	眭社戈	1715	248.37
石潭村	朱英争	朱英争	1412	134.50
胡桥村	曹俊忠	曹俊忠	3989	169.73
大贡村	朱　峰	朱　峰	2849	179.56
祈钦村	吴立军	吴立军	2922	141.25

续表 78

行政村、居委会名称	书记姓名	主任姓名	总人口（人）	村集体收入（万元）
建山村	丁志峰	丁志峰	2427	176.91
张巷村	陈兴福	陈兴福	2776	132.30
其林村	裴连汉	裴连汉	3030	118.44
前艾村	虞云路	虞云路	3784	114.06
新民村	洪　伟	洪　伟	3437	106.12
颜春村	徐金林	徐金林	2801	134.87
荆林村	胡佳平	胡佳平	6804	129.65
贺巷社区	吴建新	吴建新	2713	150.86
东青村	陈志然	陈志然	3580	91.88
镇南村	王月萍	王月萍	2452	121.42
镇北村	张　韦	张　韦	2498	179.17
马陵村	吴霖刚	吴霖刚	2421	97.96
河阳村	许梅红	许梅红	2098	131.64
三桥村	刘剑锋	刘剑锋	2539	85.61
联观村	邵金风	邵金风	2370	233.41
练湖新城社区	朱俊杰	朱俊杰	4114	—
锦湖社区	朱正兰	朱正兰	4917	—
居安社区	史军星	史军星	1594	—
天波城社区	孔娟云	孔娟云	1534	—

（杨　超）

【基础设施建设】 2020 年，丹阳经济开发区推进各项城建重点工程，着力提升城市品质。基本完成沃特污水处理厂三期扩建工程和云天花园室外改造工程，总投资约 1.3 亿元；基本完成眼镜小镇、练湖新区、天波城北侧等 9 个项目 44.9 万平方米搬迁任务；完成河阳新城等 4 个安置房交付项目 988 户 1658 套，实现过渡期外无安置户；组织编制迎宾路沿线区域及重要节点城市设计，完成 357 省道、大泊高速公路出入口、马塘桥等 12 个城区重要节点的绿化改造，总长度 20 公里，总面积 10.52 万平方米。

（杨　超）

【农村人居环境整治】 2020 年，丹阳经济开发区以党建助推农村人居环境整治，以组织振兴推动乡村振兴。全区 305 个自然村完成整治，顺利通过丹阳市级和镇江市二级验收，拆除破败房屋 1784.5 间，清理沟渠约 52232 米，清理河塘 358 个，改造农村无害化卫生户厕 3404 座，覆盖率达 95%，完成创建省级卫生村 7 个、省级特色田园村 3 个、省级生态文明村 2 个，省级特色传统村落 1 个。（杨 超）

【金融街举行揭幕仪式】 2020 年 4 月 23 日，丹阳经济开发区举行“诚信携手，融合共赢”政银企对接会暨金融街揭幕仪式，现场签订 4000 万元的“开发区园区保”贷款授信协议和 5.8 亿元的银企贷款授信协议。12 月 29 日，丹阳金融街标志性雕塑“丹牛”揭幕。金融街建成以后，光大银行、华夏银行、兴业银行、平安财险、人寿保险、西部证券等多家金融机构相继入驻。（杨 超）

【成立产业基金】 2020 年，丹阳经济开发区率先通过基金赋能企业，促进全市经济转型升级和高质量发展。5 月 26 日，江苏兴投新源股权投资基金（有限合伙）成立，基金规模 20 亿元。9 月 24 日，丹阳高投毅达新业产业创业投资基金合伙企业（有限合伙）成立，基金规模 2 亿元。此外还设立开发区新兴产业发展引导基金等 5 个基金，总规模达 45 亿元。（杨 超）

【中国金茂眼镜小镇项目签署协议】 2020 年 9 月 29 日，丹阳眼镜小镇公司与中国金茂签署合作开发协议，共同推进眼镜小镇项目建设。该项目总投资 100 亿元，占地面积约 113.33 公顷，位于丹阳市沪宁城际站前，是衔接老城和新城的重要枢纽，具备城市门户、城市心脏双重属性，配套成熟，区位优势明显。此次合作，将共同促进产业创新升级，打造丹阳城市新名片。（杨 超）

【主导区镇共建】 2020 年 10 月 24 日，丹阳经济开发区、司徒镇、陵口镇、访仙镇共建工作推进会暨四地合作共建签约仪式在开发区科创园举行，进一步深化多方合作，推动融合发展，助推各板块高质量发展。四地在“一镇一方案”“各行政单位完全独立管理”等方面达成共识，合作由开发区主导，以重点园区建设和产业协同发展为抓手，发挥其“主轴”作用，带动乡镇融合发展。（杨 超）

【与芮城县签署合作协议】 2020 年 11 月 26 日，丹阳经济开发区与山西省运城市芮城县风陵渡经济开发区签署战略合作协议，深化提升战略关系。丹阳经济开发区与风陵渡经济开发区产业发展历程相似，又各具优势，此次战略合作是双方寻求合作、共谋发展的新起点。根据合作协议，双方将以园区建设为载体，探索跨区域合作发展模式，提升创新能力和综合竞争力，推动双方区域经济高质量发展。此次签约，将促进两地人才交流互动、招商引资互助，形成两地产业互补，开辟“共商、共建、共享”的合作交流新路径。（杨 超）

【科技人才招引】 2020 年，丹阳经济开发区坚持以创新引领产业发展，不断涌现科技创新成果。依托江苏省科技镇长团，6 家企业与相关高校达成产学研合作，全区申请专利 636 件，授权专利 1004 件；成功申报江苏省双创计划 1 人，镇江金山英才 5 人；新增国家级两化融合示范企业 1 家、省级 3 家，培育高新技术企业 23 家。（杨 超）

【开发区侨界联合会成立】 2020 年 12 月 12 日，丹阳经济开发区召开侨联成立暨第一次侨界代表大会，丹阳市委常委、统战部部长薛军民，副市长、开发区党工委书记束克之，市侨联主席王春龙，开发区党工委领导蒋敏、谭纵横、陈凯出席会议。大会宣读《丹阳经济开发区侨界联合会第一次代表大会筹备工作报告》《关于同意成立丹阳经济开发区侨界联合会的批复》，通过《丹阳经济开发区侨界联合会工作规则（草案）》，选举陈凯为丹阳经济开发区侨联第一届委员会主席，陈天榕、丰月华为开发区侨联第一届委员会副主席，朱英争、王斌为开发区侨联第一届委员会委员，丰月华兼任秘书长。（杨 超）

县级以上荣誉

2020 年丹阳市集体获全国性荣誉一览表

表 79

荣誉获得单位	荣　誉　名　称	授予单位或组织机构
市司法局	组织宣传人民调解工作先进集体	中华全国人民调解协会
市税务局	全国文明单位	中央精神文明建设指导委员会
市工商联	构筑民营经济舆论阵地先进单位	中华工商时报社
云阳街道财政所	全国最美财政所	中国财政杂志社
云阳街道社区教育中心 迈村村民委员会	“提升农民精神面貌”实验单位	中国成人教育协会
南门幼儿园	优秀足球特色幼儿园	全国青少年校园足球工作领导小组办公室
横塘中心幼儿园 好孩子幼儿园	全国足球特色幼儿园	教育部
司徒镇教卫办	国家级卫生镇(2020—2022)	全国爱国卫生运动委员会
丹阳日报社	《〈教育周刊〉单独发行　“撬”起利润百万》《探索“内容变现”路径　构建“智力服务”模式》被评为第六届全国县市区域报经营成功案例银奖	中国县市报研究会
市生态环境局	国家第二次污染源普查先进单位	国务院第二次污染源普查领导小组办公室
市生态环境局	中国环境报宣传工作先进单位	中国环境报社

续表79

荣誉获得单位	荣 誉 名 称	授予单位或组织机构
市农业农村局	人居环境工作受国务院表彰	国务院
市农业行政执法大队	第一批全国农业综合行政执法示范窗口	农业农村部
丹阳港华燃气有限公司抢修班	2018—2019年度全国“安康杯”竞赛优秀班组	中华全国总工会、中华人民共和国应急管理部、国家卫生健康委员会
市人民医院	第八届全国医院品管圈大赛三等奖	中国医院品质管理联盟清华大学医院管理研究院
市总工会	2019年度工会财务先进单位	中华全国总工会
市第九中学	2020年第三批全国国防教育特色学校	教育部

（史志办）

【省级部门表彰的先进集体】

1. 省妇联新媒体与网络信息传播中心表彰：市妇联
2. 省妇联表彰：市妇联　云阳街道妇联　正则幼儿园　市公安局交警大队车管所
3. 省应急厅表彰：市应急管理局
4. 省“安全生产月”活动组委会办公室表彰：市应急管理局
5. 省委宣传部、法宣办、司法厅表彰：市司法局
6. 省司法厅表彰：市司法局
7. 省自然资源厅表彰：市规划展示馆
8. 省档案馆表彰：市城建档案馆
9. 省消防救援总队表彰：市消防救援大队　市消防救援大队党委　开发区消防救援站　开发区消防救援站党支部　开发区消防救援站团支部
10. 省总工会表彰：市交通局
11. 省交通厅表彰：市交通局
12. 省残联、省人社厅表彰：市残联
13. 省财政厅表彰：市财政局
14. 省水利厅、省财政厅表彰：市财政局　市水利局
15. 省商务厅、省财政厅表彰：市财政局
16. 省工商联表彰：市工商联
17. 省广播电视局表彰：市文体广旅局
18. 省广播电视局、省工业与信息化厅表彰：市文体广旅局
19. 省文化和旅游厅表彰：市文化馆
20. 省全民健身运动会组委会表彰：市体育馆
21. 省农业农村厅、省财政厅表彰：云阳街道农村产权交易服务中心
22. 省委依法治省委员会办公室、省司法厅、省民政厅表彰：白云街社区　新民中路社区　兴隆苑社区
23. 省残联表彰：白云街社区　天誉苑社区
24. 省广播电视总台表彰：阜阳社区
25. 省林业局办公室表彰：大钱村
26. 省特色田园乡村建设工作联席会表彰：大钱村
27. 省教育厅、省工业和信息化厅表彰：丹凤实验小学　正则小学　横塘中心小学
28. 团省委表彰：丹凤实验小学　市城管局团委　市人民医院团市委
29. 省教育科研研究所表彰：正则幼儿园
30. 省教育厅表彰：正则小学　市教育局　丹阳中专
31. 省天文协会表彰：正则小学
32. 省扫黑除恶专项斗争领导小组表彰：市公安局
33. 省公安厅表彰：市公安局指挥中心　市公安局治安大队

34. 省公安厅、东部战区空军政治工作部表彰：市公安局治安大队
35. 省委老干部局、省离退休干部工作委员会表彰：市公安局离退休干部第一党支部
36. 省发改委表彰：市经发局
37. 省财政厅、省农业农村厅表彰：曲阿街道农村产权交易服务中心
38. 省纪委审理室表彰：开发区纪工委
39. 省商务厅表彰：日本（丹阳）汽车零部件产业园　开发区经济发展局
40. 省委组织部、省委宣传部表彰：司徒镇宣传统战科　市委宣传部
41. 江苏省体育总会表彰：司徒镇文体中心
42. 省住房和城乡建设厅表彰：司徒镇建设局
43. 省报业协会市融媒体中心表彰：丹阳日报社印刷厂
44. 省县市报（融媒）研究会表彰：市融媒体中心
45. 省住房和城乡建设行业委员会表彰：市城市管理局党委
46. 省镇江环境监测中心表彰：市环境监测站
47. 省委老干部局表彰：市委老干部局
48. 省政府办公厅表彰：市民政局
49. 省民政厅表彰：市民政局
50. 省福利彩票销售中心表彰：市民政局
51. 省农业农村厅表彰：市农业农村局
52. 省委农村工作领导小组办公室表彰：市农业农村局
53. 江苏农特优产品交易组委会办公室表彰：市农业农村局
54. 省渔业技术推广中心表彰：市水产技术指导站
55. 省农业机械技术推广站表彰：市农业机械技术推广站
56. 江苏农业广播电视学校表彰：市职业农民培育指导站
57. 省植保植检站表彰：市植保植检站
58. 省商业联合会、省商业经济学会表彰：市商贸资产管理中心
59. 省厂务公开协调小组表彰：市食品有限公司
60. 省档案局表彰：市食品有限公司
61. 省审计厅表彰：市审计局
62. 省人社厅、省市场监管局表彰：市市场监管局丹北分局
63. 省燃气热力协会表彰：丹阳港华燃气有限公司
64. 省中等职业学校文明风采竞赛组委会表彰：丹阳中专
65. 省学生体育协会表彰：丹阳中专
66. 省生态环境厅表彰：珥陵镇环卫所
67. 省希望工程办公室、省青少年发展基金会表彰：团市委
68. 团省委、省学生联合会表彰：团市委
69. 省青少年科技教育协会表彰：市第九中学
70. 省教育厅、省科学技术协会、省科学技术厅表彰：市第九中学
71. 省关工委表彰：市第九中学
72. 省教育厅、省工业和信息化厅表彰：市第九中学

（史志办）

2020 年丹阳市集体获镇江市级荣誉一览表

表 80

获荣誉单位	荣　誉　名　称	授予单位或组织机构
市交通局	全市抗击新冠肺炎疫情先进单位	镇江市委　镇江市政府
市经发局	全市抗击新冠肺炎疫情先进集体	镇江市委　镇江市政府
珥陵镇司法所	法治镇江先进集体	镇江市委　镇江市政府

（史志办）

【镇江市级部门表彰的先进集体】

1. 镇江市妇联表彰：市妇联
2. 镇江市广播电视台表彰：市妇联
3. 镇江市信访工作联席会议表彰：市人民来访接待中心　市信访局　市政法委　云阳街道

信访办　开发区信访办　司徒镇司法信访科　珥陵镇信访办

4. 镇江市退役军人事务局表彰：市退役军人事务局　珥陵镇退役军人服务站

5. 镇江市妇联、镇江市总工会表彰：市税务局

6. 镇江团市委、镇江市应急管理局表彰：水务集团生产设备机电科

7. 镇江市气象局表彰：市气象局

8. 镇江市自然资源规划局表彰：丹东中心所

9. 镇江市政务办表彰：市政务服务中心　市行政审批局

10. 镇江团市委表彰：丹阳消防大队开发区站　丹阳消防大队开发区站团支部　珥陵镇团委　团市委

11. 镇江市交通局委员会表彰：市交通局　市交通局党委

12. 镇江市交通局表彰：市交通局

13. 镇江市供销总社表彰：市供销总社　访仙中心供销社　延陵中心供销社　珥陵中心供销社　丹阳市佳农农资有限公司

14. 镇江市教育局表彰：市教育局　市第三中学　丹阳中专技工学校

15. 镇江市财政局表彰：市财政局

16. 镇江市档案馆表彰：市财政局

17. 镇江市政府残疾人工作委员会表彰：市财政局

18. 镇江金山文化旅游节目组委会表彰：市文体广旅局

19. 镇江市机关事务管理局表彰：市机关事务管理局

21. 镇江市安全生产委员会表彰：高新区管委会

22. 镇江市人民调解协会表彰：云阳街道人民调解委员会

23. 镇江市精神文明建设指导委员会办公室、镇江市关工委表彰：白云街社区

24. 镇江市创建文明城市工作领导小组办公室表彰：中山路社区　朝阳新村社区　公园新村社区　天誉苑社区　市民广场社区　水关路东社区　化肥路社区　万善园社区　白云街社区　凤凰新村社区　云阳桥社区　太阳城社区

25. 镇江市民政局表彰：市民政局　朝阳新村社区　陵口镇乐善村

26. 镇江市委宣传部、镇江市精神文明建设指导委员会办公室、镇江市民政局、镇江市总工会、镇江团市委、镇江市妇联表彰：天誉苑社区

27. 镇江市精神文明建设指导委员会办公室表彰：紫竹园社区　凤美新村社区

28. 镇江市司法局、镇江市中院、镇江市妇联表彰：云阳桥社区　凤美新村社区

29. 中国人民解放军江苏省镇江分区表彰：云阳街道人武部

30. 镇江市政法委、镇江市公安局、镇江市教育局表彰：丹凤实验小学

31. 镇江市陶行知研究会表彰：云阳第一中心幼儿园　正则小学　横塘中心小学

32. 镇江市教育局办公室表彰：云阳第一中心幼儿园

33. 镇江市总工会表彰：正则小学　开发区总工会　市总工会　市融媒体中心　市城际广场

34. 镇江市公安局表彰：市公安局指挥中心　市公安局机关保卫大队　市公安局网安大队　市公安局出入境大队　市公安局南环路派出所　后巷派出所　陵口派出所

35. 镇江市禁毒办表彰：市公安局禁毒大队　吕城派出所

36. 镇江市委组织部表彰：市公安局出入境大队

37. 镇江市委党的建设工作领导小组表彰：市公安局看守所　司徒镇组织人事科　市新闻频道党支部　市市场监督管理局机关第二党支部

38. 镇江市春节运输领导小组表彰：市春运办

39. 镇江市文广旅局表彰：司徒镇文体中心　珥陵镇文体中心

40. 镇江市爱国卫生运动委员会表彰：司徒镇政府

41. 镇江市司法局、镇江人民调解协会表彰：司徒镇司法信访科

42. 镇江市人民政府办公室表彰：司徒镇政府

43. 镇江市委网络安全和信息化委员会办公室表彰：丹阳日报社

44. 镇江市委组织部、镇江市委老干部局表彰：市融媒体中心离退休干部第二党支部

45. 镇江市城市管理（综合行政执法）局表彰：市城市管理局　市佳洁环卫服务有限公司

46. 镇江市总工会、镇江市应急管理局表彰：朝阳城市管理养护有限公司

47. 镇江市党校表彰：市党校

48. 镇江市红十字会表彰：市红十字会　市中医院　云阳街道红十字会

49. 镇江市地方金融监督管理局、

中国人民银行镇江市中心支行、中国银行保险监督管理委员会镇江监管分局表彰：市地方金融监督管理局
50. 镇江市科技局、镇江市统计局表彰：市科技局
51. 镇江市委老干部局表彰：市委老干部局
52. 镇江市水利局、镇江市机关事务局表彰：市委老干部局
53. 镇江市殡葬改革领导小组表彰：司徒镇谭巷村
54. 镇江市农村合作经济经营管理站表彰：市农村合作经济经营指导科
55. 镇江市农业农村局表彰：市农业农村局
56. 镇江市扶贫工作办公室表彰：市扶贫工作办公室
57. 中国人民银行镇江市中心支行表彰：中国人民银行丹阳市支行
58. 镇江市审计局表彰：市审计局 市审计局行政事业科 市审计局社保信息科
59. 镇江市市场监管理局、镇江市标准化协会表彰：市市场监督管理局
60. 镇江市证照联动监管联席会议办公室表彰：市市场监督管理局
61. 镇江市水利局表彰：市水利局
62. 镇江市科技局、镇江市统计局表彰：市统计局
63. 镇江市住建局表彰：市住建局 市建设工程管理处
64. 镇江市住房公积金管理中心表彰：市公积金中心
65. 镇江市征兵工作领导小组表彰：访仙镇人武部
66. 镇江市市场监督管理局表彰：市中医院
67. 民盟镇江市委员会表彰：市中医院民盟支部
68. 镇江市老区开发促进会、镇江市扶贫开发协会、镇江老区扶贫基金会表彰：珥陵镇人大办
69. 镇江市农业农村局、镇江市财政局表彰：珥陵镇农服中心
70. 镇江市安全生产委员会表彰：珥陵镇安监办
71. 镇江市全民阅读工作领导小组表彰：市第九中学
72. 镇江团市委、镇江市教育局、镇江市少工委表彰：市少工委
73. 镇江市委宣传部表彰：市委宣传部
74. 镇江市全民阅读活动领导小组表彰：市委宣传部
75. 镇江市委办表彰：市委办
76. 镇江市教育局、镇江市体育局表彰：市第九中学
77. 镇江市教育科学研究中心表彰：市第九中学
78. 镇江团市委、镇江市教育局表彰：市第九中学

（史志办）

2020年丹阳市个人获国家级、部级荣誉一览表

表81

姓 名	供职单位	荣 誉 名 称	授予单位或组织机构
张荷英	市妇联	第四期中国妇女社会地位调查优秀个人奖	全国妇联
蒋 丹	市文体广旅局	第三届“白山黑水·美丽四平”全国中国画作品展入会资格奖(最高奖)	中国美术家协会
陈国钰	高新区管委会	全国“新时代好少年”主题教育读书活动先进个人	教育部关心下一代工作委员会
朱丽君	高新区管委会	第20届“小青蛙讲故事”比赛园丁奖	全国少年儿童出版社
王东海	市公安局	抗疫主题征文三等奖	公安部宣传局
张铁军 顾爱平	市融媒体中心	第六届全国县市区域“百佳优秀媒体人”	中国县市报研究会

续表 81

姓　名	供职单位	荣　誉　名　称	授予单位或组织机构
赵　挺 陈　斌	市生态环境局	国家第二次污染源普查先进个人	国务院第二次污染源普查领导小组办公室
徐卫斌	市生态环境局	中国环境报宣传工作先进个人	中国环境报社
司马雪琴	市生态环境局	国家固定污染源排污许可证全覆盖表现突出个人	生态环境部办公厅
钟金桥	市农业农村局	全国农机安全监理示范岗位标兵	农业农村部、应急管理部
庄　英	市农业农村局	农业农村系统先进个人	农业农村部
刘建华	市农业农村局	全国农牧渔业丰收奖（农业技术推广贡献奖）	农业农村部
黄婉熙	市农业农村局	全国农牧渔业丰收奖二等奖	农业农村部
陈　赟	市场监督管理局	2020 年度宣传工作先进个人	中国市场监管报社
史丽娜	市统计局	2020 年度《中国统计》发行先进个人	中国统计出版社

（史志办）

2020 年丹阳市个人获江苏省级荣誉一览表

表 82

姓　名	供职单位	荣　誉　名　称	授予单位或组织机构
朱文霞	高新区管委会	全省抗击新冠肺炎疫情先进个人	江苏省委　江苏省政府
张丹凤　黄建华 赵玉兰　王丹萍 董盛盛	市农业农村局	省农业技术推广奖	江苏省政府
张俊辉	市水利局	全省防汛抗洪工作先进个人	江苏省委　江苏省政府

（史志办）

【省级部门表彰的先进个人】

1. 省应急厅表彰：
臧　伟　张　昊
2. 省司法厅表彰：
陈思寒
3. 省国税局表彰：
丁向阳
4. 省住房和城乡建设厅表彰：
潘兴云　洪俊杰　庄　煜
费丹靖　黄　婷
5. 省自然资源厅表彰：
潘云兴　邹　群
6. 省消防救援总队表彰：
吴云飞　傅升阳
7. 省高等学校图书馆情报工作委员会、省图书馆学会表彰：
毕　浩
8. 四川省图书馆学会表彰：
毕　浩
9. 省成教协会表彰：
恽　霞　郦国华
10. 国家统计局江苏调查总队表彰：
王海燕
11. 省妇联表彰：
陈　笑　薛晓静　姜丹辉
杨华英
12. 省社会教育服务指导中心表彰：
朱　岩
13. 省学生体质健康促进研究中心表彰：
印青松
14. 省公安厅表彰：
聂红枫　陈　宇　孙洋洋
吴昕煜　梅　炜　赵伟阳
王东海
15. 省政法委、省全面依法治省委员会、省委宣传部、省司法厅表彰：
张　伟
16. 省文明办表彰：
孙福生
17. 省政法委表彰：
王　丹　胡国芳
18. 省政策性粮食库存数量和质量大清查协调小组办公室表彰：
束东良
19. 省现代物流协会表彰：
孙镇霆
20. 省开发区协会表彰：
杨　超
21. 省商务厅表彰：
李　伟
22. 团省委表彰：
陈志然　朱梦盼
23. 省委宣传部表彰：
汤　鹄
24. 省新闻工作者协会表彰：
蒋须俊
25. 省县市报(融媒)研究会表彰：
汤利平　曾丽萍　荆丽梦
吴淋淋　束　玮
26. 省生态环境厅表彰：
杭　颖
27. 省科技厅表彰：
孙钧慧
28. 省委农村工作领导小组办公室表彰：
范　磊
29. 省扶贫工作领导小组表彰：
庄　英
30. 省农业农村厅办公室表彰：
王丹萍　黄婉熙
31. 省农业机械技术推广站表彰：
管飞翔
32. 江苏农特优产品交易会组委会办公室表彰：
陈渊彬　刘东平
33. 省农科院表彰：
夏红芳
34. 省审计厅表彰：
仲嘉琦
35. 省人社厅、省市场监管局表彰：
陈　龙
36. 省水利信息中心表彰：
黄明刚
37. 省太湖治理工程建设管理局表彰：
贡书锁　张　峰　陈溯航
38. 省人社厅、省卫建委表彰：
徐树平　蒋亚根　李　鑫
孙　科　谭寅巍　张小辉
39. 省军区党委表彰：
郭进文
40. 省军区表彰：
杨建军
41. 民盟江苏省委表彰：
王　琦
42. 省重点职业学校文明风采组委会表彰：
赵海洋　严芬红　朱群跃
项　煜　张　馨　占少志
郑文明　韦　荣　凌　剑
倪立功　汤　涛　虞年君
43. 省教育厅、团省委表彰：
张　馨
44. 团省委、省学生联合会表彰：
张　馨
45. 省中国银行表彰：
虞惠俊　范小燕
46. 省“扫黄打非”工作领导小组表彰：
眭　杰
47. 省文明办表彰：
瞿美玲
48. 省中小学教学研究室表彰：
钟　瑶
49. 省教育厅、省科学技术协会、省科学技术厅表彰：
孟庆兵

（史志办）

2020 年丹阳市个人获镇江市级荣誉一览表

表 83

姓　名	供职单位	荣　誉　名　称	授予单位或组织机构
林攀峰	市退役军人事务局	模范工作者	镇江市委　镇江市政府
景　强	市信访局	优秀共产党员	镇江市委
蒋剑峰	高新区管委会	镇江市“十佳招商能手”	镇江市委　镇江市政府
姜媛媛	司徒镇政府	2016—2020 年法治镇江先进个人	镇江市委　镇江市政府
严晓俊	市城市管理局	2016—2020 年法治镇江先进个人	镇江市委　镇江市政府
张明珠	市政法委	2016—2020 年法治镇江先进个人	镇江市委　镇江市政府
薛冬顺	市城市管理局	镇江市劳动模范	镇江市委　镇江市政府
范　磊	市农业农村局	镇江市劳动模范	镇江市委　镇江市政府
贡　涛	市住建局	乡村振兴先进个人	镇江市委　镇江市政府
徐树平	市人民医院	镇江市有突出贡献中青年专家	镇江市政府
张小辉	市中医院	荣誉市民	黄石市政府
许　明	市第九中学	镇江市有突出贡献中青年专家	镇江市政府

（史志办）

【镇江市级部门表彰的先进个人】

1. 镇江市应急管理局表彰：

眭　豪

2. 镇江市双拥工作领导小组表彰：

崔晓敏

3. 镇江市退役军人事务局表彰：

陈智俊

4. 镇江市信访工作联席会议表彰：

景强　张玉春　谭飞云　雷静波

5. 镇江市国税表彰：

赵　婷　王剑秋　余　婕　马　亮　吕冠敏　李　晨

6. 镇江市气象局表彰：

石　磊

7. 镇江市自然资源和规划局表彰：

马秀军

8. 镇江市总工会表彰：

张曦文　毕　浩　赵玉华　毛丹霖　丰月华　贺国新　王　芬　郭俊杰

9. 镇江市政务办表彰：

陈　蕾　王　亮

10. 镇江团市委表彰：

韩路生　傅升阳　吴云飞　朱光辉　韩　庆　蒋力源　毛　云　王　昕　黄　梦　储亚秀　眭珍珍　吴　桢

韦 涛 汤秋芳 邓 飞
马 莉 王 晶 蒋 鑫
王雅婷

11. 镇江市委宣传部表彰：
吴云飞 赵 进 汤秋芳
陈志然

12. 镇江市港航事业发展中心委员会表彰：
曾国毅

13. 镇江市交通运输局表彰：
耿 赟 陈 康 冷治国
符灿军 邱文强 贡维新
曹云峰

14. 镇江市委党的建设工作领导小组表彰：
殷兆龙 赵玉华

15. 镇江市政府残疾人工作委员会表彰：
景银山

16. 镇江市供销总社表彰：
张建东 包元亮

17. 镇江市文广旅局表彰：
冷文华 梁振若 张 益
殷显春 许 军

18. 镇江市机关事务管理局表彰：
杨发清 杨 庆 姜双龙

19. 镇江市劳动人事争议仲裁委员会表彰：
景建龙

20. 镇江团市委、镇江市教育表彰：
王桂花

21. 镇江市陶行知研究会表彰：
王巧玲 吴晓菊

22. 镇江市公安局表彰：
孙福生 陈 宇 郦利云
夏国俊 徐夏云 张 林
陈 凯 蒋明辉 孙春方
陈聪慧 周铁成 张 寒
冷 杰 陈春芳 韦玉芳
阮海军 邱 豪 陈 坚
张留中 顾宇超 陈 亮
徐巧军 洪 潮 徐崇晟
潘 涛 赵伟阳 张佳敏
尹 弘 王佳薇

23. 镇江市政法委表彰：
王 丹 高 昀

24. 镇江市委网安信息委员会表彰：
高 昀

25. 镇江市禁毒委员会表彰：
管玉俊 陈聪慧

26. 镇江市委组织部表彰：
花志彬

27. 镇江市档案局表彰：
陈卫丽

28. 镇江市妇联表彰：
尹钱华

29. 镇江市团委表彰：
陈 飞 束 妤

30. 镇江市公安局交警支队表彰：
陈春芳

31. 镇江市信访局表彰：
曹利霞

32. 镇江市目标管理考核领导办公室表彰：
王昕洋

33. 镇江市征兵工作领导小组表彰：
茅学军

34. 镇江市安全生产委员会表彰：
常仁进

35. 镇江团市委、镇江市青联、镇江报业传媒集团、镇江市文化广电产业集团表彰：
陈志然 姜媛媛 李澍奇
徐方琦 姜黎黎 邓 飞
何飞跃 马智勇 温勇杰
戴鑫钰 刘祖钧 张建伟
虞林伟 魏 婕 谭寅巍
张小辉 史俊辉 马秀琴
钱黎明

36. 镇江市信访工作联席会表彰：
曹利霞 夏国林 武育新

37. 镇江市计划生育协会表彰：
司马斌

38. 镇江市农村合作经济经营管理站表彰：
汤丽娟

39. 镇江市爱国卫生运动委员会表彰：
窦姝琦

40. 镇江市科学技术局、镇江市统计局表彰：
梅润强

41. 镇江市文联表彰：
赵永东

42. 镇江市委农村工作领导小组表彰：
朱中联

43. 镇江市城市管理(综合行政执法)局表彰：
徐 民 景震华 眭成俊
聂伟平 薛晓华 高夕海
方 敏 司马永辉

44. 镇江市文明办表彰：
马 莉

45. 镇江市党校表彰：
黄亚勤 谌 燕

46. 镇江市环境监测中心表彰：
周丹欣 高文红

47. 镇江市地方金融监督管理局、中国人民银行镇江市中心支行、中国银行保险监督管理委员会镇江监管分局表彰：
李 津

48. 镇江市科技局、镇江市统计局表彰：
谭忠辉

49. 镇江市委老干部局表彰：
陈夕方

50. 镇江市殡葬改革领导小组表彰：
贡建伟

51. 镇江市农村合作经济经营管理站表彰：
尚 元 徐 洪

52. 中国人民银行南京分行表彰：
傅 蕾 左晓敏 徐 茜

53. 中国人民银行南京分行法律事务处表彰：
张哲恒
54. 中国人民银行镇江市中心支行表彰：
汤丽文　祝于辉　蒋红政
朱秋艳　张哲恒
55. 中国人民银行镇江市中心支行办公室表彰：
张伟芳　潘思琪
56. 镇江市商业联合会表彰：
夏荣堂　吴初新　吴初新
姜才龙
57. 镇江市审计局表彰：
蒋　彬
58. 镇江市证照联动监管联席会议办公室表彰：
王雅婷
59. 镇江市委农村工作领导小组表彰：
马晓辉
60. 镇江市科技局、镇江市统计局表彰：
李叶秋
61. 镇江市委农村工作领导小组表彰：
陈豪杰
62. 镇江市住房公积金管理中心表彰：
薛　平　赵　媛
63. 镇江军分区党委表彰：
汤　锦
64. 镇江军分区表彰：
杨建军　李建业　崔荣岭
张　琳　贡忠云　潘丽琴
65. 镇江市征兵工作领导小组表彰：
茅学军　王　欢
66. 镇江市卫健委表彰：
张志纯　陈　平
67. 镇江市委宣传部、镇江市精神文明建设指导委员会、镇江市卫健委表彰：
张小辉
68. 镇江市市场监督管理局表彰：
杜学卉　蒋双红
69. 镇江市护理学会表彰：
刘莹莹
70. 民盟镇江市委员会表彰：
王　刚　姜云华　蔡成君
王　琦　周　娟　姜云华
许明珠
71. 镇江市教育局表彰：
刘小明　丁小燕　何　婷
何　明　束芬琴　王亦恺
凌　剑　邱卫娟　陈军锋
王方元　戴晓娴　程国祥
刘　杰　倪　杰　姜伟杰
戎丹萍　朱莉霞　崔　瑜
戴雨桦
72. 镇江市计划生育协会表彰：
赵　艳
73. 镇江市委巡查工作领导小组表彰：
顾晶静
74. 镇江市委办表彰：
谢艳英
75. 镇江市密码工作领导小组表彰：
荆　杰
76. 镇江市人才工作领导小组办公室表彰：
许　明
77. 镇江市教育科学研究中心表彰：
杨宇琦　黄　星　毛克彦
彭志红
78. 镇江市教育装备与勤工俭学管理中心表彰：
彭志红　殷蔚红

（史志办）

丹阳市先进单位和个人

【2020 年丹阳市劳动模范】

朱德贞　胡思兵
梁群群（女）　陈建军
王翔宇　曹　旷
谢玉兰（女）　蒋澄瑜（女）
颜晖霞（女）　颜锁明
王宇翔　乔　佳（女）
马艳琴（女）　庄玉枫（女）
吴文龙　史园芳（女）
蒋和荣　蒋人多
吴东宇　王冬生
许云良　杭　康
韦辉明　马　明
景玲霞（女）　秦　斐
戴云武　霍洪涛
朱银辉　金向阳
陆留平　陈岳良
张建良　支琴美（女）
荆爱芳　仇洪坤
焦小平　刘水新（女）
石建军　徐荣力
言雪梅（女）　茅俊飞
邵玉芳　庄彩英（女）
龚　凯（女）　汤　文
濮继虎　周小良
张　洋　韩维哲
殷荣军　朱荣祥
吴秀清　余国刚
王　琳（女）　牟士江
浦　杰　蒋里平
陈　娇（女）　毛　伟（女）

杜仙兰(女)　贾玉峰　戴红军　杨忠俊　马海霞(女)　丁晓燕(女)
张　延(女)　丁　伟　徐云方　王佳薇(女)　王俊芳(女)　刘红军
袁红金(女)　吉亦娟(女)　郭　剑　陈　彬(女)　柯民俊　徐　君(女)
郦国正　蒋青华(女)　马晓辉　洪　伟　蒋小浩　蒋　蕾(女)
陈　凯　陈　敏(女)　张志有　史惠铭
王春妹(女)　贺福红(女)

（史志办）

【2017—2019 年度丹阳市级文明系列】

一、文明行业（10 个）

丹阳市财政系统
丹阳市交通运输系统
丹阳市教育系统
丹阳市建设银行系统
丹阳市卫生健康系统
国网丹阳市供电系统
丹阳市市场监督管理系统
中国工商银行股份有限公司丹阳支行系统
丹阳市烟草系统
中国农业银行股份有限公司丹阳市支行系统

二、文明镇（6 个）

导墅镇　访仙镇　陵口镇
珥陵镇　吕城镇　界牌镇

三、文明村（113 个）

开发区：
晓星村　联观村　石潭村
马陵村　镇南村　镇北村
荆林村　东青村　大泊岗村
前艾村　颜春村　大贡村
张巷村　建山村　三桥村
河阳村

高新区：
城南村　城北村　九房村
迈村村　横塘村　永福村
双合村　汤甲村　汉皇村
大圣村　留雁村

司徒镇：
薛甲村　张寺村　培棠村
丁庄村　屯甸村　固村村
杏村村　谭巷村　吴塘村

延陵镇：麦溪村　九里村
东皇村　联兴村　延陵村
行宫村　松卜村　利民村
赵巷村　大吕村　宝林村
柳茹村　延星村

珥陵镇：
护国村　珥城村　扶城村
中仙村　新庄村　大施村

导墅镇：
下琴村　里庄村　镇东村
东河村　东新村　白马村

皇塘镇：
鹤溪村　蒋墅村　白兔村
丁桥村　皇塘村　滕村村

吕城镇：
花龙村　河北村　河南村
西符村　井园村　西墅村
蔡塔村　运河村　虎墅村
留庄村　中心村

陵口镇：
乐善村　新陵村　折柳村
城墅村　居庄村　郑店村
肇巷村　漕塘村　陵口村
留墅村　新庙村　煦庄村

访仙镇：
草塘村　仁里村　访仙村
永丰村　双茆村　杨城村
池塘村　红光村　窦庄村

丹北镇：
东方村　前巷村　新弄村
济德村　姚家弄村　丰裕村
宝山村　西丰村　新巷村
滨江村　长春村　常兴村
金桥村　群楼村

四、文明社区（45 个）

开发区（16 个）
车站社区　晓墟社区　善巷社区　路巷社区　双庙社区　高楼社区　永安社区　毛家社区　锦湖社区　贺巷社区　史巷社区　大泊社区 普善社区　练湖新城社区　居安社区　嘉荟新城社区

高新区（21 个）
云阳桥社区　中山路社区　市民广场社区　兴隆苑社区　大定船社区　西门大街社区　朝阳新村社区　化肥路社区　白云街社区　江南人家社区　新民中路社区　华南新村社区　凤凰新村社区　水关路东社区　太阳城社区　阜阳社区　凤美新村社区　公园新村社区　万善园社区　华都锦城社区　天誉苑社区

司徒镇（1 个）
东风社区

丹北镇（2 个）
中心社区　新桥社区

界牌镇（5 个）
界东社区　界西社区　界南社区　界北社区　界中社区

五、文明单位（207 个）

开发区（9 个）
江苏省丹阳经济开发区财政分局
丹阳市开发区练湖社区卫生服务中心
丹阳市自然资源和规划局新

区分局
丹阳市练湖中心幼儿园
中国电信股份有限公司丹阳分公司大泊支局
丹阳市大泊中心幼儿园
丹阳市新区幼儿园
丹阳市开发区消防救援站
丹阳市河阳中心幼儿园
高新区（11 个）
丹阳市云阳街道人力资源和社会保障服务中心
丹阳市云阳街道财政分局
云阳水利管理服务站
丹阳市公安局南环路派出所
江苏山宝集团有限公司
江苏鱼跃医疗股份有限公司
江苏云阳集团有限公司
江苏丹阳丹凤集团有限公司
水中仙酒店集团有限公司
江苏锦昌物业管理有限公司
丹阳市云阳街道政务服务中心
司徒镇（12 个）
万新光学集团
江苏美乐车圈有限公司
江苏东方光学有限公司
丹阳市司徒镇财政和资产管理局
丹阳市公安局司徒派出所
丹阳市司徒卫生院
中国电信股份有限公司丹阳分公司司徒支局
中国邮政集团公司江苏省丹阳市分公司司徒支局
司徒广播电视服务站
丹阳市水利局司徒水利管理服务站
丹阳市市场监督管理局司徒分局
丹阳市全州中心幼儿园
延陵镇（2 个）
丹阳市财政局延陵分局
丹阳市延陵镇卫生院
珥陵镇（9 个）
丹阳市珥陵镇财政所
丹阳市珥陵镇卫生院
丹阳市水利局珥陵水利管理服务站
丹阳市公安局珥陵派出所
江苏汇能重工有限公司
丹阳市邮政局珥陵支局
丹阳市市场监督管理局珥陵分局
丹阳市珥陵镇动物防疫站
丹阳移动珥陵营业部
导墅镇（4 个）
丹阳市导墅镇财政分局
中国邮政集团公司丹阳市分公司导墅支局
丹阳市自然资源和规划局丹南分局
丹阳市城市管理行政执法大队导墅中队
皇塘镇（11 个）
丹阳市市场监督管理局皇塘分局
丹阳市公安局皇塘派出所
江苏乐能电池股份有限公司
丹阳市皇塘财政分局
江苏堂皇集团有限公司
中国移动皇塘营业部
江苏合发集团有限责任公司
中国邮政皇塘支局
江苏港宏电线电缆有限公司
江苏中彩印务有限公司
丹阳市水利局皇塘水利管理服务站
吕城镇（5 个）
江苏丹毛纺织股份有限公司
丹阳市财政局吕城分局
丹阳市公安局吕城派出所
丹阳市吕城中心幼儿园
中国邮政吕城支局
陵口镇（15 个）
丹阳市陵口中心幼儿园
中国邮政集团公司江苏省丹阳市陵口分局
丹阳市公安局陵口派出所
丹阳市水利局陵口水利管理服务站
丹阳市陵口镇卫生院
江苏长鑫房地产开发有限公司
江苏万奔汽车配件有限公司
丹阳市美丽华橡塑制品有限公司
陵口供电所
江苏华美玻璃纤维有限公司
江苏蒂莉爽足鞋业有限公司
周士达鞋业江苏有限公司
江苏三九玫瑰鞋业有限公司
江苏金茂制链有限公司
陵口综合治税办公室
访仙镇（9 个）
丹阳市访仙中心幼儿园
丹阳市窦庄中心幼儿园
丹阳双峰玻璃有限公司
丹阳市水利局访仙水利管理服务站
丹阳市财政局访仙分局
丹阳市访仙卫生院
江苏超力电器有限公司
丹阳市邮政局访仙支局
丹阳丹耀光学有限公司
丹北镇（27 个）
江苏天工工具有限公司
常诚车业江苏有限公司
江苏新泉汽车饰件股份有限公司
后巷交警中队
丹阳市自然资源和规划局滨江分局
邮政埤城支局
市场监管局丹北分局
后巷派出所
丹北财政分局

新桥派出所
埤城卫生院
后巷中心幼儿园
新桥中心幼儿园
丹北社区教育中心
移动丹北营业部
埤城中心幼儿园
后巷水利站
新桥水利站
埤城水利站
邮政后巷支局
电信后巷支局
邮政新桥支局
新桥卫生院
后巷卫生院
埤城派出所
建山中心幼儿园
诺得物流股份有限公司
界牌镇（12个）
丹阳市界牌镇人民医院
丹阳市界牌中心幼儿园
丹阳市公安局界牌派出所
丹阳市水利局界牌水利管理服务站
丹阳市市场监督管理局界牌分局
丹阳市滨江新城城市管理行政执法大队界牌中队
中国电信股份有限公司丹阳分公司界牌电信支局
中国移动江苏公司丹阳分公司界牌营销中心
江苏金胜汽摩排气系统有限公司
江苏飞亚金属制品有限公司
江苏丰德汽车内饰件有限公司
丹阳市界牌镇财政分局
机关工委（16个）
丹阳市青少年宫文化艺术培训中心
丹阳市烟草专卖局
丹阳市自然资源和规划局
丹阳市人才流动服务中心
丹阳市气象局
丹阳市档案馆
丹阳市经济发展局
中国共产党丹阳市委员会党校
丹阳市审计局
丹阳市长江堤防工程管理处
丹阳市九曲河枢纽管理处
丹阳市人民检察院
丹阳市朝阳粮油管理所
丹阳市总工会
丹阳市劳动就业管理中心
丹阳市财政局
住建局（5个）
丹阳水务集团有限公司
镇江市住房公积金管理中心丹阳分中心
丹阳市建设工程管理处
丹阳市城建监察大队
丹阳港华燃气有限公司
城管局（9个）
丹阳市绿洲废弃物处置中心
丹阳市佳洁环卫服务有限公司
丹阳市朝阳城市管理养护有限公司
丹阳市城市管理行政执法大队
丹阳市蓝天河道管理服务中心
丹阳市诚诚城市公共设施服务中心
丹阳市城市管理局（丹阳市综合行政执法局）
丹阳市宏鼎户外传媒服务有限公司
丹阳市嘉城园林工程有限公司
公安局（3个）
丹阳市公安局巡特警大队
丹阳市公安局指挥中心110指挥调度室
丹阳市公安局交通警察大队
民政局（1个）
丹阳市救助管理站
农业农村局（1个）
丹阳市农业行政执法大队
卫健委（8个）
丹阳市人民医院
丹阳市妇幼保健院
丹阳市中医院
丹阳市疾病预防控制中心
丹阳市第三人民医院
丹阳市卫生监督所
丹阳市血站
丹阳市精神病防治院
文体广旅局（1个）
丹阳市图书馆
教育局（4个）
丹阳市云阳幼儿园
丹阳市实验幼儿园
丹阳市招生办公室
丹阳市青少年校外教育活动中心
交运局（4个）
丹阳市公路管理处
丹阳市运输管理处
丹阳市航道管理处
丹阳市地方海事处
税务系统（12个）
国家税务总局丹阳市税务局第一税务分局
国家税务总局丹阳市税务局第二税务分局
国家税务总局丹阳市税务局曲阿分局
国家税务总局丹阳市税务局云阳分局
国家税务总局丹阳市税务局司徒分局
国家税务总局丹阳市税务局陵口分局

国家税务总局丹阳市税务局皇塘分局
国家税务总局丹阳市税务局吕城分局
国家税务总局丹阳市税务局访仙分局
国家税务总局丹阳市税务局丹北分局
国家税务总局丹阳市税务局延陵分局
国家税务总局丹阳市税务局界牌分局
国网供电系统（2个）
镇江三新供电服务有限公司丹阳分公司开发区供电所
镇江三新供电服务有限公司丹阳分公司延陵供电所
农商银行（9个）
江苏丹阳农村商业银行股份有限公司
江苏丹阳农村商业银行股份有限公司蒋墅支行
江苏丹阳农村商业银行股份有限公司皇塘支行
江苏丹阳农村商业银行股份有限公司界牌支行
江苏丹阳农村商业银行股份有限公司新桥支行
江苏丹阳农村商业银行股份有限公司运河支行
江苏丹阳农村商业银行股份有限公司访仙支行
江苏丹阳农村商业银行股份有限公司吕城支行
江苏丹阳农村商业银行股份有限公司后巷支行
其他（6个）
丹阳市委老干部局
中国工商银行股份有限公司丹阳支行
中国电信股份有限公司丹阳分公司
丹阳市医疗保险基金管理中心
中国人民政治协商会议江苏省丹阳市委员会办公室
丹阳市退役军人事务局
六、文明校园（46个）
开发区（5个）
丹阳市新区实验小学　丹阳市练湖中心小学　丹阳市实验学校　丹阳市前艾中心小学
丹阳市马相伯学校
高新区（1个）
丹阳市丹凤实验小学
司徒镇（2个）
丹阳市司徒中学　丹阳市全州学校
延陵镇（1个）
丹阳市延陵镇行宫小学
珥陵镇（4个）
丹阳市珥陵中心小学　丹阳市珥陵高级中学　丹阳市珥陵初级中学　丹阳市云林学校
导墅镇（4个）
丹阳市导墅初级中学　丹阳市里庄初级中学　丹阳市里庄中心小学　丹阳市匡亚明小学
皇塘镇（2个）
丹阳市吴塘实验学校　丹阳市蒋墅中心小学
吕城镇（2个）
丹阳市吕城中心小学　丹阳市运河中心小学
陵口镇（2个）
丹阳市折柳中心小学
丹阳市陵口中学
访仙镇（3个）
丹阳市访仙中学　丹阳市访仙中心小学
丹阳市窦庄中心小学
丹北镇（6个）
丹阳市后巷实验学校　丹阳市新桥初级中学　丹阳市新桥中心小学　丹阳市建山学校　丹阳市埤城初级中学
丹阳市埤城中心小学
界牌镇（2个）
丹阳市界牌中心小学　丹阳市界牌中学
教育局（12个）
江苏省丹阳高级中学　丹阳市吕叔湘中学　丹阳市第三中学　丹阳市云阳学校　丹阳市第五中学　丹阳市第六中学　丹阳市华南实验学校　江苏省丹阳中等专业学校　丹阳市第八中学　丹阳市第九中学　丹阳市实验小学　丹阳市特殊教育学校

（史志办）

【2020年度优质效能服务单位、科室（窗口）、标兵】

一、优质效能服务单位（19个）
高新区（云阳街道）　皇塘镇　访仙镇　市委办　市府办　人大机关　政协机关　组织部　机关事务管理中心　统战部　总工会　民政局　宣传部　教育局　城管局　交通局　供电公司　财政局　税务局
二、优质效能服务科室（窗口）（24个）开发区组织人事局组织科　人社局劳动人事争议仲裁院　高新区党政办　行政审批局市场准入科服务窗口　司徒镇组织人社局社

保与劳动监察科　行政审批局农业农村局窗口　延陵镇党政和政法办公室　团市委青年发展部　珥陵镇党建办组织科　民政局社会事务科　导墅镇党政和政法办公室　民政局社会组织登记管理中心　皇塘镇党政办　退役军人事务局退役军人服务中心　吕城镇党建办组织科　农业农村局种植业管理科　陵口镇党政和政法办公室　宣传部文化艺术和产业科　访仙镇党政和政法办公室　实验学校　丹北镇财政和资产管理局　疾控中心　界牌镇建设局规建所　供电公司服务窗口

三、优质效能服务标兵（32名）

丰月华　束　洋　王　翔　石白蕾　司马斌　吴金鑫　秦　斐　蒋　黎　武育新　马雨秋　陈　磊　殷　琳　王　震　孙　洁　丁　禄　钟文华　丰　艳　朱　涛　奚栩瑾　蔡　芳　陈玉如　王　云　张俊平　郦　涛　徐秋阳　何　羽　许　琦　王宏梅　顾　君　眭　璐　刘颖华　尹谷红

（史志办）

【2020年丹阳市优秀纳税企业名单】

一、特等奖（2020年纳税总量2亿元以上的企业；2020年纳税总量1亿元以上且亩均纳税位居前10名的工业企业；2020年纳税总量1亿元以上且纳税增幅位居前10名的企业）

1. 纳税总量2亿元以上的企业

大亚集团

鱼跃集团

沃得集团

天工集团

2. 纳税总量1亿元以上，且亩均位居前10名的企业

海昌隐形眼镜集团

3. 纳税总量1亿元以上，且增幅位居前10名的企业

飞达集团

二、一等奖（2020年纳税总量1亿元以上的企业；2020年纳税总量5000万元以上且亩均纳税位居前10名的工业企业；2020年纳税总量5000万元以上且纳税增幅位居前10名的企业）

1. 纳税总量1亿元以上的企业

云阳集团

丹阳市天怡房屋建设开发有限责任公司

丹阳龙江钢铁有限公司

丹阳投资集团

国网江苏省电力有限公司丹阳市供电分公司

大赛璐安全系统（江苏）有限公司

江苏长丰纸业有限公司

2. 纳税总量5000万元以上，且增幅位居前10名的企业

丹阳市曲阿安居工程建设开发有限公司

三、二等奖（2020年纳税总量5000万元以上的企业；2020年纳税总量3000万元以上且亩均纳税位居前10名的工业企业；2020年纳税总量3000万元以上且纳税增幅位居前10名的企业）

1. 纳税总量5000万元以上的企业

肯帝亚集团

江苏丹阳农村商业银行股份有限公司

诺得物流股份有限公司

江苏同力日升机械股份有限公司

万新光学集团

江苏仅一联合智造有限公司

镇江市烟草公司丹阳分公司

明月镜片集团

2. 纳税总量3000万元以上，且亩均、增幅均位居前10名的企业

丹阳丹耀光学有限公司

3. 纳税总量3000万元以上，且亩均位居前10名的企业

江苏爱仕特电子科技有限公司

吉凯恩（丹阳）工业有限公司

江苏优立光学眼镜有限公司

迅驰车业江苏有限公司

4. 纳税总量3000万元以上，且增幅位居前10名的企业

丹阳市德欣房地产有限公司

大力神科技集团有限公司

丹阳市天波房地产开发有限公司

丹阳市恒大置业有限公司

四、三等奖（2020年纳税总量3000万元以上的企业；2020年纳税总量2000万元以上且亩均纳税位居前10名的工业企业；2020年纳税总量2000万元以上且纳税增幅位居前10名的企业）

1. 纳税总量 3000 万元以上的企业
丹阳市弘阳置业有限公司
丹阳港华燃气有限公司
中国工商银行股份有限公司丹阳支行
恒宝股份有限公司
丹阳中南房地产开发有限公司
江苏图南合金股份有限公司
花王集团
2. 纳税总量 2000 万元以上，且亩均、增幅均位居前 10 名的企业
易佰得（丹阳）光学有限公司
3. 纳税总量 2000 万元以上，且亩均位居前 10 名的企业
江苏华凯比克希线束有限公司
新天鸿光学有限公司
江苏海德莱特汽车部件有限公司
4. 纳税总量 2000 万元以上，且增幅位居前 10 名的企业
江苏鸿晨集团有限公司

五、优秀奖（2020 年纳税总量 1000 万元以上的企业）
中国农业银行股份有限公司丹阳支行
江苏辰阳电子有限公司
常诚车业江苏有限公司
丹阳市金鼎投资有限公司
美乐集团
江苏元龙房地产开发有限公司
中国银行股份有限公司丹阳支行
中国建设银行股份有限公司丹阳支行
江苏新泉汽车饰件股份有限公司
江苏和合环保集团有限公司
丹阳高新区安居房开发有限公司
江苏丹毛纺织股份有限公司
江苏申阳电梯部件有限公司
丹阳八佰伴商贸有限公司
江苏彤明高科汽车电器有限公司
丹阳荣嘉精密机械有限公司
中信银行股份有限公司丹阳支行
丹阳国信嘉源房地产开发有限公司
丹阳爱家房地产有限公司
江苏顺发电器有限公司
江苏金胜汽摩排气系统有限公司
江苏新视客光电科技有限公司
江苏淘镜有限公司
江苏恒神股份有限公司
江苏银行股份有限公司丹阳支行
上海浦东发展银行股份有限公司丹阳支行
丹阳海盛房地产开发有限公司
丹阳市融锦宏星置业发展有限公司
江苏福荣制衣有限公司
中国人民财产保险股份有限公司江苏省分公司
丹阳中南锦腾房地产开发有限公司
冈田精机丹阳有限公司
艾科卡特催化器丹阳有限公司
天禄科技有限公司
南京银行股份有限公司丹阳支行
江苏飞亚金属制品有限公司
江苏汇能重工有限公司
丹阳市华昌房屋开发有限公司
交通银行股份有限公司丹阳支行
江苏巨贸康万家医疗设备有限公司
江苏超力电器有限公司
江苏宏达电气有限公司
丹阳市华夏园林工程有限公司
江苏融锦置业发展有限公司
汉高（江苏）汽车零部件有限公司
江苏奥天光学有限公司
丹阳瑞翔石化有限公司
丹阳市飞轮气体阀门有限公司
丹阳市永达模塑有限公司
光大证券股份有限公司丹阳中新路证券营业部
江苏堂皇集团有限公司
丹阳中泰电力工程有限公司
江苏林慧汽配有限公司
江苏绿叶锅炉有限公司
兴业银行股份有限公司丹阳支行
中国民生银行股份有限公司丹阳支行
丹阳市齐梁投资发展有限公司
江苏天宏机械工业有限公司
江苏汇天机电科技有限公司
江苏新昌汽车部件有限公司
中国人民财产保险股份有限公司丹阳支公司
丹阳颐和食品有限公司

（史志办）

丹阳市国民经济和社会发展统计公报单

2020 年，全市上下在市委、市政府的正确领导下，以习近平新时代中国特色社会主义思想为指导，坚定不移贯彻新发展理念，持续深化供给侧结构性改革，万众一心抗击新冠疫情，全力稳增长、惠民生、防风险，经过全年努力，全市经济运行呈前低后高走势，主要指标继续保持一定增长，但是经济运行仍面临较大的下行压力，投资大项目不足、人口逐步老龄化等问题仍较突出。

一、综合

2020 年，全市实现地区生产总值（GDP）1145.36 亿元，比上年增长 4.1%，其中：第一产业增加值 50.46 亿元，增长 3.1%；第二产业增加值 587.59 亿元，增长 3.4%；第三产业增加值 507.31 亿元，增长 5.1%。按户籍人口计算，全市人均地区生产总值 143344 元；按常住人口计算，全市人均地区生产总值 115822 元。三次产业增加值的比重结构由 2019 年的 4.3：52.5：43.2 调整为 4.4：51.3：44.3。公共财政预算收入占地区生产总值的比重达到 5.6%。

全年居民消费价格指数 102.5，其中：食品烟酒类上涨 10.0%，衣着类上涨 1.1%，居住类下跌 2.7%，生活用品及服务类上涨 0.4%，交通和通信类下跌 2.3%，教育文化和娱乐用品类上涨 0.9%，医疗保健类下跌 0.4%，其他用品和服务类上涨 6.9%。

全年新注册私营企业 4769 家，新增注册资本 209.83 亿元；新注册个体工商户 23474 户，新增注册资本 26.33 亿元。2020 年实现民营工业总产值 863.64 亿元，比上年增长 10%；实现民营工业销售收入 835.46 亿元，比上年增长 8.8%；民营经济完成投资额 177.42 亿元，比上年增长 26.9%。

二、农林牧渔业

2020 年，全市实现农业总产值 86.23 亿元；实现农业增加值 58.43 亿元，比上年增长 2.5 %。全年粮食种植面积 86.9 万亩，比上年增长 5.6%；油料种植面积 3.02 万亩，比上年增长 3.6 %。油料总产量 0.53 万吨，比上年增长 3.9%；全年粮食总产量 42.67 万吨，比上年增长 4.6%；蔬菜总产量 29.10 万吨，比上年增长 4.8%。全年生猪出栏 13.13 万头，比上年下降 0.3%；羊出栏 2.49 万只，比上年增长 32.7%；家禽出栏 1163.3 万只，比上年增长 28.4%；全年肉类总产量 2.97 万吨，比上年增长 18%；禽蛋产量 5113 吨，比上年下降 26.5%。全年水产品产量 4.46 万吨，比上年增长 3.2 %。

三、工业和建筑业

全年全部工业实现工业总产值 1660.88 亿元，比上年增加 7.9%。年末全市拥有年销售 2000 万元以上规模工业企业 721 家，规模工业完成工业增加值 323.61 亿元，按可比价比上年上升 7.4%，其中：国有企业工业增加值 1.57 亿元，集体企业工业增加值 0.16 亿元，有限责任公司工业增加值 6.51 亿元，股份有限公司工业增加值 46.79 亿元，港澳台企业工业增加值 36.44 亿元，外商投资企业 40.37 亿元，私营企业工业增加值 191.77 亿元。在规模以上工业中：重工业增加值 218.19 亿元，轻工业增加值 105.42 亿元，轻重工业比重由上年的 35：65 变化为 32.5：67.5。全年全部工业企业实现销售收入 1524.83 亿元，比上年增长 6.3%，实现利税总额 129.44 亿元，比上年增长 16.5%。全年工业用电量 68.56 亿千瓦时，比上年增长 4.0%。

全市拥有资质以上建筑业企业 73 家，其中一级资质企业 7 家，二级资质企业 22 家。全年实现建筑业总产值 59.42 亿元，比上年增长 11.5%；实现建筑业增加值 34.67 亿元，按可比价比上年增长 5.9%。全年建筑施工面积 441.37 万平方米，比上年增长 24.5%；新开工面积 159.63 万平方米，比上年增长 64.7%。

四、固定资产投资

2020 年，全市完成全社会固定资产投资 207.26 亿元，比上年增长 3.1%，其中：完成工业性投资 102.27 亿元，比上年增长 11.3%。全年完成规模以上固定资产投资 184.06 亿元，比上年增长 10.8%，其中：完成工业性投资 92.07 亿元，比上年增长 21.2%。在规模以上投资中：国有经济投资 8.16 亿元，比上年下降 58.8%；集体经济投资 0.19 亿元，与上年基本持平；私营个体经济投资 145.09 亿元，比上年增长 9.1；其他经济类型投资 30.62 亿元，比上年增长 12 %，投资结构继续调整。在规模以上固定资产投资中，第一产业完成投资 1.66 亿元；第二产业完成投资 92.07 亿元，同比增长 21.2 %；第三产业完成投资 90.33 亿元，同比下降 5.2%。

全年完成房地产投资 78.92 亿元，比上年增长 9.3%；完成商品房施工面积 473.64 万平方米，比上年增长 9.9%，其中：住宅 381.79 万平方米，比上年增长 9.4%；完成商品房竣工面积 61.95 万平方米，比上年下降 55.4%，其中：住宅 51.42 万平方米，下降 53.7 %；全年实现商品房销售面积 131.02 万平方米，比上年增长 6.1%，其中：住宅面积 126.49 万平方米，增长 16.5 %；实现商品房销售额 118.03 亿元，比上年增长 6.6%，其中：住宅销售额 113.07 亿元，增长 24.2 %。

五、国内贸易和对外经济

全年实现社会消费品零售总额 302.25 亿元，比上年下降 1.1%，其中：城镇实现消费品零售额 265.19 亿元，比上年下降 1.2%；农村实现消费品零售额 37.06 亿元，比上年下降 0.4%。按行业分，批发零售业实现零售额 280.96 亿元，住宿业餐饮业实现零售额 21.29 亿元。年末全市拥有亿元市场 6 个，实现成交额 109.60 亿元。

全年实现进出口总额 31.02 亿美元，比上年下降 1.5%，其中：出口总额 28.05 亿美元，增长 1.0%；进口总额 2.97 亿美元，下降 20.4%。按贸易方式分，一般贸易出口 27.00 亿美元，增长 4.3%；加工贸易出口 1.03 亿美元，下降 45.1%。

全年新批外商投资项目 25 个；实际利用外资 2.19 亿美元，比上年增长 64.7%，其中实际利用制造业外资 0.8 亿美元，下降 38.5%。

六、交通、邮电

全年完成公路客运量 562 万人次，比上年下降 8.6%；全年完成公路货运量 1294 万吨，比上年下降 33%；港口吞吐量 604.5 万吨，比上年增长 1.3%。年末全市公路总里程 2261.92 公里，其中高速公路 42.56 公里，一级公路 329.76 公里，二级公路 349.08 公里。全市民用汽车保有量 22.72 万辆，比上年增长 8.0%，其中私人汽车保有量 18.17 万辆，比上年增长 1.1%。

全年实现邮电业务总量99.95亿元，比上年增长24.2%。实现邮电行业业务收入15.39亿元，比上年增长6.4%。年末拥有固定电话用户12.14万户，移动电话用户104.08万户，互联网宽带接入用户数41.65万户。

七、财政、金融和保险

2020年，全市实现完成财政总收入188.74亿元，比上年增长6%，其中：中央财政收入37.39亿元，下降8.8%；地方财政收入151.35亿元，增长10.5%。全年完成一般公共预算收入64.02亿元，比上年增长3.2%。在一般公共预算收入中：税收收入52.21亿元，增长0.8%，其中：增值税27.39亿元，企业所得税5.12亿元，个人所得税1.34亿元。全年财政支出198.65亿元，比上年增长12.6%，其中一般公共预算支出94.99亿元，比上年增长5.6%。

年末全市金融机构各项存款余额（本外币）1552.18亿元，比年初增长17.2%，其中：住户存款余额837.06亿元，比年初增长12.7%。年末金融机构各项贷款余额1290.94亿元，比年初增长12.8%，其中：短期贷款516.75亿元，比年初增长5.9%；中长期贷款738.40亿元，比年初增长20.8%。个人住房、汽车、教育等消费贷款达227.29亿元，比年初增长9.3%。

全年保费收入33.72亿元，比上年增长3%，其中：财产保险保费收入9.29亿元，增长8.7%；人寿保险保费收入24.43亿元，比上年增长0.9%。保险业务赔款和给付9.46亿元，比上年增长7.2%，其中：财产保险赔付5.56亿元，比上年增长3.9%；人寿保险赔付3.89亿元，比上年增长12.3%。

八、科学技术和教育

2020年，全市新增省级以上高新技术企业74家。全年专利申请量6429件，比上年下降2.2%；其中发明专利920件；全年授权专利5808件，比上年增长66.4%；其中发明专利203件。

全市拥有普通中学26所，高中在校学生13387人，初中在校学生24081人；拥有小学23所，在校学生54809人；中等学校3所，在校学生5364人。全市各类学校教职员工11458人，其中：专任教师9714人。2020年，丹阳市小学入学率、巩固率、毕业率、升学率均为100%；初中入学率、巩固率、毕业率、升学率分别达100%、99.95%、99.95%、99.36%。

九、文化、卫生和体育

年末，全市共有文化馆（站）共13个，公共图书馆2个、藏书112.45万册。全市拥有业余文艺队736个，演出场数102场次，观众43.7万人次。全市拥有文物保护单位121个，其中国家级11个，省级10个，镇江市级10个。

年末，全市共有卫生机构261个，其中医院、卫生院18个，疾病预防控制中心2个，妇幼保健机构1个。全市共有卫生技术人员5403人，其中执业医师和执业助理医师2294人，注册护士2212人。全市拥有医疗标准床位3789张。

年末，全市共有体育场16个，体育馆16个，标准足球场21个，400米跑道24个，全市拥有游泳池25个、乒乓球房168个，篮球场1352个，排球场35个，网球场24个，门球场32个。

十、城市建设和环境保护

2020年末丹阳市建成区面积36.41平方公里。人均拥有道路面积达24.09平方米，人均公园绿地面积10.17平方米，建成区绿化覆盖率达41.4%；污水处理厂污水处理能力9万立方米/日，年污水处理总量达3057.59万立方米；城镇污水处理率93.96%，生活垃圾无害化处理率100%；市区道路总长度673.27公里，道路面积897.2万平方米，拥有路灯3.88万盏。年末供水管道长度545公里，全年供水总量达4118万立方米；全市天然气供气管道1048公里，供气总量19797万立方米，天然气用气人口33.08万人。全市城乡居民生活用电量9.10亿千瓦时，比上年增长2.9%，其中城市居民生活用电3.22亿千瓦时，比上年增长4.1%。

十一、人口与人民生活

年末，全市户籍人口 79.90 万人，其中城镇人口 43.48 万人。全年出生人口 5004 人，人口出生率 6.3‰；死亡人口 7227 人，死亡率 9‰；人口自然增长率－2.7‰。

2020 年，全市城乡从业人员 63.6 万人，其中第一产业从业人员 6.8 万人，第二产业从业人员 28.25 万人，第三产业从业人员 28.55 万人。截止 2020 年末，丹阳市城镇职工基本养老保险参保人数 26.47 万人，城乡居民基本养老保险参保人数 8.25 万人；城镇职工基本医疗保险参保人数 25.42 万人，城乡居民基本医疗保险参保人数 56.43 万人；失业保险人员参保人数 15.39 万人，工伤保险参保人数 16.98 万人，生育保险参保人数 17.07 万人。2020 年共确定低保对象 2279 人，其中城市 343 人，农村 1936 人。

全市城镇非私营单位在岗职工平均工资 89908 元，比上年增长 6.2%。城镇常住居民人均可支配收入为 54315 元，比上年增长 3.4%；人均生活消费支出 26253 元，下降 1.7%。农村常住居民人均可支配收入为 29492 元，同比增长 6.1 %；人均生活消费支出 22537 元，下降 4.2%。

说明：依照第七次人口普查数据修订城乡从业人员数据 （统计局）

组织机构及负责人名单

中共丹阳市委员会

书　记　黄春年
副书记　黄万荣(1－10 月)
　　　　王成明(12 月－)
　　　　赵志强
　　　　许根林(挂职，4 月－)
常　委　赵立群
　　　　金夕龙
　　　　石　捷
　　　　薛军民
　　　　周东明(－6 月)
　　　　方　明
　　　　杭春云
　　　　杨连波
　　　　刘宏程(8 月－)

丹阳市人民代表大会常务委员会

主　任　李忠法
党组书记　李忠法
党组副书记　马耿良
　　　　　符红海
副主任　马耿良
　　　　周爱仙(女)
　　　　任剑平(－6 月)
　　　　金夕龙(12 月－)
　　　　符红海(8 月－)
　　　　韩静慧(女)
党组成员　蔡国璐
　　　　　束瑞成(5 月－)
　　　　　陈　龙(11 月－)

丹阳市人民政府

市　长　黄万荣(1－11 月)
　　　　王成明(12 月－)
党组书记　黄万荣(1－11 月)
　　　　　王成明(12 月－)
党组副书记　赵立群
副市长　赵立群
　　　　符卫国(－7 月)
　　　　贺云华(女)
　　　　黄俊杰
　　　　孙桂林
　　　　杨文军
　　　　束克之(8 月－)
　　　　谢正宝(8 月－)
　　　　刘　钢(挂职，－9 月)
　　　　王　强(挂职)
　　　　李培博(挂职，10 月－)

政协丹阳市委员会

主　席　沈岳方
党组书记　沈岳方
副主席　薛军民(12 月－)
　　　　钱留梅(女)
　　　　魏国荣
　　　　谭国祥
　　　　陈建红
　　　　夏　炜
秘书长　李彩虹
　　　　薛惠民
党组成员　徐国庆(5 月－)

中共丹阳市纪律检查委员会

书　记　方　明
副书记　赵晓健(－11 月)
　　　　朱紫阳
　　　　邵　翔(11 月－)
常　委　谭锁坤
　　　　朱万东(－11 月)
　　　　陆荣祥
　　　　张江伟
　　　　解晓东(11 月－)

丹阳市监察委员会

主　任　方　明
副主任　赵晓健(－11 月)
　　　　朱紫阳

邵　翔(11 月—)
委　员　谭锁坤
朱万东(—11 月)
解晓东
陆建新
刘小波(11 月—)

市委工作机构

办公室

主　任　朱国祥
副主任　丁方晓(—5 月)
蒋　玲(女)
丁　凯
刘　奇
戴峰俊
蒋　萍(女,11 月—)

机要局

副局长　王少华

巡察工作办公室

主　任　赵晓建(兼,—11 月)
谭锁坤(11 月—)
副主任　郦红萍(女)
蒋　磊

第一巡察组

组　长　张云芳
副组长　贡惠良
张全红(女)

第二巡察组

组　长　杨培华(女)
副组长　周根葆
许志华

第三巡察组

组　长　徐志农
副组长　袁卫东(—11 月)
宦红梅(女)
夏伟民(11 月—)

第四巡察组

组　长　曹晓霞(女)
副组长　刘和祥
任国俊

市纪委、市监委派驻市委办公室纪检监察组(副科级)

组　长　陈爱军

市纪委、市监委派驻市政府办公室纪检监察组(副科级)

组　长　高凝重(女,—11 月)
史　宏(女,11 月—)

市纪委、市监委派驻市委组织部纪检监察组(副科级)

组　长　秦兰萍(女,—11 月)
高　敏(女,11 月—)

市纪委、市监委派驻市法院纪检监察组(副科级)

组　长　刘玉兔

市纪委、市监委派驻市检察院纪检监察组(副科级)

组　长　江卫军

市纪委、市监委派驻市公安局纪检监察组(副科级)

组　长　汤鑫俊(—3 月)
孙加梁(3 月—)

市纪委、市监委派驻市教育局纪检监察组(副科级)

组　长　夏蓉娥(女)

市纪委、市监委派驻市农委纪检监察组(副科级)

组　长　陈　卉(女)

市纪委、市监委派驻市发改经信委纪检监察组(副科级)

组　长　孙加梁(—3 月)
陈云祥(3 月—)

市纪委、市监委派驻市住建局纪检监察组(副科级)

组　长　肖　碧(女)

市纪委、市监委派驻市财政局纪检监察组(副科级)

组　长　李振国

组织部

部　长　石　捷
常务副部长　王国华(11 月—)
副部长　胡　海(—11 月)
张志明
王华君(5 月—)
王东庆(11 月—)
张利平(11 月—)

非公企业和社会组织工委

书　记　胡　海(—11 月)
王东庆(11 月—)
副书记　张利平(—11 月)

市考核工作委员会办公室

副主任　杜　赟(—11 月)

市公务员局

局　长　王国华(—11 月)
张利平(11 月—)

党建工作领导小组办公室

副主任　王海岩(5 月—)

市党员干部现代远程教育中心(副科级)

主　任　蔡振宇(—11 月)

宣传部

部　长　金夕龙
常务副部长　黄锁荣(—5 月)
周菊云(5 月—)
副部长　丁　灏(—5 月)
刘广跃(—11 月)

丁方晓(5 月—)
唐　斌(11 月—)

精神文明建设指导委员会办公室

主　任　丁　灏(兼,—5 月)
丁方晓(兼,5 月—)
副主任　马　伟

市政府新闻办公室

主　任　唐　斌(—11 月)

市互联网信息中心

主　任　洪　伟

统战部

部　长　薛军民
常务副部长　薛东升(—5 月)
陈小琴(女,5 月—)
副部长　吉士英(—5 月)
刘绛昊(—11 月)
严　骏(2 月—)
舒金俊(5 月—)
赵锦昌(11 月—)

民族宗教事务局(正科级)

局　长　吉士英(兼,—5 月)
陈小琴(女,5 月—)
副局长　吕家麟

台湾工作办公室(正科级)

主　任　严　骏(兼)

侨务办公室(正科级)

副主任　王国柱

政法委员会

书　记　周东明(—6 月)
刘宏程(8 月—)
常务副书记　韦国芳
副书记　孙桂林(兼)
马国祥
王国新

政治处(副科级)

主　任　丁夕海

国家安全领导小组办公室

主　任　马国祥(兼)
副主任　贡丽华(女)

机构编制委员会办公室

主　任　颜卫军(—5 月)
孙中西(5 月—)
副主任　孙中西(—5 月)
钱代新(女)
王晨积
朱燕萍(女,11 月—)

人大、政协机关

人大办公室

主　任　王永生
副主任　张卫星(兼,—11 月)
丁晓霞(女)
贺　达(11 月—)

监察和司法工委

主　任　赵丹心(—5 月)
张佩炎(5 月—)
副主任　史建军(—11 月)
郑志坚(11 月—)

财经工委

主　任　岳兆庆
副主任　孙新华

教科文卫工委

主　任　李碧文
副主任　严江辉

环境资源城乡建设工委

主　任　谢安坤
副主任　杨望操

人事代表联络工委

主　任　申大春
副主任　王俊香(女)

农业和农村工委

主　任　张少云(—11 月)
朱国兴(11 月—)
副主任　吴卫华(—11 月)
史建军(11 月—)

人大办公室信访室(副科级)

主　任　胡云球

政协秘书长

秘书长　李彩虹

政协办公室

主　任　李彩虹
副主任　王　文(—11 月)
陈玉娟(女)
刘文峰(11 月—)

政协委员工作办公室

主　任　吴嘉宝

提案委

主　任　荆爱琴(女)
副主任　吴　宁(女)

经济科技委

主　任　陈广平
副主任　严红霞(女)

城乡建设委

主　任　吴正飞
副主任　束　昕(女)

教卫文史委

主　任　陆中华
副主任　刘　俊

社会法制海外联络委

主　任　薛惠民
副主任　张　琼(女)

丹阳市人民法院

院　长　唐东升

党组书记　唐东升
党组副书记　王宇晖(11月—)
副院长　严宏坤(—11月)
　　王宇晖
　　袁晓华(女)
　　张　峰
政治处主任　史　展

审委会

专职委员　邢永忠
　　周　强(—11月)
　　陈国鹰(11月—)

执行庭(局)

庭(局)长　陈国鹰(—11月)
　　吴国建(11月—)

丹阳市人民检察院

检察长　周绪平(—11月)
　　王志祥(12月—)
党组书记　周绪平(—11月)
　　王志祥(12月—)
党组副书记　康　珺(—11月)
　　王　飞(12月—)
副检察长　康　珺(—11月)
　　郑苏耘
　　束利云
政治处主任　马春艳(女)

检委会

专职委员　邹丽伟
　　张　萌(女)

公诉局(副科级)

后巷检察室(副科级)

社会团体

总工会

主　席　蔡国璐(兼,—11月)
　　陈　龙(兼,11月—)
党组书记　盛建国(—11月)
　　刘广跃(11月—)
副主席　赵秀芳(女)
　　滕红斌
　　曾建芳(女)
　　周　哲
二级主任科员　唐晓奇

团市委

书　记　朱梦盼(女)
副书记　朱梦盼(女,—10月)
　　童　敏
　　曹丹霖(女,11月—)

妇女联合会

主　席　金　艳(女)
党组书记　金　艳(女)
副主席　张珍花(女,—11月)
　　陈　慧(女)
　　李舒雅(女,11月—)

科学技术协会

主　席　周祥庆
党组书记　周祥庆
副主席　眭莜菊(女)
　　陈志国

归侨侨眷联合会

主　席　王春龙
副主席　刘敏龙(—4月)
　　王贞娟(女,11月—)

工商业联合会(商会)

会　长　夏　炜(—5月)
　　谢丰羽(5月—)
党组书记　刘绛昊(兼,—11月)
　　赵锦昌(兼,11月—)
常务副会长　刘绛昊(兼,—11月)
　　赵锦昌(兼,11月—)
副会长　杜雅琴(女)

文学艺术界联合会

主　席　周菊云(女,—5月)
　　方利泽(5月—)
副主席　虞爱军

残疾人联合会

理事长　李　弘
书　记　李　弘
副理事长　王　怡(女)
　　束国生(12月—)

市委部门管理机构

老干部局

局　长　张志明(兼)
副局长　高　敏(女,—11月)
　　师书迎
　　谭银香(女,11月—)
主任科员　陈夕方

机关工委

书　记　张　洁(女,—6月)
　　蔡振宇(11月—)
副书记　唐亦军
　　曹　辉
　　江丽霞(女)
纪工委书记　董洪良

市委直属事业单位

党校、干部行政学校

党校校长　石　捷(兼)
干校校长　石　捷(兼)
常务副校长　方利泽(—5月)
　　贺建涛(5月—)
副校长　虞　伟(—11月)
　　彭虎飔(11月—)

市融媒体中心(传媒集团)

党委书记　朱青华
　　(传媒集团董事长)
主　任　朱敏尉
总　编、党委副书记　余桂兵
总经理　马永红
　　(党委副书记)
党委副书记、副主任　荆亚军(12月—)
副主任　眭维民(12月—)
　　何　巍(12月—)
　　赵　俊(12月—)
副总经理　顾爱平(12月—)
纪委书记　钱明祥(12月—)

史志办公室

主　任　王　强
副主任　朱银忠
　　夏炳忠

档案馆

馆　长　张佳俊
副馆长　冷春燕(女)
　　　　史伟方
　　　　刘春华(女)

合作交流中心

主　任　李国平(—5 月)

市政府工作部门

政府办公室

主　任　刘　刚(—5 月)
　　　　丁　灏(5 月—)
党组书记　刘　刚(—5 月)
　　　　　丁　灏(5 月—)
副主任　韦天昀(女,—11 月)
　　　　景荣平
　　　　钟　益
　　　　秦晓峰(—11 月)
　　　　刘全良
　　　　张瑛杰
　　　　王君海
　　　　祖云峰

地方金融监督管理局

局　长　朱国兴(—11 月)
　　　　陈尧平(11 月—)
书　记　朱国兴(—11 月)
　　　　陈尧平(11 月—)
副局长　袁二明
　　　　郭　蓓(女)

金融服务中心（副科级,11 月—）

主　任　葛　森(12 月—)

信访局

局　长　王君海
书　记　王君海
副局长　张发良(—11 月)
　　　　朱伟界
　　　　贡伟军
　　　　贡　晖
　　　　杨忠俊(12 月—)

行政审批局

局　长　尹核威(—11 月)
　　　　郭　昱(兼,11 月—)
党组书记　尹核威(—11 月)
　　　　　郭　昱(兼,11 月—)
副局长　刘文亮
　　　　蔡方武
　　　　刘颖华(12 月—)

政务服务中心（副科级）

主　任　蒋小平

经济发展局

局　长　杨文军(—5 月)
　　　　冷文华(5 月—)
党组书记　杨文军(—5 月)
　　　　　冷文华(5 月—)
党组副书记　李嘉兴
　　　　　　李新良
　　　　　　胡云涛
副局长　李嘉兴
　　　　李新良
　　　　胡云涛
　　　　吴吉祥
　　　　杨成良
　　　　赵顺群
　　　　袁玉军
　　　　石锁龙(—4 月)
　　　　周　晶
　　　　吴　剑
　　　　司马军
　　　　张林生
　　　　钟建华

企业资本运营工作办公室（副科级）

主　任　壮永宏

军民融合式发展指导办公室（副科级）

主　任　吴东卫

市产业转型升级促进中心（副科级,12 月—）

主　任　陆文栋(12 月—)

教育局

局　长　张文华
党委书记　张文华
教育工委书记　张文华
党委副书记　丁叶俊
副局长　袁红伟
　　　　谢春华(女)

教育督导室（正科级）

主　任　韦立忠
副主任　傅　辉

教师管理服务中心（副科级）

主　任　史辉金

科学技术局

局　长　王小南
党组书记王小南
副局长　王建方(—12 月)
　　　　步坚平
　　　　王　军
　　　　张东华(女)
　　　　杨　楠(12 月—)

高性能合金材料研究院（副科级）

院　长　王小南(兼)

高新技术创业服务中心（副科级）

主　任　朱长春

公安局

局　长　孙桂林
政　委　周建军(3 月—)
党委书记　孙桂林
党委副书记　周建军(3 月—)
　　　　　　洪国平(—3 月)
　　　　　　张水平(3 月—)
副局长　洪国平(—3 月)
　　　　张水平
　　　　丁家军
　　　　汤鑫俊(3 月—)

刘建中
张荣辉
督察长 孙桂林

政治处(副科级)

主 任 张 丹(3月—)

指挥中心(副科级)

主 任 汤辉亮(—3月)
朱云峰(3月—)
教导员 贡志伟(3月—)

国内安全保卫大队(副科级)

大队长 周国铭(3月—)
教导员 周国铭(—3月)
张 斌(3月—)

看守所(副科级)

所 长 夏国俊(3月—)
教导员 夏国俊(—3月)
张卫星(3月—)

治安警察大队(副科级)

大队长 韦国新(—3月)
何洪铭(3月—)
教导员 黄建强

水上警察大队(治安大队挂牌机构)

大队长 杜金华(9月—)
教导员 张荣军(—3月)
王国锋(3月—)

交通警察大队(副科级)

大队长 陈锁坤(—3月)
张 新(3月—)
教导员 陈云芳(—3月)
王玉良(3月—)

刑事侦查大队(副科级)

大队长 王国俊(—3月)
孙春方(3月—)
教导员 张荣军(3月—)

经济犯罪侦查大队(副科级)

大队长 朱晓伟(3月—)
教导员 壮作云(3月—)

巡特警大队(副科级)

大队长 张 新(—3月)
韦国新(3月—)
教导员 杨建军(—9月)
樊志俊(9月—)

网络安全保卫大队(副科级)

大队长 汤辉良(3月—)
教导员 毛丹霖(2月—)

法制大队(副科级)

大队长 朱晓伟(—3月)
王国俊(3月—)
教导员 王云青(—3月)
金俊华(3月—)

出入境大队(副科级)

大队长 徐文霞(女)
教导员 吴坚刚(3月—)

禁毒大队(副科级)(8月—)

大队长 束新辉(3月—)
教导员 毛伟民(—9月)
汤建峰(9月—)

开发区派出所(副科级)

所 长 蔡 镇(—9月)
滕 达(9月—)
教导员 张艳君(女,—9月)
周明华(9月—)

大泊派出所(副科级)

所 长 杜金华(—9月)
王云青(9月—)
教导员 姜小波(3月—)

荆林派出所(副科级)

所 长 黄定荣(—9月)
孔丹明(9月—)
教导员 林利敏(—3月)
孙 毅(3月—)

横塘派出所(副科级)

所 长 王晓冰(—3月)
张国栋(3月—)
教导员 朱建辉(—9月)
朱达文(9月—)

中山路派出所(副科级)

所 长 王国军(—9月)
束泽润(9月—)
教导员 周明华(—9月)
凌 伟(9月—)

和平桥派出所(副科级)

所 长 滕 达(—9月)
顾建伟(9月—)
教导员 孙培华(—3月)
贺 宏(女,3月—)

南环路派出所(副科级)

所 长 何洪铭(—3月)
沈香辉(3月—)
教导员 张 丹(—3月)
陈向武(3月—)

司徒派出所(副科级)

所 长 施文进(—9月)

杨华强(9月—)

教导员 郦国平

延陵派出所
(副科级)

所 长 张叶宏(3月—)

教导员 张叶宏(—3月)

耿志强(3月—)

珥陵派出所
(副科级)

所 长 黄 峰(—9月)

张忠泽(9月—)

教导员 陈向武(—3月)

蒋建军(3月—)

导墅派出所
(副科级)

所 长 顾建伟(—9月)

林利敏(9月—)

教导员 朱学军(—3月)

徐 斌(3月—)

皇塘陵派出所
(副科级)

所 长 沈香辉(—3月)

王晓冰(3月—)

教导员 丁月平(—3月)

姜丹辉(3月—)

吕城派出所
(副科级)

所 长 张艳君(3月—)

教导员 孔丹明(—3月)

朱学军(3月—)

陵口派出所
(副科级)

所 长 钱文俊(—3月)

胡学锋(3月—)

教导员 朱达文(—9月)

朱建辉(9月—)

访仙派出所
(副科级)

所 长 束新辉(—3月)

慎小明(3月—)

教导员 壮作云(—3月)

郑洪宇(3月—)

新桥派出所
(副科级)

所 长 杨华强(—9月)

黄 峰(9月—)

教导员 陈忠良(—9月)

王海圆(9月—)

界牌派出所
(副科级)

所 长 钱文俊(3月—)

教导员 张国栋(—3月)

张晓芳(3月—)

后巷派出所
(副科级)

所 长 姜剑波(—9月)

王国军(9月—)

教导员 陈云祥(—9月)

陈忠良(9月—)

埤城派出所
(副科级)

所 长 束泽润(—9月)

施文进(9月—)

教导员 胡学锋(—3月)

张留中(3月—)

城管派出所
(副科级)

所 长 黄定荣(9月—)

教导员 贺国红

机场派出所
(副科级)

所 长 朱云峰(—3月)

夏 浩(3月—)

教导员 王玉良(—3月)

陆 定(3月—)

水上派出所
(副科级)

所 长 李建中

教导员 孙春方(—3月)

袁卫华(3月—)

练湖派出所
(副科级)

所 长 顾祎平(—3月)

丁月平(3月—)

教导员 慎小明(—3月)

梅俊杰(3月—)

民政局

局 长 姜 琪(女)

党委书记 姜 琪(女)

党委副书记 江小慧(女)

副局长 朱黎辉

张伟平

退役军人事务局

局 长 崔晓敏

党组书记 崔晓敏

副书记 徐玉明(—4月)

副局长 徐玉明(—4月)

林攀峰

史乐群

王国良

司法局

局 长 段建强

党组书记 焦建国(—5月)

吉士英(5月—)

副书记 束蓓玲(女)

副局长 束蓓玲(女)

袁云飞

郑志坚(—11月)

陈思寒

丁丽琴(女)

高凝重(11月—)

财政局

局 长 徐国庆(—5月)

朱学军(5月—)

党组书记 徐国庆(—5月)

朱学军(5月—)

党组副书记 朱学军(—5月)

秦兰萍(11月—)

副局长 朱学军(—5月)

秦兰萍(11 月—)
茅建云
贡辉俊
邹为民(—8 月)
张俊杰(11 月—)
贡学平(11 月—)

非税收入管理办公室（副科级）

主 任 （缺）

财政集中支付中心（副科级）

主 任 林翔宇(—5 月)

国有资产监督管理办公室（正科级）

副主任 张俊杰(—11 月)
贡学平(11 月—)

国有资产管理中心（副科级）

主 任 邹为民(—8 月)

高新区财政分局(副科级)

局 长 钱柏荣

延陵镇财政分局(副科级)

局 长 孔逸华

导墅镇财政分局(副科级)

局 长 蒋金良(—11 月)
钱春方(12 月—)

皇塘镇财政分局(副科级)

局 长 李亚球

吕城镇财政分局(副科级)

局 长 吉金华

界牌镇财政分局(副科级)

局 长 戴国荣(—8 月)
束建中(8 月—)

丹北镇财政分局(副科级)

局 长 纪锁明(—9 月)
姜杰华(9 月—)

人力资源和社会保障局

局 长 施云峰(—5 月)
颜卫军(5 月—)
党组书记 施云峰(—5 月)
颜卫军(5 月—)
党组副书记 田国亮
副局长 欧阳东(—12 月)
庞红武
汤正洪
唐 辉
秦晓峰(11 月—)
陈 彤(12 月—)

人才流动服务中心(副科级)

主 任 唐 辉(兼)

社会保障管理中心(副科级)

主 任 陆跃鹏

劳动就业管理中心(副科级)

主 任 姜红军

劳动监察大队(副科级)

大队长 陈 彤(—12 月)
郑鸣年(12 月—)

医疗保障局

局 长 王华君(—5 月)
薛东升(5 月—)
书 记 王华君(—5 月)
薛东升(5 月—)
副局长 夏伟民(—11 月)
蒋家锋
刘文彬(11 月—)

医疗保险基金管理中心（副科级）

主 任 韦国忠

住房和城乡建设局

局 长 谢正宝(—11 月)
贡 涛(11 月—)
党委书记 高火宝(—5 月)
谢正宝(5—11 月)
贡 涛(11 月—)
党委副书记 谢正宝(—5 月)
唐明科(—5 月)
任志新(—11 月)
蒋志明
副局长 高火宝(—5 月)
朱小林(—4 月)
张志华(女)
杨军会
陈豪杰
蒋新群
何新锋
张普新

人民防空办公室

主 任 唐明科(—11 月)
贡 涛(11 月—)

镇江市住房公积金管理中心丹阳分中心(副科级)

主 任 许剑波

住房制度改革办公室（副科级）

主 任 毛伟东(—11 月)

房屋征收办公室（副科级）

主 任 姜建伟

城市管理局（挂城市管理行政执法局）

局 长 汤 军
党委书记 汤 军
副局长 周俊华
丁荣华
田锁春
孙 强
张珍花(11 月—)
主任科员 胡忠星

城市管理行政执法大队（副科级）

大队长　王　云
支部书记　王　云

滨江新城城市管理行政执法大队（副科级）

大队长　景　浩（—5 月）
　　　　刘　军（5 月—）

市容管理中心（副科级）

主　任　李敏芳

交通运输局

局　长　汤建俊
党委书记　汤建俊
党委副书记　王先中
副局长　陈志平（—8 月）
　　　　吴加平（—8 月）
　　　　曾祥明
　　　　吴伟林
　　　　王标平（兼）
　　　　尹银火（12 月—）

公路管理处（副科级）

主　任　蒋小浩
总支书记　蒋小浩

航道管理处（副科级）

主　任　陈　康
支　书　陈　康

地方海事处（副科级）

主　任　於和国（—8 月）
支　书　於和国（—8 月）

交通运输管理处（副科级）

主　任　董辉平
支　书　董辉平

农业农村局

局　长　荆健康
党委书记　荆健康
党委副书记　聂　晴
副局长　聂　晴
　　　　荆宁刚（—8 月）
　　　　张建云
　　　　吴志敏
　　　　任小平
　　　　夏　彬

市农村工作领导小组办公室

主　任　荆健康（12 月—）
副主任　胡强盛（10 月—）

市农林行政执法大队（副科级）

大队长　陆学林（—8 月）
　　　　王　毅（8 月—）

水利局

局　长　贡　涛（—11 月）
　　　　陈洲同（11 月—）
党组书记　贡　涛（—11 月）
　　　　　陈洲同（11 月—）
党组副书记　许立新
副局长　许立新
　　　　贡书锁（—8 月）
　　　　杭　斌
　　　　周宏年
主任科员　潘明瑞（—8 月）
副主任科员　王国云

九曲河枢纽管理处（副科级）

主任　张俊辉
书记　张俊辉

商务局

局　长　汪　涛
党组书记　汪　涛
党组副书记　束国生（—12 月）
副局长　束国生（—12 月）
　　　　唐晓春
　　　　周宇静（女）
　　　　高　峰

中国国际贸易促进委员会丹阳市委员会（正科级）

会　长　汪　涛（兼）
副会长　蒋国平

国际投资促进服务中心（副科级）

主　任　郝　璐（女）

文体广电和旅游局

局　长　冷文华（—5 月）
　　　　瞿煜国（5 月—）
党委书记　杨三秀（—5 月）
　　　　　瞿煜国（5 月—）
党委副书记　徐　文
副局长　杨三秀（—5 月）
　　　　陈　岷
　　　　邵　江
　　　　唐天平
　　　　戎玉华（女）
　　　　茅卫东
　　　　李科伟
　　　　梁振若
　　　　顾建卫
　　　　刘　晔

卫生健康委员会

主　任　瞿煜国（—5 月）
　　　　王　挺（5 月—）
党委书记　瞿煜国（—5 月）
　　　　　王　挺（5 月—）
党委副书记　王　挺（—5 月）
　　　　　　韦天昀（女，11 月—）
副主任　韦天昀（女，11 月—）
　　　　王　挺（—5 月）
　　　　汤志明
　　　　秦叶红（女，10 月—）

市场监督管理局

局　长　陈　龙（—11 月）
　　　　张西雅（11 月—）
党委书记　陈　龙（—11 月）
　　　　　张西雅（11 月—）
党委副书记　彭锁明

副局长　彭锁明
刘建华(—11月)
蒯建伟
张彦平
郭　昱(—5月)
卢坚峰

知识产权局(正科级)

局　长　彭锁明
副局长　陆一芳(女)

云阳分局(副科级)

局　长　贡锁忠(—8月)
朱建中(8月—)

曲阿分局(副科级)

局　长　陈元春

导墅分局(副科级)

局　长　朱小军(—8月)
王　斐(8月—)

珥陵分局(副科级)

局　长　王　锋

皇塘分局(副科级)

局　长　朱辉明

吕城分局(副科级)

局　长　朱建中(—8月)
赵治永(8月—)

陵口分局(副科级)

局　长　王　浩(—8月)
孙艳飞(8月—)

访仙分局(副科级)

局　长　姜水云(—8月)
朱小军(8月—)

丹北分局(副科级)

局　长　蒋　铮(—4月)
陈　波(8月—)

界牌分局(副科级)

局　长　吴海鹰(—4月)
贡锁忠(8月—)

司徒分局(副科级)

局　长　周　祥

延陵分局(副科级)

局　长　赵治永(—8月)
孙　安(8月—)

审计局

局　长　丁耀斌
党组书记　丁耀斌
副局长　洪　宇(女)
吴国祥
顾鹏程
朱雷鸣
丁方罗
主任科员　朱加文
副主任科员　杨祥大

经济责任审计中心(副科级)

主　任　周　勇

固定资产投资审计中心
(副科级,9月—)

主　任　朱荣金

环境保护局

局　长　曹立新
党组书记　曹立新
党组副书记　施宏俊
副局长　施宏俊
赵　挺
朱　平
许红星
赵立国(12月—)
主任科员　陈永鑫
许红星

统计局

局　长　张佩炎(—5月)
裴金华(5月—)
党组书记　张佩炎(—5月)
裴金华(5月—)
副局长　周辉平
徐宇进
夏柳生
主任科员　陈　浩

国家统计局丹阳调查队

队　长　虞丹宁
主任科员　戎晓虎
副队长　范　敏(女,挂职,—6月)
梁广阔(6月—)
纪检员　吉文涛

市政府直属事业单位

机关事务管理中心(4月—)

主　任　徐镇芳(女)
党组书记　徐镇芳(女)
副主任　夏国俊
钱慧花(女)
张　桦
戴红军(12月—)

公共资源交易中心

主　任　王海岩(—5月)
郭　昱(5月—)
党组书记　王海岩(—5月)
郭　昱(5月—)
副主任　殷兆龙
刘国锋
徐宏君
施朝新

林场

场　长　贡敏杰
副场长　钱伟峰

练湖生态新区管委会(5月—)

党工委书记　朱国云
党工委副书记　谢海龙
主　任　谢海龙
副主任　陈育松

江云峰

检验检测中心

主　任　赵锦昌

党组书记　赵锦昌

副主任　蔡国景

王惠平

逐步转化为经济实体

商贸资产经营管理总公司

总经理　吴初新

党委书记　吴初新

副总经理　陈莉萍(女)

工业资产经营管理总公司

党委书记　裴金华(—5月)

欧阳东(5月—)

总经理　裴金华(—5月)

欧阳东(5月—)

副总经理　吴建军

花国定

丁丽萍(女)

供销总社

主　任　王文华

党委书记　王文华

党委副书记　陈国林(—11月)

马春伟(11月—)

副主任　张　慧(女)

程爱华(女)

市属企事业单位

省丹中

校长(正处职月)　朱禾勤

党委书记(正处职月)　朱禾勤

副校长　李建平(正月)

潘国良(正月)

沃玉峰

林兴文

吕叔湘中学

校　长　邹立忠(—8月)

朱玉海(8月—)

总支书　邹立忠(—8月)

朱玉海(8月—)

副总支书　张京霞(女)

副校长　张京霞(女)

郑　健

韩　强

杭国荣(—8月)

唐建明(8月—)

第三中学

校　长　张步青

总支书　张步青

副校长　田　坤

王梅花(女)

戴辉俊

包　敏

云阳学校

校　长　王　伟

总支书　王　伟

副校长　胡云萍(女)

宗　立

孔丽芳(女)

顾　鑫

陈守祥

朱　铭

马相伯高级中学(12月—)

校　长　眭金祥

总支书　眭金祥

副校长　朱满华

王元军

周剑云

杭国荣(8月—)

第六中学

校　长　姜丹敏

总支书　姜丹敏

副校长　葛丹生(—8月)

朱玉海(—8月)

钱卫东

于若洋

徐田田(女,8月—)

孔朝华(8月—)

江苏省丹阳中等专业学校

校　长　黄　晨(—8月)

贾　伟(8月—)

总支书　黄　晨(—8月)

贾　伟(8月—)

副校长　茅静平

陈晋彦

杨淑芳(女)

邓金星

贾　伟(—8月)

贡国忠

周建平(8月—)

进修学校

校　长　马俊杰

总支书　束晓霞

副总支书　马俊杰

王立新(—8月)

副校长　葛华平

苏　哲

徐田田(女,—8月)

杨军(8月—)

吴福舟(8月—)

华南实验学校

校　长　王旭平(—8月)

吴　云(8月—)

支　书　王旭平(—8月)

吴　云(8月—)

副校长　吴　云(—8月)

匡洪浩

丁　彬

邵卫平

黄玉红(女)

徐　仙

技工学校(副科级)

校　长　黄　晨(兼,—8月)

贾　伟(兼,8月—)

第八中学(副科级)

校　长　薛贤良

支　书　薛贤良

副校长　荆文浩(8月—)
　　　　蒋永红(8月—)
　　　　夏国锋(8月—)

第九中学(副科级)

校　长　叶应松
支　书　叶应松
副校长　王　斌(8月—)
　　　　顾安邦(8月—)
　　　　邹东建(8月—)

实验学校(副科级)

校　长　诸华平
总支书　诸华平
副校长　袁伟忠(8月—)
　　　　赵臻磊(8月—)
　　　　施华琴(8月—)
　　　　夏建敏(8月—)

人民医院

院　长　林翼金(—5月)
　　　　部黎伟(5月—)
书　记　林翼金
副书记　部黎伟(5月—)
副院长　陈建红
　　　　部黎伟(—5月)
　　　　吴卫东
　　　　蒋　华(—5月)
　　　　周祥军(10月—)
　　　　王　坚(8月—)

中医院

院　长　卢建平(—5月)
　　　　蒋　华(5月—)
书　记　吴如雷(—5月)
　　　　卢建平(5月—)
副书记　卢建平(—5月)
　　　　蒋　华(5月—)
副院长　吴如雷(—5月)
　　　　周华明(—8月)
　　　　丁冬生
　　　　符　昕
　　　　朱正辉(—8月)

妇幼保健医院
(副科级,5月—)

院　长　罗江波(—5月)
　　　　周祥军(5月—)
支　书　罗江波(—5月)
　　　　林翼金(5月—)

投资集团有限公司

董事长　陈尧平(—11月)
洪　锋(11月—)
党组书记　陈尧平(—11月)
洪　锋(11月—)
总经理　洪　锋
副书记　洪　锋(—11月)
副总经理　戎庭芳
　　　　　陈泽洪
　　　　　丁银林
　　　　　戴非忠
纪检组组长　翁涟涛

丹化集团

董事长　王　斌
总经理　王　斌
党委书记　王　斌
党委副书记杨　军
副总经理　杨　军
　　　　　陈国罡
　　　　　李国方
　　　　　孙朝辉
董　事　杨　军
　　　　陈国军
　　　　李国方
　　　　孙朝辉
　　　　成国俊
　　　　戎庭芳(兼)
工会主席　杨　军
纪委书记　杨　军

水务集团

董事长　吴光平
党委书记　吴光平
总经理　吴光平
副书记
副总经理　胡国庆
　　　　　蒋卫东
　　　　　张旭俊
　　　　　殷锦泉
　　　　　王正芳(女)

江苏丹阳眼镜小镇建设发展有限公司
(党组)

董事长　周　鑫
书　记　周　鑫
总经理　赵华中
副书记　赵华中
副总经理　郦新建
　　　　　黄　力
　　　　　徐　瑾(9月—)

江苏齐梁文化旅游发展
有限公司

大亚科技集团有限公司

董事长　陈晓龙
总　裁　陈晓龙
执行总裁　陈建军
副总裁　眭　敏

大亚圣象家居股份有限公司

董事长　陈晓龙
副总裁　吴谷华

开发区、镇

开发区党工委、管委会

党工委书记　束克之
党工委副书记　蒋　敏
　　　　　　　谭纵横
　　　　　　　朱国云

潘志军
主 任 蒋 敏
副主任 陈小琴(女,—5 月)
李青山
柴 剑
谭飞云
陈学海
赵明富(5 月—)
纪工委书记 韦雨生
工委委员 陈小琴(女,—5 月)
李青山
柴 剑
谭飞云
陈学海
赵明富
韦雨生
陈 凯(5 月—)
石文辉
茅学军
蒋新兰(女)
孙 洁(女)

曲阿街道办事处

党工委书记 束克之
党工委副书记 蒋 敏
主 任 蒋 敏
人大工委主任 石文辉
纪工委书记 韦雨生
党工委委员 韦雨生
赵明富(—5 月)
陈 凯(5 月—)
蒋新兰(女)
孙 洁(女)
茅学军
人武部部长 茅学军

组织人事局(副科级)

局 长 赵明富(—5 月)
陈 凯(5 月—)

经济发展局(副科级)

局 长 吴建骏

行政事务局(副科级)

局 长 束振宏

开发区财政分局(副科级)

局 长 戴路金

招商局(副科级)

局 长 陈银仙(女)

农村工作局(副科级)

局 长 陈国祥(5 月—)

规划建设局(副科级)

局 长 步瑞生(9 月—)

高新区党工委、管委会

书 记 于 斌
副书记 王小南(兼)
王 锦
蔡 飞
王东庆(—11 月)
陈 辉(12 月—)
主 任 于 斌
常务副主任 王东庆(—11 月)
陈 辉(12 月—)
副主任 朱国军
王 军
陈 辉(—12 月)
委 员 朱国军
王 军(兼)
陈 辉(—12 月)

云阳街道党工委、办事处

党工委书记 张 冲
党工委副书记 蔡 飞
曹金辉
汤裕品
主 任 蔡 飞
人大工委主任 吴建军
副主任 傅雅敏(女)
胡峻岭
尹金平
吴江华(女)
陈建俊
纪工委书记 刘 军
党工委委员 刘 军
夏伟业
盛嘉彬
朱劲宇(—12 月)
陈鹤强
人武部部长 陈鹤强
主任科员 王莉华(女)
吴文忠

司徒镇

党委书记 李庆丰
党委副书记 徐国庆(—5 月)
刘 刚(5 月—)
唐 俊
张西雅(女,—11 月)
陈胜华(11 月—)
镇 长 徐国庆(—5 月)
刘 刚(5 月—)
人大主席 束瑞成(—5 月)
尹核威(8 月—)
副镇长 刘 洪
周 浩
王亚娟(女)
赵伯康
纪委书记 姚丹铭
党委委员 姚丹铭
符江云
杜辉忠
任 涛
殷 鑫
金建中
陈 凯(5 月—)
人武部部长 金建中
主任科员 蒋晓红(女)

党政办公室(副科级)

主 任 茅坚彬

财政和资产管理局(副科级)

局　长　殷荣鑫

行政审批服务局(副科级)

局　长　岳一君(女)

政法和社会管理办公室(副科级)

局　长　唐凯航

综合执法局(副科级)

局　长　吴松成

经济发展和改革局(副科级)

局　长　徐国俊

社会事业局(副科级)

局　长　陈　凯(—5月)
陈俊文(5月—)

农村工作局(副科级)

局　长　沃金斐(5月—)

延陵镇

党委书记　马　杰(—12月)
陈文俊(12月—)
党委副书记　陈文俊(—12月)
张金伟(12月—)
蔡旭辉
蔡辉斌
镇　长　陈文俊(—12月)
张金伟(12月—)
人大主席　花芬雷
副镇长　丁锡峰
贡玉凤(女)
贡东方
刘晓云
纪委书记　贡丽娅(女)
党委委员　贡丽娅(女)
庄英华(女)
赵志俊
贡旭明
王　欢
人武部部长　王　欢

九里风景区管委会(副科级)

主　任　赵春红(女)

珥陵镇

党委书记　高　飞(女)
党委副书记　杨秋竹
马春韦(—11月)
束红益
赵仁朝(11月—)
镇　长　杨秋竹
人大主席　蔡荣方
副镇长　赵仁朝(—11月)
束　方
蔡惠宏
陆　堃
纪委书记　张雨生
党委委员　张雨生
傅　俊
闵　强
殷丽萍(女)
陈正方(—12月)
景志鹏(12月—)
人武部部长　陈正方(—12月)
景志鹏(12月—)

导墅镇

党委书记　王　啸
党委副书记　唐宁锋
李　超
张千荣
程海洋
镇　长　唐宁锋
人大主席　蔡小红(女)
副镇长　蒋国忠
朱国君
钱红霞(女)
杨　楠(—12月)
沈江军(12月—)
纪委书记　毛卫东
党委委员　毛卫东
王丽君(5月—)
李才志
朱　文
胡　昊
仲建平
人武部部长　仲建平
主任科员　凌武刚
程海洋

皇塘镇

党委书记　陆云飞
党委副书记　邵　翔(—11月)
杨鸣强
聂　冰
熊新燕(11月—)
镇　长　邵　翔(—11月)
杨鸣强(11月—)
人大主席　蔡志方
副镇长　朱　佳
熊新燕(女,—11月)
蒋洪坤
张　涛
林　晶
陈建华
纪委书记　周　皓
党委委员　周　皓
徐　烈
李桂文
冷晨萍(女)
韦芬琴(女)
刘文彬(—11月)
陈　林(12月—)
人武部部长　刘文彬(—11月)
陈　林(12月—)

主任科员　李忠群

吕城镇

党委书记　曹　俊
党委副书记　杨海州
　　陈志明
　　贺　伟
镇　长　杨海州
人大主席　李环凤(女)
副镇长　宋正舜
　　徐　进
　　孟　强
　　张　靓(女)
纪委书记　唐卫明
党委委员　唐卫明
　　雷晓晴(女)
　　吴路平
　　吴安军
　　郭　峰
人武部部长　郭　峰
主任科员　黄伟华

陵口镇

党委书记　荆东根
党委副书记　陈洲同(—11 月)
　　张春辉(11 月—)
　　陈胜华(—11 月)
　　殷昌敏
　　韦　婕(11 月—)
镇　长　陈洲同(—11 月)
　　张春辉(11 月—)
人大主席　张树根
副镇长　李　俊
　　周剑敏(—11 月)
　　王　俊
　　潘文骅
　　龚　凯(12 月—)
纪委书记　郭　芬(女)
党委委员　郭　芬(女)
　　韦　婕(女,—11 月)
　　杭水明(12 月—)
　　蒋亚平
　　李浩琦
　　钟益亭
人武部部长　钟益亭
主任科员　贡红秀

访仙镇

党委书记　蒋　平
党委副书记　马艳洁(女)
　　舒金俊(—5 月)
　　严红霞(女,5 月—)
　　贡学平(—11 月)
　　杜　赟(11 月—)
镇　长　马艳洁(女)
人大主席　林国芳
副镇长　路建忠
　　严红霞(女,—5 月)
　　俞小庆
　　吴　寒(女)
纪委书记　马　林
党委委员　马　林
　　李磊平
　　王丽君(女,—5 月)
　　崔晨灏(5 月—)
　　王泽民
　　刘礼剑
人武部部长　刘礼剑

界牌镇

党委书记　徐瑞俊
党委副书记　汤　昊
　　朱兴军
　　眭　强
镇　长　汤　昊
人大主席　李　栋
副镇长　陈国平
　　吴国民
　　陆丹瑾(女)
　　朱　兵
纪委书记　程　穗(女)
党委委员　程　穗(女)
　　范　萌
　　庄资源
　　王黎军
　　徐志敏
人武部部长　徐志敏

丹北镇

党委书记　杭春云
党委副书记　蒋俊华
　　姜华中
　　张春辉(—11 月)
　　张　仲(11 月—)
镇　长　蒋俊华
人大主席　蒋永辉
副镇长　吴建中
　　张　仲(—11 月)
　　唐润君
　　束　俊
　　何　凯
　　陈梨辉(12 月—)
　　束　彧(女,12 月—)
　　沈江军(—12 月)
纪委书记　景云辉
党委委员　景云辉
　　陈梨辉(—12 月)
　　朱劲宇(12 月—)
　　束　彧(女,—12 月)
　　奚栩瑾(12 月—)
　　季　康
　　胡海敏(12 月—)
　　张金伟(—12 月)
　　曾国祥
　　朱国强
人武部部长　曾国祥
主任科员　蒋勤花(女)

(市委组织部　吴欢欢)

统计资料

·综 合·

2020年丹阳市行政区划、面积和人口一览表

表84

项 目	单位	2020年	2019年
一、行政区划	—	—	—
镇	个	10	10
街道	个	2	2
村民委员会	个	145	145
居民委员会	个	77	73
二、土地总面积	平方公里	1047.44	1047.44
三、全市总户数	户	280806	279326
全市总人口	人	799031	803200
其中:男性	人	393903	396319
女性	人	405128	406881
其中:乡村人口	人	364197	359035
城镇人口	人	434834	444165
年内出生人口	人	5004	5037
年内死亡人口	人	7227	6209
年内迁入人口	人	10379	4939
年内迁出人口	人	12325	6888
四、全市常住人口	万人	98.89	98.63
每平方公里人口密度	人	944	942

说明:按照2020年第七次人口普查结果修订2011—2019年常住人口数

(统计局)

2020年丹阳市城市人口和建设用地一览表

表85

项　　目	单位	2020年	2019年
城区总户数	万户	11.65	11.41
城区总人口	万人	31.7	31.46
其中:城镇人口	万人	24.05	24.23
城区面积	平方公里	154.22	154.22
其中:建城区面积	平方公里	36.41	36.01
城市规划建设用地面积	平方公里	52.35	52.35
城市现状建设用地面积	平方公里	36.41	36.01
居住用地	平方公里	7.4	7.39
公共管理与公共服务用地	平方公里	6	5.73
商业服务业设施用地	平方公里	7.24	7.24
工业用地	平方公里	8.6	8.6
物流仓储用地	平方公里	0.8	0.8
道路与交通设施用地	平方公里	1.15	1.04
公用设施用地	平方公里	4.23	4.22
绿地与广场用地	平方公里	0.99	0.99
本年征用土地面积	平方公里	1.2	2.74
其中:耕地	平方公里	0.88	1.59

说明:本表数据来源于市住建局

（统计局）

2020年丹阳市城市设施水平一览表

表86

项　　目	单位	2020年	2019年
人口密度	人/平方公里	2415	2354
人均日生活用水量	升	157.9	149.8
自来水普及率	%	100	100

续表 86

项　　目	单位	2020 年	2019 年
燃气普及率	%	100	100
人均城市道路面积	平方米	24.09	24.32
污水处理率	%	93.96	90
污水处理厂集中处理率	%	93.96	90
人均公园绿地面积	平方米	10.17	10.28
建城区绿地率	%	38.93	39.07
建城区绿化覆盖率	%	41.4	41.57
生活垃圾无害化处理率	%	100	100
粪便处理率	%	—	100

说明:本表数据来源于市住建局

（统计局）

2020 年丹阳市城市供水、供气情况表

表 87

项　　目	单位	2020 年	2019 年
一、供水	—	—	—
综合生产能力	万立方米/日	30	30
供水管道长度	公里	545	544
供水总量	万立方米	4118.48	3801.64
生产运营用水	万立方米	1184.45	1095.86
公共服务用水	万立方米	1121.75	1037.58
居民家庭用水	万立方米	1024.55	947.74
其他用水	万立方米	191.25	176.82
免费供水量	万立方米	50.48	59.64
漏损水量	万立方米	546	484
用水户数	户	184466	176310
其中：家庭用户	户	168402	160661
用水人口	万人	37.24	36.31

续表 87

项　　目	单位	2020 年	2019 年
二、天然气	—	—	—
储气能力	万立方米	35	30
供气管道长度	公里	1048	982
供气总量	万立方米	19797	18200
用气户数	户	159520	130629
其中：家庭用户	户	158243	128906
用气人口	万人	33.08	32.53
三、液化石油气	—	—	—
储气能力	吨	4215	4120
供气总量	吨	17581	13361
用气户数	户	54402	32251
其中：家庭用户	户	54402	32251
用气人口	万人	4.16	3.78

说明：本表数据来源于市住建局

（统计局）

2020 年丹阳市市政设施和市容卫生情况表

表 88

项　　目	单位	2020 年	2019 年
一、市政设施	—	—	—
道路长度	公里	673.27	666.2
道路面积	万平方米	897.2	883.11
其中：人行道面积	万平方米	145.64	144.68
桥梁数	座	32	75
路灯盏数	盏	38843	37910
安装路灯的道路长度	公里	667	665
城市照明总用电量	万千瓦时	2179.6	2282
城市照明装灯总功率	千瓦	6654	6451
排水管道长度	公里	800.87	789

续表 88

项　　目	单位	2020 年	2019 年
其中：污水管道	公里	300.52	295
污水排放量	万立方米	3254	3020
污水处理厂污水处理能力	万立方米/日	9	9
污水处理厂污水处理量	万立方米	3057.59	2718
污水处理总量	万立方米	3058	2718
二、市容环境卫生	—	—	—
道路清扫保洁面积	万平方米	462.38	451
其中：机械化	万平方米	416.14	405
生活垃圾清运量	万吨	16.31	13.52
生活垃圾无害化处理厂	座	1	1
生活垃圾无害化处理能力	吨/日	1000	500
生活垃圾无害化处理量	万吨	16.31	13.52
建筑垃圾清运量	万吨	10.5	14
公共厕所数量	座	115	114
市容环卫专用车辆总数	辆	58	73

说明：本表数据来源于市住建局

（统计局）

2020 年丹阳市地区生产总值一览表

表 89

项目	按现行价格计算（亿元）		按 2015 年不变价格计算（亿元）		
	2020 年	2019 年	2020 年	2019 年	增长（±%）
地区生产总值	1145.36	1106.99	1128.51	1084.07	4.1
第一产业	50.46	48.71	57.52	56.10	2.5
第二产业	587.59	573.57	591.89	572.63	3.4
工业	552.92	541.82	562.80	545.16	3.2
建筑业	34.67	31.75	29.09	27.47	5.9
第三产业	507.31	484.72	486.48	462.81	5.1

续表 89

项目	按现行价格计算（亿元）		按 2015 年不变价格计算（亿元）		
	2020 年	2019 年	2020 年	2019 年	增长（±%）
农、林、牧、渔服务业	7.98	7.56	7.38	7.47	-1.1
批发和零售业	122.89	119.01	116.78	110.79	5.4
批发业	86.75	83.81	82.74	77.03	7.4
零售业	36.14	35.20	34.04	33.76	0.8
交通运输、仓储和邮政业	39.96	38.18	37.40	35.30	5.9
住宿和餐饮业	14.65	15.62	14.09	15.42	-8.6
住宿业	3.78	4.11	3.92	4.09	-4.2
餐饮业	10.87	11.52	10.17	11.33	-10.2
金融业	75.48	71.09	70.62	65.86	7.2
房地产业	61.56	57.76	56.43	53.77	5.0
房地产业（K 门类）	31.96	30.31	29.62	28.23	4.9
自有房地产经营活动	29.60	27.46	26.81	25.53	5.0
其他服务业	184.79	175.50	183.78	174.21	5.5
营利性服务业	93.30	87.97	90.57	82.68	8.1
非营利性服务业	91.49	87.53	93.21	91.53	1.8

（统计局）

2020 年丹阳市各镇（街道）地区生产总值一览表

表 90　　单位：亿元

项目	地区生产总值		第一产业	第二产业	工业	建筑业	第三产业	人均地区生产总值(元)
	实绩	增长(±%)	实绩	实绩			实绩	
司徒镇	57.56	4.2	4.67	34.43	32.69	1.73	18.46	126766
延陵镇	46.92	0.6	6.19	24.03	19.53	4.49	16.70	77287
珥陵镇	25.50	4.1	3.92	11.80	11.10	0.70	9.78	53582
导墅镇	36.88	3.0	4.56	18.29	17.83	0.46	14.03	79013
皇塘镇	64.88	6.3	7.37	41.05	35.70	5.35	16.46	134293

续表 90

项目	地区生产总值		第一产业	第二产业			第三产业	人均地区生产总值(元)
	实绩	增长(±%)	实绩	实绩	工业	建筑业	实绩	
吕城镇	38.55	3.2	3.00	21.75	21.14	0.60	13.81	81250
陵口镇	25.51	4.8	3.80	12.83	12.54	0.29	8.88	61948
访仙镇	32.04	5.1	3.23	17.12	17.07	0.05	11.69	66914
界牌镇	58.45	3.8	0.85	36.21	35.22	0.99	21.39	268342
丹北镇	230.28	2.6	3.70	175.97	175.45	0.52	50.60	306913
云阳街道	209.73	5.0	3.69	55.53	43.63	11.90	150.51	115625
曲阿街道	319.06	3.0	5.48	138.60	131.01	7.59	174.98	235239

（统计局）

2020 年丹阳市城镇非私营单位年末从业人员一览表

表 91 单位：人

项 目	全部从业人员	在岗职工	其他从业人员	劳务派遣人员	女性
合计	74793	67716	4792	2285	33907
一、按地区分	—	—	—	—	—
丹阳市	74793	67716	4792	2285	33907
二、按国民经济行业分	—	—	—	—	—
农、林、牧、渔业	54	54	0	0	3
采矿业	0	0	0	0	0
制造业	36847	35894	483	470	16365
电力、热力、燃气及水生产和供应业	1094	1085	7	2	408
建筑业	1949	1593	91	265	312
批发和零售业	2138	2060	78	0	1100
交通运输、仓储和邮政业	1011	832	0	179	197
住宿和餐饮业	266	227	39	0	142
信息传输、软件和信息技术服务业	19	19	0	0	0
金融业	919	837	63	19	372

续表 91

项目	全部从业人员	在岗职工	其他从业人员	劳务派遣人员	女性
房地产业	683	674	9	0	262
租赁和商务服务业	2043	2007	26	10	538
科学研究和技术服务业	844	741	9	94	295
水利、环境和公共设施管理业	892	881	8	3	393
居民服务、修理和其他服务业	167	167	0	0	59
教育	11172	9531	1513	128	7331
卫生和社会工作	5582	4063	723	796	3252
文化、体育和娱乐业	628	606	18	4	271
公共管理、社会保障和社会组织	8485	6445	1725	315	2607
国际组织	0	0	0	0	0

（统计局）

2020 年丹阳市城镇非私营单位劳动报酬一览表

表 92

单位：万元

项目	全部从业人员劳动报酬	在岗职工	其他从业人员	劳务派遣人员	在岗职工平均工资（元）
合计	641883	605370	21463	15051	89908
一、按地区分	—	—	—	—	—
丹阳市	641883	605370	21463	15051	89908
二、按国民经济行业分	—	—	—	—	—
农、林、牧、渔业	385	385	0	0	72566
采矿业	0	0	0	0	0
制造业	254084	249998	2078	2008	70300
电力、热力、燃气及水生产和供应业	8523	8451	61	11	78938
建筑业	13671	11995	380	1296	72549
批发和零售业	14645	14099	546	0	69419
交通运输、仓储和邮政业	7509	6604	0	905	75314
住宿和餐饮业	1571	1406	164	0	62786
信息传输、软件和信息技术服务业	226	226	0	0	118737

续表 92

项　　目	全部从业人员劳动报酬	在岗职工	其他从业人员	劳务派遣人员	在岗职工平均工资（元）
金融业	13659	12919	552	188	155296
房地产业	5830	5779	51	0	87033
租赁和商务服务业	12287	12058	181	49	60899
科学研究和技术服务业	9422	8654	65	703	113696
水利、环境和公共设施管理业	7618	7490	112	16	86177
居民服务、修理和其他服务业	1619	1619	0	0	98115
教育	123791	116672	6152	967	123545
卫生和社会工作	56630	47176	3567	5887	110779
文化、体育和娱乐业	6014	5864	132	19	97879
公共管理、社会保障和社会组织	104401	93975	7424	3002	145545
国际组织	0	0	0	0	0

（统计局）

· 工商业 ·

2020 年丹阳市工业总产值完成情况表（按现价计算）

表 93　　　　单位：亿元

项　　目	2020 年	2020 年比 2019 年增长（±%）
全市合计	1660.88	7.9
司徒镇	88.88	7.2
延陵镇	52.19	-0.8
珥陵镇	34.83	14.3
导墅镇	35.73	5.6
皇塘镇	140.02	20.7
吕城镇	65.82	4.6
陵口镇	41.44	9.7
访仙镇	62.08	7.1
界牌镇	119.28	4.7
丹北镇	485.54	8.2
云阳街道	105.91	15.7
曲阿街道	429.14	4.6

（统计局）

2020 年丹阳市主要工业经济指标完成情况表

表 94　　单位：亿元

项目	销售收入		利税总额	
	2020 年	增长（±%）	2020 年	增长（±%）
全市合计	1524.83	6.3	129.44	16.5
司徒镇	81.82	6.4	10.05	8.4
延陵镇	48.68	-0.3	2.62	-0.1
珥陵镇	30.48	12.0	1.44	23.9
导墅镇	33.86	4.3	2.06	6.8
皇塘镇	135.54	19.7	3.99	29.0
吕城镇	55.81	2.6	4.18	5.6
陵口镇	27.98	9.4	2.49	22.0
访仙镇	49.72	5.5	2.28	8.1
界牌镇	96.41	3.1	6.61	6.1
丹北镇	463.82	7.1	37.27	19.9
云阳街道	100.97	16.2	23.37	28.6
曲阿街道	399.73	1.2	33.07	5.1

（统计局）

2020 年丹阳市规模以上工业主要经济指标按所有制分组一览表（一）

表 95　　单位：个、万元、人

指标名称	企业单位数	亏损企业数	现价工业总产值	工业增加值	应收账款	产成品	流动资产合计	累计折旧	固定资产净额
总计	721	136	12443900	3236101	3103928	1051525	10011067	2502717	2857904
在总计中：制造业	716	135	12351775	3197786	3086017	1048494	9786132	2384451	2785718
电力、热力、燃气及水生产和供应业	5	1	921245	383150	179108	30319	2249343	1182652	721861
在总计中：内资企业	642	117	9541632	2468009	2223467	830760	7491011	1783147	1991719
其中：国有企业	2	1	67377	15688	17023	6847	153624	99942	276162
集体企业	2	2	6607	1625	74621	494	78494	1777	1377

续表 95

指标名称	企业单位数	亏损企业数	现价工业总产值	工业增加值	应收账款	产成品	流动资产合计	累计折旧	固定资产净额
有限责任公司	13	4	244391	65094	57646	34528	344692	121200	62460
股份有限公司	9	5	233965	76026	47528	24055	269427	112532	81573
私营企业	615	105	8980123	2306905	2024819	764510	6640485	1446972	1566203
在总计中：港、澳、台商投资企业	30	6	1477538	364404	503532	106359	1310576	286822	380392
在总计中：外商投资企业	49	13	1424730	403689	376929	114407	1209479	432748	485792
在总计中：亏损企业	136	136	2592217	652927	676991	264278	2707118	799873	964566
在总计中：国有控股企业	5	1	117060	32199	23964	11346	358009	192515	310500
在总计中：大中型企业	98	21	7340643	1891246	1698818	696572	6347189	1500147	1901244
其中：大型企业	14	3	2609305	739063	386003	270412	1798776	433849	746511
中型企业	84	18	4731338	1152182	1312815	426160	4548413	1066298	1154734
在总计中：小型企业	601	108	4992988	1316964	1357258	348154	3549821	993564	881833
在总计中：微型企业	22	7	110269	27892	47853	6800	114057	9006	74826
在总计中：轻工业	294	53	3468300	1054171	889818	357627	3010837	644755	741251
重工业	427	83	8975600	2181930	2214110	693899	7000230	1857962	2116653

（统计局）

2020 年丹阳市规模以上工业主要经济指标按所有制分组一览表（二）

表 96　　单位：个、万元、人

指标名称	资产总计	负债合计	营业收入	主营业务收入	营业成本	营业税金及附加	销售费用	管理费用
总计	15220974	8483003	12352120	11867549	10352230	51801	359608	447894
在总计中：制造业	14830525	8189007	12246583	11774254	10269234	51366	355627	440384
电力、热力、燃气及水生产和供应业	3904484	2939956	1055364	932951	829958	4354	39810	75096
在总计中：内资企业	11479448	6699506	9433613	9048136	7884766	41095	294846	349134

续表 96

指标名称	资产总计	负债合计	营业收入	主营业务收入	营业成本	营业税金及附加	销售费用	管理费用
其中：国有企业	480888	151470	59800	59368	53298	703	2473	10217
集体企业	80328	11469	12975	6477	12454	6	48	547
有限责任公司	469565	374127	262297	248925	229833	913	11105	9947
股份有限公司	435108	213793	229986	215064	170367	1362	15500	16226
私营企业	10003856	5940442	8859167	8508916	7410509	38080	265684	311756
在总计中：港、澳、台商投资企业	1938994	815272	1528710	1472607	1312057	5611	20495	37409
在总计中：外商投资企业	1802532	968224	1389797	1346806	1155407	5095	44266	61351
在总计中：亏损企业	4313148	3202807	2526845	2445534	2425580	10671	49747	88142
在总计中：国有控股企业	729430	359147	114068	106016	101345	874	7102	13441
在总计中：大中型企业	9934262	5026162	7365661	6991068	6030938	32945	228646	220855
其中：大型企业	3422016	1288419	2747257	2539137	2141555	10987	118115	79086
中型企业	6512246	3737743	4618405	4451931	3889384	21959	110531	141769
在总计中：小型企业	5086803	3276210	4877205	4771803	4217976	18483	129754	222649
在总计中：微型企业	199909	180631	109253	104678	103315	373	1208	4390
在总计中：轻工业	4673397	2371511	3388050	3323616	2636600	18289	148339	157333
重工业	10547577	6111492	8964069	8543934	7715629	33512	211269	290560

（统计局）

2020 年丹阳市规模以上工业主要经济指标按所有制分组一览表（三）

表 97　　单位：个、万元、人

指标名称	财务费用	营业利润	利润总额	亏损企业亏损总额	利税总额	应交增值税	平均用工人数
总计	142457	702158	742750	130756	1020909	226358	132289
在总计中：制造业	142759	687869	728341	130450	1000229	220522	131281
电力、热力、燃气及水生产和供应业	－3020	142888	144087	3059	206801	58360	1008
在总计中：内资企业	117903	523608	562315	104813	779417	176006	104144
其中：国有企业	2972	－12514	－11620	11621	－10916	1	1377

续表 97

指标名称	财务费用	营业利润	利润总额	亏损企业亏损总额	利税总额	应交增值税	平均用工人数
集体企业	259	-410	-433	433	-425	2	114
有限责任公司	2271	1198	3524	10354	7111	2674	3243
股份有限公司	2367	13261	14842	8178	23965	7761	3496
私营企业	110006	521896	555826	74227	759134	165229	95646
在总计中：港、澳、台商投资企业	11961	105552	105653	12852	136288	25025	11910
在总计中：外商投资企业	12594	72997	74782	13091	105204	25327	16235
在总计中：亏损企业	50301	-137953	-130756	130756	-62041	58045	26658
在总计中：国有控股企业	625	-8819	-7803	11621	-6429	500	2405
在总计中：大中型企业		606560	623691	70380	788960	132324	71608
其中：大型企业	23493	334945	336837	23676	384065	36242	26793
中型企业	58172	271616	286854	46704	404895	96082	44815
在总计中：小型企业	60478	96888	121064	56610	232323	92776	60231
在总计中：微型企业	314	-1291	-2005	3767	-374	1258	450
在总计中：轻工业	52066	316200	331348	36702	425662	76025	54183
重工业	90391	385958	411402	94054	595247	150332	78106

（统计局）

2020 年丹阳市全社会固定资产投资完成情况表

表 98　　单位：亿元

项　　目	2020 年	2019 年	2020 年比 2019 年增长（±%）
全社会固定资产投资	207.26	200.94	3.1
其中：工业投资	102.27	91.91	11.3
规模以上投资完成额	184.06	180.32	10.8
其中：工业投资	92.07	81.90	21.2
服务业投资	90.33	98.42	-5.2
农业投资	1.66	—	—
工业投资按投资规模分组	—	—	—
1.1 亿元以上投资	55.31	50.71	9.07

续表 98

项　　目	2020 年	2019 年	2020 年比 2019 年增长（±%）
2.5000 万元—1 亿元投资	18.39	11.65	57.85
3.1000 万元—5000 万元投资	17.26	18.57	-7.05
4.500 万元—1000 万元投资	1.11	0.80	38.75
其他投资按投资规模分组	—	—	—
1.1 亿元以上投资	87.94	86.61	1.54
2.5000 万元—1 亿元投资	0.27	4.77	-94.32
3.1000 万元—5000 万元投资	3.32	6.56	-49.39
4.500 万元—1000 万元投资	0.46	0.49	-5.15
按投资性质分组	—	—	—
1. 国有经济投资	8.16	19.78	-58.75
2. 集体经济投资	0.19	0.18	7.17
3. 私营个体经济投资	145.09	133.02	9.07
4. 其他经济类型投资	30.62	27.34	11.98

（统计局）

2020 年丹阳市规模以上固定资产投资完成情况表

表 99

项　　目	单位	规模以上固定资产投资			
		合计	工业投资	房地产投资	其他投资
本年完成投资	万元	1840577	920716	789213	130648
一、构成：1. 建筑工程	万元	1021458	505772	408984	106702
2. 安装工程	万元	146343	106555	32251	7537
3. 设备购置	万元	267714	259304	4196	4214
4. 其他费用	万元	405062	49085	343782	12195
二、性质：1. 新建	万元	1417759	530056	789213	98490
2. 扩建	万元	273083	245635	0	27448
3. 改建	万元	149735	145025	0	4710

续表 99

项　　目	单位	规模以上固定资产投资			
		合计	工业投资	房地产投资	其他投资
三、项目施工个数	个	405	293	69	43
项目竣工个数	个	166	133	12	21
四、本年新增固定资产	万元	640256	397612	233113	9531
五、资金来源	—	—	—	—	—
本年资金来源合计	万元	4295109	1583070	2528520	183519
1. 上年末结余资金	万元	353252	29601	322885	766
2. 本年资金来源小计	万元	1880594	720760	1070450	89384
①国家预算内资金	万元	19561	10310	—	9251
②国内贷款	万元	111824	24449	58493	28882
③债券	万元	0	—	—	—
④利用外资	万元	21312	21312	—	—
⑤自筹资金	万元	879780	660989	175427	43364
⑥其他资金来源	万元	848117	3700	836530	7887
本年各项应付款合计	万元	180669	111949	64735	3985

（统计局）

2020 年丹阳市社会消费品零售总额一览表

表 100　　单位：万元

项　　目	2020 年	2020 年比 2019 年增长（±%）
社会消费品零售总额	3022488	－1.1
一、按销售单位所在地分组	—	—
1. 城镇	2651931	－1.2
其中：城区	1673923	－1.4
2. 农村	370557	－0.4
二、按行业分组	—	—
（一）批发和零售业小计	2809632	－0.1

续表 100

项　　目	2020 年	2020 年比 2019 年增长（±%）
（二）住宿和餐饮业小计	212856	-14.3
三、按规模分	—	—
（一）限额以上小计	662612	9.4
（二）限额以下小计	2359876	-3.7

（统计局）

·农　业·

2020 年丹阳市农作物面积和产量一览表

表 101

项　　目	播种面积（亩）	单产（公斤）	总产量（吨）
农作物总播种面积	1045550	—	—
一、粮食作物合计	868958	491	426720
（一）夏收粮食	382866	348	133347
1. 夏收谷物	376081	351	132186
（1）小麦	369880	354	130834
（2）元麦	5303	218	1158
（3）大麦	898	216	194
2. 夏收豆类（蚕豌豆）	6785	171	1161
（二）秋收粮食	486092	604	293373
1. 秋收谷物	456149	629	287016
（1）稻谷	453005	631	286070
在稻谷中：a. 糯稻	37942	599	22731
b. 粳稻	415063	634	263339
（2）玉米	3144	301	946

续表101

项　　目	播种面积（亩）	单产（公斤）	总产量（吨）
（3）其它谷物	—	—	—
2. 秋收豆类	22049	187	4134
其中：大豆	20945	188	3939
绿豆	440	166	73
红小豆	664	184	122
3. 折粮薯类	7894	282	2223
二、油料合计	36690	173	6363
（1）花生	4335	175	758
（2）油菜籽	30150	175	5290
（3）芝麻	2205	143	315
（4）其他油料	—	—	—
三、棉花（生皮棉）	—	—	—
四、生麻合计	—	—	—
五、糖料合计	—	—	—
（一）甘蔗	—	—	—
（二）甜菜	—	—	—
六、烟叶（未加工烟草）	—	—	—
其中：烤烟（未去梗烤烟叶）	—	—	—
七、中草药材合计	1170	—	—
八、蔬菜（含菜用瓜）	128002	2273	290996
九、瓜果类	6090	1993	12139
其中：西瓜	3531	2727	9628
香瓜（甜瓜）	540	1554	839

续表 101

项　　目	播种面积（亩）	单产（公斤）	总产量（吨）
草莓	891	1843	1642
十、其他农作物	4640	—	—
其中：青饲料	3016	—	—
绿肥	673	—	—
薄荷	—	—	—
留兰香	—	—	—

（统计局）

2020 年丹阳市各镇（街道）农作物面积和产量一览表（一）

表 102

项　目	农作物总播种面积	一、全年粮食作物合计			1. 夏收粮食			其中：小麦		
		面积（亩）	单产（公斤）	总产量（吨）	面积（亩）	单产（公斤）	总产量（吨）	面积（亩）	单产（公斤）	总产量（吨）
司徒镇	76489	62771	495	31101	26163	337	8804	25700	339	8712
延陵镇	137818	124089	511	63362	60233	367	22135	59337	370	21955
珥陵镇	122843	111801	518	57965	54000	371	20039	53091	374	19856
导墅镇	81802	66915	514	34374	22347	337	7529	20464	350	7162
皇塘镇	45815	18594	488	9071	4325	344	1488	4019	356	1431
吕城镇	116588	93688	470	44064	45620	337	15367	42384	348	14750
陵口镇	102986	89088	489	43520	41398	346	14312	39661	352	13961
访仙镇	90469	80700	471	37984	33466	324	10847	32549	329	10709
界牌镇	10006	8537	494	4215	3589	361	1295	3540	363	1285
丹北镇	78142	67694	466	31559	30737	350	10756	29707	355	10546
云阳街道	87025	65222	482	31429	30118	345	10393	29354	349	10242
曲阿街道	95566	79859	477	38076	30870	336	10382	30074	340	10225

说明：本表粮、棉、油产量为乡镇的汇总数　　　　（统计局）

2020 年丹阳市各镇（街道）农作物面积和产量一览表（二）

表 103

项目	2. 秋收粮食合计			其中：稻谷			二、油料合计			秋季油料合计			其中：油菜籽		
	面积（亩）	单产（公斤）	总产量（吨）	面积（亩）	单产（公斤）	总产量（吨）	面积（亩）	单产（公斤）	总产量（吨）	面积（亩）	单产（公斤）	总产量（吨）	面积（亩）	单产（公斤）	总产量（吨）
司徒镇	36608	609	22297	33968	639	21706	2214	176	390	98	235	23	2116	173	367
延陵镇	63856	646	41227	62018	658	40808	2811	161	453	357	160	57	2454	161	396
珥陵镇	57801	656	37926	55465	675	37417	2810	176	495	482	172	83	2328	177	412
导墅镇	44568	602	26845	41500	630	26149	4299	169	727	584	147	86	3715	173	641
皇塘镇	14269	531	7583	10533	641	6752	1909	162	310	215	163	35	1694	162	275
吕城镇	48068	597	28697	44833	624	27976	4725	167	789	1609	162	261	3116	169	528
陵口镇	47690	612	29208	45100	636	28683	3590	179	642	1335	160	214	2255	190	428
访仙镇	47234	575	27137	44104	601	26507	2673	184	492	516	157	81	2157	191	411
界牌镇	4948	590	2920	4505	627	2825	77	234	18	—	—	—	77	234	18
丹北镇	36957	563	20803	33904	593	20105	2658	150	399	310	168	52	2348	148	347
云阳街道	35104	599	21036	33474	619	20720	2525	183	462	307	147	45	2218	188	417
曲阿街道	48989	565	27694	43601	606	26422	6399	185	1186	727	187	136	5672	185	1050

（统计局）

2020 年丹阳市各镇（街道）农业机械总动力情况表

表 104　　单位：千瓦

项　　目	2020 年	2019 年	2020 年比 2019 年增长（±%）
司徒镇	43120	43054	0.2
延陵镇	43545	43245	0.7
珥陵镇	42087	41234	2.1
导墅镇	32504	31127	4.4
皇塘镇	34578	38420	-10.0
吕城镇	28630	27556	3.9
陵口镇	27123	26312	3.1
访仙镇	31276	30587	2.3
界牌镇	8400	8225	2.1
丹北镇	35232	34123	3.3
云阳街道	27254	26642	2.3
曲阿街道	41823	41130	1.7

（统计局）

2020年丹阳市畜牧业生产情况表

表105

项　　目	单位	2020年	2019年	2020年比2019年增长（±%）
一、大牲畜年末存栏量	头	623	500	24.6
其中：水牛	头	—	—	—
乳牛	头	623	500	24.6
二、生猪存栏量	万头	10.77	5.22	106.3
其中：能繁母猪	万头	1.25	0.63	98.4
生猪出栏量	万头	13.13	13.18	-0.4
三、家禽存栏量	万羽	313.00	292.44	7.0
家禽出栏量	万羽	1163.30	906.19	28.4
四、羊存栏量	万只	1.00	0.82	22.0
羊出栏量	万只	2.49	1.88	32.4
五、兔存栏量	万只	—	—	—
兔出栏量	万只	—	—	—
六、牛奶产量	吨	2916	2444	19.3
七、肉类总产量	吨	29664	25143	18.0
其中：猪牛羊肉产量	吨	10574	10216	3.5
其中：猪肉产量	吨	10294	10025	2.7
八、禽蛋产量	吨	5113	6956	-26.5

（统计局）

2020年丹阳市渔业生产情况表

表106

项　　目	单位	2020年	2019年	2020年比2019年增长（±%）
一、水产品总产量	吨	44585	43204	3.2
1. 养殖产量	吨	44585	42948	3.8
2. 捕捞产量	吨	0	256	-100.0
二、水产品养殖面积	公顷	5741	5741	平
三、鱼类养殖产量	吨	36983	35871	3.1

续表 106

项 目	单位	2020 年	2019 年	2020 年比 2019 年增长（±%）
其中：青鱼	吨	2320	2229	4.1
草鱼	吨	12341	12003	2.8
鲢鱼	吨	6828	6519	4.7
鳙鱼	吨	3299	3146	4.9
四、甲壳养殖类产量	吨	5736	5538	3.6
其中：虾类	吨	3609	3486	3.5
蟹类	吨	2127	2052	3.7
五、贝类养殖产量	吨	1427	1469	-2.9
其中：河蚌	吨	786	794	-1.0
六、藻类	吨	215	207	3.9
七、其它水产养殖产量	吨	224	119	88.2
其中：鳖	吨	11	10	10.0
珍珠	公斤	44000	45000	-2.2
八、特水养殖面积	公顷	4593	4591	0.0

（统计局）

·居民收支·

2020 年丹阳市每百户城镇常住居民主要耐用消费品拥有情况表

表 107

项目	单位	2020 年	2019 年
1. 摩托车	辆	9	9
2. 助力车	辆	160	156
3. 家用汽车	辆	77	81
4. 洗衣机	台	111	110
5. 电冰箱	台	110	110
6. 彩色电视机	台	218	217
7. 家用电脑	台	93	93
8. 组合音响	套	36	36

续表 107

项目	单位	2020 年	2019 年
9. 摄像机	架	10	10
10. 照相机	架	23	23
11. 中高档乐器	件	10	11
12. 微波炉	台	100	100
13. 空调器	台	259	265
14. 热水器	台	120	120
15. 消毒碗柜	台	16	16
17. 洗碗机	台	5	5
18. 健身器材	套	29	28
19. 固定电话	部	13	13
20. 移动电话	部	302	303

（统计局）

2020 年丹阳市城镇常住居民人均收支情况表

表 108　　单位：元

项目	2020 年	2019 年	2020 年比 2019 年增长（±%）
人均可支配收入	54315	52508	3.4
工资性收入	41639	40426	3.0
经营净收入	5869	5782	1.5
财产净收入	3480	3226	7.9
转移净收入	3326	3074	8.2
人均消费性支出	26253	26707	-1.7
食品烟酒	7824	8359	-6.4
衣着	3161	3187	-0.8
居住	4310	4148	3.9
生活用品及服务	1680	1567	7.2
交通通信	3894	3622	7.5
教育文化娱乐	3102	3428	-9.5
医疗保健	1318	1415	-6.8
其他用品和服务	964	982	-1.8

（统计局）

2020年丹阳市每百户农村常住居民家庭年末耐用消费品拥有量情况表

表109

项目	单位	2020年	2019年
1. 洗衣机	台	107	113
2. 电冰箱	台	118	118
3. 空调机	台	250	256
4. 抽油烟机	台	92	91
5. 健身器材	台	13	13
6. 微波炉	台	92	91
7. 热水器	台	123	123
8. 助力车	辆	179	180
9. 摩托车	辆	25	29
10. 汽车（生活用）	辆	79	73
11. 固定电话机	部	20	20
12. 移动电话	部	288	288
13. 彩色电视机	台	213	213
14. 照相机	架	11	11
15. 摄像机	台	4	4
16. 家用计算机	台	52	78
17. 中高档乐器	件	5	3

（统计局）

2020年丹阳市各镇（街道）农村居民人均可支配收入情况表

表110　　单位：元

项　目	2020年	2019年	2020年比2019年增长（±%）
司徒镇	24921	23510	6.0
延陵镇	25039	23734	5.5
珥陵镇	26317	24757	6.3
导墅镇	26275	24929	5.4
皇塘镇	31049	29154	6.5
吕城镇	30436	28795	5.7
陵口镇	27840	26239	6.1

续表 110

项　　目	2020 年	2019 年	2020 年比 2019 年增长（±%）
访仙镇	29001	27205	6.6
界牌镇	49909	47128	5.9
丹北镇	36396	34271	6.2
云阳街道	29693	28118	5.6
曲阿街道	25156	23576	6.7

（统计局）

2020 年丹阳市农村常住居民收支构成情况表

表 111

单位：元

项　　目	2020 年	2019 年	2020 年比 2019 年增长（±%）
可支配收入	29492	27807	6.1
工资性收入	18292	17192	6.4
经营净收入	7428	7219	2.9
财产净收入	1665	1529	8.9
转移净收入	2107	1867	12.8
生活消费支出	22537	23526	-4.2
食品烟酒	6537	6802	-3.9
衣着	1744	1756	-0.7
居住	3720	4111	-9.5
生活用品及服务	1354	1473	-8.1
交通通信	4000	3654	9.5
教育文化娱乐	3023	3494	-13.5
医疗保健	1551	1522	1.9
其他用品和服务	608	713	-14.8
人均住房面积（平方米）	58	56	3.6
恩格尔系数	29.0	28.9	0.3
百户家庭电话拥有量（部）	308	308	0.0
百户家庭电脑拥有量（台）	52	78	-33.3
百户家庭电视拥有量（台）	213	213	0.0
百户家庭家用汽车拥有量（辆）	79.0	73.0	8.2

（统计局）

文件选编

中共丹阳市委 丹阳市人民政府
关于抓好“三农”领域重点工作
确保高水平全面建成小康社会的意见（摘要）

丹发〔2020〕1号 2020年5月18日

2020年是全面建成小康社会和“十三五”规划收官之年，是应对新型冠状病毒感染肺炎疫情冲击重大考验之年，全市上下务必深刻认识到做好2020年“三农”工作的特殊重要性，要坚决贯彻落实上级决策部署，统筹做好农村疫情防控和“三农”重点工作，巩固提升脱贫攻坚成效，补上高水平全面小康“三农”发展短板，坚决夺取第一个百年奋斗目标的全面胜利。

2020年全市“三农”工作总体要求是：坚持以习近平新时代中国特色社会主义思想为指导，全面贯彻党的十九大和十九届二中、三中、四中全会精神，认真落实习近平总书记关于“三农”工作重要论述和对江苏工作的重要讲话指示精神，按照中央、省农村工作会议、镇江市委七届十次全会及市委第十三届八次全会部署，切实增强“抗大疫、迎大考、越大关”的信心和决心，对标对表高水平全面建成小康社会目标，强化举措、狠抓落实，以农业农村优先发展为总方针，坚持农村疫情防控和“三农”重点工作两手抓，继续大力实施乡村振兴战略，高质量巩固提升脱贫攻坚成效，坚决完成农村人居环境整治硬任务，全面补齐高水平全面小康“三农”发展突出短板，保障重要农产品有效供给和促进农民持续增收，打牢农业农村现代化基础，保持农村社会和谐稳定，确保农村同步高水平全面建成小康社会。

2020年主要奋斗目标是：高水平全面建成小康社会和打赢脱贫攻坚战两大任务高质量完成，奋力夺取疫情防控和“三农”发展双胜利，乡村振兴取得重要阶段性进展，制度框架和政策体系基本形成，农业农村现代化建设迈出更加坚实步伐，全年粮食总产量稳定在40万吨以上，农民人均可支配收入实现与经济发展同步增长。

一、全面完成脱贫攻坚任务，巩固提升脱贫攻坚成效

1. 确保脱贫攻坚质量。以“两不愁三保障”为重点，认真组织开展“回头看”，全面排查建档立卡户脱贫不实、脱贫不稳的情况。按照有无劳动能力采取相应的帮扶或兜底政策。进一步巩固经济薄弱村帮扶项目成果，加快项目实施进度，确保项目顺利推进，早见成效。

2. 强化动态管理和监测预警。扎实开展建档立卡户动态管理，规范阳光扶贫信息采集更新等工作。严格按照“五签字五确认”程序，确保精准核算，数据真实。切实做好边缘易致贫户和脱贫不稳户摸底工作，建立监测预警和动态调整机制，发现返贫致贫及时纳入帮扶。

3. 夯实“三保障”基础。严格落实低保户、五保户、建档立卡户各类保障政策。做好教育保障，对于因学致贫的边缘户和脱贫不稳户，含普通高中、职业高中和普通中专，按照标准分类进行补助。加强医疗保障，全面落实医保扶贫政策，继续实行《丹阳市健康扶贫医疗再救助实施方案》，缓解因病致贫、因病返贫问题。落实住房保障，全面摸排建档立卡危

房户，将危房按要求改造到位，确保建档立卡户住房安全。

4. 深化产业就业扶贫。推进产业扶贫，支持经济薄弱村建设一批优质高效产业扶贫项目、产业基地和扶贫产业园，组织各类市场主体精准对接，完善利益联结机制，增强经济薄弱村内生动力。推进消费扶贫，拓展农产品销售途径，加快农产品流通服务网点建设，提升经济薄弱村农产品供应水平和质量。积极发展休闲观光农业，促进乡村旅游消费扶贫提质升级，建立健全特色旅游消费与低收入农户利益联结机制。

5. 探索建立健全解决相对贫困长效机制。加大财政专项资金投入，整合各类涉农资金，提升扶贫项目的质量效益。注重新技术新业态新模式引领带动脱贫攻坚，培育壮大优势特色产业，增强经济薄弱村发展后劲。探索“脱贫攻坚＋乡村振兴”的丹阳巩固提升脱贫攻坚成效新举措、新模式。

二、对标对表高水平全面小康，扎实补好农村民生突出短板

1. 全面完成农村人居环境整治任务。组建市党建引领乡村振兴专项行动办公室，以“四清一治一改”为重点，开展全市农村人居环境整治村庄清洁行动。完善农村生活垃圾收运体系建设，有序推动农村生活垃圾分类和资源化利用试点示范，探索农村有机垃圾就地生态处理。深化厕所革命，加快推进农村户用厕所无害化建设和改造。开展农村生活污水治理建设、运行、管理全过程一体化试点示范，实施农村河道轮浚工程。深入推进秸秆综合利用，加快推广可降解农膜，落实农药生产经营者的农药包装废弃物回收主体责任，按照“谁污染谁治理”原则，清零养殖废弃物。规范农村公路路网规划程序，持续推进“四好农村路”建设。统筹推进特色田园乡村、美丽宜居乡村等创建活动。以“多规合一”为目标，坚持按需编制，有序推进实用性村庄规划编制工作。提升建设和管护水平，建立有制度、有标准、有队伍、有经费、有督查的“五有”管护长效机制。

2. 优先发展农村教育。建立城乡教育资源均衡配置机制，实现优质教育资源城乡共享。完善农村义务教育学校布局规划，加快丹北、界牌等镇农村学校建设，应对外来人口持续增加现状。全面改善农村薄弱学校基本办学条件，加强寄宿制学校建设，进一步提高农村学校教育装备的现代化水平。不断充实农村学校师资力量，继续做好农村教师定向招聘工作。实施乡村教师素质提升工程，深入推进“县管校聘”管理改革，继续执行“城区教师评聘高级职务（职称）须有在农村学校或薄弱学校任教两年以上经历”的要求。完善农村教师评价机制，在职称晋升、评先评优等方面给予政策倾斜。

3. 有效提高农村医疗卫生服务水平。大力开展“优质服务基层行”活动，给予基层医疗机构更多政策支持，推动乡镇卫生院建设提档升级。分片建设区域性医疗卫生中心，推动界牌卫生院持续开展二级医院定等评审，推进访仙卫生院按照农村区域医疗卫生中心标准开展能力建设。改造提升村卫生室，进一步明确功能定位。对无村卫生室的自然村，采取定期巡诊等方式，满足当地群众就近就医需求。在基层医疗卫生机构全面开展优质护理帮扶，探索为患者提供上门护理、居家护理指导等服务。加强基层疾病预防控制队伍建设，多形式开展防疫防控科普宣传教育，做好重大疾病和传染病防控。

4. 切实加强农村社会保障工作。在乡镇设立医疗保障服务中心的基础上，将缴费、报销、政策咨询等医保服务延伸到村组，着力打造“半小时医保服务圈”。城乡居民基础养老金最低标准提高到每人每月 160 元以上。进一步完善历年被征地农民基本生活保障制度，根据不同年龄段分类实行基本生活保障。积极开展互助式养老，完善政府购买养老服务制度，对特殊困难老年人实施定期探访服务。建立健全“家庭、政府、社会”三位一体的农村留守儿童关爱保护工作体系和长效管理工作机制，优化农村留守儿童健康成长环境。

5. 增强农村公共文化服务。夯实农村公共

文化服务阵地，完善文化馆、图书馆总分馆体系建设。推广“村（社区）文艺播种计划”，选派文艺辅导员走进村（社区），开展文艺辅导培训不少于200场，打造自然村小微型文化广场154个。维护利用好农村文化礼堂，充分融合传承传统文化、弘扬主流价值、丰富文体活动等功能。建设中华优秀传统文化传承基地，促进优秀传统文化的保护、传承和发展。打造云阳街道灯谜、皇塘农民画、吕城戏曲等特色文化亮点，推动乡村特色文化之乡提档升级。开展丹剧等非物质文化遗产宣传保护传承工作，确保丹阳非遗展示厅和国家级非遗项目董永传说主题展示厅建成开放。

三、保障重要农产品有效供给，实现农民稳定就业

1. 做好疫情防控稳产保供工作。积极应对新冠肺炎疫情，稳定扩大农产品供给，强化生产、销售、收储等信息监测发布和供需对接，发展冷链物流、电商等新型流通方式。加强交通运输疏导，确保农产品和农业生产保障物资运输顺畅。加大财政补贴和金融支持，对新型农业经营主体在疫情防控期间，为重要农产品提供稳产保供所发生的流动资金贷款给予贷款贴息。

2. 毫不放松抓好粮食生产。严格保护耕地，稳定粮食播种面积，强化防灾减灾措施，提升粮食生产稳定度，确保粮食种植面积保持在80万亩，粮食总产稳定在40万吨以上。落实“藏粮于地、藏粮于技”战略，加快推进高标准农田建设，实施规模开发和连片治理，确保建一片成一片，完成8000亩高标准农田建设任务。以粮食生产功能区和重要农产品生产保护区划定为依据，稳定优质粮油生产面积，优化粮油产业生产布局。以珥陵、延陵、司徒、导墅、吕城、访仙、陵口等镇为重点区域建立高产优质稻米基地。积极推进云阳街道和皇塘镇两个省级“菜篮子”基地建设，构建现代蔬菜产业体系。

3. 加快恢复生猪生产。积极落实恢复生猪的各项政策举措，支持新建适度规模养猪场。指导有能力有意愿的中小养殖户，在做好消毒、防疫等工作的前提下适度增养补栏。积极开展生猪养殖标准化示范创建活动，创建可复制、可推广的高质量标准化示范场，总结推广典型模式，辐射带动标准化生产水平的提升。严格落实安全隔离、疫情监测和清洗消毒等综合防控措施，持续加强非洲猪瘟等重大动物疫病防控。确保生猪产能基本恢复到接近正常年份水平。

4. 提升农民就业创业能力。加快落实就业优先战略，加大稳岗支持力度，确保困难企业社保费返还、放宽技术技能提升补贴申领条件等政策落到实处。统筹做好农村劳动力转移就业、农民工返乡创业、就业困难人员帮扶等工作。大力实施职业技能提升行动，积极探索新形势下开展农民培训工作的有效手段、服务方法和教学形式，抓好农民培训项目，加快培养适应现代农业专业化、集约化和规模化生产经营要求的新型职业农民，全年培训农民2500人次。以皇塘镇白兔村为典型样板，大力推行“电商创业村”创建工作，开展农村劳动力网创培训，带领农民“触网”创业。

四、壮大特色高效农业，促进产业融合发展

1. 大力发展农业特色产业。依托皇塘食用菌产业园区，推进以后亭村为中心的金针菇、草菇等食用菌标准化生产基地建设，辐射带动陵口、访仙等镇的食用菌生产。以江苏省丹阳现代农业产业示范园和齐梁茶林产业园区、后巷现代林苗产业园区为载体，推动茶叶产业的优质化、机械化、品牌化发展。以丹阳市现代园艺产业园区和访仙现代果林产业园区为重点，建设“果品采摘园”，推出草莓、葡萄等一批适宜采摘的果品发展，引领休闲观光和水果采摘的发展。促进园艺业持续稳定发展，新增高效设施农业面积3800亩。

2. 持续实施质量兴农战略。以创建名、特、优、新农产品品牌为战略方向，积极组织农业龙头企业、合作社开展“地理标志农产品”、“驰名商标”的申报工作。大力开展“农民丰收节”、“丹阳市名特优农产品展销会”、“最美丹阳味道”等宣传推介活动。全力推进省级农产品质量安全县创建，强化全过程农产品质量安全监管，完善质量安全追溯体系。推动落实食用农产品合格证制度，加强绿色食品、有机农产品、地理标志农产品认证和管理，绿色优质农产品比重及农产品质量可追溯率达到66%。

3. 强化农业科技支撑。围绕粮食生产、农业生态环境、农产品质量安全、农业机械装备、农产品精深加工、农业资源高效利用、智慧农业等方面，加强与高校、科研院所产学研合作，开展关键技术攻关，推动特色产业发展升级。深入推行科技特派员制度，进一步发展壮大科技特派员队伍。强化农业科技示范与推广，加快省级农业科技示范园区建设。加快智慧农业、数字农业、林业、水利等平台建设，推进物联网试验示范和遥感技术应用。完善现代气象为农服务体系。在巩固粮食生产全程机械化示范县创建成果的基础上，进一步提升农机装备发展质量，加快推进实施设施农业“机器换人”和绿色环保农机装备与技术示范两大工程，力争全市农业机械化水平达到90%以上。

4. 推动新型农业经营主体高质量发展。大力培育壮大各类新型农业经营主体，重点发展家庭农场和农民合作社，实现由“增量”向“提质”转变。加强家庭农场高质量发展的制度建设，把家庭农场培育成现代农业的主体力量。坚持依法适度不留后遗症原则，全面推进简易注销登记，提升合作社整体质量，继续推进示范社创建。定向培育农产品生产、种苗繁育、农产品精深加工、农产品物流、乡村旅游等农业龙头企业，引导企业与农民合作社、家庭农场、专业大户建立完善利益联结机制。

5. 加快促进产业融合发展。实施农产品加工业提升行动，着力提升木业、面粉、食用菌等产业精深加工水平，扩大高附加值农产品生产，农产品加工产值与农业总产值之比达到3.2以上。积极推进农村电商发展，支持供销、邮政及各类企业延伸乡村物流服务网络，加强村级电商服务站点建设，深化农村电商示范创建工作，重点打造一批集聚度高、特色鲜明的示范镇（街道）。围绕优质、高产、高效、安全农业发展方向，大力推进现代农业园区、农产品加工集中区和科技示范园建设，重点推进司徒镇省级现代农业产业园区和珥陵镇省级农村一、二、三产业融合发展先导区建设，推动吕城镇、珥陵镇两个省级农产品加工集中区发展提质增效。实施全域旅游战略，科学规划布局，打造水晶山旅游度假区一日游产品，不断丰富延陵九里景区业态。大力发展“三产”体验农业，推进农业与旅游、教育、文化、健康养老等产业深度融合，打造一批生态优、环境美、产业强、农民富、机制好的休闲农业和乡村旅游精品。积极申报省级休闲观光农业精品村、创意农园村。

6. 加强农村生态环境建设。加大黑臭水体治理，开展水系综合整治，重点实施丁义河、永丰河等河道的治理。加强环境监测网络建设，强化农村生态环境监管执法。实行长江丹阳段常年禁捕，加强长江禁捕执法管理。推进水产绿色健康养殖，编制我市养殖池塘生态化改造实施方案，扎实推进百亩以上养殖池塘生态化改造进程。建立耕地轮作休耕长效机制，推进污染耕地安全利用和治理修复。推进化肥、农药减量增效，因地制宜发展稻田综合种养。健全完善河长制管理体制机制，切实提高水环境常态化长效化管护水平。加快推进农村生态河道建设，建成7条农村生态河道。

五、完善乡村治理机制，保持农村社会和谐稳定

1. 强化基层党组织领导核心作用。突出农村基层党组织的政治属性和政治责任，把政治功能和服务功能有机结合起来，树牢农村基层党组织领导核心地位。推进党支部建设质量提升工程，持续整顿软弱涣散村党组织。从优选配班子，坚持政治意识强、担当作为强、发展本领强、治理能力强、作风纪律强“五强”标准，细化选任条件，严肃换届纪律。全面落实“四议两公开”，推进村党组织书记通过法定程序担任村委会主任和村级集体经济组织负责人。加强村党组织书记队伍建设，全面落实“县乡共管”制度，推行村书记专职化管理模

式。大力选树典型，抓好省“百千万”书记培养工程。

2. 健全完善乡村治理工作体系。着力完善“一张网治理、一个平台指挥、一套体系运行”的网格化社会治理模式，联通部门信息系统，促进相关部门资源整合，推动更多资源下沉到乡镇，提高乡村治理效能。在丹北镇开展综合执法体制改革试点，提升基层快速反应能力。健全法治、自治、德治相结合的乡村治理体系，坚持农民在乡村治理中的主体地位，探索建立自然村或村民小组级议事制度，总结推广珥陵镇积庆村、司徒镇谭巷村“一规五制”及“微自治”试点工作经验。全面加强村务监督委员会建设，确保有效发挥监督作用。深化提升“三治理一挂牌”专项行动，不断完善平台功能，健全农村小微权力监督制度，继续开展农村巡察，加强村干部审计监督，严肃查处不正之风和腐败行为。积极推进乡村公共空间治理，建立乡村公共空间治理体系。

3. 大力塑造文明乡风。推动群众性精神文明创建活动向纵深发展，深入开展文明村镇、文明集市、最美乡村、星级文明户创建活动。建好用好新时代文明实践中心，打好“文化庙会、丹心向党、文明银行”等特色实践品牌，紧密结合农村生产生活实际，满足农民群众日益增长的精神文化需求。推动实现镇村志愿服务站全覆盖，完善规章制度，创新服务模式，持续扩大志愿服务覆盖面和影响力。充分发挥村规民约、村民议事会、禁赌禁毒会、红白理事会、道德评议会等“一约四会”作用，推行移风易俗，革除陈规陋习，引导农民树立正确的人生观、价值观、婚姻观。继续推进殡葬改革工作，进一步提升殡葬服务水平。

4. 深入推进平安乡村建设。深入开展扫黑除恶专项斗争，健全防范打击黑恶势力的长效机制。继续加强对农村文化市场、农产品生产交易领域的整治，有针对性地对农村非法用地、违规建房、侵占集体土地等相对突出的行为和问题开展专项整治。加强法治宣传，强化村组干部依法办事和村民学法守法意识。开展农村假冒伪劣食品治理行动，全面清理食品生产经营主体资格，严防严控食品安全事故。加大农产品批发市场专项检查力度，确保食用农产品市场销售质量安全。严厉打击制售假劣农资违法违规行为。完善市镇村三级综治中心功能和运行机制，健全农村公共安全体系。加强农村警务、消防、安全生产等工作，全力排查消除农村安全隐患。

六、强化各项保障措施，推动乡村全面振兴

1. 全面加强党对“三农”工作的领导。认真落实《中国共产党农村工作条例》和《中共江苏省委农村工作领导小组工作规则》，进一步加强党对“三农”工作的全面领导，坚持农业农村优先发展，切实把党的领导政治优势转化为加快农业农村发展的实际成效。加强舆论引导，系统总结宣传高水平全面建成小康社会“三农”领域的巨大成就和典型经验。市委农村工作领导小组成员单位要落实好本单位本系统农村工作职责任务，加强部门协同。乡镇党委书记要承担起前沿阵地“指挥员”职责，发挥好关键作用，集中精力抓农业农村重点工作、重点任务落实。村党组织书记要发挥好“领头雁”作用，进一步增强村党组织的凝聚力、战斗力。建立健全乡村振兴考评激励机制，压实责任，强化监测，确保乡村振兴战略各项举措落地见效。发挥妇联、共青团、关工委等组织作用，形成全社会共同推进乡村振兴的强大合力。

2. 优先保障“三农”投入。创新多渠道资金筹集机制，推动建立财政、银行、保险、担保“四位一体”的多元化立体型支农政策体系。继续把农业农村作为财政支出的优先保障领域，确保投入力度不断增强，补齐“三农”领域突出短板。积极推进涉农资金统筹整合，切实加强财政涉农资金监管，建立健全常态化监管机制。探索“三农”征信数据库建设，奠定农村普惠金融服务基础。推广开发“党员贷”、“家庭农场贷”等新型农村金融产品，拓宽质押贷款产品范围，进一步推进涉农保证保险贷款，加大对各类新型农业经营主体的信贷支持力度。加快推进农业保险市场化经营，实

现经营模式由“联办共保”向保险机构自主经营转变，确保平稳过渡。推动农业信贷担保体系建设，专注服务农业适度规模经营。

3. 积极破解乡村发展用地难题。严守耕地数量、质量和永久基本农田保护、城市开发边界、生态五条“红线”，加大对破坏耕地行为的查处力度。统筹增量存量规划空间，安排不少于10%的建设用地指标，重点保障乡村产业发展用地。每年单列不低于5%的新增建设用地计划，专项用于支持农村产业融合发展用地需求。保障设施农业用地需求，严禁以农业设施用地为名从事非农建设。在符合国土空间规划前提下，通过村庄整治、土地整理等方式节余的农村集体建设用地，优先用于发展乡村产业项目。

4. 着力培养引进乡村振兴人才。通过加强教育培训和优化后备人才队伍建设，不断提升农村党组织带头人队伍整体素质。加强基层农技推广人才队伍建设，确保乡镇农技推广人员主要时间和精力用于农技推广本职工作。加大农村实用人才培育力度，着力培养一批“土专家”“田秀才”“农创客”、产业发展带头人和农村电商人才，扶持一批农业职业经理人。发挥南师大中北学院、丹阳师范、丹阳中专等学校培训资源优势，开设服务乡村类专业和课程，针对性培养乡村工匠、农技推广人、农业经纪人、非遗传承人等专业人才。畅通各类人才下乡渠道，积极引导大学生、退役军人、企业家、职业技术人才和农村外出务工返乡人员到农村干事创业。积极开展新乡贤选树活动，大力推进新乡贤队伍建设。依托省、镇江和我市三级人才计划和高层次人才奖励资助项目，加大农业科技高层次领军人才引进培养力度，加快高层次人才向现代农业集聚。

5. 抓好农村重点改革任务。巩固和完善农村基本经营制度。鼓励发展多种形式适度规模经营，健全面向小农户的农业社会化服务体系。完善承包地“三权分置”制度，通过承包地“三权分置”改革，激活土地经营权的诸多权能，促进农村集体和农户所拥有的各项土地财产权有效实现。积极探索以宅基地所有权、资格权、使用权“三权”分置为重点的农村宅基地制度改革。不断巩固农村集体产权制度改革成果，积极创新发展路径，充分发挥村级股份经济合作社的功能作用。加强农村集体资产管理，建立完善监督网络平台，管好用好集体“三资”，促进合理利用和保值增值。发挥我市农村产权交易市场特色优势，严格履行民主决策和审核审批程序，确保“应进必进”，按照3人及以上标准配齐配好乡镇农村产权交易工作人员，并确保人员稳定。稳步推进省农村改革试验区建设，认真做好构建承包土地流转风险防范机制改革试点工作。

全市安全生产“大起底”排查整治方案（摘要）

丹发〔2020〕30号 2020年5月23日

为认真贯彻习近平总书记关于安全生产的重要指示精神，深刻汲取我市陵口镇“5·15”爆燃事故教训，进一步落实安全生产“三个责任”，按照省、市领导批示要求，对全市所有生产经营场所开展全面的安全排查整治，现制定排查整治方案，具体如下：

一、排查整治目标

此次排查整治将以村（片、社区）为单位，利用3个月的时间，对辖区内的所有生产经营场所进行全覆盖、起底式的篦查，坚决做到“三个一批”，即取缔一批小散乱企业，关停一批存在重大安全隐患的违规企业，整治一批突出隐患问题，规范生产经营行为，彻底扭转我市安全生产被动局面，确保形势平稳可控。

二、排查整治对象和内容

（一）排查整治对象。在去年开展第一轮生产企业大排查大整治的基础上，结合《省政府办公厅关于集中开展违法违规“小化工”专项整治行动的通知》（苏政传发〔2020〕106号）、《关于对全市生产储存使用胶粘合剂企业进行安全排查的通知》（〔2020〕0170号）、《关于做好闲置厂房等相关场所安全隐患排查的通知》（丹安办〔2019〕68号）、《关于开展企业安全生产基础档案填报工作的通知》（丹应急〔2019〕13号）、《关于对全市租赁场所开展全面安全排查的通知》（丹安办〔2020〕46号）等文件要求，重点突出7个方面整治对象：

1. 非法从事化工（包括危化品）生产、存储的小企业、小作坊和黑窝点；

2. 以租赁、承包、借用方式获得的生产经营场所；

3. 利用各类废弃、闲置资产进行生产的场所（包括废弃的养殖场、矿山宕口，闲置粮管所、校舍等场所）；

4. 以“厂中厂”形式生产经营场所以及空挂闲置企业；

5. 老旧工业园区；

6. “三合一”“多合一”场所；

7. 使用瓶装液化气的餐饮单位。

（二）排查整治内容。围绕安全风险防范，重点排查以下内容：

1. 生产经营场所证照是否齐全，实际经营项目与登记注册的经营范围是否一致；

2. 生产经营场所是否存在违法违规从事化工（包括危化品）生产、存储等问题；

3. 生产经营场所是否符合安全生产条件，包括房屋是否属于老旧危房，生产经营场所电气线路是否私拉乱接，生产设备是否符合安全要求，人员是否经过安全培训，特种操作人员是否持证上岗操作，是否落实安全生产管理制度；

4. 生产经营场所是否符合消防安全要求，包括消防通道是否畅通，是否配备消防器材等；

5. 餐饮场所液化气瓶是否符合安全标准，使用是否规范。

三、排查整治时间

此次排查整治分三个阶段：

（一）排查整治阶段：从现在至7月底，开展全面摸排，坚持边排查边整治，开发区、高新区、丹北镇可以适当延长排查整治时间（延长时间需书面向应急管理局报备）。对排查出的问题隐患分类梳理，持续开展集中整治，逐一落实整改要求，确保隐患见底、措施到底、整治彻底。所有镇（区、街道）必须在规定时间内完成排查整治、登记造册工作，电子表格统计上报市安委办；

（二）巩固验收阶段：7月底至8月底，整治结束后，各镇（区、街道）采取随机抽查、明察暗访的形式，对前期整治的问题进行“回头看”，防止死灰复燃；

（三）长效管理阶段：全面整治结束后，建立长效管理机制，提升整治成效。

四、排查整治各部门工作职责

成立由市委、市政府主要领导任组长，市政府分管领导任副组长，市委、市政府其它领导以及市人大、市政协领导任成员的领导小组，根据市领导挂钩联系镇（区、街道）分工，采取“1＋1”的模式，分片挂钩镇（区、街道），指导检查工作。12个镇（区、街道）成立指挥部，并从相关部门抽调工作人员，下沉一线，与镇（区、街道）一并开展排查整治。同时，成立联合执法组，对突出问题严肃查处。

纪委监委：对各镇（区、街道）排查整治工作部署、推进情况开展专项督查，对整治中责任落实不到位、整治推进不力、取缔不坚决、形式主义的，依法依规依纪追究相关人员责任。

组织部：负责全市机关干部抽调工作，并在此次专项整治中发现和考察干部，实行奖优罚劣。

经发局：确定生产经营单位是否符合产业政策，淘汰落后产能。

市场监督管理局：提供化工和疑似化工的

市场主体清单，对无须许可的无照经营单位进行查处，严肃查处不符合国家标准的原料和产品。

应急管理局：严肃查处违法违规使用、储存、经营危化品行为和不具备安全生产条件的生产经营行为。

生态环境局：按照“263”整治要求，严肃查处环保违法违规行为，规范危险废物贮存及处置管理，对废弃化学品稳定化处理后按危险废物规范处置。

人社局：严肃查处用工不规范行为。

公安局：严肃查处违法违规使用易制毒、易制爆、剧毒品等危险物质行为，严厉打击违法违规生产经营行为。

教育局：排查整治全市中小学、幼儿园闲置校舍出租进行生产的行为。

卫健委：排查整治全市医院、卫生院闲置场所出租进行生产的行为。严肃查处职业病防治违法违规行为。

住建局：对存在重大隐患的老旧厂房进行鉴定，配合镇（区、街道）进行处置；对工业瓶装燃气的违法违规行为严肃查处。

交运局：严肃查处违法违规运输危化品行为。

商务局：严肃查处非法加油站（点）。

税务局：按照指挥部要求查处偷税漏税的行为。

市供销总社、工业资产总公司、商贸总公司：排查整治全市本系统所属资产用于出租生产的行为。

水务集团：按照指挥部要求对关停企业进行停水处置。

供电公司：按照指挥部要求提供所有动力电用户清单，对关停企业进行停电处置。

投资集团：排查整治收储场所用于出租生产的行为。

消防救援大队：按照指挥部要求，提供火灾隐患排查整治技术支持。

五、排查整治工作要求

（一）深入发动，全面覆盖。各镇（区、街道）务必高度重视此次工作，发动全体机关干部和村社区干部，按照网格分片，对所有生产经营场所进行“地毯式”排查，排查要以村（组）为单位，全覆盖、不遗漏，篦网式排查，一家一家上门，一户一户过堂，确保横向到边，纵向到底。所有排查表格必须由排查人员签字，坚持谁检查谁负责，严格落实排查责任。

（二）严格要求，边查边改。坚持排查与整治同步推进，对排查发现的问题隐患分类梳理，实行销号管理。对一般安全隐患，能整改的立即整改；一时难以整改的，必须按照隐患整改“五落实”的要求，限期落实整改，确保所有隐患整改闭环。

（三）动真碰硬，铁腕整治。在整治过程中，严格实行“四个一律”，即：对无证无照或证照不全的，一律关停；对违法违规从事化工（包括危化品）生产、存储的，一律立即关停，立即拆除非法化工生产装置；对不符合安全条件和消防要求的，一律停产整顿；对“三合一”“多合一”场所，一律停产整顿。对关停化工企业必须全面落实“两断三清”要求，坚决防止死灰复燃。同时，严格执法，对生产经营违法违规行为，一律严肃查处，对构成犯罪的，一律移送司法机关，追究刑事责任。

（四）建章立制，长效管理。一是压实村组、网格长责任，由镇（区、街道）与村（社区）签订责任书，定期上报相关情况；二是明确非生产经营场所一律不得擅自出租用于生产活动；三是通过对每个租赁生产经营场所建立包干负责制，确定一名责任人，由责任人对该租赁场所生产经营状况实施动态监管，确保合法合规生产经营；三是实行有奖举报，各镇（区、街道）设立专项资金，对群众实名举报的非法生产经营场所及重大安全生产违法违规行为，一经查实，予以一定奖励，奖励金额根据实际情况确定，进一步强化社会监督，形成社会监管合力，达到长效管理的目的。

附件：1. 全市违法违规“小化工”专项整治方案（略）

2. 全市生产经营场所安全排查整治工作领导小组（略）

3. 市领导挂钩联系镇（区、街道）分工表（略）

4. 全市农村地区空厂房、空场地清单（略）

5. 全市小作坊生产经营单位清单（略）

6. 全市非法生产小作坊黑窝点整治清单（略）

2020年丹阳市高质量发展综合考核实施办法（摘要）

丹发〔2020〕34号 2020年8月3日

为深入贯彻习近平新时代中国特色社会主义思想，落实省委、镇江市委开展高质量发展综合考核和市委“质态提升年、制度优化年和效能革命年”活动要求，发挥“三项机制”保障作用，推动镇（区、街道）和市级机关坚定不移强发展、全力而为优民生，全面完成我市2020年各项目标任务，特制定本办法。

一、绩效评价考核

（一）绩效评价考核对象及分组

绩效评价考核面向12个镇（区、街道）和市委、市政府所属工作部门、管理部门，市人大机关、市政协机关，法院、检察院，市各人民团体，相关垂直管理部门等单位。

1. 镇（区、街道）分为2组。

第一组（3个）：开发区（曲阿街道）、高新区（云阳街道）、丹北镇。

第二组（9个）：司徒镇、延陵镇、珥陵镇、导墅镇、皇塘镇、吕城镇、陵口镇、访仙镇、界牌镇。

2. 市级机关部门根据工作性质、职能、同群众接触的方式与程度等，分为3组。

第一组（25个）：市委办、市人大机关、市政协机关、市纪委监委（巡察办）、组织部、宣传部、政法委、统战部、法院、检察院、机关工委、老干部局、编办、档案馆、史志办、总工会、团市委、妇联、科协、工商联、侨联、残联、党校、文联、融媒体中心（传媒集团）。

第二组（33个）：市政府办、机关事务管理中心、人社局、医疗保障局、信访局、行政审批局、公共资源交易中心、公安局、退役军人事务局、司法局、民政局、农业农村局、水利局、林场、教育局、文体广电和旅游局、卫健委、经济发展局、科技局、住建局、城管局、应急管理局、统计局、交运局、工业资产总公司、财政局、金融监管局、商务局、审计局、市场监管局、检验检测中心、商贸总公司、供销总社。

第三组（14个）：消防救援大队、自然资源和规划局、气象局、江苏有线、国调队、邮政公司、电信公司、移动公司、联通公司、供电公司、生态环境局、税务局、烟草局、海关办事处。

对练湖生态新区，由市政府办专门制定考核办法；对丹投集团、眼镜小镇公司、丹化集团，由市国资办专门制定考核办法；对银行、证券、保险等驻丹金融机构，由金融监管局专门制定考核办法。

（二）绩效评价内容

主要考核三方面内容：推进或服务高质量发展成效、党的建设、满意度评价，均为百分制考核。实行“乘数计分法”，计算公式为：年度绩效评价考核得分＝推进或服务高质量发展成效得分×〔（党的建设得分×90％＋满意度评价得分×10％）÷80〕。

1. 推进或服务高质量发展成效。以新发展理念为引领，全面落实“六稳”“六保”，推动产业强市，突出发展的质量要求。

（1）镇（区、街道）推进高质量发展成效：围绕推进“六个高质量”，着重考核贯彻落实市委市政府决策部署的具体措施和进展情况，提升人民群众的获得感、幸福感、安全感等方面取得的成效。

（2）市级机关服务高质量发展成效：围绕服务高质量发展，着重考核履职情况、服务基层、财务绩效等方面取得的成效。对承担镇江考核指标的市级机关，实行额外加扣分。

2. 党的建设。以加强党的建设工作为引领，着重考核政治建设、思想建设、组织建设、作风纪律建设、平安和谐建设等方面取得的成效。

3. 满意度评价。深化“双让”评议工作，由市四套班子领导、“两代表一委员”和社会公众参与，围绕经济发展、服务群众、作风效能等方面开展年度成效满意度评价。

（三）等次评定

1. 镇（区、街道）等次评定。

按绩效评价考核得分进行排名。第一组设置一等奖 1 个、二等奖 1—2 个，三等奖视得分情况确定（如第一组第 3 名分数低于第二组第 3 名，则定为三等奖）；第二组设置一等奖 2 个、二等奖 5 个、三等奖 2 个。

2. 市级机关等次评定。

按绩效评价考核得分进行分组排名。第一组设置一等奖 3 个、二等奖 5 个；第二组设置一等奖 4 个、二等奖 6 个；第三组设置一等奖 3 个、二等奖 4 个；各组后三名且得分不满 90 分的为重点整改单位，其余为三等奖。市委办、市政府办、市人大机关、市政协机关、市委组织部参加考核评定，不占组内先进名额，其得分达到组内某等次标准的，则确定为相应等次。

3. 设置“赶超进位奖”（2 个）。

依据绩效评价考核排名情况，对进位幅度最大的镇（区、街道）和市级机关（各 1 个），评为高质量发展“赶超进位奖”，考核结果上调一个等次，不占原有名额。进位幅度相同的，选取得分较高的。绩效评价考核“一等奖”和赶超进位奖不重复。

4. 对出现以下情况的单位，予以调整等次。

（1）工作实绩特别突出且获得全国性、有重大影响力荣誉，或在防范化解重大风险中主动担当、积极作为，或镇（区、街道）一般公共预算税收收入实现较大增幅且跨档进位，或镇（区、街道）被镇江市评为高质量发展优秀且排名靠前，由本单位和分管市领导提出，经市考核工作委员会认定后，考核结果上调一个等次，不占原有名额。

（2）在党风廉政建设、社会稳定、安全生产、生态环保、文明城市复检、落实总体国家安全观等工作中出现重大失误、造成严重影响的，由牵头单位和分管市领导提出，经市考核工作委员会认定后，考核结果下调一个等次。

（3）市级机关承担省绩效评价指标排后 10 名或承担镇江考核指标排最后一名，且与上年相比退位明显的，由市考核办、经济发展局、统计局提出，经市考核工作委员会认定后，牵头部门不得评为“一等奖”和“赶超进位奖”。同时承担多个指标的，视综合排名情况确定。

二、发展和稳定重点工作考核

（一）考核对象

发展和稳定重点工作考核面向镇（区、街道）党政领导班子，市级机关部门主要领导、分管领导和职能科室。

（二）考核内容

进一步树立“发展是第一要务，稳定是第一责任”的理念，确保“考大事、考要事”。

1. 镇（区、街道）。

（1）发展类 4 项，由市政府办牵头负责。一是重大项目，包括产业项目招引和建设；二是亩均论英雄，包括亩均税收、“三区三园”建设、违法土地整改、盘活闲置土地；三是一般公共预算税收收入，包括收入实绩、序时进度、同比增幅和增值税、企业所得税、涉房涉土税收情况；四是优化金融生态，包括企业资本运营、新增融资规模、防控金融风险。

（2）稳定类 5 项，由市委政法委牵头负责。一是民生保障，包括推进“高水平小康·丹阳在行动”、保就业、兜底保障、脱贫攻坚；二是乡村振兴，包括农村人居环境整治、殡葬整治；三是安全生产，包括发生事故情况、隐患排查、应急处置；四是社会稳定，包括网格化建设、扫黑除恶专项斗争、信访“减存量、控增量”；五是生态环境，主要围绕打好污染防治攻坚战。

按发展类、稳定类 2 个项目分别评出一等奖 2 个、二等奖 4 个、三等奖 4 个，予以奖励；对排名末 2 位的，由市委有关领导予以约谈。评定办法如下：

（1）各考核责任部门制定细则，对 12 个镇（区、街道）进行打分、强制排名，一般不得并列，并将排名情况报市考核办。

（2）市考核办汇总各个子项的排名情况后，采取“先赋分、再相加”的形式，即：先按排名予以赋分，对第 1 名赋 10 分、第 2 名赋 8 分、第 3 名赋 7 分、第 4 名赋 6 分•••第 9 名赋 1 分、第 10—12 名赋 0 分；再分别把若干个子项的赋分进行相加，得出发展类、稳定类 2 个项目的分数。

（3）按照发展类、稳定类 2 个项目的分数分别排出第 1 名至第 12 名；分数相同的可并列获奖、占用下一等次的数量。

2. 市级机关。

将省对县（市、区）绩效评价指标逐一分解至市级机关部门，明确牵头部门、配合部门，根据指标排名情况开展考核，实行加分、扣分。以责任部门为单位计算综合得分，所得分数为正的，按得分予以奖励；所得分数为负的，由分管市领导予以严肃约谈。计算方式如下：

（1）对排名前 10 位、前 20 位、前 30 位的分别加 3 分、2 分、1 分，对排名后 10 位、后 20 位、后 30 位的分别扣 3 分、2 分、1 分；

（2）进位加分、退位扣分，即指标排名与去年相比每进 1 位加 0.1 分，每退 1 位扣 0.1 分；保持前 10 位次的，退位不扣分；

（3）配合部门加分、扣分均为牵头部门的一半，同一项工作不重复计算，未列入的部门不予以考核。

三、“争先领跑奖”评选

为更大力度营造比学赶超、争先进位的浓厚氛围，督促各单位“争位次、争项目、争资金、争政策、争荣誉、争实效”，坚持“实绩突出、好中选优，宁缺毋滥、不降格以求”，评选出一定数量的“争先领跑奖”，并向相关有功人员发放一次性奖励。

（一）申报条件

市级机关符合下列条件中的至少一项，可以申报：

1. 争位次：对承担省绩效评价指标的，单个指标排名进位幅度超过 30 名，或多个指标进位幅度均超过 20 名。

2. 争项目：一是向省级以上争取资源要素，用于重点项目和民生工程；二是坚持“项目为王”，完成重大产业项目招引任务。

3. 争资金：争取省级以上用于支持企业发展、重大工程和社会事业的各类无偿项目资金、补助资金、政府债券资金，单个项目实施主体获得资金不少于 500 万或合计不少于 3000 万。不包括：列入国家或省正常安排的项目资金、部门自身建设经费、按定员定额分配的政策性补助、其他普惠性资金。

4. 争政策：一是被国家、省真抓实干督查通报并给予激励支持；二是向省级以上争取到普惠以外的政策，如列入专项规划、重大发展战略，入选创新创业公共服务平台等。

5. 争荣誉：一是以丹阳市委、市政府为单元，受到省委、省政府（含两办、不含省级部门）以上书面表彰（有正式文号）；二是首次通过省部级组织的创建活动；三是经验做法得到镇江市委、市政府主要领导及以上批示肯定。

6. 争实效：一是化解时间跨度长、涉及单位多、群众关注度高、重复越级访次数多的重大疑难信访事项；二是在重点工作、重大活动方面为全市经济社会发展作出特别贡献、成效特别突出、影响特别重大。

镇（区、街道）完成重大产业项目招引任务、化解重大疑难信访的，参照市级机关执行。在工作中出现重大失误、造成严重影响的，不得申报。

（二）评选程序

1. 自主申报。各单位在收到申报通知后自主申报，提供证明材料。可联合申报，一般不超过 3 家单位，需明确牵头单位、配合单位。市考核办负责收集汇总和初步审查。

2. 组织评审。由市考核办召集，市委办、市政府办、市人大机关、市政协机关、市纪委监委、市委组织部、编办、机关工委、经济发展局、统计局、财政局等单位开展联合评审、打分，给出建议名单并排序。数量较多的，应适当差额。其中，完成重大产业项目招引任务、化解重大疑难信访分别由商务局、市信访联席办制定专门办法、评审并报市考核办同意。

3. 研究确定。市考核工作委员会研究确定建议名单，报市委常委会审定。

四、结果运用

认真落实市委“三项机制”文件精神，奖优罚劣、激励担当，营造良好的干事创业氛围。

1. 按照考核等次核发年终绩效考核奖，奖金标准由市委、市政府制定，发放金额按考核结果确定。进一步完善绩效分配方案，市级层面核定各单位奖金总额，各单位推行内部绩效管理，用好“二次分配”，坚持绩效优先、不搞平均发放，有效破解“干与不干、干多干少、干好干坏一个样”问题。各单位内部绩效管理办法和发放实施计划需审核备案。绩效考核奖金按原资金渠道列支，严格按规定发放绩效考核奖。发放范围为在编在岗人员，当年受到党纪政务处分的人员按有关规定执行。

2. 将考核结果记入干部实绩档案，与干部选拔使用相挂钩。

（1）在绩效评价考核中获得一等奖、二等奖的单位，其工作人员（不含乡局级干部）年度考核“优秀”等次的比例分别提高到 30%、25%。

（2）在绩效评价考核中被评为三等奖的镇（区、街道）和被评为重点整改单位的市级机关，不得参评“严实和谐好班子”，主要负责人年度考核不得评为“优秀”等次、原则上取消次年推荐提拔资格，由市委、市政府主要领导对其党政班子进行严肃约谈。

（3）在绩效评价考核中连续 2 年获得一等奖或连续 3 年获得二等奖以上，或被评为“争先领跑奖”的单位，在干部选拔使用上优先考虑。

（4）在绩效评价考核中连续 2 年被评为三等奖的镇（区、街道）和被评为重点整改单位的市级机关，经认定不适宜担任现职的，对其主要负责人予以组织调整，并对领导班子进行调整优化。

（5）对承担省、镇江指标的市级机关，如本年度排名靠后且与上年相比退位明显，或连续 2 年排名位于全省后 10 名、镇江最后一名，经认定不适宜担任现职的，对相关负责同志予以组织调整。

3. 垂直管理部门的考核结果向其上级主管部门通报，并提出奖惩建议。

五、考核实施

1. 坚持分工协同。考核工作在市委、市政府的领导下开展，由市考核工作委员会牵头组织，市考核办具体实施，有关部门共同参与、分工负责。各考核责任部门要按照责任分工制定具体的考核细则以及评分标准，体现导向性、差异性和实效性。考核细则经市考核办评估审定后，集中统一印发。评分结果由市考核办负责汇总上报，并予以公布。

2. 坚持考在日常。落实常态化监测调度机制，建立监测调度联席会议制度，做到“每月统计监测、季度研判分析、常态调度推动”。与日常考核、专项检查等有效结合，全面、客观、动态掌握评价被考核对象的实绩，同时把群众满意作为刚性要求和评判标尺，规范操作程序，做到客观公正、公开透明、正确评价。年底实行“一体化”“集中式”考核，严禁多条线多部门扎堆到基层开展检查考核，切实减轻基层负担。

3. 严肃考核纪律。严格遵守工作纪律和保密纪律，各考核责任部门上报数据过程中“一次上报、一次完成”，对因工作不细致不扎实导致“二次修改”的，对考核责任部门相应扣分；对弄虚作假的，取消该项指标全部得分，对相关责任人作出相应处理。

附件：1. 镇（区、街道）推进高质量发展成效考核指标（略）

2. 镇（区、街道）高质量发展成果加分细则（略）

3. 镇（区、街道）党的建设考核指标（略）

4. 市级机关服务高质量发展成效考核指标（略）

5. 市级机关党的建设考核指标（略）

6. 创新创优加分细则（略）

7. 满意度评价实施细则（略）

中共丹阳市委　丹阳市人民政府
关于进一步鼓励支持企业上市挂牌的意见（摘要）

丹发〔2020〕40号　2020年10月14日

为深入贯彻党的十九大精神和习近平新时代中国特色社会主义思想，落实省、镇江市关于资本市场的发展要求，以新证券法实施为契机，抢抓资本市场改革机遇，推动我市企业上市挂牌工作再上新台阶，结合丹阳实际，制定如下意见。

第一条　本文件的上市公司是指在上交所、深交所或境外证券交易所公开上市的股份有限公司；挂牌公司是指在全国中小企业股份转让系统（以下简称新三板）和江苏股权交易中心挂牌的股份有限公司或有限责任公司。

第二条　符合以下条件的，经由各镇（区、街道）推荐申报，通过市地方金融监管局审核，可认定为上市挂牌后备企业（以下简称后备企业）。

（一）在本市行政区域内注册设立，正常运行纳税，没有严重失信记录，现代企业制度基本建立，法人治理结构健全；

（二）企业生产经营主业符合国家产业政策和本市产业发展规划；

（三）企业发展前景好，经营管理层具有开拓创新精神，具有上市潜力和意愿的企业。

按20家以上的规模实行动态管理，原则上每半年调整一次。

第三条　符合以下条件的后备企业提供相关证明材料，由各镇（区、街道）推荐申报，通过市地方金融监管局审核，经市政府常务会议讨论通过后，可认定为上市挂牌重点后备企业（以下简称重点后备企业）。

（一）证券公司、会计师事务所、律师事务所已完成尽职调查，认定企业符合有关上市挂牌规则并提出企业上市挂牌规范性工作方案；

（二）企业已制定详细上市挂牌工作计划，成立专门工作班子且与证券公司、会计师事务所、律师事务所等中介机构正式签订上市挂牌协议并支付首笔费用，上市挂牌工作进入实质运作阶段。

按5家以上的规模实行动态管理，原则上每年调整一次。

第四条　对重点后备企业给予以下扶持政策：

（一）重点后备企业自认定当年起，以前三年实际入库企业所得税平均数为基数，参照其所缴纳的企业所得税地方留成新增部分标准（以下地方留成均指丹阳市留成）给予企业奖励，最多连续奖励三年，企业成功上市挂牌后不再享受。

（二）改制设立股份有限公司，对将未分配利润、资本公积、盈余公积等转增为股本而缴纳的相关税收（个人所得税除外），先按实征收，股改结束后参照其地方留成部分的50%标准给予企业奖励，辅导验收通过后再给予企业参照其地方留成部分50%标准的奖励。

（三）改制设立股份有限公司，同一控制人下进行合并、分立、股权转让等重组事项，凡涉及工商登记变更、土地房产过户、资产转让等缴纳的税收（个人所得税除外），先按实征收，股改结束后参照其地方留成部分的50％标准给予企业奖励，辅导验收通过后再给予企业参照其地方留成部分50％标准的奖励。土地房产涉及违法违规的，消除违法违规的成本由企业自身承担，不列入奖励范围。

（四）改制设立股份有限公司时，按照国家有关上市规定，会计师事务所审计调整后应补交的企业所得税，先按实征收，股改结束后参照其地方留成部分的50％标准给予企业奖励，辅导验收通过后再给予企业参照其地方留成部分50％标准的奖励。

（五）涉及办理不动产权证、产权登记、产权交易等各项地方本级行政服务性收费，一律免收。重点后备企业办理消防、安全和环保相关手续时，所涉地方本级行政服务性收费予以免收。

（六）重点后备企业在重组过程中，以前投资项目未审批备案的、未按要求办理环评等相关手续的，相关部门按规定给予及时补办；涉及补办不动产权证的，在符合国土空间规划的情况下，企业采取有关整改措施，按要求补充相关资料，相关部门依法处理后，给予办理。

（七）用地指标的处理。在依法、规范、确保群众利益并符合土地利用总体规划的前提下，重点后备企业用地指标原则上进行如下处理：

1. 涉及新增建设用地的，除国家规定必须公开招标、拍卖、挂牌用地之外，由市政府配给用地指标，市自然资源和规划局按规定报批，采用出让方式供地；

2. 涉及现有建设用地的，尊重历史、依法合规按土地现有性质完善手续。

（八）重点后备企业募集资金投资项目所需建设用地、环境容量、能源供应等要素优先解决。

（九）涉及人才引进的，参照我市人才扶持政策执行。

（十）市政府各类专项引导、奖补资（基）金，在年度安排时优先支持重点后备企业；经发、科技等部门优先为重点后备企业向国家、省争取国债、高新技术产业化、科技成果转化资金等项目和扶持资金。

第五条　对进入江苏证监局辅导备案的重点后备企业，辅导验收通过后，给予250万元奖励；对成功上市的企业，且将首发股票募集资金投资在丹阳地区的企业，在提供相关证明材料后，给予500万元奖励。

第六条　对在境外成功上市的重点后备企业，且将首发股票募集资金80％以上（含）投资在丹阳地区的企业，在提供相关证明材料后，一次性奖励400万元。

第七条　对成功挂牌新三板的重点后备企业，在提供相关证明材料后，给予10万元奖励。对首次进入新三板“精选层”并完成首次公开发行股票（IPO）的企业，在提供相关证明材料后，给予400万元奖励。企业“转板上市”成功的，参照享受境内上市奖励政策，补足差额部分。

第八条　对成功挂牌江苏股权交易中心“成长版”“价值板”的后备企业，在提供相关证明材料后，分别一次性奖励3万元、5万元。

第九条　已挂牌企业转板挂牌或转板上市的，对企业的奖励资金应扣除其在挂牌后已兑现的奖励。上市（挂牌）公司退市或终止挂牌后重新上市，仍可享受上市相关政策。

第十条　享受本政策的企业，应与市地方金融监管局以协议形式约定自享受本政策起或上市挂牌后，五年内注册地不迁出本市。支持丹阳市政府平台公司、国有控股基金参与重点后备企业股改，同等条件下可参与重点后备企业的定增。

第十一条　企业在境内上市挂牌后，应与市地方金融监管局以协议形式约定本企业原始股东及董事、监事、高级管理人员的股份须托管在我市证券公司营业部并在丹阳市减持退出，其收益应税款项必须在丹阳市纳税。

第十二条　企业上市募投项目以及上市挂牌企业再融资项目，应首先在本市范围内立项建设，加快企业转型升级步伐，切实提高企业核心竞争能力。确因市场、土地、资源、收购兼并等原因在本市范围外投资，则应向市地方金融监管局履行相关报备手续，并按总部经济的结构模式设置企业组织经营体系，壮大丹阳本部经济实力。

第十三条 重点后备企业可以选择享受本意见规定的扶持政策（本意见第四条第一款至第四款）或本级资金奖励政策（本意见第五条、第六条、第七条），有关扶持政策与本级资金奖励政策不得重复享受。

第十四条 本政策按照以下程序兑现：

（一）企业经所在镇（区、街道）审核同意后，向市地方金融监管局提出书面申请并提供相关材料。

（二）市地方金融监管局对企业申请是否符合本扶持奖励政策进行审核并签署意见。

（三）市财政局对扶持奖励金额进行核定，市税务局对所涉税收进行核定。

（四）市政府审核批准。

（五）市地方金融监管局下文批复。

（六）市财政局依据文件予以拨付。

第十五条 发现重点后备企业、后备企业和其他相关企业弄虚作假，骗取享受上市挂牌扶持奖励政策，将由市地方金融监管局牵头，市司法局、财政局等部门配合，取消或收回企业所享受的本意见中的所有扶持和奖励并补缴按本意见减免的所有相关费用，同时将其失信行为记入市公共信用信息服务平台，对企业及其法人代表实行失信联合惩戒，五年内取消各类评优资格和各类财政奖补资金资格。对失职渎职、参与造假的公职人员按党纪政纪处理，涉及犯罪的移交司法机关。

第十六条 本意见自发布之日起执行，丹发〔2017〕70号文中关于企业上市挂牌部分的政策同时废止。本意见发布之日前已上市挂牌企业的扶持奖励，按照原有相关规定执行。本意见由丹阳市委、市政府负责解释，具体解释工作由市委办公室、市政府办公室商市地方金融监管局承担。

2020年丹阳市重要文件题录一览表

表112

序号	文件名	发文号
1	关于抓好“三农”领域重点工作确保高水平全面建成小康社会的意见	丹发〔2020〕1号
2	关于印发《市委常委和市人大市政府主要领导挂钩联系镇（区）工作制度》的通知	丹发〔2020〕3号
3	印发《关于进一步调整完善总部经济政策的意见》的通知	丹发〔2020〕4号
4	印发《关于应对新冠肺炎疫情支持企业共渡难关保障经济运行的政策意见》的通知	丹发〔2020〕10号
5	关于调整市领导党建工作联系点、三解三促联系点和入驻党代表工作室的通知	丹发〔2020〕12号
6	关于批转《丹阳市人大常委会2020年工作要点》的通知	丹发〔2020〕15号
7	关于批转《政协丹阳市委员会2020年工作要点》的通知	丹发〔2020〕16号
8	关于2019年度“严实和谐好班子好干部”的通报	丹发〔2020〕17号
9	关于2019年度优秀效能单位、科室（窗口）标兵的通报	丹发〔2020〕18号

续表 112

序号	文件名	发文号
10	关于2019年度十佳效能服务机关的通报	丹发〔2020〕19号
11	关于公布丹阳市2019年度文明城市长效管理考核部门、镇（区）获奖名单的通知	丹发〔2020〕21号
12	关于下达2020年市重点产业类项目投资计划的通知	丹发〔2020〕22号
13	“高水平小康丹阳在行动”实施方案	丹发〔2020〕23号
14	关于印发《丹阳市村党组织书记专职化管理实施办法（试行）》的通知	丹发〔2020〕25号
15	关于表彰2020年丹阳市劳动模范的决定	丹发〔2020〕26号
16	关于印发《丹阳市乡村振兴战略实施计划（2019—2020）》的通知	丹发〔2020〕27号
17	对《关于进一步调整完善总部经济政策的意见》补充说明的通知	丹发〔2020〕31号
18	关于开展深化全国文明城市创建“百日攻坚”集中行动的通知	丹发〔2020〕32号
19	关于印发《2020年丹阳市高质量发展综合考核实施办法》的通知	丹发〔2020〕34号
20	关于印发《新时代丹阳产业工作队伍建设改革实施方案》的通知	丹发〔2020〕36号
21	关于进一步加强全市机关党的建设的意见（试行）	丹发〔2020〕38号
22	关于印发《中共丹阳市委十三届九次全会工作要点》的通知	丹发〔2020〕39号
23	关于进一步鼓励支持企业上市挂牌的意见	丹发〔2020〕40号
24	印发《关于加强新时代人大工作和建设的意见》的通知	丹发〔2020〕41号
25	关于印发《丹阳市全面实施预算绩效管理实施方案》的通知	丹发〔2020〕42号
26	关于命名表彰2017—2019年度丹阳市文明行业、文明村镇、文明社区、文明单位、文明校园的决定	丹发〔2020〕43号
27	关于印发2020年丹阳市指定区域烟花爆竹禁放工作实施方案的通知	丹政发〔2020〕1号
28	关于认真做好市第七次全国人口普查工作的通知	丹政发〔2020〕7号
29	关于推进2020年秸秆综合利用工作的实施意见	丹政发〔2020〕24号
30	丹阳市人民政府关于深入推进文明殡葬工作的通告	丹政发〔2020〕35号
31	关于公布丹阳市征地区片综合地价执行标准、地上附着物和青苗等补偿标准的通知	丹政发〔2020〕40号
32	关于公布丹阳市人民政府重大行政决策事项标准的通知	丹政发〔2020〕45号

（市委办　市府办　史志办）

索 引

栏目编辑 余 婷

说 明

本索引采用主体分析法编制，按标引词第一字汉语拼音字母的音序排序。第一字相同，按第二字的音序排列，依次类推。标引词后的阿拉伯数字表示内容所在的页码，数字后的英文字母（a、b）分别表示从左至右第一、第二栏。类目、分目名称用黑体字标明。

A

B

C

D

E

F

G

H

J

K

L

M

N

P

Q

T

W

X

中国丹阳眼镜城

国际城正面

中国眼镜博物馆

丹阳被誉为“中国眼镜之都”，镜架年产量约占全国的三分之一，镜片年产量约占全国的75%、世界的40%左右,是世界最大的镜片生产基地、亚洲最大的眼镜产品集散地、中国眼镜生产基地和国家外贸转型升级基地。丹阳眼镜从设计生产到批发零售，从零配加工到眼镜成品，从原材料采购到眼镜物流配送，已形成产业化配套齐全、规模企业集聚的产业体系，真正成为丹阳“第一特色产业”。2017年5月，丹阳眼镜特色小镇成功申报江苏省首批特色小镇。

丹阳眼镜市场始建于1986年，经过30多年的发展，已从传统的交易市场成功转型升级为现代化综合商贸服务区。目前，丹阳眼镜城拥有中国城与国际城两座现代化服务商城，共有商户1000余家，从业人员5000余人，汇聚了眼镜行业国际国内众多知名品牌，拥有代表行业最高水平的中国眼镜博物馆以及中影巨幕等，其规模、档次、功能均居全国前列。2020年，丹阳眼镜城全年旅游、商务客源达130多万人次，市场年交易额超60亿元。丹阳眼镜城分别获得“国家AAA级旅游景区”“全国百强市场”“国家级眼镜验配服务业标准化试点单位”“江苏旅游十大新地标”“江苏省转型升级示范市场”“江苏省正版正货示范街区”“江苏省诚信示范街区”等荣誉。

国际城南面

国际城内景

国际城圆厅

中影巨幕

供稿：罗林

大亚科技集团有限公司

圣象集团研发办公楼

大亚科技集团始建于1978年。是中国民营企业500强、中国制造业企业500强、国家高新技术企业、农业产业化国家重点龙头企业、国家重点林业龙头企业，为上市公司“大亚圣象”（股票代码000910）的控股股东和圣象集团的全资控股公司。集团拥有家居、包装、汽配和转型产业四大业务板块。

家居产业是大亚集团的主导产业。近年来，集团坚持以创办资源节约型和环境友好型企业为遵循，先后投资70余亿元，建成亚洲最大的人造板生产制造基地、世界知名的圣象品牌企业、中国最大的家居体验馆和全球车轮智造的样板企业，形成以家居产业为主导、以包装和汽配产业为两翼、以转型为驱动的现代产业体系。2019年，“圣象”地板及“大亚”人造板的品牌价值分别达572.59亿元和182.81亿元，双双荣登“中国500最具价值品牌”，列中国家居建材行业榜首。

大亚集团坚持“追求卓越、挑战极限”的企业精神，秉承“勇于变革，锐意创新；服务客户，追求极致；共享成长，奋斗不息”的企业核心价值观，坚持不移实施“四大战略”，矢志将大亚建设成为一家引领生活质感的世界级卓越公司。

中国500最具价值品牌

国家科学技术进步奖

大亚人造板生产车间

大亚产业园

供稿：庄振华

江苏丹化集团有限责任公司

2020年12月底，董事长、总经理、党委书记王斌为集团领导干部讲党课

江苏丹化集团有限责任公司新厂区

江苏丹化集团有限责任公司（原名江苏省丹阳化肥厂），始建于1958年。1993年被国家确定为大型(Ⅱ)企业，1995年被国务院和国家经贸委确定为国家重点联系企业。为全国重合同守信用企业，连续20年被评为省文明单位，“双凤”牌醋酐为江苏省名牌产品。六十多年来，丹化经历四次创业，取得四次辉煌业绩，尤其在新技术创新上为中国的氮肥工业、石油化工工业、人造板工业和醋酐工业的发展作出重大贡献。2006年，集团公司与上海亚创控股有限公司进行战略合作，通过收购大盈现代农业股份有限公司股份，完成股改和资产重组，丹化集团买壳上市取得成功，更名为“丹化化工科技股份有限公司”。

江苏金聚合金材料有限公司

通辽金煤化工有限公司

公司外景

供稿：谈翔

丹阳市开发区高新技术产业发展有限公司

2020年10月29日，高新公司携手开发区管委会举办“保险业赋能丹阳汽配产业高质量转型发展”合作签约仪式

2020年5月28日，高新公司与浦发银行丹阳支行党支部组织党建共建活动

丹阳市开发区高新技术产业发展有限公司成立于2007年1月，是江苏省丹阳经济开发区管理委员会批准，由江苏省丹阳经济开发区经济发展总公司全额出资成立的国有独资公司。公司办公地点丹阳市开发区齐梁路科创园H座10楼，注册资本85,000万元，法定代表人束振宏。公司建设有高新技术产业园、日本汽车零部件产业园、眼镜城、中小企业产业园；嘉荟新城、河阳新城、胡桥新城、东南新城、前艾新城等安置房；修建开发大道、齐梁路、玉泉路、金陵东路、西路、迎宾路、丹桂路及延伸段等道路；整治老九曲河、大泊河等水环境。公司通过提升开发区的城市品位和承载功能，改善人居环境，助推开发区经济社会持续健康发展，获得社会的普遍关注和认可。

开展深化“五事联动主题党日活动”

高新公司全体人员参加“阅百年历程传精神力量”数字阅读资源展

高新公司管理层及融资部工作人员开展暖企走访活动

高新公司党支部开展捐资助学志愿者活动

供稿：周洁

江苏恒宏包装有限公司

2020年7月1日，江苏恒宏包装有限公司新厂投产仪式

企业党员代表重温入党誓词

江苏恒宏包装有限公司是百年国企江苏恒顺集团的控股子公司，前身是丹阳市纸箱厂，始创于1981年。通过39年的艰苦奋斗，开拓创新，特别是2007年与江苏恒顺集团合资以后，公司实现快速发展，成长为资产4亿元的中型企业。

2017年恒宏包装把握纸包装行业风口机会，实现裂变式发展，销售3亿元；2018年、2019年销售均突破4亿元；2020年销售超过5亿元。

公司占地10万平方米，厂房面积6万平方米，拥有台湾协旭高档瓦楞纸板七层线、五层线、二层线，上海鼎龙高速自动多功能印刷机等纸箱生产设备20多台套。具备3亿平方米全楞型、全品种、全系列的瓦楞纸板、纸箱生产能力。其中新厂占地7万平方米，一期工程投资2亿元，建成厂房3万平方米，引进的台湾协旭高档瓦楞纸板七层线，具有高效、智能、节能、降耗的优点，年产高档瓦楞纸板1.5亿平方米，填补了镇江市场空白。二期工程将投资1.5亿元，新建厂房和研发楼1.3万平方米，年新增高档纸板1.5亿平方米、高档纸箱5000万只。

恒宏包装车间

恒宏包装车间设备

江苏恒宏包装有限公司外景

供稿：公司办公室

丹阳市虹欣酒业

总经理 姜雅平

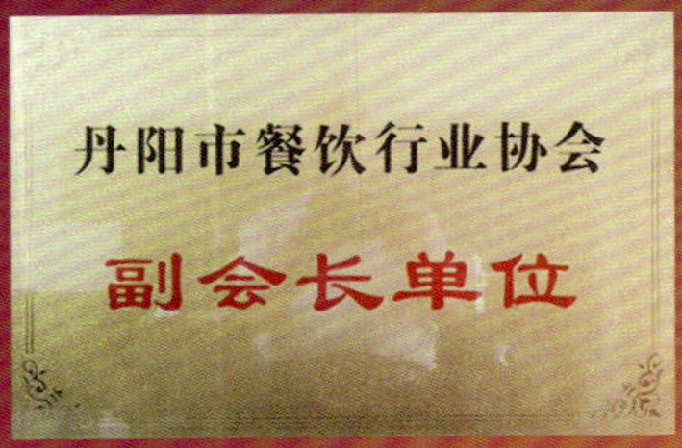

丹阳市虹欣酒业成立于2005年，为拓展业务，于2011年成立丹阳市瑞欣酒业贸易有限公司。

公司经销的品牌：“中国四大名酒——西凤酒”

公司的经营理念：诚信做人 乐于奉献 不媚不欺 风雨同行

公司自2007年总经销西凤酒以来，得到社会各界的大力支持，近几年西凤酒逐渐被丹阳人民接受并喜欢。

十多年来，坚持做好一个品牌：西凤酒，坚持做好西凤酒股份有限公司的杠鼎系列：红西凤酒、旗帜西凤酒、七彩西凤酒、酒海陈藏西凤酒、陈藏西凤酒、老绿瓶西凤酒、原浆金凤西凤酒，把质量上乘，口感醇香典雅、尾净悠长、不上头、不干喉、回味愉快的酒中凤凰奉献给全市人民。

公司组建了以下岗工人为主体的优秀营销团队，经过大家十多年的不懈拼搏，公司近几年连续被陕西西凤酒营销有限公司授予优秀经销商。

公司不忘初心，经常参与社会公益活动！

办公地址：丹金人家2号楼

联系电话：13952826211 13913421338 0511-86586179

陕西西凤酒股份有限公司
首届中国名酒
七彩西鳳酒
七彩西鳳 精彩人生
368元/瓶
468元/瓶
568元/瓶
丹阳市瑞欣酒业贸易有限公司 总经销
店地址：丹金路与振兴路交叉口东158米 丹阳万善园20号

供稿：瑞欣酒业

丹阳市小潘园杨氏推拿

杨氏正骨术传承人——杨 飞

丹阳市小潘园杨氏推拿是由正骨术传承人杨中和开办。杨氏正骨术传承人杨锁法热心公益事业，为社会办实事、做好事、敬老爱老。1997年以来，用于社会公益事业及慈善助老的捐款100多万元。连续多年被评为丹阳市、珥陵镇优秀共产党员和丹阳市优秀人大代表。

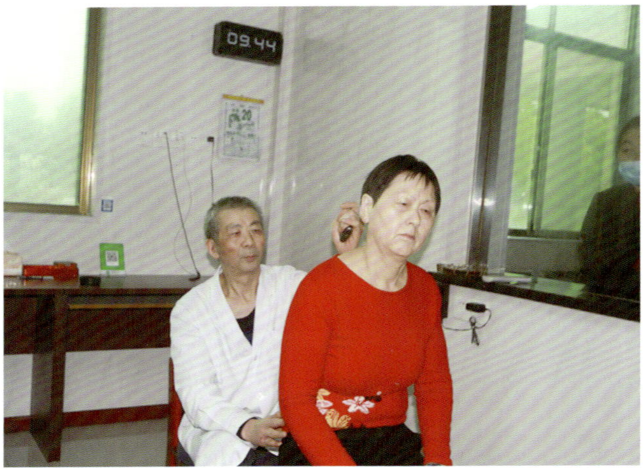

杨氏正骨术传承人杨锁法为患者推拿

小潘园杨氏推拿配药现场

杨氏展示厅

院中花园

供稿：杨飞

丹阳市市场服务有限公司

2020年11月，市委书记黄春年（左二）视察丹金市场

2020年6月25日，市场服务有限公司党员干部学习中国共产党简史

丹阳市市场服务有限公司(原名丹阳市市场服务中心)成立于1996年8月，公司管辖丹阳城乡32个市场。其中城区有千家乐市场、百家兴市场、家家乐市场、全家福市场、万家欢市场、丹金市场六家自办市场。2018年6月公司响应市政府号召，在市场监督管理局牵头协调下，陆续对百花园市场、新欣市场、华阳市场、练湖市场、智慧市场、华南市场、城南市场、合家欢市场、城北市场9家外办市场进行管理权接收工作。公司结合各市场特点，制定“一场一策”，从点到面，进行网格化管理，并制定农贸市场长效管理制度，优化市场环境，切实巩固“全国卫生城市”“全国文明城市”“江苏省食品安全示范市”工作成果，为丹阳市经济建设和社会事业发展作出贡献。

2020年6月22日，市场服务有限公司党员参观周恩来纪念馆

2020年6月22日，在周恩来雕像前进行党史教育和宣誓

百家兴市场

智慧菜场

新欣市场

千家乐市场

供稿：陈昕

市级机关工委

2020年4月3日，市委书记黄春年在效能革命年动员大会上讲话

2020年12月18日，优质效能服务单位、科室、标兵评议大会

2020年，市级机关工委深入贯彻落实习近平新时代中国特色社会主义思想，紧紧围绕市委十三届八次全会、全市效能革命动员大会和全市组工会议部署，以党的政治建设为统领，以提升组织力为重点，以模范机关创建和“效能革命年”系列活动为抓手，聚焦“围绕中心、建设队伍、服务群众”核心任务，注重在贯彻市委决策部署、完成急难险重任务中淬炼党员政治能力。疫情期间，共组织机关党员干部千余人分三批次下沉到60个村（社区）参与疫情防控志愿服务，广大党员在不同寻常的磨砺中得到了不同寻常的成长。推动机关党建、作风效能建设和业务工作深融互促，市级机关党建工作全面提质增效，在助推丹阳高质量发展中展现担当作为。

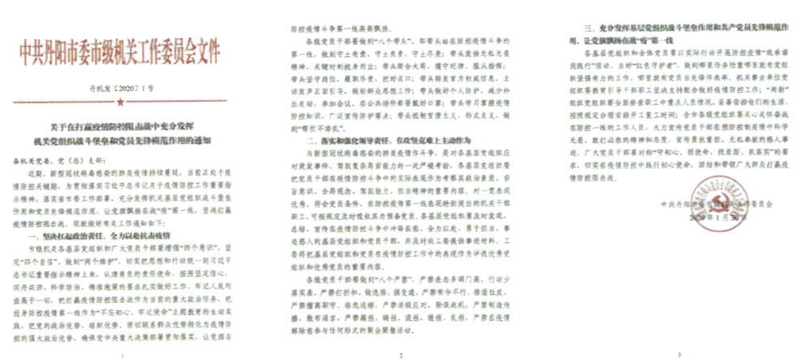
中共丹阳市委市级机关工作委员会文件

2020年1月30日，号召机关党组织和党员抗击疫情

2020年9月23日，举办市级机关党务工作者培训班

2020年7月28日，跟办护航赴企业对接项目进展

党员教育实践基地

供稿：束利伟

丹阳市行政审批局

2021年1月28日，丹阳市市长王成明（左二）调研放管服工作

2021年2月9日，市委副书记赵志强（右二）慰问12345热线员工

丹阳市行政审批局于2019年2月正式挂牌成立，下设丹阳市政务服务中心（副科级事业单位）、市12345政府公共热线办公室（正股级事业单位）。行政审批局服务大厅总面积近10000平方米，由一、二、三层服务大厅和七层行政服务区组成。进驻单位20个，工作人员150余名，办理各类行政审批及服务事项1100余项，日均办结件820余件。按照《关于印发首批划转市行政审批局权力事项目录的通知》要求，市行政审批局共承接58项行政权力事项，其中社会事业领域19项、市场准入领域10项、建设领域29项。同时设立人社、不动产登记、住房公积金、婚姻登记、车管所、医保6个分中心，实行业务主管部门为主、市行政审批局（市政务办）为辅的双重管理模式，在全市范围内全面实现便企便民服务。

全市镇（街道）赋权事项业务培训

市12345热线办向民间社团——云天救援机构赠送锦旗

行政审批局“咏中秋 颂国庆”诗词朗诵会

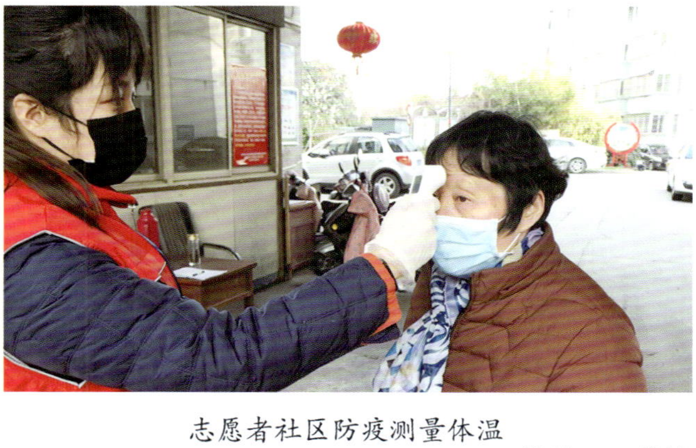

志愿者社区防疫测量体温

供稿：王薇婷

中共丹阳

2020年4月3日，全市高质量发展考核总结暨效能革命年动员大会

2020年5月11日，“乡村振兴领航员”部署推进会暨村书记论坛

2020年10月30日，丹阳市“双招双引”暨园区产才融合工作推进会

2020年12月18日，“两新”组织党务工作者培训班

2020年12月23日，举办“青年论坛”

市委组织部

2020年8月17日，大规模开展干部教育培训

2020年11月10日，组织企业赴西安工业大学专项招聘

2020年1月30日，举行“抗击疫情，年轻干部在行动”宣誓仪式

2020年4月30日，组织开展党建助推农村人居环境整治专项行动

常态化开展志愿服务

供稿：万仁松

丹阳市史志办公室

2021年3月5日，省党史工办二级巡视员赵民强到丹阳革命陈列馆调研

2020年，丹阳市史志办围绕市委、市政府中心工作，坚持本职工作和疫情防控两手抓，以“资政、存史、育人”为根本任务，履行史志工作职责，完成党史、地方志的宣传、挖掘、编纂各项工作计划。启动《丹阳乡贤》和《高水平全面建成小康社会丹阳实践录》的编纂工作；做好《丹阳工商业与工商界名人》发行工作；有序推进《丹阳年鉴》、《中共丹阳党史（三卷本）》编纂工作；充分发挥革命陈列馆宣传教育平台作用，全年共接待各类参观团体75批次；围绕抗击疫情举办“全民战疫—丹阳市抗击疫情大型纪实摄影展”；通过“六进”活动宣传党史国史地方史；开展送《丹阳工商业与工商界名人》到乡镇、村、机关、学校活动，共送200余册。

2020年9月30日，市四套班子领导参观“全民战疫”图片展

2021年4月29日，参观镇江廉政警示教育基地

2021年3月22日，“听爷爷讲党的故事”活动在丹阳革命陈列馆启动

2021年4月29日，妇女党员干部重温入党誓词

2021年8月2日，社区大走访，做好疫情防控工作

2020年7月29日，史志办志愿者服务队在休息日提供志愿服务

2021年4月2日，举行纪念李树人烈士牺牲70周年仪式

2021年6月18日，我为群众办实事——市民广场史志宣传

供稿：史志

丹阳市人力资源和社会保障局

2021年4月7日，丹阳市市长王成明（中）调研人社工作

2020年11月15日，市人社局参观南师大中北学院创业街区

2020年，丹阳市人力资源和社会保障局坚持稳中求进工作总基调，坚持新发展理念，落实高质量发展要求，提高站位、强化责任，统筹抓好改善民生、服务经济发展和全面从严治党各项任务落实，全市人社事业高质量发展取得显著成绩。就业和创业并举，保障重点群体稳定就业，帮扶困难群体脱贫就业,就业局势保持总体稳定；公平和可持续并举，社会保障卡全面发放，机关事业单位养老保险稳步推进，被征地农民保障取得新进展，覆盖城乡的社会保障体系更加健全；创新和融合并举，人才队伍建设不断加强，品牌活动效应不断提升，人才培训成果不断巩固；科学和规范并举，持续规范事业单位公开招考工作，人事工资管理体系日趋完善；监察和调解并举，整合监察、仲裁、信访等维稳资源，完善农民工工资支付保障机制，劳动关系保持和谐稳定。

2020年12月24日，丹阳市人社局警示教育大会

2020年8月25日，人社系统比学赶超争先进位大会

2020年3月，丹阳与陕西富平点对点务工直通车开通

2020年11月15日，“创翼丹阳 智胜未来”丹阳市第五届青年创业大赛

供稿：朱君芬

丹阳市人才流动服务中心

2020年6月19日，组织丹阳市12家重点企业走进江苏科技大学

2020年10月14日，组织32名人力资源工作者走进鱼跃集团

2020年，丹阳市人才流动服务中心围绕人才引进、人才发展、人才服务，主动作为，勇于担当，较好的完成了全年工作任务。共开发高校毕业生就业见习岗位800个，组织青年就业见习620人，完成全年目标的103.33%；引进本科以上人才4080人，完成全年目标的102%，其中硕士以上345人，完成全年目标的115%。丹阳人才网被丹阳市委宣传部授予“2019年度优秀政务新媒体”，丹阳市人力资源服务有限公司入选全省百家诚信人力资源服务机构。全年举办各类现场招聘会72场，专场招聘会22场，共计3277家（次）企业进场招聘，提供各类岗位72343个（次），累计进场人数达32123人（次）。全年共组织305家（次）企业走进省内外23所高校招才，收到简历2500余份，达成初步就业意向200余人。启动“乘风破浪‘码’上行动”毕业生一对一精准帮扶专项行动。开发并推广高校毕业生就业信息码，利用数字化手段对毕业生就业情况进行区分和统计，使就业推荐工作更加精准，全年推荐就业500人（次），成功就业270人。开展第五届“创翼丹阳　智胜未来”丹阳市青年创业大赛，共有20个社会组团队和60个校园组团队参赛，涌现出一大批优秀的创业青年和创业项目。

2020年10月14日，组织75名中北学院学生走进鱼跃集团

2020年11月25日，第五届“创翼丹阳　智胜未来”丹阳市青年创业大赛

供稿：张芸

丹阳市信访局

2020年11月26日，丹阳市委书记黄春年接待来访群众

2020年5月27日，丹阳市市长黄万荣接待来访群众

2020年，丹阳市信访局坚决落实市委、市政府的决策部署，围绕“全力去存降增，着力提质增效，努力争先进位”的工作目标，充分畅通信、网、电等渠道及时受理群众信访问题，扎实开展信访矛盾化解、信访秩序维护、信访机制建设等各项工作，切实维护全市良好的信访环境，为推动全市经济发展“跑起来”护航助力。

2020年9月1日，丹阳市委常委、市委政法委书记刘宏程到信访局调研信访工作

2020年7月9日，省信访局“三到基层服务一线”丹阳行活动

2020年1月22日，丹阳市四套班子新年慰问信访局工作人员

供稿：夏琼

丹阳市退役军人事务局

2020年9月10日，丹阳市关爱退役军人协会成立仪式

2020年9月7日，丹阳市2020年入伍新兵欢送大会暨光荣牌发放仪式

2020年，丹阳市围绕全市经济社会发展稳定大局，不断推进退役军人事务领域治理体系和治理能力现代化。服务保障体系提质增效，打造标杆型服务中心（站），全面统一外观标识及功能区划分，示范型服务站建成率符合创建双拥模范城标准，完成率达80%。2020年系统共录入退役军人和其他优抚对象有效信息3万余条，审核通过率位列镇江第一。做好优待抚恤工作，为重点优抚对象发放抚恤补助2595万元，为农村籍老兵发放生活补助1023万元，为714名行动不便的优抚对象提供下乡入户体检服务，慰问、救助292名困难退役军人家庭；在疫情防控期间全市约2000名退役军人投身防控一线，累计捐款21.59万元和大批物资。成立镇江首家关爱退役军人协会，打造“党建领航融合赋能”的党建品牌——“初心室”，为新兵父母赠送意外伤害保险。举办第二届“丹阳最美退役军人”评选活动，10名候选人获评；丁金平《初心笔记》短片获得部级模范“兵之书”微视频大赛一等奖；殷小燕参加“戎耀今生”首届江苏省退役军人党员“微党课”授课竞赛获一等奖；《致敬》短片获省级双拥公益短视频大赛二等奖；创新祭扫方式，依托网站和微信公众号开展网上祭扫活动。完成134名退役士兵职业技能培训，结业率100%，获证率为98.56%；共举办各类招聘会、推介会共8场，主动联系企业，组织待业退役士兵实地参观、现场签约；利用微信公众号发布招聘用工信息，助力退役军人就业创业。全力做好部分退役士兵保险接续工作，共完成1705人的录入、初审办理和养老保险审核工作。

2020年7月27日，丹阳市第二届最美退役军人发布仪式

智慧老兵小程序主界面

供稿：蒋黎

中共丹阳市委政法委员会

2020年12月25日，丹阳市委政法委员会组成人员（扩大）会

2020年9月7日，全市政治督察工作部署会

2020年，丹阳市政法系统认真贯彻落实中央、省市委部署要求，全市群众安全感创下99.04%的历史新高。扎实开展维护政治安全系列专项行动，圆满完成各项安保维稳工作。信访总量连续四年下降，初信初访一次性化解率提升到90%以上。扫黑除恶有成效，全市“九类”涉恶案件比上年降低22.2%。非法集资类案件立案数比上年降低16.7%，金融生态县排名比上年进步了30位。大力推进社会治理体系和治理能力现代化，坚持和完善“大数据+网格化+铁脚板”治理机制的经验做法，群众对网格员工作满意率达97.84%。疫情防控工作持续用力，发动全市网格员运用“大数据+网格化+铁脚板”治理机制，落实各项防控措施。

2020年11月25日，丹阳市召开政法系统政治轮训动员部署会暨政法干部首期政治轮训班

2020年9月24日，风险隐患排查化解暨“三官一律”进网格集中活动月动员部署会

网格员联合民警深入住户开展走访

2020年5月13日，省委政法委召开“排风险、建清单、除隐患、保稳定”专项行动动员部署会

供稿：陈静

丹阳市人民检察院

2020年4月24日，镇江市检察院检察长张新祥（左）、丹阳市委书记黄春年（右）为丹阳市涉企涉众经济犯罪风险防范中心揭牌

2020年11月20日，最高检研究室副主任郭立新（中）调研丹阳检察刑事和解工作开展情况

2020年，丹阳市人民检察院围绕中心工作，以高度的政治自觉、法治自觉、检察自觉，扎实推进“四大检察”“十大业务”全面协调充分发展，为全市全面夺取“双胜利”提供强有力的司法服务。先后荣获全国检察宣传先进单位、镇江政法系统“十佳基层单位”等镇江市级以上荣誉13项，一项工作机制获镇江政法系统“十佳创新成果”奖，5件案件入选全国、全省典型案例或被公开发布，特色亮点工作被中央媒体关注报道27篇次，检察工作受到各级领导批示肯定5次。

2020年6月11日，开展“群众信访件件有回复”新闻发布会

2020年2月18日，开展“小月姐姐”系列法治课堂

2020年3月6日，开展远程法治“云讲座”

2020年10月22日，联合丹阳工商业联合会举行服务“六稳”“六保”护航民企发展检察开放日活动

供稿：何丹兰

丹 阳 市 公 安 局

2020年9月30日，市公安局隆重举行庆祝新中国成立71周年"升国旗、唱国歌"仪式

2020年12月10日，举行丹阳公安向人民报告暨第五届"丹阳最美警察"颁奖典礼

2020年，丹阳市公安机关围绕市委、市政府和上级公安机关中心工作，聚智创新、聚力攻坚，经受住一系列重大考验，疫情防控、维护稳定、智慧警务、新锐打击、社会治理、服务群众、队伍建设等取得预期成效，圆满完成了全年既定目标任务，在全市夺取疫情防控胜利、决胜高水平全面建成小康社会和高质量发展等中心工作中跑出了公安加速度、展现了公安强担当、贡献了公安高份额。一年来，抗疫维稳战时表彰4批次，发出嘉奖令10份、通报表扬98份。有序推进两个职级序列晋升，最大限度释放"改革红利"。举办民警原创关爱留守儿童报告文学首发、2020年新任职干部宪法宣誓、名警工作室授牌、第五届"丹阳最美警察"评选等仪式，市公安局被授予全国工会职工书屋示范点，涌现了省级巾帼文明示范岗车管所、"江苏好人"孙福生以及省公安厅二等功聂红枫、刘扬、陈宇和全省巡防之星吴昕煜等一批先进典型。

2020年8月26日，市公安局举行丹阳市公安局警用摩托车入列仪式

2020年6月1日，"19940730"特大劫车杀人案受害者家属送锦旗

2020年10月17日，举行丹阳公安关爱留守儿童报告文学《火花似蒲公英绽放》首发式

2020年2月18日，丹阳警方疫情期间带回四川口罩诈骗犯

供稿：张丽芳

丹阳市消防救援大队

2020年4月3日，丹阳市消防救援大队联合丹阳市住建局在锦尚名都小区召开打通“生命通道”现场推进会

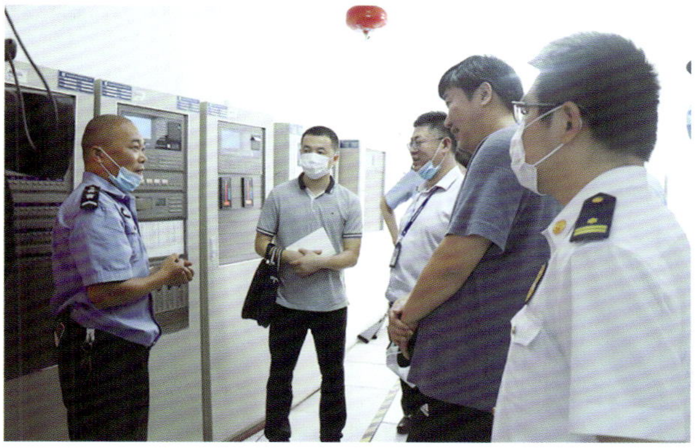

2020年7月1日，国务院安全生产督导组赴丹阳督导消防安全工作

2020年，丹阳市消防救援大队以习近平总书记安全生产和消防工作重要论述以及对江苏“开小灶”系列批示为指引，坚持问题导向、系统治理，聚焦防控风险、着力补齐短板、狠抓任务落地，推进消防安全专项整治，圆满完成“一年小灶”任务，全市消防安全形势持续向好。全年全市共发生火灾166起，比2019年降低15.3%。

丹阳市消防救援大队对照国务院及省市安全生产督导组交办反馈的“四个清单”，科学研判消防安全形势，紧盯全市13类重点场所及10类消防安全突出问题，推动开展火灾防控专项整治、打通生命通道、高层建筑、群租房和“九小场所”等综合治理工作，深入排查整治各类隐患，严肃查处各类消防违法行为，全年督改火灾隐患1283处，责令“三停”单位10家，查封场所24处，罚款47.08万元，行政拘留3人，3家重大火灾隐患单位完成整改销案。联合多部门先后指导各类场所施划“生命通道”标志标线1800余处，设置警示标牌650余处，出水检测高层住宅建筑室内消火栓最不利点供水压力120余处。陵口镇、界牌镇推广运用“智慧用电系统”“火灾智能报警系统”，建立覆盖全镇中小型企业的镇级火灾防控中心，得到上级认可。

2020年9月8日，丹阳市消防救援大队到重点单位指导“1234+N”消防安全管理机制和标准化管理达标创建工作

2020年7月29日，丹阳消防救援大队召开全市现代物流园安全整治警示约谈会

2020年12月9日，镇江消防救援支队到陵口镇调研智慧消防应用推广工作

供稿：张蔚

丹阳市自然

2020年8月7日，市委第一巡查组巡查市自然资源和规划局党组工作动员会

2020年4月14日，市委书记黄春年（中）与机关干部职工到高新区内丹金溧漕河畔义务植树

2020年，丹阳市自然资源和规划局一手常态化落实疫情防控措施，巩固来之不易的防控成果，一手全力做好资源要素保障，助力企业复工复产，服务全市经济发展大局，规划引领和管控能力有了新突破，资源保护和利用水平有了新提升。聚焦“先锋自然”，通过开展“打通中梗阻、优化营商环境”专项活动，促进党建业务双融双赢，助推全局观念大更新、作风大转变，不断提振干部职工干事创业的精气神。以促进各项业务工作深度融合为目标，成立“业务综合服务办公室”，实现审批事项“一窗对外”“流程再造”和“并联审批”，获市委领导点赞。“先锋自然，让服务跑起来”荣获2020年度丹阳市作风效能“十佳服务品牌”。

2020年1月6日，丹阳练湖生态新区综合提升规划专家论证会

2020年2月26日，多证合一核发仪式

资源和规划局

2020年11月5日，组织消防演练,掀起心中防火线

2020年10月23日，组织学习《习近平谈治国理政》

2020年1月19日，“不忘初心,牢记使命”主题教育总结大会

2020年10月23日，批量化前置电网项目路径审批流程“党建+”项目交流促进会

2020年11月20日，丹阳市“交房即发证”首发仪式现场

2020年5月20日，丹阳市“交地即发证”首发仪式现场

供稿：周玄究

丹阳市水利局

2020年12月18日，水利部副部长陆桂华（右四）到丹阳调研

2020年3月18日，省委副书记任振鹤（左三）调研珥陵电力灌区

2020年6月5日，副省长马秋林（前排左三）视察新孟河界牌水利枢纽

2020年7月10日，市委书记黄春年（右二）检查防汛工作

2020年7月15日，市长黄万荣（中）冒雨巡堤查险

2020年，丹阳市水利系统围绕全面建成小康社会和“十三五”规划目标任务，深入推进保安全、优生态、强监管、促改革各项工作。水利基础设施建设取得新进展，全年实现水利投资7600万元，新孟河延伸拓浚工程（丹阳段）历时18个月率先在全省实现河道通水；完成上新河延陵段堤防加固、简渎河和城北分洪道城区段清淤等防洪减灾工程；完成长江三角塘段江滩生态修复、3个水美乡村建设、2条河道的黑臭水体治理、7条农村生态河道建设、大运河吕城北片河道清淤等项目，农村人居环境和周边水环境得到显著改善。水利管护体制改革取得新突破，全市56万亩农业水价综合改革任务全部完成，通过省级验收；河湖和水利工程管理范围划定工作完成镇江市级验收；丹阳市农村河道、农田水利工程长效管护工作位列全省前茅。防汛防旱应急能力取得新提升，全市防汛总体平稳。河湖长制工作取得新作为，实现由“见河长、见湖长”向“见行动、见成效”全面转变，各级河长履职尽职，主动作为，坚持问题导向，全力推进“两违三乱”整治、水面漂浮物清理、劣Ⅴ类水体治理等专项行动，全市整体水环境明显提升。水政水资源管理取得新成效，核查整治30个取水工程（设施），协调推进九曲河备用水源地达标建设；强化水行政许可管理，推进“不见面”审批；全力推进部、省卫星遥感图斑水土保持整改以及水土保持区域评估工作。

供稿：魏淑清

丹阳市抗旱排涝处

皇塘储庄南桥

导墅东邮桥

丹阳市抗旱排涝处是丹阳市水利局直属事业单位。主要担负着全市应急抗旱排涝、水污染调水整治、社会救灾抢险、防汛抢险物资储备保管等公益性职能。严格按要求做好应急排涝机泵的管理、维修、养护等工作，确保机泵设备始终处于临战状态，做到应急快速、运行良好，严肃防汛值班纪律，应对随时可能发生的突发性强降雨状况。

抗旱排涝处下属企业丹阳市瑞禹水利工程有限公司，注册资本600万元，公司具有国家水利水电工程施工总承包三级资质和市政工程施工总承包三级资质，经营范围为水利工程、市政工程、土石方工程、引排水工程施工、维修，抗排机械维修，建筑服务分包等。

后巷将家站

香草河排水站

后巷U80防渗渠

2019年度优秀直属单位

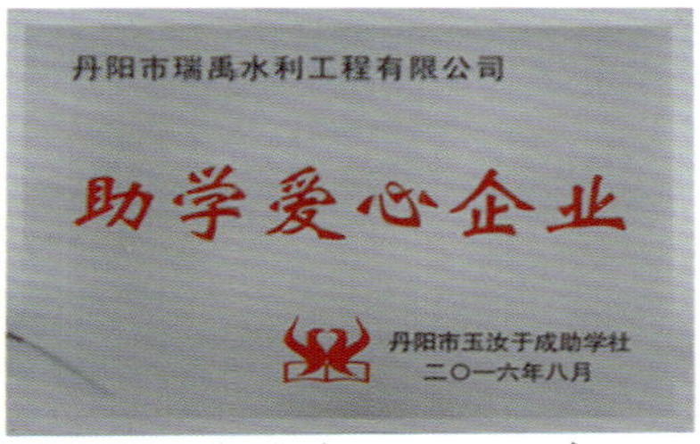

丹阳市瑞禹水利工程有限公司助学爱心企业

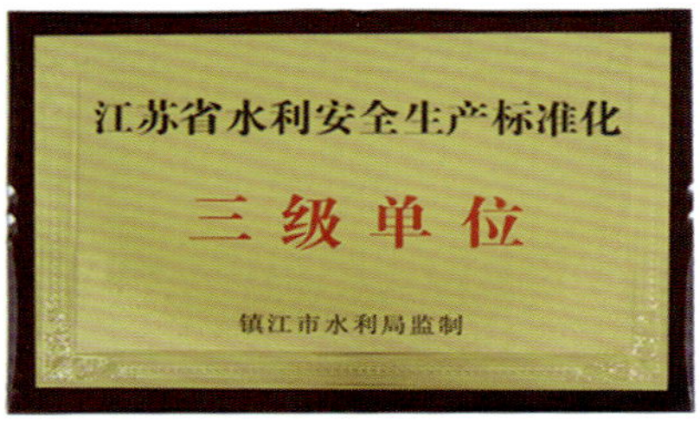

江苏省水利安全生产标准化三级单位

2016年度法治型、服务型“四星”先进党支部

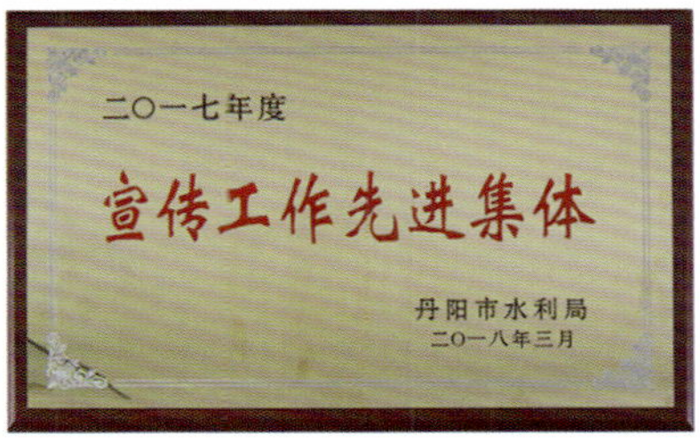

2017年度宣传工作先进集体

2017年度先进党支部

供稿：陈亚静

丹阳市长江堤防工程管理处

长江堤防工程管理处主任 郑国宝

2020年7月15日，丹阳市市长黄万荣（右二）到包港闸站调研

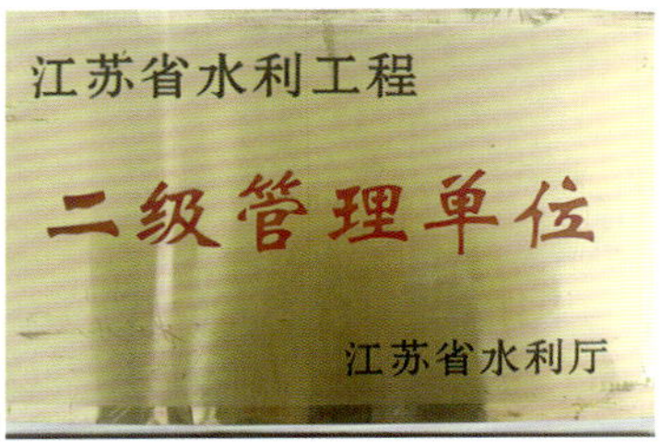

江苏省水利工程二级管理单位

丹阳市长江堤防工程管理处成立于2002年7月，位于丹北镇新桥滨江村，是丹阳市水利局直属公益性事业单位。主要负责丹阳市境内的长江堤防和包港闸站的日常运行管理，同时对长江堤防沿线的排涝站及其他穿堤建筑物进行监管，确保江堤和排涝站的安全运行。2013年，被江苏省水利厅评为水利工程二级管理单位。

丹阳市现有主江堤长度为13.88公里，为二级堤防；港堤长0.51公里，同江堤标准达标。按照《1998长江流域综合利用规划》的标准，1998年至2005年共投入3500多万元，对江堤进行达标建设。工程建设标准、工程质量均达到设计要求，并通过竣工验收。

丹阳市长江堤防标准为堤顶高程为9.8米（吴淞高程），堤顶宽6米，背水坡护堤地宽10米。全线共有21座穿堤建筑物，包括9座排涝站和10座水闸、1座电灌站、1座涵洞，排涝站总设计流量为133.2立方米/秒，具有流域防洪排涝、灌溉供水、水环境保护等功能。

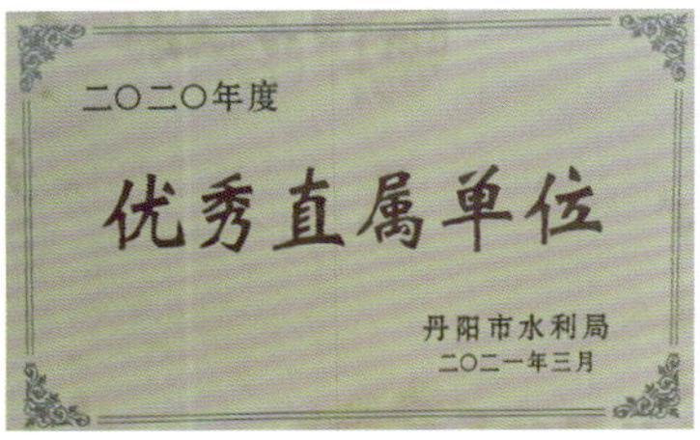

2020年度优秀直属单位

丹阳市文明单位

长江丹阳段水下河势地形成果研讨会

长江防汛工作督察组到管理处指导工作

丹阳市委领导在沿江开展新时代文明实践植树活动

供稿：郑国宝

丹阳市水利局
珥陵水利管理服务站

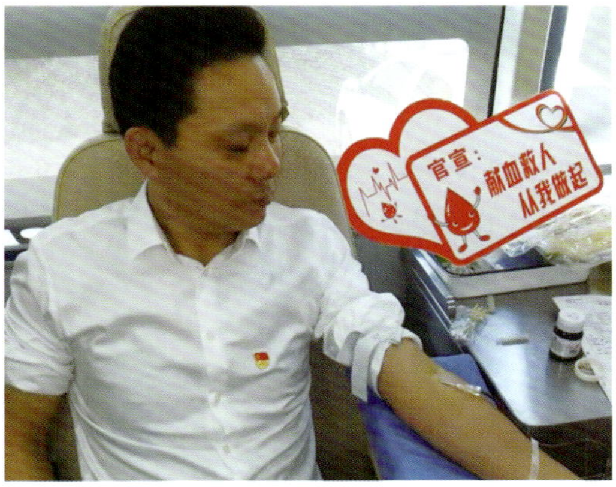

珥陵水利站站长殷辉良

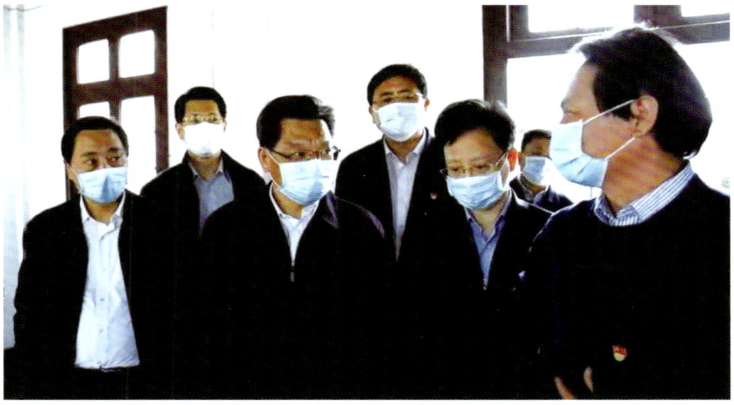

2020年3月18日，江苏省委副书记任振鹤，省委副秘书长、省委党建办主任尹卫东，镇江市委书记马明龙调研灌区纪念馆

2020年10月23日，参观新四军纪念馆

珥陵罐区纪念馆

三陵河闸站

2020年丹阳市水利局珥陵水利管理服务站，不断增强防汛抗旱、工程建设管理、河道长效管护、灌溉排涝等方面的综合服务能力，文明创建工作与日常管理工作形成齐头并进，相互促进的良性互动。

2016-2017年投资5000余万元对上新河堤防进行整治，对沿线5.05公里河道堤防进行削坡退堤，堤顶铺设柏油路，拆建排涝泵站5座，排涝流量有9立方米/秒增加到19立方米/秒，排涝能力达到20年一遇，受益面积12.67平方公里。

2017年下半年完成三陵河排涝闸站建设，工程总投资3900余万元，新建闸站结合排涝泵站1座，设计抽排涝流量立方米/秒，设计自排流量92.45立方米/秒；新建涵闸2座（文体中心涵、西端涵闸），维修改造涵闸7座；该工程建成后，将彻底改变三陵河沿线排涝状况。

2016-2018年疏浚整治二级沟70余条，总投资2000余万元，改善水环境，增强河道引排能力。

2018年动工，2019年完工建成全国第一座灌区纪念馆珥陵灌区纪念馆。

开展农村人居环境整治结对共创工作，帮助祥里乌土墩村开展人居环境整治，使该村人居环境得到很大改善。帮助扶城塘坊村疏浚清理二级沟1000余米，改善了该村人居环境。

珥陵水利站连续被评为丹阳市、镇江市、江苏省文明单位，镇江市先进基层党组织。

供稿：杨权华

丹阳市水利局
访仙水利管理服务站

访仙水利站

访仙镇位于丹阳市东郊，区域内有永丰河、窦庄河、丰收河、红光河、册塘河、于巷河、仁里河、十里长沟8条河道，构成访仙镇骨干引排河网，加上54条二级沟，组成镇域完整的河网水系。另有大小52座电灌站、312余条干支渠，构成全镇农业灌溉、防汛排涝及水生态环境的重要载体。

访仙水利站始终坚持以水利建设与管理、防汛防旱、水环境治理等工作为重要抓手，扎实开展各项工作。实行河道长效管护以来，访仙水利站专门聘请专职河道管护人员，按照河道管护要求，对全镇河道及二级沟进行管护。对发现的河坡乱种乱植现象，及时进行清除清障，坚决杜绝破坏河道的行为。访仙水利站积极打造河道岸更绿、水更清、流更畅的生态文明环境。

九曲河整治

整治后的九曲河

访仙镇河长制工作“水润万物，与我共护”走进校园

治理后的丰收河

党史学习

供稿：巢子鑫

丹 阳 市 气 象 局

2020年11月5日，气象局服务人员到珥陵镇新庄青虾合作社开展直通式气象服务

2020年气象工作抓住提升发展质量根本要求，服务民生福祉，服务省市气象局和市委市政府中心工作，认真做好新冠肺炎疫情防控工作，高质量建设现代化业务体系、服务体系、科技创新体系，落实全面从严治党各项要求，为全市经济社会发展提供气象保障。市气象局获得丹阳市委“四星党支部”称号，继续保持丹阳市文明单位荣誉称号。

2020年10月23日，市人大有关领导视察气象事业发展情况

气象服务人员到“江苏吟春碧芽股份有限公司”前艾茶叶基地实地开展气象服务

气象局外景

气象局门景

供稿：孔雪咏

丹阳市卫生健康委员会

2020年5月13日，江苏省政协主席黄莉新（女，左）调研丹阳市疾控体系建设，江苏省卫健委副主任周明浩（中）等陪同调研

2020年9月10日，丹阳市举行热烈欢迎全国抗击新冠肺炎疫情先进个人赵俊霞（右五）载誉归来座谈会，市领导金夕龙、贺云华和卫健委班子成员等出席

2020年，丹阳市卫健委围绕健康丹阳建设战略，着力抓重点、补短板、强弱项，不断深化医药卫生体制改革，完善公共卫生和重大传染病防控体系，慎终如始抓好新冠病毒肺炎疫情防控各项工作；务实开展公共卫生工作，及时规范处置陵口爆燃事故，圆满完成高考、中考、两会等重大活动疫情防控和医疗安全保障任务；强化能力建设，狠抓医疗质量安全管理，全市医疗卫生服务水平不断提升；深化爱国卫生运动，新增国家卫生镇1个、省级卫生镇2个、省级健康镇2个和省级健康村13个，全面完成省、镇江市下达农村无害化卫生户厕任务；突出重点人群健康保障，家庭发展、健康扶贫、职业健康、婴幼儿照护、医养结合等工作全面推进；加快重点工程项目建设进程，全力抓好安全生产专项整治，打牢卫生健康事业发展的根基。

2020年6月11日，丹阳——富平友谊医院签约仪式暨合作座谈会

开展第十七个世界献血日活动

开展第三个“中国医师节”庆祝活动

2020年12月18日，市中医院易地新建工程奠基，市四套班子领导出席

供稿：谈枫

丹阳市医保局

2020年6月28日，医保局召开党总支成立大会

2020年7月23日，组织开展全市医疗保障骨干培训班

2020年，丹阳市医保局认真贯彻落实国家、省、镇江市关于医疗保障工作的决策部署，紧紧围绕丹阳市委市政府工作要求，打基础、抓规范，找准立足点，突破堵点与痛点，持续推进医保领域民生改善。

2020年9月28日，组织召开全市定点药店店长应知应会培训班

2020年4月9日，启动“打击欺诈骗保，维护基金安全”集中宣传月活动

2020年7月23日，召开乡镇医保工作座谈会

2020年9月25日，慰问抗战老战士

2020年12月6日，医保局搬迁至外经贸大厦办公

供稿：王平

丹阳市经济发展局

2020年，丹阳市经济发展局全面贯彻落实产业强市一号战略，加快推动转型升级，坚决夺取疫情防控和经济发展双胜利，荣获“江苏省发改系统综合先进单位”“镇江市抗击新冠肺炎疫情先进集体”等多项荣誉。科学谋划发展路径，开展规模以上企业产业链摸排，探索实施产业链“链长制”，完成“十四五”规划编制，明确城市定位和发展方向。项目建设捷报频传，2个项目入选省重大产业项目计划，数量居镇江市第一，国药项目完成投资6.5亿元，42个镇江市级重点项目完成投资89.3亿元。转型升级加速推进，新增7家省级示范智能车间，签约6家5G+工业互联网应用示范项目，建成5G基站1840个，新增56家省星级上云企业，琦瑞机械获评省生产性服务业领军企业，数量居镇江第一。

2020年10月27日，市政府常务副市长赵立群、市政协副主席钱留梅专题调研市经发局重点提案办理情况

2020年11月29日，党组书记、局长冷文华带队到党员教育实践基地学习并宣誓

2020年7月14日，局领导到珥陵镇调研

2020年6月12日，市经发局召开作风效能强化月大会

2020年12月24日，市经发局组织召开2020年丹阳工业互联网融合发展应用推进会，数字丹阳工业互联网应用创新战略合作顺利签约

2020年12月22日，开展粮食应急保供演练

供稿：朱栋栋

丹阳市商务局

2021年2月20日，丹阳市获镇江市商务系统业务工作综合评价一等奖

2021年3月23日，党史教育动员部署会

2020年12月16日，丹阳市产业项目“云见面”集中签约仪式

2020年5月9日，全市商务领域安全生产责任主体宣传暨专项整治工作推进会

2020年，丹阳市商务局落实落细“六稳”“六保”工作部署，围绕产业强市“一号战略”，咬定全年目标任务不动摇，在丹阳“领跑新征程、争得新荣光”中积极贡献商务力量。加快推进项目落地，62个亿元以上项目成功签约，52个项目成功落地。定期开展安全生产检查，层层压实安全生产主体责任，全年共发现成品油零售企业安全隐患586条，商业场所安全检查累计派出检查小组465个1108人次，发现并整改安全隐患453条，保障商贸领域安全生产形势稳定。为降低疫情对全市外贸工作的影响，确保外贸稳增长，商务局充分发挥外贸工作专班作用，通过搭平台、强服务、优环境等一系列扎实举措，确保丹阳外贸综合考核位列镇江第一。

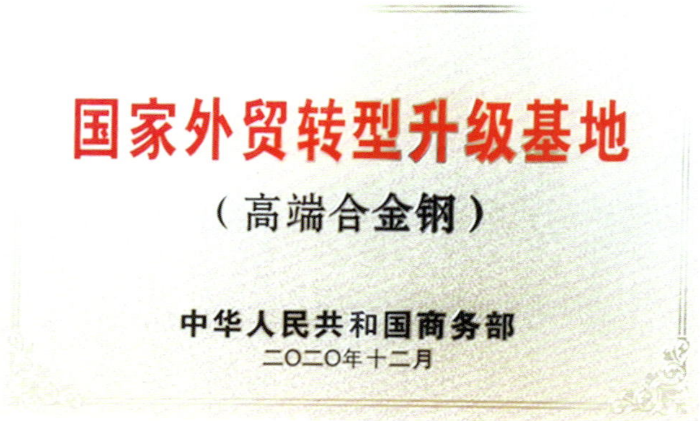

2020年12月，国家外贸转型升级基地（高端合金钢）

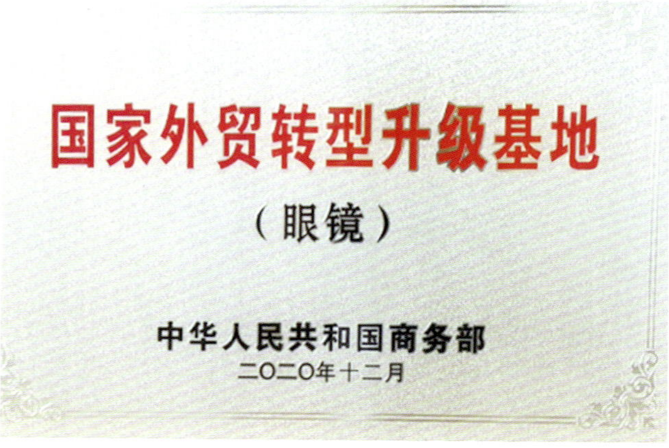

2020年12月，国家外贸转型升级基地（眼镜）

供稿：崔絮

丹 阳 市 住 房

2020年1月，住建局召开“不忘初心、牢记使命”主题教育总结大会

2020年4月，市住建局联合市消防救援大队在锦尚名都小区组织召开“打通小区生命通道”现场观摩推进会

2020年6月，住建局开展建设工程文明施工暨质量安全标准化现场观摩会

2020年8月，市委副书记、市长黄万荣带队慰问港华员工

2020年9月，住建局组织召开物业企业安全生产宣传活动

2020年11月，召开住建系统作风建设大会

2020年12月，华南桥全线开放通车

和城乡建设局

打造美丽镇村　　营造宜居环境

◀ 吕城镇

◀ 开发区建山行政村陈山自然村

▼ 司徒镇屯甸村

延陵镇西庄湖村 ▲

云阳街道大钱甲村 ▶

丹北镇雀梅墩 ▶

供稿：张晶晶

丹阳市建设工程质量检测中心

2021年1月22日，作风效能建设会议

2020年6月18日，“五事联动”主题党日活动

丹阳市建设工程质量检测中心成立于1988年，是具有独立法人资格的集体所有制企业，是第三方中介服务高技术企业。检测中心主要工作职能是接受客户委托，从事建设工程质量检测工作，检测业务主要包括建筑材料、地基基础、建筑结构与构件、环境污染物、装饰装修材料、建筑节能工程、市政与道路桥梁工程、建筑安装工程、施工机具（建筑施工现场用）、安全防护用品及防雷装置，共有11大类、100个项目、561个参数，且均通过省市场监管局和省住建厅资质认定。检测中心主要接受已在丹阳市行政审批局住建窗口办理质量监督等相关建设手续的在建、改建、扩建工程的见证取送样委托检测。

检测中心有美国安捷伦气相色谱仪、红外色谱仪、美国RAD7测氡仪及日本岛津分光光度计等原材料类检测用仪器设备近600台套；静力载荷仪、基桩动测仪及分离式油压千斤顶等桩基类检测用仪器设备近150台套。

2020年7月24日，太阳能检测现场

2020年10月11日，党员重温入党誓词

检测中心门景

供稿：朱宁

丹阳市安信审图咨询中心

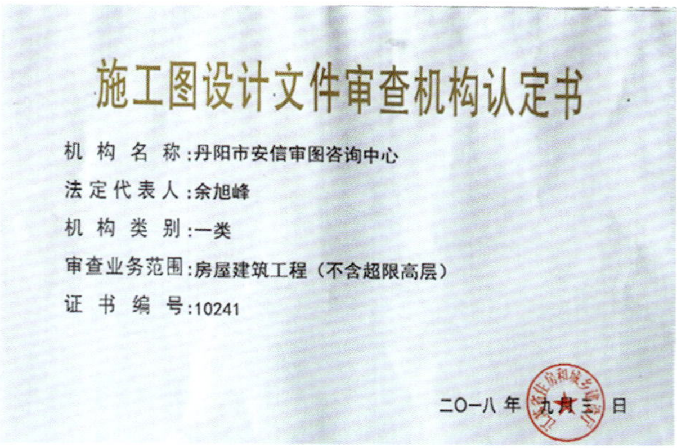

施工图设计文件审查机构认定书

机 构 名 称:丹阳市安信审图咨询中心
法定代表人:余旭峰
机 构 类 别:一类
审查业务范围:房屋建筑工程（不含超限高层）
证 书 编 号:10241

二〇一八年九月三日

施工图设计文件审查机构认定书

2020年3月16日，项目讨论会

丹阳市安信审图咨询中心（简称审图中心）成立于2001年，位于丹阳市开发区行政审批中心9楼，具有省“一类建筑工程”审查资质,是丹阳市唯一一家施工图审查机构，隶属于丹阳市住房和城乡建设局。主要职责为：受建设单位的委托对丹阳市行政区域内符合建筑工程设计等级分级标准中的各类新建、改建、扩建的建设工程（包括装饰工程）等工程施工图设计文件涉及安全和强制性标准情况进行技术审查；审查合格发放《施工图设计文件审查合格书》。

2020年4月12日，项目上门服务

中心技术实力雄厚，专业配备齐全，审图业务精湛，汇集一批专业技术骨干。拥有各专业技术人员均为国家一级注册建筑师、国家一级注册结构工程师、其他专业国家注册工程师和高级工程师20余人，工作人员20余人，打造了一支高素质、高水平的施工图审查队伍，凝聚了一批勘察设计行业的领军型人才。

2020年10月9日，民主生活会

2020年4月1日起,在全市范围内实施数字化审图试运行，为保证新旧审查方式的有效衔接，采取以线上为主，个别项目线下运行的方式双轨运行,确保审查工作的平稳过渡。2020年7月1日起，全市建设工程施工图数字化审查系统正式上线运行，该系统的实施是审图中心推行施工图审查侧供给改革的重要措施，通过数字化审查系统可实现施工图审查一“审”三“化”，即审查图纸电子化、审查流程简单化、审查办结一键化，改变以往审查项目时间长、审查效率慢、审查成本高等问题，确保小型投资项目从正式受理到出具审查意见书5个工作日内完成，大中型项目不超过10个工作日，超大型项目不超过15个工作日，真正推动传统施工图审查转型升级。

供稿：柴亚芬　邓佩霞

丹阳市市场监督管理局

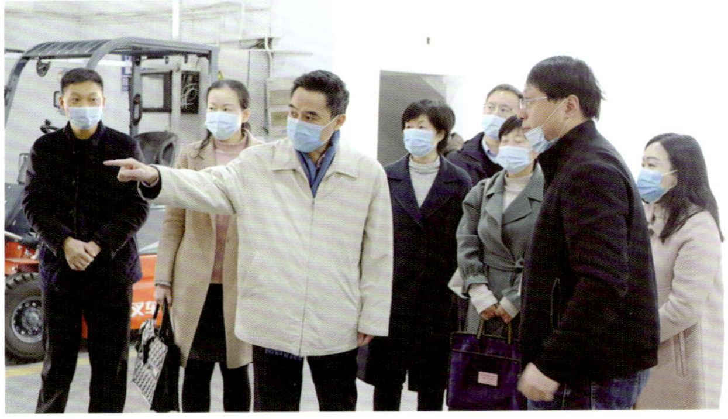

2020年12月10日，省市场监督管理局副局长王越（中）率队到丹阳市调研检查进口冷链食品监管工作

2021年2月9日，副市长黄俊杰（中）带队检查节前安全生产工作

2020年，丹阳市市场监督管理局以习近平新时代中国特色社会主义思想为指导，深入贯彻党的十九大和十九届二中、三中、四中、五中全会精神，全面落实市委市政府和上级监管部门的部署要求，坚持稳中求进的工作总基调，紧扣“推进高质量监管、助力高质量发展”主题，扎实做好“守住底线、营造环境、规范竞争、提升质量、促进发展”工作，统筹做好疫情防控和市场监管工作，勇挑使命重担，奋力改革创新，扎实推进全市市场监管体系和监管能力现代化，取得疫情防控和服务发展“双胜利”。丹阳市市场监督管理局作为全省唯一的县级市场监管局，被人社部、市场监管总局联合授予“全国市场监管系统先进集体”称号。

◀ 全省市场监督系统先进集体

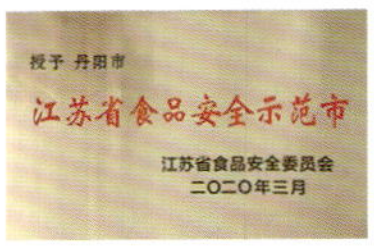

◀ 江苏省食品安全示范市

◀ 全国市场监督系统先进集体

2020年7月21日，全市食品安全委员会全体（扩大）会议

2021年2月25日，全市市场监督管理暨党风廉政建设工作会议

市场监督管理局大楼

供稿：陈赟

丹阳市交通运输局公路管理处

杉水乡韵——丹阳“西环线”访上线

持续开展路警联合治超，严打超限超载

2020年，丹阳市交通运输局公路管理处以“智造名城、运河明珠”为发展定位，围绕“交通强市、交通兴镇、交通富民”的发展目标，奋力谱写新时代高质量发展新篇章。在巩固 “四好农村路” 全国示范县创建成果的基础上，打造“镜彩农路、丹凤朝阳”特色品牌，推进农村公路提档升级项目，有力助推脱贫攻坚和乡村振兴；全面提升丹阳市国省干线公路路域环境和服务水平,圆满完成了“十三五”迎国评工作，成功创成普通国省公路服务设施“公路驿站”品牌称号——练湖驿站。建立并落实“路长制”长效管理责任，构建公路路网管理与应急指挥平台，积极应对冰雪恶劣天气。围绕公路基础设施和货运车辆超限超载开展专项安全整治工作，深化联合治超，严打超限超载。

深化“镜彩农路 丹凤朝阳”品牌建设

丹北镇界司线水晶山风景区

供稿：邹学伟

江苏有线丹阳分公司

2020年5月27日，省委宣传部常务副部长、省新闻出版局（省版权局）局长、省电影局局长焦建俊调研新时代文明实践工作

江苏有线丹阳分公司

2020年，江苏有线丹阳分公司充分发挥“党媒政网民屏”效能作用，聚焦主业、聚力创新，战疫情、强基础、保用户、拓项目，克服各种风险挑战，创新求变，负重前行，苦干实干，取得社会和经济效益协调发展的良好局面。广大员工服务意识、融合发展能力明显提升，推动公司各项事业良性发展，围绕“智慧城市”“智慧社区”“智慧家庭”等社会发展新业态，全力打造党和政府放心的责任电视、社会认同的绿色电视、群众爱看的精品电视。2020年11月，公司成功中标丹阳市智慧警务一标段和开发区曲阿街道“政务服务综合治理一体化平台”项目，智慧丹阳建设稳步推进。公司先后获丹阳市“2020年度高质量发展综合考核”二等奖、丹阳市组织工作创先争优“先进集体”、丹阳市“文明城市长效管理”三等奖；“智慧残联”公共服务平台被省广电局、工信厅评为江苏省“智慧广电”八大优秀项目之一。

2020年8月18日，江苏有线丹阳分公司举办2020年第二期党课，邀请江苏江成律师事务所主任黄友定律师为干部职工进行“民法典”专题宣讲

2020年6月23日，公司第五党支部到丹阳总前委旧址，重温入党誓词，参观总前委历史图片展，缅怀革命先烈，感受红色文化，传承革命精神

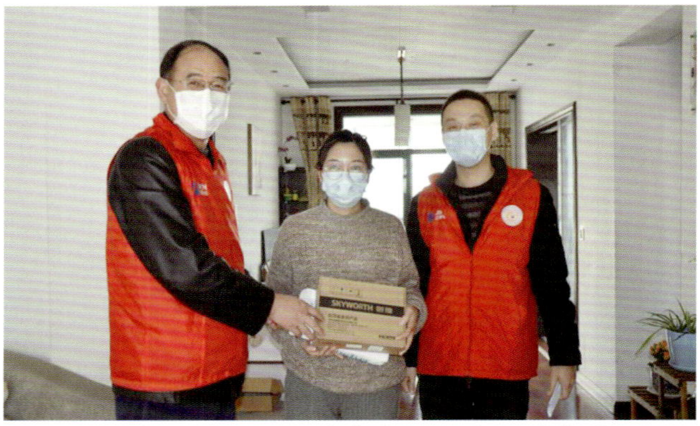

2020年3月6日，江苏有线丹阳分公司党委组织4个广电站20名党团志愿者，走访慰问丹阳11位援鄂抗击新冠肺炎疫情医疗队队员的家庭

供稿：张建新

国家税务总局丹阳市税务局

2020年2月4—5日，央视新闻报道国家税务总局应对疫情全面拓展“非接触式”服务，选用丹阳市税务局防控疫情期间的税收服务和为江苏鱼跃医疗全力保障疫情急需物资生产供给提供税收服务的场景，展示丹阳市税务局为疫情防控企业开展办税非接触式服务

2020年3月16日，“纳税人之家”专家团队到丹阳宏海光学有限公司开展“一对一”辅导

2020年11月，丹阳市税务局“菁税学堂”组织青年党员、团员交流十九届五中全会精神学习心得

2020年11月，税务人员在鱼跃电商运行中心了解“双11销售情况”

2020年,丹阳市税务系统负重前行，上下同心，进一步强化大局意识、风险意识和机遇意识，认真履职尽责，扛牢税收使命，彰显担当作为，经受住战疫“大考”，收获不凡的工作成果。全年共组织各项收入121.46亿元，比上年下降2.45%。其中全口径税收收入92.05亿元，比上年下降3.18%；公共财政预算收入52.22亿元，比上年增长0.81%；入库各项基金、费29.42亿元，比上年下降0.1%。完成全市社保费征管职责的划转，实现全市7741户企业单位、394户机关事业单位、60余万城乡居民社保费的多险种、全覆盖征收。始终牢记减税降费是政治任务的导向，全年累计新增减税降费11.77亿元，其中针对支持疫情防控和经济社会发展国家新出台的优惠政策新增减税降费8.5亿元，为各类经济主体释放资金活力。针对疫情防控生产企业按照“特事特办、急事急办”的原则，消除企业开票顾虑，保供疫情物资的个性化服务，被中央电视台报道。全系统顺利通过“全国文明单位”复查，在镇江市绩效考核中获得第一名，在丹阳市考核中获得“高质量考核一等奖”，获得丹阳市“2020年度优质效能服务单位”称号。

供稿：丁向阳

丹阳市供销合作总社

2020年度组织工作创先争优先进集体

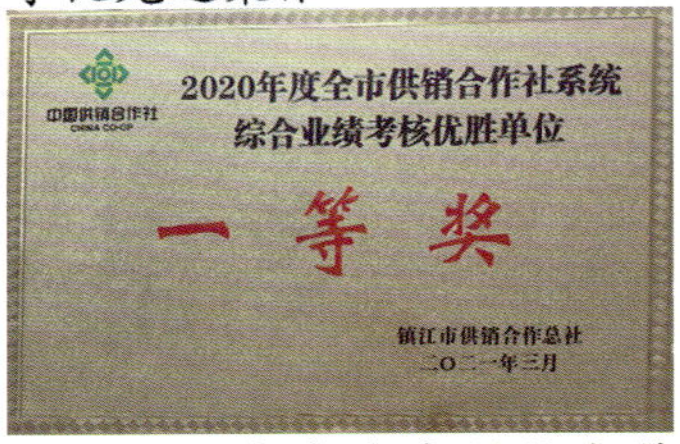

2020年度全市供销合作社系统综合业绩考核优胜单位一等奖

2020年9月22日，市供销合作总社召开“廉洁供销 清风行动”动员部署会

2020年，丹阳市供销合作总社克服疫情带来的不利影响，全力推进为农服务工作，率先在陵口镇开展农药集中采购、统一配送试点,配送面积达0.22万公顷。成立镇江市首家农用物资应急储备中心。围绕社有资产保值增值，投入296万元对危旧房屋进行维修改造，盘活资产，消除安全隐患。疫情期间，减免租户三个月租金，共计127万元。江苏南翔农业发展科技有限公司申报一二三产业融合项目,争取到省供销发展基金200万元。投资80万元对访仙中心社按照“三体两强”的标准要求进行改造升级；积极筹建丹阳市丹北现代供销服务中心。推进“不忘初心、牢记使命”主题教育常态化，通过多种学习形式，提高党员的政治思想素质和理论水平。在镇江市供销系统2020年度综合业绩考评中获一等奖，被丹阳市委组织部评为“组织工作创新争优先进集体”。

2020年8月26日，镇江市供销合作总社主任李明俊（左二）调研农用物资储备情况

丹阳市供销合作总社主任王文华（中）疫情期间察看农资储备情况

2020年10月1日，丹阳农民丰收节现场

折柳农资惠服务网点

供稿：许卫

China unicom中国联通
创新·与智慧同行
BEIJING 2022
北京2022年冬奥会官方合作伙伴
Official Partner of the Olympic Winter Games Beijing 2022
5G选联通
全家三千兆
Wi-Fi6.0
沃家组网
沃家神眼
IPTV
沃家电视
沃家固话
5G选联通
全家三千兆
千兆5G
千兆宽带
6.0
千兆WiFi
奥运品质 优智服务

供稿：中国联通

供稿：中国移动

吕叔湘中学

2020年12月18日，学校迁址新建项目开工奠基

2020年10月31日，丹阳市中学生文艺会演朗诵类比赛一等奖

宏志班毕业典礼暨第六届“自强之星”颁奖典礼

2020年11月29日，镇江市校园篮球联赛高中男子组冠军

吕叔湘中学创建于1925年，是丹阳最早的公立中学之一，为江苏省四星级普通高中，坐落在丹阳市城河路，交通便捷，环境优美。

学校先后荣获全国青少年读书征文活动集体优秀奖、全国青少年校园篮球特色学校、全国地理教学先进学校、全国国防教育特色学校、江苏省德育先进学校、江苏省园林式单位、江苏省平安校园、江苏省青少年科技教育先进学校、江苏省“五四”红旗团委、江苏省标准化实验室、镇江市文明单位等多项荣誉。学校是国际空间科学与信息技术青少年培养计划“朝阳计划”基地、江苏省高中地理课程基地、江苏省物理教学优秀实验基地。

2020年秋季运动会暨第八届阳光体育节

第二十届校园文化艺术节

供稿：郭志宏

丹阳市第三中学

2020年3月23日，市长黄万荣（左二）到学校进行疫情防控检查

2020年6月12日，丹阳市第三中学教育集团成立仪式

栉风沐雨一百余载，教书育人始终如一。丹阳市第三中学始建于1906年，为江苏省示范性初中。学校紧紧围绕落实立德树人目标，牢固树立质量意识、竞争意识和服务意识，推进“导学展练”小组合作学习课堂改革，打造优质教育品牌，提升学校核心竞争力。2020年，学校陈彦锦、王倩2位教师分别获得省班主任基本功和英语教学基本功竞赛一等奖。2020年6月12日，丹阳市第三中学教育集团举行成立揭牌仪式，学校作为集团核心学校充分发挥集团化办学“领头羊”作用。一年来，教育集团全体师生乘着“集团化办学”的东风，凝心聚力、抢抓机遇、克难攻坚、勇于担当、主动作为，扬帆起航开创各项工作新局面。教育集团各校分别获得丹阳市教育质量（提升）一、二等奖。

2020年12月28日，丹阳三中篆刻推广基地授牌仪式

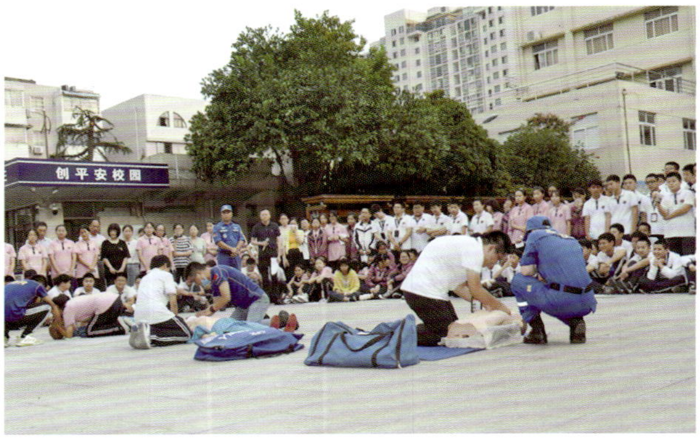

2020年9月16日，疏散演练

2021年1月5号，丰富多彩的学生艺术活动

2020年10月16日，2020级家委会成立大会暨第一次授课活动

供稿：毛红艳

丹阳市第五中学

镇江市学科带头人、校长眭金祥

2020年8月30日，市委书记黄春年（中）到五中视察学校疫情防控情况

江苏省丹阳市第五中学位于丹阳市开发区，是省四星级高中，曾先后获得“全国科研兴教先进单位”“江苏省平安校园”“镇江市文明单位”“镇江市依法治校示范校”等多项荣誉称号。

学校坚持“会做人 会学习”的校训，秉持“以人为本 彰显个性 多元提升 和谐发展”的办学思想，在“书韵·品位”文化核心理念的指导下，着力构建“五育并举”的新时代育人体系；以科学教育、艺术教育为两翼为“一体两翼”办学思路，教育质量上乘，高考成绩逐年攀升。

学校是“江苏省艺术教育特色学校”“江苏省高品质艺术课程基地”“江苏省科学教育特色学校”“江苏省首批STEM项目实验学校”。美术教育和艺术合唱为全省一流水平，曾获江苏省紫金合唱节银奖、江苏省中小学生文艺展演特等奖、全国中小学生文艺展演二等奖。在江苏省青少年机器人竞赛、省金钥匙仿生机器人创意大赛、世界教育机器人大赛、江苏省青少年科技创新大赛等比赛中，多人次获特等奖。

2020年7月6日，丹阳市委常委、宣传部长金夕龙，人大副主任韩静慧，副市长刘宏程，政协副主席陈建红，教育局长张文华到五中调研

第十六届校园艺术节

五中数学名师应邀参加江苏省“教学新时空·名师课堂”活动

五中学生获全国青少年科技实践活动一等奖

供稿：孙玉林 李月

丹阳市第八中学

2020年7月21日，教职工代表大会

2020年9月18日，“行知伴我成长”青年教师演讲比赛

书法社团活动

“田野风”劳动实践基地

2020年10月20日，镇江市文艺会演节目《啷当神韵》获二等奖

丹阳市第八中学为江苏省示范性初中。2020年有49个教学班，在校师生2900余人。学校坚持“以人为本、以德立校、教学民主、和谐发展”的办学理念，跻身镇江市初中教育第一方阵。2020年学校获评“江苏省红十字会基层组织工作先进集体”“全国青少年校园足球特色学校”“抗击新冠肺炎疫情暨红十字会应急救护知识单位组织一等奖”“镇江市文明单位”“镇江市五星级平安校园”“镇江市中小学智慧校园”“镇江市中小学学生社团建设优秀学校”“镇江市中小学心理健康教育合格学校”“2020年度镇江市优秀中学中职共青团组织”“镇江市第六届中小学生艺术展演一等奖”等荣誉称号。

2020年，学校教师在各级各类竞赛中硕果累累。教师左振军获得江苏省初中物理优质课评比二等奖；教师张蒙获得江苏省足球教练员技能比赛个人教学二等奖、个人综合一等奖、综合团体一等奖；教师杨晓旭获得镇江市青年教师基本功比赛一等奖；教师周洁获得镇江市青年教师基本功比赛一等奖；教师王仲庆获得“感动镇江教育人物——2020最美班主任”称号；教师夏国锋获丹阳市中小学副校长教学比武一等奖；陈丽霞、袁玲两位教师在丹阳市学科优质课评比中荣获一等奖。学校教学质量稳步提升，2020年被省丹中录取197人，录取率21.1%；四星级高中以上录取率高达70.4%，得到社会、同行、学生的广泛认同和赞扬。

学校全景

供稿：束雷华

丹阳市华南实验学校

生趣盎然的学生活动

丹阳市华南实验学校是一所九年一贯制现代化学校，拥有两个校区，共占地15.33公顷，拥有一流的教学环境。学校有174个班级，9200余名在校生，500多名专任教师，其中省特级教师6人、市级以上名优骨干教师220多人，语文、数学、政治、物理等名教师工作室5个。

学校践行“山水教育”理念，教学质量像山一样的稳重，学生素养像水一样的灵动。自2004年学校创办以来，教育教学质量不断提升，学生各类竞赛捷报频传，赢得社会的广泛认可。2020年学校中考成绩再创历史新高，被省丹中录取283人，录取率24.12%，录取四星级高中957人，录取率达72.12%，在全市遥遥领先，展现了华校教育追求“绿色质量”的巨大发展潜力，走出了一条以人为本、科学管理的内涵发展之路。

近年来，学校获“全国校园足球特色学校”“全国气象科普教育基地”“江苏省艺术教育特色学校”“江苏省科学教育特色学校”“江苏省青少年信息学奥林匹克培训活动基地”“江苏省诗教先进单位”“江苏省绿色学校”等省级以上荣誉称号20多个。学校开展的“百团大战”——为每一个学生提供适合的社团课程，有力促进学生特长、专长的发展。

学校注重国际交流，分别和英国、德国、日本、韩国、新加坡开展交换生研学活动，培养具有国际视野的中国人，让学生成为政治强、情怀深、思维新、视野广、自律严、人格正的担当民族复兴大任的时代新人。

学校以“办人们心目中理想的学校，让每一位学生都得到理想的发展，让每一个家庭收获成功的喜悦”为办学宗旨，成长为一所社会认可、同行推崇、群众满意的名校。

供稿：王佳

丹阳市实验学校

2020年3月17日，市委书记黄春年（中）到实验学校视察疫情防控情况

2020年6月12日，丹阳市实验学校教育集团揭牌仪式

丹阳市实验学校是一所九年一贯制学校。2020年，学校有105个教学班，学生总数5329人，在岗教师320人。有江苏省“333”培养对象1人，全国创新校长、全国课改杰出校长、镇江市名校长1人，市级以上拔尖人才91人，市校级名教师工作室10个。学校围绕“自然、自主、自在”的办学理念，确立“健康人、文明人、责任人、学习人、幸福人”的培养目标，不断创建优质均衡特色教育品牌，大力推进内涵建设，以本土教育家戴伯韬教育思想研究为抓手，不断提升学校办学品位。

2020年，学校成立实验学校教育集团，八校联动，凝聚合力，共同打造集团品牌效应，社团活动影响扩大，办学声誉不断提升，内涵创新取得新突破，三自教育研究成果显著。

学校先后获得全国青少年人工智能活动特色单位、江苏省十佳共青团组织、江苏省教科研先进集体、江苏省青少年科技教育协会单位会员“三星级先进集体”、镇江市中小学校“一校一品”党建文化品牌项目、2020年度首批镇江市“四有”好教师团队、镇江市陶研工作先进集体、镇江市优秀少先队大队、丹阳市优秀少先队集体、2020年度丹阳市目标责任状考核一等奖等。

2020年1月7日，2020年江苏省中小学课程基地与学校文化建设项目《极致育人：三自文化课程基地建设》项目开项论证活动

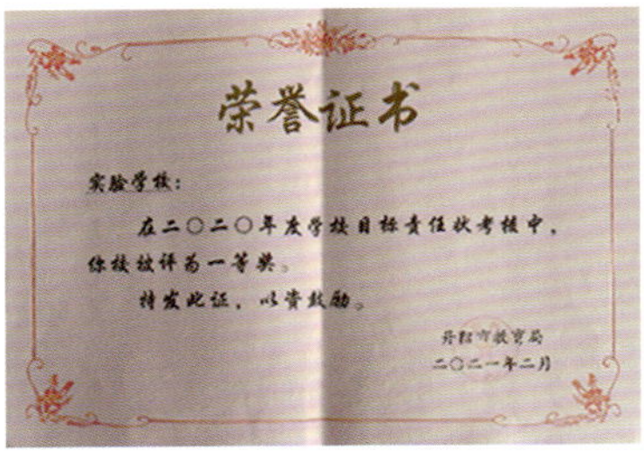

荣誉证书

实验学校：

在二〇二〇年度学校目标责任状考核中，你校被评为一等奖。

特发此证，以资鼓励。

丹阳市教育局

二〇二一年二月

荣誉证书

2020年2月19日，2020年度丹阳市优质服务效能窗口颁奖

供稿：石玉琴

丹阳市前艾初级中学

课间活动

中考前学生合影

丹阳市前艾初级中学坐落于丹阳开发区东郊，创建于1960年，拥有60年的办学史。学校现有26名教职工，其中高级教师13人、镇江市骨干教师1人、丹阳市学科带头人2人、丹阳市骨干教师5人、校级学科带头人及骨干6人。学校秉持“以人为本、以德立校、以美育教”的强美教育理念和“宁静致远”的校训，形成了良好的校风、教风和学风。

学校重视学生个性，努力培养“合格+特长”的学生，积极发展学校特色。多年来以篮球和摄影为办学特色，多次被评为镇江市优秀社团，2020年被评为“全国青少年校园足球特色学校”“江苏省智慧校园”。获2020年度目标责任状考核一等奖、初中教学高质量发展优质奖。

教学楼

优秀教师表彰

丹阳市中学生文艺会演获一等奖

供稿：陈玉武

丹 阳 市 正 则 小 学

书记、校长 陈国钰

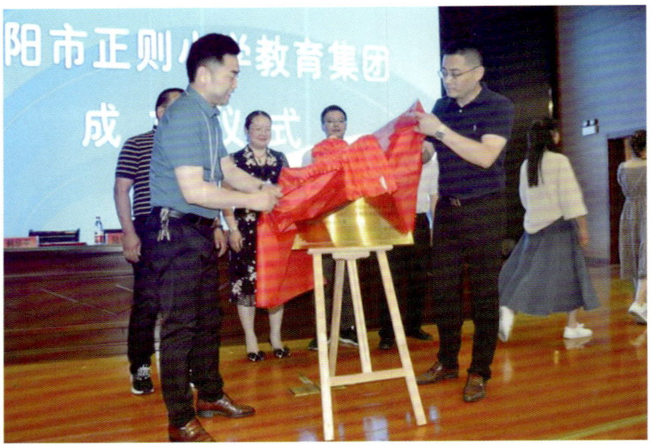

2020年5月29日，正则小学教育集团成立仪式

丹阳市正则小学始建于1912年，是一所百年老校。学校秉承吕凤子教育思想不断前行，形成了以“正则”为校训及“让每一个正则人都能健康、快乐、和谐、充分地得到发展”的办学理念。近年来，正则小学大力推进美育课程建设，旨在发扬凤先生“爱与美”的精神内核，传承以“凤子三艺”为基础的优秀传统文化，培养具有民族根、正则味、现代素养的“合理儿童”。

“吕凤子美育课程基地”是学校重点打造的省级课题之一。通过至美场域、塑美课程、弘美云平台、臻美社团等教育场域建设，将校园中的人、事、物、境交织在一起，让技艺传承与创意生活相辅相成。学校先后被授予“中国特色学校”“全国中小学中华优秀文化艺术传承学校”“全国校本建设重点实验学校”“江苏省文明单位”“江苏省模范学校”“江苏省教师发展示范基地校”“江苏省优秀教师集体”“镇江市首批STEM学习实验校”等荣誉称号。

2020年9月18日，校长陈国钰带领新教师入职宣誓

2020年12月28日，“吕凤子美育课程基地”开项论证活动

2020年1月，正则小学在吕凤子故居举办师生画展

2020年6月24日，举行校庆日活动

综合实践

供稿：唐文光

丹阳市练湖中心小学

2021年1月21日，品格工程开项论证活动

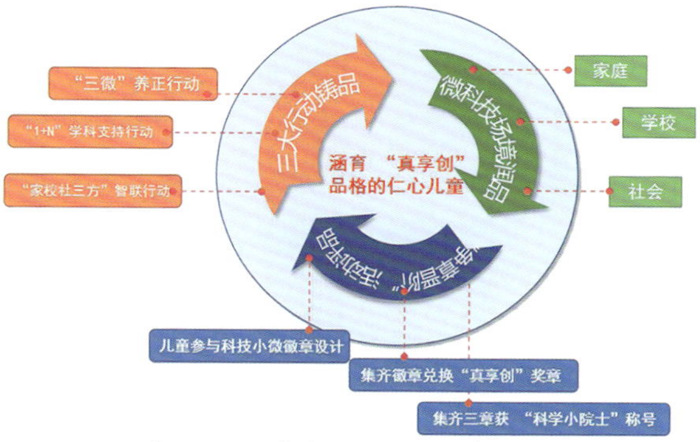

"人人微科技"品格提升项目

练湖中心小学位于京杭运河之畔——丹阳练湖。学校创建于1913年，是一所具有百年历史的现代化小学，是镇江市全民科学素质教育基地、江苏省青少年科技活动实验基地。学校占地22270平方米，有教学班33个，学生1400多名，教师100名，市级以上各类拔尖人才达30多人。学校秉承"崇德、崇文"的校训，坚持"学用科学，快乐成长"的理念，着力打造"科学教育""校园足球"两大办学特色。学校被评为全国青少年科技活动先进集体、全国首批校园足球示范校、江苏省科学教育特色学校、江苏省平安校园、江苏省智慧校园、江苏省红十字会示范校、江苏省健康促进（银牌）校、镇江市中小学学生社团优秀学校、镇江市中小学学生行为规范示范学校、镇江市陶行知研究会实验学校。

学校《人人微科技：小学生"真享创"品格提升行动》成功立项省品格提升工程，该项目旨在构建"家庭、学校、社会"三位一体的德性场域，开展"人人微科技"系列活动，形成"铸品、润品、评品"的品格提升实践范式，养正儿童行为，涵育"真享创"品格的新时代儿童，同时促进全团队（即家长、儿童、社会场域）品格提升，发展学校办学内涵，彰显学校办学品质。

科普报告会

无人机穿越"火海"

仿生机器人接力赛

学校门景

供稿：周龙和

丹阳市陵口中心小学

2020年12月，学校组织教职工到赵亚夫事迹馆参观学习

红歌嘹亮

先烈永不忘

小小消防员

我们爱劳动

丹阳市陵口中心小学创建于1906年，是一所具有深厚文化底蕴的百年老校。

近几年，学校坚持“激起向上的力量”的办学理念，以“厚生力学、敏行求是、乐群向上”为培养目标，以“技艺文化教育”为依托，不断改善办学条件，提高教育教学质量，努力打造群众满意学校。

学校高度重视教师队伍建设，着力打造“陵小好老师”，通过用制度定人、奖励激人、研修育人、比赛练人、评课促人等措施，促进教师专业成长，打造一支素质高、业务精、有爱心的教师队伍。2020年，学校教师郦翔伟在江苏省青年教师劳技基本功竞赛中荣获一等奖。

学校坚持学生发展为本，促进学生全面发展。通过丰富多彩的学生活动，整合各类教育资源，拓宽学校育人渠道，让学生在活动中体验，在活动中学习，在活动中成长。

供稿：王小东

丹阳市中医院

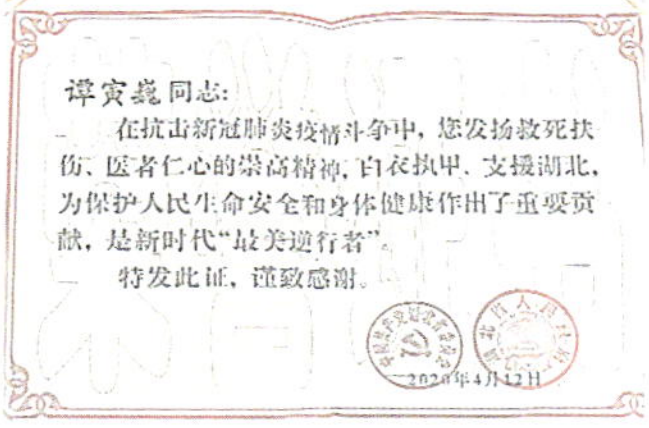

在新冠肺炎疫情这场严峻斗争中，中医院广大党员、干部牢记党和人民的重托，充分发挥先锋模范作用，医务工作者发扬救死扶伤、医者仁心的崇高精神，义务反顾，日夜奋战。中医院涌现出了诸如谭寅巍、张小辉、丁冬生、朱海燕等抗疫先进个人。

丹阳市中医院创建于1980年，2013年1月获国家中医药管理局“三级乙等中医院”授牌，2017年8月再次通过三级中医院评审。是南京中医药大学、江西中医药大学教学医院，是本地区的中医医疗、科教、中医技术服务与培训中心。医院先后荣获镇江市“十佳”医院、镇江市文明单位、江苏省“模范职工之家”、镇江市“职工文化建设先进单位”等称号。医院于2020年12月18日开始新建，新址位于丹阳高新区丹金路、庆丰路、锦绣路交汇处。项目总投资8.76亿元，总用地面积52246平方米。升级版的丹阳市中医院将是一个功能更加完善、硬件设施更加先进的医院。

医院有职工662人，其中硕士53人，高级职称114人，中级职称195人，镇江市名中医5人，“169”科技骨干3人、“333”科技人才1名，镇江市重点医学人才1名。编制床位400张，开设10个病区，具备完善的医疗救治体系和急危重病症的救治能力。

医院肿瘤科是国家中医药管理局重点专科建设项目，针灸科是省中医重点专科，骨伤科、肛肠科、脾胃科、内分泌科是镇江市重点专科。建有贺玥——全国基层名中医工作室。2018年5月和8月医院先后获省局批准建立丁义江、徐荷芬2个全国名老中医传承工作室丹阳市中医院工作站，2019年10月又新建上海颜乾麟全国名老中医传承工作室丹阳市中医院工作站。医院有3个全国名老中医传承工作站，为进一步打响中医院特色品牌，加快中医药人才的培养增添了新动能。

医院拥有德国西门子1.5T磁共振机、医科达直线加速器、飞利浦64排128层CT、飞利浦DSA、GE16排CT、1000毫安数字X光机、高档彩超、高清胃肠镜和腹腔镜等大中型设备60多台（件），并配有多种中医诊疗设备。发展质量进一步提升。

供稿：顾红祥

丹阳市第三人民医院

2020年10月20日，丹阳三院走进西门社区义诊

2020年2月5日，抗“疫”医疗预备队国旗下宣誓

丹阳市第三人民医院是一所集医疗、预防、教学、科研和康复为一体的二级综合性医院，是上海长征医院军民共建医院、东南大学附属中大医院医联体集团医院、镇江医疗集团医院、江苏卫生健康职业学院实习医院、镇江市残疾人儿童康复救助（低视力）定点医疗机构；江苏省爱婴医院、江苏省健康促进医院、全国改善医疗服务示范医院、全国改善医疗服务创新医院。医院占地面积5.53公顷，总投资约2.85亿元，核定床位250张。医院设有5个病区、30个临床专业科室和医技科室；配置64排CT、核磁共振、DSA、乳腺钼靶、DR、电子肠胃镜、先进的腔镜系统、西门子彩超、超声刀、高压氧治疗舱等一流的医学诊疗设备。

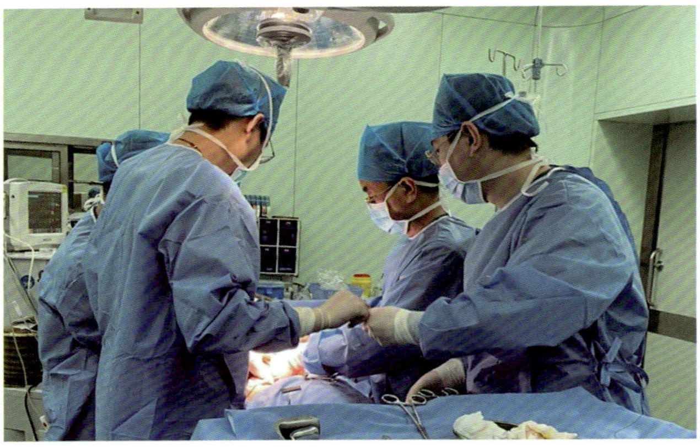

2020年3月31日，普外科团队开展巨大肝脏肿瘤切除术

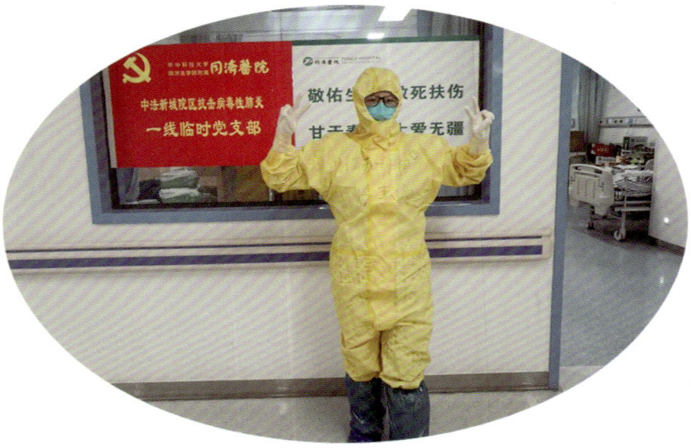

2020年2月11日，重症医学科护士长冷惠阳驰援武汉抗“疫”工作

医院外景

供稿：王秀华　肖贝　王凝

丹阳市第四人民医院

第四人民医院领导新年祝词

门诊部

住院部

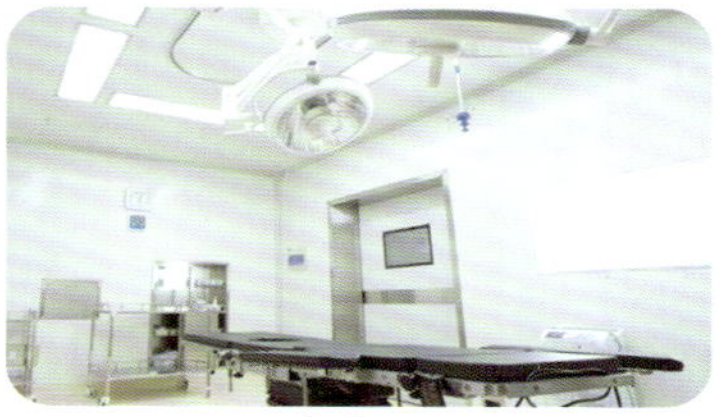
手术室

丹阳市第四人民医院前身为丹阳市精神病防治院，成立于1990年，是丹阳唯一集精神疾病预防、治疗、康复为一体的精神病专科医院。专业治疗各种类型精神障碍、精神分裂症、情感障碍（躁狂、抑郁发作）、各类神经症（焦虑、强迫、应激、神经衰弱）、老年痴呆、睡眠障碍等。

医院有专业技术人员95名，常年聘请三级精神专科医院资深专家坐诊并进行教学查房，医院同时承担全市重性精神病患者防治和管理工作以及精神残疾鉴定等工作。医院病区设有专科床位350张，开设心理咨询门诊、精神科普通门诊、脑电图科、放射科、检验科、电休克治疗室、B超室等辅助科室。医院引进数字化摄影（DR）、彩超、全自动生化分析仪、脑电图、经颅磁治疗仪、多谱勒、生物反馈治疗仪、电休克治疗仪等高端设备，能够满足各类精神疾病的诊断和治疗。

医院门景

供稿：唐慧敏

丹阳市云阳街道横塘社区卫生服务中心

支援扬州抗疫战士胡伟强（右一）

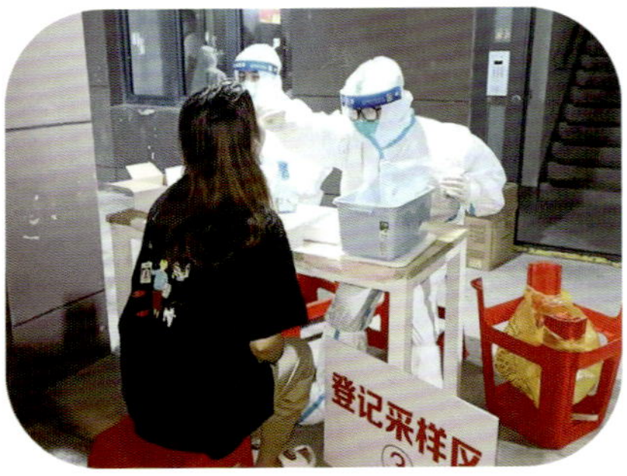

支援扬州抗疫战士丁璞玉（右一）

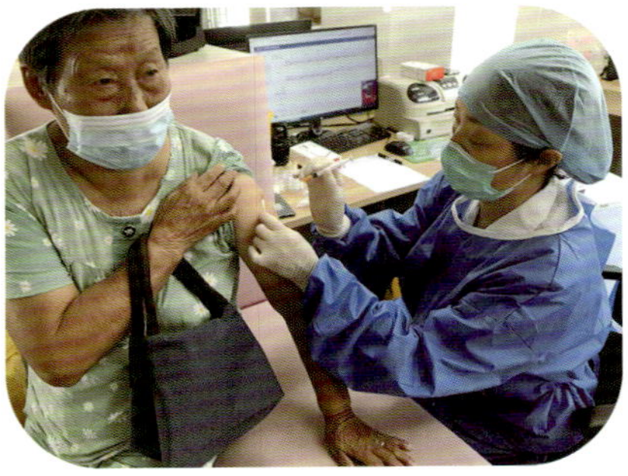

开展新冠疫苗接种工作

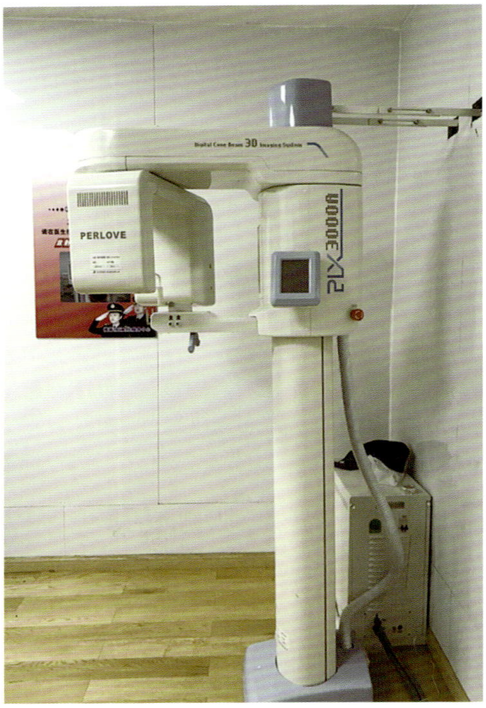

口腔CT

丹阳市云阳街道横塘社区卫生服务中心位于云阳街道横塘丹金路东侧，是一所集医疗、预防、保健于一体的公立性卫生单位。中心下辖6个社区卫生服务站、1个“家庭医生工作室”。单位在职人员56人，其中高级以上职称8人、中级职称19人、注册全科医师13人、江苏省骨干人才6人、丹阳市骨干人才4人、省重点科室1个，乡村医生徐春仙获得2021年度“最美医师”称号。中心拥有先进的医疗设备：主要有高频数字医用诊断X射线机、口腔CT、开立彩色多普勒B超机、心电图机、牙科综合治疗仪、电子胃镜、全自动生化分析仪、麻醉机、电动牵引床、电针治疗仪、熏蒸仓等。中心临床开设全科、牙科、妇产科、中医科、医技科、胃镜室等科室。

口腔科是中心特色科室，在辖区及周边地区享有较高的知名度和声誉，先后被评为“镇江市特色科室”和“省级特色科室”，常规开展包括种植牙技术、牙科疾病常见病诊治、牙修补及各类装牙技术等。为提升中医服务能力，中心常年聘请省级专家定期坐诊。中心作为镇江市首批新冠病毒疫苗接种单位，承接起规模新冠疫苗接种任务。疫情发生以来，院职工胡伟强、丁璞玉，逆行而上，支援扬州抗疫。

横塘社区卫生服务中心

口腔科

中医科

供稿：张玲

丹阳农商银行
DANYANG RURAL COMMERCIAL BANK | 简单快银行

2020年7月15日，“党建领航 金融惠农”大走访

2020年12月14日，召开2021—2023年战略规划落地部署动员会议

2020年9月28日，走进丹阳市儿童福利院开展慰问

丹阳农商银行2011年9月23日正式挂牌对外营业。农商银行秉承“精于内，简于外”的经营理念，以“用便捷金融创造美好生活”为使命，致力于打造“平台化管理、场景化获客、数据化风控、智能化决策”的卓越零售银行。是丹阳市营业网点较多、覆盖范围较大、服务群体较多的金融企业。农商银行坚持服务“三农”市场定位，积极融入地方经济发展大局，始终坚持将加大实体贷款投放摆在首位，密切政银企对接，与中小企业抱团取暖结成“命运共同体”。代理发行社会保障卡，实施为民办实事“一卡通”工程；推广新一轮数字化“整村授信”，开启“善农行动”闯出金融支持乡村振兴的“丹阳路径”；上线新零售平台，打造农商行“简丹e贷”“简丹e社区”；创新金融产品，发放全国首笔“汇保贷”，积极帮扶外贸企业渡过难关；开展“服务领航　金融惠商”个体工商户走访活动，铺设普惠金融的必通“管网”，将金融活水惠及千家万户。农商银行多次荣获“六强先进党委”“金融服务突出贡献先进集体”“服务窗口示范单位”等荣誉称号。

丹阳农商银行大楼

供稿：张毓成

江苏银行 BANK OF JIANGSU 丹阳支行 danyang Sub-Branch

2020年11月24日，“万企联万村　共走振兴路”共建签约活动

2020年7月31日，支行慰问丹阳武警中队

江苏银行丹阳支行成立于2001年1月18日，已扎根丹阳20年之久，辖内设营业部和两家经营性支行，本部设行长室、公司业务部、小微企业部、零售业务部和综合管理部。江苏银行丹阳支行紧紧围绕“考核导向精致化、结构调整精致化、网点建设精致化、做深做实客户精致化、队伍锻造精致化、风险防范精致化、党建工作精致化”工作要求，致力为全市大中型企业、小微企业和广大市民提供个性化、特色化的金融服务，与社会各界共创金融之美。近年来，江苏银行品牌形象不断彰显，市场份额不断提升，赢得了地方政府和社会各界的认可。

2020年7月3日，参观市涉企涉众经济犯罪风险防范中心

2020年8月16日，参加2020丹阳金融生态提升年文艺演出

供稿：吕露茜

浦发银行
SPD BANK

建设具有国际竞争力的
一流股份制商业银行

2020年12月18日，丹阳市委常委、常务副市长赵立群（左）参加浦发银行迁址揭牌仪式并调研

2020年4月16日，政银企对接签约仪式

浦发银行丹阳支行成立于2012年1月11日，为浦发银行镇江分行的第一个分支机构。2020年12月18日，浦发银行丹阳支行迁址至丹阳经济开发区凤凰路。浦发银行丹阳支行积极响应政府号召，贯彻落实监管部门相关工作要求，合作客户覆盖丹阳市区和各乡镇，截至2020年12月末，浦发银行丹阳支行累计为1000余户企业、20000余户个人提供各项表内外融资近500余亿元。

疫情防控期间，浦发银行丹阳支行主动作为，严格落实金融支持疫情防控的相关政策和监管要求，加强信贷支持，不盲目抽贷断贷压贷，为当地60余户授信企业主动降息，平均降低10%，为企业节约成本近2000万元，充分运用延期还本和信用两大直达工具，助力企业复工复产。

员工趣味运动会

2020年8月18日，金融生态提升年文艺会演

供稿：夏蝉

丹阳苏银村镇银行

丹阳苏银村镇银行（原丹阳保得村镇银行）成立于2010年6月，是由江苏银行股份有限公司发起，经中国银行业监督管理委员会批准设立的商业银行。

2020年，丹阳苏银村镇银行坚持“服务三农、服务小微”的定位，调整业务结构、深耕小微民营、服务乡村振兴，全行呈现出良好的发展态势。至2020年12月末，丹阳苏银村镇银行存贷款均实现两位数增长，资产质量持续提升。在疫情防控期间，丹阳苏银村镇银行创新金融产品，推出了“复工贷”产品，开辟审批“绿色通道”，全力服务“六稳”“六保”，为地方经济社会发展做出积极贡献，获得“十佳普惠金融村镇银行”“十佳扶贫企业”等多项荣誉。

丹阳苏银村镇银行坚持履行社会责任、热心慈善公益，参加“爱心至尚、善行丹阳”慈善捐赠活动；疫情防控期间发动员工捐款，并向学校、社区捐赠防疫物资；连续多年走访慰问“爱心妈妈”结对帮扶学生，关心关爱儿童成长；组织开展为残疾桃农解忧、慰问环卫工人公益活动。

2021年1月1日，银行举行更名仪式

2020年6月5日，董事长周元明（右二）行长谢舒（左一）到企业走访

2020年6月5日，行长谢舒参加“行风热线”，回应民生关切

2020年3月16日，助力企业，抗击疫情，复产复工

2020年8月16日，参加诚信金融年文艺会演，荣获一等奖

供稿：范浦